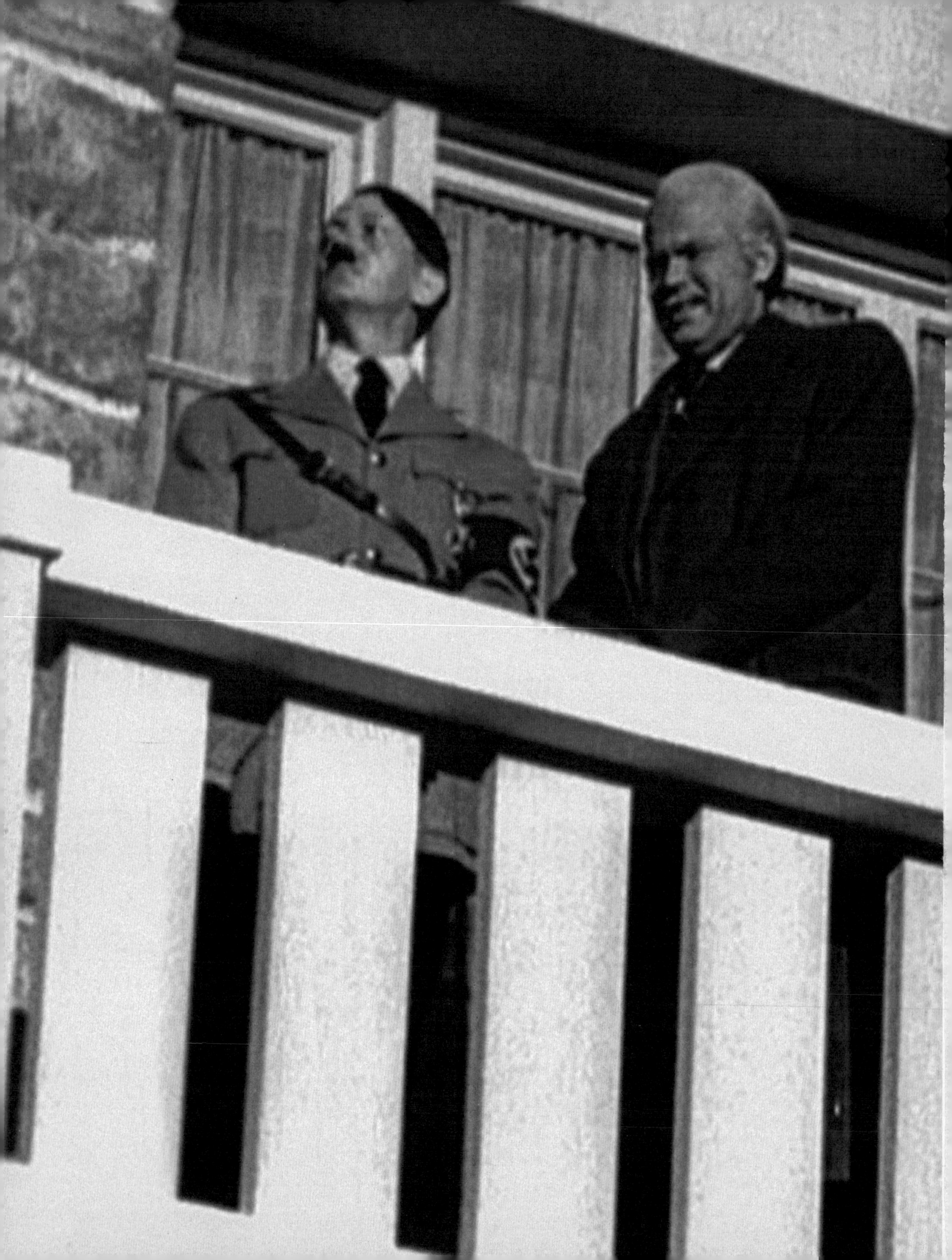

FILME DER 40ER

JÜRGEN MÜLLER (HG.)

IN ZUSAMMENARBEIT MIT
defd UND CINEMA, HAMBURG
BRITISH FILM INSTITUTE, LONDON
BIBLIOTHÈQUE DU FILM, PARIS

FILME DER 40ER

TASCHEN
KÖLN LONDON LOS ANGELES MADRID PARIS TOKYO

NO TRESPASSING
Anmerkungen zum Film der 40er

Hell erleuchtet spiegelt sich ein gotisches Spitzfenster im Wasser. Als optischer Fluchtpunkt zieht es unsere Aufmerksamkeit auf sich. Das Fenster gehört zu einem Schloss, das dunkel in der Ferne liegt und von gusseisernen Zäunen und Gittern beschützt wird: „NO TRESPASSING" steht abweisend auf einem Schild. Sodann erblicken wir ein Tor, auf dem der Buchstabe „K" thront. Der Kamera-Blick schweift durch den wie verwunschen daliegenden Schlosspark mit seinen antiken Architekturen, einem Affenkäfig, Skulpturen und Gondeln. Das alles passt nicht so recht zusammen. Doch wir bekommen eine Vorstellung von der Größe dieses Anwesens und seiner Abgeschiedenheit, wenn nicht gar von der Einsamkeit seines Besitzers.

Die Kamera springt ins Innere des Gebäudes. Eine Großaufnahme zeigt eine Hand, die eine gläserne Schneekugel hält, mit einem kleinen, verschneiten Haus in ihrem Inneren. Die Lippen eines Mannes formen schwerfällig das Wort „Rosebud". Dann fällt ihm die Kugel aus der Hand. Unwirklich lang dehnt sich dieser Augenblick. Die Kugel stürzt herab, fällt weiter, zerschellt schließlich auf dem Fußboden. Wie auf ein Signal betritt eine Krankenschwester den Raum. Verzerrt erblicken wir sie durch eine auf dem Boden liegende Glasscherbe. Die Frau verschränkt die Hände des Mannes über seiner Brust und bedeckt ihn mit einem Laken. Noch wissen wir nicht, wer da eben gestorben ist. Das Gesicht des Toten wird uns vorenthalten. Nur das Wort „Rosebud" gibt unserer Neugier eine Richtung.

Noch heute springt die extravagante Exposition von Orson Welles' *Citizen Kane* (1941, S. 66) ins Auge, eines Films, der unangefochten wie kaum ein zweiter zu den großen Meisterwerken des Kinos gezählt wird. Als Paukenschlag katapultierte er Anfang der 1940er Jahre einen jungen Mann von gerade einmal 26 Jahren in die vorderste Reihe der Filmkunst. So gleicht zweifellos der rauschhafte Aufstieg des von Welles selbst verkörperten Zeitungstycoons Charles Foster Kane, den der Film erzählt, ein wenig auch der Erfolgsgeschichte des ambitionierten jungen Filmemachers Orson Welles, der seinen ersten Ruhm mit seiner Schauspiel-Truppe vom Mercury Theatre erworben hatte. Vor allem durch die legendäre Radiosendung von H.G. Wells' „The War of the Worlds", die 1938 eine Massenpanik in den USA auslöste, weil die Zuschauer die fiktive Reportage von einer Landung Außerirdischer für bare Münze nahmen.

Auch in *Citizen Kane* geht es Welles darum, die Grenzen zwischen Fiktion und Wirklichkeit zu verflüssigen. Der Titelheld ist, auch wenn Welles dies bestritten hat, dem Zeitungszaren William Randolph Hearst nachempfunden. Der Film erzählt also das Leben eines berühmten Mannes mit realem Vorbild von der Jugend bis zum Tod. Und indem Welles dabei von den vielfältigsten Möglichkeiten filmischen Erzählens Gebrauch macht, führt er uns zugleich die Fiktionalität jeder „Filmwahrheit" vor Augen: Was erfahren wir wirklich über Kane? Ist es überhaupt möglich, jemanden ganz und gar zu verstehen? Welles erzählt vom Paradox des modernen Menschen, den wir bis ins Detail zu kennen glauben, der aber letztlich unverstanden bleibt. Was hat „Rosebud", dieses Sterbewort Kanes, zu bedeuten?

Die Explosion der Bilder

Mit der Biographie des Zeitungsmagnaten Charles Foster Kane rollt Welles' Film zugleich auch eine Episode aus der Geschichte moderner Bildmedien auf. Er thematisiert die mit dem Aufkommen des Kinos einhergehende Visualisierung der Nachrichtenwelt und stellt das Tempo dar, in dem „Informationen" entstehen. Den elegischen Bildern des sterbenden Kane vom Beginn des Films lässt Welles einen rasant montierten Wochenschaubericht folgen, der das Leben des Selfmademan wie im Zeitraffer erzählt: Wir erfahren, dass Kane aus einfachen Verhältnissen stammt, es ihm aber durch eine Erbschaft gelang, ein Imperium aus Zeitungen und Radiosendern aufzubauen. Die Reportage lässt keinen Zweifel daran, dass er weniger an Geld, als vielmehr an politischem Einfluss interessiert war, allerdings im Laufe seines Lebens immer mehr zum Sonderling wurde, der die Öffentlichkeit scheute. Legendär ist sein unermesslich großer Palast Xanadu, der eine der umfangreichsten Kunstsammlungen beherbergt. Er stirbt 1941, und wir sehen in rascher Folge die Titelseiten internationaler Zeitungen, die mit Fotos von ihm aufmachen. Im Telegrammstil wird die unglaubliche Karriere dieses Mannes visualisiert, sein grandioser Aufstieg zu einem der mächtigsten Männer der Welt.

Am Ende der Wochenschaureportage erstrahlt plötzlich der Lichtkegel eines Filmprojektors. Beleuchtet nur durch die kleinen Fenster des Projektionsraums diskutieren Journalisten im Halbdunkel des Vorführsaals über die Qualität des Nachrufs. Offenbar ist der Film die erste Fassung eines Beitrags, der in den Kinos ausgestrahlt werden soll. Der Redaktionsleiter ist unzufrieden. Was hat man außer allgemein bekannter Fakten wirklich über Kane erfahren? Immerhin wird erwähnt, Kane habe mitgeholfen, einen Krieg auszulösen. Bei einem anderen wiederum habe er dem Präsidenten seine Hilfe versagt. Der Medienmogul erscheint als Manipulator, der seine Macht erkannt hat und sie nutzt, um die Masse zu beeinflussen. Um Politik zu machen, wie Hearst, zeitweilig ein mächtiger Gegner Roosevelts.

Doch trotz dieser Erkenntnis bleibt der Mensch Kane, der so oft im Rampenlicht stand, ein Geheimnis. Daran ändert auch der Wochenschaubericht nichts. Im Gegenteil: Die Bilderflut der Massenmedien, so scheint uns *Citizen Kane* von Beginn an sagen zu wollen, dient weniger der Aufklärung als der Verwirrung. Und es gehört zu den hellsichtigsten Aspekten des Films, dass er uns eine Ahnung von der Manipulation durch Bilder vermittelt. Ohne Unterlass vermischt der Bericht fiktive und vermeintlich dokumentarische Bilder. Er zeigt den Medienmagnaten Kane mit realen Politikern, mit Präsident Roosevelt, auch mit Hitler. Wir sehen ihn als senilen alten Mann, heimlich, nach „Paparazzi"-Manier, durch einen Zaun gefilmt. Oder in jungen Jahren, eingefangen in den ruckeligen Bildern einer Stummfilmkamera. Die Glaubwürdigkeit von Filmbildern ist abhängig von den Konventionen filmischen Erzählens. So ist immer eine gewisse Skepsis gegenüber Nachrichtenbildern geboten, die nur selten überprüfbar sind. Mit *Citizen Kane* weist Welles auf die Gefahr der Massenmedien hin, die nicht nur eine Wirklichkeit abbilden, sondern sie vor allem auch konstruieren.

Was aber tun, wenn das vorhandene Bildmaterial zum Leben des Charles Foster Kane nicht ausreicht, um das Geheimnis seiner Person in einem Wochenschaubericht zu lüften? Der Redaktionsleiter glaubt den Schlüssel zu Kanes tieferer Existenz entdeckt zu haben: „Rosebud". Bloß, was hat dieses letzte Wort Kanes zu bedeuten? Ein Reporter (William Alland) wird auf Spurensuche geschickt. Nacheinander besucht er die Menschen, die für Kane eine zentrale Rolle gespielt haben. So führt uns der Film sein Leben aus den unterschiedlichsten Perspektiven vor Augen.

Zunächst forscht der Reporter im Archiv des Bankiers Thatcher (George Coulouris), der von Kanes Mutter (Agnes Moorehead) beauftragt wurde, sich um die Erziehung des Kindes zu kümmern und dessen unermessliches Vermögen zu verwalten. Sodann sucht er die Weggefährten Bernstein (Everett Sloane) und Leland (Joseph Cotten) auf, deren Erinnerungen uns Kane als jungen Mann und erfolgreichen Verleger vorstellen. Anschließend trifft der Reporter Kanes zweite Ehefrau (Dorothy Comingore), die von ihm gedrängt wurde, ohne jede Begabung als Opernsängerin Karriere zu machen.

Die Montage, mit der die erzwungene Karriere von Susan Alexander visualisiert wird, wirkt unglaublich modern und effizient. In einer schnellen Folge von Überblendungen sehen wir Opernaufführungen, Porträtaufnahmen des Paares und Zeitungsrezensionen, was uns eine medial vermittelte Welt in Erinnerung ruft. Wie ein Blitzlicht scheint während dieser Sequenz immer wieder das grelle Licht einer Signallampe auf. Hier werden Wirklichkeitsschichten so übereinander gelegt, dass sie nicht mehr voneinander getrennt werden können. Wenn schließlich der Glühfaden der Lampe erlischt, wissen wir, dass Susan Alexander vollkommen „ausgebrannt" ist, am Ende. Tatsächlich liegt Susan in der nächsten Einstellung im Bett ihres Zimmers, vor ihr auf dem Nachtschrank stehen ein Fläschchen und ein Glas. Mit einem Schlafmittel hat sie versucht, sich das Leben zu nehmen. Kane stürzt ins Zimmer, kann gerade noch die tödliche Vergiftung verhindern. Erst jetzt kommt er zur Besinnung und erlaubt ihr, die vermeintliche Opernkarriere an den Nagel zu hängen.

Die letzte Episode von Kanes Werdegang wird schließlich aus der Perspektive des Butlers erzählt, der die Zeit im sagenhaften Xanadu vorstellt. Hierbei bedient sich Welles eines erzählerischen Kunstgriffs, um die wahre Bedeutung der Schneekugel zu vermitteln, die zum ersten Mal ganz unscheinbar in Susans alter Wohnung auf dem Rand einer Frisierkommode zu sehen ist. Später nun, als Susan Kane in Xanadu verlässt und er daraufhin die Einrichtung ihres Zimmers zertrümmert, entdeckt er die Kugel und nimmt sie an sich. Wenn ihm am Ende seines Lebens diese Glaskugel aus der Hand fällt, wird sie zum grandiosen Dingsymbol. Sie verkörpert die Flüchtigkeit des Glücks und symbolisiert zugleich die wenigen Momente seiner Anwesenheit. Was Kane nach Susans Weggang bleibt, sind Erinnerungen an sie.

Viele Filmhistoriker haben die technischen Neuerungen von *Citizen Kane* als revolutionär erachtet und davon gesprochen, dass es Welles gemeinsam mit seinem Kameramann Gregg Toland gelungen sei, eine neue Bild- und Kamerasprache zu entwickeln. Entsprechend wurde immer wieder die anspruchsvolle Bildlichkeit des Films hervorgehoben. Welles bricht mit der für Hollywood üblichen Ästhetik des unsichtbaren Schnitts, der darauf abzielt, die filmtechnischen Operationen so gut wie möglich zu verbergen, um der Filmerzählung nicht behindernd im Weg stehen. Im Gegensatz dazu werden in *Citizen Kane* immer wieder Einstellungen absichtsvoll überblendet und somit die Künstlichkeit der Filmbilder hervorgehoben. Nie geht mit den erzählten Filmbildern eine Wahrheit einher, sondern es ereignen sich einfach immer neue Bilder, die weitere Bilder hervorrufen. *Citizen Kane* ist ein Film der Transition – also der inszenierten Übergänge. Im Sichtbarmachen des Wechsels zwischen Einstellungen, Szenen, Sequenzen tritt die Struktur des Filmes selbst zu Tage, Brüche in der Narration machen auf die Erzählweise aufmerksam. Mit der Wochenschau und dem künstlerisch durchgeformten Filmanfang werden zwei Ebenen aneinander gekoppelt, die scheinbar nichts miteinander gemein haben. Und doch handeln beide vom Leben und Sterben desselben Mannes, dessen Geheimnis das einsame Häuschen in einer Glaskugel birgt. Wie ein Feuerwerk brennen die Nachrichtenbilder von Kanes öffentlichem Leben ab, doch dessen verschwiegenes Zentrum ist das erstarrte Bild in der Schneekugel: eine eingekapselte Wirklichkeit, belebt nur durch das Gewirbel der Flocken

Unaufhebbarer Mythos

Citizen Kane erzählt eine mythische Geschichte: die Tragödie vom Aufstieg und Fall eines Menschen, der ebenso groß im Erfolg wie in der Niederlage ist. Und die Geschichte eines Mannes, der die Welt beherrschen will und seine Macht nutzt, die Wirklichkeit seinen Wünschen anzupassen. Auf dem Weg dorthin erleben wir Kane in all seiner Ambivalenz. Zunächst gefällt er uns in seinem Tatendrang. Er wird als Neuerer inszeniert, der sich auf die Seite der Unterdrückten stellt. Schon relativ früh wird er von Thatcher als Kommunist denunziert, um unmittelbar darauf von einem aufgebrachten Gewerkschaftler als Ausbeuter beschimpft zu werden – während sich Kane selbst schlicht als Amerikaner bezeichnet. Dieses Changieren der Identitäten findet auch in der Wahrnehmung des Zuschauers statt. Zunächst sympathisieren wir mit dem jungen Mann, um dann jedoch festzustellen, wie hartherzig und unbelehrbar er ist. Davon erzählen seine gescheiterten Liebesbeziehungen, aber auch die aufgekündigte Freundschaft seines besten Freundes Leland, der ihm von Anbeginn seiner Karriere zur Seite gestanden hatte. Im Verlauf des Films verwandelt sich der sympathische junge Mann in ein selbstgerechtes Monster.

Am Ende ist Kane das Paradox, das Welles aus ihm hat machen wollen. Er ist ebenso bemitleidenswert wie abstoßend. In seiner Lebensleistung ebenso ehrgeizig wie maßlos. Diese Widersprüche lösen sich nicht auf. So ist immer wieder betont worden, dass „Rosebud" eine Metapher und die

Schneekugel ein Symbol ist – Sehnsuchtsmotive, die beide auf eine viel zu früh geendete Kindheit und den Verlust von Geborgenheit und Liebesfähigkeit hinweisen und damit auf den verborgenen Motor dieses rastlosen Daseins. Zu Lebzeiten totgeschwiegen, gibt das geheimnisvolle Wort der Nachwelt ein Rätsel auf, dessen Lösung für den Zuschauer des Films immerhin erahnbar wird. Denn „Rosebud" ist schlicht der Name des Schlittens, den wir schon zu Beginn des Films im winterlichen Spiel des Kindes gezeigt bekommen und der am Ende von einem ahnungslosen Lagerarbeiter ins Feuer geworfen wird, um in Rauch aufzugehen.

Mit gleichem Recht wie der soeben skizzierte psychoanalytische Interpretationsansatz könnte man eine philosophische Deutung anstreben, die die Einsamkeit des Menschen und die Perspektivität aller Erkenntnis in den Vordergrund stellt. Nicht nur Kane, so scheint uns Welles sagen zu wollen, sondern der Mensch schlechthin bleibt ein Rätsel. „Rosebud" ist eine Metapher, die alles oder nichts bedeuten kann. Der Regisseur hat in seinem Film viele Spuren gelegt, die aber nicht zu einer einsinnigen Antwort führen.

So erscheint das im Zusammenhang dieses Films immer wieder diskutierte formalästhetische Problem der Schärfentiefe kein technisches, sondern ein existenzielles. Der Raum ist kein objektiver Ort, der die Wirklichkeit ins rechte Maß setzen könnte, sondern das Ergebnis der Desorientierung. Immer sind die Dinge zu fern oder zu nah, zu groß oder zu klein. Wenn wir zwei Menschen an weit entfernten Punkten ein- und desselben Raumes sehen, inszeniert Welles die Gleichzeitigkeit, obwohl klar wird, dass die Menschen nicht in demselben Raum leben, sondern jeder für sich. Auch das permanente Spiel mit Untersichten führt zur Diskontinuität des Räumlichen. Es ist nicht weniger als die Verlorenheit des Menschen, die der Regisseur immer wieder zum Thema macht.

In gewisser Hinsicht gilt dies ebenso für die Lichtregie. Welles nutzt eine für die 40er Jahre typisch werdende Low-Key-Ausleuchtung, die mitunter dazu führt, dass die Menschen abrupt vom Licht in den Schatten treten und zur Silhouette werden. Einmal mehr geht es um das Problem der Diskontinuität. In *Citizen Kane* wird die objektive Wirklichkeit denunziert. Die Subjektivität der Menschen, die als Erinnerung oder Vorurteil die Sicht des Wirklichen bestimmt, ist das eigentliche Gefängnis. In diesem Zusammenhang nutzt Welles wiederholt die Metapher des Labyrinths. Etwa durch das exzessiv gebrauchte Bild des Puzzles. Oder durch den Anblick der Überfülle an Kunstobjekten in Kanes Schloss Xanadu, die uns am Ende des Films eindringlich präsentiert wird, wenn die Kamera nach oben entschwindet und uns abertausende von Gegenständen präsentiert, die sich im Laufe von Kanes Leben angesammelt haben. Schon die schiere Fülle wird niemand mehr bewältigen können.

Mit diesem erkenntnistheoretischen Pessimismus geht zugleich eine Skepsis in Bezug auf die Liebesfähigkeit des Menschen einher. *Citizen Kane* führt uns Liebesbeziehungen als Machtrelationen vor, die am Ende notwendig scheitern müssen. So nutzt der Film im Laufe seiner Erzählung immer stärker das Moment der Isolation. Wir sehen Kane weit von seiner Frau entfernt oder durch einen Türrahmen umfasst. Nach dem Streit mit Susan verlässt Kane das demolierte Zimmer. Dabei durchschreitet er die endlosen

Gänge seines Palastes, was für sich genommen wiederum auf ein Labyrinth verweist. Dass der Palast dem alten Mann längst zum Gefängnis geworden ist, macht eine interessante Inszenierung deutlich. Denn als Kane ein Spiegelkabinett passiert, sieht ihn der Zuschauer unendlich oft reflektiert, bevor er überhaupt selbst ins Bild tritt. Der Spiegel wird hier zur Metapher eines optischen Gefängnisses, das Kane nicht mehr verlassen kann. Er ist in einem bösen Sinn auf sich selbst zurückgeworfen.

Es sind solche Bilder des Isoliert-Seins, die uns über die unentrinnbare Einsamkeit des Menschen berichten, dessen Endlichkeit geradezu zelebriert wird. Im Tode sind wir allein. Nichts ist umkehrbar. Dieser Ausweglosigkeit entspricht auch die zirkuläre Struktur des Films, wenn das letzte Bild das erste wieder aufgreift: „NO TRESPASSING" hängt als Warnschild an dem Maschendrahtzaun, der Xanadu vor dem Rest der Welt abschirmt.

Over the rainbow

„Over the Rainbow", so heißt der Schlager aus *Der Zauberer von Oz* (*The Wizard of Oz*), einem der Erfolgsfilme von 1939, das als goldenes Jahr in die Geschichte Hollywoods einging: als das Jahr, in dem sich die Traumfabrik mit *Vom Winde verweht* (*Gone with the Wind*) ein monumentales Denkmal setzte – in Technicolor.

Aus heutiger Sicht wirkt das Hollywood-Kino im Jahrzehnt vor *Citizen Kane* (1941) tatsächlich wie eine Welt „jenseits des Regenbogens". Es war die Zeit der großen, schier allmächtigen Mogule. Die Ära, in der das Studiosystem so reibungslos funktionierte wie nie zuvor. Und nie wieder danach. Hollywood produzierte auf Hochtouren und diktierte den Kinos mit Genre- oder Prestigefilmen die Programme. Die Studios hatten die Stars fest unter Vertrag und das Publikum im Griff. Denn trotz anhaltender Wirtschaftskrise war der Kinobesuch längst als liebste Freizeitbeschäftigung etabliert. In grauen Zeiten sorgten die Stars für den nötigen Glamour, und sie spielten genau die Rollen, die von ihnen erwartet wurden. Insbesondere die „unsichtbare" Inszenierung im klassischen Hollywood-Stil garantierte eine perfekte Illusion bis zum Happyend.

Dieser Stil spiegelte genauso das ungebrochene Verhältnis der Zuschauer gegenüber dem Medium wieder wie das seiner Macher. Die Filme äußerten eine scheinbar unerschütterliche optimistische Weltsicht: in einem Land zu leben, in dem der zivilisatorische Fortschritt selbst angesichts der Depression nicht aufzuhalten ist. Diese Gewissheit fand in den 40er Jahren ihr Ende. *Citizen Kane* markiert diese Zäsur in der Geschichte Hollywoods wie kein anderer Film.

Welles' Film entwarf nicht nur eine Ästhetik, die geradezu wie ein Angriff auf die etablierte Inszenierung à la Hollywood wirkte. Er entstand auch zu einem Zeitpunkt, an dem sich erste Risse im Studio-System abzeichneten. Die Regierung initiierte Anti-Trust-Prozesse gegen die Majors, die eine Entflechtung der Filmindustrie zum Ziel hatten. Eine erste Folge war, dass die „Big Five" unter den Studios ab 1940 gezwungen waren, ihre B-Film-Produktion erheblich zu drosseln und sich auf Qualitätsfilme zu konzentrieren –

was ihnen allerdings während des Krieges unerwartete Profite bescherte. Doch letztlich mussten sich die Studios Ende der 40er sogar von ihren Kinos trennen.

Zugleich erkämpften sich die Stars mehr Freiheiten. Ebenso wuchs die Bedeutung unabhängiger Produzenten wie auch die kleiner Teams innerhalb der Studios. Immer häufiger gab es nun auch Doppelfunktionen. Regisseure traten als Produzenten oder Drehbuchautoren in Erscheinung (und umkehrt) und Schauspieler als Produzenten. So löste sich der von den einzelnen Studios geprägte Hausstil langsam aber stetig auf, zugunsten individuellerer Handschriften, die ein kritischeres Bewusstsein gegenüber den Mechanismen der Traumfabrik offenbarten. Aber auch gegenüber dem Medium selbst.

Die politischen Ereignisse in Europa, der Siegeszug des Faschismus, der im Krieg mündete, schärfte auch in den USA den Blick für die Möglichkeiten und Gefahren des Kinos. So bewegt sich das Hollywood-Kino der 40er Jahre sowohl im Spannungsfeld von politischer Aufklärung und Propaganda als auch von Realismus und Eskapismus. *Citizen Kane* steht am Beginn eines Jahrzehnts, in dem Hollywood-Filme zunehmend ihren eigenen Status reflektieren oder ihn umso bewusster verdecken. Während des Krieges, so scheint es, hat das amerikanische Kino nicht nur endgültig seine Unschuld verloren, sondern auch seine Naivität.

Hollywood zieht in den Krieg

Mit Ausnahme von Warner Brothers ignorierten die Major-Studios den Aufstieg des Faschismus vor Kriegsausbruch nahezu vollständig. Filme, die offen gegen den Nationalsozialismus Flagge zeigten, wie Chaplins berühmte Hitler-Satire *Der große Diktator* (*The Great Dictator*, 1940), blieben eher die Ausnahme. Doch nach und nach legte Hollywood seine Zurückhaltung ab, teils auf Drängen der Regierung Roosevelt, die eine militärische Unterstützung der Alliierten für unumgänglich hielt, teils aus Überzeugung. Aber auch aufgrund ökonomischer Interessen. Immerhin war Großbritannien nach dem deutschen „Blitzkrieg" der letzte große europäische Absatzmarkt.

Viele Filme legten nun eine allegorische Lesart nahe, wie Michael Curtiz' *Der Herr der sieben Meere* (*The Sea Hawk*, 1940), in dem der britisch-spanische Seekrieg des 16. Jahrhunderts als Spiegel der aktuellen Ereignisse diente. Andere bereiteten die Amerikaner auf einen bevorstehenden Kriegseinsatz vor, etwa Howard Hawks' *Sergeant York* (1941), der vom Wandel eines Pazifisten zum Kriegshelden des Ersten Weltkriegs erzählt. Und Fritz Lang, der Deutschland nach der Machtübernahme der Nazis verlassen hatte, nahm den Feind sogar direkt ins Visier: In *Menschenjagd* (*Man Hunt*, 1941) zeigte er Hitler im Fadenkreuz eines englischen Jägers. Der tödliche Schuss blieb allerdings aus.

Mit dem japanischen Angriff auf Pearl Harbor am 7. Dezember 1941 und dem anschließenden Kriegseintritt der USA machte die Filmindustrie vollends mobil. Eine Woge des Patriotismus erfasste nun das alte Hollywood, das einen ungeahnten, letzten Aufschwung erlebte. Die anziehende Wirtschaft und die politische Lage ließen die Zuschauerzahlen in phantastische Höhen schnellen. 1946 endete der Kriegsboom mit dem profitabelsten Jahr in der Geschichte der Studios.

Zahlreiche Filmschaffende meldeten sich freiwillig zum Armeedienst oder wurden eingezogen. Andere warben für Kriegsanleihen oder nahmen aktiv am Frontgeschehen teil und drehten Dokumentationen, darunter John Huston, John Ford und William Wyler. Frank Capra, damals der wohl populärste Hollywood-Regisseur, übernahm die Filmproduktion des Kriegsministeriums und war maßgeblich verantwortlich für die berühmte *Why We Fight*-Serie (1942–45) – Orientierungsfilme, die US-Soldaten über die Hintergründe des Krieges aufklärten.

Vor allem aber wurden natürlich Spielfilme produziert, die ebenso die Moral der Truppe wie die der Zivilbevölkerung und der Verbündeten hoch hielten. Kriegsfilme beschworen pathetisch den Zusammenhalt der Armee über verschiedene Ethnien und soziale Schichten hinweg. Nicht wenige von ihnen verwandten dokumentarische Techniken, was damals noch ungewöhnlich war und nach dem Krieg verstärkt auch in anderen Genres Anwendung fand. Das Engagement der Filmbranche trieb jedoch auch kuriose Blüten. So entstanden sogar pro-sowjetische Filme, die freilich ein recht folkloristisches Bild der UdSSR zeichneten. Und in *Tarzan und die Nazis* (*Tarzan Triumphs*, 1942) nahm selbst der König des Dschungels den Kampf gegen die deutschen Aggressoren auf.

The beginning of a beautiful friendship

Anti-deutsche und anti-japanische Filme entwickelten sich zu einem regelrechten Genre, das sich freilich zumeist durch klischeehafte Darstellungen der Feinde auszeichnete. Selbst Fritz Langs *Auch Henker sterben* (*Hangmen Also Die!*, 1942/43) setzte auf das Stereotyp des sadistischen Gestapo-Schergen. Reinhold Schünzel, wie Lang einst Star-Regisseur bei der Ufa, spielte ihn so überzeugend, dass er fortan eine regelrechte Karriere als Film-Nazi absolvierte. Im gleichen Fach brillierte auch ein anderer deutscher Exilant, der schon in der Stummfilmära fürs Abgründig-Dämonische berühmt war: Conrad Veidt. Als Major Strasser verkörperte er Humphrey Bogarts teuflischen Gegenspieler in *Casablanca* (1942, S. 92).

Michael Curtiz' legendärer Film ist das Paradebeispiel dafür, wie perfekt es Hollywood mitunter gelang, Propaganda in die Form unterhaltsamer Fiktion zu gießen. Das Zusammenspiel der Stars Humphrey Bogart und Ingrid Bergman, aber auch die vielen großartigen, überwiegend mit Emigranten besetzten Nebenrollen verliehen dem Film eine Wahrhaftigkeit, die völlig losgelöst scheint von jeglichem äußerlichen Realismus. Und die dennoch ihre Kraft aus den dramatischen Umständen der Zeit bezieht. Das Timing beim Start des Films unterstützte diese Wirkung perfekt. *Casablanca* kam in die Kinos, als die US-Truppen gerade in Nordafrika gelandet waren.

Der enorme Erfolg führte zu einer Reihe von Folgefilmen, bei denen die Exotik der Schauplätze allerdings nie so überzeugend mit der emotionalen Intensität der Geschichte korrespondierte. Wenn Bogart beim Finale von Casablanca mit Claude Rains im Nebel des nächtlichen Flugfelds davongeht, dann gehört dieser Abgang auch deshalb zu den *magic moments* des Kinos, weil die wunderbare Freundschaft dieser bekehrten Zyniker das Publikum viel stärker einschließt als jedes klassische Happyend. Indem sich die Silhouetten der Männer im Dunst auflösen, vollendet sich visuell eine Läuterung, an der wir alle teilhaben.

Bogarts Einzelgänger, der durch die Liebe seinen Idealismus wieder findet, hat ohne Zweifel seine propagandistische Wirkung nicht verfehlt. Gleiches gilt für eine der stärksten Frauenfiguren im Kino der 40er Jahre. In William Wylers Heimatfront-Film *Mrs. Miniver* (1942, S. 100) spielte Greer Garson eine britische Ehefrau und Mutter, die alle Härten des Krieges erlebt und deren starker Charakter letztlich die Familie zusammenhält. Churchill selbst soll Wylers Film als wertvollsten Betrag der Filmindustrie zum Sieg über die Deutschen gelobt haben. Eine Einschätzung, die auch durch die Tatsache gestützt wird, dass während des Krieges über die Hälfte der Frauen ohne männliche Begleitung ins Kino ging.

Wyler drehte nach Kriegsende auch den wohl berühmtesten Heimkehrer-Film. *Die besten Jahre unseres Lebens* (*The Best Years of Our Lives*, 1946, S. 302) erzählt von den Schwierigkeiten dreier „demobilisierter" Soldaten, sich im zivilen Leben wieder zurechtzufinden. Die beeindruckendste Szene zeigt den von Dana Andrews gespielten Veteranen auf einem Armee-Flugplatz. Einstmals Captain bei der Air Force, nun arbeitslos und verlassen, steht er fassungslos den langen Reihen ausrangierter und ausgeschlachteter Kriegsflugzeuge gegenüber.

Showgirls & Piraten

Im Jahr nach Pearl Harbor bezog sich beinahe jeder dritte Hollywood-Film auf den Krieg. Doch erfüllte die Traumfabrik ebenso nachdrücklich ihre altbekannte Aufgabe: eine bunte Gegenwelt zu entwerfen, die es den Menschen ermöglichte, für anderthalb Stunden der Realität zu entfliehen. Orientalische Märchenszenerien vertrieben trübe Gedanken, wild-romantische Piratenfilme erfüllten die Leinwände mit spektakulären Schauwerten. Und Esther Williams tauchte als *Badende Venus* (*Bathing Beauty*, 1944, S. 178) ins Scheinwerferlicht. Vor allem aber erlebte das Musical eine ungeahnte Renaissance. So verwundert es nicht, dass mit MGM das Hochglanz-Studio schlechthin zum großen „Kriegsgewinner" unter den Majors wurde.

Neben alten Größen wie Fred Astaire etablierten sich nun neue Gesichter. Rita Hayworth wurde tanzend zum heißesten „Covergirl" Hollywoods. Und unter der Regie ihres späteren Ehemanns Vincente Minnelli reifte Judy Garland mit *Meet Me in St. Louis* (1944, S. 248) vom Teenie- zum Erwachsenenstar. Ein weiterer Newcomer war Gene Kelly, der als Partner von Garland in *Der Pirat* (*The Pirate*, 1948) auftrat. Im Vergleich zum schmächtig-eleganten Astaire war Kelly ein athletischer Tänzer mit recht volkstümlicher Note. Ein Kontrast, den Minnelli in *Broadway Melodie* 1950 (*Ziegfeld Follies*, 1945) für ein wunderbares Duett nutzte.

Kelly choreographierte seine Auftritte häufig selbst. Den Schritt zur Regie vollzog er an der Seite von Stanley Donen mit *Heut' gehen wir bummeln – Das ist New York!* (*On the Town*, 1949, S. 472). Teils an Originalschauplätzen gedreht, zeigt der Film zwar deutlich, dass sich das Genre in den 40er Jahren zunehmend weiter entwickelte. Grundsätzlich aber, und das erklärt wohl seine Popularität während des Krieges, behielt das Musical seinen simplifizierenden Charakter bei. Die allgemeine Lage konnte noch so ernst sein – in den Filmen gab es keine Probleme, die sich nicht in Liebesglück und Tanz auflösten.

Schatten auf der Leinwand

Der Zweite Weltkrieg, sagte Jean-Pierre Melville einmal mit Blick auf das Kino, habe alles durcheinander gebracht. Der französische Regisseur und leidenschaftliche Verehrer des amerikanischen Films hatte während des Krieges in London binnen weniger Tage rund dreißig aktuelle Hollywood-Filme gesehen und dabei einen veränderten Tonfall bemerkt, den er nun sogar in gewöhnlichen Komödien erkannte. „Das Tempo, der Rhythmus der Vorkriegskomödien", so der Franzose, „war darin einfach nicht mehr vorhanden."

Melvilles Entdeckung lässt sich wohl am klarsten in den Filmen von Preston Sturges nachvollziehen, der Anfang der 40er Jahre Frank Capra als führenden Komödienregisseur Hollywoods ablöste. Seine Filme, die auf exzentrische Weise den scharfzüngigen Witz von Screwball-Comedies mit dem anarchischen Klamauk des Slapstick verbinden, wirken wie bissige, zynische Entgegnungen auf die Gesellschaftssatiren seines berühmten Kollegen, die stets von einem versöhnlichen Geist und dem tiefen Glauben an das Gute erfüllt sind. Idealismus und Romantik erscheinen bei Sturges nur mehr wie spezifische Formen der Dummheit und werden gnadenlos bestraft. So auch in *Sullivans Reisen* (*Sullivan's Travels*, 1941, S. 54), einer großartigen Parodie auf das sozial engagierte Kino der Vorkriegsjahre, in der ein erfolgreicher Komödienregisseur beschließt, einen gesellschaftskritischen Film zu drehen. Im Zuge seiner Recherchen mischt er sich verkleidet unter die Landstreicher und landet schließlich unschuldig in einem Straflager, aus dem er sich nur mit Mühe und Not befreien kann.

Sturges nahm sogar den überschäumenden US-Patriotismus aufs Korn. In *Heil dem siegreichen Helden* (*Hail the Conquering Hero*, 1944) wird ein Soldat auf Heimaturlaub unversehens zum Kriegshelden erklärt, obwohl er lediglich wegen seines Heuschnupfens freigestellt ist. Dass es Komödien mit Kriegsbezug jedoch grundsätzlich schwer hatten, zeigte Ernst Lubitschs *Sein oder Nichtsein* (*To Be or Not to Be*, 1942, S. 80), der von einer Theatertruppe im besetzten Polen handelt, denen trickreich die Flucht vor den Nazis gelingt. Angesichts des realen Schreckens empfanden seinerzeit viele den typischen Lubitsch-Touch, seine Ironien und feinen Zynismen, als geschmacklos.

Mit den genannten Komödien deutet sich eine dritte Tendenz des US-amerikanischen Films der 40er Jahre an. Hollywood erlebte nicht nur eine

Welle des Patriotismus und des Eskapismus, sondern auch eine Wende ins Schwarze. In vielen Filmen schienen sich der Krieg und die Folgen der Depression unterschwellig eingeschrieben zu haben, besonders deutlich äußerte sich dies in jenen pessimistischen Kriminaldramen, die unser Bild vom US-Kino des Jahrzehnts noch immer maßgeblich prägen: in den Erzählungen des Film noir.

Die Nachtseite Amerikas

Zu Beginn der 40er Jahre kündigten einzelne Kriminalfilme wie Raoul Walshs *Entscheidung in der Sierra/High Sierra* (High Sierra, 1940) eine markante Veränderung innerhalb des Genres an. Sie zeigten einen Zug ins Irrationale und Fatalistische, der den klassischen Gangsterdramen der 30er Jahre mit ihren energiegeladenen Helden fremd war. Im Verlauf des Krieges wuchs die Zahl der schwarzen Krimis zu einem wellenartigen Phänomen, dem französische Kritiker später das Etikett Film noir anhängten. Dass *Citizen Kane* dabei stilbildend gewirkt hat, ist augenscheinlich: Schärfentiefe, expressive Lichtführung und komplexe Rückblenden wurden zu standardmäßigen Gestaltungselementen des Kriminalfilms.

Wie mit dem Lichtkegel einer Taschenlampe leuchtete der Film noir die Nachtseite Amerikas aus. Zum Vorschein kam ein großstädtisches Chaos aus Korruption, Gewalt und Sex. Luxuriöse Villen und mondäne Clubs erwiesen sich als ebenso bedrohlich wie verrauchte Hinterzimmer, dunkle Spelunken oder schäbige Seitenstraßen. Entsprechend sah auch das Figurenrepertoire aus. Brutale Cops, psychotische Killer, joviale Gangsterbosse und mysteriöse Schönheiten traten Protagonisten entgegen, die selbst alles andere waren als strahlende Helden. Ganz normale Bürger gerieten nun in den Sog des Verbrechens, wie der Versicherungsvertreter in Billy Wilders *Frau ohne Gewissen* (Double Indemnity, 1944, S. 172), dem die laszive Ehefrau eines Kunden zum Verhängnis wird.

Der Film noir entwarf eine schillernd-bedrohliche Realität, in der sich die psychische Labilität seiner Helden direkt widerspiegelte. Viele Interpreten erkannten darin eine Parallele zum deutschen expressionistischen Stummfilm. Tatsächlich ist ein gewisser Einfluss auch deshalb plausibel, weil viele deutsche und österreichische Filmschaffende auf der Flucht vor den Nazis in Hollywood Exil gefunden hatten. Unter ihnen waren mit Fritz Lang, Robert Siodmak, Billy Wilder und Otto Preminger einige der wichtigsten Regisseure des Film noir. Und es liegt nahe, dass die Erfahrung der Emigration ebenso in ihre Hollywood-Arbeiten eingeflossen ist wie ihre eigene Kinotradition.

Formal scheint sich dies nicht zuletzt im berühmten Helldunkel des Film noir niedergeschlagen zu haben, das die Figuren in tiefe Schatten tauchte oder zu bloßen Silhouetten reduzierte. Aber auch in einer Vorliebe für optische Verzerrungen, Spiegelungen, extreme Kamerapositionen und andere ästhetische Entscheidungen, durch die die existenzielle Verunsicherung des Individuums angesichts einer als fremd und gefährlich erfahrenen modernen Welt zum Ausdruck kam. Es war erneut Orson Welles, der diese Ästhetik auf die Spitze trieb – in der berühmten Vergnügungspark-Sequenz in *Die Lady von Shanghai* (The Lady from Shanghai, 1947, S. 396)

Der Schnüffler und die Femme fatale

Viele Noirs experimentierten geradezu mit der Subjektivierung der Filmerzählung. In *Murder, My Sweet* (1944) versetzte Edward Dmytryk den Zuschauer immer wieder in die Position des Helden, der im Verlauf der Handlung mehrfach das Bewusstsein verliert und unter Drogen gesetzt wird. Andere Filme versuchten ihre Geschichte ganz oder zumindest über weite Strecken mit der subjektiven Kamera zu erzählen. Wenngleich die Ergebnisse nicht immer überzeugen konnten, stellten die Filme die objektive Erfahrbarkeit von Realität doch eindrucksvoll in Frage.

Robert Siodmak ging mit *Die Wendeltreppe* (*The Spiral Staircase*, 1945, S. 274) noch weiter, indem er dem Publikum wiederholt die verzerrte Sicht eines wahnsinnigen Arztes aufdrängte, den der Anblick behinderter Frauen zur Mordlust treibt, weil er in ihnen nur minderwertiges Leben zu sehen vermag. *Die Wendeltreppe* ist zugleich ein Beispiel dafür, wie der Film noir faschistische Perversionen thematisierte, als auch für dessen Nähe zum Horrorgenre. So ist es kein Zufall, dass Jacques Tourneur, der mit *Goldenes Gift* (*Out of the Past*, 1947, S. 378) ein Meisterwerk des Film noir inszeniert hat, zugleich als ein Vater des modernen Horrorfilms gilt: In der undurchdringlichen Finsternis von *Katzenmenschen* (*Cat People*, 1942, S. 118) war nichts oder nur noch wenig Grauenhaftes zu sehen. Dafür alles zu erahnen.

In den 40er Jahren wurde das Kino zunehmend zu einem unsicheren Terrain, in dem der Schrecken von der Leinwand auf den Saal übergriff.

Seinen anhaltenden Kultstatus unter Cinephilen verdankt der Film noir zweifellos der Modernität seiner Figuren. Allen voran Humphrey Bogart, der den Sirenenrufen des Großstadtdschungels wie kein anderer mit souveräner Männlichkeit begegnete. Als Privatdetektiv in John Hustons *Die Spur des Falken* (*The Maltese Falcon*, 1941, S. 28) und in Howard Hawks' *Tote schlafen fest* (*The Big Sleep*, 1946, S. 314) kultivierte er die Rolle eines Moralisten auf verlorenem Posten, der sich der Schönheit eines unkorrumpierbaren Charakters nur allzu bewusst war. Sein ideales weibliches Pendant fand Bogart in Lauren Bacall. Vor allem in *Tote schlafen fest* bereicherten sie den Geschlechterkrieg des Film noir um einige der frivolsten Blick- und Wortgefechte.

Anders als Bogart oder auch Edward G. Robinson gehörten die meisten männlichen Stars des Film noir einer jüngeren Darsteller-Generation an. Burt Lancaster etwa debütierte mit einer Rolle, die zu den fatalistischsten des Film noir gehört. In Robert Siodmaks *Rächer der Unterwelt* (*The Killers*, 1946, S. 346) spielte er einen Ex-Boxer, der auf seine Killer wartet, nachdem ihn die Frau, die er liebt, verraten hat. Robert Mitchum kam Anfang der 40er Jahre zum Film und lieferte als ehemaliger Privatdetektiv, der von seiner verhängnisvollen Liebe zu einer Gangsterbraut eingeholt wird, in *Goldenes Gift* geradezu das Paradebeispiel eines Noir-Helden ab.

Den weiblichen Gegenpol zu diesen romantischen Anti-Helden bildete die Femme fatale. Glamouröse Stars wie Ava Gardner, Jane Greer, Joan

Bennett oder Gene Tierney verkörperten sie als irdische Variante der göttlichen Hollywood-Vamps der 20er und 30er, die durchaus zupacken konnte, wenn es nötig war. Und das hieß nicht selten: mit der Pistole in der Hand. Wohl am eindringlichsten brachte Barbara Stanwyck diesen Frauen-Typus auf die Leinwand. Wenn sie in *Frau ohne Gewissen* als eiskalte Blondine die Treppe ihres Hauses herunter schreitet und dabei ihre mit einem Reif geschmückten Fesseln den Blicken des wartenden Vertreters feilbietet, dann scheint sie geradezu den Auftritt einer Leinwand-Diva zu imitieren.

Dass die reflektierte Erotik die Anziehungskraft der weiblichen Noir-Figuren eher potenzierte als schmälerte, offenbarte sich besonders in *Gilda* (1946, S. 342). Als Titelheldin vollführt Rita Hayworth jenen legendär gewordenen Handschuh-Striptease, der ihren Kampf für eine selbstbestimmte Sexualität versinnbildlicht. Ihr Tanz ist zugleich auch ein Beleg dafür, wie wirkungsvoll die Filmemacher die Zensurbestimmungen umgingen, die ihnen der Production Code auferlegte.

Gegen Ende des Jahrzehnts, als sich mit dem beginnenden Kalten Krieg die restaurativen Tendenzen innerhalb der US-amerikanischen Gesellschaft durchsetzten, verlor die Femme fatale im Film noir zunehmend an Bedeutung. Die Frauen waren im Alltag erfolgreich wieder in die Sphäre des Häuslichen zurückgedrängt worden und besetzten nun auch wieder im Kino ihre traditionellen Rollen. Im Kriminalfilm hieß das nicht zuletzt: als Opfer oder als Sexsymbol.

Hitchcock in Hollywood

Nicht alle Neuankömmlinge im Hollywood der 30er und frühen 40er Jahre waren vor den Nazis geflohen. Wenige Monate vor dem Ausbruch des Krieges verließ auch Alfred Hitchcock seine englische Heimat in Richtung USA. Der britische Star-Regisseur drehte zeitgleich mit Orson Welles seinen ersten Hollywood-Film. Und tatsächlich lässt sich mit *Rebecca* (1940), der *Citizen Kane* stilistisch durchaus ähnelt, auch in Hitchcocks Werk ein Umschwung ins Schwarze erkennen.

Geradezu sinnbildlich erscheint in dieser Hinsicht die bedrohliche Lokomotive, die in *Im Schatten des Zweifels* (*Shadow of a Doubt*, 1942, S. 124) in den Bahnhof einer kalifornischen Kleinstadt einfährt. In dem Film, der wohl am eindeutigsten von allen Arbeiten Hitchcocks dem Film noir zuzurechnen ist, besucht ein Witwenmörder (Joseph Cotten) seine Verwandten in der Provinz. Hinter der Wohlanständigkeit lauert auch hier das zeitgemäße Grauen.

Hitchcock inszenierte in den 40er Jahren eine Reihe formal ambitionierter Filme. *Das Rettungsboot* (*Lifeboat*, 1943) bezog seinen Reiz aus der Begrenztheit des Schauplatzes. Für *Ich kämpfe um dich* (*Spellbound*, 1945), mit dem er das Modethema der Psychoanalyse aufgriff, ließ Hitchcock eine surrealistische Traumsequenz von Salvador Dalí entwerfen. Bei *Cocktail für eine Leiche* (*Rope*, 1948), verzichtete er bis auf die Aktenden auf jeglichen Schnitt. Sein bester Film war jedoch *Weißes Gift / Berüchtigt* (*Notorious*, 1946, S. 352), eine für Hitchcock typische Melange aus Liebes- und Spionagegeschichte mit Ingrid Bergman, Cary Grant und Claude Rains in den Hauptrollen, in der der Regisseur sein Gespür für aktuelle Themen bewies. Obwohl der Film noch vor den Atombombenabwürfen auf Hiroshima und Nagasaki geplant wurde, kreist die Handlung um eine Nazi-Organisation, die versucht, in Südamerika an radioaktives Material für eine Super-Waffe zu gelangen.

Das Comeback des Western

In den 30er Jahren entstanden nur wenige Western, die über das Niveau routinierter Massenware hinausragten. Das Genre fristete sein Dasein überwiegend in den B-Film-Abteilungen der Studios. Doch dann erlebte es Ende des Jahrzehnts ein spektakuläres Comeback: John Fords *Höllenfahrt nach Santa Fé/Ringo* (*Stagecoach*, 1939) läutete die klassische Ära des Westerns ein.

Wie kein anderer Regisseur prägte Ford mit seinen Filmen den Kinomythos des Wilden Westens. Häufig nahm er auf historische Begebenheiten Bezug, wie die legendäre Schießerei vom OK Corral in *Faustrecht der Prärie/Tombstone* (*My Darling Clementine*, 1946, S. 336), ohne allerdings Fakten allzu große Beachtung zu schenken. Vielmehr entwickelte er eine ganz eigene poetische Vision des Westens, in deren Mittelpunkt zumeist männliche Außenseiter standen, die mit den Ritualen und Werten der Gemeinschaft konfrontiert werden und sich bewähren müssen. Ein Konflikt, den Ford mit Vorliebe in der archaischen Wüstenlandschaft des Monument Valley ansiedelte. In diesem „John-Ford-Country" bilden karge Farmen die Keimzellen der amerikanischen Zivilisation. Oder auch Armee-Außenposten, wie in *Bis zum letzten Mann* (*Fort Apache*, 1948, S. 450), dem ersten Film aus Fords berühmter Kavallerie-Trilogie.

John Wayne wurde durch Fords Filme zur zentralen Figur des Genres – und zum Helden des konservativen Amerika. Wenngleich aber Fords Western der 40er Jahre eine altmodische Moral zeigen und seine Armee-Filme, wohl auch bedingt durch das eigene Kriegserleben, soldatische Tugenden hervorheben, so haftet ihnen bereits eine gewisse Düsternis an, die auch Waynes Figuren nicht unberührt lässt.

Deutlicher in dieser Hinsicht ist Howard Hawks' *Red River/Panik am roten Fluss* (*Red River*, 1948, S. 408), der mit atemberaubender Authentizität die Geschichte eines Rindertrecks einfängt und zugleich einen Vater-Sohn-Konflikt von mythischer Dimension erzählt. Hawks zeigte Wayne als Patriarchen mit despotischen Zügen. Doch selbst in dieser schwarzen Rolle strahlt er eine Größe aus, die seine Attraktivität als Identifikationsfigur bewahrt.

In den 40er Jahren öffnete sich der Western auch neuen Einflüssen und ernsthafteren Themen. William A. Wellmans *Ritt zum Ox-Bow* (*The Ox-Bow Incident*, 1943, S. 148) etwa behandelte faschistische Tendenzen innerhalb der USA. Der Film zeigt einen Lynchmob, dem drei unschuldig des Viehdiebstahls Verdächtigte zum Opfer fallen. Und auch der Film noir warf mitunter Schatten auf das Genre. So wies Raoul Walshs psychologischer Western *Verfolgt* (*Pursued*, 1947), in dem ein junger Mann (Robert Mitchum) von seiner Familie als Mörder gejagt wird, in Plot und Bildstil durchaus Noir-

Qualitäten auf. Und auch Walshs *Vogelfrei* (*Colorado Territory*, 1949), ein Remake seines Gangsterfilms *Entscheidung in der Sierra*, offenbart einen Hang zum Phantastischen und Fatalistischen, der dem Western sonst fremd war.

Sogar erotische Obsessionen trieben nun mitunter die Westerner um, wenn auch in den beiden berühmtesten Fällen stellvertretend für die Produzenten. *Duell in der Sonne* (*Duel in the Sun*, 1946, S. 308), seinerzeit auch als „Lust in the Dust" bekannt, spiegelt nicht zuletzt David O. Selznicks maßlose Bewunderung für Jennifer Jones wieder. Und dass Howard Hughes mit *Geächtet* (*The Outlaw*, 1941/43, S. 60) vor allem Jane Russell als Kurvenstar auf die Leinwand bringen wollte, konnten die Sittenwächter der Branche kaum übersehen. Ende der 40er Jahre betrat eine neue Generation von Western-Regisseuren die Szene, die den „Adult Western" des kommenden Jahrzehnts prägen sollte. Delmer Daves' *Der gebrochene Pfeil* (*Broken Arrow*, 1950, S. 534) mit James Stewart gilt als erster Western, der ein positives Bild von Indianern zeichnete. Im gleichen Jahr begann Stewart mit *Winchester '73* (1950, S. 494) auch seine acht Filme umfassende Zusammenarbeit mit Anthony Mann, die ihn neben Wayne als zweiten großen Star des Genres etablierte.

Mit Mann und Daves begann eine Zeit, in der das vom Kino entworfene Bild vom Westen zunehmend einer kritischen Revision unterzogen wurde. In den 40er Jahren zeigte das Genre allenfalls Ansätze dazu. In Zeiten, in denen das amerikanische Selbstverständnis zutiefst erschüttert war und der Film noir dieser Krise Ausdruck verlieh, bildete der Western ein identitätsstiftendes Gegenmodell. In den Mythen der Vergangenheit fand das US-Publikum die Gewissheiten, die ihm die Gegenwart vorenthielt.

Unter Feuer

Wenngleich Millionen von US-Bürgern im Kriegseinsatz waren oder in kriegswichtigen Bereichen arbeiteten, so spielte sich das Frontgeschehen doch geographisch in weiter Ferne ab. Das sah in Europa freilich ganz anders aus. Insofern liegt auf der Hand, dass der Krieg die dortigen Filmindustrien auch viel unmittelbarer traf als Hollywood.

In Großbritannien etwa halbierte sich zwar die Zahl der produzierten Filme unter dem Eindruck des Krieges. Dennoch stiegen die Besucherzahlen sprunghaft an. Und so kam dem Kino zweifellos eine Schlüsselrolle bei der moralischen Unterstützung der Bevölkerung zu, was sich auch daran ablesen lässt, dass die Filmtheater selbst bei Luftalarm geöffnet blieben.

Da Hollywood sich zunächst mit pro-alliierter Propaganda zurückhielt, stellten die britischen Studios schon frühzeitig, wenn auch unter massivem Druck der Politik, auf „Kriegsproduktion" um. Zunächst bestimmten vor allem ästhetisch wenig innovative patriotische Melodramen, Abenteuer- und Spionagefilme die Programme. Bald jedoch verstärkte sich eine realistische Tendenz im britischen Kino. Am klarsten kam diese in dramatischen Kriegsdokumentationen zum Ausdruck, etwa in Humphrey Jennings *Fires Were Started* (1943), der den Einsatz einer Feuerwehr während eines Bombenangriffs zeigt. Ein Film von erstaunlich leisem Pathos, der sich auf die Anstrengung und Entschlossenheit in den Gesichtern seiner Helden konzentriert und auch heute noch ein ergreifendes Bild vom Widerstandsgeist der Menschen vermittelt.

Dokumentarische Elemente flossen nun auch immer stärker in die zahlreichen fiktionalen Kriegsfilme ein. Allerdings äußerte sich das Bedürfnis der Menschen nach Ablenkung auch in einem Zuwachs gegenwartsferner Stoffe. Kostümfilme erfreuten sich zunehmender Beliebtheit, aber auch Adaptionen literarischer Klassiker. Laurence Oliviers *Heinrich V.* (*Henry V*, 1944, S. 228), der auf faszinierende Weise mit den Grenzen zwischen Theaterbühne und filmischer Illusion spielt, passt nur bedingt in dieses Muster. Der Film taucht zwar farbenprächtig in die Vergangenheit ein, erreicht aber seinen Höhepunkt in der realistisch inszenierten Schlacht von Azincourt. Der aktuelle Bezug dieses historischen englischen Sieges konnte dem Publikum seinerzeit nicht entgehen. Andere Filme schlossen sich dagegen hermetischer von der Gegenwart ab. Ein Trend, der über 1945 hinaus anhielt, wie David Leans Charles-Dickens-Verfilmungen *Geheimnisvolle Erbschaft* (*Great Expectations*, 1946) und *Oliver Twist* (1948) belegen, in denen die Viktorianische Zeit pittoresk wieder auflebt. Eine Sonderrolle nimmt das Gespann Michael Powell und Emeric Pressburger ein, das sich mit seinen Filmen mitunter an der Grenze zum Dokumentarischen bewegte, häufiger aber die Stilisierung auf die Spitze trieb, wie in dem wunderbaren Tanzfilm *Die roten Schuhe* (*The Red Shoes*, 1948, S. 416), einem der schönsten Farbfilme des Jahrzehnts.

Zum Spezialisten für eine britische Variante des Film noir entwickelte sich Carol Reed. In seinem berühmtesten Film, *Der dritte Mann* (*The Third Man*, 1949), nutzte er das kriegszerstörte Wien als Kulisse für einen existenzialistischen Krimi. Unvergessen bleiben Orson Welles' Auftritte als amerikanischer Penicillin-Schmuggler Harry Lime: Wie sein Gesicht bei seinem ersten Erscheinen gespenstisch aus der Schwärze eines Türschattens hervortritt. Oder seine zynische Rechtfertigungsrede, in der er sich hoch oben im Riesenrad des Praters zum Herrn über Leben und Tod aufschwingt. Vor allem aber sein klägliches Ende in der labyrinthischen Kanalisation der Stadt. Wenn sich in Lime der inhumane Geist des Jahrzehnts manifestiert, so triumphiert in seinem Scheitern jedoch keinesfalls die Menschlichkeit. Limes Gegenpart, sein naiv-idealistischer Schulfreund (Joseph Cotten), erlebt vielmehr eine totale Ernüchterung. Das Böse, so begreift er, ist eine Versuchung, die keine Zivilisation austreiben kann.

Kollaboration und Subversion

Die deutsche Okkupation beendete eine der fruchtbarsten Phasen des französischen Kinos. Mit Jean Gabin verließ der überragende Leinwandstar ebenso das Land wie die meisten führenden Regisseure, darunter Jean Renoir, Julien Duvivier und René Clair. Da die deutsche Filmindustrie jedoch den Bedarf der Kinos an neuen Filmen nicht annähernd decken konnte, nahmen die Pariser Studios schon relativ bald nach dem Einmarsch der Nazis die Produktion wieder auf. Weil zudem die Bevölkerung geradezu in die Lichtspielhäuser strömte und dabei deutsche und italienische Filme weitestgehend boykottierte, erlebte das einheimische Kino während der Besetzung einen bemerkenswerten ökonomischen Aufschwung.

Aufgrund strenger Auflagen kam es ästhetisch zu einem deutlichen Bruch gegenüber der Vorkriegszeit. Die von der Zensur erzwungene Wirklichkeitsferne beendete die Ära des Poetischen Realismus und ließ keinen Spielraum für Kritik. Dennoch entstanden eine Reihe exzellenter Filme, von denen einige durchaus eine subversive Lesart erlaubten, wie Marcel Carnés mittelalterliche Legende *Die Nacht mit dem Teufel/Der Teufel gibt sich die Ehre/Der Satansbote* (*Les Visiteurs du soir*, 1942). Berühmter jedoch ist Carnés erst nach der Befreiung beendetes Meisterwerk *Kinder des Olymp* (*Les Enfants du paradis*, 1943–45, S. 262), eine zeitlos bezaubernde Liebesgeschichte, die im Pariser Theatermilieu um 1830 angesiedelt ist.

Zu den besten Filmen der Besatzungszeit gehört Henri-Georges Clouzots *Der Rabe* (*Le Corbeau*, 1943, S. 166), der eine beinahe phantastisch anmutende Atmosphäre von Verrat und Denunziation in einer französischen Kleinstadt zeichnet – was einige Landsleute später als Nestbeschmutzung empfanden. Wie Clouzot konnten sich mit Jacques Becker, Robert Bresson und auch Jean Cocteau während der Okkupation einige Regisseure etablieren, die nach dem Krieg zu den wichtigsten Filmkünstlern Frankreichs zählen sollten. Unmittelbar nach der Befreiung inszenierte Cocteau eines der schönsten Kinomärchen überhaupt. *Es war einmal/Die Schöne und die Bestie* (*La Belle et la Bête*, 1946, S. 326) ist erfüllt von surrealer Phantasie und dunkler Romantik. Und es erscheint durchaus charakteristisch für das französische Kino der Zeit, dass die von Jean Marais gespielte haarige Bestie neben Jean-Louis Barraults melancholischem Harlekin in *Kinder des Olymp* zum großen tragisch Liebenden der Jahre '45/46 avancierte.

Die Libération brachte keine einschneidende Erneuerung des französischen Films. René Cléments *Schienenschlacht* (*La Bataille du rail*, 1945/46) als prominentester Versuch, ein realitätsnahes Kino aus dem Geist des Widerstands zu entwickeln, machte keine Schule. Stattdessen knüpften viele Filmemacher an das Kino der Vorkriegszeit an, an die pessimistischen Dramen des Poetischen Realismus, oder wandten sich der Verfilmung literarischer Klassiker zu, wobei Gabin nun zu einer Art Patriarch des französischen Kinos wurde, während Gérard Philipe zum jugendlichen Helden aufstieg. Doch selbst wenn in den späten 40er Jahren das von jungen Cinephilen verachtete *cinéma de papa* seinen Anfang nahm, so gelang doch gleichzeitig einigen großen Individualisten der Durchbruch. Nicht zuletzt Jacques Tati, der mit *Tatis Schützenfest/Tempo – Tempo!!* (*Jour de fête*, 1947/49, S. 456) den wohl amüsantesten Kommentar zum Frankreich der Nachkriegszeit ablieferte.

Ungleich stärker als auf die französische Filmwirtschaft wirkte sich der Eroberungskrieg der Nazis auf das sowjetische Kino aus. Gemäß Lenins einstiger Devise, wonach der Film die stärkste Waffe im Dienste der Revolution sei, erlangten vor allem Kriegsdokumentationen eine enorme propagandistische Bedeutung. Zugleich aber entstand in den kriegsbedingt nach Alma-Ata verlegten Studios der Mosfilm eines der überragenden Filmkunstwerke des Jahrzehnts: Sergej Eisensteins Zweiteiler *Iwan der Schreckliche, Teil I, II* (*Ivan Groznyi I, II*,1944/46, S. 242). Das letzte Werk des „Potemkin"-Regisseurs stand in einer Linie mit zahlreichen Historienfilmen, die die Legitimation Stalins als Führer des Volkes untermauern sollten. Zar Iwan (Nikolai Tscherkassow) aber, der im ersten Teil als entschlossener Einiger und Verteidiger Russlands auftritt, wird im zweiten Teil zunehmend zur düsteren Figur am Rande des Wahnsinns: Zu einem einsamen und grausamen Herrscher, der umgeben von mörderischen Intriganten und brutalen Handlangern wie ein Gefangener wirkt in den niedrigen labyrinthischen Gewölben des Kreml. So verwundert es nicht, dass der zweite Teil erst 1958, fünf Jahre nach Stalins Tod, uraufgeführt wurde.

„Davon geht die Welt nicht unter"

In Deutschland spielte das Kino eine zentrale Rolle in den Strategien des Propaganda-Ministers Goebbels. Seit 1933 versuchte das Nazi-Regime, eine totale Kontrolle über die Filmindustrie zu erlangen. So wurde die Ufa, Europas größte Filmproduktion, nach und nach zu einem Staatskonzern umgewandelt – und damit zum wohl wichtigsten Pfeiler des Propaganda-Apparats der Nationalsozialisten. Während des Krieges bestellten vor allem Wochenschauen und Dokumentationen das Feld der expliziten „Volksaufklärung". Sie zeigten die deutsche Truppen auf ihr scheinbar unaufhaltsamen Vormarsch, den „Volksgenossen" als tatkräftigen „Herrenmenschen" oder aber wie in Leni Riefenstahls Parteitags-Filmen (1933/35) als Teil einer ornamentalen Masse, der Hitler als einsamer Führer entgegentrat.

Auch Spielfilme dienten der direkten Indoktrination, indem sie autoritäre Herrscher glorifizierten, das Militär verherrlichten oder die Kriegsgegner verunglimpften. Zum Rassenhass riefen dagegen eher wenige Filme auf. Am berüchtigtsten ist in dieser Hinsicht zweifellos Fritz Hipplers vorgebliche Dokumentation *Der ewige Jude. Dokumentarfilm über das Weltjudentum* (1940), der auch zahlreiche Filmschaffende, darunter Chaplin und Lubitsch, aufs Übelste diffamierte. Angesichts der bevorstehenden Niederlage warf das Regime einen monumentalen Durchhaltefilm in die Schlacht. Die historischen Fakten verdrehend, erzählte Veit Harlans *Kolberg* (1943–45) vom erfolgreichen Widerstand der preußischen Stadt gegen die übermächtige napoleonische Armee. Der Film fand jedoch kaum noch ein Publikum. Zur Uraufführung Anfang 1945 lagen die meisten Lichtspielhäuser in Schutt und Asche.

Seine eigentliche staatstragende Aufgabe leistete das Kino der Nazi-Zeit jedoch mit scheinbar unpolitischer Unterhaltung. Die unsichtbare Inszenierung à la Hollywood aufgreifend, konstruierte der Ufa-Stil eine heile Welt, in der die herrschenden Strukturen immer wieder aufs Neue bestätigt wurden. Zu Kriegsbeginn nahmen einige Filme noch Bezug auf aktuelle Ereignisse. In *Die große Liebe* (1941/42) spielte Zarah Leander eine Sängerin, die ihren Geliebten an die Front ziehen lassen muss. Ihre Bereitschaft zum Verzicht stellt sie eindringlich unter Beweis: „Davon geht die Welt nicht unter" singt sie, und ihr aus Soldaten bestehendes Publikum schunkelt dazu fröhlich im Takt.

Je mehr sich jedoch die Verluste häuften und der Bombenkrieg die Bevölkerung zermürbte, desto weniger konnten solche Szenen überzeugen.

Und desto höher schwappte die Woge des Eskapismus. Der Ufa-Jubiläumsfilm *Münchhausen* (1942/43, S. 142) entführte das Publikum in kunterbunte Märchenwelten – und sogar auf den Mond. Die Phantasien des Lügenbarons waren so fernab der Realität, dass selbst sein Ritt auf der Kanonenkugel den staatlichen Instanzen als unbedenklich erschien.

Ein resignativer Tonfall und lebensnah gezeichnete Charaktere wirkten auf die Zensoren dagegen verdächtig. So gelangte Helmut Käutners *Große Freiheit Nr. 7* (1943/44, S. 198), eine ganz auf Hans Albers zugeschnittene Liebesgeschichte im Seemannsmilieu, im nationalsozialistischen Deutschland nie in die Kinos. Albers' Lied „Nimm mich mit, Kapitän, auf die Reise" kam den Alltagssehnsüchten der Menschen wohl zu nah.

Nach Kriegsende entstanden vor allem im sowjetisch besetzten Teil Deutschlands einige bemerkenswerte Filme, die sich realitätsnah mit dem Nationalsozialismus auseinander setzen. Etwa Wolfgang Staudtes *Die Mörder sind unter uns* (1946, S. 360), der als erster deutscher Nachkriegsfilm gilt und das zerstörte Berlin geschickt in die Handlung mit einbezog. Auch im Westen gab es so genannte Trümmerfilme, die meist jedoch eher die „Stunde null" beschworen, als schmerzhaft in der Vergangenheit zu bohren. Der Wirtschaftsaufschwung nach Gründung der Bundesrepublik machte dem endgültig ein Ende. Fortan bestimmten im Westen Heimat-, Arzt- und Genrefilme in bester Ufa-Tradition die Produktion, während in der DDR der Antifaschismus im Kino zur Staatssache wurde.

Die Geburt des Neorealismus

Anders als in Deutschland gelang es dem faschistischen Regime in Italien nicht, die Filmindustrie gänzlich für seine Zwecke einzuspannen. Zwar gab es ebenfalls propagandistische Dokumentar- und Spielfilme. Und mit dem so genannten „Kino der weißen Telefone" beherrschten auch hier eskapistische Komödien die Programme. Dennoch lassen sich bereits in einigen Filmen der 30er Jahre Ansätze für eine Hinwendung zur Wirklichkeit entdecken. Dass die staatliche Kontrolle in Italien nicht das deutsche Ausmaß erreichte, zeigen aber auch die oppositionellen Tendenzen einiger Filmzeitschriften und sogar der nationalen Filmhochschule. Aus diesen Bereichen sollten viele der wichtigsten Vertreter jener Bewegung hervorgehen, die das italienische Kino der Nachkriegsjahre weltberühmt machte: dem Neorealismus.

Als Initialzündung für das neorealistische Kino gilt Luchino Viscontis *Besessenheit* (*Ossessione*, 1943, S. 130). Auf einem amerikanischen Kriminalroman basierend, erfüllte der Film über Ehebruch und Mord zwar in mancherlei Hinsicht nicht die Kriterien der späteren Werke, wirkte jedoch in seiner ungeschminkten Darstellung moralischer Verwahrlosung und materiellen Elends wie ein Schlag ins Gesicht des Mussolini-Regimes. Dass die Zensur den Film nach seiner Uraufführung verbot und erst nach massiven Kürzungen freigab, feuerte die Begeisterung der jungen italienischen Cineasten zusätzlich an.

Seine eigentliche Geburtsstunde erlebte der Neorealismus zwei Jahre später. Unmittelbar nach der Befreiung Roms durch die Alliierten inszenierte Roberto Rossellini *Rom, offene Stadt* (*Roma, città aperta*, 1945, S. 290), der die Geschichte eines von der Gestapo gejagten Widerstandskämpfers erzählt, dessen Helfer von den Deutschen ermordet werden. Rossellini realisierte den Film mit geringsten Mitteln. Er drehte an Originalschauplätzen, und bis auf zwei professionelle Schauspieler – darunter Anna Magnani – setzte er ausschließlich Laiendarsteller ein. Zwei Merkmale, die für den dokumentarischen Stil des Neorealismus grundlegend werden sollten und die entscheidend zur außergewöhnlichen Authentizität des Films beitragen, dem die Wut und die zeitliche Nähe zum Geschehen deutlich anzumerken sind. Die Erschießung Pinas (Anna Magnani) auf offener Straße gehört sicherlich zu den dramatischsten Szenen in der Geschichte des Kinos.

Rom, offene Stadt, wie auch *Paisà* (1946) und *Deutschland im Jahre null* (*Germania anno zero/Allemagne année zéro*, 1948), offenbarten nicht nur Rossellinis Anteilnahme am Schicksal einfacher Leute, sondern auch wie stark das Aufkommen des Neorealismus mit dem Geist der *resistenza* verbunden war. Der klassenkämpferische Aspekt der Bewegung tritt jedoch eher in den Filmen Vittorio De Sicas, Viscontis und einiger anderer hervor. De Sicas *Schuhputzer/Schuschia* (*Sciuscià*, 1946) und *Fahrraddiebe* (*Ladri di biciclette*, 1948, S. 420) führten das Massenelend nach dem Krieg und die damit einhergehende Verrohung der Menschen eindringlich vor Augen, aber auch das Versagen des Bürgertums und der Kirche. Weiter ging in politischer und ästhetischer Hinsicht *Die Erde bebt* (*La terra trema*, 1948, S. 438). In sei-

nem Film über eine Revolte verarmter sizilianischer Fischer setzte Visconti die Bewohner des Drehortes als Darsteller ein und ließ sie Rollen spielen, die ihrer tatsächlichen Situation sehr nahe kamen. Befreit von gängigen Psychologisierungen und dramaturgischen Zwängen zeigt der Film die Lebenswirklichkeit seiner Protagonisten in langen ruhigen Kamerafahrten, die die Menschen immer mit ihrer Umgebung verbinden. Der Konflikt erwächst sichtbar aus den sozialen Strukturen des Ortes. Und so scheint einzig eine grundlegende Umwälzung die herrschende Ungerechtigkeit beenden zu können.

Derart umstürzlerische Tendenzen entsprachen im Nachkriegsitalien jedoch schon bald nicht mehr dem Zeitgeist. Das Publikum bevorzugte leichtere Kost und glamourösere Unterhaltung. Und so neigte sich die Ära des Neorealismus zu Beginn des neuen Jahrzehnts rasch ihrem Ende zu.

Das Ende der Traumfabrik

Trotz seiner relativ kurzen Dauer und der eher mäßigen Aufnahme in seiner Heimat kann die Bedeutung des Neorealismus kaum überschätzt werden. Als Erneuerungsbewegung hat er die Entwicklung der Filmkunst weltweit nachhaltig beeinflusst. In den USA sorgten vor allem De Sicas Filme für Aufsehen. Sowohl *Schuhputzer* als auch *Fahrraddiebe* wurden mit einem Ehren-Oscar ausgezeichnet.

Auch im US-amerikanischen Kino der Nachkriegsjahre lässt sich eine verstärkte realistische Ausrichtung erkennen, die nicht zuletzt auf die im

Krieg erprobten dokumentarischen Techniken zurückzuführen ist, aber zweifellos zusätzlich auch vom Erfolg der italienischen Filme bestätigt wurde. Semi-Documentaries wie Henry Hathaways Journalisten-Krimi *Kennwort 777* (*Call Northside 777*, 1947/48, S. 402) zeigten nun reale Elendsquartiere der Großstädte und vermittelten, indem sie die sozialen Gegebenheiten nüchtern ins Bild setzten, ein authentisches Bild Amerikas. Andere Filme wie Edward Dmytryks *Im Kreuzfeuer* (*Crossfire*, 1947) oder Elia Kazans *Tabu der Gerechten* (*Gentleman's Agreement*, 1947) thematisierten gesellschaftliche Missstände wie den auch in den USA verbreiteten Antisemitismus.

Als Ende der 40er Jahre die Kommunistenhatz auch auf Hollywood übergriff, geriet der aufklärerische Impuls solcher Filme freilich schnell in den gefährlichen Ruf einer „unamerikanischen Gesinnung". Linke und liberale Filmschaffende sahen sich wachsenden Repressalien ausgesetzt. Einige – die so genannten „Hollywood-Ten" – wurden wegen mangelnder Kooperationsbereitschaft mit den Behörden zu Gefängnisstrafen verurteilt, andere landeten auf Schwarzen Listen, was meist einem Berufsverbot gleichkam. Viele verließen Amerika in Richtung Europa.

Doch nicht nur deshalb hatte ein kritisch-realistischer Ansatz schlechte Karten. Nach dem Boomjahr 1946 begann der endgültige Abstieg der Studios, der bis in die späten 60er Jahre andauerte. Per Gerichtsentscheid wurden die Majors gezwungen, ihre Kinos abzustoßen. Und schlimmer noch: Mit dem Aufkommen des Fernsehens erwuchs dem Kino geradezu explosionsartig eine neue, übermächtige Konkurrenz. Gegen diese negative Entwicklung schien nur eine Waffe zu helfen: leinwandfüllende Spektakel. Filme, die nicht das alltägliche Leben zeigten, sondern die größer waren als das Leben. Bigger than life. So lässt sich parallel zur gesellschaftlichen Restauration auch eine konservative Tendenz in den Filmen der großen Studios erkennen.

Die Zeit aber ließ sich nicht zurückdrehen. Eine naive Hingabe an das Kino schien kaum noch möglich, nachdem der Schatten des Krieges auf die Traumfabrik gefallen war. So zeugen die grellen Hypertrophien der 50er Jahre – die knallig bunten Farben ebenso wie die überbreiten Leinwände und die üppigen Kurvenstars – auch von einer gewissen Hilflosigkeit, beim Versuch, die Realität aus dem Kino zu bannen.

Rückblickend erscheinen die 40er Jahre nicht nur als das letzte klassische Jahrzehnt Hollywoods, sondern auch als das erste moderne. Eine Dekade des Übergangs, die damit begann, dass *Citizen Kane* den Status quo des US-Kinos in seinen Grundfesten erschütterte. So gesehen ist Welles' Film auch ein ferner Spiegel, der uns immer noch einiges über unsere Welt und die Bedeutung der Massenmedien zu erzählen vermag. Wir sind uns heute über die großen Manipulationsmöglichkeiten nicht zuletzt von bewegten Bildern im Klaren. Ebenso darüber, dass unsere modernen Demokratien nicht ohne die visuelle Vermittlung von Nachrichten existieren können. Wir wissen es und zugleich empfinden wir eine gewisse Wehmut angesichts der Entzauberung der Bilder. So sind wir wohl alle ein wenig wie Charles Foster Kane, der sentimental in seine Schneekugel blickt. Das Kino ist eine solche Schneekugel, die davon erzählt, wie schön, aber auch wie flüchtig unser Leben sein kann.

Jürgen Müller / Jörn Hetebrügge

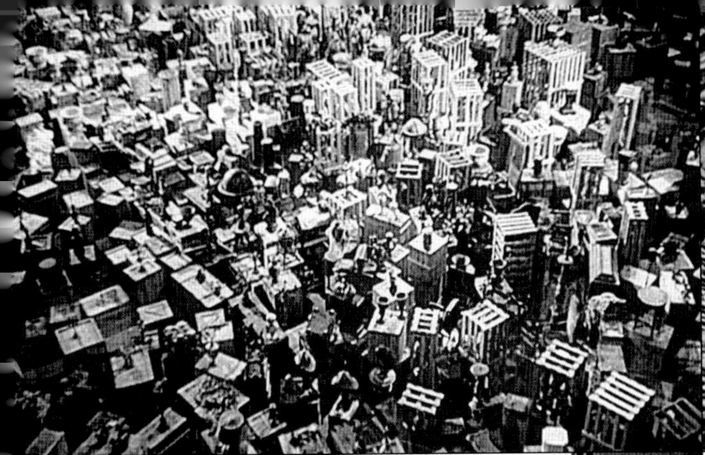
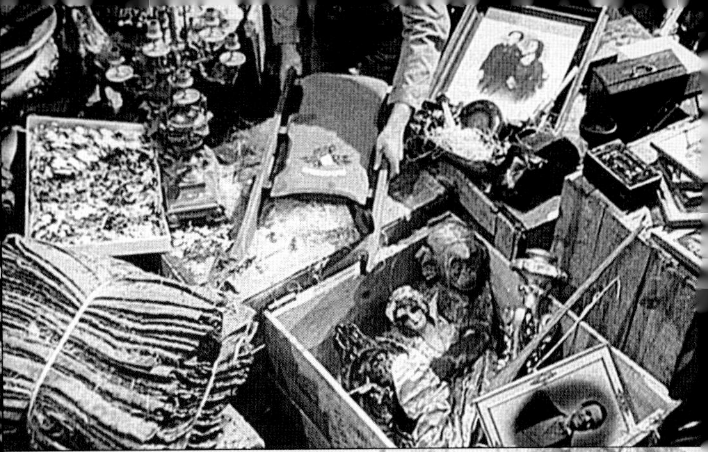
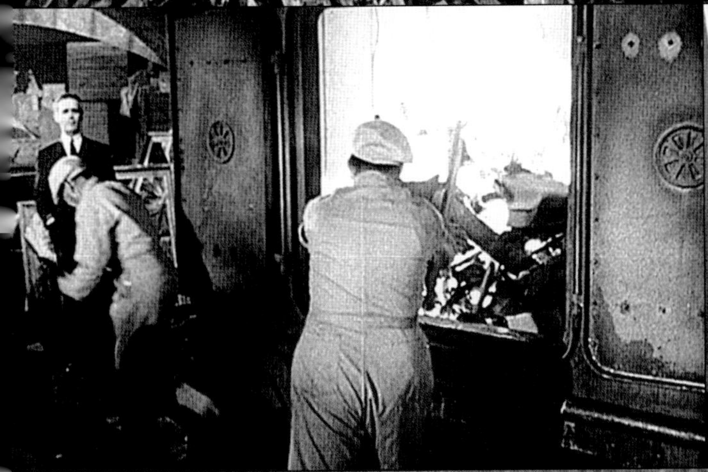
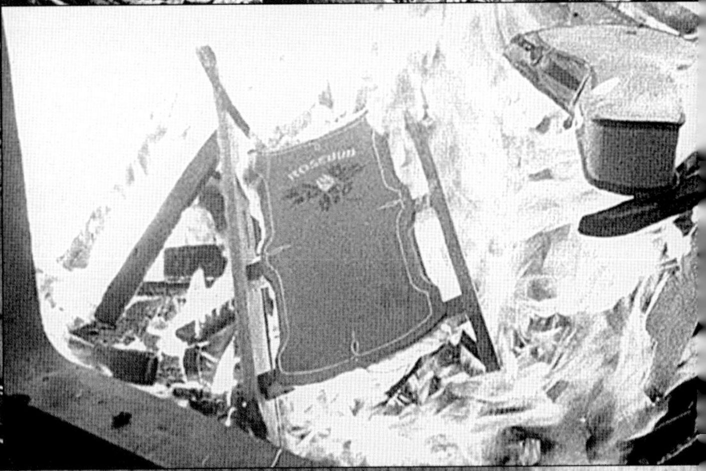
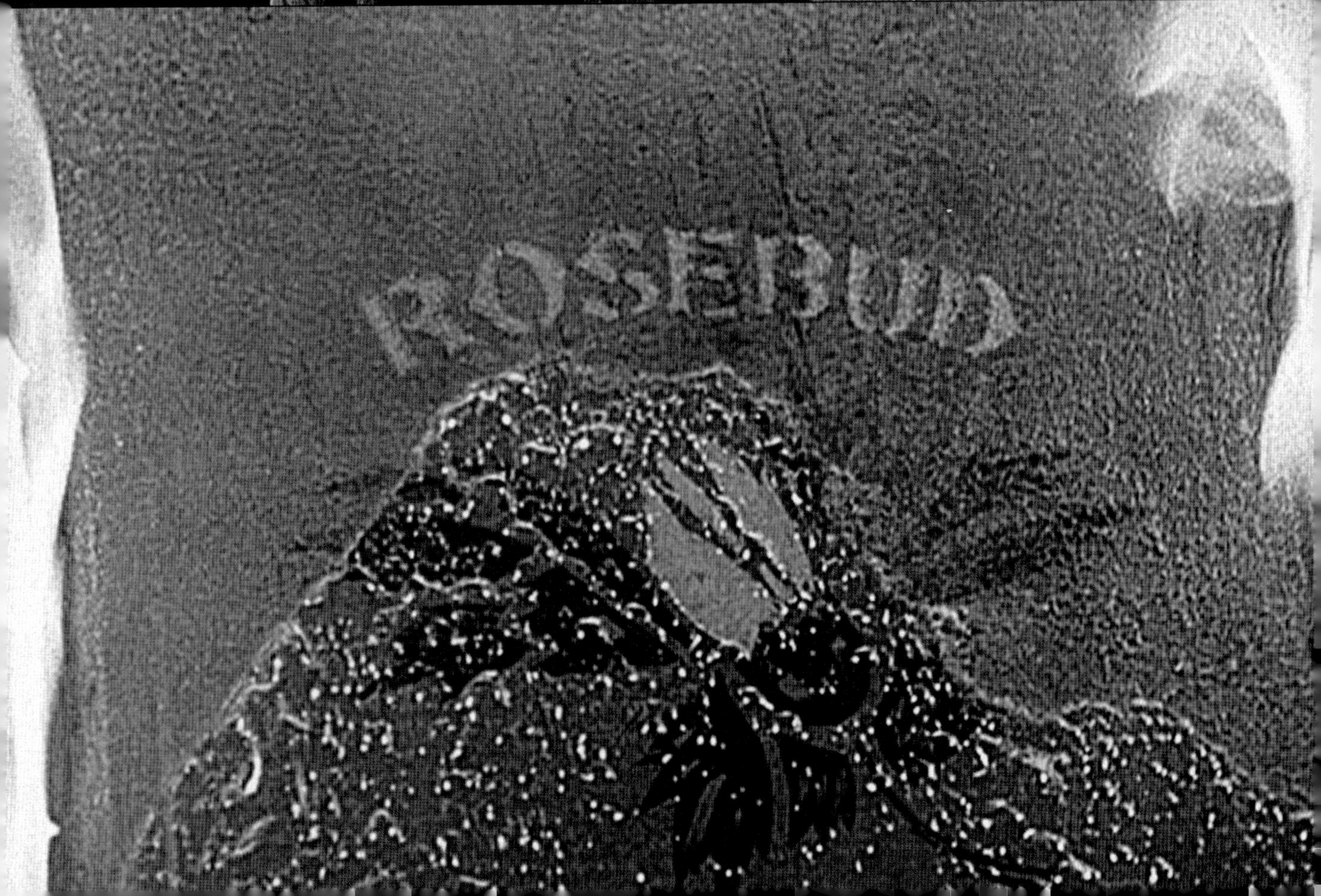
ROSEBUD

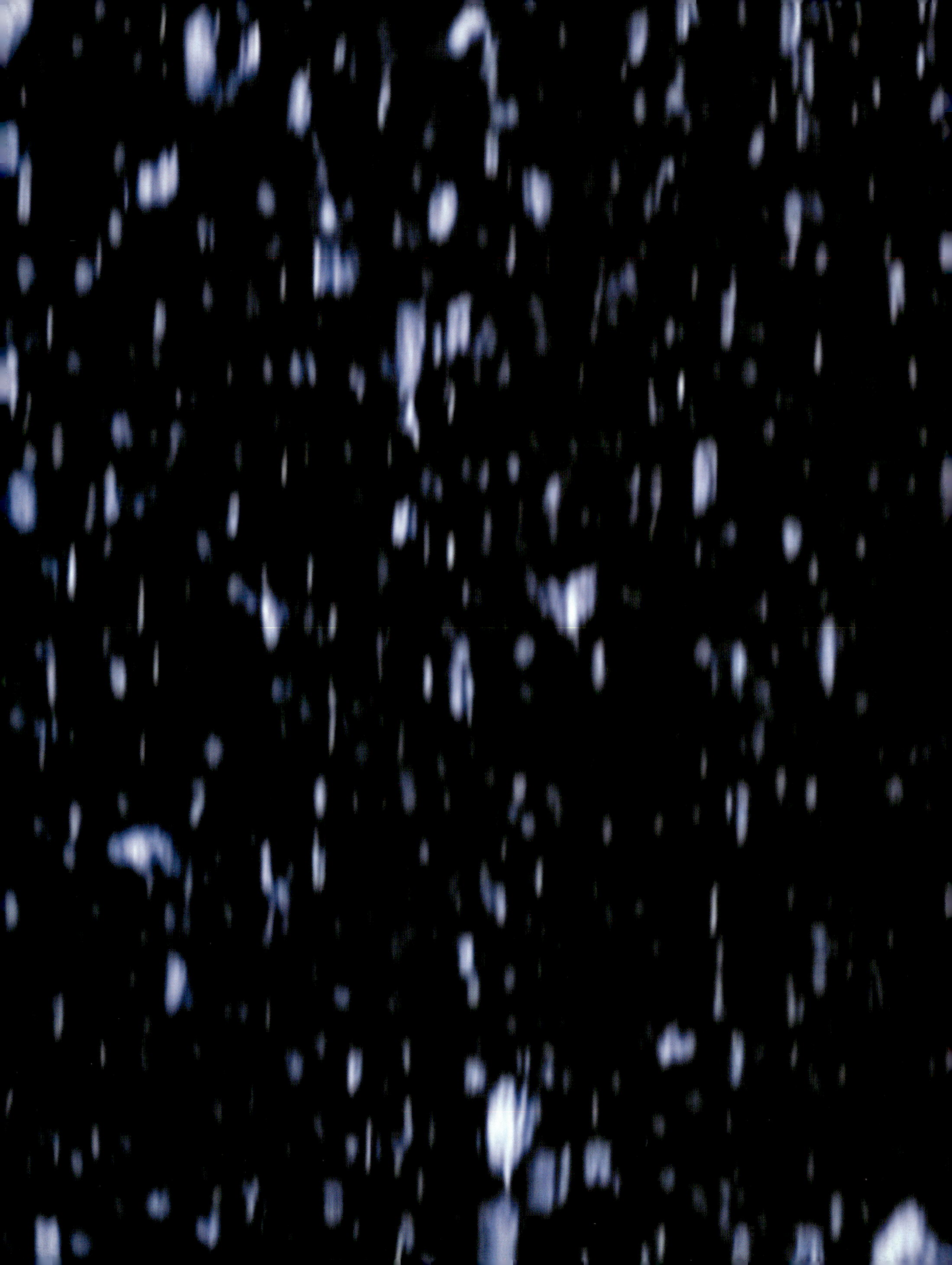

JÜRGEN MÜLLER / JÖRN HETEBRÜGGE
EINLEITUNG – NO TRESPASSING 4

1941 28
1942 80
1943 130
1944 172
1945 262
1946 302
1947 366
1948 408
1949 456
1950 494

ACADEMY AWARDS 1941–1950 548
FILMINDEX 560
GESAMTREGISTER 564
ÜBER DIE AUTOREN 574
CREDITS 575
DANKSAGUNG 575
IMPRESSUM 576

DIE SPUR DES FALKEN
The Maltese Falcon

1941 - USA - 100 MIN. - S/W - GENRE DETEKTIVFILM

REGIE JOHN HUSTON (1906–1987)
BUCH JOHN HUSTON, nach dem gleichnamigen Roman von DASHIELL HAMMETT
KAMERA ARTHUR EDESON **SCHNITT** THOMAS RICHARDS **MUSIK** ADOLPH DEUTSCH
PRODUKTION HAL B. WALLIS für FIRST NATIONAL PICTURES INC., WARNER BROS.

DARSTELLER HUMPHREY BOGART (Sam Spade), MARY ASTOR (Brigid O'Shaughnessy/Miss Wonderly), GLADYS GEORGE (Iva Archer), PETER LORRE (Joel Cairo), SYDNEY GREENSTREET (Kasper Gutman), JEROME COWAN (Miles Archer), ELISHA COOK JR. (Wilmer Cook), JAMES BURKE (Luke), MURRAY ALPER (Frank Richman), JOHN HAMILTON (Bryan), WARD BOND (Detective Tom Polhaus).

„The stuff that dreams are made of."

Eine Montage majestätischer Kameraschwenks über die Großstadt San Francisco, dazu fesselnde Musik, dann in großen Lettern der Name des Detektivbüros „Sam Spade and Miles Archer" und schließlich der Blick auf die Hauptfigur des Films: Wenige Sekunden genügen, um uns mitten in einen Strudel aus Lügen, Verrat und Mord zu reißen und mit uns niemand anderen als Hollywoods wohl berühmtesten Privatdetektiv, Sam Spade, gespielt von der Ikone des Detektiv- und Gangsterfilms Humphrey Bogart.

Aber das ist nur die halbe Wahrheit. Man täte John Hustons grandiosem Regiedebut Unrecht, denn was der Regisseur solcher Klassiker wie *Asphalt Dschungel/Raubmord* (*The Asphalt Jungle*, 1950) oder *Moby Dick* (1956) in diesem Urbild des Film noir an Schauspielgrößen versammelt hat, stünde manch teurer Großproduktion gut zu Gesicht: Mary Astor spielt die durchtriebene Brigid O'Shaughnessy, Peter Lorre den distinguierten Ganoven Joel Cairo und Sydney Greenstreet den korpulenten Beutejäger Kasper Gutman. Alle vereint die Suche nach einer geheimnisvollen schwarzen Falkenstatuette, und in der Wahl ihrer Mittel, das Objekt ihrer Begierde – den Malteser Falken – in die Hände zu bekommen, sind sie nicht eben zimperlich.

Nicht das Ziel ihrer kriminellen Machenschaften, sondern der verschlungene Weg zu diesem Ziel ist es allerdings, der John Huston an Dashiell Hammetts gleichnamiger Romanvorlage interessiert hat. Und wenn es stimmt, was Drehbuchautor und Regisseur Paul Schrader (u. a. Drehbuch für *Taxi Driver*, 1975) in seinem berühmt gewordenen Aufsatz „Notes on Film noir" geschrieben hat, nämlich dass im Film noir das „Wie" immer wichtiger als das „Was" ist, dann haben wir es hier in der Tat mit einem Paradebeispiel zu tun.

Das Verwirrspiel mit miesen Tricks und falschen Fährten beginnt, als eines Tages die attraktive Miss Wonderly in Sam Spades Büro auftaucht und ihn bittet, ihre Schwester von einem unangenehmen Burschen namens Floyd Thursby loszueisen. Für den machohaften Spade scheinbar ein Kinderspiel, zumal auch die Bezahlung stimmt. Doch etwas stimmt nicht. Bereits der erste Blick, den Miss Wonderly auf Archer richtet, verrät ihr Ansinnen: In nu

1

einem Augenblick wechselt der Ausdruck ihrer Augen von kalt prüfender Fixierung zu lasziver Umgarnung, und sie weiß, dass ihre Strategie aufgehen wird – viel zu schnell für Spade, den vermeintlichen Frauenhelden. Die Geschichte, die sie ihm auftischt, ist von Anfang bis Ende erlogen. Das ahnen zwar auch Spade und sein Partner Miles Archer, doch beide können der Verlockung durch Geld und Klientin nicht widerstehen und willigen in den Auftrag ein, an dessen Ende Spades Kompagnon Miles Archer tot und Sam Spade endgültig zur Marionette in einem kriminellen Vexierspiel geworden sein wird.

Das Drama beginnt, als Miles Archer nachts auf offener Straße von einer unbekannten Person kaltblütig erschossen wird, was Spade nicht nur Besuche von der Polizei und beim Staatsanwalt beschert, sondern auch zur Folge hat, dass Spade unangenehme Bekanntschaft mit zwielichtigen Figuren machen muss. Unversehens taucht der dandyhafte Gauner Joel Cairo in Spades Büro auf und klärt ihn über Miss Wonderlys wahre Identität auf. Brigid O'Shaughnessy heiße sie und habe ihn und seinen Partner Kasper Gutman auf der Suche nach einer wertvollen schwarzen Falkenfigur hereingelegt, so wie ihn, den Privatdetektiv. Von hier an verwirrt sich die Jagd nach der begehrten Trophäe zusehends. Am Ende jeder Drehung und Wendung steht eine neue. Der Zuschauer ist dabei stets nur auf der Höhe von Sam Spade und weiß immer nur genauso viel oder besser: ebenso wenig wie er.

„Sehr klare und wunderbar exzentrische Krimiunterhaltung." *Kinematograph Weekly*

JOHN HUSTON Nach wechselvollen jungen Jahren – in denen er mit seinen Eltern auf der Bühne stand, eine lebensbedrohliche Krankheit überstand, später Boxer, mit 19 Jahren Schauspieler am Broadway und schließlich Offizier wurde – kam Huston erstmals durch Regisseur William Wyler mit dem Filmgeschäft in Kontakt. Seine Karriere verlief allerdings auch weiterhin sprunghaft: Huston arbeitete als Reporter und Redakteur, als (erfolgloser) Drehbuchautor und Dialogschreiber sowie als Kleindarsteller. Zurück in Hollywood betätigte sich Huston erneut als Drehbuchautor, jetzt allerdings mit mehr Erfolg. Mit seiner ersten Regiearbeit *Die Spur des Falken* (*The Maltese Falcon*, 1941) gelang ihm schließlich der Durchbruch als Regisseur, dem schnell der Ruf des impulsiven und unberechenbaren Multitalents anhing. Sein im Auftrag der Regierung erstellter Dokumentarfilm über kriegstraumatisierte Soldaten, *Es werde Licht* (*Let There Be Light*, 1946), konnte erst dreißig Jahre später öffentlich aufgeführt werden. Neben seiner erfolgreichen Regiearbeit nahm Huston immer wieder aktiv am politischen Leben Teil und gründete mit William Wyler und Philip Dunne das „Committee of the First Amendment" als Reaktion auf die antikommunistischen Umtriebe in der McCarthy-Zeit. Mit der Mafia-Komödie *Die Ehre der Prizzis* (*Prizzi's Honor*, 1985) feierte der unermüdliche Filmschaffende einen seiner letzten großen Erfolge.

1 Im Schatten des Zweifels: Was um alles in der Welt hat es mit der mysteriösen Statuette auf sich, fragt sich Sam Spade (Humphrey Bogart).

2 Sam Spade und Miles Archer (Jerome Cowan) sind beileibe keine Schreibtischtäter.

3 Kein Freund, aber Helfer: Spade sucht Kontakt zur Konkurrenz von der Polizei (Ward Bond als Detective Tom Polhaus, links).

4 In der Welt des Verbrechens gibt es keine Freunde (Peter Lorre, M.).

5 Nichts und niemand entgeht dem gewieften Beobachter Spade – außer der Wahrheit im Fall des geheimnisvollen Falken.

„Selbst heute noch, mehr als fünfzig Jahre später, ist im Kino der Gegenwart der Einfluss dieses Films nicht zu übersehen." *Film Quarterly*

„In einem Artikel der Zeitschrift *Life* bezeichnete James Agee diese dritte Verfilmung von Dashiell Hammetts Roman ‚The Maltese Falcon' als ‚das beste Detektivmelodram aller Zeiten'." *Film Quarterly*

6   Beinahe schon eiserne Genreregel: Wo Gangster sind, ist auch ein beliebter Unterweltboss (Sydney Greenstreet als Kasper Gutman) nicht weit.

7   Solchen Gelegenheiten kann auch der hartgesottenste Detektiv kaum widerstehen.

8   Gewalt nutzlos: Schon bald wird der Revolvermann ein Verlierer sein.

9   Unangenehmer Polizeibesuch: Spade plaudert aus dem Nähkästchen.

Die erzählerische Verwirrung wird unterstützt durch unübersichtliche und beengt wirkende Raumkompositionen, verkantete Kameraperspektiven sowie eine ausgeklügelte Low-key-Lichtgestaltung. Besonders aber die Figur des stets siegesgewissen, oft handgreiflich werdenden und im Tonfall rüden Zynikers Sam Spade, der nicht recht einsehen will, dass er längst zur Spielfigur in dieser mysteriösen Angelegenheit geworden ist, und mit dem der Zuschauer auf Gedeih und Verderb durch die Geschichte gehetzt wird, verstärkt das irritierende Moment des Films. Und an seinem Ende, als alle Rätsel gelöst scheinen, aber wiederum nur alle als Betrogene dastehen, wird spürbar, was der Erfinder des Begriffs „Film noir", Nino Frank, 1946 im Hinblick auf *Die Spur des Falken* so treffend beschrieben hatte: jene „dritte Dimension", die den Abgrund moralischer Verkommenheit an der filmischen Oberfläche wahrnehmbar werden lässt.

BR

DIE FALSCHSPIELERIN
The Lady Eve

1941 - USA - 97 MIN. - S/W - GENRE KOMÖDIE

REGIE PRESTON STURGES (1898–1959)
BUCH PRESTON STURGES, nach einer Erzählung von MONCKTON HOFFE KAMERA VICTOR MILNER
SCHNITT STUART GILMORE MUSIK SIGMUND KRUMGOLD PRODUKTION PAUL JONES für PARAMOUNT PICTURES.

DARSTELLER BARBARA STANWYCK (Jean Harrington/Lady Eve Sidwich),
HENRY FONDA (Charles Pike, „Hopsie"), CHARLES COBURN („Colonel" Harrington),
EUGENE PALLETTE (Horace Pike), WILLIAM DEMAREST (Ambrose Murgatroyd, „Muggsy"),
ERIC BLORE (Sir Alfred McGlennan Keith, „Pearlie"), MELVILLE COOPER (Gerald),
MARTHA O'DRISCOLL (Martha), JANET BEECHER (Janet Pike), LUIS ALBERNI (Pikes Hauschef).

„I need him like the axe needs the turkey!"

Der Luxusliner „S.S. Southern Queen" liegt abfahrbereit an der Mündung des Amazonas. Nur ein einziger Passagier fehlt noch: Charles Pike (Henry Fonda), unverheirateter Sohn eines millionenschweren amerikanischen Bier-Fabrikanten. Wie alle Fahrgäste steht auch die schöne und hinterlistige Jean (Barbara Stanwyck) an der Reling und kommentiert zusammen mit ihrem Vater Colonel Harrington (Charles Coburn) die Ankunft des reichen, von Frauen umschwärmten Brauereisohns. Jean und ihr Vater sind ein gewieftes Falschspielerteam. Da kommt ihnen der artige und etwas unbeholfene Schlangenkundler Charles gerade recht. Als Charles die Bordleiter erklimmt, setzt Jean zur ersten Kontaktaufnahme an: „Mal sehen, ob ich ihn damit auf den Kopf treffe", sagt sie und lässt einen angebissenen Apfel auf den mit einem Tropenhelm bewehrten Kopf von Charles fallen. Volltreffer.

Allein die Begrüßungsszene verrät alles über den hintergründigen Witz und die Subversivität von Preston Sturges' großartiger Screwball-Komödie. Gibt es ein treffsichereres Symbol für die Eröffnung des Kampfes der Geschlechter als einen gezielt geworfenen Apfel? Jean Harrington wird sich später Lady Eve Sidwich nennen, um sich Charles, der ihr an Bord sofort verfällt, sich aber von ihr abwendet, als er von ihren betrügerischen Machenschaften erfährt, ein zweites Mal vorzustellen. Das allerdings nicht – wie zunächst an Bord – in verführerischer und dann plötzlich offen verliebter Absicht, sondern aus enttäuschter Liebe, wenn auch nicht minder hinterlistig und scharfzüngig. Sie macht sich nicht einmal die Mühe, ihr Äußeres zu verändern, sondern variiert nur den Akzent. Preston Sturges gelingt der unglaubliche Identitäts-Wechsel mit leichter Hand. Sein Mittel ist das Tempo, die Bewegung. Was zählt, ist die rasante Verkettung und nicht die Frage, ob das filmische Geschehen in sich schlüssig ist.

Charles geht Jean prompt abermals ins Netz und ist nun ihrer sanften Rache ausgesetzt. Jeans Verhältnis zu ihm ist eben von Anfang an davon geprägt, dass sie Charles braucht „like the axe needs the turkey!" Um das Auf und Ab der Gefühle munter voranzutreiben, beschleunigt Preston Sturges die Liebeswerbungen und -täuschungen mit den einschlägigen Stilmitteln des Genres: mit rasanten, scharfzüngigen Dialogen, mit Running-Gags, durch Doppelkodierung von Aussagen, mit verblüffenden Kartentricks und vor allem durch eine resolute Neuordnung der Geschlechterrollen. Überaus gekonnt stellt der junge Henry Fonda den Millionärserben als liebenswerten Trottel dar. Charles Vater Horace (Eugene Pallette) kann über die Stolperer seines Sohnes auf der großen Dinner-Party im eigenen Hause nur staunen. „That couch has been there for 15 years and nobody fell over it before!" Die Heldin Jean dage-

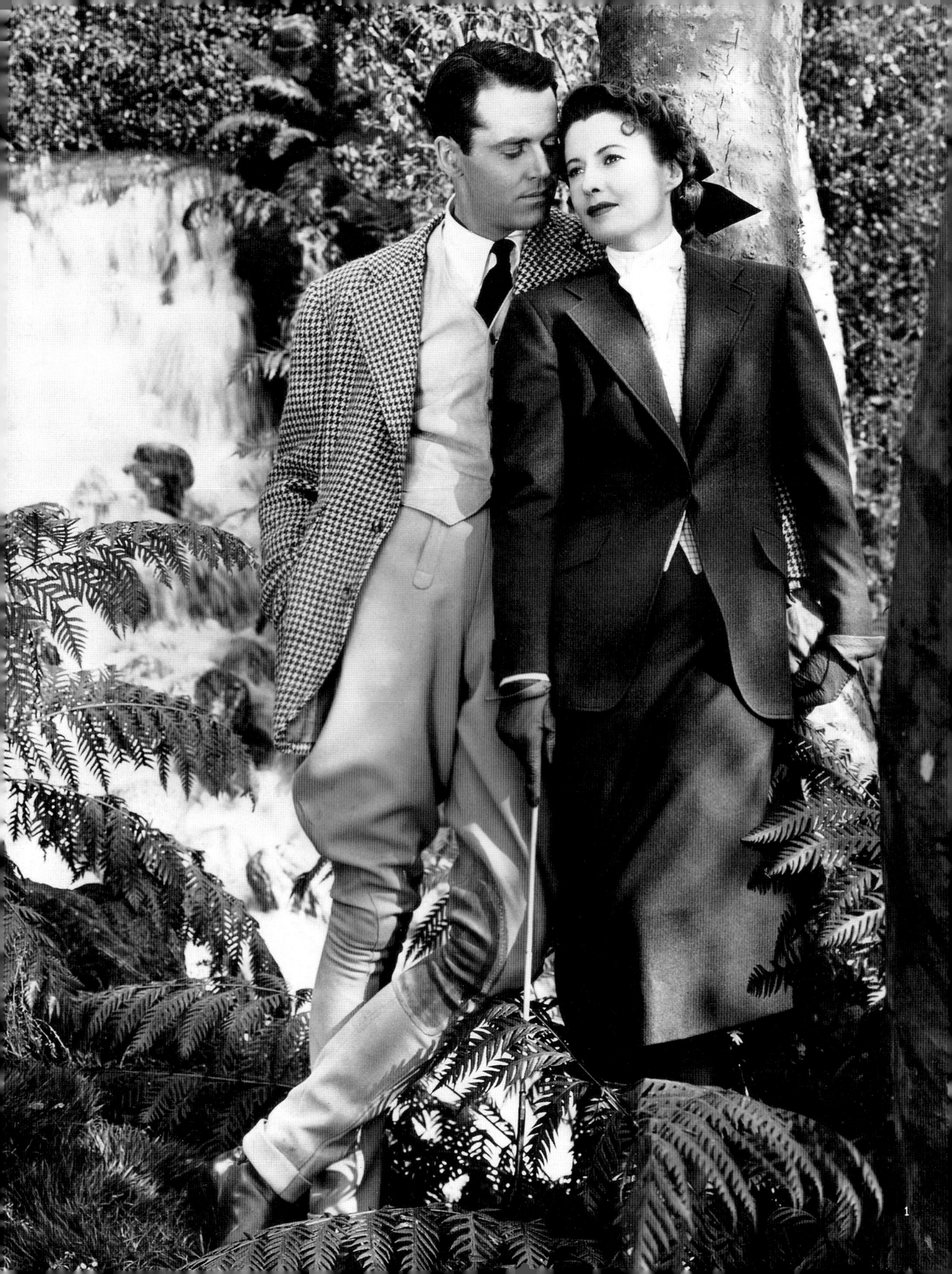

1

BARBARA STANWYCK   Geboren am 16. Juli 1907 in Brooklyn, New York, mit vier Jahren Vollwaise, schlug sich Ruby Stevens zunächst als Packerin, Telefonistin und Statistin in einer New Yorker Revue durch. Der Durchbruch beim Film gelang ihr 1930 mit Hilfe von Frank Capra in *Ladies of Leisure*. In drei weiteren Capra-Filmen (*The Miracle Woman*, 1931; *Forbidden*, 1931; *The Bitter Tea of General Yen*, 1932) avancierte sie zur festen Größe in Hollywood – da schon unter dem Namen Barbara Stanwyck. Ihre große Zeit waren die Jahre 1935 bis 1957. Vier Mal wurde sie innerhalb von 11 Jahren für den Oscar nominiert: 1937 für ihre Rolle in King Vidors *Stella Dallas*, 1941 als coole Gangsterbraut in Howard Hawks' schwarzer Komödie *Die merkwürdige Zähmung der Gangsterbraut Sugarpuss* (*Ball of Fire*), 1944 in ihrer wohl besten und verdorbensten Rolle als blondes Biest und eiskalte Mord-Anstifterin in Billy Wilders Noir-Klassiker *Frau ohne Gewissen* (*Double Indemnity*) und schließlich 1948 als umtriebige, ans Bett gefesselte Millionärin in Anatole Litvaks *Du lebst noch 105 Minuten* (*Sorry, Wrong Number*).

Gewonnen hat sie den Oscar allerdings erst 1982 für ihr Lebenswerk. Da aber hatte sie dem Film bereits den Rücken gekehrt und sich dem Fernsehen angenähert – vor allem in einer ihrer Paraderollen: als Rancherlady und Viehbaronin in der Serie *Big Valley* (*The Big Valley*, 1965–69). Was sie besonders für den Western – wie in Samuel Fullers *Vierzig Gewehre* (*Forty Guns*, 1957) –, den Film noir und für Schwarze Komödien so interessant machte, war ihre Mischung aus „Samt und Stahl" (Anne Baxter), die sie wie keine andere zu verkörpern vermochte. „Ist es nicht schade, dass man als Dame heute eine Puderdose in der Tasche haben muss, wo ein Revolver doch viel nützlicher wäre?", stellte sie einmal fest. „Zu Hause ist, wohin man geht, wenn einem die Orte ausgegangen sind", sagt sie in *Clash by Night* (1952) von Fritz Lang. Barbara Stanwyck starb 1990 in ihrem kleinen Haus in Santa Monica.

en, alias Lady Eve, führt nicht nur ihre äußeren Reize vor: „Oh, well – now the ice is broken!", antwortet sie mit britischem Akzent.

Ihr Traummann sei „ein kleiner, aber schwerreicher Mann", säuselt Jean in der schon legendären Verführungsszene des Films dem betörten, schlaksigen Charles ins Ohr. Charles, der von der Chaiselongue gerutscht ist und auf dem Kabinenboden liegt, während Jean ihn innig umarmt und ihm minutenlang die Stirn massiert und das Haar zerzaust, fragt nur noch aus Reflex und mit längst entgleitendem Blick: „Warum denn ‚kleiner'?" – „Damit er zu mir aufsehen kann!" Und natürlich meint sie alles, was sie sagt, ernst und unernst zugleich. Es ist genau diese Art von sprachlicher Ambivalenz, mit der der Tausendsassa Preston Sturges dem seit 1934 wirksamen „Production Code" durch klug geschriebene Dialoge und subversiv eingesetzte filmische Mittel regelmäßig ein Schnippchen schlug. Ein nacktes, erotisch aufgeladenes Bein bleibt eben so lange unzensiert, als es in komischen Zusammenhängen gezeigt wird – eine Tarnung, die dem Hauptmotiv des Films, der Falschspielerei, kongenial entspricht.

Dass Jean und Charles sich am Ende bekommen, versteht sich von selbst. So viel schmeichlerisches, beglückendes Happyend muss sein. In einer Screwball-Komödie hat alles seinen doppelten Sinn, nichts bleibt dem Zufall überlassen. Sturges drehte einen großartigen Film mit einer umwerfenden Barbara Stanwyck, auf die die Rolle der Jean exakt zugeschnitten war. Walter Matthau sagte einmal über Stanwyck: „Wenn sie die Gute spielte, war sie umwerfend. Wenn sie böse sein durfte, war sie einfach sensationell". In *The Lady Eve* ist sie beides. SR

„In seinen Komödien redet die Unvernunft mit Engelszungen. Sturges dreht und wendet ihre grausamen Streiche, bis an ihnen die Glücksverheißung zu erkennen ist. Aus dem Zufall leitet er das amerikanische Credo ‚Alles ist möglich' ab. Ohne diesen Wunderglauben wäre Amerika nicht Amerika und Sturges nicht Sturges." *Frankfurter Rundschau*

1 Die Rolle der Jean Harrington alias Lady Eve war der 33-jährigen Barbara Stanwyck auf den Leib geschrieben. Mit Henry Fonda (als Charles Pike) stand ihr ein begnadeter Filmpartner an der Seite.

2 Running Gag: Mehrmals muss Charles auf der Party seines Vaters den Smoking wechseln. Kaum ein Tablett, an dem er unbeschadet vorbeikommt. Er stolpert über ein Sofa und verheddert sich im Vorhang – am Ende ist er stets der begossene Pudel.

3 Der Apfel der Verführung: Lady Eve hat es auf den Millionenerben Pike abgesehen. Das Motiv symbolisiert den „battle of sexes" der Screwball-Komödie.

4 Lady Eve zieht die Aufmerksamkeit der Dinner-Gesellschaft auf sich. Sie ist eloquent, stilsicher und brilliert durch scharfzüngigen Humor.

GIB KEINEM TROTTEL EINE CHANCE
Never Give a Sucker an Even Break

1941 - USA - 71 MIN. - S/W - GENRE KOMÖDIE

REGIE EDWARD F. CLINE (1892–1961)
BUCH JOHN T. NEVILLE, PRESCOTT CHAPLIN, OTIS CRIBLECOBLIS = W.C. FIELDS KAMERA CHARLES VAN ENGER
SCHNITT ARTHUR HILTON MUSIK CHARLES PREVIN, FRANK SKINNER PRODUKTION UNIVERSAL PICTURES.
DARSTELLER W. C. FIELDS (The Great Man / Onkel Bill), GLORIA JEAN (sie selbst / Nichte von Onkel Bill),
JODY GILBERT (Kellnerin), FRANKLIN PANGBORN (er selbst / Produzent), MONA BARRIE (Frau des Produzenten),
SUSAN MILLER (Ouliotta Delight Hemoglobin), MARGARET DUMONT (Mrs. Hemoglobin),
LEON ERROL (er selbst / Rivale), ANNE NAGEL (Madame Gorgeous), IRVING BACON (Tom).

„This script is an insult to a man's intelligence. Even mine."

„Ein Mensch, der Hunde und Kinder hasst, kann nicht ganz schlecht sein" – ein Komiker mit diesem Credo wird kaum gefällige Unterhaltung produzieren: Und so ist W.C. Fields letzte Hauptrolle in einem Spielfilm eine anarchisch-absurde Persiflage auf die Filmindustrie Hollywoods ohne wirklichen Plot. Vielmehr ging es wohl darum, konsequent nichts ernst zu nehmen, sich selbst eingeschlossen: Als Titel hatte Fields selbstironisch „The Great Man" vorgesehen, doch das Studio wählte stattdessen: *Never Give a Sucker an Even Break*, worauf Fields vorschlug, ihn auf „W.C. Fields – Sucker" zu reduzieren.

Fields spielt einen rotnasigen, ewig schimpfenden und dem Alkohol zugeneigten Drehbuchautor, der sich auf dem Weg zu den „Esoteric Studios" befindet, um ein Skript zu besprechen. Dort arbeitet auch seine Nichte Gloria Jean, die mehrere Gesangsnummern zum Besten gibt. Während der Produzent (Franklin Pangborn) das Drehbuch liest, ist die wirre Story als Film im Film zu sehen: Fields ist in der Rolle des Onkel Bill mit seiner Nichte in einem Flugzeug unterwegs, das nicht nur über Schlafkojen, sondern auch über ein offenes Sonnendeck verfügt ... Die Gesetze der Logik sind außer Kraft gesetzt, und es kommt noch bizarrer: Als Onkel Bills Drink aus dem Flugzeug fällt, springt er hinterher und landet unbeschadet auf einem einsamen Berganwesen. Dort trifft er auf die junge Blondine Ouliotta Delight (Susan Miller), die noch nie einen Mann zu Gesicht bekommen hat. Das nutzt er aus, um ihr das Spiel Squidgulum (eine Art stille Post mit Küssen) beizubringen. Als ihre matronenhafte Mutter Mrs. Hemoglobin (Margaret Dumont) mit einer riesigen Dogge auftaucht und mitspielen will, ergreift Onkel Bill die Flucht.

BLAC
PUSS
CAT
CAF
THE BEST
FOOD
AND
BEVERAGE
IN
TOWN
t to Breakfast
Joe

1 „The Great Man", wie W. C. Fields sich selbstironisch nannte, maß nur 1,73 Meter, war aber einer der großen Komiker Hollywoods.

2 „Kostet die kalte Dusche extra?" ist Fields lakonischer Kommentar, nachdem die Kellnerin Tiny (Jody Gilbert) ihm die Karaffe mit Eiswasser über die Hose gegossen hat.

3 Ein Missgeschick am Hutständer veranlasst Onkel Bill, die nächstbeste Kopfbedeckung in Beschlag zu nehmen. Auf einmalige Weise verstand es Fields, Anarchismus und Egoismus in seiner Filmperson zu vereinen.

4 Im Büro des Produzenten (Franklin Pangborn): Die Hauptdarstellerin (Mona Barrie), zugleich Gattin des Produzenten, ist von Drehbuchideen, wie beispielsweise einen Bart zu tragen, alles andere als begeistert, und dann platzt auch noch die Putzfrau herein, und das Telefon klingelt – für die Putzfrau.

„Ich habe nicht über das Steak gemeckert, Liebes. Ich habe nur gesagt: Ich vermisse den alten Klepper, der immer hier herumstand."

Filmzitat: Bill (W. C. Fields)

„Sie sind so komisch wie ein Hilfeschrei."

Filmzitat: Kellnerin (Jody Gilbert)

Der Produzent ist entgeistert von dieser hanebüchenen Geschichte, liest aber trotzdem weiter: Über Umwege und eine Gesangseinlage schafft es Bills Nichte Gloria, ihren Onkel zu finden. Dieser hat inzwischen erfahren, dass Mrs. Hemoglobin eine gute Partie ist, und will sie heiraten. Während er sich in Frack und Zylinder auf den Weg macht, erklimmt ein Konkurrent (Leon Errol) den Berg und wird von einem Gorilla abgefangen.

Da die Nichte gegen eine Hochzeit um des Geldes willen ist, überlegt es sich ihr Onkel in letzter Sekunde anders, und schließlich fliehen die beiden zusammen von dem Berg. Damit endet der Film im Film. Mit dem Argument, dass das Skript eine Beleidigung der menschlichen Intelligenz sei, wirft der erzürnte Produzent den Autor aus seinem Büro. Der findet sich in einer Milchbar wieder, die eigentlich ein Saloon sein sollte, aber das hatte der Zensor verboten, wie Fields dem Zuschauer mit Blick in die Kamera verrät. Am Ende verlassen er und seine Nichte die Stadt. Eine Frau, die auf der Suche nach einem Taxi ist, um in die Entbindungsstation gefahren zu werden, dient als Vorwand für eine atemberaubende und jede Menge Schrott produzierende, zehnminütige Autojagd durch Los Angeles.

Ansprüche an Logik, Kohärenz oder Inhalt sollte man an diesen Streifen nicht stellen. Dafür führt W.C. Fields lustvoll Hollywood vor und demontiert das Studiosystem: Tyrannische Produzenten quälen ebenso ihre Mitarbeiter wie den Kinderstar, der kitschige Lieder singen muss. In dieser sich verselbstständigenden „Erzählmaschine" kann es durchaus passieren, dass Nazi-Soldaten im Stechschritt durch ein Musical paradieren. Das Ergebnis können nur klischeehafte, lächerliche Filme sein, die ihren oberflächlichen Charakter

> „Diese Komödie ist einer der vielen Gründe, warum Fields noch immer als Genie der Komik gilt."
>
> *Kalamazoo Gazette*

hinter hölzernen Kulissen, süßlichen Gesangseinlagen und gekünstelter Dramatik verbergen. Dann lieber erst gar nicht so tun, als wollte man ernsthaft eine Geschichte erzählen, und so setzt Fields dem Ganzen seinen auf die Spitze getriebenen Unsinn entgegen. Dieser lebt von Fields Wortkomik, genuschelten bösartig-spitzen Bemerkungen. Etwa wenn er auf den Kommentar einer Kellnerin (Jody Gilbert), er habe etwas Großes – nämlich seine (rote, dicke) Nase –, antwortet, auch sie habe etwas Großes, während er ihren beim Bücken hervorgestreckten Hintern betrachtet. Daneben demonstriert er in zahlreichen Slapstick-Einlagen, dass er sein Metier auf der Bühne und während der „Flegeljahre" des neuen Mediums Film gelernt hat. Nicht zuletzt ist die finale Verfolgungsjagd im Stil der Keystone Cops eine Hommage an die Überdrehtheit und Zerstörungskunst der frühen Burleske.

Auch in *Never Give a Sucker an Even Break* teilt der Menschenfeind Fields seine Gemeinheiten großzügig aus. Doch nicht zuletzt durch die Rolle der Gloria Jean als Nichte findet sich in seinem letzten Spielfilm ein ungewohnt versöhnlicher Zug des angeblichen Kinderhassers, der auf die Frage, ob er Kinder möge, geantwortet hatte: „Sie sind sehr gut mit Senf." Hier aber erklärt die süße Nichte sowohl im Film im Film als auch am Ende durchaus ernst: „Mein Onkel Bill, aber ich liebe ihn trotz allem." Und dafür, dass Fields so hemmungslos und politisch inkorrekt die banal-durchschnittliche Seite menschlicher Existenz in ihren Niederungen und ihrer Niedrigkeit auslebte, liebte ihn das Publikum.

MS

5 Onkel Bill erklärt Ouliotta Delight (Susan Miller) das Spiel Squidgulum: Hände über den Kopf, Augen schließen und Lippen fest aufeinander pressen ...

6 Als Kinderstar eines Studios spielt Onkel Bills reizende Nichte Gloria Jean quasi sich selbst. Wie vielen Kinderstars sollte auch ihr der erfolgreiche Wechsel ins „Erwachsenenfach" nicht gelingen.

7 In der russischen Dorfkneipe wird Ziegenmilch serviert, die es in sich hat: Beim Ausatmen wird die Kerze zum Flammenwerfer.

W. C. FIELDS

Der versoffene, cholerische, ewig nörgelnde Kleinbürger, der Menschen im Allgemeinen und Schwächere im Besonderen – darunter vor allem Hunde, kleine Kinder und Frauen – hasst: Dieses Rollenimage hatte W. C. Fields selbst als sein Markenzeichen in Umlauf gesetzt. Aber so überzeugend er diese Rolle spielte, so ganz scheint sie nicht dem Menschen gerecht zu werden, hatte er doch sein gesamtes, nicht unerhebliches Vermögen testamentarisch für den Bau eines Waisenhauses bestimmt.

William Claude Dukenfield (1880–1946) stammte aus einer verarmten Immigrantenfamilie. Nach unregelmäßigem Schulbesuch lief er von zu Hause weg und zog als Zauberer und Jongleur durch die amerikanischen Vaudeville-Theater. Bereits um die Jahrhundertwende unternahm er Europa-Tourneen und eroberte ab 1905 den Broadway. 1915 hatte er seinen ersten Leinwandauftritt und spielte in den 20er Jahren regelmäßig in Filmen mit, aber erst mit dem Tonfilm konnte er sein Talent voll entfalten. Eine Paraderolle hatte er als Humpty-Dumpty in *Alice in Wonderland* (1933). Die meisten seiner 41 Filme machte er für Paramount, und Komödien wie *Mein kleiner Gockel* (*My Little Chickadee*, 1940) mit Mae West, dem weiblichen Enfant terrible Hollywoods an seiner Seite, sind aus der Filmgeschichte nicht wegzudenken.

Fields war vor allem für das bekannt, was er hasste: Ganz oben auf der Liste stand Weihnachten – er starb am 1. Weihnachtsfeiertag 1946.

DER WOLFSMENSCH
The Wolf Man

1941 - USA - 70 MIN. - S/W - GENRE HORRORFILM

REGIE GEORGE WAGGNER (1894–1984)
BUCH CURT SIODMAK KAMERA JOSEPH A. VALENTINE SCHNITT TED J. KENT MUSIK CHARLES PREVIN, HANS J. SALTER, FRANK SKINNER PRODUKTION GEORGE WAGGNER für UNIVERSAL PICTURES.

DARSTELLER LON CHANEY JR. (Larry Talbot / der Wolfsmensch), CLAUDE RAINS (Sir John Talbot), WARREN WILLIAM (Doktor Lloyd), RALPH BELLAMY (Colonel Paul Montford, Chefinspektor), PATRIC KNOWLES (Frank Andrews), BELA LUGOSI (Bela, der Zigeuner), MARIA OUSPENSKAYA (Maleva, die alte Zigeunerin), EVELYN ANKERS (Gwen Conliffe), J. M. KERRIGAN (Charles Conliffe), FAY HELM (Jenny Williams), HARRY STUBBS (Reverend Norman).

„There's something very tragic about that man."

Nach dem Tod seines Bruders kehrt Larry Talbot (Lon Chaney Jr.) auf den Landsitz des Vaters (Claude Rains) zurück. Schnell verliebt er sich in die schöne Gwen (Evelyn Ankers). Eines Abends besuchen sie zusammen mit Gwens Freundin Jenny (Fay Helm) den Zigeuner und Wahrsager Bela (Bela Lugosi). Plötzlich verwandelt sich dieser in einen Werwolf und fällt die arglose Jenny an. Larry eilt ihr zu Hilfe, tötet die Bestie, wird jedoch von ihr zuvor noch gebissen. Und so geht der Fluch auf Larry über. Er wird zum Werwolf und sucht nun instinktiv das zu töten, was er am meisten liebt.

Mit *The Wolf Man* startete Universal Pictures Anfang der 40er Jahre eine Serie ebenso kostengünstig wie zügig produzierter B-Movies, in denen Lon Chaney Jr. als Wolfsmensch Larry Talbot schnell zum Publikumsliebling avancierte. Chaney verkörperte den Wolfsmenschen in einer wohl dosierten Mischung aus bemitleidenswerter Unschuld und roher Gewalt. Das Tragische der Figur zog den Zuschauer sofort in den Bann. In insgesamt fünf *Wolf-Man*-Filmen (1941, 1943, 1944, 1945, 1948) rang Larry Talbot verzweifelt um die Erlösung von seinem Fluch, und am Ende jedes Films starb er im Silberkugelhagel. Aber weil der Tod im Horrorgenre noch nie ein Problem für Fortsetzungen darstellte, erwachte Larry Talbot immer wieder zu neuem Leben.

Gemessen an der dreiwöchigen Dreharbeit zu *The Wolf Man* zog der Film eine erstaunliche Wirkung beim Publikum nach sich: Werwolffilme trafen den Geschmack der Zeit. Kein Geringerer als der deutschstämmige Drehbuchautor Curt Siodmak lieferte das Drehbuch. Er orientierte sich dabei unter anderem an einem bereits 1931 von Universal Pictures in Auftrag gegebenen Skript von Robert Florey, das jedoch aufgrund einer als blasphemisch empfundenen Werwolf-Verwandlungsszene, die in einem Beichtstuhl spielt, an der Zensur scheiterte.

Das Motiv des Werwolfs im Film war indes keineswegs neu. Bereits 1935 trieb in *Werewolf of London* eine Bestie ihr Unwesen. Aufgrund üppiger Fellbacken und hoch stehender Haare wurde dieser Werwolf später in einschlägigen Kreisen scherzhaft „The Elvis-Werewolf" genannt. Wie in *Der Unsichtbare* (*The Invisible Man*, 1933), nach einem Roman von H.G. Wells, wirkten die naturalistischen Horrorszenen jedoch vergleichsweise unspektakulär. Dies wurde zum entscheidenden Anknüpfungspunkt für die Konzeption des neuen Werwolfs Larry Talbot – übrigens entgegen den ursprünglichen Vorstellungen von Curt Siodmak. Dieser hatte es weniger auf tricktechnisch unterstützte Verwandlungseffekte abgesehen, als auf einen subtilen und durch die Erzählung raffiniert inszenierten Schauder, der den Zuschauer in seiner Imagination zur weiteren Ausschmückung des Dargestellten anregen sollte.

Doch Siodmaks Idee, Larry Talbots Wolfsmensch-Existenz in einer Dunkelzone zwischen Wahn und Wirklichkeit zu belassen und erst zum Filmende hin aufzulösen, scheiterte an den Wünschen der Produzenten. Mit

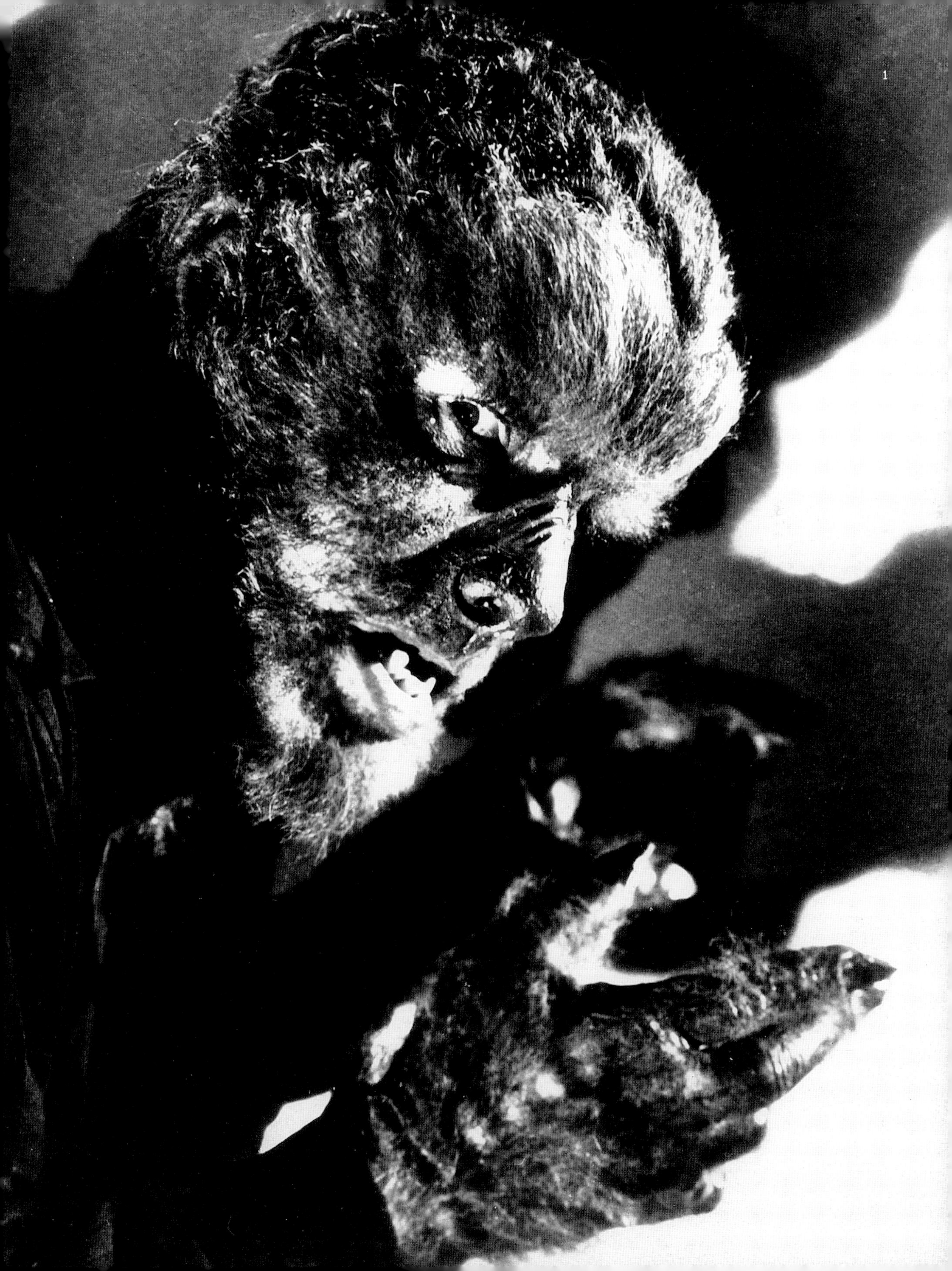
1

CURT SIODMAK Curt Siodmak kam 1902 in Dresden als jüngerer Bruder von Robert Siodmak zur Welt. Zusammen mit Eugen Schüfftan, Billy Wilder und Fred Zinnemann schufen die Siodmak-Brüder den ambitionierten Berliner Spielfilm *Menschen am Sonntag* (1929). Curt Siodmak schrieb für Zeitungen und den eigenen literarischen Ruhm. In einer Nebenrolle war er auch in Fritz Langs *Metropolis* (1926) zu sehen. Für die Verfilmung seines Science-Fiction-Romans „F.P.1 antwortet nicht" lieferte er das gemeinsam mit Walter Reisch verfasste Drehbuch gleich mit.

Die Verfolgung der Juden durch die Nazis in Deutschland zwang die Brüder schließlich ins Exil. In den USA fand Curt Siodmak dann bei der Universal eine Anstellung als Skriptschreiber. Sein Spezialgebiet wurden Horror-, Monster- und Kriminalfilme. Im Gegensatz zu manchem Kollegen verstand er den Horrorfilm jedoch nicht als einen einförmigen Genrefilm, in dem die Schockeffekte allein dem gruseligen Selbstzweck dienten. Vielmehr waren seine Stoffe auf die Wirklichkeit zurückbezogen. Auch baute er seine Plots dramaturgisch geschickt auf. „Im Grunde haben alle meine Filme einen wissenschaftlichen Hintergrund, der sie authentisch macht", betonte er einmal in einem Interview.

Er schrieb das Skript zu Jacques Tourneurs Klassiker *Ich folgte einem Zombie* (*I Walked with a Zombie*, 1943), lieferte aber auch die Story für den Horror-Trash-Streifen *House of Frankenstein* (1944) von Erle C. Kenton – einem der vier Larry-Talbot-Fortsetzungen des *Wolfsmenschen*. Gemeinsam mit seinem Bruder Robert verwandelte er Lon Chaney Jr. in *Son of Dracula* (1943) schließlich in einen Vampir. Seiner zweibändigen Autobiografie gab er den Titel: „Unter Wolfsmenschen". Curt Siodmak starb am 2. September 2000 in Kalifornien.

Hilfe einer ebenso aufwendigen wie zeitintensiven Maske wurde Lon Chaney Jr. von Hollywoods Maskenbildnerkoryphäe Jack Pierce dann in den zweibeinigen Werwolf verwandelt. Simple Überblendungstechnik ließ das Ganze später im Film relativ glaubwürdig erscheinen. Siodmaks intellektueller Anspruch hingegen, das im Mythos verborgene Thema der Persönlichkeitsspaltung aufzugreifen und zu thematisieren, geriet durch die Hervorkehrung der Schockeffekte in den Hintergrund.

Lon Chaneys Jr. Verkörperung des Larry Talbot war geradezu perfekt. Mit jedem Film wurden für ihn die Trickeffekte optimiert. Die Verwandlungen erschienen von Mal zu Mal realistischer. Ein wesentlicher Grund für den Erfolg beim Publikum bestand jedoch weiterhin in der tragischen Anlage der Figur selbst. Das Publikum litt mit dem verzweifelten Helden, denn Larry Talbot war im Grunde kein bösartiges Monster. Wie in einer griechischen Tragödie hatte sich das Schicksal willkürlich ihn ausgesucht. In *The Wolf Man* erlöst der eigene Vater den Sohn schließlich von seinem Leiden, verliert damit jedoch gleichzeitig seine Hoffnung auf den Fortbestand der Familie und nicht zuletzt den Glauben an eine natürliche Ordnung der Welt.

Val Lewton, ein anderer bedeutender Produzent von Horrorfilmen in den 40er und 50er Jahren, hatte für Waggners *The Wolf Man* übrigens nur wenig übrig. Er und Regisseur Jacques Tourneur griffen kurze Zeit später in *Katzenmenschen* (*Cat People*, 1942) Siodmaks ursprüngliche Plot-Idee auf. Sie überließen die Visualisierung des Horrors zur Gänze der Imagination des Zuschauers – und umso unheimlicher wirkte der Film.

SR

„Ein nächtliches Ungeheuer ... auf der Pirsch ... mordend ... verbreitet überall Angst und Schrecken ... mit dem Blutdurst einer wilden Bestie – der Wolfsmensch!"

Universal-Ankündigung von „The Wolf Man"

1 Lon Chaney Jr. als Werwolf Larry Talbot. Was im Film nur Sekunden währte, bedurfte einer stundenlangen Maske.

2 Chaneys gespielter Angriff auf Gwen (Evelyn Ankers) war derart rabiat, dass die Darstellerin tatsächlich in Ohnmacht fiel.

3 Frank (Patric Knowles) spürt, dass seine Verlobte Gwen in Gefahr ist.

4 Erst als er den Wolfsmenschen erschlägt, erkennt Sir John Talbot (Claude Rains) seinen fatalen Irrtum.

5 Nach und nach wird es für Sir Talbot zur Gewissheit, dass sein Sohn Larry psychisch verwirrt ist.

SO GRÜN WAR MEIN TAL
How Green Was My Valley

1941 - USA - 118 MIN. - S/W - GENRE DRAMA

REGIE JOHN FORD (1894–1973)
BUCH PHILIP DUNNE, nach dem gleichnamigen Roman von RICHARD LLEWELLYN KAMERA ARTHUR MILLER
SCHNITT JAMES B. CLARK MUSIK ALFRED NEWMAN PRODUKTION DARRYL F. ZANUCK für 20TH CENTURY FOX.

DARSTELLER WALTER PIDGEON (Mr. Gruffydd), MAUREEN O'HARA (Angharad Morgan),
SARA ALLGOOD (Mrs. Beth Morgan), DONALD CRISP (Mr. Gwilym Morgan),
RODDY MCDOWALL (Huw Morgan), JOHN LODER (Ianto Morgan), PATRIC KNOWLES (Ivor Morgan),
BARRY FITZGERALD (Cyfartha), ANNA LEE (Bronwyn Morgan), RHYS WILLIAMS (Dai Bando).

ACADEMY AWARDS 1941 OSCARS für den BESTEN FILM (Darryl F. Zanuck), für die BESTE REGIE (John Ford),
für den BESTEN NEBENDARSTELLER (Donald Crisp), für die BESTE KAMERA (Arthur Miller),
für die BESTE INNENAUSSTATTUNG (Richard Day, Nathan Juran, Thomas Little).

„*You can go back and have what you like of it, if you can remember.*"

Verödete Straßen und von den Häusern bröckelnder Putz, zerfurchte Gesichter von Alten, rauchige Kohleschatten und zwei, drei versprengte Kinder, die am Hang eines ausgelaugten Berges wie traumverlorene Engel umherirren – John Fords Bergarbeiterdrama beginnt mit einer bedrückenden Augenblicksaufnahme. Der Zuschauer sieht, wie ein Mann sein Bündel schnürt und die Heimat verlässt. Es ist Huw Morgan (Roddy McDowall). Aus dem Off erklingt seine Stimme. Huw trauert um den Niedergang seiner Heimat, einem einstmals blühenden Bergarbeiterdorf in den Hügeln von Wales. Doch bevor Huw geht, kehrt er in seine Kindheit zurück. Seine Erinnerungen sind stärker als die Gegenwart. Er beginnt die Erzählung der Morgans, einer neunköpfigen Bergarbeiterfamilie, die am Ende des 19. Jahrhunderts in den Strudel des schmerzhaften Übergangs von der Tradition zur Moderne gerät.

Fords filmisches und narratives Mittel ist das der Rückblende. Sie ermöglicht den Aufbau einer Erzählung, die sich gegen die Gegenwart stemmt. In dem Moment, in dem Huw Morgan zu seinem „In those days ..." ansetzt, erstrahlt auf der Leinwand freundlich-helles Licht. Auf das Schreckensszenario des Anfangs folgt die Zeichnung einer Idylle. In ausgesuchten Alltagsszenen wird das Bergarbeiterleben der Morgans idealisiert: der kollektive Gang des Vaters und der fünf Söhne zur Mine, die tägliche Entlohnung, die gemeinsamen Waschungen im Garten, das allabendliche Familienessen und die väterliche Ausgabe eines Trinkgeldes. Fords filmischer Erzählstil kommt der Sprache eines Märchens nah. Die Welt erscheint entrückt. Doch auf sehr subtile Weise spürt der Zuschauer, dass diese Idylle nur ein Übergang ist. Filmdramaturgisch dient sie dazu, die emotionale Fallhöhe des Familien-Dramas vorzubereiten. Mit den ersten düsteren Tönen der Filmmusik bestätigt sich die dunkle Ahnung. Über das Dorf und die Mine bricht eine ökonomische Krise herein. Die Morgans geraten in den Sog der gesellschaftlichen Verwerfungen.

Zwar stehen die Morgans stellvertretend für das Schicksal eines ganzen Dorfes, ihr Familienleben jedoch wird zutiefst individualisiert gezeigt. Aus dieser Spannung zwischen dem Allgemeinen und dem Besonderen gewinnt der Film seine Wirkung auf den Zuschauer. Er ist Identifikationskino in Reinkultur. John Ford hat diesen Archetypus des Hollywood-Kinos nicht nur entscheidend mitgeprägt, er hat seinen Filmen auch eine unverwechselbare

1

2

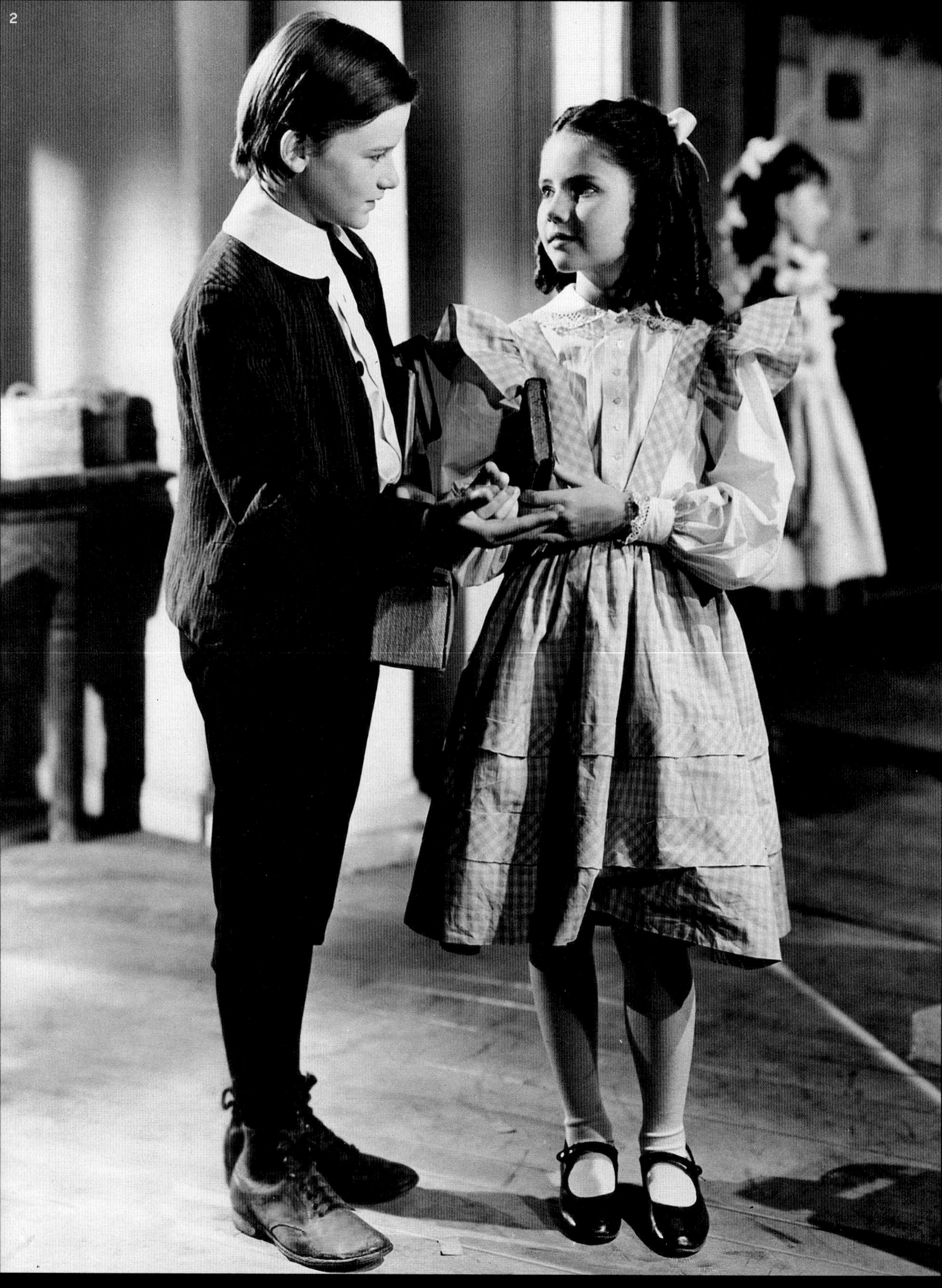

Handschrift aufgedrückt. Es gibt kaum einen Ford-Film, in dem nicht gesungen, nicht gefeiert, nicht geboxt und nicht getrunken wird. Ford liebte die kleinen Brüche und winzigen Nebengeschichten im eigentlichen Handlungsverlauf. Einmal treten beispielsweise zwei komische Figuren auf, die einem prügelnden Dorfschullehrer vor versammelter Schulklasse eine Nachhilfestunde im Boxen erteilen. Ein anderes Mal kommt ein Arzt ins Haus der Morgans und verkündet mit dröhnender Stimme, dass Natur und Wunder einander ausschließen.

Neben den Morgans steht eine weitere Figur im Handlungszentrum. Es ist der liberal denkende Priester Mr. Gruffydd (Walter Pidgeon). Er wird neben dem Vater (Donald Crisp) zur Leitfigur des jungen Huw. Huws Schwester Angharad (Maureen O'Hara) verliebt sich in den Priester, und auch er hegt

„Was ist das, die Heimat des Menschen? Ein Nirgendwo? Ein kurzes Leuchten? Ein Abschied? Nur dem, der sich Fragen wie diesen nicht verschliesst, öffnen sich Fords Filme wirklich." *Neue Zürcher Zeitung*

1 Maureen O'Hara als Angharad. Sie liebt einen Priester, doch die Moral zwingt sie, den Sohn eines Minenbesitzers zu heiraten.

2 In der Schule ist für Huw Morgan (Roddy McDowall) der Kohlenstaub weit weg.

3 Priester Gruffydd (Walter Pidgeon, r.) findet in Huw einen gelehrigen Bergmannssohn.

4 Sittengemälde einer vielköpfigen Bergarbeiterfamilie. Vater Morgan (Donald Crisp) im Kreis seiner erwachsenen Söhne.

> „Es gibt die schönsten Momente des Glücks in John-Ford-Filmen, und dieses Glück ist nie ein konstruiertes oder geschenktes – Fords Bilder sagen, dass der Mensch im Wesen für das Glück geboren ist (und dieses Glück kann nur vollkommen, einfach und demokratisch sein) –, aber wir können dieses Glück nur ‚glauben', weil es gleich darauf verloren geht."
>
> *Freitag*

5 Ivor (Patric Knowles) und Bronwyn (Anna Lee) heiraten, das Dorf jubelt. Später stirbt er in der Mine, verschüttet in einem eingebrochenen Stollen.

6 Früher zogen die Bergarbeiter singend die Dorfstraße hinunter. Nun herrscht Streik. Und mit der Arbeit ruht auch der Gesang.

7 Angharad und Priester Gruffydd wissen, dass ihre Liebe in dieser Welt nicht möglich ist. Ihre hohe Moral ist zugleich ihr Unglück.

Gefühle für sie, doch bleibt er seinem Gelübde treu. Am Ende kann er der ideologischen Verbohrtheit einiger Kirchenmitglieder und Dorfbewohner nicht entkommen und legt sein Amt nieder. Vier Brüder Huws wandern nach Amerika aus. Ein weiterer stirbt bei einem Minenunglück. Und obwohl sich Huws Vater für seinen jüngsten Sohn ein komfortableres Leben als das eines Bergmanns wünscht, tritt Huw in dessen Fußstapfen. Dann, eines Tages, schrillt erneut die Bergwerkssirene unheilvoll vom Gipfel des Hügels.

Sei es eine Legende oder eine bestimmte Sehnsucht, irgendetwas lebt in einem Ford-Film stets über das Filmende hinaus. So auch hier: „Männer wie mein Vater sterben nicht ... Sie bleiben eine lebendige Wahrheit in meinen Gedanken", stellt Huw am Ende seiner Erinnerungen fest. All die Schicksalsschläge, die die Morgans erleiden, können einen unverbrüchlichen moralischen Kern in ihnen nicht gänzlich zerstören. Das gefiel auch der Jury der Academy of Motion Picture Arts and Sciences in Hollywood – sie verlieh dem Film fünf Oscars. In vier Kategorien setzte er sich gegen *Citizen Kane* (1941) von Orson Welles durch, einem der mächtigsten Giganten der Filmgeschichte.

SR

> „John Ford, der wohl größte Mythopoet des amerikanischen Films, hat eine Sprache, eine Industrie beeinflusst."
>
> *Freitag*

MAUREEN O'HARA — Sie galt als „The Queen of Technicolor", denn ihr langes, wildes Haar brannte tizianrot und ihre Augen leuchteten smaragdgrün von den Kinoleinwänden. Böse Stimmen behaupteten einmal, sie sei „die ideale Testperson für die Erprobung neuer Farbsysteme" gewesen. Und sie selbst stellte eher wehmütig fest, dass sie zwar für allerlei herausragende Western-, Piraten- und Abenteuerfilme gebucht wurde, für wunderschöne Schwarz-Weiß-Filme aber nach ihrer Technicolor-Premiere nicht mehr in Betracht kam. Entdeckt wurde die im August 1920 als Maureen FitzSimons in der Nähe von Dublin geborene Schauspielerin von Charles Laughton, mit dem sie in Hitchcocks letztem britischen Film *Riff-Piraten* (*Jamaica Inn*, 1939) vor der Kamera stand. Laughton, der die gelernte Tänzerin und Sängerin nach Hollywood an die RKO vermittelte, war neben Erich Pommer, dem Produzenten von *Riff-Piraten*, auch maßgeblich an der Namensänderung in O'Hara beteiligt. In William Dieterles *Der Glöckner von Notre Dame* (*The Hunchback of Notre Dame*, 1939) trafen sich O'Hara und Laughton wieder, er als buckliger Glockenturner und sie als wildes, erotisch auftanzendes Zigeunermädchen Esmeralda. *So grün war mein Tal* (*How Green Was My Valley*, 1941) war ihre erste Begegnung mit John Ford. Er stellte ihr später in *Rio Grande* (1950) und *Der Sieger* (*The Quiet Man*, 1952) kein geringeres Raubein als John Wayne an die Seite, denn irgendwie vertrug O'Hara keinen schwachen Filmpartner. Ihr Temperament, ihre manchmal burschikose Art, das provozierende Stemmen der Hände in die Hüften, ihre Schlagfertigkeit – all das ließ die männerdominierten Westerngesellschaften und überheblichen Piratennester erzittern. In *Gegen alle Flaggen* (*Against All Flags*, 1952) griff sie Errol Flynn in die Haare, zerrte seinen Kopf herum und küsste den an einen Mast gefesselten Piraten fest auf den Mund. Sie konnte Männern Angst einjagen, dabei half sie ihnen nur auf die Sprünge. „O'Hara? Great guy!" – sagte John Wayne einmal. Was schöne Frauen betrifft, war Wayne doch eher unbedarft.

SULLIVANS REISEN
Sullivan's Travels

1941 - USA - 90 MIN. - S/W - GENRE KOMÖDIE

REGIE PRESTON STURGES (1898–1959)
BUCH PRESTON STURGES KAMERA JOHN F. SEITZ SCHNITT GEORGE TOMASINI MUSIK ALEX NORTH
PRODUKTION FRANK E. TAYLOR für SEVEN ARTS.

DARSTELLER JOEL MCCREA (John L. Sullivan), VERONICA LAKE (das Mädchen), ROBERT WARWICK (Mr. Lebrand), WILLIAM DEMAREST (Mr. Jones), FRANKLIN PANGBORN (Mr. Casalsis), PORTER HALL (Mr. Hadrian), BYRON FOULGER (Mr. Valdelle), MARGARET HAYES (Sekretärin), ROBERT GREIG (Sullivans Butler), FRANK MORAN (Chauffeur), TORBEN MEYER (Doktor), EDWARD HEARN (Polizist).

> „I want this picture to be a document.
> I want to hold a mirror up to life.
> I want this to be a picture of dignity;
> a true canvas of the suffering of humanity."
> – „But with a little sex in it."

Hollywood, immer wieder Hollywood. So oft er auch versucht, der Filmstadt zu entkommen, stets landet er wieder dort, wo er aufgebrochen war. John L. Sullivan (Joel McCrea), Starregisseur, hat genug von all den belanglosen Stoffen. Er möchte einen sozialkritischen Film drehen, einen mit Anspruch. Deshalb versucht er, das Elend der Straße am eigenen Leib zu erfahren, gleichsam der Armut ins Gesicht zu schauen. Er leiht sich Lumpen aus dem Fundus des Filmstudios und zieht los, mit nur zehn Cent in der Tasche. Doch weit kommt er nicht.

Erst fährt der Lastwagen, der ihn als Anhalter mitnimmt, ausgerechnet wieder nach Hollywood, dann landet er noch vor der Stadtgrenze wegen vermeintlichen Autodiebstahls im Knast. Ein drittes Mal wird er nach nur einer Nacht im Güterzug stark erkältet von seinen Hausangestellten bei Las Vegas aufgelesen. Statt dem echten Elend begegnet er einer jungen Frau (Veronica Lake), die vergeblich ihr Glück als Schauspielerin in Hollywood versucht hat. Fortan begleitet sie ihn, als Tramp verkleidet, auf seinen Trips.

Eine Komödie über einen Komödienregisseur, der keine Komödien mehr drehen will: eine typisch irrwitzige Story aus der Feder von Preston Sturges, dessen Filme durch ihre bissigen Wortgefechte, zotigen Anspielungen und unglaublichen Plotwendungen unverwechselbar sind. Mit *Sullivans Reisen* erklimmt er den Gipfel seines Könnens – und seines Ruhms. Mit leichter Hand, mehr ein Dirigent denn ein Regisseur, leitet Sturges seine Inszenierung, in der sich seine Hauptdarsteller sichtlich wohl fühlen: Joel McCrea, der später fast nur noch den Cowboy und Westerner spielen durfte, überzeugt als dickköpfiger, idealistischer Regisseur, und Veronica Lake strahlt in einer ihrer ersten großen Filmrollen durch Schönheit, Gelassenheit und Humor.

Von Anfang an macht Sturges klar, dass sich *Sullivans Reisen* um sich selbst, um sein Medium und seine eigene Entstehung dreht. Bereits im Vorspann widmet Sturges seinen Film all denen, „die uns zum Lachen bringen, den Spaßmachern, Clowns und Komikern aller Zeiten und Völker, die es verstanden haben, unsere Bürde zu erleichtern", dann eröffnet er die eigentliche Handlung mit einem Film im Film, der endet, kaum dass *Sullivans Reisen* begonnen hat. Permanent zerstört Sturges die Fiktion der Erzählung und enttarnt den Film als etwas Gemachtes, etwas Künstliches. Einmal wird

1

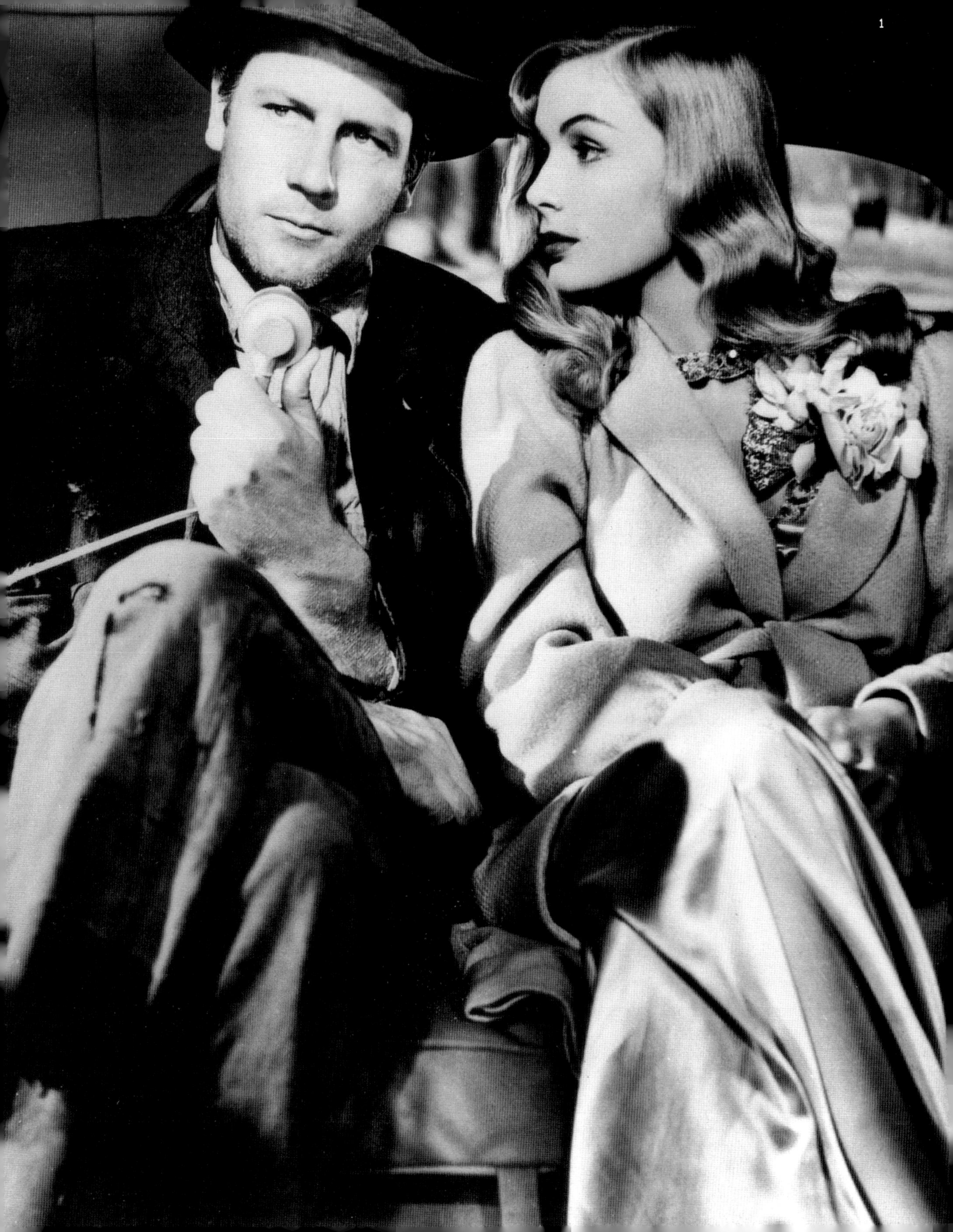

„Sein neuester Film, *Sullivans Reisen*, ist eine herrlich treffsichere Satire über die ‚gesellschaftliche Relevanz' des Kinos, ein Schlag ins Gesicht für all jene, die mehr Realismus im Film fordern, und zugleich eine gekonnt boshafte Rechtfertigung für das Traumkino à la Hollywood. *Sullivans Reisen* gehört zu den wichtigen Filmen des Kinos und dürfte der beste Kommentar zur Scheinwelt Hollywoods sein seit *Ein Stern geht auf*." The New York Times

1 Nach der ersten missglückten Expedition in die Armut – Regisseur Sullivan (Joel McCrea) und das Mädchen (Veronica Lake) auf dem Weg zurück nach Hollywood.

2 Ausgestattet wie ein Tramp, zieht Sullivan davon. Doch ein Tross aus Pressefotograf, Manager, Sekretärin und sogar einem Koch verfolgt ihn.

3 Im Strafgefangenenlager grübelt Sullivan, wie er die Wärter von seiner wahren Identität überzeugen kann. Reiche und berühmte Männer wie er gehören schließlich nicht eingesperrt.

4 Mehrere Merkmale verbinden die Filmfigur Sullivan mit dem echten Regisseur Preston Sturges, der am Ende des Films sogar kurz auftritt.

5 Mit ihrem Film *O Brother, Where Art Thou?* (2000) beziehen sich Joel und Ethan Coen ganz direkt auf Sturges' Komödie: Der Titel verweist auf Sullivans geplanten, aber schließlich doch nicht gedrehten sozialkritischen Film.

Sullivan von einem Polizisten auf dem Revier gefragt, was denn für eine Rolle das Mädchen spiele, wie Veronica Lake im Film nur genannt wird. Und Sullivan antwortet: „Es ist immer eine Mädchenrolle dabei. Waren Sie noch nie im Kino?"

Mit diesem selbstreflexiven Spiel singt Sturges ein Loblied auf die Leichtigkeit der Komödie und rechtfertigt seine eigene Rolle als Unterhaltungsregisseur. Gleichzeitig wischt er all den Kollegen eins aus, die glauben, wichtigere und anspruchsvollere Filme zu drehen, bloß weil sie sich offen zum Ziel setzen, soziale Not realistisch abzubilden – wie es etwa Frank Capra in seinen Filmen versucht hat.

Sturges geht das gleiche Thema an, nur viel geschickter und ganz ohne moralischen Zeigefinger: Nach mehreren lustig-gescheiterten Anläufen lässt

„How does the girl fit into the story?"
„There's always a girl in the story. What's the matter, don't you go to the movies?"

Filmzitat: Polizist (Edward Hearn) und John L. Sullivan (Joel McCrea)

6   Selbst den kleinsten Nebenrollen verlieh Sturges einen besonderen Charakter, wie hier den beiden Männern, die über den Freizeit-Tramp Sullivan nur den Kopf schütteln.

7   Vor der Leinwand den Schmerz des Tages vergessen: die bewegende Szene in der Kino-Kirche.

8   Die Bilder von der realen Armut lässt Sturges für sich wirken, unterlegt sie lediglich mit Musik. Die Sprachlosigkeit verstärkt die Authentizität.

9   In seiner Komödie über die Komödie dekliniert Sturges die verschiedenen Formen des Komischen durch: Mal nimmt er Anleihen beim Slapstick, mal bei der Screwball-Komödie, mal bei Chaplin.

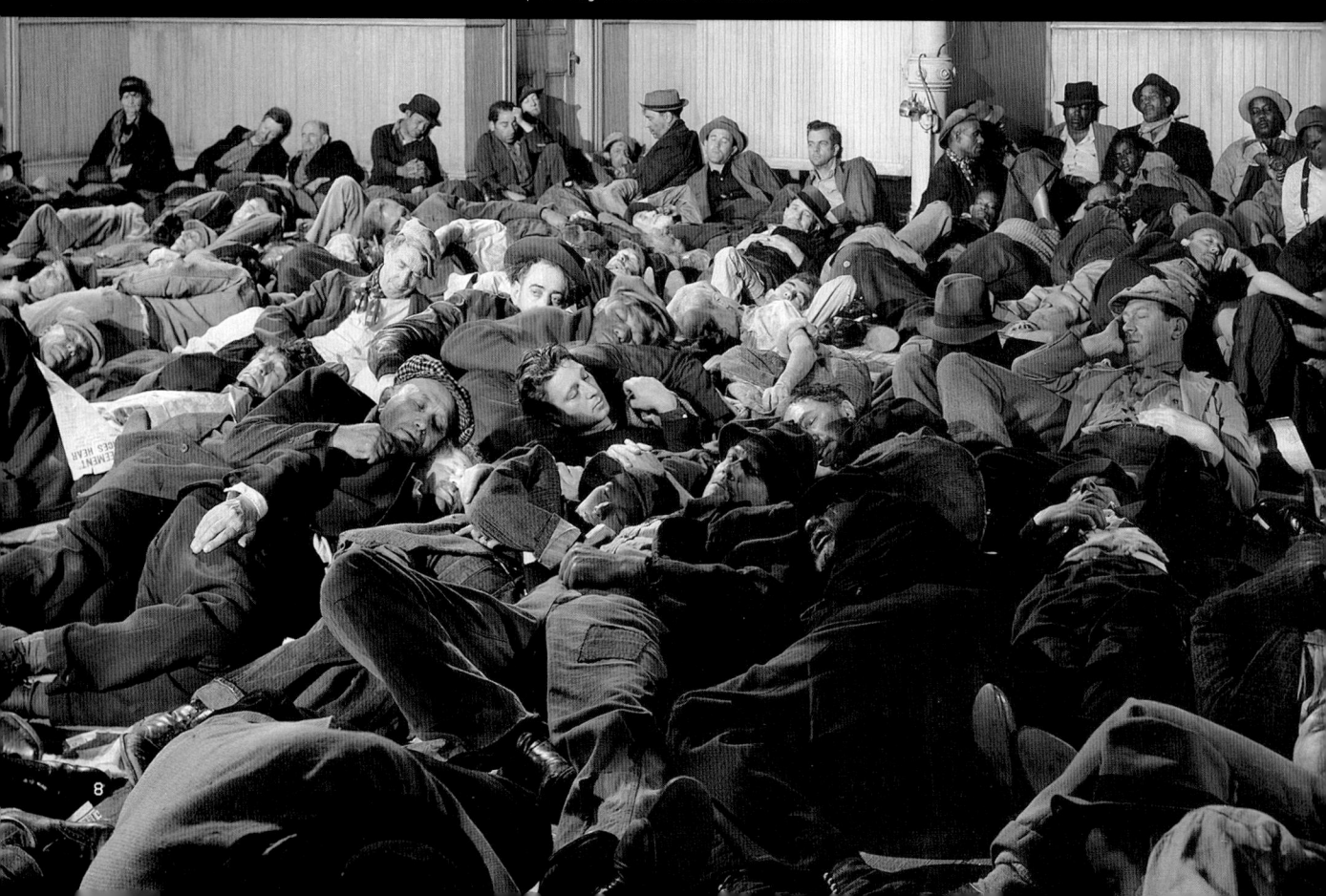

er Sullivan und seine Begleiterin tatsächlich hautnah das Elend erleben. Die Bilder von öffentlichen Duschen, Suppenküchen, Massenunterkünften, Gemeindestuben zum Aufwärmen für Obdachlose wirken authentisch, aufrichtig und ehrlich, gerade weil sie in den Rahmen einer Komödie eingebettet sind. Momente, in denen einem das Lachen im Halse stecken bleibt, bleiben im Gedächtnis und wirken nach – etwa als sich Sullivan an einer schäbigen Schlafstätte einen Floh einfängt, sich wild kratzt, während sich das Mädchen vor Lachen schüttelt, bis sie sich plötzlich selbst vor Juckreiz windet, worüber sich nun Sullivan köstlich amüsiert.

Diese Ambivalenz zwischen Komik und Ergriffenheit verdichtet Sturges in einer bewegenden Szene, in der Gefangene eines Straflagers, in dem Sullivan durch eine Verkettung unglücklicher Zufälle gelandet ist, eine Filmvorführung in der Kirche einer schwarzen Gemeinde besuchen. Sie sehen sich einen Disney-Zeichentrickfilm an und lachen sich angesichts von Plutos Missgeschicken die körperliche Qual und die Pein des Tages aus der Seele. Der Film, so lernt Sullivan in dieser schmerzlichen Lektion, kann die Welt nicht verbessern. Aber er kann dazu beitragen, sie für die Dauer von anderthalb Stunden leichter zu ertragen.

Als Sullivan wieder in seine Luxus-Welt zurückgekehrt ist, beschließt er, nach dieser existenziellen Erfahrung nie wieder einen sozialkritischen Film drehen zu wollen. „Wir sollten die Menschen besser zum Lachen bringen", sagt er, „wisst ihr nicht, dass das alles ist, was manche Menschen haben? Es ist nicht viel, aber es ist besser als nichts auf dieser Irrsinnsreise."

NM

PRESTON STURGES Er erfand den kussfesten Lippenstift, einen neuartigen Dieselmotor und einen Senkrechtstarter. Er war Pilot bei der Armee, Songtexter und Restaurantbetreiber. Doch am besten konnte er Komödien schreiben. Preston Sturges war ein Multitalent. Und der wahrscheinlich beste Autor für spritzige Dialoge, der je in Hollywood gearbeitet hat.
1898 in Chicago geboren, wächst er an der Seite seiner lebenslustigen und kunstsinnigen Mutter in verschiedenen europäischen Ländern auf, besucht Elite-Schulen in Paris, Lausanne, Dresden, Berlin. Nach ersten Schreibversuchen landet er 1929 seinen ersten Erfolg am Broadway, den er noch im gleichen Jahr mit der Komödie „Strictly Dishonorable" toppt. Kurz darauf holt ihn Hollywood, er schreibt für verschiedene Studios Komödien, arbeitet als Script Doctor. 1940 gelingt es ihm, seine Politsatire *Der große McGinty* (*The Great McGinty*) in eigener Regie zu verfilmen. Er bekommt einen Oscar für das Buch und ist fortan einer der gefragtesten und bestbezahlten Regisseure. Seine Komödien *Die Falschspielerin* (*The Lady Eve*, 1941) mit Henry Fonda und Barbara Stanwyck, *Sullivans Reisen* (*Sullivan's Travels*, 1941), *Palm Beach Story – Atemlos nach Florida* (*The Palm Beach Story*, 1942) oder die Satire *Heil dem siegreichen Helden* (*Hail the Conquering Hero*, 1944) über einen falschen Kriegshelden werden allesamt Hits. Sein Drang nach Unabhängigkeit und seine Beharrlichkeit in der Durchsetzung mancher Projekte sind Gründe dafür, dass Sturges ab Ende der 1940er auf einmal nicht mehr gefragt ist. Er geht nach Frankreich, versucht sich dort als Filmemacher, scheitert. Er stirbt 1959 mittellos und weitgehend vergessen in New York. Zu seinem 100. Geburtstag feiert ihn die deutsche Tageszeitung *Die Welt* als eine singuläre Erscheinung in der Filmgeschichte und die *Neue Zürcher Zeitung* adelt ihn zum virtuosesten Humoristen in der Geschichte Hollywoods.

GEÄCHTET
The Outlaw

1941/43 - USA - 116 MIN. - S/W - GENRE WESTERN

REGIE HOWARD HUGHES (1905–1976), HOWARD HAWKS (1896–1977)
BUCH JULES FURTHMAN KAMERA GREGG TOLAND SCHNITT WALLACE GRISSELL MUSIK VICTOR YOUNG
PRODUKTION HOWARD HUGHES für HOWARD HUGHES PRODUCTIONS.

DARSTELLER JANE RUSSELL (Rio), JACK BUETEL (Billy the Kid), WALTER HUSTON (Doc Holliday), THOMAS MITCHELL (Pat Garrett), MIMI AGUGLIA (Guadalupe), JOE SAWYER (Charley), GENE RIZZI (Fremder), FRANK DARIEN (Shorty), MARTIN GARRALAGA (Kellner), PAT WEST (Barkeeper).

„You borrow from me, I borrow from you."

Howard Hughes' frecher, sarkastischer Western *The Outlaw* war bereits berühmt, bevor er in den USA überhaupt offiziell freigegeben wurde. Zwei bewusst lancierte Skandale waren dafür verantwortlich. Zum einen waren es die riesigen, augenfällig in Szene gesetzten Brüste der Hauptdarstellerin Jane Russell, einer furiosen Film-Debütantin, die Hughes mit seinem Instinkt für Außergewöhnliches entdeckt hatte. Und zum anderen war es die legendäre „Horse-Woman"-Diskussion zwischen Billy the Kid (Jack Buetel) und Doc Holliday (Walter Huston), derzufolge ein gutes Pferd stets einer guten Frau vorzuziehen sei. Aus beiden Komponenten schlug der Western frühzeitig Kapital. Der Streit mit den Zensurinstanzen der amerikanischen Filmindustrie, dem Hays Office und dem Breen Office, war vorprogrammiert und ließ sich werbewirksam instrumentalisieren. Der weltweite Erfolg des Films gab dem Schlitzohr und Milliardär Hughes nicht nur in diesem Punkt schließlich Recht.

Denn als Western geht *The Outlaw* weit über ein frühes Beispiel geschickten und erfolgreichen Medien- und Produktmanagements hinaus. Der Film operiert mit klassischen Motiven, die über den Handlungsverlauf immer wieder ironisch gebrochen werden. Die Anfangssequenz, in der sich Doc Holliday, Billy the Kid und Sheriff Pat Garrett (Thomas Mitchell) in dem staubigen Kaff Lincoln begegnen, besorgte noch Meisterregisseur Howard Hawks. Den Rest der Geschichte um den smarten, coolen Outlaw Billy und den älteren, erfahrenen Doc Holliday, die auf ihrer gemeinsamen Flucht vor Pat Garrett ständig versuchen, sich gegenseitig Pferd, Frau, Tabaksbeutel und 40 Golddollar abspenstig zu machen, besorgte Hughes selbst.

Im Film handelt der Held nach einer ebenso egoistischen wie generell Verantwortung scheuenden, dafür aber umso lebensbejahenderen Maxime, die nicht zuletzt politisch aufgeladen ist: Derjenige ist im Recht, so Billys Überzeugung, der den anderen geschickter auszutricksen versteht. „A fair

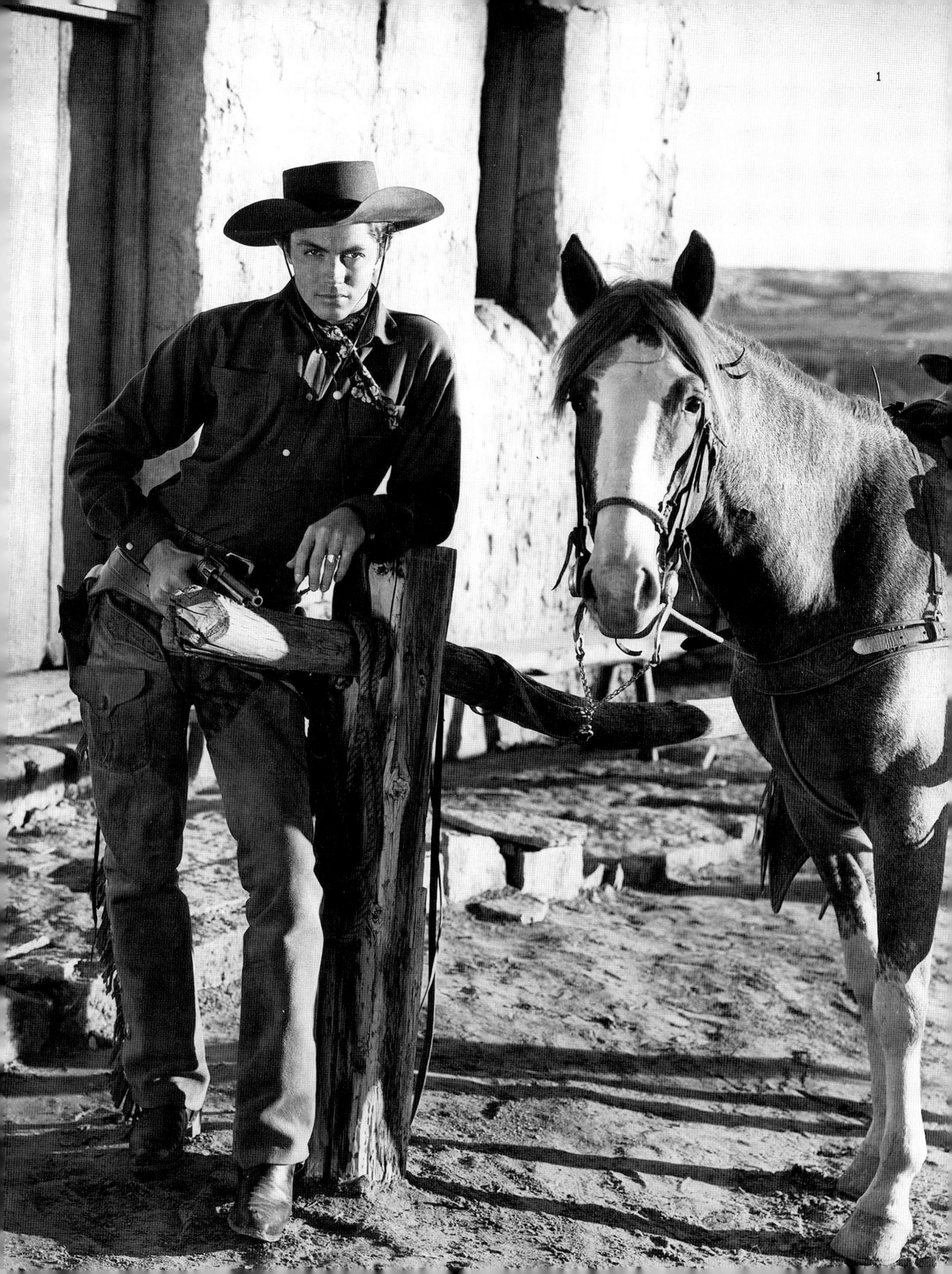

1

1 Das am härtesten umkämpfte Pferd und der smarteste Billy the Kid (Jack Buetel) der Filmgeschichte.

2 Unendliche Weiten, Sand, Sonne, Fels. Wenn ein Outlaw in die Stadt reitet, dann nur, um seine Freiheit zu behaupten.

„You've got a girl, Billy?"
„No, I ain't got nothing – except a horse!"
Filmzitat: Doc Holliday (Walter Huston) und Billy the Kid (Jack Buetel)

exchange is no robbery", sagt Billy in einer frühen, der Zensur zum Opfer gefallenen Drehbuchfassung. Der Skandal über Billys Haltung entzündete sich vor allem daran, dass er nicht nur Docs Pferd, sondern auch dessen Geliebte Rio (Jane Russell) in seine Besitzvorstellungen mit einbezieht. Ja, schlimmer noch, dass er sich – wie Doc auch – im Zweifelsfall eher für das Pferd und gegen die Frau entscheiden würde.

Obwohl Doc und Billy sich dem Zugriff Pats entziehen müssen und in die Berge flüchten, betrachten sie das Leben weiterhin durch und durch als Spiel. Seinen Witz und Charme gewinnt der Film nicht zuletzt aus den subtilen, sprachlichen Formen ihres ständigen Kräftemessens und damit auf einem Gebiet jenseits der sonst im Western so häufig eilfertig gezogenen Colts. Auch wenn er einen zutiefst frauenfeindlichen Eindruck hinterlässt, so

sind seine fragwürdigen Attacken nichts desto weniger auf die komplette Typologie des Westerngenres ausgerichtet. Der Film sei „ein Attentat auf den Western, aus seinem eigenen Zentrum heraus begangen und von seinen eigenen Figuren durchgeführt, aber nicht auf die Vernichtung des Genres selbst angelegt, sondern auf dessen Erneuerung", schrieb der Kritiker Giulio Cesare Castello.

Die nie stockende Handlung bezieht ihr Spannungsmoment vor allem aus dem Motiv der Flucht vor dem Gesetz. Die Beziehungen der Figuren untereinander leiten sich jedoch von einem tief gehenden Grundsatz ab: „Traue niemandem! Keinem alten und angeblichen Freund, keiner fremden Waffe, keinem Pferd und keiner dich noch so liebenden Frau – selbst der Inschrift eines Grabes traue nicht." Dass es dann doch zu einem finalen

> „Ich habe noch nie etwas so Unannehmbares gesehen wie die Aufnahmen der Brüste der Figur, die Rio heißt. Während der Hälfte des Films sind die Brüste des Mädchens, die ziemlich groß und auffällig sind, ständig in schockierender Weise enthüllt."
>
> Filmzensor Joseph Breen in seinem Bericht für das „Hays-Office"

3 Doc Holliday (Walter Huston) stellt sich schützend vor den angeschossenen Billy. Dabei hat dieser ihm das Pferd gestohlen.

4 Rios (Jane Russell) trotziger Blick ist reiner Sexappeal. Aber Billys besonderes Interesse gilt vor allem einem: der Rückgewinnung eines Pferdes. Am Ende reiten beide auf diesem Pferd davon. Selbstverständlich sitzt Rio dabei hinten.

Duell kommt, bei dem Doc sein Leben lässt, weil er nicht daran glaubt, dass sein alter Freund und Weggefährte Pat das Gesetz ernster nimmt, als es das Leben an sich schon ist, erscheint als ein für das Ende und die Pointe des Films notwendiges Muss.

Im letzten Bild sieht man Billy und Rio gemeinsam auf Docs Pferd und mit Docs Pistolen in die Weite der sich vor ihnen ausbreitenden Landschaft reiten. Doc ist tot und liegt unter einem Grabstein mit falscher Inschrift begraben. Derjenige, der ihn erschossen hat, bleibt mit Billys Pistolen an den Stützpfeiler eines verlassenen Hauses gekettet zurück. Selbst im Tod ist man vor einem „fair exchange" nicht sicher. Die schönste Regel des Films aber lautet: Wer zuletzt zieht, lebt am längsten!

SR

HOWARD HUGHES

Als Einzelkind erbte Hughes 1924, kaum achtzehnjährig, ein Millionenvermögen. Sein Vater war ein texanischer Erfinder von Ölbohrköpfen. Schon als Kind begeisterte sich Hughes für Technik und besonders für Flugzeuge. Er war ein genialer Tüftler, der mit elf Jahren den ersten drahtlosen Rundfunkempfänger in Houston konstruierte. Mit 14 lernte er fliegen. „Ich habe vor, der größte Golfspieler der Welt zu werden, der beste Filmproduzent in Hollywood, der großartigste Pilot und der reichste Mann der Welt", erklärte der junge Hughes einmal. In etwa erfüllte sich sein Vorhaben, aber eigentlich wurde Hughes noch viel mehr: Womanizer, megalomaner Film-Produzent und Regisseur, Milliardär, zeitweiliger Besitzer des Filmstudios RKO und der Fluggesellschaft TWA, besessener Weltumflieger und Geschwindigkeits-Rekordhalter, genialer Konstrukteur eines riesigen Wasser- und Transportflugzeuges, der „Sproose Goose", und nicht zuletzt Entwickler eines speziellen BHs, der Jane Russells Brüste in *Geächtet* (*The Outlaw*, 1941/43) vor dem Zugriff der Zensur bewahren sollte. „Ich empfehle keinesfalls, dass sie ohne Büstenhalter spielt; ich weiß wohl, dass dies für Russell ein sehr notwendiges Kleidungsstück ist. Aber ich meine, wenn wir einen Halbbüstenhalter finden könnten, der ihre Brüste nach oben heben und stützen würde und er dennoch durchs Kleid nicht wahrnehmbar wäre, oder wir ersatzweise einen sehr dünnen Büstenhalter aus sehr dünnem Material verwenden würden, sodass die natürliche Kontur ihrer Brüste sich durchs Kleid abzeichnete, dann wäre die Sache sehr wirkungsvoll."

Schon in dem Fliegerepos *Höllenflieger* (*Hell's Angels*, 1930) demonstrierte Hughes seinen Hang zu Extremen. Als Produzent setzte er über eine halbe Million Dollar ein, um seinem Anspruch auf realistische Filmaufnahmen Genüge zu tun. Der Film wurde zunächst als Stummfilm konzipiert und war bereits einmal fertig abgedreht, als der Tonfilm 1927 ihn einholte. Hughes erhöhte das Budget auf knapp 4 Millionen Dollar und drehte nach. *Scarface* (1932) gehört ebenso zu seinen Produzentenerfolgen wie *The Outlaw*. Über Hughes' Tod kursieren unterschiedliche Versionen, doch am verbreitetsten ist jene, Hughes sei während eines Fluges von Acapulco (Mexiko) nach Houston im April 1976 an den Folgen eines Herzinfarkts gestorben. Die letzten zwanzig Jahre seines Lebens litt er unter der Nervenkrankheit OCD („obsessive-compulsive disorder"), weswegen er sich aus dem öffentlichen Leben weitgehend zurückzog; er lebte mit sieben mormonischen Dienern in einer riesigen Hotelsuite in Las Vegas. Im Jahr 2004 verfilmte Martin Scorsese Hughes' Leben in dem Film *Aviator* (*The Aviator*) mit Leonardo DiCaprio in der Hauptrolle.

4

CITIZEN KANE
Citizen Kane

1941 - USA - 119 MIN. - S/W - GENRE DRAMA

REGIE ORSON WELLES (1915–1985)
BUCH HERMAN J. MANKIEWICZ, ORSON WELLES KAMERA GREGG TOLAND SCHNITT ROBERT WISE
MUSIK BERNARD HERRMANN PRODUKTION ORSON WELLES für MERCURY PRODUCTIONS INC., RKO.

DARSTELLER ORSON WELLES (Charles Foster Kane), JOSEPH COTTEN (Jedediah Leland),
DOROTHY COMINGORE (Susan Alexander Kane), AGNES MOOREHEAD (Mary Kane),
RUTH WARRICK (Emily Kane), RAY COLLINS (James W. Gettys), ERSKINE SANFORD (Herbert Carter),
EVERETT SLOANE (Mr. Bernstein), WILLIAM ALLAND (Jerry Thompson), PAUL STEWART (Raymond),
GEORGE COULOURIS (Walter Parks Thatcher).

ACADEMY AWARDS 1941 OSCAR für das BESTE DREHBUCH (Herman J. Mankiewicz, Orson Welles).

„Rosebud..."

Nach dem Tod des Zeitungskönigs Charles Foster Kane entsteht über ihn ein Filmporträt im Stil amerikanischer Wochenschauen. Der Produzent zeigt sich bei der Abnahme unzufrieden. Es sei nicht genug, deutlich zu machen, was Kane geleistet habe: „Die Leute wollen wissen, wer und was er war." Vielleicht sei „Rosebud", jenes letzte, enigmatische Wort Kanes auf dem Sterbebett, der Schlüssel zu allem. Der Reporter Thompson (William Alland) macht sich auf den Weg. Er hat den Auftrag, das Rätsel in Gesprächen mit Personen, die Kane nahe standen, zu lösen.

Welles' Film präsentiert die Erinnerungen von fünf Beteiligten in einer Reihe von Rückblenden. Die großen Stationen und Schlüsselmomente des Lebenslaufs werden Zug um Zug szenisch nachgezeichnet und durch verbale Kommentare der Zeugen ergänzt. Als Kind aus kleinen Verhältnissen war Kane nach dem plötzlichen Reichtum der Mutter (Agnes Moorehead) von dieser an einen Vormund übergeben worden. Der sollte ihm eine erstklassige Erziehung an Eliteschulen gewährleisten. Später macht Kane (Orson Welles) als junger ungestümer Zeitungsherausgeber Karriere, er baut sein Presseimperium auf und verliert es schließlich wieder. Wir erfahren über die gescheiterten Ambitionen Kanes, das Gouverneursamt zu erlangen, von seinen ebenfalls gescheiterten zwei Ehen, von Kanes Leidenschaft als Kunstsammler, die sich auf den Sinn des Habens beschränkt, und von Kanes Hybris beim Aufbau des absurd gigantischen Schlosses Xanadu, in dem er schließlich verbittert und vereinsamt stirbt. „Eine Hymne auf die Jugend und eine Meditation über das Alter, ein Essay über die Eitelkeit allen menschlichen Strebens und zugleich ein Gedicht über den Verfall, und hinter all dem

1

1 Charles Foster Kane (Orson Welles) als Wahlkämpfer.

2 Nach dem Wahldesaster Kane und sein Mitstreiter Leland (Joseph Cotten).

eine Reflexion über die Einsamkeit außergewöhnlicher Menschen" – so huldigte François Truffaut diesem Film.

Für den Reporter Thompson bleibt wie für alle anderen Handelnden die Bedeutung von „Rosebud" ein „verlorener Puzzle-Stein". Uns Zuschauern hingegen gewährt der Film einen privilegierten Blick auf einen Haufen scheinbar wertlosen Gerümpels, der nach Kanes Tod verbrannt wird. „Rosebud" ist das Markenzeichen des brennenden Schlittens. Mit ihm hatte sich der Junge einst gegen seinen Vormund und gegen die Trennung von der Mutter gewehrt. Das Wort stand offenbar symbolisch für die verlorene Kindheit. Dennoch erweist sich dieses Wissen nicht als der Schlüssel zur Person Kanes. Und so kritisiert (nicht nur) der Premierenrezensent der „New York Times", dass der Film kein „klares Bild der Figur und der Motive des Mannes" gebe.

Aber genau diese vermeintliche „Schwäche" scheint Absicht zu sein und trägt wesentlich zum legendären Ruf des Films bei. Aus der Sicht aktueller Diskurse über den Konstruktcharakter biographischen Erzählens wirkt gerade die Art der multiperspektivischen Konzeption des Films revolutionär. Wenn er die Person Kanes aus einem Puzzle offen subjektiver, teils ganz

„Zum 100. Geburtstag des Kinos haben namhafte Regisseure und Produzenten aus der ganzen Welt *Citizen Kane* von Orson Welles zum besten Film aller Zeiten gekürt." *Frankfurter Allgemeine Zeitung*

3 Abschied von zu Hause: Kanes Mutter übergibt ihn an den neuen Vormund Thatcher (George Coulouris).

4 Ästhetik der Schärfentiefe: Kane lauscht dem Klavierspiel seiner späteren zweiten Frau.

5 „Kane for Governor" – Mr. Leland im Wahlkampf für Kane.

6

6 Puzzeln als sinnentleertes Tun. Susan Alexander, Kanes zweite Frau (Dorothy Comingore), fühlt sich einsam in „Xanadu".

7 Kane: „Wenn du wüsstest, wie ich dich bewundere!" – Emily Norton, Kanes erste Frau (Ruth Warrick).

„It comes close to being the most sensational film ever made in Hollywood." *The New York Times*

unterschiedlich gefärbter und lückenhafter Erinnerungen entstehen lässt, ohne verbindliche „Klarheit" zu schaffen, so lässt sich dies als Reflexion über die Subjektivität kollektiver Gedächtnisbestände deuten.

Ähnliche Aufmerksamkeit verdient auch die visuelle Form. Nicht nur, dass der Film seine geheimniswahrende Atmosphäre durch eine vielfach Silhouetten schaffende, harte Lichtführung unterstützt, die Gesichter erst spät und nur teilweise aus dem Schatten hervortreten lässt. Er wirkt mit seinen extremen Blickpositionen und seinem Hang zu visuellen Symbolismen, wie den Gittern vor der Welt von Xanadu, mit denen er beginnt und endet, hochgradig stilisiert. Vor allem aber gilt Welles' Film als bahnbrechend für die

ORSON WELLES Am Theater hatte der 1915 geborene Regisseur und Schauspieler sich schon einen Namen gemacht, als er 1938 H.G. Wells' „The War of the Worlds" für das Radio inszenierte. Das Hörspiel löste in New York eine Panik aus. Es verschaffte Welles Aufmerksamkeit und den mit ungewöhnlichen Rechten ausgestatteten Vertrag mit RKO für seinen ersten großen Film, Citizen Kane (1941). Es folgten weitere Filme wie Der Glanz des Hauses Amberson (The Magnificent Ambersons, 1942). Wegen der enttäuschenden Einspielergebnisse von Citizen Kane durfte er aber schon diesen Film nicht mehr endmontieren. Damit begann eine Reihe von Projekten, die von anderen Regisseuren zu Ende gebracht wurden, unvollendet blieben oder Studio-Eingriffe erlitten – wie auch noch sein berühmter Spät-noir Im Zeichen des Bösen (Touch of Evil, 1958). Welles wich unter anderem auf die Low-Budget-Verfilmung seiner Bühneninszenierung von Macbeth (1948) aus. Später folgen zwei weitere Shakespeare-Adaptionen, darunter Orson Welles' Othello (Othello, 1952), für den er 1952 die Goldene Palme in Cannes erhielt.

Ab 1948 ging er wiederholt nach Europa, um hier als Regisseur, aber auch als Schauspieler zu arbeiten, jetzt vermehrt in Filmen anderer Regisseure, darunter Claude Chabrol, Fred Zinnemann und Sergej Bondartschuk. Hatte er schon den Kane gespielt, so blieb vor allem sein Auftritt als Harry Lime in Carol Reeds Der dritte Mann (The Third Man, 1949) im Gedächtnis. Aus zahlreichen Arbeiten für Fernsehen und Kino in den Jahren nach 1960 hebt sich 1975 F wie Fälschung (F for Fake / Vérités et mensonges), eine episodische Studie über große Fälscher und die eigene Leidenschaft für Scharlatanerie, heraus. Welles starb 1985 in Los Angeles.

Ästhetik der Schärfentiefe. Viele Szenen sind nicht mehr klassisch in einzelne Einstellungen aufgelöst, die den Blick der Zuschauer durch Kadrierung und Montage lenken. Sie sind vielmehr als eine unbewegte Einstellung kontinuierlich durchgedreht, wobei die Aufmerksamkeit durch die Bewegung der Schauspieler in der Tiefe des Raumes stimuliert wird. Die gleichzeitige Akzentuierung von Figuren oder Gegenständen im Vordergrund und Handlungen in der Tiefe des Raumes, was Welles in einigen Einstellungen geradezu hingebungsvoll zelebriert, gehört zu den hervorstechenden stilistischen Innovationen. „Dank der Schärfentiefe des Objektivs hat Orson Welles der Realität ihre wahrnehmbare Kontinuität zurückgegeben" – so bewunderte André Bazin den Film. JS

„Er ist zynisch, ironisch, manchmal bedrückend und so realistisch wie eine Ohrfeige. Und er besitzt mehr Vitalität als fünfzehn andere Filme, die man hier anführen könnte." *The New York Times*

8 Denunziation als Waffe im Wahlkampf: Kane und Susan Alexander werden durch den Konkurrenten bloßgestellt.

9 Eine Rüge: Kanes einstiger Vormund, Walter Parks Thatcher, kritisiert dessen unorthodoxe Firmenpolitik.

10 Siegesfeier in der Redaktion des Inquirers: der Chef und seine Mitstreiter Leland und Bernstein (Everett Sloane).

DIE FRAU, VON DER MAN SPRICHT
Woman of the Year

1941 - USA - 114 MIN. - S/W - GENRE KOMÖDIE, DRAMA

REGIE GEORGE STEVENS (1904–1975)
BUCH MICHAEL KANIN, RING LARDNER JR. KAMERA JOSEPH RUTTENBERG SCHNITT FRANK SULLIVAN
MUSIK FRANZ WAXMAN PRODUKTION JOSEPH L. MANKIEWICZ für MGM.

DARSTELLER SPENCER TRACY (Sam Craig), KATHARINE HEPBURN (Tess Harding),
FAY BAINTER (Ellen Whitcomb), MINOR WATSON (William Harding),
DAN TOBIN (Gerald), REGINALD OWEN (Clayton), GLADYS BLAKE (Flo Peters),
WILLIAM BENDIX („Pinkie" Peters), ROSCOE KARNS (Phil Whittaker),
LUDWIG STÖSSEL (Doktor Martin Lubbeck).

ACADEMY AWARDS 1942 OSCAR für das BESTE DREHBUCH (Michael Kanin, Ring Lardner Jr.).

„You're wonderful."
– „Of course, didn't you know?"

Sie arbeiten für dieselbe Zeitung, doch was will das schon heißen? Sam Craig (Spencer Tracy) ist Sportreporter, Tess Harding (Katharine Hepburn) die einflussreichste politische Korrespondentin des Landes. Sie spricht mehrere Sprachen und ist der Überzeugung, dass Nazi-Deutschland den Krieg verlieren wird; er kennt die Baseballregeln wie kein zweiter und meint, dass die New York Yankees die Meisterschaft gewinnen werden. Beide halten das Ressort des anderen für vollkommen überflüssig. Doch Gegensätze ziehen sich bekanntlich an. Und wer wissen will, wie Liebe auf der Leinwand funktioniert, wie zwei Stars mit wenigen Blicken und noch weniger Worten etwas Magisches vollbringen können, der kommt um *Die Frau, von der man spricht* nicht herum. Von dem Moment an, als sich Spencer Tracy und Katharine Hepburn das erste Mal begegnen, gibt es kein Zurück mehr. Im Rückblick lässt sich der Zauber leicht erklären: Es war der erste von neun gemeinsamen Kino-Auftritten und der Beginn ihrer lebenslangen „Affäre". Beider

Im diesem Film sind die beiden allerdings noch weit davon entfernt, ein perfektes Paar abzugeben. Um einander kennen zu lernen, begleitet sie ihn zu einem Baseballspiel. Angesichts der Zuschauermassen fragt Tess zwar schnippisch, ob all diese Leute arbeitslos seien; aber schon bald ist klar, dass sie sich in seiner Welt besser zurechtfindet als er in ihrer: Auf der anschließenden Diplomatenparty bleibt der einsprachig aufgewachsene Sam allein. In bester Hollywood-Manier wäre der Film mit der Hochzeit der beiden an ein glückliches Ende gelangt – doch in *Die Frau, von der man spricht* fangen die großen Schwierigkeiten mit der Ehe erst an. Denn Sam und Tess sind nicht nur sehr verschieden, sie haben auch gänzlich unterschiedliche Vorstellungen von der Ehe. Noch im Brautkleid organisiert sie ihre nächsten, selbstverständlich hochbrisanten Interviews. Die Hochzeitsnacht verbringt Sam, bereits im Schlafanzug, mit einem jugoslawischen Exilpolitiker und dessen Fans. Dass er aus purer Rache seine Sportkumpels dazuruft, macht

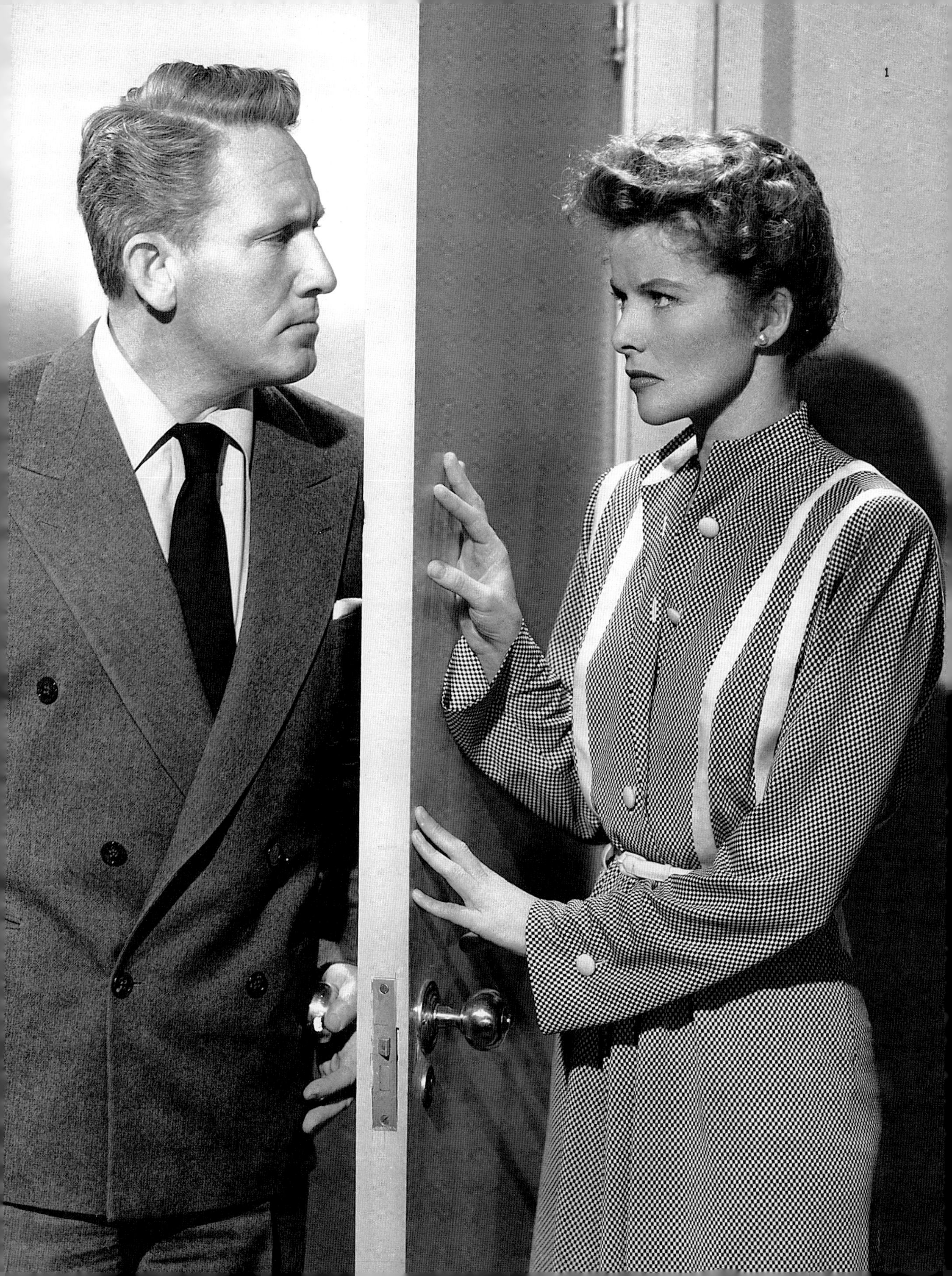
1

2

1   Beginn einer großen Liebe auf und jenseits der Leinwand: Spencer Tracy (als Sam Craig) und Katharine Hepburn (als Tess Harding).
2   Nur was die Baseball-Regeln angeht, ist Sam seiner Partnerin überlegen.
3   Das Bild der Harmonie täuscht. Denn mit der Karrierefrau Tess hat der gemütliche Sam jede Menge Probleme.
4   Auf dem Parkett der internationalen Politik fühlt sich Tess so zu Hause wie diese in ihrem Schlafzimmer.
5   In keinem anderen Film gab sich die Hepburn so ausgesprochen weiblich.

Die Komik dieser Szenen kann das sich tatsächlich abspielende Drama nicht verbergen. Mit der im Dauerstress agierenden, welt- und frauenpolitisch engagierten Tess hat sich Sam ein echtes Problem eingehandelt: In seinen Augen ist die „Frau des Jahres", zu der sie soeben gewählt wurde, überhaupt keine Frau und die perfekte Ehe weder perfekt noch eine Ehe. Die nicht gerade feministische Tendenz des Films zeigt sich auch in Tess' letztem Versuch, wenigstens in der Küche eine „gute Ehefrau" abzugeben – Toaster und Waffeleisen werden unter ihrer Hand zu Bestandteilen grandioser Slapstickszenen.

Allerdings erweisen sich spätere Vorwürfe, der Film ende mit einer totalen Niederlage ihres feministischen Rollenmodells, als übertrieben. In Wahrheit schließen die beiden einen geradezu historischen Kompromiss. Sam weiß, dass Tess nie seine „Mrs. Sam Craig" sein wird. Also bittet er sie, es als Tess Harding-Craig zu probieren – der Doppelname hatte damit auch

„Das erste, was wir von Hepburn in *Woman of the Year* sehen, ist ein fabelhaftes ausgestrecktes Bein in Seidenstrumpf und Stöckelschuh – wer ahnte, dass die Frau Beine hat?... Diese Rolle entspricht einer radikal neuen Frauenphantasie: eine Journalistin, die eine Politkolumne schreibt, fließend ein Dutzend Sprachen spricht und deren Familie zu den engsten Vertrauten der Roosevelts zählt."   *The New Yorker*

6   Liebe unter Kollegen: Mit Tracys Understatement und der Performerin Hepburn trafen auch zwei unterschiedliche Schauspielstile aufeinander. Das Ergebnis ist ein Film, der zwischen Komödie und Drama eine ausgezeichnete Balance hält.

7   Wer hier die Hosen an hat, muss sich erst noch erweisen. Im wahren Leben verlief das 26 Jahre anhaltende Verhältnis zwischen Hepburn und Tracy äußerst harmonisch. Der verheiratete Familienvater ließ sich nie scheiden.

8   Hochzeit im Schnellverfahren: Der nächste Anruf wartet schon.

9   Tess' eifriger Sekretär Gerald (Dan Tobin) ist Sam ein Dorn im Auge.

in den Film Einzug gehalten. Zum finalen Kampf der Geschlechter kam es erst in *Ehekrieg* (*Adam's Rib*, 1949).

Ein Ende, in dem Tess letztgültig triumphiert, wurde gerade vom weiblichen Teil des Testpublikums abgelehnt. Ihre Unabhängigkeit, die so nur eine Katharine Hepburn vorzuleben vermochte, wirkte in jenen Zeiten offenbar erschreckend. Hepburn selbst war es, die den neuen Schluss vorschlug, wie sie auch sonst alle Fäden in der Hand hielt. Sie war es, die Louis B. Mayer das später mit einem Oscar gekrönte Drehbuch brachte, an dem sie selbst mitgearbeitet hatte. Sie war es, die dem „Frauen-Regisseur" George Cukor freundlich absagte und auf George Stevens bestand, der sich nicht nur mit der Wahrung der männlichen Perspektive, sondern auch mit einer bis heute makellosen äußeren Erscheinung bedankte. Vor allem aber wollte sie – und darauf läuft der gesamte Film hinaus – Spencer Tracy. Die Intimität, mit der sich die beiden hier aneinander schmiegen, sich auf dem Rücksitz eines Taxis die entscheidenden Worte sagen, ist mehr als nur Film.

PB

„Die flatterhafte Ehefrau ist so sehr mit der Weltlage beschäftigt – sie hängt ständig am Telefon nach Übersee oder atemlos über dem Fernschreiber –, dass sich ihr Gatte – ein schlichter, altmodischer Typ – fragen muss, ob sie mit ihm oder General de Gaulle verheiratet ist."

The New York Times

FRANZ WAXMAN

Franz Waxman war einer der produktivsten und beliebtesten Komponisten Hollywoods. So dürfte es nur wenige Filmkomponisten geben, denen die US-Post eine eigene Briefmarke widmete. Die zahlreichen Ehrungen galten auch einem bewegten Leben. 1906 als Franz Wachsmann in Oberschlesien geboren, verdiente er sich sein Berliner Studium als Pianist in einer Jazzband namens „Die Weintraub Syncopators". Die erste Filmarbeit erhielt er mit Unterstützung seines berühmten Kollegen Friedrich Hollaender: Er beauftragte ihn mit dem Arrangement seiner Musik zum Welterfolg *Der blaue Engel* (1930). Kurze Zeit später flüchtete Wachsmann vor den Repressalien der Nazis nach Paris; hier komponierte er die Filmmusik zu *Liliom* (1934), dem ersten Exilfilm Fritz Langs. Wie so viele jüdische Künstler ging er schließlich in die USA, wo er sich mit dem Horrorfilm *Frankensteins Braut* (Bride of Frankenstein, 1935) umgehend etablieren konnte. Alfred Hitchcocks Schauerromanze *Rebecca* (1940) bedeutete den endgültigen Durchbruch.

Der Name Waxman stand fortan für großflächig orchestrierte, dramatische Filmmusik. Mit den Oscars für *Boulevard der Dämmerung* (Sunset Boulevard, 1950) und *Ein Platz an der Sonne* (A Place in the Sun, 1951) gelang ihm ein bis dahin einmaliges Kunststück: Nie zuvor hatte ein Filmkomponist die Ehrung in direkter Folge zweimal gewonnen. Zu Franz Waxmans bedeutendsten Leistungen gehören außerdem die Musiken zu Filmen wie *Die Nacht vor der Hochzeit* (The Philadelphia Story, 1940), *Verdacht* (Suspicion, 1941), *Das Fenster zum Hof* (Rear Window, 1954) und *Geschichte einer Nonne* (The Nun's Story, 1959). Waxman starb 1967 im Alter von nur 60 Jahren.

SEIN ODER NICHTSEIN
To Be or Not to Be

1942 - USA - 99 MIN. - S/W - GENRE KOMÖDIE

REGIE ERNST LUBITSCH (1892–1947)
BUCH EDWIN JUSTUS MAYER, MELCHIOR LENGYEL KAMERA RUDOLPH MATÉ
SCHNITT DOROTHY SPENCER MUSIK WERNER R. HEYMANN
PRODUKTION ERNST LUBITSCH für ROMAINE FILM CORPORATION.

DARSTELLER CAROLE LOMBARD (Maria Tura), JACK BENNY (Joseph Tura), ROBERT STACK (Leutnant Stanislav Sobinski), STANLEY RIDGES (Professor Alexander Siletsky), SIG RUMAN (Colonel Ehrhardt), FELIX BRESSART (Greenberg), TOM DUGAN (Bronski), CHARLES HALTON (Dobosh), HENRY VICTOR (Schultz), LIONEL ATWILL (Rawitch).

„Shall we drink to a blitzkrieg?"
– „I prefer a slow encirclement."

Was darf Satire? Alles, solange sie den Führer nicht beleidigt. So sieht es zumindest die polnische Regierung, als sie das neue Stück des „Theater Polski" in Warschau kurzerhand absetzt. Eine Hitler-Parodie mit dem Titel „Gestapo", das erscheint im August 1939 als keine besonders gute Idee. Einen Monat später sind solche Skrupel hinfällig – Hitler hat Polen trotzdem überfallen. Nun führen die Nazis selbst Regie, und Polen ist ihre Bühne.

Auf dieser Bühne erhält das Ensemble schließlich doch Gelegenheit, die erprobten Rollen zur Aufführung zu bringen. Diesmal allerdings spielen sie um ihr Leben. Um einen Spion auszuschalten – und weil sich der weibliche Star Maria Tura (Carole Lombard) unbedingt mit dem in sie verliebten Widerstandskämpfer Sobinski (Robert Stack) einlassen musste –, schlüpfen die Schauspieler in die Uniform des Feindes. Marias Mann, der eitle Hamlet-Darsteller Joseph Tura (Jack Benny), wird zu SS-Gruppenführer Ehrhardt, um den Spion Siletsky (Stanley Ridges) in eine Falle zu locken. Nach erfolgreichem Attentat nimmt er Siletskys Rolle ein und trifft im Hauptquartier der Gestapo auf den echten Ehrhardt (Sig Ruman). Auch der Komparse Bronski (Tom Dugan) bekommt noch seinen großen Auftritt als Adolf Hitler persönlich. Bei all diesen verwirrenden Täuschungsmanövern ist die Lage jederzeit so ernst, dass angeklebte Bärte über Leben und Tod entscheiden, oder nach Hamlet über Sein oder Nichtsein. Am Ende rettet Tura sich und alle anderen – durch die wahrhaft haarsträubende Rasur eines Toten.

Was darf Satire? *Sein oder Nichtsein* zeigt zwar den großen Ernst Lubitsch, so heute die fast einhellige Meinung, auf dem Höhepunkt seiner Kunst, doch das Echo war ein anderes, als der Film herauskam. Der Gang auf schmalem Grat führte zur größten Katastrophe seiner Karriere. Der deutsche Regisseur, hieß es, mache sich über die Leiden des polnischen Volkes lustig. Vom Beginn der Dreharbeiten bis zur ersten Preview hatten sich die Verhältnisse radikal geändert. Das Ausmaß von Hitlers Vernichtungsfeldzug war mittlerweile absehbar. Die Amerikaner waren in den Krieg eingetreten. Stieß Charles Chaplin mit *Der große Diktator* (*The Great Dictator*, 1940) noch auf

1

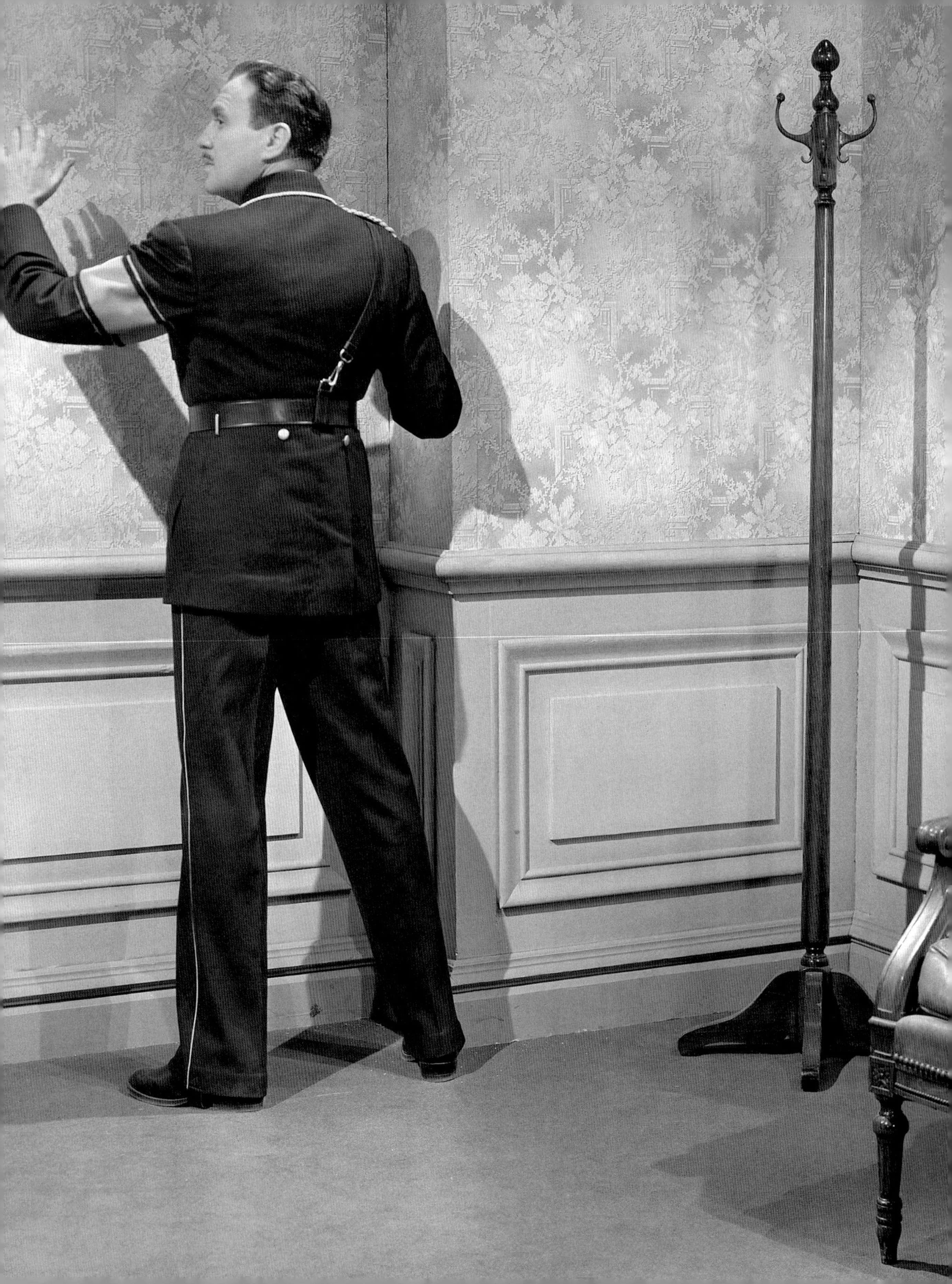

2

1 Schauspieler unter sich: Maria Tura (Carole Lombard) und ihr frustrierter Gatte Joseph Tura (Jack Benny).

2 Professor Siletsky (Stanley Ridges) blickt durch: Nicht in jeder Uniform steckt zwangsläufig ein Nazi.

3 Unter der Regie von Theaterdirektor Dobosh (Charles Halton) spielt der eitle Tura um sein Leben.

wohlwollendes Desinteresse, so war 1942 kaum mehr die Zeit für eine Satire über hackenschlagende und „Heil Hitler!" brüllende Nazis.

Lubitsch reagierte auf die heftigen Vorwürfe mit Briefen an seine Kritiker. Sein Film richte sich ausschließlich gegen die Nazis und deren lächerliche Ideologie – sowie gegen Schauspieler, die immer Schauspieler blieben, wie gefährlich die Situation auch sein möge. Er meinte damit die Intellektuellen seiner Zeit, Leute wie Tura, der mit seiner professionellen Geltungssucht immer wieder alles in Gefahr bringt. Ob er „den großartigen Schauspieler Tura" kenne, fragt der falsche Siletsky den echten Ehrhardt. Oh ja, meint der feiste Offizier, „was der mit Shakespeare gemacht hat, machen wir jetzt mit Polen". Mit solchen Pointen trifft Lubitsch perfekt den zynischen Jargon der Nationalsozialisten, den die Schauspieler allerdings nicht weniger perfekt zu imitieren verstehen. Letztlich ist man unter sich. Die Tragödie besteht darin, dass einer wie Ehrhardt mit einem Federstrich Todesurteile unterzeichnet, obwohl er auch einen passablen Theaterkritiker abgäbe.

Das Entsetzen des deutschen Juden Ernst Lubitsch über eine Bande schlechter Schauspieler, die halb Europa unter der Knute hält, ist in jeder Sekunde spürbar. Wehren kann er sich nur mit Hilfe des Humors. In nicht selten spiegelbildlich angeordneten Szenen spielt Lubitsch ein gefährliches doppeltes Spiel um Mörder und Opfer, Bühne und Leben, Schein und Realität, echte und falsche Bärte, um Lachen oder Weinen, bei dem ein gehöriges Maß an Egoismus und Eitelkeit das Überleben sichert. Lubitsch gewinnt das Spiel, indem er sich an den braven Greenberg hält, den jüdischen Kleindarsteller, der so gerne den Shylock spielen würde: „Das würde einen Lacher geben." Einen guten Lacher soll man nie verachten.

PB

CAROLE LOMBARD Die Premiere von *Sein oder Nichtsein* (*To Be or Not to Be*, 1942) war nicht nur von der Entwicklung zum Weltkrieg überschattet. Kurz zuvor war die Hauptdarstellerin Carole Lombard, unterwegs auf einer Werbetour für Kriegsanleihen, bei einem Flugzeugabsturz ums Leben gekommen. Mit der 33-Jährigen verlor Hollywood einen seiner größten und bestbezahlten Stars. Beim Baseballspielen auf der Straße entdeckt, hatte die 1908 geborene Jane Alice Peters ihre erste Filmrolle mit 13 Jahren. In den 20ern reüssierte sie in seichten Melodramen und Western, der Wechsel zum Tonfilm gelang nur mit Mühen. 1926 zog sie sich zudem bei einem Autounfall eine Gesichtsnarbe zu, die aber unter Einsatz von plastischer Chirurgie und Make-up unauffällig war. Mit Eleganz und Esprit gleichermaßen gesegnet, gelang Lombard schließlich doch noch der Durchbruch. Unter der Regie von Howard Hawks wurde sie mit *Napoleon vom Broadway* (*Twentieth Century*, 1934) zur „Königin der Screwball-Komödie". Für *Mein Mann Godfrey* (*My Man Godfrey*, 1936), an der Seite ihres Ex-Mannes William Powell, mit dem sie bis 1933 verheiratet war, erntete sie ihre einzige Oscar-Nominierung. Höhepunkte ihrer kurzen Karriere waren Hitchcocks Ehefilm *Mr. und Mrs. Smith* (*Mr. & Mrs. Smith*, 1941) und Lubitschs Anti-Nazi-Satire *Sein oder Nichtsein*. Seit 1939 war sie mit Clark Gable verheiratet.

4 Tura ist verzweifelt:
Ausgerechnet während seines Hamlet-Monologs verlässt ein Zuschauer den Saal.

5 Spiel mit dem Entsetzen:
Der falsche Hitler (Tom Dugan) erwischt den echten Ehrhardt (Sig Ruman) mit Maria.

6 Geplatzte Generalprobe:
Hitler ist in Polen einmarschiert. Von nun an geht es um Sein oder Nichtsein.

„Ernst Lubitsch hat die Nazis mit seiner Komödie *Sein oder Nichtsein* bis auf die Knochen blamiert. Brutal, verschlagen, feige und dumm bis ins Mark führt er sie vor, einer wie der andere eine Knallcharge. ‚Wenn wir die Nazis schon nicht wirklich totlachen können, machen wir uns wenigstens Mut, indem wir uns über sie amüsieren', muss Lubitsch gedacht haben." *die tageszeitung*

BAMBI
Bambi

1942 - USA - 70 MIN. - FARBE - GENRE ZEICHENTRICKFILM
REGIE DAVID HAND (1900–1986)
BUCH LARRY MOREY, PERCE PEARCE, nach der Erzählung „Bambi – Eine Lebensgeschichte aus dem Walde"
von FELIX SALTEN KAMERA MAXWELL MORGAN MUSIK EDWARD H. PLUMB, ROBERT SOUR, HELEN BLISS,
FRANK CHURCHILL, HENRY MANNERS, LARRY MOREY PRODUKTION WALT DISNEY für WALT DISNEY PICTURES.

STIMMEN HARDIE ALBRIGHT/JOHN SUTHERLAND (Bambi), DONNIE DUNAGAN (Bambi, jung),
BOBBY STEWART (Bambi, als Baby), TIM DAVIS (Blume/Klopfer), STERLING HOLLOWAY (Blume),
STAN ALEXANDER (Blume, jung), SAM EDWARDS (Klopfer), PETER BEHN (Klopfer, jung),
ANN GILLIS (Faline), CAMMIE KING (Faline, jung), PAULA WINSLOWE (Bambis Mutter),
FRED SHIELDS (Bambis Vater, Prinz des Waldes), WILL WRIGHT (Eule).

„Ach, ist das niedlich!"

Ein himmlischer Chor singt von der Liebe, während der Blick, begleitet von Vogelgezwitscher, auf einen Wald freigegeben wird. In diesem irdischen Paradies kommt Bambi zur Welt. Mit dem Hasen Klopfer und dem Stinktier Blume schließt das Rehkitz schnell Freundschaft und beginnt, die Welt zu erkunden. Scheint diese harmonische Natur selbst durch ein tosendes Gewitter nicht aus dem Gleichgewicht zu geraten, so gibt es einen klar definierten Feind: Jäger, deren Schüsse immer wieder die Tiere aufscheuchen und in die Flucht jagen.

Schließlich geschieht das unvorhersehbare – Bambis Mutter wird getötet, und so ist das junge Tier schließlich auf sich selbst gestellt. Doch nur innerhalb eines Jahres ist das ehemals schüchterne und hilflose Reh zu einem jungen Hirsch herangewachsen. Bambi verliebt sich nicht nur in Faline, sondern rettet die Angebetete auch vor der Hundemeute der Menschen. Obwohl der Protagonist dabei angeschossen wird, kann er dem brennenden Wald entkommen und nimmt schließlich als „Prinz des Waldes" die Stelle seines Vaters ein.

Die Zeichentrickfilme Walt Disneys stehen in der Tradition der bürgerlichen Tierfabel, und so wurden auch die Tiere dieses Zeichentrickfilms unübersehbar mit menschlichen Merkmalen – großen, kindlichen Augen, Wimpern oder errötenden Wangen – ausgestattet. Darüber hinaus verkörpert die Fauna menschliche Eigenschaften, indem historisch gewachsene Klischees instrumentalisiert werden: Die Eule etwa steht für Weisheit und Alter, oder das Reh wird als sanft und schüchtern dargestellt. Am auffälligsten allerdings ist es, dass diese exemplarische Natur allein nach familiären Strukturen geordnet zu sein scheint. Dabei bilden Mutter und Kind eine Einheit, die nur gewaltsam aufgehoben werden kann – Geschichte schrieb dieser Film mit dem dramatischen Tod der Mutter. Es ist darüber hinaus gemäß der Entstehungszeit eine klare Hierarchie der Geschlechter auszumachen: Während

1

1 „Liebe ist mehr als nur ein Wort" – süßer geht es nicht!
2 Häschen und Rehlein glücklich in einer Welt ohne Menschen.
3 Familienwerte in Disneys Welt: Erst als junger Hirsch wird Bambi für seinen Vater interessant …
4 … während die Symbiose mit der Mutter die Kinderzeit bestimmt.
5 Für die realistischen Bewegungsabläufe wurden lebendige Rehe studiert.

„*Bambi* ist Anthropomorphismus in Vollendung. Seine Tiere sind Menschen."

Sight and Sound

sich das junge Rehkitz Bambi und seine Mutter bodennah im schützenden Dickicht des Waldes aufhalten, blickt sein Vater – zugleich der von allen unhinterfragt respektierte Anführer des Rudels – stolz von einer himmelhohen Felsspitze herab. Auch wenn er für die Handlung zunächst keine große Rolle spielt, so ist er allgegenwärtig. Denn aus seiner königlichen wie gottgleichen Position überwacht, beschützt und regiert er den Wald und seine Bewohner.

Dieser Film kann als eine moralische Lehrstunde beschrieben werden. Allerdings legt er seine Botschaften nicht offen, sondern stellt gesellschaftliche Vorgänge als natürliche Abläufe als gegebene und sogar zyklisch verlaufende Entwicklungen dar – auf die Katastrophe folgt ein unbeschwerter Neubeginn wie auf den Winter der Frühling. Aber die Zeitbezüge sind überdeutlich: Der Brand und die verkohlten Baumstümpfe, die er hinterlässt, verweisen auf den Zweiten Weltkrieg. So existiert in Bambis Wald, in dem alle Tiere dieselbe Sprache sprechen, anders als in klassischen Paradiesdarstellungen keine unermessliche Vielfalt von Lebewesen. Stattdessen werden Tiere eingesetzt, die sich mit Nordamerika identifizieren lassen: Weißwedelhirsche, Opossums, Stinktiere, Waschbären, Grauhörnchen, Backenhörnchen und Virginia-Wachteln. Diese national besetzte Natur steht für eine ideale Gesellschaft; doch um als vorbildlich und „rein" erscheinen zu können, wird – damals wie heute – ein imaginäres „Böses" benötigt: Und so muss die Bedrohung durch die unsichtbaren Jäger, deren Schüsse immer wieder aus dem Nichts heraus fallen, eigentümlich namen- wie körperlos bleiben.

PLB

„In Farben, die selbst einen Regenbogen vor Neid erblassen lassen würden, haben Disneys Cartoon-Spezialisten einen Wald geschaffen, in dem alles zu schimmern und leuchten scheint."

The New York Times

6

„Du brauchst auf deine Mutter nicht mehr zu warten. Die Jäger haben sie ... Du musst jetzt tapfer sein ..." *Filmzitat: Bambis Vater*

WALT DISNEY UND DER ZWEITE WELTKRIEG

Zeitbezüge werden in *Bambi* (1942) nur angedeutet, doch tatsächlich arbeitete Walt Disney während des Zweiten Weltkriegs bereitwillig mit dem Militär und der US-Regierung zusammen. Einerseits stellte er Studiogebäude und Technik zur Verfügung, andererseits entstanden zahlreiche Lehr- und Propagandafilme für die US Army, u.a. *Tunisian Victory* (1944) und *Why We Fight* (1942–45).

Um die Nation zu unterhalten, entstanden auch Animationen, in denen bekannte Figuren wie Mickey Mouse oder Donald Duck in den Krieg zogen, etwa *Donald Gets Drafted* (1942), *The Old Army Game* (1943) oder *Private Pluto* (1943). Darüber hinaus ließ Walt Disney kostenlos zahlreiche militärische Abzeichen produzieren, und so zierten Bilder der berühmten Comicfiguren viele Schiffe, Flugzeuge und sogar die Kleidung der Soldaten.

6 Erhabene Natur: Viele Einstellungen orientieren sich an der heroisierenden Landschaftsmalerei des 19. Jahrhunderts.

7 Bambi allein zu Haus: It's a cold, cold world.

CASABLANCA
Casablanca

1942 - USA - 102 MIN. - S/W - GENRE DRAMA

REGIE MICHAEL CURTIZ (1888–1962)
BUCH JULIUS J. EPSTEIN, PHILIP G. EPSTEIN, HOWARD KOCH, nach dem Bühnenstück „Everybody Comes to Rick's" von MURRAY BURNETT und JOAN ALISON KAMERA ARTHUR EDESON
SCHNITT OWEN MARKS MUSIK MAX STEINER PRODUKTION HAL B. WALLIS für LOEW'S INC., WARNER BROS.

DARSTELLER HUMPHREY BOGART (Rick Blaine), INGRID BERGMAN (Ilsa Lund Laszlo), PAUL HENREID (Victor Laszlo), CLAUDE RAINS (Polizeipräsident Louis Renault), CONRAD VEIDT (Major Strasser), SYDNEY GREENSTREET (Signor Ferrari), PETER LORRE (Guillermo Ugarte), DOOLEY WILSON (Sam), S. Z. SAKALL (Carl), MADELEINE LEBEAU (Yvonne), JOY PAGE (Annina Brandel), CURT BOIS (Taschendieb).

ACADEMY AWARDS 1943 OSCARS für den BESTEN FILM (Hal B. Wallis), für die BESTE REGIE (Michael Curtiz), für das BESTE DREHBUCH (Julius J. Epstein, Philip G. Epstein, Howard Koch).

„Louis, I think this is the beginning of a beautiful friendship."

Casablanca im Zweiten Weltkrieg: Die marokkanische Wüstenstadt ist der äußerste Vorposten des unbesetzten Frankreich – ein Tummelplatz für gestrandete Flüchtlinge, Taschendiebe, Schieber, Spieler und Trinker jeder Nationalität und Hautfarbe. Sie alle treffen sich in Rick's Café Américain, der ersten Adresse für die begehrten Ausreisevisa nach Amerika. Jeden Abend spielen sich hier menschliche Dramen ab. Doch der Besitzer, der raue Zyniker Rick Blaine (Humphrey Bogart), hält sich aus allem raus: „I stick my head out for nobody." Dann passiert es: Von allen üblen Spelunken der Welt läuft sie ausgerechnet in seine: Ilsa Lund (Ingrid Bergman), die ihn am Tag des deutschen Einmarsches in Paris sitzen gelassen hat. Und sie ist nicht allein. Der Mann an ihrer Seite ist der berühmte Widerstandskämpfer Victor Laszlo (Paul Henreid). Rick muss sich entscheiden. Durch Zufall befindet er sich im Besitz von Transitpapieren, die beiden die Flucht ermöglichen würden. Erfüllt er seine große Liebe oder seine patriotische Pflicht?

Einer der berühmtesten Sätze der Filmgeschichte fällt in Casablanca kein einziges Mal: „Play it again, Sam!" Doch manchmal sind es solche so genannten apokryphen Zitate, die einen Film am besten auf den Punkt bringen. Immer wieder möchte man diese einmalige Liebesgeschichte sehen und wiederholen, in der Erinnerung schwelgen, als wäre es das letzte Mal. Für das Traumpaar Bogart und Bergman war es das letzte Mal, für die Filmliebhaber der Welt der Beginn einer wunderbaren Freundschaft. Die klassischen Dialogzeilen bereichern bis heute den Sprachschatz der Nationen: „Here's looking at you, kid" – „Round up the usual suspects" – „We'll always have Paris". Die Symbiose von Publikum und Film begann schon mit der internationalen Besetzung: Von den 14 im Vorspann genannten Rollen werden nur drei von Amerikanern gespielt, bei den anderen handelte es sich meist um Emigranten im Exil – hier musste niemand seinen Akzent verstellen. Claude Rains als liebenswert-korrupter Polizeipräsident Renault, Peter Lorre

1

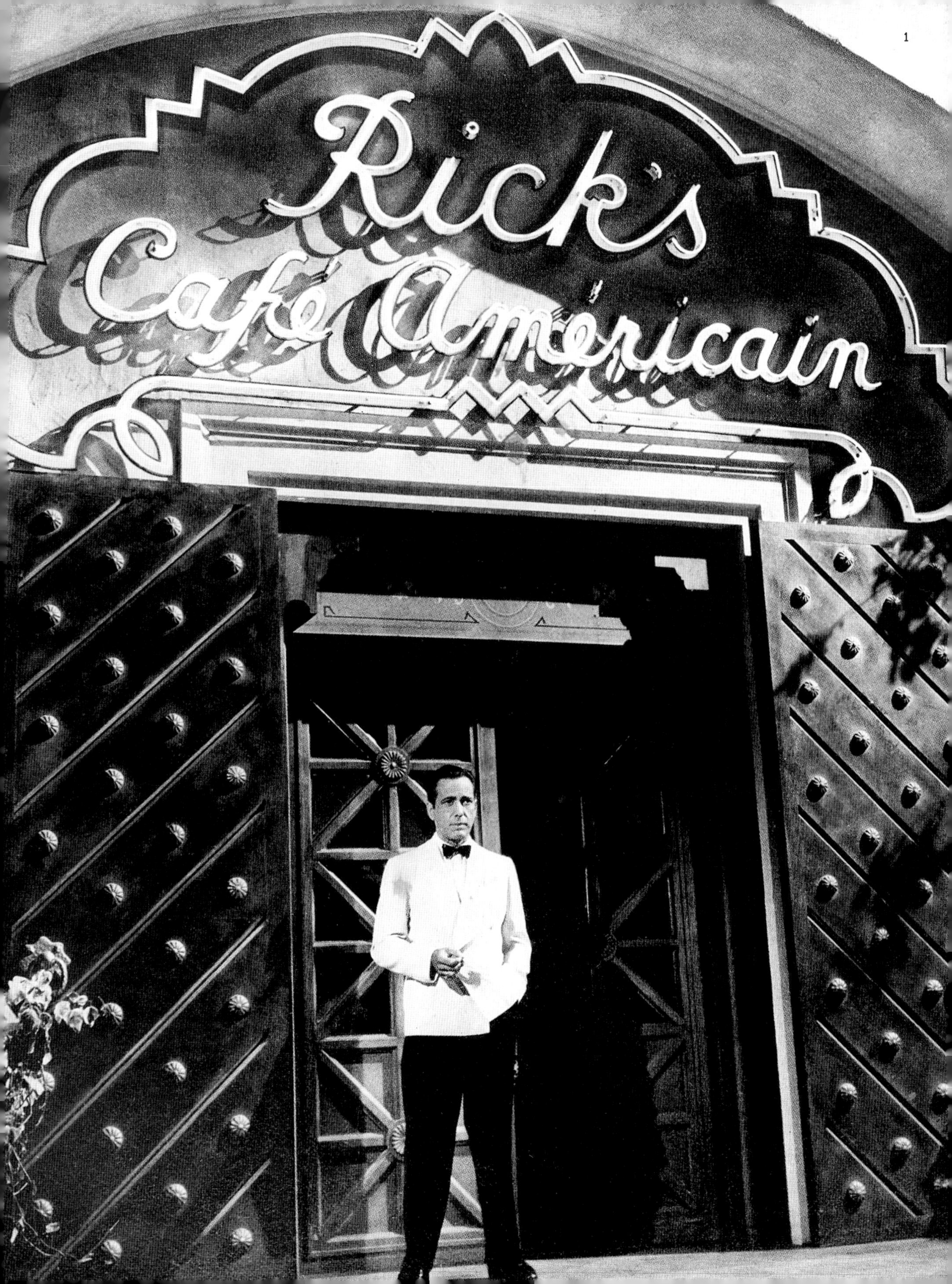

„Wenn ich mir den Film über die Jahre immer und immer wieder anschaue, habe ich doch nie das Gefühl, dass er mir zu vertraut wird. Er gleicht einer Lieblingsplatte: Je besser man sie kennt, desto mehr mag man sie. Die Schwarzweißbilder sind weniger in die Jahre gekommen, als dies bei einem Farbfilm der Fall gewesen wäre. Die Dialoge sind so pointiert und zynisch, dass sie niemals antiquiert wirken." *Chicago Sun-Times*

1 Kultstar Humphrey Bogart als Rick Blaine, Inhaber einer Bar und ein Mann mit Vergangenheit.
2 Signor Ferrari (Sydney Greenstreet) will Ricks „Café Américain" kaufen – keine Chance!
3 Eine Flasche Vichy? Präfekt Renault (Claude Rains, rechts) und Major Strasser (Conrad Veidt).
4 An Geschäften mit Ugarte (Peter Lorre) ist Rick nicht interessiert.
5 Im Wartesaal der Nationen spielt Sam (Dooley Wilson) das alte Lied.

als schmieriger Hehler Ugarte oder Conrad Veidt als finsterer Nazi-Major Strasser – sie alle drücken dem Film ihren Stempel auf, der nicht nur den Beginn des Bogart-Kults markierte. Genau genommen war *Casablanca* der erste Kultfilm überhaupt.

Einen Kultfilm erkennt man daran, dass er bei jedem Sehen besser wird. Vieles ist einem beim ersten Mal entgangen im Vielvölkergetümmel von Rick's Café. Die in Paris verloren gegangene Liebe wird erst nach und nach aufgedeckt, die Dreiecksgeschichte entwickelt sich langsam, anhand kleiner böser Anspielungen und verstörter Blicke. Ihre komplexe Geometrie zeigt sich in der berühmten Schlacht der Hymnen: In der einen Ecke des Cafés grölen die Nazis die „Wacht am Rhein"; in der anderen fordert Laszlo die Musiker auf, die „Marseillaise" zu spielen; mit einem kaum merklichen Kopfnicken gibt Rick dem Bandleader sein Einverständnis; von einem Moment auf den anderen wird der gesamte Saal vom eigenen Patriotismus überwältigt und singt die Nazis in Grund und Boden. Hier zeigt Regisseur Michael Curtiz sein ganzes Können, die Emotionalität einer Szene in minimalistischer Öko-

„Das Ensemble ist großartig, aber seine Wirkung verdankt *Casablanca* vor allem dem Knistern zwischen Rick und Ilsa. Rick ist fürchterlich verletzt worden, aber er hat sich ein neues Leben aufgebaut. Ilsa hat ihre gemeinsame Vergangenheit begraben und begnügt sich nun damit, ihrem Ehemann treu zur Seite zu stehen. Wir wissen alle, dass ihre Liebe noch immer sehr lebendig ist. Und während der Druck auf Ilsas Ehemann wächst, aus Casablanca zu verschwinden, stehen sie und Rick vor Entscheidungen, bei denen es um Leben und Tod geht." *Apollo Movie Guide*

6 Ungewollte Begegnung: Rick und Ilsa (Ingrid Bergman) haben sich schon früher in die Augen gesehen.

7 Der kleine Hehler Ugarte bettelt um Hilfe. Doch bei Rick ist er an den Falschen geraten: „I stick my head out for nobody!"

8 Mit dem Elend der Flüchtlinge werden in Casablanca gute Geschäfte gemacht.

9 Renault sieht keinen Grund, Victor Laszlo (Paul Henreid) festzunehmen.

nomie zu erfassen. Laszlo liefert die Idee. Rick gibt den Ton an. Ilsa, zwischen beiden hin- und hergerissen, genießt den Augenblick in aller Stille.

Filmhistorische Legenden ranken sich um das von den Brüdern Epstein und Howard Koch entwickelte Drehbuch. Julius J. und Philip G. Epstein entwarfen den Krimiplot mit seinen in ihrer Lakonik und ihrer Prägnanz herausragenden Dialogen, bis sie noch während der Dreharbeiten zu Frank Capras Propagandaprojekt *Why We Fight* (1942–45) abberufen wurden – bekanntlich maß niemand *Casablanca* größere Bedeutung bei.

Koch kümmerte sich daraufhin um den emotionalen und ideellen Gehalt der Story. Am Set herrschte das blanke Chaos. Ingrid Bergman soll bis zum Schluss nicht gewusst haben, mit welchem der beiden Männer sie nun gehen werde. Diese Ungewissheit lässt sich in jeder Sekunde spüren – und passte zur Zeit. Im Kampf gegen das Böse vergewissert sich die Welt ihrer Werte. Rick lässt Ilsa und Laszlo ins Flugzeug steigen, politischer Idealismus siegt gegen den Egoismus der Liebe. Nicht zuletzt ist *Casablanca* auch einer der besten Propagandafilme aller Zeiten. PB

10 Ein Klassiker: die berühmteste Abschieds-
    szene der Filmgeschichte mit den üblichen
    Verdächtigen.

11 Leider nur die Vorgeschichte eines Kino-
    Traumpaars: Die Geschichte von Ricks und
    Ilsas verheißungsvoller Liebe in Paris enthüllt
    sich dem Publikum erst nach und nach.

„Nach wie vor das wohl eindrucksvollste Beispiel für die verschwundenen Tugenden des klassischen amerikanischen Atelierkinos, traumhaft perfekt inszeniert und gespielt." *Die Zeit*

MICHAEL CURTIZ

Für viele Kritiker seiner Arbeit war *Casablanca* (1942) ein Zufallstreffer. Sie sehen in Michael Curtiz nur den braven Studioregisseur, der für die Warner Brothers Filme am Fließband ablieferte. Doch diese, fast hundert an der Zahl, zählten zu den besten und profitabelsten des Studios. In den beinahe 30 Jahren bei Warner schuf er Klassiker wie *Unter Piratenflagge* (*Captain Blood*, 1935), *Robin Hood, König der Vagabunden/Die Abenteuer des Robin Hood* (*The Adventures of Robin Hood*, 1938), *Yankee Doodle Dandy* (1942) und *Solange ein Herz schlägt* (*Mildred Pierce*, 1945).

Wie viele seiner Darsteller in *Casablanca* stammte auch Michael Curtiz, 1886 als Mihály Kertèsz in Budapest geboren, aus Österreich-Ungarn. Bereits ein erfahrener Filmregisseur, siedelte er 1919 nach Wien über. Nach zahlreichen Erfolgen bot ihm Harry Warner 1926 einen Vertrag an. Der Ungar ließ sich nicht lange bitten. Was er aus Europa nach Hollywood brachte, war eine auch in *Casablanca* zu erkennende Liebe zu Licht und Schatten, überhaupt ein sehr visueller Stil, der sich auch auf ein kommunikatives Handicap zurückführen lässt – sein Englisch war so schlecht wie zuvor sein Deutsch. Die Schauspieler, bei denen er dank seiner autokratischen Ader äußerst unbeliebt war, hielten sich mit Anekdoten über seine berühmten „Curtizismen" nicht zurück. Am Erfolg nahmen sie dennoch gern teil. Als er 1954 von Warner gefeuert wurde, verblasste sein Ruhm rasch. Mit *Weiße Weihnachten* (*White Christmas*, 1954) und *Wir sind keine Engel* (*We're No Angels*, 1955) schuf er noch zwei Publikumslieblinge, *Mein Leben ist der Rhythmus* (*King Creole*, 1958) war einer der gelungeneren Filme mit Elvis Presley. Curtiz starb 1962 in Hollywood an Krebs.

11

MRS. MINIVER
Mrs. Miniver

1942 - USA - 134 MIN. - S/W - GENRE DRAMA

REGIE WILLIAM WYLER (1902–1981)
BUCH GEORGE FROESCHEL, JAMES HILTON, CLAUDINE WEST, ARTHUR WIMPERIS,
nach dem gleichnamigen Roman von JAN STRUTHER KAMERA JOSEPH RUTTENBERG
SCHNITT HAROLD F. KRESS MUSIK HERBERT STOTHART PRODUKTION SIDNEY FRANKLIN, WILLIAM WYLER für MGM.

DARSTELLER GREER GARSON (Kay Miniver), WALTER PIDGEON (Clem Miniver), TERESA WRIGHT (Carol Beldon),
DAME MAY WHITTY (Lady Beldon), RICHARD NEY (Vin Miniver), HENRY TRAVERS (Mr. Ballard),
REGINALD OWEN (Foley), CHRISTOPHER SEVERN (Toby Miniver), CLARE SANDARS (Judy Miniver),
HENRY WILCOXON (Pfarrer).

ACADEMY AWARDS 1942 OSCARS für den BESTEN FILM (Sidney Franklin), für die BESTE REGIE (William Wyler),
für die BESTE HAUPTDARSTELLERIN (Greer Garson), für die BESTE NEBENDARSTELLERIN (Teresa Wright),
für das BESTE ADAPTIERTE DREHBUCH (George Froeschel, James Hilton, Claudine West, Arthur Wimperis),
für die BESTE KAMERA (Joseph Ruttenberg).

„I just had a German pilot in for ham and eggs this morning."

Winston Churchill soll einmal gesagt haben, *Mrs. Miniver* habe einen wichtigen Beitrag im Krieg gegen Nazi-Deutschland geleistet. Dabei beginnt William Wylers Heimatfront-Melodram geradezu beschaulich. Es ist der Sommer des Jahres 1939. In der Nähe von London lebt Kay Miniver (Greer Garson) mit ihrem liebevollen Ehemann Clem (Walter Pidgeon) und den jüngsten Kindern Judy und Toby. Auch der älteste Sohn Vin (Richard Ney), der in Oxford studiert, ist über die Ferien zu Hause. Er hat sich in die reizende Carol (Teresa Wright) verliebt. Eine junge Frau ganz nach Kays Geschmack. So scheint das Familienglück nahezu perfekt. Doch dann bricht der Krieg aus, und noch bevor Vin seiner Liebsten einen Heiratsantrag machen kann, beginnt für die Minivers eine Zeit der Trauer und Verluste – aber auch der Bewährungen.

Schon vor dem Kriegseintritt der USA am 8. Dezember 1941 hatte Hollywood Position bezogen. Während sich das Land noch in Isolationisten und Interventionisten spaltete, waren Antinazifilme bereits ein fest etabliertes Filmgenre. Auch die Produktion von *Mrs. Miniver*, der im Sommer 1942 in die Kinos kam, hatte bereits vor dem japanischen Angriff auf Pearl Harbor begonnen. So erfolgte der Kinostart zum perfekten Zeitpunkt, als es galt, die amerikanische Bevölkerung mit den Verbündeten zu solidarisieren.

Wenngleich der Film die Politik der US-Regierung in nahezu perfekter Weise unterstützte, ist er doch weit mehr als simple Propaganda. Wie schon Wylers vorangegangener Film *Die kleinen Füchse* (*The Little Foxes*, 1941) zeichnet *Mrs. Miniver* das präzise Porträt einer bürgerlichen Familie. Eine Fülle von Details verleihen den Figuren nicht nur Leben, mit beiläufigen Beobachtungen thematisiert der Film auch die direkten Auswirkungen des Kriegs auf die Zivilbevölkerung: Wie etwa würde ein fünfjähriger Junge mit den schrecklichen Ereignissen des Kriegs umgehen? Der kleine Toby, des Nachts noch ängstlich im Bunker, kann Tags darauf das Ausmaß der Verwüstung durch die Bombardierungen nicht begreifen. Staunend steht er vor einem Trümmerhaufen, der einmal das Speisezimmer seines Elternhauses war, verlegen beginnt er zu lachen.

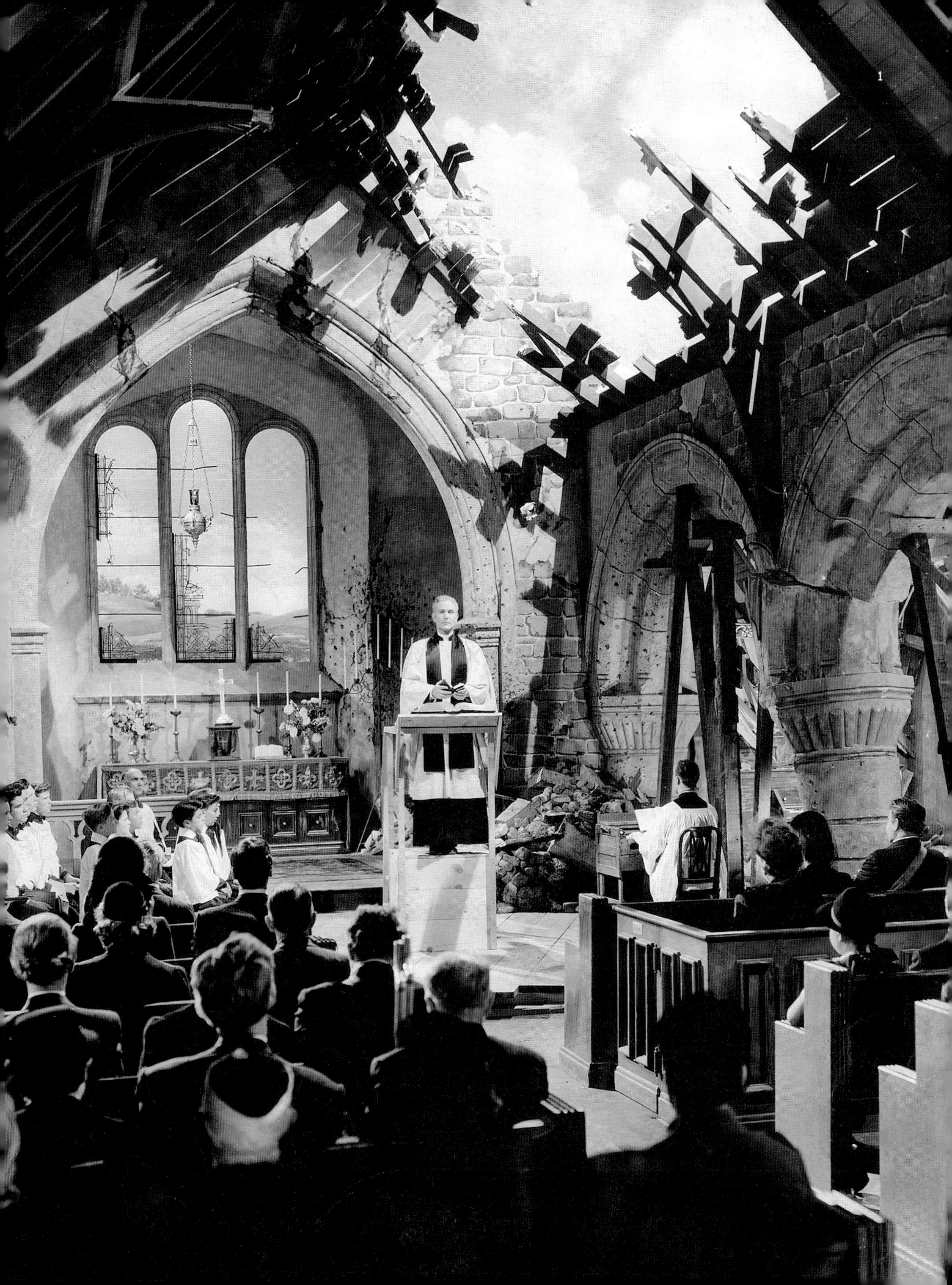
1

„Es ist schwer vorstellbar, dass man in der Hitze der gegenwärtigen Auseinandersetzung einen Film drehen kann, der in aller Deutlichkeit – jedoch ohne den Ruf nach Vergeltung – die grausamen Auswirkungen des totalen Kriegs auf ein zivilisiertes Volk darstellt. Genau dies ist MGM aber mit *Mrs. Miniver* in großartiger Weise gelungen." The New York Times

1   Gottesdienst „unter freiem Himmel": Gezielt setzt William Wyler auf Pathosformeln, die der Regisseur jedoch nicht überstrapaziert.

2   Krieg im 20. Jahrhundert: Bombardements halten in den Vorgärten Einzug. Eindringlich inszeniert Wyler die unmittelbare Lebensgefahr der Minivers.

3   In Wylers Film werden nicht Soldaten, sondern Zivilisten zu Helden, die sich vorbildlich mit den Kriegsumständen arrangieren.

4   Sogar um einen geschwächten deutschen Piloten sorgt sich die dreifache Mutter Kay Miniver (Greer Garson). Er erinnert sie an ihren Sohn, den in der Ferne ein ähnliches Schicksal ereilen könnte.

Mit den Minivers zeigt Wyler eine geradezu idealtypische englische Familie im Angesicht des Kriegs. Zugleich zeichnet er das Porträt einer modernen Frau. Denn Kay, die Titelheldin, steht im Mittelpunkt des episodenhaft erzählten Geschehens. Die britische Schauspielerin Greer Garson verkörpert sie unprätentiös als ebenso sinnliche wie charakterstarke Persönlichkeit: Als selbständige Frau, die auch ohne den Mann an ihrer Seite an der Heimatfront beherzt gefährliche Situationen meistert und fürsorglich ihren Liebsten beisteht.

Wenn Wylers Film auch ein heutiges Publikum zu fesseln vermag, so liegt das zweifellos nicht zuletzt an der Fähigkeit des perfektionistischen Regisseurs, die Gefühle des Zuschauers mit dem gezielten Einsatz filmischen Erzählens zu steuern. Quälend nahe bringt uns Wyler die Ängste der

> „Der Film ist so warmherzig, so gut gemacht, dass die Familie von Mrs. Miniver zur Familie der Zuschauer wird."
> *Variety*

Familie, die bei einem Bombenangriff im Luftschutzbunker ausharrt und um Haus und Leben bangt. Fast unerträglich zieht das immer lauter werdende Pfeifen der herabfallenden Bomben den Moment der Ungewissheit über Leben und Tod in die Länge.

Dass Wyler in der Entwicklung von „Suspense" einem Hitchcock in nichts nachsteht, beweist auch die Szene, als Kay, während Clem an der Evakuierung britischer und französischer Truppen bei Dünkirchen teilnimmt, in ihrem Garten einen bewusstlosen deutschen Piloten entdeckt. Würde sie den Nachbarn rufen, könnte sie dadurch den bewaffneten Fremden wecken und damit sich selbst und ihre Kinder in Gefahr bringen. Letztlich wird Mrs. Miniver auch diese Gefahr souverän meistern.

Wie Wyler die geschilderte Situation an späterer Stelle wieder aufgreift, zeigt, dass *Mrs. Miniver* trotz des ernsten Themas ein durchaus humorvoller Film ist: Als der erschöpfte Ehemann nach seinem gefährlichen Einsatz heimkehrt, muss er verdutzt feststellen, dass ihm ausgerechnet ein deutscher Pilot das Frühstück weggegessen hat.

Mrs. Miniver endet mit einer Rede des Pfarrers in der zerbombten Dorfkirche. Der Geistliche ermahnt die Gemeinde, dass es sich um einen Krieg des Volkes handeln würde („It is a war of the people!"). Nach der Predigt schwenkt die Kamera nach oben. Das zerstörte Kirchendach gibt den Blick auf den Himmel frei. In V-Formationen fliegen britische Maschinen in den Einsatz. „V" wie „Victory".

Auch Wyler folgte dem Appell. Direkt nach Beendigung des Films meldete er sich beim Militär. Für die Air Force drehte Wyler die Flieger-Dokumentation *The Memphis Belle – A Story of a Flying Fortress* (1944) – und erwies sich auch in diesem Fach als Meisterregisseur. DG

TERESA WRIGHT Ihren Einstand gibt die 1918 in New York geborene Teresa Wright gleich in einem großen Hollywoodfilm: In William Wylers *Die kleinen Füchse* (*The Little Foxes*, 1941) spielt sie die Tochter von Bette Davis. Schon im Jahr darauf wird sie für den Baseballfilm *Der große Wurf* (*The Pride of the Yankees*, 1942) für den Oscar als beste Hauptdarstellerin nominiert. Zwar bleibt es nur bei der Nominierung, doch gewinnt Wright im selben Jahr (!) die Trophäe als beste Nebendarstellerin in *Mrs. Miniver* (1942). Bis in die 50er Jahre verkörpert Wright den Typus des netten Mädchens von nebenan, etwa in Alfred Hitchcocks *Im Schatten des Zweifels* (*Shadow of a Doubt*, 1942). Ihre natürliche Ausstrahlung macht die zierliche Frau mit dem kräftigen schwarzen Haar bald zur Partnerin starker Hollywoodstars. Gleich zweimal behauptet sie sich neben Robert Mitchum (*Verfolgt*, *Pursued*, 1947; *Spur in den Bergen*, *Track of the Cat*, 1954). In dem Drama *Die Männer* (*The Men*, 1950) von Fred Zinnemann verblasste sie nicht einmal neben ihrem Co-Star Marlon Brando. Ende der 50er Jahre legt Wright zugunsten ihrer Familie eine mehrjährige Pause ein. Nach einigen Gastauftritten im Fernsehen steht sie ab den späten 60er Jahren wieder regelmäßig vor der Kamera, oft in TV-Produktionen. Obwohl Teresa Wrights Karriere nicht geradlinig verlaufen ist, haben ihre Rollen stets einen bleibenden Eindruck hinterlassen. Vom „Mädchen von nebenan" zur Großmutter gereift, besticht sie 1988 in Leonard Nimoys feinfühligem Drama *Preis der Gefühle* (*The Good Mother*). Auf der Leinwand war sie zuletzt in *John Grisham's: Der Regenmacher* (*The Rainmaker*, 1997; Regie: Francis Ford Coppola) zu sehen.

„**Greer Garson gilt als eine der interessantesten und schönsten Frauen Hollywoods und als Schauspielerin, die mit einem Blick mehr ausdrücken kann als mit einer langen Rede.**" *Wiener Kurier*

5   Clem Miniver (Walter Pidgeon, M.) ist mächtig stolz auf seinen Sohn Vin (Richard Ney, r.), der nun Pilot ist. Vins gefährliche Einsätze werden seinen Eltern jedoch bald schlaflose Nächte bereiten.

6   Daheim geblieben, bangt Carol (Teresa Wright, l.) um ihren Verlobten Vin. Im Film spielt Richard Ney noch Kays Sohn, ein Jahr nach der Filmpremiere werden er und Greer Garson (r.) heiraten.

DER GLANZ DES HAUSES AMBERSON
The Magnificent Ambersons

1942 - USA - 88 MIN. - S/W - GENRE DRAMA

REGIE ORSON WELLES (1915–1985)
BUCH ORSON WELLES, nach dem gleichnamigen Roman von BOOTH TARKINGTON
KAMERA STANLEY CORTEZ SCHNITT ROBERT WISE MUSIK BERNARD HERRMANN, ROY WEBB
PRODUKTION ORSON WELLES für MERCURY PRODUCTIONS INC., RKO.

DARSTELLER JOSEPH COTTEN (Eugene Morgan), DOLORES COSTELLO (Isabel),
ANNE BAXTER (Lucy Morgan), TIM HOLT (George Amberson Minafer),
AGNES MOOREHEAD (Fanny), RAY COLLINS (Onkel Jack),
RICHARD BENNETT (Major Amberson), DON DILLAWAY (Wilbur Minafer),
ERSKINE SANFORD (Roger Bronson), ORSON WELLES (Erzählerstimme).

„In those days, they had time for everything."

Manche Cineasten halten Orson Welles' zweiten Langfilm – der berühmte *Citizen Kane* war ein Jahr zuvor entstanden – für das eigentliche Meisterwerk, das von ignoranten Studiobossen allerdings aufgrund kommerzieller Erwägungen gnadenlos zerstückelt wurde. Welles hatte ihnen einen angeblich tadellosen Film von 131 Minuten geliefert. Dieser aber fiel bei ersten Testvorführungen durch. Zu lang und zu düster, so lautete das Urteil über den langsamen, offenbar zu langsamen Verfall einer zur amerikanischen Upperclass gehörenden Familie des 19. Jahrhunderts.

Der ausführende Produzent George Schaefer betraute den Cutter Robert Wise daraufhin mit der Aufgabe, den Film um 50 Minuten zu kürzen. Schlimmer noch: Um die unvermeidlichen Lücken in der Handlung zu kaschieren, wurden nachgedrehte Szenen eingefügt. Der tatsächliche Skandal in diesem Zusammenhang besteht jedoch darin, dass Schaefer den übrig gebliebenen Rest vernichtete. Die großartigen Ambersons endeten nicht nur als großartige Ruine. Sie werden es immer bleiben.

Wunderkind Welles, beim Dreh erneut mit völliger künstlerischer Freiheit ausgestattet, war jedoch nicht ganz unschuldig an dem Desaster. Es war seine Entscheidung, Wise wegen der parallelen Dreharbeiten zu *Von Agenten gejagt* (*Journey Into Fear*, 1943) mit den letzten Szenen allein zu betrauen. Nach Ablieferung seiner Schnittfassung brach Welles dann zur Realisierung eines Dokumentarfilms im Auftrag der US-Regierung nach Brasilien auf. Dieser Brasilien-Film wurde aber nie fertig gestellt (Ausschnitte des von Welles gedrehten Materials finden sich in *It's all true – Orson Welles auf einer Reise durch Brasilien* von 1993). An den verlangten Änderungen für *Der Glanz des Hauses Amberson* wurde Welles durchaus beteiligt, wobei er den offenkundig überforderten Wise mit mehrseitigen, größtenteils missverständlich formulierten telegrafischen Anweisungen bombardierte. Im Glauben an die eigene Genialität hatte sich Welles schlicht selbst überschätzt.

Das verbliebene Filmgerippe erschüttert umso mehr, als es die Größe des ursprünglichen Werks noch erahnen lässt. *Der Glanz des Hauses Amber-*

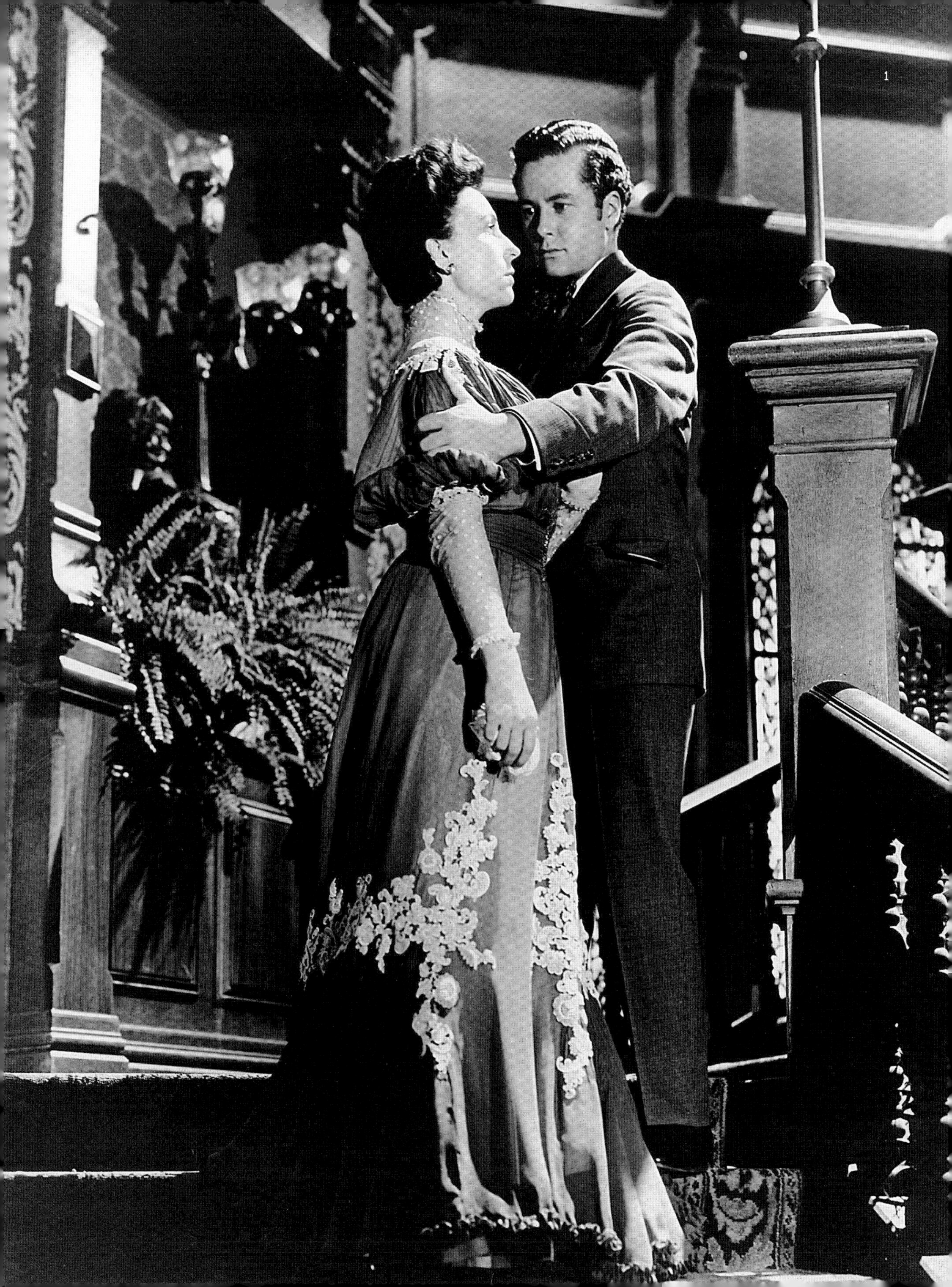

1

1 Stillstand: George (Tim Holt) und Tante Fanny (Agnes Moorehead) verkörpern den Niedergang der Ambersons.

2 Das Verhältnis zwischen seiner Mutter Isabel (Dolores Costello) und Eugene (Joseph Cotten) wird von George missbilligt.

3 Mit seiner Zuneigung zu Lucy Morgan (Anne Baxter) folgt George, wenn auch ungewollt, der Familientradition.

4 Die berühmten Ballszenen zeigen das letzte große gesellschaftliche Ereignis im Hause Amberson. Alle Figuren werden hier eingeführt. Nur Orson Welles, der in jedem anderen seiner Filme selbst auftrat, ist nicht dabei.

son ist kein megalomanes Biopic wie *Citizen Kane*, sondern orientiert sich in seiner ruhigen Erzählweise am klassischen Roman. Ein solcher lag dem Film mit Booth Tarkingtons Vorlage zugrunde.

Die Ambersons erscheinen darin als typische Vertreter ihrer Klasse, die im Zuge der Industrialisierung den Anschluss an die Zeit verliert. Isabel Amberson (Dolores Costello) heiratet aus Prestigegründen den Aristokraten Wilbur Minafer (Don Dillaway). Die ganze Stadt hat Mitleid mit dem Erfinder Eugene Morgan (Joseph Cotten), dessen Liebe zu Isabel unerhört blieb. Acht-zehn Jahre später hat er sich mit der Entwicklung des Automobils ein kleines Vermögen erwirtschaftet. George Minafer (Tim Holt), einziger Sohn einer lieblosen Ehe, schickt sich hingegen an, vom Ruhm und Reichtum seiner besorgten Eltern zu leben. Der Tunichtgut verliebt sich in Eugenes Tochter Lucy (Anne Baxter), verachtet jedoch deren Vater genauso wie seine neumodische Erfindung. Als Wilbur stirbt, werden die Karten neu gemischt. Denn jetzt steht Isabels wahrer Liebe zu Eugene, der mittlerweile Witwer geworden ist, nichts mehr im Wege.

ANNE BAXTER   Schon im Alter von dreizehn Jahren stand die 1923 geborene Enkelin des Architekten Frank Lloyd Wright auf der Bühne des Broadway. Ihr Filmdebüt gab sie in dem kleinen Western *20 Mule Team* (1940). Nach einigen weiteren Rollen als braves Mädchen brachte ihr *Der Glanz des Hauses Amberson* (*The Magnificent Ambersons*, 1942) den Durchbruch. Dabei war Anne Baxter von der radikalen Bearbeitung des Films in gewisser Weise am meisten betroffen, dienten doch die gekürzten Szenen häufig insbesondere der Entwicklung ihres Charakters. Die Reife, die sie als Lucy ausstrahlt, konnte dennoch überzeugen und bereitete den Boden für größere Aufgaben. Nur wenig später gewann sie als drogen- und alkoholsüchtige junge Frau in *Auf Messers Schneide* (*The Razor's Edge*, 1946) einen Oscar als beste Nebendarstellerin.
Höhepunkt ihrer Karriere wurde jedoch ihre Hauptrolle in Joseph L. Mankiewiczs *Alles über Eva* (*All About Eve*, 1950) an der Seite von Bette Davis. In der grandiosen Showbiz-Satire spielte Baxter das skrupellose Starlet, das sein früheres Idol aus dem Geschäft verdrängt. Im Jahr 1973 war sie alt genug, die in einer Broadway-Adaption des Films zunächst von Lauren Bacall gespielte Davis'-Rolle selbst zu übernehmen.
Bis dahin aber nahm die Qualität ihrer Filme mehr und mehr ab. Ausnahmen waren Fritz Langs Film noir *Gardenia – Eine Frau will vergessen* (*The Blue Gardenia*, 1953) und Alfred Hitchcocks Priesterdrama *Ich beichte/Zum Schweigen verurteilt* (*I Confess*, 1953). Einen letzten großen Auftritt hatte sie als ebenso schöne wie intrigante Pharaonengemahlin Nefretiri in Cecil B. DeMilles Bibelfilm *Die Zehn Gebote* (*The Ten Commandments*, 1956). 1961 folgte Anne Baxter, die vom Starrummel nie viel gehalten hatte, ihrem Ehemann auf seine Farm ins australische Outback. Mitte der 60er Jahre trat sie dann in meist kleineren Rollen in Film und Fernsehen wieder auf. Anne Baxter starb 1985 in New York.

Bis zu diesem Punkt ist die Geschlossenheit des Werks gewährleistet und Welles' Meisterschaft unübersehbar. Seine mächtige Erzählerstimme führt uns direkt in eine versunkene Welt. Die Ballszene, in der alle Hauptpersonen erstmals zusammentreffen und schicksalhaft miteinander verknüpft werden, vermittelt zugleich den Glanz der Epoche. Das riesige Haus der Ambersons, das nicht nur seine Bewohner, sondern auch deren Geist beherbergt, war Welles' aufwendigstes Setdesign. Prachtvoll auch die Szene eines Winterausflugs, in der George Eugenes „pferdelosen Wagen" anschieben muss. Die ganze Familie lacht, als der Autohasser auch noch die Abgase ins Gesicht geblasen bekommt.

Vom ausgewogenen Rhythmus solcher Szenen ist in der zweiten Hälfte nichts mehr zu spüren. Wichtige Informationen und Zusammenhänge werden

„Hätte Orson Welles geahnt, dass RKO seinen Nachfolgefilm von *Citizen Kane* derart verstümmeln würde, er hätte wahrscheinlich das Negativ gleich vernichtet, nachdem die letzte Filmrolle im Kasten war. Um an den Kinokassen mehr Profit aus dem Film zu schlagen, kürzte das Studio den ursprünglichen Film um 50 Minuten, während Welles außer Landes war. Der Film wirke, so Welles einmal, als habe ihn jemand mit dem Rasenmäher geschnitten." BBC

5 Eine Kutsche ohne Pferde: Mit der Entwicklung des Automobils gestaltet Eugene den Aufbruch in eine neue Zeit.

6 George bekommt die Quittung für seinen Hochmut: Er muss arbeiten.

7 Kühler Abschied: Auch Onkel Jack (Ray Collins) bedauert, den nutzlosen Neffen zu lange verwöhnt zu haben.

8 Nach Isabels Tod bleibt Fanny nur noch George – Grund genug für einen hysterischen Anfall. Die dramatische Sequenz in der Küche der Ambersons wurde aus Welles' Originalmaterial und nachträglich gedrehten Szenen montiert.

unterschlagen. Der wirtschaftliche Niedergang der Familie, von Welles mit dem Wachstum der Stadt kontrastiert, ist kaum nachzuvollziehen. Auch die Urheberschaft der einzelnen Szenen ist bis auf den von Regieassistent Fred Fleck verantworteten Schluss, ein Filmende, das Welles im Übrigen „schwachsinnig" nannte, und einige wenige andere Szenen bis heute ungeklärt.

Man kann nach Welles' Markenzeichen suchen: die Schärfentiefe und die expressionistische Beleuchtung, die für manche hier noch klarer zur Geltung kommen als in *Citizen Kane*. Ob *Der Glanz des Hauses Amberson* aber tatsächlich das zeigt, was mit Kanes geheimnisvoller Schneekugel zerbrach, wird man wohl nie erfahren.

PB

„Man kann in *Citizen Kane* einen Manipulationsfilm sehen – im Vergleich mit dem folgenden *Der Glanz des Hauses Amberson*, der ein romanhafter Film ist und den Eindruck erweckt, als sei er das Gegenstück zu *Citizen Kane*, als sei der zweite Film von einem anderen Regisseur gedreht worden, der den ersten hasst und ihm eine Lektion in Bescheidenheit geben wollte." *François Truffaut*

DER SEERÄUBER
The Black Swan

1942 - USA - 85 MIN. - FARBE - GENRE PIRATENFILM

REGIE HENRY KING (1888–1982)
BUCH BEN HECHT, SETON I. MILLER, nach dem gleichnamigen Roman von RAFAEL SABATINI
KAMERA LEON SHAMROY SCHNITT BARBARA MCLEAN MUSIK ALFRED NEWMAN
PRODUKTION ROBERT BASSLER für 20TH CENTURY FOX.

DARSTELLER TYRONE POWER (Jamie Waring), MAUREEN O'HARA (Margaret Denby), LAIRD CREGAR (Kapitän Henry Morgan), GEORGE SANDERS (Kapitän Billy Leech), THOMAS MITCHELL (Tommy Blue), ANTHONY QUINN (Wogan), GEORGE ZUCCO (Lord Denby), EDWARD ASHLEY (Roger Ingram), FORTUNIO BONANOVA (Don Miguel), STUART ROBERTSON (Kapitän Graham).

ACADEMY AWARDS 1942 OSCAR für die BESTE KAMERA (Leon Shamroy).

„Mein Schiff, der Schwarze Schwan, streicht niemals die Segel vor königlichen Spionen, und wer von euch noch rotes Blut in den Adern hat, der heuert an nach Maracaibo."

Er sei „eine Seeratte, der Abschaum aller Meere, der seiner Majestät schmutzige Arbeit tut", beschreibt sich Jamie Waring (Tyrone Power) recht treffend, als er Lady Margaret (Maureen O'Hara), der Tochter des britischen Gouverneurs von Jamaika, zum ersten Mal begegnet. Von Hofetikette hält der Pirat deshalb auch vorerst nichts: Er versucht augenblicklich, Margaret zu küssen, und als sie ihn beißt, schlägt er sie kurzerhand bewusstlos. Tyrone Power verkörpert in Der Seeräuber den vielleicht überzeugendsten aller Filmpiraten: animalisch, versoffen, nicht eben intelligent und tolldreist ohne Rücksicht auf Verluste.

Der Piratenfilm zelebriert den Ausbruch aus dem grauen Alltag und das Eintauchen in eine bunte Welt voller Abenteuer und Anarchie. Neben dem puren Spaß an Seeschlachten, Handgemengen, Degenduellen, einsamen Inseln und Saufgelagen ist es dabei vor allem die durch das Schiff und das Meer repräsentierte Vorstellung von grenzenloser Freiheit, die das Genre zur aufregendsten aller Abenteuergattungen werden lässt.

Von genau dieser Unabhängigkeit erzählt Regisseur Henry King in Der Seeräuber: Nachdem der Pirat Henry Morgan (Laird Cregar) aus England als vom König geadelter neuer Gouverneur nach Jamaika zurückgekehrt ist, müssen sich seine Kapitäne entscheiden, ob sie gleich ihrem Anführer bürgerlich und sesshaft werden wollen oder ob sie ihr altes Leben weiterführen und sich gegen Morgan stellen. Alsbald geht ein Riss durch die Bruderschaft der Piraten: Während sich Wogan (Anthony Quinn) und Billy Leech (George Sanders), der Kapitän des schnellen und gut bewaffneten „Schwarzen Schwans", entschließen, auch weiterhin gegen alle Flaggen zu segeln, bleiben Jamie Waring und Tommy Blue (Thomas Mitchell) bei Morgan.

1

„Power ist männliche Attraktivität pur, und er knurrt wie ein großer böser Seeräuber; Laird Cregar als Morgan brüllt und flucht mit dem Organ eines zornigen Opernsängers; der von George Sanders gespielte Billy Leech ist so unflätig und streitsüchtig, dass man ihm nicht in einer mondlosen Nacht begegnen möchte; der irische Akzent von Thomas Mitchell kommt ihm als einem der Krakeeler gut zustatten, und Maureen O'Hara ist brünett und hübsch anzusehen – und das ist auch der Sinn ihrer Rolle."

The New York Times

Doch die (Ex-)Piraten haben in der Folge so einige Probleme mit der neuen Bürgerlichkeit: Henry Morgan juckt die Perücke am Kopf, zumal er ständig unersprießliche Ratssitzungen über sich ergehen lassen muss, und auch Waring langweilt sich enorm. Nachdem er in ein elegantes Kostüm gesteckt wurde und im Himmelbett der Gouverneurstochter übernachtet hat, kommentiert er die Aussicht, im Dienste des Königs seine alten Kumpane zu jagen, schließlich mit der erleichterten Bemerkung, das sei allemal besser als nur herumzusitzen.

Auch Margaret kann er letztlich nur in seiner Eigenschaft als Pirat erringen. Artige Komplimente und saubere Kleidung machen auf die stolze und selbstbewusste Dame weit weniger Eindruck als die Tatsache, dass er sie am Ende einfach kidnappt.

Wie sehr die „guten" Piraten von ihrer bürgerlichen Existenz eigentlich angewidert sind, verdeutlicht die Schlusssequenz, die mehr als nur andeutet, dass Morgan, Waring und Blue in der entscheidenden Schlacht gegen Leech und Wogan noch einmal „Blut geleckt haben": Sie werden – mit Lady Margaret als neuem Mitglied ihrer Zunft – auf See bleiben und in Zukunft wieder genau das betreiben, was sie bei den „bösen" Piraten gerade bekämpft haben.

Wie alle Piratenfilme der 40er Jahre ist auch *Der Seeräuber* ein – mit Ausnahme der Rückprojektionen, für die ein Team recht ausführlich Mittel- und Südamerika bereiste – komplett im Studio gedrehter Film. Die spektakulären Seeschlachten wurden mit kleinen Schiffsmodellen in Bassins mit Miniaturhäfen ausgefochten: Da man die Modelle in der Trickabteilung Stück

1 Wagemutig, versoffen und ein bisschen dämlich: Als Jamie Waring gibt Tyrone Power den überzeugendsten Piraten der Filmgeschichte.

2 Die Herablassung steht Margaret (Maureen O'Hara) ins Gesicht geschrieben – hat sie doch als Tochter eines Gouverneurs sonst nicht eben viel mit Piraten zu tun.

3 Unter Deck wird es eng: Beim gemeinsamen Übernachten in der Kajüte erweist sich Jamie doch noch als Gentleman.

4 Volle Breitseite unter vollen Segeln: Spektakuläre Seeschlachten gehören in jeden anständigen Piratenfilm.

5 Böse und verschlagen: Als ehrlicher Pirat unterliegt Kapitän Billy Leech (George Sanders) dem Helden im abschließenden Duell nur knapp.

„Wenn in Tortuga eine Frau einem Mann eine Ohrfeige gibt, möchte sie, dass er sie an sich reißt und überall mit Küssen bedeckt. In Jamaika ist es aber wohl so, dass ein Gentleman auf solche Ouvertüren verzichten muss."

Filmzitat: Jamie Waring (Tyrone Power)

6   Ein überzeugendes Argument: Jamie kidnappt Margaret kurzerhand.
7   Ein wahrer Charmeur: Aus Freude über das Wiedersehen mit seinen Kumpanen Henry Morgan (Laird Cregar) und Tommy Blue (Thomas Mitchell) lässt Jamie die ohnmächtige Margaret einfach fallen.

für Stück kaputtschießen konnte, fielen die Gefechte entsprechend eindrucksvoll aus. Es sind die Einstellungen von abknickenden Masten, splitterndem Holz und zerfetzten Segeln, die den Genreliebhaber immer wieder begeistern.

Zudem brach mit *Der Seeräuber* eine neue Ära im Dreifarben-Technicolor-Film an. Gegen die Technicolor-Farbberaterin Natalie Kalmus, die vor allem harmonisierende Pastelltöne bevorzugte, setzte sich Kameramann Leon Shamroy mit seiner Ansicht durch, dass grelle und kräftige Farben sowie der Einsatz von Gelatinefiltern erheblich zur Dramatisierung der Actionszenen beitragen würden. Shamroy gewann für seine Arbeit schließlich den Oscar.

Und so verwundert es nicht, dass Henry Morgan auf seinem Schiff vor der Kulisse einer untergehenden roten Sonne, deren Reflexe auf einem unheilvoll aufgewühlten dunklen Meer tanzen, ins Schwärmen gerät: „Auf See ist es viel schöner. Die Welt liegt offen vor dir und wartet nur darauf, dass du sie dir eroberst …"   LP

TYRONE POWER   Wie sein Vater, der bekannte Theaterschauspieler Tyrone Power Sr., erlernte auch der 1914 in Cincinnati, Ohio, geborene Tyrone Junior sein Handwerk in den frühen 30er Jahren zunächst auf verschiedenen Bühnen. Schnell wurde jedoch auch Hollywood auf den talentierten Nachwuchsschauspieler aufmerksam: Power gab sein Filmdebüt in dem William-Wyler-Film *Tom Brown of Culver* (1932) und erhielt nach einigen anderen kleinen Rollen 1936 einen festen Vertrag bei 20th Century Fox. Seine frühen Erfolge verdankte der Mime nicht zuletzt seinem blendenden Aussehen; in einer ganzen Serie von historischen Kostümfilmen avancierte er als romantischer Liebhaber zum großen Frauenschwarm.

Mit der Zeit entwickelte Power eine große Affinität zu humorvollen Actionfilmen, die sowohl seine beeindruckende Physis als auch seinen Sinn für Komik herausstellten: In Rouben Mamoulians exquisitem *Im Zeichen des Zorro* (*The Mark of Zorro*, 1940) brilliert er als unerschrockener Rächer Zorro und zugleich als – gespielt – schwächlicher und lächerlicher Aristokrat Don Diego, während er im Piratenfilm *Der Seeräuber* (*The Black Swan*, 1942; Regie: Henry King) als ebenso wagemutiger wie versoffener Freibeuter reüssierte. Weitere große Rollen jener Jahre waren der Bandit Jesse James in Henry Kings gleichnamigem Western (*Jesse James, Mann ohne Gesetz*; *Jesse James*, 1938) und der Torero, der sein Leben von einer Femme fatale ruinieren lässt, in dem Melodram *König der Toreros* (*Blood and Sand*, 1941; Regie: Rouben Mamoulian).

Nach einer Unterbrechung durch den Zweiten Weltkrieg, in dem Power als Pilot bei den US-Marines diente, setzte der Star seine erfolgreiche Karriere fort: Neben Kostümfilmen wie *Der Hauptmann von Kastilien* (*Captain from Castile*, 1947; Regie: Henry King) und *In den Klauen des Borgia* (*Prince of Foxes*, 1949; Regie: Henry King) sah man ihn nun jedoch auch häufiger in düsteren Melodramen. Seinen letzten Leinwandauftritt hatte Power 1957 als charmanter Mörder in Billy Wilders *Zeugin der Anklage* (*Witness for the Prosecution*). Tyrone Power starb 1958 im Alter von nur vierundvierzig Jahren während der Dreharbeiten zu dem Kostümepos *Salomon und die Königin von Saba* (*Solomon and Sheba*, 1959) an einem Herzanfall.

„Bei diesem Film müssen die Kassen einfach klingeln. Doch wenn Power Maureen O'Hara verprügelt, weil sie seine Aufdringlichkeiten zurückweist, oder wenn er zu ihr ins Bett kriecht und sich damit brüstet, sich seine Frauen zu nehmen, wann, wo und wie er will, dann ist das wahrlich alles andere als eine Gute-Nacht-Geschichte." *Variety*

KATZENMENSCHEN
Cat People

1942 - USA - 73 MIN. - S/W - GENRE HORRORFILM
REGIE JACQUES TOURNEUR (1904–1977)
BUCH DEWITT BODEEN KAMERA NICHOLAS MUSURACA SCHNITT MARK ROBSON
MUSIK ROY WEBB PRODUKTION VAL LEWTON für RKO.

DARSTELLER SIMONE SIMON (Irena Dubrovna), KENT SMITH (Oliver Reed), JANE RANDOLPH (Alice Moore), TOM CONWAY (Doktor Louis Judd), ALAN NAPIER (Carver), JACK HOLT (Commodore), ELIZABETH RUSSELL (Katzenfrau im Restaurant), THERESA HARRIS (Minnie), ELIZABETH DUNN (Tierhändlerin), MARY HALSEY (Blondie), ALEC CRAIG (Tierpfleger im Zoo).

„Die Dunkelheit ist schön, sie ist mir vertraut."

Im Zoo begegnet Oliver (Kent Smith) der jungen Serbin Irena (Simone Simon). Der Mann, von Beruf technischer Zeichner, ist sofort von der dunklen Schönen fasziniert, die elegant gekleidet mit dem Skizzenblock im Arm vor dem Pantherkäfig steht, um sich für Modeentwürfe inspirieren zu lassen. Überhaupt scheinen Raubkatzen Irenas Phantasie zu beflügeln, fürchtet sie doch, eine jener „Katzenfrauen" zu sein, von denen eine alte serbische Legende berichtet. Diese sollen sich, erregt durch Begierde oder Eifersucht, in mörderische Panther verwandeln. Oliver freilich lässt sich durch die Geschichte nicht beirren. Er heiratet Irena, fest davon überzeugt, dass sich ihr Aberglaube bald verflüchtigen werde. Doch er täuscht sich. Als Irena ihn aus Angst auf Distanz hält, schickt Oliver sie zum Psychiater, nicht ahnend, dass der vermeintliche Wahn seiner Frau nicht nur den Bestand ihrer Ehe gefährdet, sondern offenbar auch das Leben seiner Kollegin Alice (Jane Randolph), die in ihn verliebt ist.

Cat People gehörte zu den großen Kinoüberraschungen des Jahres 1942. Als B-Movie produziert und gestartet, entwickelte sich der Film zu einem völlig unerwarteten Kassenhit und begründete den Ruf von Produzent Val Lewton und Regisseur Jacques Tourneur als Meister des phantastischen Films. Es war der erste von drei legendären Filmen, die das Gespann für RKO realisierte. Zusammen mit *Ich folgte einem Zombie* (*I Walked with a Zombie*, 1943) und *The Leopard Man* (1943) markiert er gewissermaßen die Geburt des modernen Horrorfilms.

Lewton und Tourneur brachen konsequent mit der „Gothic"-Tradition des klassischen Horrorfilms der 30er Jahre, indem sie auf Monsterdarsteller à la Lugosi oder Karloff und auf antiquiertes Horrorambiente verzichteten. In *Cat People* verlagert sich die Transformation des menschlichen Körpers zur Bestie quasi von der Leinwand in die Vorstellungswelt des Zuschauers, vom explizit Sichtbaren ins Imaginierte. Die Verwandlung Irenas zum Panther erscheint nie unmittelbar im Bild, sondern lässt sich allenfalls mitunter durch Schattenumrisse erahnen. Das Phantastische wird im Rahmen der Handlung somit lediglich als wahrscheinlich präsentiert. Dass dies in einer modernen Alltagsszenerie geschieht, macht den Schrecken umso eindringlicher, wie die viel zitierte Swimmingpool-Szene des Films zeigt.

1

2

1 Ihre dunkle Schönheit prädestinierte die Französin Simone Simon für die Rolle der geheimnisvollen „Katzenfrau".

2 Ein Boy-Meets-Girl der besonderen Art: Dem naiven Durchschnittsamerikaner Oliver (Kent Smith) begegnet mit der Serbin Irena auch ein fremder Kontinent.

3 Das rationale Weltbild von Oliver und seiner Kollegin Alice (Jane Randolph) wird durch mysteriöse Ereignisse erschüttert.

„Die Geschichte gehört zu der Sorte, die sich vielleicht zutragen könnte, wenn alten serbischen Legenden zu trauen wäre." Variety

Eines Abends folgt Irena ihrer Nebenbuhlerin unbemerkt ins Schwimmbad ihres Apartmenthauses. Als ein Fauchen Alice in der Dunkelheit aufschrecken lässt, springt sie panisch in den unbeleuchteten Pool. Angsterfüllt verharrt sie in der Mitte des Beckens und lässt ihre Blicke kreisen. Doch die diffusen Schatten, die das leicht bewegte Wasser auf die gekachelten Wände wirft, verbergen die Herkunft des bedrohlichen Geräuschs. Erst als Alice schreit und daraufhin Hilfe herbeieilt, löst sich die Spannung. Irena schaltet das Licht an und „klärt" die Situation: Sie habe bloß Alice sprechen wollen. Kaum hat Irena das Bad jedoch verlassen, findet Alice deren völlig zerfetzten Bademantel.

VAL LEWTON Er kam im Mai 1904 in der am Schwarzen Meer gelegenen russischen Hafenstadt Jalta (heute Ukraine) zur Welt und hieß ursprünglich Vladimir Ivan Leventon. Doch schon in jungen Jahren wanderte er mit Mutter und Schwester in die USA aus und nahm den Namen an, unter dem er zur Kultfigur unter Cinephilen wurde: Val Lewton. Obwohl Neffe der berühmten Stummfilmdiva Alla Nazimova, begann Lewtons Laufbahn nicht beim Film, sondern als Journalist und Autor populärer Romane, bevor er in der Abteilung für Öffentlichkeitsarbeit von MGM landete. 1933 lernte Lewton dann David O. Selznick kennen, wurde Assistent des großen Produzenten und so etwas wie dessen rechte Hand. Selznick schätzte besonders Lewtons Talent als Geschichtenerzähler, und so schrieb dieser unter anderem einige Passagen von *Vom Winde verweht* (*Gone with the Wind*, 1939). Auf Vermittlung Selznicks gelangte Lewton schließlich 1942 zu RKO, wo er sich als Produzent ebenso innovativer wie stilsicherer B-Horrorfilme seinen legendären Ruf erarbeitete. Der Zusammenarbeit mit Jacques Tourneur entstammen die drei wichtigsten Filme dieser Periode: *Katzenmenschen* (*Cat People*, 1942), *Ich folgte einem Zombie* (*I Walked with a Zombie*, 1943) und *The Leopard Man* (1943). Der sensationelle Erfolg von *Cat People* besiegelte gewissermaßen Lewtons berufliches Schicksal, er produzierte eine Fortsetzung (*The Curse of the Cat People*, 1943) und blieb bis zu seinem frühen Herztod 1951 fast ausnahmslos auf die Produktion kostengünstiger Gruselfilme festgelegt. In *Stadt der Illusionen* (*The Bad and the Beautiful*, 1952) widmete Vincente Minnelli dem Meister des B-Horrorfilms eine kleine Hommage, indem er die Figur eines Produzenten auftreten ließ, der vom Studio mit einem Horrorfilm über Katzenmenschen beauftragt wird und beschließt, die Monstren lediglich als Schatten zu zeigen, hätten doch Schauspieler in Katzenkostümen lächerlich ausgesehen.

„Das Originelle an *Katzenmenschen* ist, dass der Film das Böse hinter der schönen Fassade Hollywoods verbirgt und am Nervenkostüm der Zuschauer zerrt, indem er diskret zu verstehen gibt, bei manchen Menschen walteten übernatürliche Kräfte." Le Monde

Der Schauplatz dieser Szene, ein Ort, der beinahe völlige Nacktheit gestattet, verleiht dem suggestiven Horror einerseits einen beunruhigend sexuellen Beiklang. Zudem nutzt Tourneur die architektonische Nüchternheit der Schwimmhalle, um den Grundkonflikt des Genres, den Einbruch des Phantastischen in eine vernunftgesteuerte Welt, auf geradezu essenzielle Weise zu visualisieren: In der geometrischen Strenge des Bades gewinnt die rational nicht fassbare Bedrohung in Form von fließend bewegten Licht- und Schattenmustern Gestalt. Nicht nur an dieser Stelle zeigt sich *Cat People* auch als Reflexion über das Kino als Kunst des Verbergens.

Die Lichtregie von Kameramann Nicholas Musaraca, die den Low-key-Stil des Film noir vorwegnimmt, taucht das Geschehen in so undurchdringliche Schatten, dass der feste Rahmen der Leinwand keinen Halt mehr verspricht. Das Dunkel greift über auf den Zuschauersaal. Wenn aber das projizierte Bild keine gesicherte Erkenntnis mehr zulässt, es allenfalls als kleiner Ausschnitt von Realität spürbar wird, dann bleibt auch das Phantastische als Realität möglich. Und der wahre Schrecken lauert auf uns außerhalb der Bilder.

UB

4 Ihre Unergründlichkeit macht Irena für Oliver gleichermaßen zum erotischen Ideal wie zur unmöglichen Gefährtin.

5 Unheimliche Begegnung: Während der Hochzeitsfeier in einem serbischen Restaurant erkennt eine „Katzenfrau" Irena als ihresgleichen.

6 Auch durch Psychoanalyse ist Irenas scheinbaren Wahnvorstellungen nicht beizukommen. Tourneurs Film zeigt das Irrationale als Möglichkeit.

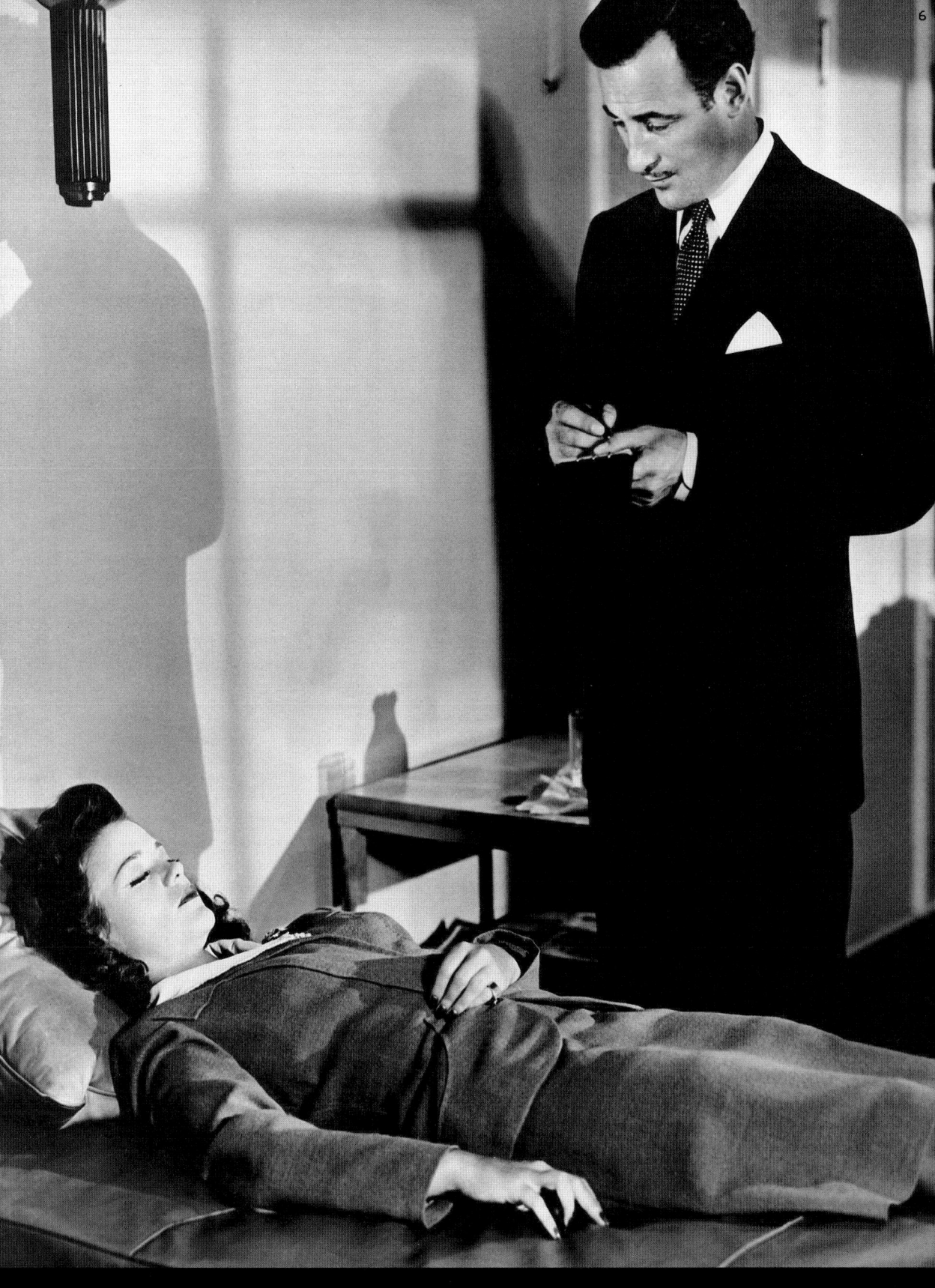

6

123

IM SCHATTEN DES ZWEIFELS
Shadow of a Doubt

1942 - USA - 108 MIN. - S/W - GENRE THRILLER

REGIE ALFRED HITCHCOCK (1899–1980)
BUCH THORNTON WILDER, SALLY BENSON, ALMA REVILLE, nach einer Geschichte von GORDON MCDONELL
KAMERA JOSEPH A. VALENTINE SCHNITT MILTON CARRUTH MUSIK DIMITRI TIOMKIN
PRODUKTION JACK H. SKIRBALL für SKIRBALL PRODUCTIONS, UNIVERSAL PICTURES.

DARSTELLER TERESA WRIGHT (Charlie), JOSEPH COTTEN (Onkel Charlie),
MACDONALD CAREY (Detective Jack Graham), HENRY TRAVERS (Joseph Newton),
PATRICIA COLLINGE (Emma Newton), HUME CRONYN (Herbie Hawkins),
WALLACE FORD (Detective Fred Saunders), EDNA MAY WONACOTT (Ann Newton),
CHARLES BATES (Roger Newton), IRVING BACON (Stationsvorsteher),
CLARENCE MUSE (Gepäckträger), JANET SHAW (Louise), ESTELLE JEWELL (Catherine).

> „I have a feeling that inside you
> there's something nobody knows about …
> something secret and wonderful.
> I'll find it out."

Ihr Gefühl täuscht sie nicht. Aber das, was Charlie (Teresa Wright), eine liebenswerte und von ihrem ereignislosen Leben in der Provinz zutiefst gelangweilte junge Frau, über ihren Onkel Charlie (Joseph Cotten) am Ende von *Im Schatten des Zweifels* herausfinden wird, bringt ihre Welt ins Wanken. Denn nachdem er für seine Nichte wie ein Heilsbringer in die tägliche Routine der Kleinstadt Santa Rosa tritt und in ihrer scheinbar glücklichen Familie beinahe unmerklich das Zepter übernimmt, häufen sich die Anzeichen für einen Verdacht, den der Zuschauer schon längst bestätigt weiß: Onkel Charlie ist der landesweit gesuchte Mörder reicher Witwen …

    Die Ereignisse zwischen der ersten Begegnung von Onkel und Nichte und ihrem finalen Zusammentreffen in einem Zug inszenierte Alfred Hitchcock vermeintlich beiläufig und unspektakulär, aber dennoch unnachahmlich subtil. Darum ist *Im Schatten des Zweifels* in weitaus größerem Maße die präzise beobachtete Studie einer Provinzfamilie als ein klassischer Thriller.

Mehr noch: Mit seiner sechsten US-Produktion wagte sich der gebürtige Brite vor auf das glatte filmische Eis des uramerikanischen Kleinstadt-Kaleidoskops. Trotz des ungewohnten Sujets bezeichnete der Regisseur *Im Schatten des Zweifels* immer wieder als seinen persönlichen Lieblingsfilm – „It was because he loved bringing menace into a small town", verriet Hitchcocks Tochter Pat Hitchcock O'Connell in einem Interview. Der Authentizität wegen entschied er sich, bei der Produktion des Films auf Studiokulissen weitgehend zu verzichten und vor Ort in Santa Rosa zu drehen, einem hübschen kleinen, sonnendurchfluteten Ort in Kalifornien, den Hitchcock als Klischee-Idylle inszeniert, der er im Lauf der Handlung gnadenlos der Trostlosigkeit und dem moralischen Verfall preisgibt. Im Zentrum dieser Zersetzungsgeschichte steht die Beziehung zwischen Nichte und Onkel. Nicht nur der gemeinsame Vorname weist darauf hin, dass Charlie und Charlie Seelenverwandte sind, obwohl sie auf den ersten Blick grundverschieden scheinen:

1

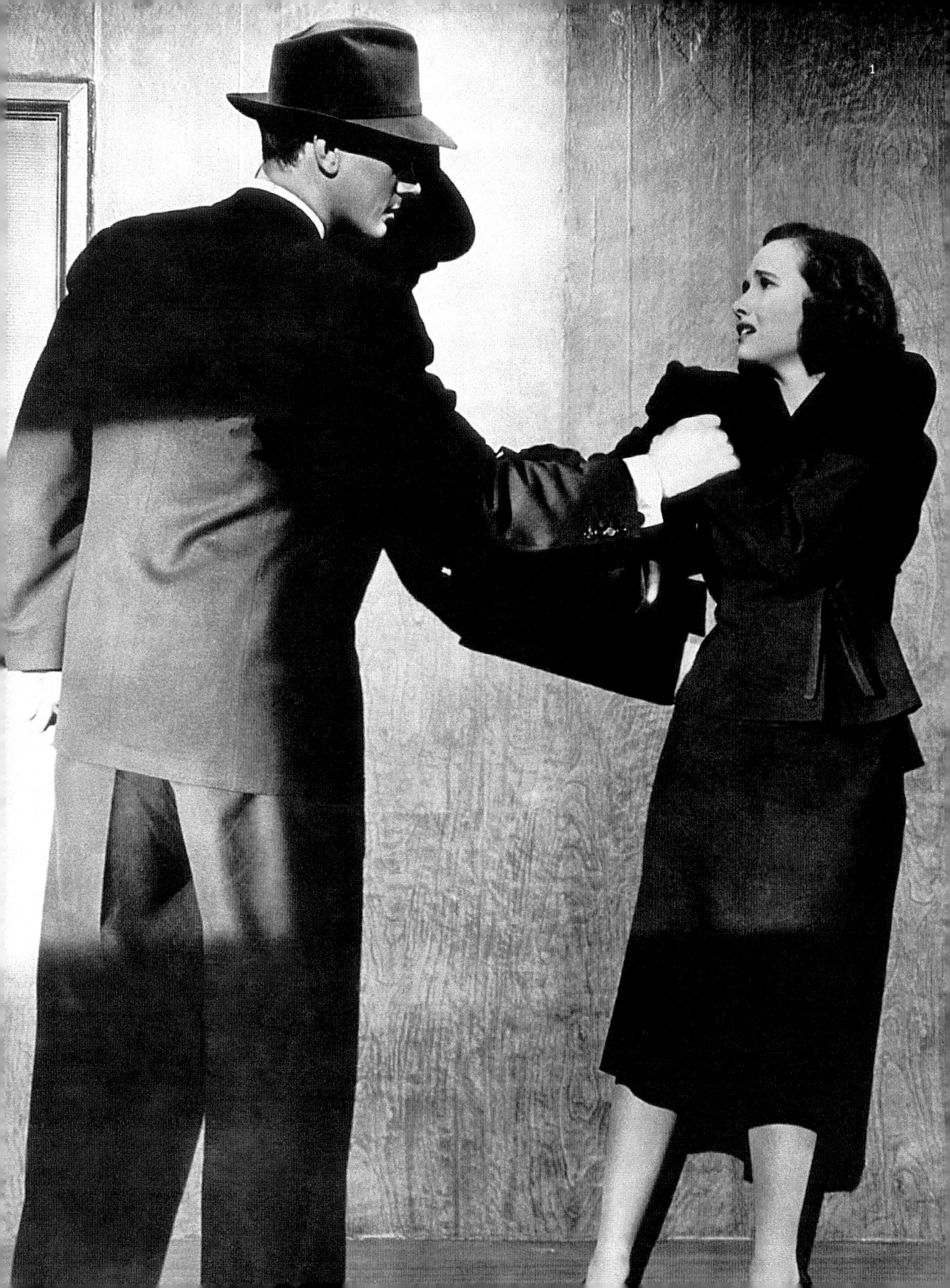

1   Liebevoller Onkel oder skrupelloser Mörder? Die junge Charlie (Teresa Wright) findet mehr über ihren geheimnisvollen, charmanten Onkel (Joseph Cotten) heraus, als ihr lieb ist.

2   Familientreffen: Die Anwesenheit von Onkel Charlie (Mitte) bringt das ruhige, geordnete Leben der Newtons durcheinander.

3   „Es ist nicht gut, zu viel herauszufinden": Onkel Charlie sollte Recht behalten, wie der tödlich endende Streit beim Showdown zeigt ...

4   Seelenverwandte: Nicht nur, wenn Charlie den besorgten Onkel spielt, fühlt sich seine Nichte ihm nahe.

„Nicht zuletzt dank der präzisen schauspielerischen Leistungen kann man diesen Streifen als ebenso großartig einstufen wie andere Filme Hitchcocks, denen man den Status des ‚Meisterwerks' gemeinhin eher zugesteht." *Movieline*

Sie ist ein naives Mädchen, er ein sprach- und weltgewandter Gentleman. Doch beide verbindet, dass sie die Routine und das Durchschnittliche verachten. Sie sind Getriebene, die mehr vom Leben verlangen, als es ihnen zu bieten hat. Und nur durch diese Seelenverwandtschaft vermag es Charlie, dem Geheimnis ihres Onkels auf die Spur zu kommen.

„Not good to find out too much, Charlie", sagt Joseph Cotten zu Teresa Wright. Aber es besteht nicht der Hauch einer Chance, dass sich die junge Frau ihre Unschuld und Naivität bewahren kann – zu stark und zu faszinierend ist für sie die Aura ihres Onkels, zu brennend der Wunsch, dass er sie von dem Trott und der Tristesse ihrer Heimatstadt erlösen möge. Cotten spielt den von seiner Nichte vergötterten Mann als grandiosen, lässigen und leicht arroganten Schurken – für viele ist er der kompromissloseste Hitch-

„Ein brillantes Stück Zynismus, das Heuchelei und moralischen Verfall und eine Schuld enthüllt, die sowohl auf gewöhnliche Kriminelle als auch auf Normalbürger zutrifft." *Q Network*

5   Geheimnisse: Emma Newton (Patricia Collinge) freut sich über den Besuch von Charlie – sie ahnt nicht, dass der lässige Großstädter ein gesuchter Witwenmörder ist.

6   Ein mysteriöser Eindringling kommt in eine Klischee-Idylle: Noch freut sich Charlie über die Anwesenheit ihres Onkels – am Ende des Films ist das naive junge Mädchen erwachsen geworden …

THORNTON WILDER

„We wish to acknowledge the contribution of Mr. Thornton Wilder to the preparation of this production" – nur selten wird die Mitwirkung eines Autors an einem Drehbuch im Filmvorspann so betont wie die des Schriftstellers Thornton Wilder am Skript von *Im Schatten des Zweifels* (*Shadow of a Doubt*, 1942). Der amerikanische Erzähler und Dramatiker, der am 17. April 1897 in Madison, Wisconsin, zur Welt kam und am 7. Dezember 1975 in Hamden, Connecticut, starb, schrieb mit den Dramen „Unsere kleine Stadt" („Our Town", 1938), das mehrfach verfilmt wurde, und „Wir sind noch einmal davongekommen" („The Skin of Our Teeth", 1942) seine wohl bekanntesten Stücke, seine Farce „Die Heiratsvermittlerin" („The Matchmaker", 1955) war die Vorlage des Musicals *Hello, Dolly!* (1969).

Thornton Wilder lieferte den Drehbuchentwurf zu *Im Schatten des Zweifels*, als er gerade in die US-Army eingetreten war und seinen Dienst in Florida antreten sollte. Angeblich feilte er auf der Zugfahrt nach Florida bis zur letzten Minute an seinem Entwurf – während Alfred Hitchcock im Abteil nebenan saß und Wilders Werk Seite für Seite unter die Lupe nahm. Diese Zugfahrt soll Wilder sogar für den Showdown von *Im Schatten des Zweifels* inspiriert haben.

„In seinem Theaterstück ‚Our Small Town' feierte Wilder das einfache Leben und die Gemeinschaft der kleinen Leute; *Shadow of a Doubt* ist dessen abgründige Kehrseite, ein Blick ins dunkle Herz von ‚Small Town America'."

Volker Gunske, in: Georg Seeßlen (Hg.), Alfred Hitchcock

cocks. Obwohl ihm der Meister des Suspense immer wieder freundliche, sympathische Momente schenkt, hat Cotten nichts vom kindlichen Charme eines Robert Walker aus *Der Fremde im Zug/Verschwörung im Nordexpress* (Strangers on a Train, 1951) oder von der beinahe rührenden Liebenswürdigkeit eines Anthony Perkins aus *Psycho* (1960). Er spielt einen Serienkiller ohne Herz und Gewissen, der seine Brutalität hinter der Fassade des Lebemannes versteckt.

In einer Szene wird das Bröckeln dieser Fassade besonders deutlich: als Cotten beim Abendessen eine Hassrede auf die „fetten, gierigen Witwen" hält – seine bevorzugten Opfer. Wright protestiert mit den Worten „They're alive, they're human beings", und er antwortet darauf nur mit einem spöttischen „Are they?" direkt in die Kamera. Jeder andere Regisseur hätte wahrscheinlich mit einer Einstellung auf die gute Nichte das Verhältnis zwischen Gut und Böse zurecht gerückt. Aber der zynische Hitchcock weiß genau, dass der Standpunkt seines Schurken stärker ist als der seiner Heldin – die Läuterung des Onkels durch die Güte seiner Nichte ist eine Utopie.

Stattdessen wird die Reinheit der jungen Frau durch den Einfluss ihres Onkels für immer beschmutzt sein. Zwar scheint das Gute am Ende zu triumphieren, zwar scheint das Leben in der friedlichen Kleinstadt weiterzugehen wie gewohnt. Aber Charlie, das naive Mädchen, ist erwachsen geworden. Und die Worte ihres Onkels werden sie weiter verfolgen: „At night you sleep your untroubled, ordinary little sleep filled with peaceful, stupid dreams … and I brought you nightmares."

ES

BESESSENHEIT
Ossessione

1943 - ITALIEN - 140 MIN. - S/W - GENRE MELODRAM, THRILLER

REGIE LUCHINO VISCONTI (1906–1976)
BUCH LUCHINO VISCONTI, MARIO ALICATA, GIUSEPPE DE SANTIS, ANTONIO PIETRANGELI, GIANNI PUCCINI, nach dem Roman „The Postman Always Rings Twice" von JAMES M. CAIN
KAMERA DOMENICO SCALA, ALDO TONTI SCHNITT MARIO SERANDREI MUSIK GIUSEPPE ROSATI
PRODUKTION LIBERO SOLAROLI für INDUSTRIE CINEMATOGRAFICHE ITALIANE.

DARSTELLER CLARA CALAMAI (Giovanna Bragana), MASSIMO GIROTTI (Gino Costa), JUAN DE LANDA (Giuseppe Bragana), DHIA CRISTIANI (Anita), ELIO MARCUZZO (Spagnolo), VITTORIO DUSE (Detektiv), MICHELE RICCARDINI (Don Remigio).

„So zu dritt können wir nicht weiterleben."

Luchino Visconti war noch Regieassistent bei seinem großen Vorbild Jean Renoir, als ihm dieser ein Buch in die Hand drückte. Es stammte von einem Amerikaner namens James M. Cain und trug den Titel „The Postman Always Rings Twice". Ein Thriller der Hardboiled-Schule, geschrieben im Stil eines Raymond Chandler oder Dashiell Hammett. Ein Mord aus Leidenschaft kam darin vor, klassischer Stoff für einen Film noir. Doch es gab weder eine italienische noch eine französische Übersetzung. Also machten sich Visconti und Renoir gemeinsam an die Übertragung. Heraus kam weit mehr als nur ein weiterer gut gemachter Kriminalfilm. *Ossessione* wurde zu einem Meilenstein des europäischen Kinos.

Der Film beginnt mit der Fahrt eines Lastwagens über eine staubige Landstraße der italienischen Po-Ebene. An einer Raststätte macht das Gefährt Halt. Auf der Pritsche erkennt man einen Mann, zunächst noch ohne Gesicht. Zu sehen ist nur sein muskulöser Oberkörper über zwei lässig übereinander geschlagenen Beinen. Der Fremde steigt ab und trollt sich am Pächter Giuseppe (Juan de Landa) vorbei ins Haus. Als Gino (Massimo Girotti) Giuseppes Frau Giovanna (Clara Calamai) gegenübersteht, ist alles klar. Die beiden sind einander vom ersten Augenblick an verfallen. Von nun an haben sie nur noch ein Ziel: den Alten loszuwerden. Giovanna hat den groben Klotz ohnehin nur geheiratet, weil er sie von der Straße geholt hat. Auf einem gemeinsamen Ausflug wird der Plan in die Tat umgesetzt. Alles sieht wie ein Unfall aus. Doch das Glück ist von kurzer Dauer. Gino wird von Gewissensbissen geplagt, seine Liebe zur besitzergreifenden Giovanna ist bald abgekühlt, und die Polizei sitzt ihnen im Nacken. Auf der Flucht kommt ihr Wagen von der Straße ab. Giovanna ist tot. Gino wird verhaftet.

Wie Visconti hier mit präzisen Schnitten erotische Spannung aufbaut und die Handlung ihren fatalen Lauf nehmen lässt, ist atemberaubend. Die Wucht nackter Begierde wird körperlich fassbar – vielleicht gerade weil ent-

1

1   Clara Calamai als Giovanna. Von solch dramatischen Großaufnahmen sollte Visconti später absehen.

2   Der Landstreicher Gino (Massimo Girotti) erkundigt sich bei Giuseppe (Juan de Landa) nach einem Job. Eigentlich können sich die beiden ganz gut leiden.

3   Fatale Liebe auf den ersten Blick: Giovanna bietet sich dem Fremden unmissverständlich an.

4   Mit einem Panorama der italienischen Landstraße wurde Luchino Visconti zum Wegbereiter des Neorealismus. Die ungeschönte Darstellung der Realität in Mussolinis Italien führte kurzzeitig zum Verbot des Films.

„Ein Blick auf dieses Pärchen erzählt die ganze Geschichte: Sie ist jung, hübsch, voller Leidenschaft und mit einem Mann verheiratet, der ihr in keiner Weise gewachsen ist, außer in Gelddingen. Giovanna beginnt sich bald für den Besucher zu interessieren und entdeckt dabei den Funken, der von ihrem Ehemann nie übersprang. Die Situation besitzt das Potential zum Mord ... Als Darstellung des Konflikts zwischen dem moralischen Gewissen und einer unkontrollierbaren Leidenschaft, zwischen dem Bedürfnis nach Existenzsicherung und der Sehnsucht nach einem Dasein, das frei ist von jeglichen Zwängen, ist *Ossessione* ein kraftvolles Statement und ein äußerst bemerkenswertes Erstlingswerk." *tvguide*

scheidende Szenen ausgeblendet werden. Der Mord ist nicht zu sehen. Und an eine Küchentischszene wie die zwischen Jack Nicholson und Jessica Lange in der Neuverfilmung *Wenn der Postmann zweimal klingelt* (*The Postman Always Rings Twice*, 1980) war natürlich nicht zu denken. Dass die Zensoren dennoch tätig wurden, lag ohnehin nicht an den Themen Ehebruch und Mord. Sondern daran, dass Visconti und Renoir die Vorlage rückhaltlos italienischen Verhältnissen angepasst hatten. Die schäbigen Räumlichkeiten der kleinen Trattoria, ungespültes Geschirr, die Langeweile der Po-Landschaft mit ihren holperigen Straßen – hier entfaltet sich ein Bild materieller Armut, das den Menschen allein auf seine unmittelbaren Triebe zurückwirft. Im faschistischen Italien war dies das eigentliche Tabu. Das Kino erzählte Heldengeschichten in gehobenem Ambiente. Und so widerfuhr Viscontis Regiedebüt

JAMES M. CAIN Mit seinem harten, ökonomischen Stil gilt James M. Cain, 1892 in Maryland geboren, als einer der berühmtesten Autoren des Hardboiled-Krimis. Im Mittelpunkt stand bei ihm meist die mörderische Liebe eines Mannes zu einer Frau, geschildert aus der Perspektive des Täters. Das gilt auch für „Wenn der Postmann zweimal klingelt" („The Postman Always Rings Twice"). Der Roman wurde insgesamt viermal verfilmt. Visconti erlaubte sich in *Besessenheit* (*Ossessione*, 1943) allerdings einige künstlerische Freiheiten – unter anderem wurde Cains Name in den Titeln nicht einmal erwähnt, weil sich niemand um die Rechte bemüht hatte. Das änderte sich in Tay Garnetts *Im Netz der Leidenschaften / Die Rechnung ohne den Wirt* (*The Postman Always Rings Twice*, 1946). Den Film mit Lana Turner und John Garfield empfand Cain sogar als Verbesserung des eigenen Werks. *Wenn der Postmann zweimal klingelt* (*The Postman Always Rings Twice*, 1980), die spätere Version von Bob Rafelson, kommt dem Original inhaltlich am nächsten. Die Figur des unmoralischen Täters wurde von Hauptdarsteller Jack Nicholson erstmals nicht abgeschwächt.
Cain lieferte auch die Vorlage zu einem der wichtigsten Werke des Film noir. Unter der Regie von Billy Wilder spielte Barbara Stanwyck in *Frau ohne Gewissen* (*Double Indemnity*, 1944) die genretypische Femme fatale, die einen ihr ergebenen Mann zu einem tödlichen Versicherungsbetrug anstachelt. Mit dem Drehbuch betraute man jedoch nicht Cain, der selbst als Journalist und Drehbuchautor begonnen hatte, sondern Raymond Chandler. Der konnte dem Werk seines Kollegen nicht viel abgewinnen – ganz im Gegensatz zu einigen großen Schriftstellern wie Thomas Mann oder Albert Camus. Mitte der 40er stand Cain auf dem Höhepunkt seines Ruhms. *Solange ein Herz schlägt* (*Mildred Pierce*, 1945), die von Michael Curtiz verfilmte Geschichte einer um Hab und Gut betrogenen Karrierefrau, brachte Joan Crawford einen Oscar. Von James M. Cain stammen noch einige weniger erfolgreiche Romane, die insbesondere in den 60er Jahren entstanden. Er starb 1977 in Maryland.

5 Die erotische Spannung ist in jeder Sekunde fassbar. Giovanna und Gino sehen als Ausweg nur die
Ermordung Giuseppes.

6 „Schultern wie ein Pferd": Der ehemalige
Schwimmstar Massimo Girotti wurde für kurze
Zeit zum italienischen Sexsymbol.

dasselbe Schicksal wie den meisten seiner späteren Werke: Die Zuschauer sahen eine verstümmelte Version. Das Originalnegativ gilt bis heute als verschollen.

In den wenigen positiven Kritiken tauchte erstmals ein Wort auf, das fortan die Runde machen sollte: „Neorealismus". *Ossessione*, noch unter dem faschistischen Regime entstanden, galt bald als Vorläufer dieser Bewegung. Als Mitglieder von Viscontis Gruppe „Cinema" verhaftet wurden, machte man ihn gar zum Symbol des antifaschistischen Widerstands. Der Regisseur, der sich vor allem dem klassischen Realismus Renoirs verpflichtet fühlte, hat sich gegen solche Kategorien zur Wehr gesetzt. In der Tat ist *Ossessione* ein eigenständiger Film, eben ein typischer Visconti. Sein Motiv ist der Konflikt zwischen gesellschaftlicher Moral und ungesteuerten Leidenschaften. Unverkennbar auch sein fatalistischer Pessimismus, der in den späteren Filmepen, von *Der Leopard* (*Il gattopardo*, 1963) bis *Ludwig II.* (*Ludwig/Le Crépuscule des dieux*, 1972), seine ästhetische Vervollkommnung erfahren sollte. Der steinige Weg nach Neuschwanstein begann auf einer oberitalienischen Landstraße.

PB

„Viscontis beeindruckender Erstlingsfilm zeichnet sich durch sinnliche Kraft, exakte Milieuzeichnung und eine differenzierte Moral aus: Die Einbeziehung sozialer Verhältnisse und authentischer Schauplätze in die Handlung begründete einen neuen Stil im italienischen Film."

Lexikon des internationalen Films

WEM DIE STUNDE SCHLÄGT
For Whom the Bell Tolls

1943 - USA - 170 MIN. (Premierenfassung) / 165 MIN. (restaurierte Fassung) - FARBE - GENRE LITERATURVERFILMUNG, DRAMA

REGIE SAM WOOD (1883–1949)
BUCH DUDLEY NICHOLS, nach dem gleichnamigen Roman von Ernest Hemingway
KAMERA RAY RENNAHAN SCHNITT SHERMAN TODD, JOHN F. LINK MUSIK VICTOR YOUNG
PRODUKTION SAM WOOD für PARAMOUNT PICTURES.

DARSTELLER GARY COOPER (Robert Jordan), INGRID BERGMAN (María), VLADIMIR SOKOLOFF (Anselmo), ARTURO DE CÓRDOVA (Agustín), AKIM TAMIROFF (Pablo), JOSEPH CALLEIA (El Sordo), FEODOR CHALIAPIN (Kaschkin), KATINA PAXINOU (Pilar), MIKHAIL RASUMNY (Rafael), FORTUNIO BONANOVA (Fernando).

ACADEMY AWARDS 1943 OSCAR für die BESTE NEBENDARSTELLERIN (Katina Paxinou).

„Whatever happens to you will happen to me."

Spanien in den 30er Jahren. Der Amerikaner Robert Jordan (Gary Cooper) unterstützt als Sprengstoffexperte den republikanischen Widerstand gegen die faschistischen Machthaber. Um dem verhassten Feind während einer geplanten Großoffensive der Republikaner den Nachschub abzuschneiden, soll Jordan eine strategisch wichtige Brücke in den Bergen sprengen. Mit dem alten Anselmo (Vladimir Sokoloff) als Führer bricht er auf.

In der Umgebung des geplanten Anschlagsziels treffen die beiden auf eine Gruppe von Widerstandskämpfern um den ebenso tumben wie brutalen Pablo (Akim Tamiroff). Pablo, der sich offenbar mehr um den Erhalt der eigenen Macht als um die Verwirklichung irgendwelcher politischer Ziele schert, weigert sich zunächst, Jordan bei seinem Vorhaben zu unterstützen. Schließlich wird er von der resoluten Pilar (Katina Paxinou) abgesetzt, bleibt jedoch bei allen weiteren Unternehmungen der Gruppe ein Unsicherheitsfaktor.

Zu den Widerständlern, von denen Jordan nur „Ingles" genannt wird, gehört auch die 19-jährige María (Ingrid Bergman), die von faschistischen Soldaten vergewaltigt wurde, nachdem sie die Erschießung ihrer Eltern mit ansehen musste. Durch ihre erwachende Liebe zu Robert schöpft sie neuen Lebensmut. Doch zunächst gilt es, den erteilten Auftrag zu Ende zu führen.

Wem die Stunde schlägt ist als eine der ersten Hemingway-Verfilmungen stilbildend gewesen. Der Literat selbst, von der Aussicht auf Hollywood-Versionen seiner Werke wenig begeistert, soll dem Drehbuchautor Dudley Nichols immer wieder in seine Arbeit hineingeredet haben, was die merkwürdige Unentschiedenheit zwischen psychologisierendem Melodram und realistischer Bürgerkriegserzählung erklären könnte. Spannung bietet der in seiner restaurierten Fassung 165 Minuten, ursprünglich sogar 170 Minuten lange Film erst in der zweiten Hälfte, während sich die erste vorwiegend der Zeichnung der Charaktere und ihrer Beziehungen untereinander widmet.

1

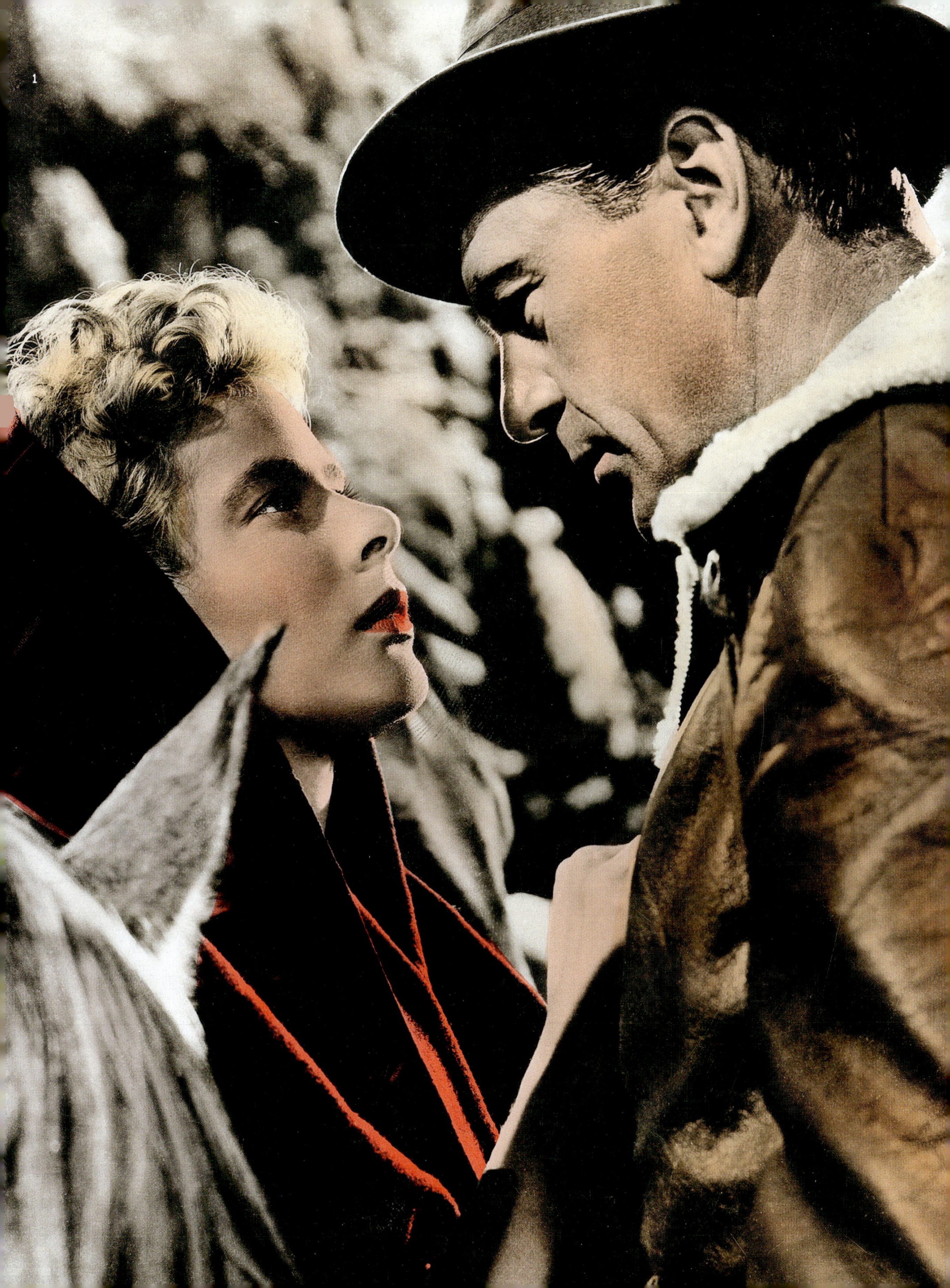

1 Die von den Faschisten misshandelte María (Ingrid Bergman) findet in dem Widerstandskämpfer Robert Jordan (Gary Cooper), genannt „Ingles", ihre große Liebe.

2 Warten auf den großen Angriff: Die Berge sind den Widerständlern Zuflucht und Gefängnis zugleich.

3 Auf Anselmo (Vladimir Sokoloff, 2. v. l.) kann Robert zählen, doch der unberechenbare Pablo (Akim Tamiroff) wird bald zum Sicherheitsrisiko.

4 Die ständig drohende Gefahr bringt María und Robert näher zusammen.

5 Pilar sieht für Robert keine gute Zukunft voraus. Für ihre Darstellung der resoluten Anführerin der Rebellen erhielt Katina Paxinou einen Oscar.

„Einige der Nebendarsteller zeigen, genau wie Gary Cooper, eine reife schauspielerische Leistung, doch im Grunde bleibt der Film ein Melodram – großartig, aber ohne Tiefgang."

Filmbulletin

Hemingway dürfte allerdings zufrieden gewesen sein, ist Jordan doch ein Held ganz nach seinem Geschmack – nicht nur, weil mit Gary Cooper Hemingways Wunschbesetzung der Rolle verpflichtet werden konnte. In der sich stark an der Vorlage orientierenden Umsetzung für die Leinwand wird Jordan als ein Mann gezeigt, der, wie viele Figuren des Dichters, aus einer inneren Notwendigkeit heraus zu handeln scheint. Der Zuschauer erfährt nichts über Jordans Motive für seine Teilnahme an einem Bürgerkrieg in einem fremden Land. Er tut eben, was er offenbar tun muss, und ist nur der gerechten Sache verpflichtet, für die er notfalls sogar sein Leben zu opfern bereit ist.

Am Beispiel der im Kampf gealterten Partisanin Pilar wird indessen die Diskrepanz zwischen äußerer Hässlichkeit und innerer Schönheit thematisiert. Auch dem Verhältnis zwischen dem kompromisslosen Freiheitskämpfer und der schönen Spanierin, deren Liebe zueinander durch die ständig drohende Gefahr noch stärker zu werden scheint, räumt Regisseur Sam Wood breiten Raum ein.

Die Stärke des Film liegt aber weniger in der pathetischen Liebesgeschichte, sondern, und auch dies kam den Vorstellungen Hemingways sicherlich entgegen, in der zentralen Rolle, die er der Natur zuweist. Häufig werden Naturaufnahmen zur Steigerung der Dramatik eingesetzt, etwa wenn sich Kampfszenen vor einem tosenden Wasserfall abspielen. Naturphänomene wie der plötzliche Schneefall, der wegen der zurückgelassenen Spuren einen unbemerkten Rückzug unmöglich macht, haben zudem eine wichtige narrative Funktion. Und schließlich bedient sich Wood einer teilweise

5

6   Trotz ihrer schlimmen Erfahrungen glaubt María an eine bessere Zukunft.

7   Kämpfen für die gerechte Sache: Um den Auftrag auszuführen, setzen die spanischen Rebellen und der Amerikaner ihr Leben aufs Spiel.

8   Pilar und Pablo haben sich nach den langen Jahren des Bürgerkriegs einander entfremdet.

HEMINGWAY-VERFILMUNGEN

Einzelgängerische Helden, ferne Länder, große Abenteuer – es verwundert kaum, dass Ernest Hemingway zu den Lieblingsromanciers in Hollywood zählt. Auf viele Verfilmungen nahm der Autor selbst Einfluss, zeigte sich allerdings selten zufrieden mit den Ergebnissen. Sein perfektionistischer Hang zu unbedingtem Realismus und seine Egozentrik, die Frank M. Laurence in seinem Buch „Hemingway and the Movies" (1981) darstellte, trieben so manchen Filmschaffenden zur Verzweiflung. Trotz vielerlei Bedenken des Autors ist zu konstatieren, dass Hemingway Glück hatte: Unter den Adaptionen seiner Prosa sind einige echte Meisterwerke finden. Zeichnet sich *Wem die Stunde schlägt* (*For Whom the Bell Tolls*, 1943) durch hohe Werktreue aus, lebt der drei Jahre später entstandene und sich an die Vorlage nur vage anlehnende *Rächer der Unterwelt* (*The Killers*, 1946) von Robert Siodmak vor allem von seiner lakonisch-düsteren und in diesem Sinne Hemingway verpflichteten Erzählweise. *Schnee am Kilimandscharo* (*The Snows of Kilimanjaro*, 1952) und *Der alte Mann und das Meer* (*The Old Man and the Sea*, 1958), der die zugrunde liegende Kurzgeschichte als Parabel über Freundschaft und menschliches Scheitern interpretiert, sowie Franklin J. Schaffners *Inseln im Strom* (*Islands in the Stream*, 1977) gehören heute ebenfalls zu den Klassikern der Filmgeschichte.

> „Mit absoluter Treue zur Vorlage, von der praktisch nichts unterschlagen wurde außer den ungehörigen Kraftausdrücken und den intimeren Liebesszenen, wird Ernest Hemingways wunderbarer Roman über den Spanischen Bürgerkrieg mit all seiner Farbenfreude und Charakterfülle auf die Leinwand gebracht." *The New York Times*

allerdings ausgesprochen plakativen Natursymbolik: So suggeriert das Eichhörnchen, das unbehelligt über Jordans schussbereite Waffe spazieren darf, dass Jordan – ganz im Gegensatz zu dem verschlagenen Pablo – niemals ohne Not einem lebendigen Wesen Schaden zufügen würde.

Daneben fällt die Ambivalenz der monumentalen Landschafts- und Naturdarstellung auf: bedrohliche Einöden, die aber zugleich auch Schutz bieten können. Und die von Pilar als einer Art Übermutter beherrschte Höhle ist den mit ihren Gewehren ebenfalls symbolträchtigen Männern Zuflucht und Gefängnis zugleich. Wood inszenierte die Natur als schicksalhafte Macht und als Spiegel der menschlichen Seele und hat damit das Gros der nachfolgenden Hemingway-Verfilmungen entscheidend beeinflusst.

SH

MÜNCHHAUSEN

1942/43 - DEUTSCHLAND - 110 MIN. - FARBE - GENRE ABENTEUERFILM, FANTASYFILM
REGIE JOSEF VON BAKY (1902–1966)
BUCH BERTHOLD BÜRGER = ERICH KÄSTNER, nach den Romanen „Munchhausen" von RUDOLPH ERICH RASPE und „Wunderbare Reisen zu Wasser und Lande, Feldzüge und lustige Abentheuer des Freyherrn von Münchhausen" von GOTTFRIED AUGUST BÜRGER KAMERA WERNER KRIEN SCHNITT MILO HARBICH, WALTER WISCHNIEWSKY
MUSIK GEORG HAENTZSCHEL PRODUKTION EBERHARD SCHMIDT für UFA.
DARSTELLER HANS ALBERS (Baron Münchhausen), HANS BRAUSEWETTER (Freiherr von Hartenfeld), MARINA VON DITMAR (Sophie von Riedesel), KÄTHE HAACK (Baronin Münchhausen), BRIGITTE HORNEY (Katharina II.), ILSE WERNER (Prinzessin Isabella d'Este), WERNER SCHARF (Prinz Francesco d'Este), FERDINAND MARIAN (Graf Cagliostro), LEO SLEZAK (Sultan Abdul-Hamid), HERMANN SPEELMANS (Christian Kuchenreutter), WALTER LIECK (Schnellläufer), WILHELM BENDOW (Mondmann), MARIANNE SIMSON (Mondfrau), GUSTAV WALDAU (Casanova), ANDREWS ENGELMANN (Fürst Potemkin).

„Der Mensch mit der stärkeren Einbildungskraft erzwingt sich ganz einfach eine reichere Welt. Das ist kein Schwindel und keine Zauberei."

Es beginnt mit einem Schwindel: In einem barocken Schloss findet ein Ball statt – eine festliche Gesellschaft führt Tänze des 18. Jahrhunderts auf, während sich ein galanter Herr mit einer jungen Dame in ein abgelegenes Kabinett zurückzieht. Doch plötzlich erscheinen Lichtschalter und Steckdose im Bildfeld, und wenige Augenblicke später verlässt die junge Dame das Schloss mit ihrem Auto. Der Schein trügt also – der Zuschauer sieht keinen glanzvollen Fürstenhof im vorrevolutionären Frankreich, sondern ein Kostümfest, hier und heute im Schloss der Münchhausens im niedersächsischen Bodenwerder.

Einer der Gäste, Freiherr von Hartenfeld (Hans Brausewetter), will es genau wissen: Was hat es auf sich mit den Geschichten, die man über den Vorfahren des Hausherrn erzählt, den sagenhaften Lügenbaron? Am nächsten Abend wird der heutige Baron Münchhausen (Hans Albers) in kleiner Runde endlich die Wahrheit erzählen ...

In jene Rahmenhandlung wird der Film mehrfach zurückspringen und damit anknüpfen an die gesellige Erzählkultur barocker Salons und die fabulierlustige Überlieferungstradition volkstümlicher Stoffe. Und so wie schon die Reiseberichte des historischen Münchhausen in zahllosen Auflagen mit immer tollkühneren Abenteuern ausgeschmückt worden sind, so hält sich auch der Ufa-Film nur vage an die berühmte literarische Vorlage, die „Wunderbaren Reisen zu Wasser und Lande, Feldzüge und lustige Abentheuer des Freyherrn von Münchhausen" (1786) von Gottfried August Bürger. Es fehlen etwa die Episoden, in denen Münchhausen sich und sein Pferd am eigenen Schopf aus dem Sumpf zieht oder die mit Speck geköderten Enten den Baron durch die Lüfte tragen.

Auf die bekannteste Lügengeschichte allerdings, den Ritt auf der Kanonenkugel, möchte man auch hier nicht verzichten. Doch der Reihe nach: Kaum ist Münchhausen mit seinem Pagen Kuchenreutter (Hermann Speelmans) von langen Reisen zurückgekehrt, da erreicht ihn die Order, den Prinzen von Braunschweig nach Russland zu begleiten. Und kaum ist St. Petersburg erreicht, erliegt Zarin Katharina II. (Brigitte Horney) seinem Charme und nimmt ihn sich als Liebhaber. Nach einem Handel mit dem Fürsten Potemkin (Andrews Engelmann) und einem Zusammentreffen mit dem Zauberer Cagliostro (Ferdinand Marian), der ihm als Geschenk ewige Jugend verleiht, zieht Münchhausen gegen die Türken in den Krieg und gerät – eben nach jenem Ritt auf der Kanonenkugel, von der aus er freundlich ins Publikum herunter grüßt – in die Festung Sultans Abdul-Hamid (Leo Slezak). Als neue Gefangene eintreffen, unter ihnen die schöne Prinzessin Isabella d'Este (Ilse Werner), schlägt Münchhausen die Wette vor, dem Sultan binnen einer Stunde eine Flasche Tokayer aus Wien herbeischaffen zu können. Mit Hilfe des

1

1   Als weit gereister Abenteurer ist Münchhausen (Hans Albers) in jeder Kultur zu Haus.

2   Im Kreise seiner Vertrauten hebt Münchhausen zu einer letzten Erzählung seiner Abenteuer an.

3   Der treue Gefährte an des Barons Seite: der Page Christian Kuchenreutter (Hermann Speelmans).

4   Kein Aufwand war zu groß: Zu ihrem 25-jährigen Jubiläum präsentierte die Ufa Ausstattungskino vom Feinsten.

„Nur wer's im Blut spürt …, dass das hier alles nur auf einem kleinen Stern unter Abermillionen anderer Sterne geschieht, auf einer winzigen, ihre ewige Bahn kreisenden Kugel, auf der Karussellfahrt um eine der glühenden Sonnen im Wandel der schönen Jahreszeiten und der schrecklichen Jahrhunderte, nur wer das immer fühlt, ist wahrhaftig ein Mensch. Alle anderen sind aufrecht gehende Säugetiere. Prost." Filmzitat: Baron Münchhausen (Hans Albers)

Schnellläufers (Walter Lieck), eines Boten, der schneller als eine Gewehrkugel zu laufen vermag, gewinnt Münchhausen und zieht mit der Prinzessin und Kuchenreutter weiter nach Venedig, wo es ein Duell mit dem Bruder der Prinzessin (Werner Scharf) auszufechten gilt. Weiter geht die Reise in einer Montgolfiere zum Mond, wo man jeden Tag ein Jahr altert. Nachdem Kuchenreutter gestorben ist, verlässt der durch Cagliostros Zauber ewig jung bleibende Münchhausen den Mond und tritt endlich die Heimreise an. Seine

Zuhörer begreifen: Der Münchhausen, der gerade vor ihnen sitzt, ist niemand anderes als der berühmte Lügenbaron höchstpersönlich. Doch Münchhausen ist müde geworden, und so sagt er sich, nachdem die Gäste gegangen sind, von dem Zauber frei.

Münchhausen wurde vom Propagandaministerium als Jubiläumsfilm zum 25-jährigen Bestehen der Ufa in Auftrag gegeben. So wichtig war Goebbels diese Angelegenheit, dass das offizielle Kostenlimit für Ufa-Filme von

3

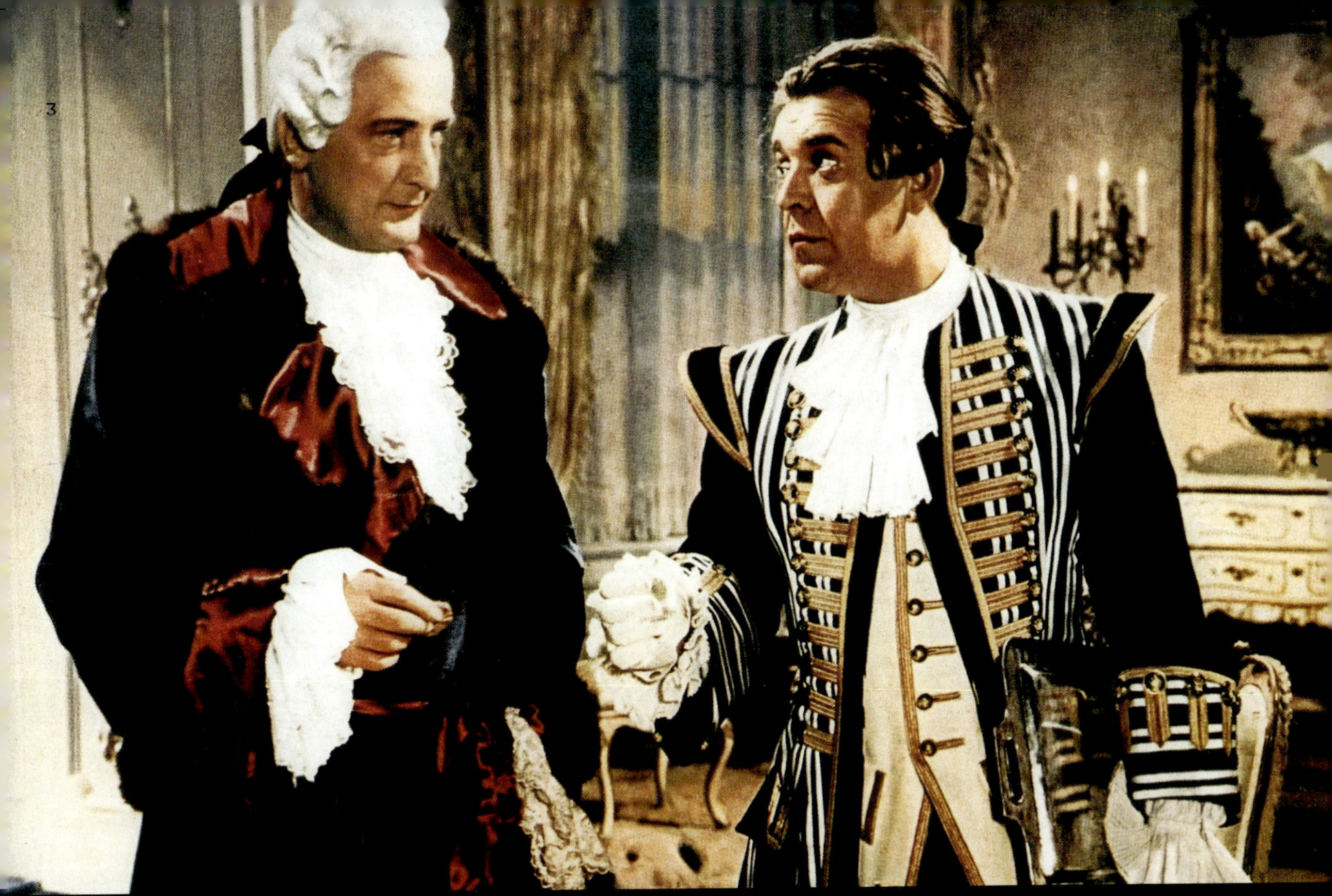

4

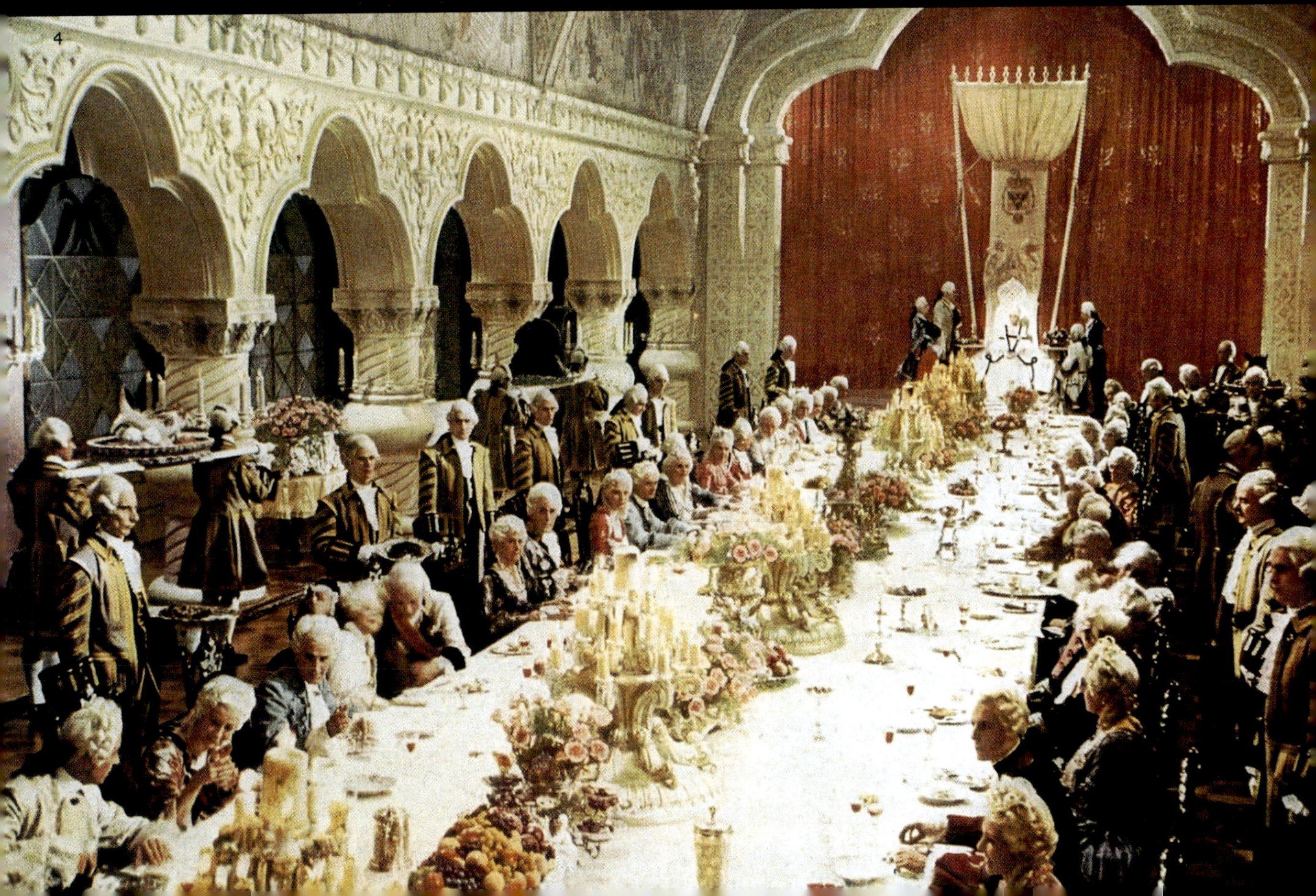

„Die Abenteuer des Barons Münchhausen beim Prinzen von Braunschweig in Niedersachsen gehören neben den ‚Erzählungen aus Tausendundeiner Nacht' zu den originellsten und faszinierendsten Abenteuergeschichten überhaupt."
DVD Times

5 Auch das ist Ufas *Münchhausen*: exotische Schauplätze, märchenhaft überhöht.

6 Und immer eine schöne Frau an seiner Seite: Münchhausen mit der Prinzessin Isabella d'Este (Ilse Werner) …

7 … von der es bald aber wieder Abschied nehmen heißt.

einer Million Reichsmark außer Kraft gesetzt und für das Drehbuch ein Autor von besonderem Rang verpflichtet wurde: der von den Nazis geächtete Erich Kästner, dessen Schreibverbot man nur für diesen Film aufhob; zudem hatte Kästner unter dem Pseudonym „Berthold Bürger" zu arbeiten, doch auch das wurde schließlich aus dem Vorspann getilgt.

Der fertige Film präsentiert seine überbordende Ausstattung und die liebevoll kostümierten Heerscharen von Statisten in verschwenderischer Farbenpracht – ein Aushängeschild für die ästhetische und technische Leistungsfähigkeit des deutschen Films. Subtil verbergen sich ideologische Botschaften unter diesen äußerlichen Reizen. Ein taktischer Schachzug war die Besetzung des bösen Zauberers Cagliostro mit Ferdinand Marian, der kurz zuvor den Juden Süß Oppenheimer in dem üblen Propagandafilm *Jud Süß* (1940; Regie: Veit Harlan) gespielt hatte und dem dieses Rollenklischee seither anhaftete. Wenn Münchhausen dem Zauberer erklärt, „Sie wollen herrschen, ich will leben. Abenteuer, Krieg, ferne Länder, schöne Frauen – ich brauche das alles. Sie aber missbrauchen es", dann charakterisieren diese Worte auch den von Hitler begonnenen Zweiten Weltkrieg als rettende Gegenwehr gegen einen herrschsüchtigen, durchtriebenen Feind. EP

UFA

Um das deutsche Image im Ausland zu verbessern und die allgemeinen Qualitätsstandards der Filmkunst anzuheben, wurde auf Veranlassung der deutschen Reichsregierung 1917 die Universum Film Aktiengesellschaft, kurz Ufa gegründet. Nachdem die Deutsche Bank die Regierungsanteile übernommen hatte und fortan wirtschaftliche Interessen dominierten, gewann das Unternehmen schnell an Größe und förderte über eine eigene Vertriebsstruktur den Absatz seiner Filme bis ins Ausland. Unter wachsendem Konkurrenzdruck durch amerikanische Produktionen gelangte die Ufa dann Ende der 20er Jahre an den Rand des Ruins, obgleich in dieser Zeit mit Filmen wie *Der letzte Mann* (1924) oder *Metropolis* (1926) große Filmklassiker entstanden.

1927 kaufte der rechtskonservative Politiker und Industrielle Alfred Hugenberg den Konzern; die Ufa erholte sich und strebte ihrer goldenen Ära entgegen – *Der blaue Engel* (1930) mit Marlene Dietrich oder *Die Drei von der Tankstelle* (1930) mit Heinz Rühmann sind große Erfolge dieser Jahre. Allerdings ist auch im politischen Sinn der Weg bereitet: Nachdem die Nationalsozialisten 1933 an die Macht gekommen sind, wird es nicht mehr lange dauern, bis man in den Ufa-Kinos *Hitlerjunge Quex. Ein Film vom Opfergeist der deutschen Jugend* (1933) und *SA-Mann Brand* (1933) spielt. 1937 wird die Ufa verstaatlicht, das Filmschaffen unterliegt strengster Kontrolle, und Zensur, Propaganda und Unterhaltung sind fortan untrennbar miteinander verbunden. Nach dem Krieg stellte die Ufa die Produktion ein, 1953 wurde sie aufgelöst, das verbliebene Vermögen reprivatisiert.

RITT ZUM OX-BOW
The Ox-Bow Incident

1943 - USA - 75 MIN. - S/W - GENRE WESTERN

REGIE WILLIAM A. WELLMAN (1896–1975)
BUCH LAMAR TROTTI, nach dem gleichnamigen Roman von WALTER VAN TILBURG CLARK
KAMERA ARTHUR MILLER SCHNITT ALLEN MCNEIL MUSIK CYRIL J. MOCKRIDGE
PRODUKTION LAMAR TROTTI für 20TH CENTURY FOX.

DARSTELLER HENRY FONDA (Gil Carter), DANA ANDREWS (Donald Martin), ANTHONY QUINN (Juan Martínez), MARY BETH HUGHES (Rose Mapen), HARRY MORGAN (Art Croft), JANE DARWELL (Ma Grier), MATT BRIGGS (Richter Tyler), WILLIAM EYTHE (Gerald Tetley), HARRY DAVENPORT (Arthur Davies), FRANK CONROY (Major Tetley), MARC LAWRENCE (Farnley), VICTOR KILIAN (Darby), FRANCIS FORD (alter Mann), GEORGE CHANDLER (Jimmy Cairnes), PAUL E. BURNS (Winder), LEIGH WHIPPER (Sparks).

„Law is the very conscience of humanity."

Zwei Cowboys reiten gemächlich in die Stadt. Langsam trotten ihre Pferde die menschenleere Straße entlang, bis sie vor dem Saloon zum Stehen kommen. Gil (Henry Fonda) und Art (Harry Morgan) haben einen anstrengenden Ritt hinter sich, in ihren Kleidern hängt der Präriestaub, ihre Gesichter sind unrasiert und die Zeit des Viehtriebs war so lang, dass sie bereits das Bild der schönen Frau über der Saloon-Bar völlig gefangen nimmt. Sie scheint ohnehin die einzige Attraktion der Stadt zu sein, die von Langeweile geprägt ist. Doch als die Nachricht vom Mord eines angesehenen Ranchers eintrifft, bringt der bis dahin friedlich dahindösende Ort plötzlich einen rasenden Mob hervor. In Windeseile beschließt die aufgebrachte Menge, die verdächtigen Viehdiebe zu jagen und zu hängen – der Gerechtigkeit wegen, aber auch aus Spaß an der Sache. Der Versuch des Ladenbesitzers Davies (Harry Davenport), die Wogen zu glätten, bleibt ebenso erfolglos wie der Hinweis von Richter Tyler (Matt Briggs), dass die Racheaktion ohne Genehmigung des Sheriffs ungesetzlich ist. Unter der Leitung des ehemaligen Südstaaten-Majors Tetley (Frank Conroy) macht sich der Trupp auf den Weg. Gil und Art schließen sich dem Lynch-Kommando notgedrungen an, weil sie Angst haben, selbst unter Mordverdacht zu geraten.

Als die Reiter die Stadt verlassen, ist es Wellman bereits meisterhaft gelungen, die zahlreichen, höchst unterschiedlichen Figuren glaubwürdig zu etablieren: den Major, der in der Lynchaktion die letzte Chance sieht, seinen Sohn Gerald (William Eythe) zum Mann zu machen. Den Cowboy Farnley (Marc Lawrence), der zu den Freunden des Opfers gehört und aus blinder Wut die Täter so schnell wie möglich zur Strecke bringen will. Und das fette, mordlüsterne Flintenweib (Jane Darwell), das in der Lynchaktion eine willkommene Abwechslung sieht. Ironischerweise hört sie auf den Namen Ma Grier, obwohl sie genau das Gegenbild zur mütterlichen Farmersfrau darstellt. Dass ihr jede Weiblichkeit abgeht, ist kein Zufall, sondern passt ins Gestaltungsmuster des Films, der die Anwesenheit von Frauen mit Zivilisation gleichsetzt. Entsprechend wird jedes demokratische Verhalten, jede menschliche Schwäche durch die rachlüsternen Charaktere als weibisch abgetan.

Als die Gruppe drei schlafende Cowboys mit 50 Rindern findet, scheint die Sache für die meisten klar. Alle Indizien sprechen gegen die Verdächtigen. Aber je mehr deren Anführer (Dana Andrews) darauf hinweist, dass man seine Aussage innerhalb eines Tages überprüfen könne, desto deutlicher wird die barbarische Natur der Gruppenaktion, die Gewalt über das Recht stellt und die drei Cowboys im Morgengrauen hängt. Als sich kurz darauf die Unschuld der Verdächtigen erweist, kommt es zur schmerzhaften Selbsterkenntnis der Lyncher.

Abgesehen von wenigen übertrieben theatralisch wirkenden Einstellungen, etwa der Beichte des beschuldigten Mexikaners (Anthony Quinn), ist

1

1 Unrasiert, verdreckt und müde – Cowboy Gil Carter (Henry Fonda) will eigentlich nur zu seinem Mädchen, aber dann kommt alles ganz anders.

2 Der Aufbruch der Reiter bietet den einzigen Ausflug in reale Landschaften und Panorama-Sequenzen. Der Rest des Films bleibt eingesperrt in beklemmender Kulissenhaftigkeit, die den Parabelcharakter der Geschehnisse unterstreicht.

3 Vorsicht, lächerliche Hüte: Die Aufmachung seiner ehemaligen Freundin Rose (Mary Beth Hughes, M.) und ihres Ehemanns signalisieren: Achtung, wir sind zivilisiert. Entsprechend fahren sie in die Stadt, während die Reiter in die Wildnis unterwegs sind.

der Stil äußerst realistisch. Es dominieren Normalsicht sowie Halbnah- und amerikanische Einstellungen. Trotz dieser schnörkellosen Inszenierung versteht es Wellman mitunter durch Bildaufbau und geschickte Kamerabewegungen, einfache und zugleich geniale Bilder zu erzeugen. Eindringlich etwa die Szene, in der die Reiter nach dem Lynchen wieder Richtung Stadt aufbrechen: Vom farbigen Sparks (Leigh Whipper), der vor den Toten kniet und einen christlichen Gospel singt, eröffnet die Kamera mit einem Rechtsschwenk den Blick auf die im Hintergrund aufbrechende Reitergruppe, während auf der Erde im Vordergrund die Schatten der Gehenkten zu sehen sind.

Bereits mit *The Robin Hood of El Dorado* (1936) hatte Wellman gegen die Westernkonventionen aufbegehrt, Rassismus und Gewalt angeprangert und teilweise die revisionistische Sichtweise von Spätwestern wie Sam Peckinpahs *The Wild Bunch – Sie kannten kein Gesetz* (*The Wild Bunch*, 1969) vorweggenommen. Durch *Ritt zum Ox-Bow* aber gab er dem Genre eine neue Dimension, indem er es für eine psychologisch geprägte Refle-

„Dieser Film bietet Realismus so scharf und kalt wie ein Messer." *The New York Times*

WILLIAM A. WELLMAN

Ein guter Regisseur hinterlässt keine Fingerabdrücke. Das war das Credo des 1896 geborenen William A. Wellman, dem es nie darum ging, in seinen Filmen eine typische Handschrift zu entwickeln. Wellman war vielmehr ein Handwerker, der im Ruf stand, Filme in sehr kurzer Zeit drehen zu können. Angespornt durch eine entsprechende Bonuszahlung filmte er etwa *When Husbands Flirt* (1925) in nur vier Tagen. Diese Arbeitseinstellung passt zu seinem Werdegang, der jedwede künstlerische Motivation vermissen lässt. 1917 meldete sich Wellman zum Kriegsdienst und wurde ein erfolgreicher Kampfpilot. Der Krieg endete für ihn jedoch nach einem Abschuss mit einer schweren Rückenverletzung, die ihn Zeit seines Lebens leicht humpeln ließ.

Ausgeschieden aus der Luftwaffe, wusste er nichts mit sich anzufangen, bis ihm Douglas Fairbanks einen Job als Schauspieler besorgte. Wellman übernahm eine größere Rolle in *The Knickerbocker Buckaroo* (1919), aber als er sich zum ersten Mal auf der Leinwand sah, musste er sich übergeben. Nach dieser Erfahrung suchte er sein Glück hinter der Kamera, begann als Nachrichten-Bote in den Goldwyn-Studios und arbeitete sich langsam nach oben. In *The Twins of Suffering Creek* (1920) führte er zum ersten Mal Regie, aber die nächsten Jahre verliefen mehr schlecht als recht. Erst als Paramount einen Film über die Luftgefechte im Ersten Weltkrieg machen wollte, kam seine Stunde, denn er war der einzige Regisseur in Hollywood, der über Luftkampferfahrung verfügte. Bis dahin waren solche Gefechte meist am Boden gefilmt worden. Wellman aber wollte keine billige Imitation, sondern zielte auf eine realistische Darstellung. Also setzte er Kameraflugzeuge ein, um die Verfolgungsjagden wirklichkeitsgetreu aus dem Cockpit zu filmen. Das Ergebnis war *Wings* (1927), ein Film mit einer visuellen Wirkung, vergleichbar dem ersten *Matrix*-Film der Wachowski-Brüder von 1999. *Wings* wurde ein fulminanter Erfolg, erhielt den ersten Oscar für den besten Film.

Wellman war äußerst vielseitig, drehte den Box- und Liebesfilm *The Man I love* (1929) ebenso wie den Soldatenfilm *Schlachtgewitter am Monte Casino* (*The Story of G. I. Joe*, 1945). Er filmte mit *Der öffentliche Feind* (*The Public Enemy*, 1931) einen harten Gangsterstreifen, der James Cagney über Nacht zum Star machte, und bot gleichzeitig in *Ein Stern geht auf* (*A Star Is Born*, 1937) einen tragischen Blick hinter die Glamour-Fassade Hollywoods. Aus finanziellen Gründen übernahm er aber oft Filmaufträge, die er wie Dutzendware abwickelte, was diesen Machwerken auch anzusehen ist. Dementsprechend besitzt sein Œuvre keine klar definierten Züge. Dennoch übte er mit Filmen wie *Ritt zum Ox-Bow* (*The Ox-Bow Incident*, 1943) maßgeblichen Einfluss auf die Filmgeschichte aus. So hinterließ er vielleicht keine Fingerabdrücke, aber doch unübersehbare Spuren. Er starb 1975 in Los Angeles an Leukämie.

4 Die Bar als Ausgangs- und Schlusspunkt der zweifelhaften Aktion: Hier fallen den Cowboys ihre Sünden wieder ein.

5 Südstaaten-Major Tetley (Frank Conroy) ist der Anführer der rachsüchtigen Meute, gegen den sich auch Gil nicht wirklich aufzulehnen wagt, selbst als deutlich wird, dass die Lynch-Aktion illegal ist.

6 Der Farbige Sparks (Leigh Whipper) bildet das Zentrum der religiösen Opposition, Gil die pragmatische Sichtweise des gewöhnlichen Cowboys.

7 Als ob ihm der Tod persönlich die Hand auf die Schulter legt. Als stolzer Mexikaner zeigt Juan Martinez (Anthony Quinn) selbst im Angesicht des Galgens keine Furcht.

„Gerechtigkeit? Was kümmert dich Gerechtigkeit? Du weißt ja noch nicht einmal, ob der Mann da draußen der Schuldige ist. Alles, was du weißt, ist, dass man dir etwas genommen hat und irgendjemand bestraft werden muss." *Filmzitat: Donald Martin (Dana Andrews)*

xion über die Schwächen des Menschen und die Bedeutung von Gesetzen nutzte. Von den Kritikern wurde *Ritt zum Ox-Bow* überschwänglich gefeiert, an der Kinokasse aber scheiterte er, wohl auch, weil man in Kriegszeiten derlei düstere Geschichten nicht sehen wollte. „Sie brachten den Film einfach so heraus, und so spielte er nicht viel ein", erinnerte sich Wellman. „Dann schickten sie ihn nach Übersee, und er wurde ein Hit." Im Laufe der TV-Wiederholungen und mit zunehmendem Abstand zum Weltkrieg reifte *Ritt zum Ox-Bow* jedoch auch in den USA zum Western-Klassiker, dem oft eine Kritik am Nationalsozialismus unterstellt wird.

Die Romanvorlage von Van Tilburg Clark bezog sich jedoch auf faschistische Tendenzen in den USA. Dass der Film in einigen zentralen Punkten vom Buch abwich, führen Kritiker deshalb auf den Einfluss der Zensur zurück, die die negative Darstellung der amerikanischen Geschichte gemildert sehen wollte.

So distanziert sich beispielsweise die Figur des Gil Carter im Film wesentlich stärker von den Lynchern als im Buch. Im Nachkriegsdeutschland wurde der Film dennoch zurückgehalten, während er in Frankreich und England Erfolge feierte. Die Darstellung einer Phase amerikanischer Geschichte, die von faschistischen Zügen geprägt war, passte nicht recht zur Strategie der Umerziehung. Erst 1964 kam der Film in die Kinos der Bundesrepublik. Zwar erreichte er nie die Beliebtheit von Filmen wie Fred Zinnemanns *Zwölf Uhr mittags* (*High Noon*, 1952), aber Kennern gilt er bis heute zu Recht als einer der besten und einflussreichsten Western aller Zeiten.

ICH FOLGTE EINEM ZOMBIE
I Walked with a Zombie

1943 - USA - 69 MIN. - S/W - GENRE HORRORFILM

REGIE JACQUES TOURNEUR (1904–1977)
BUCH CURT SIODMAK, ARDEL WRAY, nach einer Vorlage von INEZ WALLACE KAMERA J. ROY HUNT
SCHNITT MARK ROBSON MUSIK ROY WEBB PRODUKTION VAL LEWTON für RKO.
DARSTELLER FRANCES DEE (Betsy), TOM CONWAY (Paul Holland), JAMES ELLISON (Wesley Rand), CHRISTINE GORDON (Jessica Holland), EDITH BARRETT (Mrs. Rand), JAMES BELL (Doktor Maxwell), THERESA HARRIS (Alma), SIR LANCELOT (Calypso-Sänger), DARBY JONES (Carrefour), JENI LE GON (Tänzerin).

„*Everything good dies here – even the stars.*"

Die Schulmedizin hat versagt. Jetzt hilft nur noch Voodoo. Betsy (Frances Dee), die junge Krankenschwester, geht voran, das Licht ihrer Taschenlampe bahnt den Weg durch das Zuckerrohr. Irgendwo in der Plantage haust ein Medizinmann, der magische Heilkräfte haben soll. An ihrem Umhang weht ein Stück Stoff, das Erkennungszeichen für den Wächter des Voodoo-Tempels. An ihrer Hand: Jessica (Christine Gordon), ihre Patientin. Willenlos folgt sie Betsy, als sei sie bloß Körper statt Mensch aus Fleisch und Blut, als sei sie apathisch und leer statt lebendig. Vielleicht vermag der Medizinmann, ihr die Seele wieder einzuhauchen, die sie angeblich durch ein Tropenfieber verloren hat.

„Zombie" nennen sie die einheimischen Bewohner, aber nur hinter vorgehaltener Hand. Denn Jessica ist die Frau des reichen Plantagenbesitzers Paul Holland (Tom Conway), des Kopfs der ältesten weißen Familie der kleinen Westindischen Insel. Zur Pflege seiner Frau hat er Betsy aus Kanada kommen lassen. Schon auf der Überfahrt warnt er sie, dass es in dieser Gegend nichts Schönes gebe, sondern nur Tod und Verfall. Er deutet aufs Meer. Auch die fliegenden Fische, sagt er, würden nicht aus Freude über die Wellen springen, sondern aus Angst, selbst gefressen zu werden. Und das Wasser glitzere nur deshalb so zauberhaft im Mondschein, weil die Körper Millionen kleiner toter Tiere das Licht reflektierten.

1

1 Betsy (Frances Dee), die Krankenschwester, und Paul Holland (Tom Conway), der Besitzer einer Zuckerrohrplantage auf einer Westindischen Insel. Von Anfang an fühlt sie sich magisch von ihm angezogen.

2 Stetiges monotones Trommeln begleitet die unheimlich-faszinierende Voodoo-Zeremonie und schafft eine Atmosphäre der Bedrohung.

3 Nur rund 150 000 Dollar und vier Wochen Drehzeit gab das Studio RKO Val Lewton für seine Filmproduktionen. Die Requisiten wurden daher oft mehrfach benutzt.

4 Beim Verfassen des Drehbuchs griffen Curt Siodmak und Ardel Wray angeblich auf „wissenschaftliche" Erkenntnisse zurück. Der Exil-Deutsche Siodmak war Experte für Horrorstoffe, von ihm stammt unter anderem das Buch für *Der Wolfsmensch* (*The Wolf Man*, 1941).

Die Dinge sind nicht das, was sie zu sein scheinen – was für das postmoderne Kino der 90er Jahre eines David Lynch zu einer Standardformel geworden ist, gilt erst recht für die Filme von Jacques Tourneur. Unter der Oberfläche der Dinge und hinter der Fassade der Figuren verbergen sich Abgründe, die der Zuschauer nur erahnt. Und oft auch nur erahnen kann, denn gemeinsam mit seinem Produzenten Val Lewton hat Tourneur es wie kein anderer verstanden, bloß durch Andeutungen eine Atmosphäre der Angst und Unsicherheit zu erzeugen. Seine Horrorfilme *Katzenmenschen* (*Cat People*, 1942) und *Ich folgte einem Zombie* leben von diesem Minimalismus, der eigentlich nur den knappen Budgets der B-Filme geschuldet war, der aber dennoch enorm wirksam ist. Wo andere Studios ihre Frankensteine zum x-ten Male neu ausstaffieren, zeigen Tourneur und Lewton – das Dunkle. Wo

„Der allerschwärzeste Voodoo-Zauber hält diese wunderschöne Frau am Leben ... – obwohl sie tot ist!"
Werbezeile

andere Regisseure durch grelle Schocks die Zuschauer überrumpeln, tauchen sie ihre Szenen in ein subtiles Geflecht aus Licht und Schatten.

Diesen zwielichtigen Bildern, die Raum für die Phantasie des Zuschauers lassen, verdankt *Ich folgte einem Zombie* seinen Status als Klassiker. Die Story dagegen ist schnell durchschaut: Schon bald nach ihrer Ankunft auf der Insel fühlt sich Betsy zum Plantagenbesitzer Holland hingezogen und setzt aus Zuneigung alles daran, seine Frau zu heilen, in die aber vielmehr Hollands Halbbruder verliebt ist. Diese Familientragödie, an der auch die Mutter der Brüder beteiligt ist, führte zu Jessicas Trancezustand – aus dem sie schließlich nur der Tod erlösen kann.

Der Ruf eines Käuzchens begleitet Betsys und Jessicas nächtlichen Gang durch die Plantage, zu hören ist nur das Knacken des Zuckerrohrs und dumpfe, rhythmische Musik aus der Ferne – der Klang einer Voodoozeremonie. Der Schein der Taschenlampe erfasst einen Schädel, ein totes Tier hängt von einem Baum. Plötzlich – ein Fuß im Lichtkegel. Langsam leuchtet Betsy die Gestalt von unten bis oben ab, ein langer hagerer schwarzer Körper, der zu einem Kopf führt, aus dessen Gesicht die weißen übergroßen Augäpfel nahezu herauszufallen scheinen. Erst jetzt bemerkt Betsy, dass sie ihr Stück Stoff, die Eintrittskarte für diesen Wächter ins Voodooreich, unterwegs verloren hat. Stumm lässt er sie dennoch mit Jessica passieren.

5   Paul Holland mit seinem impulsiven Bruder Wesley (James Ellison), der sich aus Kummer über seine verbotene Liebe zu seiner Schwägerin dem Alkohol ergibt.

6   Ein anschauliches Beispiel für das effektvoll eingesetzte Licht- und Schattenspiel des einfallsreichen Teams Val Lewton und Jacques Tourneur.

Erwartungen aufzubauen – wir sehen überdeutlich, wie Betsys Stoffstück an einem Zweig hängen bleibt –, sie dann aber zu enttäuschen, gehört zu den typischen Stilmitteln von Jacques Tourneur, der ständig Zeichen in seine Bilder streut, ohne dass wir wissen, ob sie tatsächlich bedeutend sind. Dieses Spiel mit den falschen Fährten treibt Tourneur auf die Spitze, wenn er sich erlaubt, nicht jede Frage bis auf den letzten Grund zu klären – zum Beispiel, was da vor sich geht, wenn Jessica in der Hand des Voodoo-Priesters zum willenlosen Opfer wird. Dem Mangel an Antworten entspricht Tourneurs Glaube an das Unerklärbare und Übernatürliche. Das Andere, das Fremde wie etwa die Voodoo-Kultur inszeniert er weniger wie eine unheimliche Bedrohung – vielmehr wie die Verheißung einer faszinierenden Welt jenseits unserer Wahrnehmung. NM

RKO

Was verbindet den Klassiker *Citizen Kane* (1941) mit dem Horrorfilm *King Kong und die weiße Frau* (*King Kong*, 1933), welche Gemeinsamkeit hat die Howard-Hawks-Komödie *Leoparden küsst man nicht* (*Bringing Up Baby*, 1938) mit dem Alfred-Hitchcock-Thriller *Weißes Gift/Berüchtigt* (*Notorious*, 1946)? Die Filme stammen aus dem Hause RKO, einem Studio, das in der Zeit des klassischen Hollywood neben Metro-Goldwyn-Mayer (MGM), Paramount Pictures, 20th Century Fox und Warner Bros. zu den so genannten Big Five zählte – also zu jenen fünf Studios, die nicht nur Filme produzierten, sondern für sie auch einen Verleih unterhielten und die Filme in ihren eigenen Kinos zeigten.

RKO – die Abkürzung steht für Radio-Keith-Orpheum – ging 1928 aus dem Zusammenschluss mehrerer Partner hervor, darunter die Radio Corporation of America, die ihr eigenes Tonfilmsystem verwerten wollte, und die Theaterkette Keith-Albee-Orpheum, zu der etwa 200 Kinos an der amerikanischen Ostküste gehörten. Einer der ersten Produktionsleiter war David O. Selznick, später einer der legendären Hollywood-Produzenten. Für RKO betreute er unter anderem den Horrorklassiker *Graf Zaroff – Genie des Bösen* (*The Most Dangerous Game*, 1932). Wenn es einen inhaltlichen Schwerpunkt von RKO gab, dann lag er auf Genre-Filmen, Fred-Astaire-Musicals und billigen B-Pictures wie *Ich folgte einem Zombie* (*I Walked with a Zombie*, 1943) des erfolgreichen Teams Val Lewton und Jacques Tourneur. Eine eigene ästhetische Linie aber konnte RKO nicht entwickeln.

Ein Gerichtsurteil von 1948 untersagte die Produktion, den Vertrieb und die Kino-Auswertung von Filmen unter einem einzigen Firmendach. Damit endete das klassische Hollywood. RKO wurde im gleichen Jahr vom Milliardär Howard Hughes aufgekauft, später wieder verkauft. Das Studio widmete sich nur noch Fernsehproduktionen, bis es 1957 seine Arbeit ganz einstellte. Heute ist RKO das wohl unbekannteste Studio der Big Five. Dank einiger Klassiker aber lebt es fort – in seinem Logo am Anfang der RKO-Filme: ein Sendeturm auf einem Globus.

„Aber was ist bei diesem zart an den Grenzen der Vernunft tastenden Thema schon Wirklichkeit, was Hokuspokus, was Traum? Wie in *Cat People* finden Lewton und Tourneur auch diesmal nicht zurück in die Banalität des restlos Erklärbaren, sondern enden mit einem Sinnbild von dem Todessog des Bösen und der Widerstandskraft der Liebe. Ein ungewöhnliches Hollywood-Produkt, das den Vergleich mit klassischen Werken der Filmgeschichte nicht zu scheuen braucht."
Der Tagesspiegel

EIN HIMMLISCHER SÜNDER
Heaven Can Wait

1943 - USA - 112 MIN. - FARBE - GENRE TRAGIKOMÖDIE

REGIE ERNST LUBITSCH (1892–1947)
BUCH SAMSON RAPHAELSON, nach dem Bühnenstück „Birthday" von LÁSZLÓ BUS-FEKETÉ
KAMERA EDWARD CRONJAGER SCHNITT DOROTHY SPENCER MUSIK ALFRED NEWMAN
PRODUKTION ERNST LUBITSCH für 20TH CENTURY FOX.

DARSTELLER DON AMECHE (Henry Van Cleve), GENE TIERNEY (Martha), CHARLES COBURN (Hugo Van Cleve), MARJORIE MAIN (Mrs. Strabel), LAIRD CREGAR (Seine Exzellenz), SIGNE HASSO (Mademoiselle), LOUIS CALHERN (Randolph Van Cleve), SPRING BYINGTON (Bertha Van Cleve), EUGENE PALLETTE (Mr. Strabel), ALLYN JOSLYN (Albert Van Cleve), MICHAEL AMES = TOD ANDREWS (Jack Van Cleve).

„Es wurde viel geweint auf meiner Beerdigung, man kann annehmen, es hat allen Beteiligten viel Freude bereitet."

Die lange Treppe führt hinunter in ein elegant eingerichtetes riesiges Büro mit einem mächtigen Schreibtisch. So sieht er also aus, der Eingang zur Hölle. Henry Van Cleve (Don Ameche), unlängst dahingeschieden nach einem erlesenen Abendessen – „alles Sachen, die mir der Arzt verboten hat" – begehrt hier Einlass. Doch da seine teuflische Exzellenz (Laird Cregar) nicht überzeugt ist, dass der Casanova und Schwerenöter in die Hölle gehört, erzählt Henry sein Leben.

Von Anfang an spielten Frauen eine große Rolle im Leben von Henry. Und schon als Kleinkind musste er eine bittere Erfahrung machen: Im Hause war er das Ein und Alles seiner Kinderfrau, beim Spaziergang im Park indes interessierte sie sich eher für den schmucken Wachtmeister. An seinem 26. Geburtstag küsste Henry zum ersten Mal seine große Liebe Martha (Gene Tierney), die zu dem Zeitpunkt leider noch die Verlobte seines schnöseligen, strebsamen Cousins Albert (Allyn Joslyn) war. Doch noch am gleichen Tag brannten Henry und Martha durch und heirateten. So fielen Hochzeitstag und Henrys Geburtstag fortan immer auf den gleichen Tag. Kurz vor ihrem zehnten Jubelfest – ihr Sohn Jack ging inzwischen schon zur Schule – verließ Martha ihren Gatten, weil sie von einem Seitensprung erfahren hatte. Doch Henry spürte Martha im Haus ihrer Eltern auf, bat sie um Verzeihung und entführte sie ein weiteres Mal. Die Jahre gingen ins Land, Sohn Jack wurde erwachsen, Henry alt, und kurz nach ihrer Silberhochzeit hatte Martha eine schlimme Nachricht für ihn ...

„Statt der Hochzeitsnacht eines Paares filmte Lubitsch das Frühstück am Morgen danach. Und er verwandte mehr Sorgfalt darauf, die Sinnlichkeit zu zeichnen, mit der die Braut die Schale eines weichgekochten Eis öffnete", so schreibt *Manche-mögen's-heiß*-Regisseur Billy Wilder (1959) im Nachruf auf den von ihm verehrten Kollegen Ernst Lubitsch. Damit umreißt er, was der „Lubitsch-Touch" genannt wird. Das Nicht-Zeigen großer Dinge, vor allem auch der Verzicht auf amouröse Eindeutigkeiten, stattdessen die Konzentration auf im Grunde viel aussagekräftigere Details und ein Erzählton, der bestimmt ist von Leichtfüßigkeit und Lebensart – das macht den Stil des Komödiengenies Ernst Lubitsch aus. Und kennzeichnet auch seinen ersten Farbfilm *Ein himmlischer Sünder*.

Henrys Geschichte, die im New York des ausgehenden 19. Jahrhunderts beginnt, wird in Rückblenden und mit seinem eigenen Kommentar aus dem Off erzählt. Dadurch – und durch die hinreißend pointierten Dialoge –

1

2

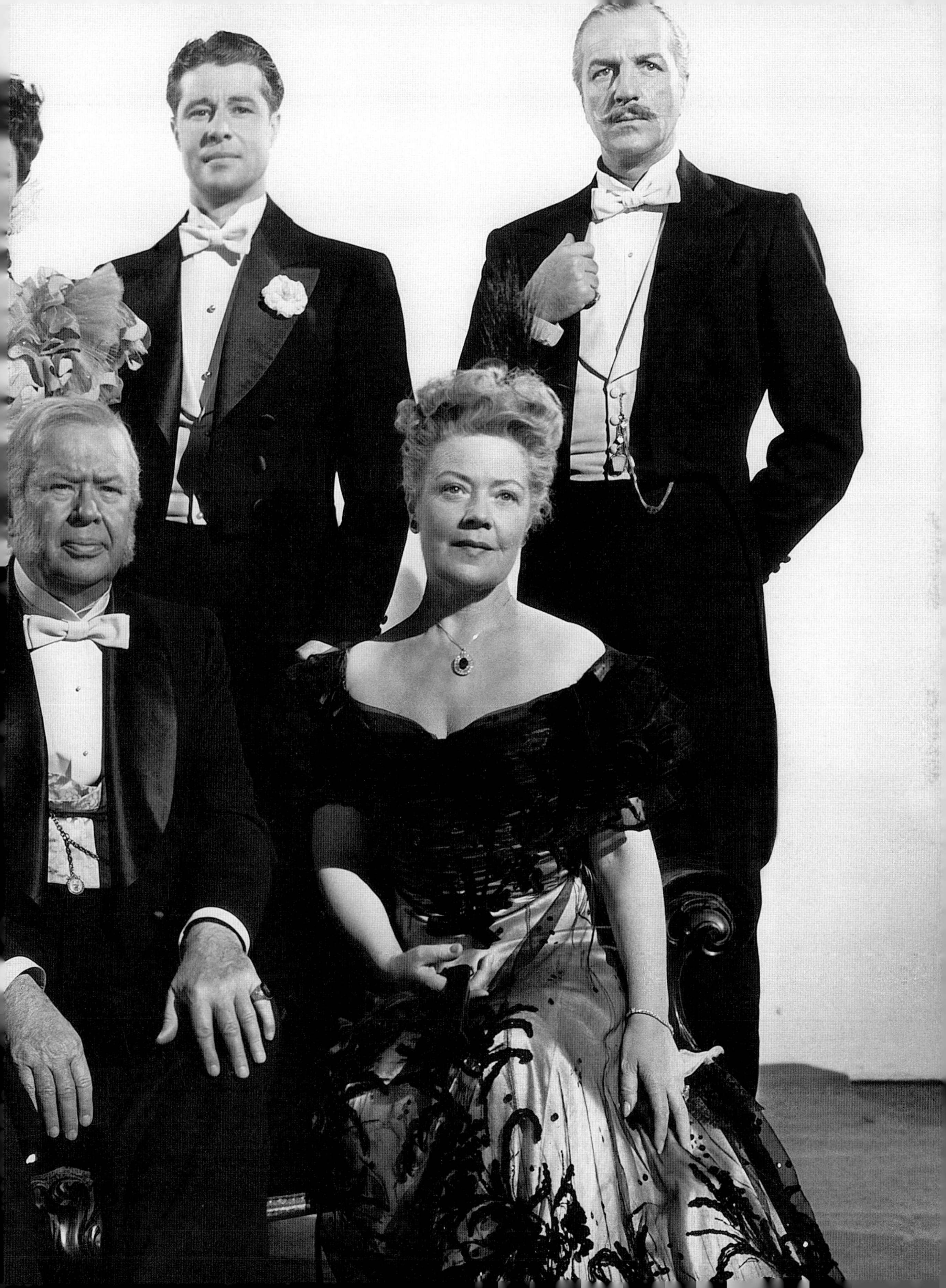

1 An seinem 26. Geburtstag küsst Henry (Don Ameche) seine große Liebe Martha (Gene Tierney) – unglücklicherweise ist sie da noch mit seinem Cousin Albert verlobt.

2 Die stolze Familie der Van Cleves: Henry (3. v. r.), sein Großvater Hugo (Charles Coburn, 4. v. r.).

3 Die Zeit vergeht: Henrys Sohn Jack (Michael Ames = Tod Andrews, r.) ist schon ein erwachsener Mann.

„Eine Zugabe sind die brillanten Technicolor-Bilder, durch die die prachtvolle Ausstattung der Hölle in unvergesslicher Weise zur Geltung kommt." *Time Out*

4 Stolz bringt Cousin Albert (Allyn Joslyn) seine schöne Verlobte Martha mit zu Henrys 26. Geburtstag …

5 … er ahnt ja nicht, dass Henry Martha auf der Straße gesehen, sie in ein Buchgeschäft verfolgt und ihr dort vorgespielt hat, er sei ein Verkäufer.

6 Fünfundzwanzig Jahre sind Henry und Martha nun verheiratet – hat sich ihre Liebe abgekühlt?

bekommt der Film von Anfang an einen märchenhaft-schelmischen Unterton. Henry selbst wird als Schlitzohr und Draufgänger gezeigt – ein unbedingt liebenswerter Mensch. Bei ihrem ersten Treffen umgarnt er Martha, gaukelt ihr in einer Buchhandlung vor, er sei Verkäufer, er spielt und flirtet mit ihr – das mit anzusehen ist ein einziger Genuss, auch dank der wundervollen Darstellung von Don Ameche (*Cocoon*, 1985). Henry ähnelt nicht seinem Vater, der ein dröger Geschäftsmann ist, sondern seinem Großvater Hugo, den Charles Coburn als einen herrlichen alten Kauz spielt. Nicht von ungefähr kidnappen die beiden am 10. Hochzeitstag Martha gemeinsam. Beide sind große Jungen, Burschen mit riesigen Herzen, denen man nichts übel nehmen kann, auch wenn sie über die Stränge schlagen. Von Henrys Seitensprüngen erfährt man denn auch nur sehr dezent, durch Marthas Reaktion darauf. Martha liebt ihren Mann und der Film seinen Protagonisten, der trotz seines Lebenswandels natürlich nicht in die Hölle gehört. Und so ist *Ein himmlischer Sünder* nicht nur voller Witz und Esprit – sondern auch voller Herz

HJK

ERNST LUBITSCH

„Kein Lubitsch mehr", sagte Regiekollege Billy Wilder auf Ernst Lubitschs Beerdigung. „Schlimmer", antwortete Regisseur William Wyler, „keine Lubitsch-Filme mehr." Ernst Lubitsch wurde verehrt für die vollendete Eleganz, den Geschmack und das Raffinement seiner Filme. Mit Friedrich Wilhelm Murnau und Fritz Lang zählt Lubitsch zu den großen Drei des deutschen Stummfilms. Wie die beiden anderen ging er nach Amerika (1922). Und er war der produktivste von ihnen. Als er 1947 im Alter von 55 Jahren an einem Herzinfarkt starb, hatte er 37 deutsche und 26 amerikanische Filme inszeniert. Lubitsch wurde 1892 als Kind jüdischer Eltern in Berlin geboren. Über das Theater kam er zum Film, zunächst als Schauspieler, bald auch als Autor und Regisseur. Er drehte Filme verschiedener Genres, den Historienfilm *Madame Dubarry* (1919) ebenso wie die groteske Züge aufweisende Komödie *Die Bergkatze* (1921). Noch während der Stummfilmzeit ging er nach Hollywood, der Übergang zum Tonfilm fiel ihm weniger schwer als vielen anderen Regisseuren. In den 30er Jahren inszenierte er fünf Filme, die zu Klassikern wurden und beispielhaft seinen Komödienstil verkörpern: *Ärger im Paradies* (*Trouble in Paradise*, 1932), *Serenade zu dritt* (*Design for Living*, 1933), *Engel* (*Angel*, 1937), *Blaubarts achte Frau* (*Bluebeard's Eighth Wife*, 1938) und *Ninotschka* (*Ninotchka*, 1939). In Letzterem brachte er sogar die große ernste Diva Greta Garbo zum Lachen. Lubitschs berühmtester Film indes ist *Sein oder Nichtsein* (*To Be or Not to Be*, 1942). Darin geht es um eine Warschauer Theatertruppe, die nach dem Einmarsch der Deutschen ihr Antinazistück absetzen muss und daraufhin die für das Stück gefertigten Kostüme benutzt, um die Nazi-Verwaltung ordentlich an der Nase herumzuführen. Dem Nazi-Terror mit Humor begegnen: Was 1997 bei Roberto Benignis *Das Leben ist schön* (*La vita è bella*) noch umstritten war – Lubitsch tat es schon fünfzig Jahre früher.

DER RABE
Le Corbeau

1943 - FRANKREICH - 92 MIN. - S/W - GENRE THRILLER, DRAMA
REGIE HENRI-GEORGES CLOUZOT (1907–1977)
BUCH LOUIS CHAVANCE, HENRI-GEORGES CLOUZOT KAMERA NICOLAS HAYER SCHNITT MARGUERITE BEAUGÉ
MUSIK TONY AUBIN PRODUKTION RENÉ MONTIS für CONTINENTAL FILMS.

DARSTELLER PIERRE FRESNAY (Doktor Rémy Germain), GINETTE LECLERC (Denise Saillens),
PIERRE LARQUEY (Doktor Michel Vorzet), MICHELINE FRANCEY (Laura Vorzet), HÉLÉNA MANSON (Marie Corbin),
NOËL ROQUEVERT (Schulmeister Saillens), LILIANE MAIGNÉ (Rolande Saillens), ANTOINE BALPÊTRÉ (Doktor Delorme),
LOUIS SEIGNER (Doktor Bertrand), ROGER BLIN (Nummer 13, der Krebskranke), PIERRE BERTIN (Unterpräfekt).

„Wo ist die Grenze des Bösen? Wissen Sie, ob Sie auf der guten oder der schlechten Seite stehen?"

Der Rabe ist ein Klassiker, der aus der französischen Filmgeschichte nicht wegzudenken ist. Dabei schien der Film in seiner Entstehungszeit mitten im Zweiten Weltkrieg bei niemandem Gefallen zu finden: Den deutschen Besatzungsbehörden, unter deren Kontrolle er gedreht wurde, missfiel er ebenso wie der Gestapo, der rechtsreaktionären Vichy-Regierung war er gleichermaßen ein Dorn im Auge wie der gegen die Deutschen und das Vichy-Regime kämpfenden Résistance. Und die katholische Kirche verdammte ihn ebenso wie die Kommunistische Partei. Die rabenschwarze Geschichte, die der Film erzählt, passte in kein Konzept.

St. Robin, „eine kleine Stadt hier oder irgendwo", wie es im Vorspann heißt, wird von einem anonymen Briefschreiber heimgesucht, der seine Gerüchte und Denunziationen mit „Der Rabe" zeichnet. Die ersten Briefe richten sich vor allem gegen den Arzt Rémy Germain (Pierre Fresnay), dem vorgeworfen wird, Abtreibungen vorzunehmen und mit der Frau seines Kollegen Vorzet (Pierre Larquey) ein Verhältnis zu haben. Bald wird niemand mehr von den anonymen Briefen und Anschuldigungen verschont, und es entwickelt sich ein Gefühl allgemeiner Angst und Paranoia: Gerüchte sprießen, alte Rechnungen werden beglichen und jeder scheint verdächtig. Höhepunkt ist der Selbstmord eines jungen Mannes im Krankenhaus, dem ein anonymer Brief sein unheilbares Krebsleiden enthüllt hat.

Zunächst wird Dr. Germain selbst verdächtigt. Dann richtet sich die Aufmerksamkeit auf die unsympathische Krankenschwester Marie Corbin (Héléna Manson), was in einer Massenhysterie gipfelt, in der die aufgeputschten Einwohner versuchen sie zu lynchen. Doch als bei der Predigt von der Kirchenempore neue Briefe herabsegeln, reduziert sich der Verdacht auf die dort Anwesenden: Vor allem die freizügige Denise (Ginette Leclerc) und die kleine, sadistisch veranlagte Rolande (Liliane Maigné) aus dem Postbüro stehen im Verdacht. Schließlich scheint Germain das Rätsel gelöst zu haben: Es ist die von ihm verehrte Laura Vorzet (Micheline Francey). Auf Zuraten ihres Mannes lässt Dr. Germain sie in die Psychiatrie einweisen, doch ist sie nicht die eigentlich Schuldige: Die Briefe hatte sie unter dem Druck ihres Mannes geschrieben, Dr. Vorzet ist der Rabe! Er endet mit durchgeschnittener Kehle auf seinem Schreibtisch – die Mutter des Selbstmörders hat ihre Drohung wahr gemacht, den Briefschreiber zu richten.

Mordende Mütter, zum Mob aufgeputschte Kleinbürger, unfähige Politiker und eine hilflose Polizei sowie angesehene Bürger, die allesamt Dreck am Stecken haben; selbst ein kleines Schulkind lügt mit einer Selbstverständlichkeit, die jeden Glauben an die Menschheit schwinden lässt. *Der Rabe* zeichnet ein düster-pessimistisches Bild auf allen Ebenen. Dementsprechend wurde Clouzots zweitem Film der Vorwurf gemacht, antifranzösische Hetze zu betreiben. Aber das Frankreich der Lügner und Denunzianten vorzuführen, gefiel auch den Nazis nicht: Warum etwas anprangern, was der Gestapo die Arbeit erleichterte …? Die heftige Ablehnung lag darüber hinaus auch darin begründet, dass Clouzot Themen wie Amtsmissbrauch, Drogenkonsum, Abtreibung und Ehebruch frontal anging und als alltäglichen Bestandteil im Leben einer Kleinstadt vorführte. Moralische Gewissheiten wer-

1

„*Der Rabe* ist ein Meisterwerk, ein großer Wurf ... Die Handlung wird mit einer Gewandtheit geführt, die zu ertragen beinahe schmerzt. Kein Detail bleibt auf der Strecke. Jede Einzelheit wirkt an der Verdichtung der Atmosphäre und Untermauerung der Charaktere mit." *Comœdia*

1 Die züchtige Laura Vorzet (Micheline Francey) in demütiger Pose, dabei dient die Kirche als heimlicher Treffpunkt mit Dr. Germain.

2 Dr. Germain (Pierre Fresnay) denkt, Denise (Ginette Leclerc) überführt zu haben. Aber nach dem Blick in ihre tränenüberströmten Augen – in Großaufnahme mit Weichzeichner – weiß er nichts mehr.

3 Ein giftiger Blickwechsel mit der menschenfeindlichen Krankenschwester Marie Corbin (Héléna Manson), die Morphium im Hospital entwendet hat.

4 Die beiden Ärzte philosophieren über die Grenzen zwischen Gut und Böse, worauf der Psychiater Dr. Vorzet (Pierre Larquey) seine Morphiumsucht gesteht. Seine Schwester Marie hatte die Drogen für ihn gestohlen.

5 Die hartherzige Marie Corbin und die sanfte Laura Vorzet – zunächst bedient der Film alle Klischees vom schwarzhaarigen Teufel auf der einen und dem blonden Engel auf der anderen Seite.

den in Frage gestellt, wie es eine Schlüsselszene deutlich macht, in der die Ärzte Michel Vorzet und Rémy Germain über Gut und Böse debattieren und am Ende feststellen, dass beides im Menschen stecke und die Unterscheidung schwer sei.

Aber *Der Rabe* ist auch ein spannender Thriller voller Suspense – dementsprechend ist die Intrige spannender als die Lösung –, nicht umsonst wurde Clouzot auch der französische Hitchcock genannt. Filmische Mittel werden gezielt eingesetzt, um das Bedrückende der Story visuell erlebbar zu machen: Extreme Kameraperspektiven, übergroße Schatten und expressionistische Lichteffekte schaffen eine beklemmend-beunruhigende Atmosphäre. Die Drehbedingungen und die Stimmung am Set sollen denkbar schlecht gewesen sein, was nicht die Qualität des Spiels der Darsteller, wohl aber die filmische Atmosphäre geprägt hat.

Obwohl die Ufa entschieden hatte, den Film nicht in Deutschland zu zeigen, wurde das Gerücht in die Welt gesetzt, *Le Corbeau* sei im Ausland unter dem Titel „Une petite ville française" gelaufen, um Frankreich in Misskredit zu bringen. Nach der Befreiung 1944 wurde der Film verboten, einige Schauspieler erhielten sogar Haftstrafen, und der Regisseur wurde mit

6 Dr. Germain findet einen ausgestopften Raben auf seinem Treppenabsatz. Hat Denise ihn dort hingestellt oder ihre kleine Schwester Rolande? Oder jemand anders? Alle sind verdächtig!

7 Rolande (Liliane Maigné) legt ihrer seit einem Autounfall gehbehinderten Schwester Denise Saugnäpfe an. Nach einer vorgetäuschten Krankheit, um Dr. Germain zu verführen, ist sie nun wirklich erkrankt.

„Jede Einzelheit liefert einen Baustein zu diesem Monument der Niedertracht … Unter dem Federkleid des Raben erahne ich den Adler Hitlers, der seine Schwingen für all jene schlägt, die unser Volk erniedrigen wollen." *A. Monjo, in: L'Humanité*

einem Drehverbot belegt. Dank des Einsatzes prominenter Künstler und Intellektueller konnte Clouzot 1947 wieder arbeiten und realisierte im gleichen Jahr mit Unter falschem Verdacht (*Quai des Orfèvres*) und 1953 mit Lohn der Angst (*Le Salaire de la peur*) seine beiden Meisterwerke. Otto Preminger drehte 1950 unter dem Titel *The 13th Letter* ein Remake des Raben, in dem er die Handlung nach Quebec verlegte und der Geschichte weniger düstere, aber auch weniger faszinierende Züge verlieh.

MS

FILM IM BESETZTEN FRANKREICH

Nach der Niederlage und der Besetzung halb Frankreichs durch Deutschland 1940 lag die Filmindustrie zunächst am Boden. Bekannte Regisseure wie Jean Renoir und René Clair waren emigriert, ebenso populäre Schauspieler wie Jean Gabin. Aber ironischerweise zählten die „dunklen Jahre" der Okkupation zu den produktivsten: Von 1941 bis 1944 entstanden 220 Filme, von denen neben *Der Rabe* (*Le Corbeau*, 1943) weitere in die Filmgeschichte eingegangen sind, wie z. B. *Kinder des Olymp* (*Les Enfants du paradis*, 1943–45). Ein Grund für die Produktivität war, dass zum ersten Mal die Filmindustrie staatlich geregelt wurde, was eine gewisse Planungssicherheit zur Folge hatte. Zudem wurde ein System von Zuschüssen eingerichtet. Durch das Verbot britischer und vor allem amerikanischer Filme war die ausländische Konkurrenz ausgeschaltet, und die Bevölkerung boykottierte die erlaubten deutschen Filme weitgehend. Auch kamen neue, junge Leute zum Zuge, neben Henri-Georges Clouzot etwa Jacques Becker und Robert Bresson. Zu den Schattenseiten zählten neben der deutschen Zensur vor allem, dass Juden nicht mehr in der Filmindustrie arbeiten durften, von Verfolgung bedroht waren und ermordet wurden.

Mit 30 Filmen ging ein wichtiger Teil der Produktion auf das Konto der deutsch-französischen Firma Continental Films. Aber selbst diese drehte keinen einzigen offen propagandistischen Nazi-Streifen, und generell entstanden nur wenige Filme, die für das mit den Deutschen zusammenarbeitende Vichy-Regime warben. Die Regisseure mieden Zeitbezüge, auch Sozialkritik war kaum zu finden. Stattdessen floh man in die Historie und ins Fabelhafte.

7

FRAU OHNE GEWISSEN
Double Indemnity

1944 - USA - 108 MIN. - S/W - GENRE THRILLER, LITERATURVERFILMUNG
REGIE BILLY WILDER (1906–2002)
BUCH BILLY WILDER, RAYMOND CHANDLER, nach dem gleichnamigen Roman von JAMES M. CAIN
KAMERA JOHN F. SEITZ SCHNITT DOANE HARRISON MUSIK MIKLÓS RÓZSA
PRODUKTION JOSEPH SISTROM für PARAMOUNT PICTURES.
DARSTELLER BARBARA STANWYCK (Phyllis Dietrichson), FRED MACMURRAY (Walter Neff), EDWARD G. ROBINSON (Barton Keyes), TOM POWERS (Mr. Dietrichson), PORTER HALL (Mr. Jackson), JEAN HEATHER (Lola Dietrichson), BYRON BARR (Nino Zachetti), RICHARD GAINES (Mr. Norton), FORTUNIO BONANOVA (Sam Garlopis), JOHN PHILLIBER (Joe Peters).

„Es ging um viel Geld ...
und um eine Frau ...
Ich verlor beides ...
Pech."

Sie ist blond, trägt einen Goldreif ums Fußgelenk, ihr Parfüm duftet nach Jasmin. Und sie ist verheiratet. Wie eine Verheißung auf ein flüchtiges Abenteuer tritt Phyllis Dietrichson (Barbara Stanwyck) an die Balustrade, bekleidet nur mit einem eilig um den Körper geschlungenen Badetuch. Walter Neff (Fred MacMurray), Versicherungsvertreter auf Kundenbesuch, lässt sich durch den verlockenden Anblick jedoch nicht blenden. Als Phyllis ihn nach einer Unfallversicherung für ihren reichen Ehemann fragt, hat er ihre mörderischen Absichten durchschaut. Dennoch kann Walter nicht widerstehen. Er wird ihr Liebhaber. Und Mittäter bei einem scheinbar perfekten Verbrechen.

Wie kein zweiter Film steht *Frau ohne Gewissen* exemplarisch für das Aufkommen des Film noir und damit für die Wende ins Schwarze, die das Hollywood-Kino Anfang der 1940er Jahre vollzog. Billy Wilder, der den gleichnamigen Roman von James M. Cain gemeinsam mit Raymond Chandler adaptierte, brachte mit seinem Film eine neue Härte, einen rauen Realismus ins amerikanische Kino, der seinerzeit für Aufsehen sorgte. Ehebruch und Gattenmord, das waren Themen, deren Darstellung der Production Code damals streng reglementierte und faktisch sogar kaum zuließ. Doch obwohl die Vorlage deshalb entschärft werden musste, blieb die verstörende Wirkung des Films erhalten. Das lag unter anderem daran, dass die Kriminalhandlung nicht wie üblich um professionelle Gangster kreist, sondern um ganz normale Bürger, die von nackter Gier nach Sex und Geld angetrieben werden: ein Vertreter und eine Hausfrau, die durch Versicherungsbetrug und Mord der Langeweile ihrer Mittelstandsexistenz zu entfliehen suchen.

Besonders die ungewöhnliche Erzählperspektive provozierte. Denn das Geschehen wird aus der Erinnerung des Mörders aufgerollt – als Rückblende aus Walters Sicht, der einsam mit einer quälenden Pistolenkugel im Leib im nächtlichen Büro seines Chefs Keyes (Edward G. Robinson) sitzt und ein Geständnis in das Diktiergerät spricht. Der Zuschauer wird so nicht nur in die Rolle seines Komplizen gedrängt, sondern ist sich auch von Beginn an der Aussichtslosigkeit von Walters Unterfangen bewusst.

Die subjektivierte Perspektive des Films wirkt umso abgründiger, als Wilder seinen Helden keinesfalls idealisiert. Denn statt Walter als romantisch

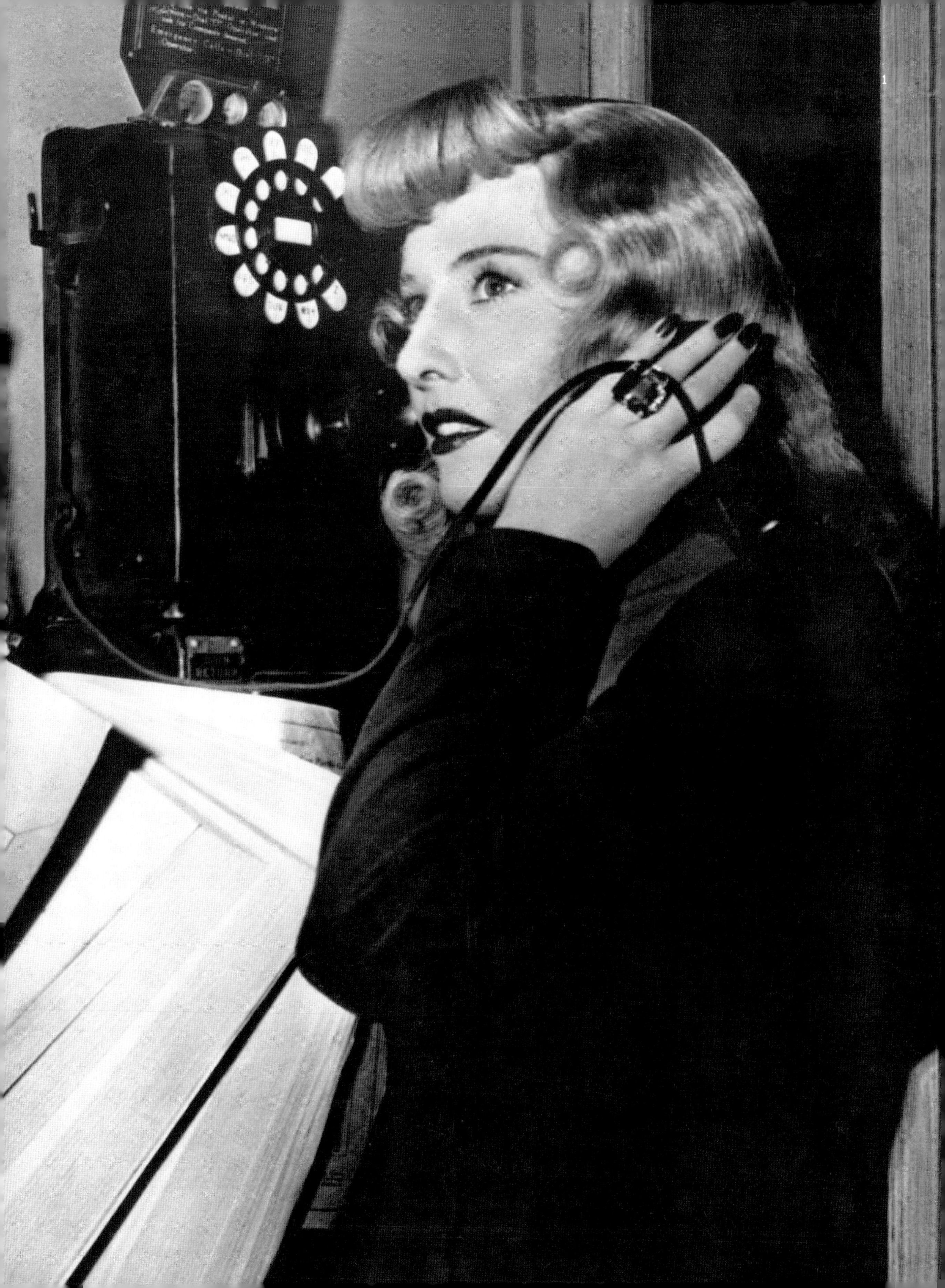

1

1   Sie war die wohl kälteste und ordinärste aller Femmes fatales: Barbara Stanwyck als mörderische Ehefrau Phyllis Dietrichson.

2   An der Strippe: Indem Walter (Fred MacMurray) auf Phyllis' Mordplan eingeht, verrät er auch seinen väterlichen Freund und Vorgesetzen Barton Keyes (Edward G. Robinson).

3   Schicksalhafte Begegnung: Wilders ausgefeilte Inszenierung zeigt sich auch in Details wie Phyllis' schwarzem Handschuh, der ganz unaufdringlich zum Bedeutungsträger wird.

Liebenden zu verklären, lässt der Film an der Banalität dieser Figur nie einen Zweifel. Walters aufgesetzt souveräne Männlichkeit verbirgt nicht, dass seine Handlungsfreiheit in Wirklichkeit ebenso beschränkt ist wie sein Lebensentwurf. Wenn er sich hartnäckig weigert, einen gut bezahlten Schreibtischjob in der Firma anzunehmen, dann einzig und allein deshalb, weil der Außendienst ein wenig Abwechslung verspricht – und sei es in Gestalt einer frustrierten Ehefrau. Für Phyllis, die in ihrer wohl kalkulierten Erotik wie das alltagstaugliche Abziehbild eines Hollywood-Vamps wirkt, wird Walter so zum nahe liegenden Opfer.

Verdichtet wird die fatalistische Grundstimmung von *Frau ohne Gewissen* durch die noir-typische Lichtführung von Kameramann John F. Seitz. Das expressive Helldunkel lässt Walter auch optisch zum Gefangenen werden, etwa indem sich die Schattenlinien von Jalousien wie Netze über ihn legen oder die Kamera ihn in tiefe Dunkelheit taucht. Dass es für Walter kein Entrinnen gibt, macht auch Miklós Rózsas' drangvolle Musik deutlich, die ihn unaufhaltsam seinem bitteren Ende entgegenzutreiben scheint.

Mitunter rückt der zynische Blick, mit dem Wilder das Schicksal des mörderischen Paares verfolgt und der seine tiefe Skepsis gegenüber der

„Der schwärzeste der schwarzen Filme."
Neue Zürcher Zeitung

amerikanischen Gesellschaft verrät, *Frau ohne Gewissen* bis an die Grenze der schwarzen Komödie. Wenn sich Phyllis und Walter heimlich im Supermarkt treffen, um ihre Pläne zu besprechen, fühlen sie sich selbst durch die augenscheinlich harmlosesten Kunden bedroht. Die Illusion vom Ausbruch aus der bürgerlichen Enge verkehrt sich für beide auf groteske Weise ins Gegenteil.

Frau ohne Gewissen zeigt letztlich Walters Scheitern als die Tragödie eines lächerlichen Mannes. Und so lässt die späte Läuterung seine Schwäche nur noch umso klarer hervortreten. Die Konsequenz, mit der sich Phyllis über jegliche Moral hinwegsetzt, verleiht ihrer Figur dagegen eine gewisse Größe. Mit ihren beunruhigend eisigen Augen bleibt Barbara Stanwyck in Erinnerung als kälteste Femme fatale des Film noir.   JH

4   Eine Apartment-Tür öffnet eigentlich nie zum Flur hin. Wilder drehte die Szene trotzdem: Die Spannung überdeckte den Fauxpas.

5   „Watch Your Step" warnt das Hinweisschild an der Zugtür. Doch für Walter kommt jede Warnung zu spät. Ein Zurück gibt es für ihn nicht mehr.

„Zusammen mit Orson Welles' *Citizen Kane* ist *Double Indemnity* der unverschämteste, verstörendste, düsterste Hollywood-Film der vierziger Jahre ... Eine Phantasmagorie über Verwirrung, Verzweiflung, über die Gewalt, die in uns allen steckt. Eine rabenschwarze Vision über Einsamkeit, Angst und Tod."

Frankfurter Rundschau

EDWARD G. ROBINSON   In *Frau ohne Gewissen* brilliert er als Walters väterlicher Freund und Vorgesetzter: Als genialer Versicherungsdetektiv Barton Keyes, der jedem Betrug auf die Schliche kommt, weil sich immer dann der „kleine Mann" in seinem Inneren meldet, wenn etwas faul ist. Edward G. Robinson (1893–1973) war selbst ein kleiner Mann. Mit seinem breiten Mund und dem gedrungenen Kopf ähnelte er ein wenig einer Bulldogge. Und die entsprechende Aggressivität zeigte er auch in der Rolle, die ihn berühmt machte: Als Gangsterboss Rico in Mervyn LeRoys *Der kleine Cäsar* (*Little Cesar*, 1930) avancierte er zum Topstar des jungen Tonfilms und war maßgeblich am Boom des Gangsterfilms in den 30er Jahren beteiligt. Wenngleich die Figur des Rico sein Image prägte, war Robinson doch von Anfang an ein wandlungsfähiger Schauspieler. Zwar blieb er zunächst auf harte Kerle festgelegt, doch bereits Filme wie Howard Hawks' *Tiger Shark* (1932) oder Roy del Ruth' *Little Giant* (1933) bewiesen seine Fähigkeit zur Nuancierung. Erst in den 40er Jahren gelang es Robinson, ein breiteres Spektrum von Charakteren zu belegen. Unter seinen exzellenten Filmen der Dekade ragen neben *Frau ohne Gewissen* vor allem Michael Curtiz' *Der Seewolf* (*The Sea Wolf*, 1941), Fritz Langs *Die Frau im Fenster* (*The Woman in the Window*, 1944) und *Straße der Versuchung* (*Scarlet Street*, 1944) sowie John Hustons *Gangster in Key Largo* (*Key Largo*, 1948), in dem er sein altes Image wieder aufgriff, heraus. Robinson, der zu den überragenden Darstellern der Studioära zählt, trat bis zu seinem Tod regelmäßig in Filmen auf. Seinen einzigen Academy Award, den berüchtigten „Ehren-Oscar", verpasste er knapp. Er wurde ihm posthum verliehen.

5

BADENDE VENUS
Bathing Beauty

1944 - USA - 101 MIN. - FARBE - GENRE MUSICAL
REGIE GEORGE SIDNEY (1916–2002)
BUCH DOROTHY KINGSLEY, ALLEN BORETZ, FRANK WALDMAN, JOSEPH SCHRANK
KAMERA HARRY STRADLING SCHNITT BLANCHE SEWELL MUSIK JOHNNY GREEN PRODUKTION JACK CUMMINGS für MGM.
DARSTELLER RED SKELTON (Steve Elliot), ESTHER WILLIAMS (Caroline Brooks), BASIL RATHBONE (George Adams), JEAN PORTER (Jean Allenwood), JACQUELINE DALYA (Maria Dorango), BILL GOODWIN (Willis Evans), DONALD MEEK (Chester Klazenfrantz), NANA BRYANT (Dean Clinton), HARRY JAMES und sein ORCHESTER (sie selbst), XAVIER CUGAT und sein ORCHESTER (sie selbst), LINA ROMAY (sie selbst).

„Wie sieht sie denn aus im Badeanzug?"
– „Wie soll sie denn aussehen im Badeanzug? Intelligent!"

Das dramaturgische Gerüst von *Badende Venus* gibt der Anfang des Musicals bereits mustergültig vor: Im Anschluss an eine lateinamerikanische Musiknummer von Xavier Cugat und seinem Orchester mit Lina Romay schmettert zunächst der klassische Bariton Carlos Ramirez das Lied „Magic Is The Moonlight", ehe Esther Williams zu weiteren musikalischen Klängen einige Runden im Swimmingpool dreht. Eine Handlung ist nach etwa zehn Minuten des Films noch nicht einmal ansatzweise zu entdecken, und dabei wird es bis zum Ende auch – beinahe – bleiben.

Denn der Plot, der die noch folgenden Sketche, Musik- und Shownummern verschiedenster Art mehr schlecht als recht motiviert, fällt selbst für einen Revuefilm so bescheiden aus, dass ihn alle Beteiligten konsequenterweise überhaupt nicht ernst nehmen: Weil dem Komponisten Steve Elliot (Red Skelton) durch eine Intrige seines Freundes und Arbeitgebers, des Broadwayproduzenten George Adams (Basil Rathbone), die Frau direkt nach der Trauung weggelaufen ist, schreibt er sich als Student in jenem Mädchen-College ein, an dem seine Gattin Caroline (Esther Williams) als Sportlehrerin arbeitet. Während sich das Lehrpersonal in der Folge eifrig darum bemüht, den Störenfried wieder loszuwerden, versucht Steve am Ende erfolgreich, sein Gespons zurückzuerobern. Zwischenzeitlich bietet die Geschichte gerade genügend Anlässe, um eine Reihe weiterer Showgrößen zu präsentieren, einige davon – etwa der berühmte Swing-Trompeter Harry James und sein Orchester – auch heute noch mitreißend, andere – wie die Orgelvirtuosin Ethel Smith – wohl eher ein Fall für das Kuriositätenkabinett.

Unbestrittener Höhepunkt des Films ist jedoch das spektakuläre Wasserballett-Finale mit dem Star Esther Williams sowie 150 Tänzerinnen und Schwimmerinnen, die sich in pinkfarbenen Kostümen neben riesigen Pappmaché-Seepferdchen und inmitten von Wasser- und Feuerfontänen zu Walzerklängen von Johann Strauß am und im 250 000 Dollar teuren MGM-Pool tummeln. In ihren besten Momenten erinnert die Sequenz an Busby Berkeleys legendäre Massenchoreographien in den Warner-Musicals der 30er Jahre.

1

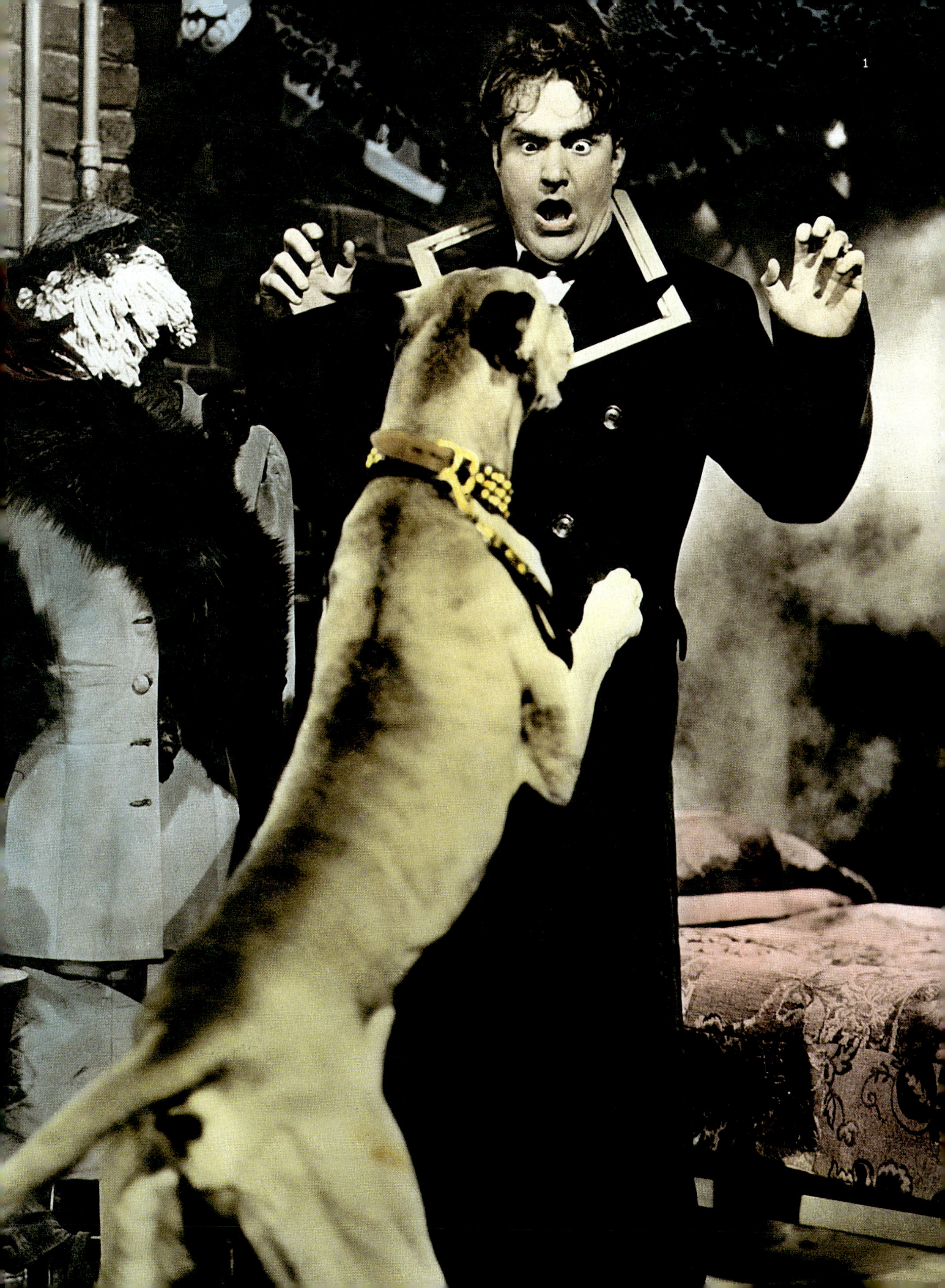

1   Kein leichtes Leben im Mädchen-College: Steve Elliot (Red Skelton) steckt wieder einmal in Schwierigkeiten.

2   Ein 250000-Dollar-Geschenk von MGM an Esther Williams: Aqua-Musicals mit aufwendig inszenierten Wasserballetten entwickelten sich zu großen Publikumserfolgen.

3   Schreckt vor nichts zurück, um sein Mädchen wieder zu bekommen: Steve macht jeden Blödsinn mit.

„Wir wussten es damals nicht, aber wir erfanden das Synchronschwimmen, wie es niemals zuvor im Kino gezeigt worden war, und an diesem unglaublichen Finale mussten sich die späteren Wassermusicals messen lassen. Bevor wir die Nummer drehten, probten wir die Wassersequenzen zehn Wochen lang, und viele der Bewegungen im Finale bilden die Grundlage für das, was wir heute beim modernen Synchronschwimmen bei den Olympischen Spielen oder anderswo zu sehen bekommen." *Esther Williams*

Für die ehemalige Wettkampfschwimmerin Esther Williams (US-Meisterin über 100 Meter Freistil), die der Zweite Weltkrieg daran gehindert hatte, bei Olympia auf Medaillenjagd zu gehen, war die Caroline in *Badende Venus* die erste Hauptrolle in einem Film. Seit 1942 bei MGM unter Vertrag, hatte Williams, die ihr Geld zuvor in Billy Roses „Aquacade" in San Francisco verdient hatte, zunächst zwei kleinere Rollen in Schwarz-Weiß-Filmen zugewiesen bekommen, ehe sie ihr Technicolor-Debüt geben durfte – in „shocking pink", wie sie sich später erinnerte. Aber obwohl die Aqua-Shows seinerzeit als beliebte Unterhaltung galten und man bei der 20th Century Fox mit der norwegischen Eiskunstläuferin Sonja Henie bereits einen Sportlerin-wird-Musicalstar-Präzedenzfall geschaffen hatte, war man sich bei MGM nicht wirklich sicher, wie Williams beim Publikum ankommen würde.

So merkt man *Badende Venus* den Kompromiss dann auch deutlich an: Das bereits seit geraumer Zeit unter dem Titel „Mr. Coed" vorliegende Skript

ESTHER WILLIAMS   Sie war das Idol feuchter Träume in den 40er und 50er Jahren: Esther Williams, Top-Schwimmerin und Star aufwendig inszenierter Wasserballette in MGM-Musicals wie *Neptuns Tochter* (*Neptune's Daughter*, 1949) und *Die goldene Nixe* (*Million Dollar Mermaid/The One Piece Bathing Suit*, 1952). Nach dem frühen, u. a. durch einen Streit mit ihrer Trainerin bedingten Ende ihrer Karriere als Leistungssportlerin hatte sich die 1922 im kalifornischen Inglewood geborene Williams als Star einer Aqua-Show in Billy Roses „Aquacade" in San Francisco verdingt, wo sie gemeinsam mit Ex-Tarzan-Darsteller Johnny Weissmuller auftrat.

Seit 1942 bei MGM unter Vertrag, gab Williams ihr Filmdebüt in einem Werk der beliebten *Andy-Hardy*-Reihe (*Andy Hardy's Double Life*, 1942), ehe sie mit ihrem vierten Film *Badende Venus* (*Bathing Beauty*, 1944) zum Star wurde. In der Folge drehte Williams bis Mitte der 50er Jahre nahezu ein Dutzend nach ähnlichen Mustern gestrickte, aufwendige Wassermusicals in Technicolor. Dabei arbeitete sie oft sowohl mit denselben männlichen Hauptdarstellern (Van Johnson, Ricardo Montalban, Fernando Lamas) als auch mit denselben Regisseuren (George Sidney, Richard Thorpe, Charles Walters, Edward Buzzell) zusammen. Immer häufiger sah man Williams nun auch in Musicals, die oft nur noch eine einzige Alibi-Schwimmszene beinhalteten (wie der Traum in *Karneval in Texas*, *Texas Carnival*, 1951); dabei erwies sie sich auch ohne Badeanzug als eine temperamentvolle und kompetente Performerin. Als sie sich schließlich auch an dramatische Rollen wagte, ließ ihre Popularität jedoch deutlich nach. Seit 1961 im „Ruhestand", lebt Esther Williams heute mit ihrem Mann in Beverly Hills und vertreibt von ihr entworfene Bademode.

„Unter geradezu idealen Witterungsbedingungen ließ MGM gestern sein neues Musical *Bathing Beauty* im Astor anlaufen. Und während die Menschen allerorten bei tropischen Temperaturen dahinschmolzen, kühlte sich ein erfreutes Publikum im Kinosaal bei Red Skeltons spritzigen Schwärmereien und einem ausgelassenen, glitzernden Wasserfest ab. Erneut stellte MGM ein glamouröses Musikspektakel auf die Beine und tauchte viele der Stars, die bei diesem Studio unter Vertrag stehen, in alle Farben des Technicolor-Regenbogens." *The New York Times*

4 Ein Musikidol seiner Zeit: Swingtrompeter Harry James.

5 Abgeschoben ins Souterrain: Steve in seinem nur mäßig gemütlichen College-Domizil.

6 Der Beginn einer Intrige: Steves angebliche Frau stellt die angeblichen Kinder vor.

7 Populärer Leader einer Big Band mit lateinamerikanischem Sound: Xavier Cugat und seine Grazien sind aus den MGM-Musicals der 40er Jahre nicht wegzudenken.

(ohne Swimmingpool-Abenteuer) diente eigentlich viel eher als Vehikel für Red Skelton, einen vielseitigen populären Komiker, der – wie eine Sequenz belegt, in der er im Tutu am Ballettunterricht der Mädchen teilnimmt – in seinen Pantomimen nie davor zurückschreckte, sich auch komplett lächerlich zu machen.

Anders als in späteren Williams-Aqua-Musicals wie *Flitterwochen zu dritt / Flitterwochen ohne Flitter* (*Thrill of a Romance*, 1945) und *Auf einer Insel mit dir* (*On an Island with You*, 1948) war das große Wasserballett-Finale in *Badende Venus* eigentlich nur eine – wenngleich grandiose und teure – „Zugabe". Doch die Sorge der Studiobosse blieb unbegründet: *Badende Venus* erwies sich als einer der Kassenschlager der Saison, und Esther Williams entwickelte sich zu einem der größten Kassenmagneten der nächsten Dekade. Das Beste in diesem Stil sollte erst noch kommen.

LP

GEFÄHRLICHE BEGEGNUNG
The Woman in the Window

1944 - USA - 99 MIN. - S/W - GENRE THRILLER

REGIE FRITZ LANG (1890–1976)
BUCH NUNNALLY JOHNSON, nach dem Roman „Once Off Guard" von J.H. WALLIS
KAMERA MILTON KRASNER SCHNITT GENE FOWLER JR., MARJORIE JOHNSON = MARJORIE FOWLER
MUSIK ARTHUR LANGE PRODUKTION NUNNALLY JOHNSON für INTERNATIONAL PICTURES INC.

DARSTELLER EDWARD G. ROBINSON (Professor Richard Wanley), JOAN BENNETT (Alice Reed), RAYMOND MASSEY (Frank Lalor), EDMUND BREON (Doktor Michael Barkstane), DAN DURYEA (Heidt/Tim, der Türsteher), THOMAS E. JACKSON (Inspektor Jackson), DOROTHY PETERSON (Mrs. Wanley), ARTHUR LOFT (Claude Mazard/Charlie, der Garderobier), FRANK DAWSON (Collins, der Steward), ROBERT BLAKE (Dickie Wanley).

„Der Kreis schließt sich um mich"

Zum Leidwesen einiger Filmkritiker, die sich ein der bösen Geschichte angemessenes Ende erhofft hatten, aber zum Glück für die Hauptfigur des Films, Professor Richard Wanley, ist alles nur ein (Alb-)Traum. Und sicherlich hätte sich die überaus elegante Erzählung unter Regie des wohl bekanntesten deutschen Regisseurs, Fritz Lang (u.a. *Metropolis*, 1926; *M – Eine Stadt sucht einen Mörder*, 1931), beinahe in eine Reihe mit den fatalistischsten und ausweglosesten Geschichten der klassischen Periode des Film noir einreihen können – wenn da nicht des Regisseurs Faible fürs Romantische und die Selbstzensur der Filmindustrie gewesen wären. Doch auch wenn Letzteres immer wieder ärgerlich war (und immer noch ist) und unzählige Hollywood-Produktionen besser auf ihre letzten Minuten verzichtet hätten, bleiben freilich immer noch etwa anderthalb Stunden meisterlich inszenierte, atemlose Spannung. Aber was geschieht eigentlich in diesem Film?

Der seriöse Professor der Psychologie Richard Wanley (Edward G. Robinson) ist fasziniert vom Bildnis einer Frau, das in einem Fenster neben dem distinguierten Herrenclub steht, in dem er sich regelmäßig mit ein paar Freunden trifft, deren Gespräche immer auch um die Angst vor dem Alter und dem Verlust von Attraktivität und Sexualität kreisen. Als eines Abends auf dem Weg nach Hause Wanley das Frauenbildnis fasziniert betrachtet, erscheint unmittelbar daneben als Spiegelung im Glas des Fensters ein Frauengesicht. Der optische Trick legt die Vermutung nahe, die Frau auf dem Bild sei lebendig geworden, zumal sie Wanley erzählt, für das Bild Modell gestanden zu haben. Irritiert wendet sich Wanley ihr zu. Ermuntert von seinen Freunden, das Leben zu genießen, gerade jetzt, wo seine eigene Frau verreist sei, ist er bereit, der Versuchung der schwarz gekleideten Schönheit (Joan Bennett) zu erliegen, und folgt ihrer Einladung, sie zu begleiten. Und es kommt, wie es kommen muss: Als in ihrer Wohnung plötzlich ein anderer Mann auftaucht und handgreiflich wird, tötet Wanley ihn in Notwehr mit einer Schere, die ihm Alice – so heißt Wanleys Femme fatale – in letzter Sekunde reicht.

Es ist schon erstaunlich, auf welch vielfältige Weise die Exposition psychoanalytische und kunstgeschichtliche Motive zu einem Bedeutungskomplex verdichtet, der eine Lesart der Geschichte als Tagtraum Wanleys geradezu aufdrängt. Angefangen mit Wanleys Vorlesung über Gründe unter-

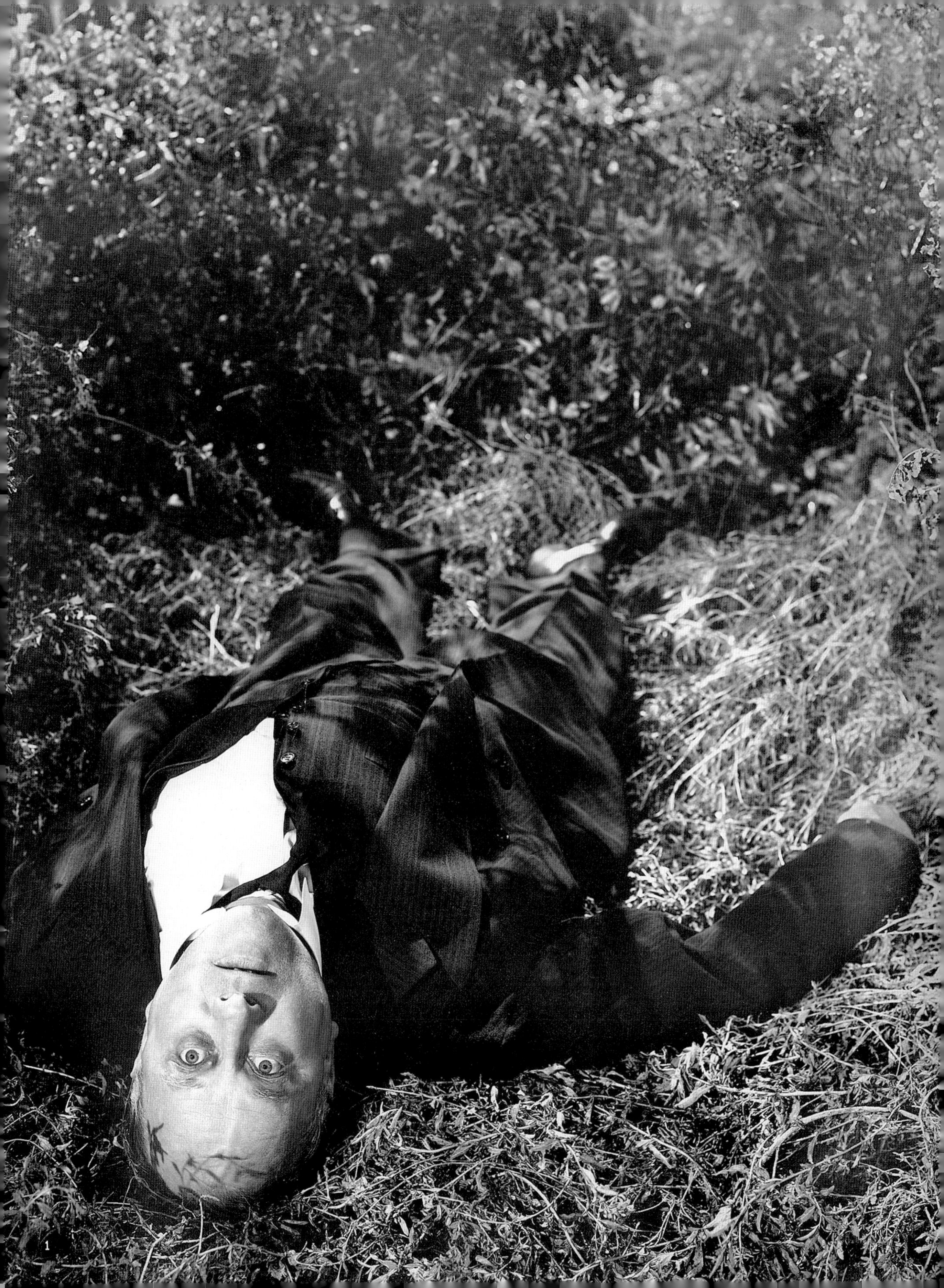

1

2

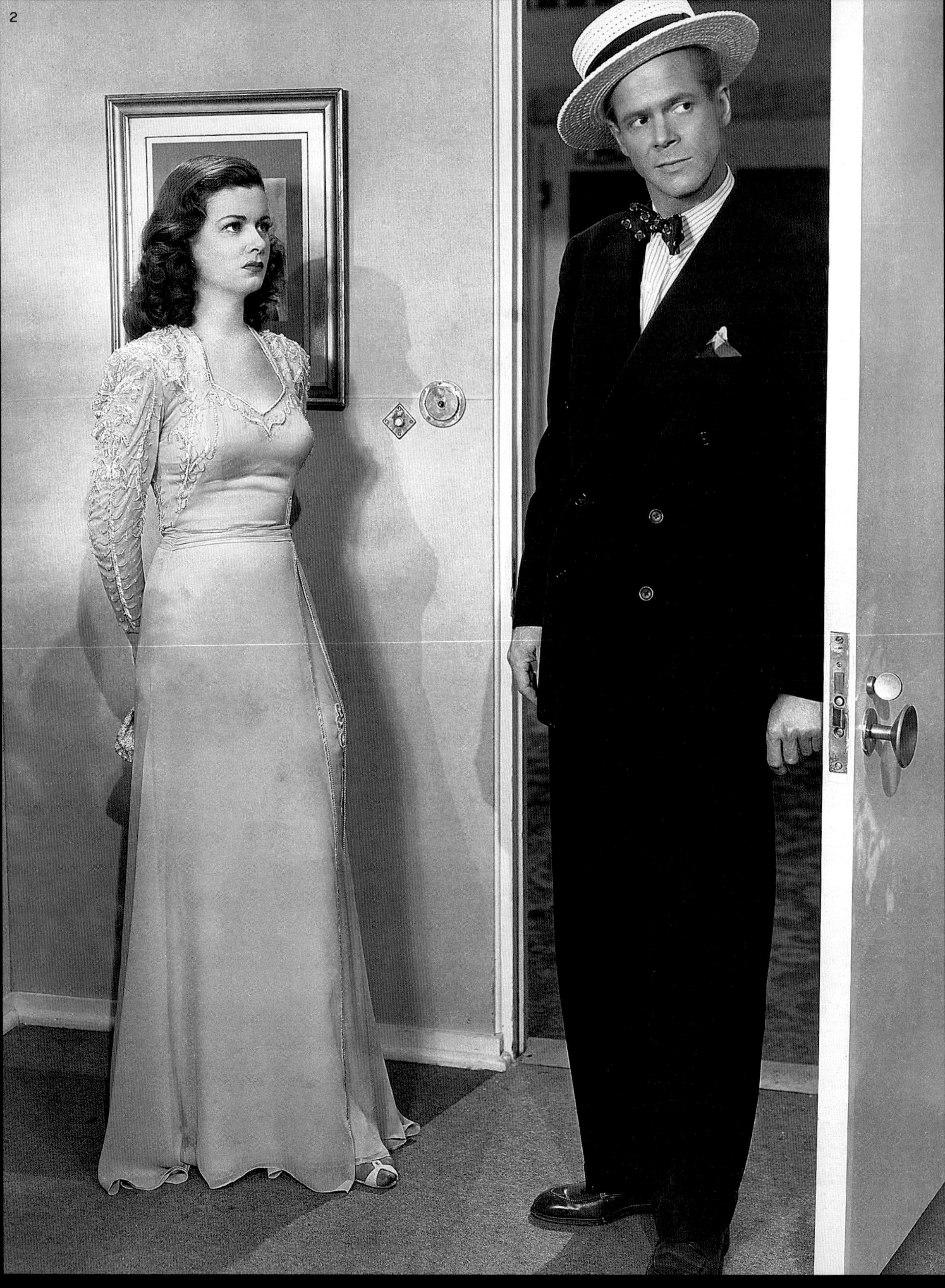

1 Mit besten Grüßen vom Horrorfilm: Im Gesicht des toten Finanziers Claude Mazard (Arthur Loft) spiegelt sich das fassungslose Staunen des Opfers.

2 Der unsichtbare Dritte entpuppt sich als Erpresser: Gangster Heidt (Dan Duryea) macht sich die verfahrene Situation schamlos zu Nutze.

3 Professor Wanley (Edward G. Robinson) in makabrer Mission: Die Leichenbeseitigung wird zum nächtlichen Spießrutenlauf.

4 Joan Bennett als Alice Reed: Täter, Täterin und Tatwerkzeug in der Falle.

„Sein Rhythmus ist von einer bewusst bohrenden Langatmigkeit, die einem trügerisch die Phase der Exposition dann noch anträgt, wenn die Ahnung sicheren Unheils schon nicht mehr abzuwehren ist." *Filmkritik*

schiedlicher strafrechtlicher Behandlung von Mördern, fortgesetzt mit Motiven, die Sigmund Freud und die Zehn Gebote der Bibel als „Kronzeugen" moderner Rechtsprechung reflektieren, bis hin zum romantischen Motiv der Realitätsverdoppelung, in der die Grenzen von Imagination und Realität aufgelöst scheinen. Doch die kunstfertige Inszenierung bringt uns von diesem Pfad rasch wieder ab und hetzt uns mit dem so unvermittelt schuldig gewordenen Richard Wanley und seiner Komplizin Alice Reed durch eine ebenso nervenzerrende wie düstere Kriminalgeschichte. Von der Leichenbeseitigung über die Ermittlungsarbeiten bis zum Auftauchen eines bis dato unbekannten Mitwissers, des brutalen Gangsters Heidt (Dan Duryea) – einer Leibwache des getöteten Finanziers Claude Mazard –, der die beiden mit brutaler Gewalt erpresst, steigern sich Spannung und Suspense, bis wir am Ende

„Die Grundidee der Geschichte ist nicht über die Maßen originell, doch wird sie mit solchem Feingefühl für Dramaturgie und Stimmigkeit umgesetzt, dass das Ganze eine neue, spannende Form und Wendung erhält." *Kinematograph Weekly*

5   Schöne oder Biest? Die aufregende Alice Reed nutzt die günstige Gelegenheit.

6   Amour fou: Ein Bild von einer Frau weckt die geheimen Leidenschaften von Professor Wanley.

„Das New York von *Gefährliche Begegnung* ist ebenso abstrakt-synthetisch wie das Düsseldorf von *M* aus dem Jahr 1932." *Filmkritik*

miterleben müssen, wie Wanley dem Druck der Ereignisse nicht länger standhalten kann und sich vergiftet.

Der Realismus der Kriminalerzählung wird verstärkt durch Langs andere Vorliebe: derjenigen für moderne Technik. Dunkle Limousinen, rasende Autofahrten ins Verderben, Massenmedien, Reklame, naturwissenschaftliche Ermittlungsmethoden, neue Medikamente, ja sogar die Mechanik von Ampelanlagen werden zu Gegenständen des filmischen Staunens. Und nicht zuletzt macht die beinahe manische Fixierung auf das Moment der Zeit – überall stehen und hängen Uhren, ob groß, klein oder beleuchtet – andere Lesarten als eine realistische vergessen. Wanleys Spiel um Leben und Tod ist ganz unmittelbar vor allen Dingen ein Wettlauf mit der Zeit. Und als die Zeit abgelaufen ist, ist nichts mehr so wie es war ...   BR

FRITZ LANG   Der neben Friedrich Wilhelm Murnau und Georg Wilhelm Pabst wohl bekannteste deutschsprachige Regisseur wurde 1890 in Wien geboren. Nach dem Studium der Malerei, zunächst in Wien, dann in München und Paris, und einer kurzen Teilnahme als Soldat im Ersten Weltkrieg arbeitete Lang als Drehbuchautor und -regisseur bei der deutschen Filmgesellschaft Decla. 1919 kam Langs Regiedebüt, der Stummfilm *Halbblut*, in die Kinos, 1921 hatte er mit *Der müde Tod – Ein Deutsches Volkslied in sechs Versen* erstmals größeren Erfolg. Mit *Metropolis* (1926) und *M – Eine Stadt sucht einen Mörder* (1931) schuf Lang Meilensteine der Filmgeschichte.
Seine Filme tragen deutliche Spuren seiner Herkunft aus Architektur, Malerei und Grafik. Monumentalbauten, raffinierte Lichteffekte und bedrohliche Schatten wurden zu visuellen Insignien seiner Arbeit. Auch nach seiner Übersiedlung nach Hollywood in den 30er Jahren waren Langs Filme geprägt von Geschichten über Menschen in aussichtslosen Situationen, wenngleich die Vorgaben Hollywoods mehr körperliche Aktion und Realismus verlangten. Angesichts dieser Konstellation verwundert es nicht, dass zahlreiche Filme unter der Regie von Fritz Lang später dem Film noir zugerechnet wurden (u. a. *Straße der Versuchung / Scarlet Street*, Scarlet Street, 1945; *Heißes Eisen*, The Big Heat, 1953; *Jenseits allen Zweifels*, Beyond a Reasonable Doubt, 1956). Langs Versuche, in den 1950er Jahren wieder im deutschen Kino Fuß zu fassen, scheiterten. Er starb 1976.

ARSEN UND SPITZENHÄUBCHEN
Arsenic and Old Lace

1942/44 - USA - 118 MIN. - S/W - GENRE KOMÖDIE

REGIE FRANK CAPRA (1897–1991)
BUCH JULIUS J. EPSTEIN, PHILIP G. EPSTEIN, nach dem gleichnamigen Bühnenstück von JOSEPH KESSELRING KAMERA SOL POLITO SCHNITT DANIEL MANDELL MUSIK MAX STEINER
PRODUKTION FRANK CAPRA für WARNER BROS.

DARSTELLER CARY GRANT (Mortimer Brewster), JOSEPHINE HULL (Tante Abby Brewster), JEAN ADAIR (Tante Martha Brewster), RAYMOND MASSEY (Jonathan Brewster), PRISCILLA LANE (Elaine Harper), PETER LORRE (Doktor Einstein), JOHN ALEXANDER (Theodore „Teddy" Brewster), JACK CARSON (Patrick O'Hara), JAMES GLEASON (Captain Rooney), EDWARD EVERETT HORTON (Witherspoon), GARRY OWEN (Taxifahrer).

„Insanity runs in my family ... It practically gallops."

Man sagt, der Weg zum Standesamt sei für viele Männer der schwerste im Leben. Für Mortimer Brewster (Cary Grant) trifft dies allemal zu, denn der Theaterkritiker ist bekannt für seine bösartigen Attacken gegenüber bürgerlichen Konventionen – allen voran die Ehe. So gilt seine größte Sorge am Tag seiner eigenen Hochzeit mit Elaine Harper (Priscilla Lane), dass dieses Ereignis öffentlich bekannt werden könnte. Also nur schnell vom Standesamt mit dem Taxi auf einen kurzen Besuch bei seinen beiden Lieblingstanten Abby (Josephine Hull) und Martha (Jean Adair) vorbeischauen und dann nichts wie weg in die Flitterwochen.

Die beiden alten Damen bewohnen ein kleines Häuschen in Brooklyn und scheinen ein Ausbund an Herzlichkeit zu sein – nicht nur, dass sie ihren geistig verwirrten Neffen Teddy (John Alexander) bei sich wohnen lassen, der sich für Roosevelt hält und mehrmals am Tag die Treppe zum Obergeschoss mit lautem Schlachtruf hinaufstürmt; sie vermieten auch billige Zimmer an allein stehende Herren. Die Sache hat nur einen Haken: Abby und Martha übertreiben es ein wenig mit ihrer Fürsorge und bringen die Herren aus lauter Mitleid über ihr trauriges Schicksal mit einem Cocktail aus Holunderbeerwein, Arsen, Strychnin und einer Prise Zyankali um. Als Mortimer ganz nebenbei das jüngste Opfer entdeckt, eröffnen ihm die Tanten seelenruhig, dass der Verblichene nicht etwa ihr erster „Kunde" war: Vielmehr blicken sie voller Stolz auf die Serie von nunmehr zwölf vom Leben erlösten Männern, die allesamt im Keller vergraben liegen. Hierbei geht ihnen jedes Mal Teddy zur Hand; im Glauben, die Schleusenanlagen des Panamakanals zu erweitern, hebt er ein Grab nach dem anderen aus und bettet die Verstorbenen zur letzten Ruhe.

An Flitterwochen ist jetzt nicht zu denken, erst muss das Grauen ein Ende haben! Aber es kommt noch schlimmer, denn plötzlich tritt Mortimers verschollener Bruder Jonathan (Raymond Massey) auf den Plan – ein Schwerverbrecher, der sich hier verstecken will, um sich von seinem Begleiter Dr. Einstein (Peter Lorre) ein neues Gesicht verpassen zu lassen. Das hat er auch bitter nötig, denn sein gegenwärtiges (auch ein Werk Dr. Einsteins) hat mehr Ähnlichkeit mit dem von Frankensteins Monster als mit dem eines normalen Menschen. Naturgemäß hat Jonathan weniger moralische Bedenken als sein Bruder, was das karitative Wirken seiner Tanten angeht. Allerdings kränkt es ihn in seiner Serienmörderehre, wenn die Damen mit ihm gleichauf liegen. So braucht er dringend ein weiteres Opfer, und wer böte sich da mehr an als der gehasste Bruder Mortimer? Nun droht also Mortimers letztes Stündchen geschlagen zu haben. Denn auch als Polizist O'Hara (Jack Carson) eintrifft, um wieder einmal Teddys nächtliches Trompetenspiel abzumahnen, ist das keine Hilfe, nutzt der das allgemeine Chaos doch einzig dazu, dem auf einen Stuhl gefesselten Mortimer sein selbst geschriebenes Theaterstück vorzu-

1

2

1 Unter der Fensterbank werden die Verblichenen zwischengelagert, bis ihre letzte Ruhestätte im Keller ausgehoben ist.

2 Mortimer (Cary Grant) könnte seinen beiden Tanten (Josephine Hull, Jean Adair) kein Haar krümmen. Die beiden alten Damen haben da weniger Skrupel.

3 Familienidylle. Wer würde vermuten, dass die hier Anwesenden insgesamt zwei Dutzend Morde begangen haben?

spielen. Ein glückliches Ende ist noch lange nicht in Sicht – und bevor schlussendlich Jonathan verhaftet und Teddy samt Tanten in die Klapsmühle eingeliefert wird, dreht sich das Karussell verrücktester Verwicklungen noch einige Runden weiter …

Joseph Kesselrings Bühnen-Komödie aus dem Jahre 1940 war ein riesiger Broadway-Erfolg. Kein Wunder also, dass Hollywood aufhorchte. Als Regisseur Frank Capra nach einem Besuch der Aufführung Warner Bros. das Projekt vorschlug, hatte man sich dort bereits die Rechte gesichert – allerdings mit der Auflage, den Film nicht in die Kinos zu bringen, solange die Bühnenfassung noch in der Erstauswertung lief. So blieb der 1942 fertig gestellte Film schließlich noch fast drei Jahre im Regal, bevor das Publikum ihn sehen konnte – für Capra übrigens, der unmittelbar nach den Dreharbeiten zum Militärdienst ging, der letzte wirklich große Erfolg, an den er nach dem Krieg nicht mehr anknüpfen konnte. Wenngleich Capras Nachkriegsfilm *Ist das Leben nicht schön?* (*It's a Wonderful Life*, 1946) nicht weniger populär war, floppte er an den Kinokassen.

Unter der Bedingung, dass die Dreharbeiten innerhalb der vierwöchigen Theaterpause abgeschlossen würden, konnte Capra für seine Adaption einen

> „Ein Evergreen des Schwarzen Humors, mit makabrem Witz und Phantasie angerichtet, wobei der Gegensatz zwischen kleinbürgerlicher Behaglichkeit und nacktem Entsetzen für äußerst komische Effekte sorgt."
>
> Lexikon des internationalen Films

CARY GRANT 1904 unter dem bürgerlichen Namen Archibald Alexander Leach in Bristol geboren, begann Grant seine Karriere 1917 bei einer Akrobatentruppe, mit der er 1920 in die USA reiste. Er blieb in New York, um sich zunächst mit Aushilfsjobs durchzuschlagen, bevor er in mehreren Broadwaymusicals mitwirkte. 1932 gelangte er nach Hollywood, wo er einen Vertrag bei Paramount erhielt. Allerdings mochte man dort seinen Namen nicht – auf Anraten seiner Freundin Fay Wray variierte er einen Rollennamen in Cary Grant. In den folgenden Jahren wurde er zumeist als junger Lover älterer „männermordender" Frauen eingesetzt, so etwa als Partner von Marlene Dietrich und Mae West. Seine Rolle in *Leoparden küsst man nicht* (*Bringing Up Baby*, 1938) wurde sein Durchbruch, im Übrigen eine der ersten Screwball-Komödien. Im Jahr zuvor war sein Vertrag bei Paramount ausgelaufen, und Grant wurde der erste Hollywood-Star, der sich nicht mehr an ein Studio band.

Zeitlebens verkörperte Grant den *sophisticated gentleman*, den Inbegriff traditioneller Kultiviertheit – ein Image, das auch seine komischen Rollen auszeichnete. Geschickt nutzte Alfred Hitchcock dieses Image in *Verdacht* (*Suspicion*, 1941) und lässt bis zuletzt die Frage offen, ob Grant ein hinterhältiger Mörder ist oder nicht. Für den Master of Suspense spielte er noch in weiteren drei Filmen, u.a. in *Der unsichtbare Dritte* (*North by Northwest*, 1959). In der Branche schätzte man Grant insbesondere dafür, sich für den Nachwuchs zu engagieren und für noch unerfahrene Regisseure zu arbeiten, so z.B. für Delmer Daves, Richard Brooks oder Blake Edwards. Bis er sich 1966 endgültig aus dem Filmgeschäft zurückzog, wirkte Grant in 74 Spielfilmen mit. Anschließend nahm er verschiedene Aufsichtsratposten in der Wirtschaft an, u.a. bei Fabergé. 1970 erhielt er den Ehren-Oscar für sein Gesamtwerk aus den Händen Frank Sinatras, 1986 starb er im Alter von 82 Jahren in Davenport, Iowa.

4

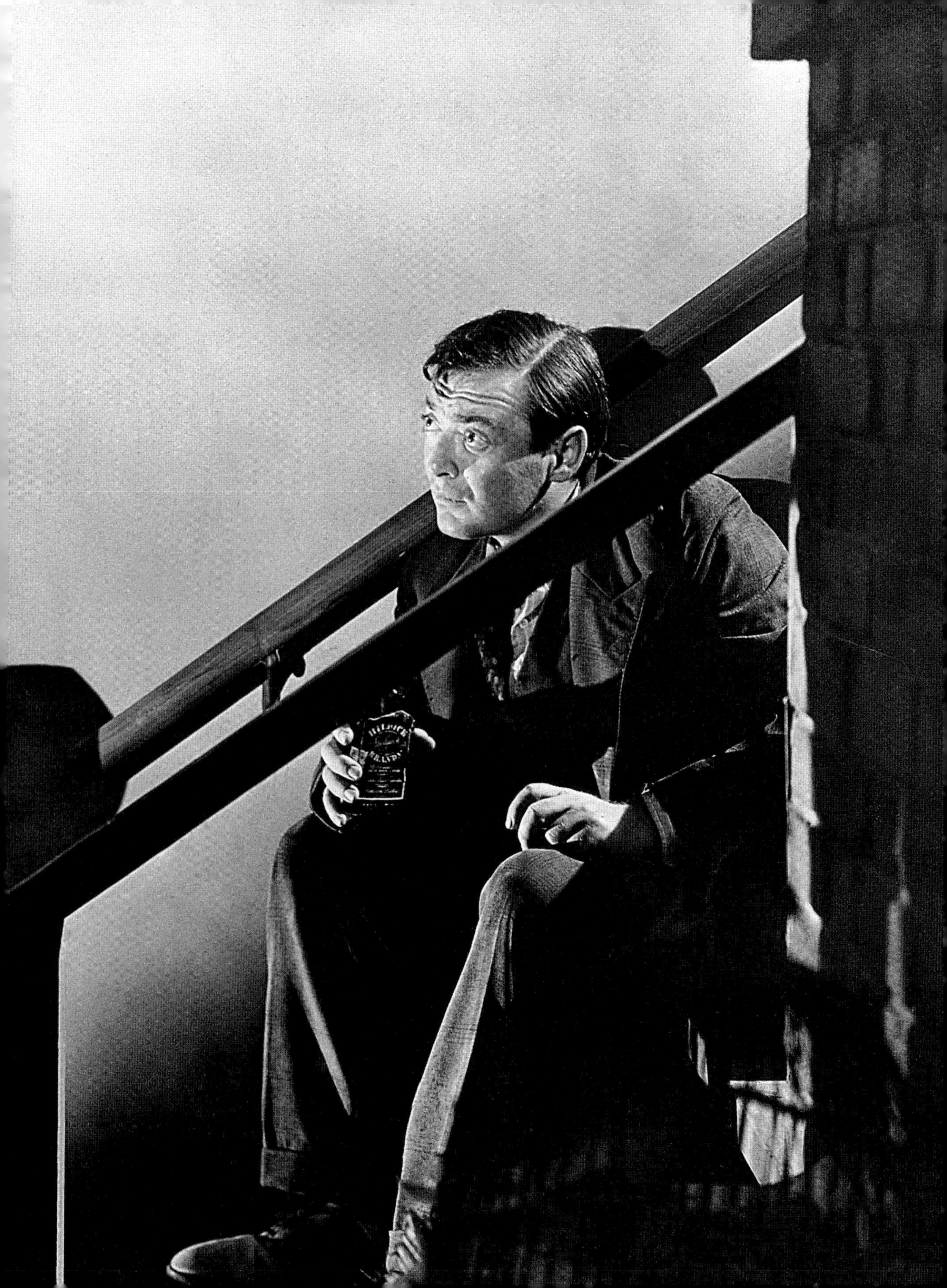

5

4   Der Doktor und seine Kreatur: Dr. Einstein (Peter Lorre) wird an Jonathans (Raymond Massey) Gesicht noch Nachbesserungen vornehmen müssen.

5   Bevor Mortimer mit seiner Braut Elaine (Priscilla Lane) verreisen kann, müssen in diesem Tollhaus erst klare Verhältnisse geschaffen werden.

6   Statt zu helfen, erklärt Polizist O'Hara (Jack Carson) Mortimer lieber sein selbst verfasstes Theaterstück.

7   Die Runde geht an Mortimer: Bruder Jonathan wird abgeführt.

8   In diesem vergessenen Winkel im Schatten der großen Stadt ist die Welt noch in Ordnung – oder vielleicht nicht …?

Teil des Broadway-Ensembles verpflichten – neben John Alexander in der Rolle des Teddy vor allem die hinreißenden Josephine Hull und Jean Adair als mordende Wohltäterinnen. Aber für den ganz großen Erfolg fehlte noch etwas. Kesselrings stark vom Geist der Depression geprägtes Drama war als Ensemble-Stück angelegt, Hollywoodkino aber braucht einen Star, um den herum sich der Film bewegt. Die beiden Autoren Julius und Philip Epstein – die kurz darauf ihren Welthit *Casablanca* (1942) schreiben sollten, ebenfalls eine Theateradaption – bauten Mortimers Szenen mit dem Bruder und den Tanten aus und erfanden in der Exposition einiges hinzu. In der Besetzung der Rolle beugte sich Warner Bros. schließlich Capras Wünschen, Cary Grant zu verpflichten, auch wenn dies die Gagenkosten erheblich in die Höhe trieb. Ein Aufwand, der sich gelohnt hat: Grant meistert eine Rolle, die ihm nicht nur den ironisch-kultivierten Zyniker abverlangt, sondern auch jede Menge Slapstick und akrobatische Einlagen.   EP

GROSSE FREIHEIT NR. 7

1943/44 - DEUTSCHLAND - 109 MIN. - FARBE - GENRE MELODRAM

REGIE HELMUT KÄUTNER (1908–1980)
BUCH HELMUT KÄUTNER, RICHARD NICOLAS   KAMERA WERNER KRIEN
SCHNITT ANNELIESE SCHÖNNENBECK   MUSIK WERNER EISBRENNER
PRODUKTION HANS TOST für TERRA FILMKUNST.

DARSTELLER HANS ALBERS (Hannes Kröger), ILSE WERNER (Gisa), HANS SÖHNKER (Willem), GUSTAV KNUTH (Fiete), GÜNTHER LÜDERS (Jens), HILDE HILDEBRAND (Anita), HELMUT KÄUTNER (Karl), ILSE FÜRSTENBERG (Gisas Mutter), ETHEL RESCHKE (Margot), ERNA SELLMER (Frau Kaasbohm), KURT WIESCHALA (Jan).

„Ich bin doch eine stinkige Landratte geworden."

Hannes Kröger hier, Hannes Kröger da. Auf seinem ehemaligen Schiff, der „Padua", wird noch viel vom Seemann Hannes Kröger (Hans Albers) gesprochen, der inzwischen an Land lebt und in einem Lokal in Hamburg St. Pauli als Sänger auftritt. Als seine Freunde Fiete (Gustav Knuth) und Jens (Günther Lüders) ihn dort, im „Hippodrom" auf der Großen Freiheit, besuchen, sehen sie zuerst eine mechanische Hannes-Kröger-Figur, die auf der Straße die Leute anlockt. Und dann erst den echten – einen Sänger und Zeremonienmeister, der „Auf der Reeperbahn nachts um halb eins" schmettert, Akkordeon spielt und die Massen im Griff hat.

Es ist ein echter Star-Auftritt, der Kröger alias Hans Albers da zu Beginn des Films bereitet wird. Der „blonde Hans" ist unumstrittener Star dieses Films, seine strahlend blauen Augen werden oft durch einen zusätzlichen Scheinwerfer noch stärker betont. Dennoch er keine ungebrochen heroische Figur. Im Gegenteil: Er leidet unter seinem „Landratten"-Dasein und würde für sein Leben gern wieder zur See fahren. Kröger wird zu seinem todkranken jüngeren Bruder Jan (Kurt Wieschala) gerufen. Der bittet ihn um einen Gefallen: Er soll sich um Gisa (Ilse Werner) kümmern, das Mädchen, das in Süddeutschland immer noch auf Jan wartet. Kröger fährt zu ihr hin und nimmt sie mit nach Hamburg. Sie wohnt bei ihm, und bald hat er sich in das patente Mädel liiert. Dabei ist er doch mit seiner Chefin Anita (Hilde Hildebrand) liiert, und Gisa trifft sich heimlich mit dem schmucken Werftarbeiter Willem (Hans Söhnker).

Große Freiheit Nr. 7 wurde vom Mai bis November 1943 gedreht. Nazi-Propagandaminister Joseph Goebbels hatte Regisseur Helmut Käutner (Unter den Brücken, 1944/45) 1,5 Millionen Reichsmark zur Verfügung gestellt, damit er ein Loblied auf die deutsche Seefahrt abliefere, einen Film, so forsch und fröhlich wie die Komödie Wir machen Musik, die Käutner 1942 ebenfalls mit Ilse Werner gedreht hatte. Doch der fertige Film erfüllte nicht Goebbels' Erwartungen. Statt Optimismus und Durchhaltewillen auszustrahlen, ist er melancholisch grundiert. Und statt auf hoher See spielt er in einem Amüsierschuppen, wo unser stolzer Seemann bekannte Melodien zum Besten gibt.

Es ist ein hochgradig stilisiertes St. Pauli, das der Film da vorführt. Große Freiheit Nr. 7 ist der achte deutsche Spielfilme in Farbe überhaupt (gedreht auf Agfacolor) und für Helmut Käutner sogar der erste nicht schwarzweiße Film. Er zeigt ein mit Neonlicht beschienenes „Biotop", in dem sich

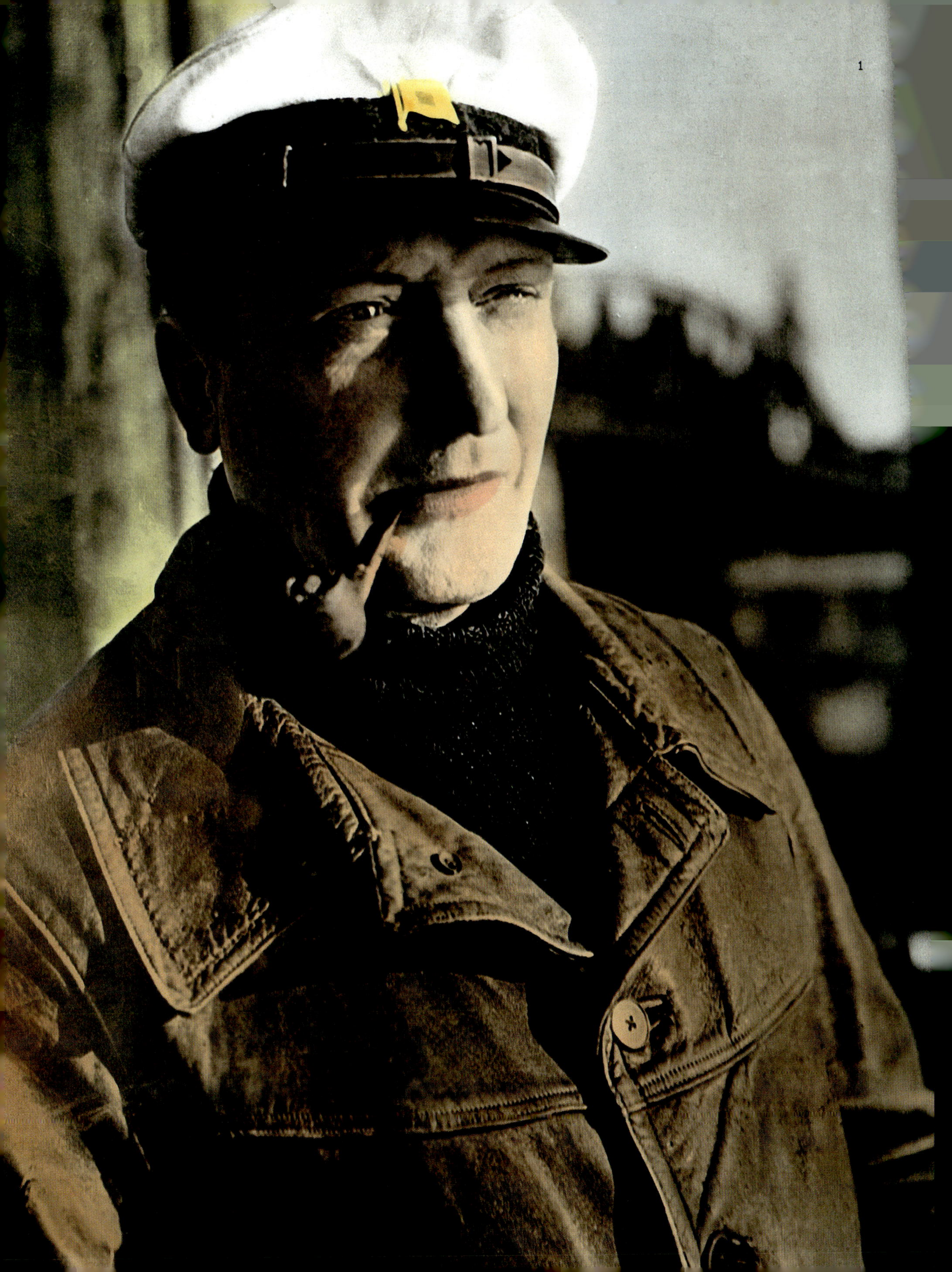

1

2

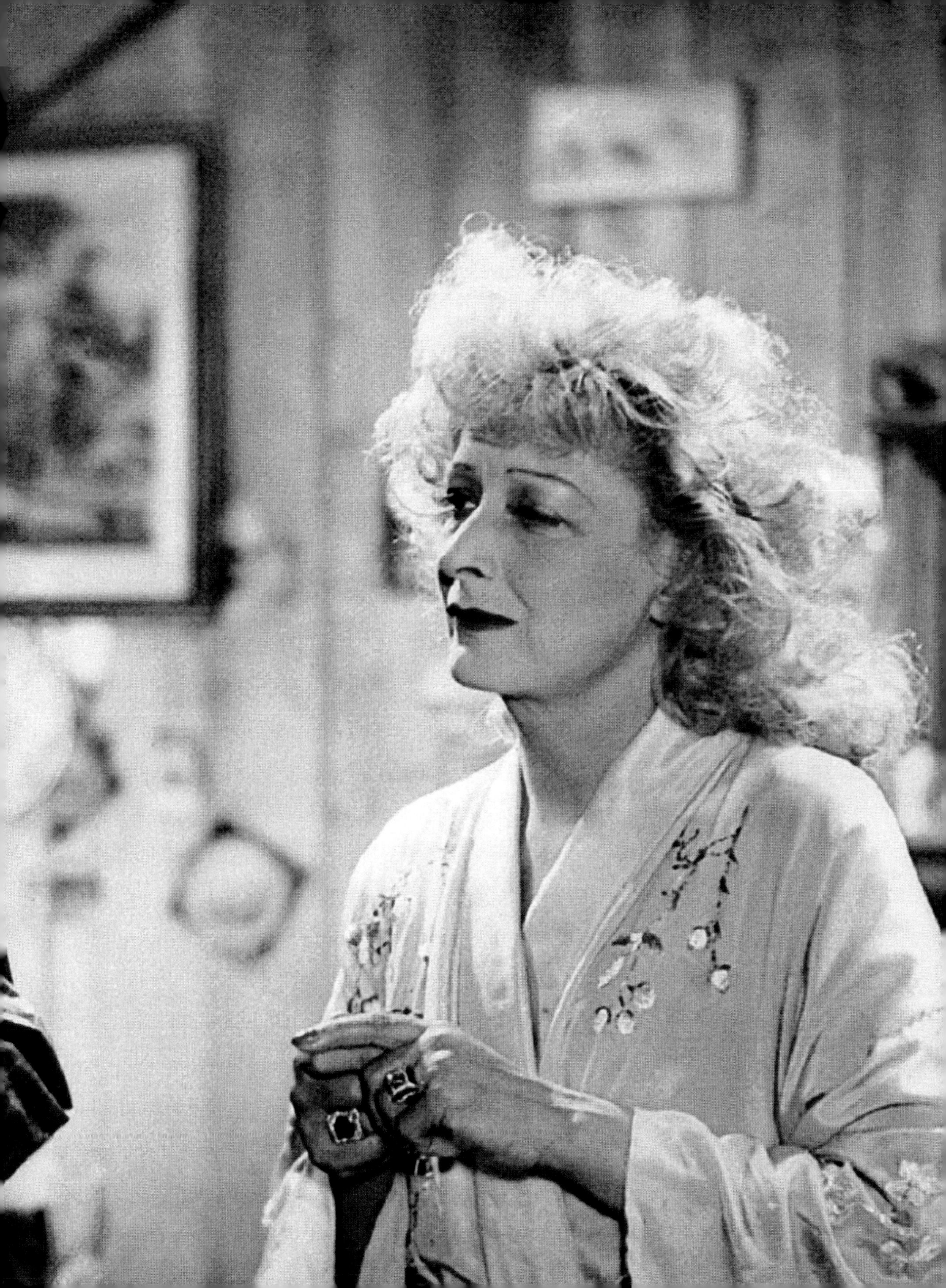

„Es wäre falsch zu behaupten, dass die Farbe den filmischen Stil ändere. Sie bereichert ihn nur. Der bisherigen rein graphischen Bildkunst, zu vergleichen etwa mit der Radierung, dem Holzschnitt, der Bleistiftzeichnung, ist die neue Möglichkeit der farbigen Zeichnung, des Gemäldes usw. beigefügt worden." *Helmut Käutner*

1 Seine Sehnsucht ist das Meer, sein Alltag ein Amüsierschuppen in St. Pauli: Hannes Kröger (Hans Albers).

2 Sie möchte ihn doch so gern für sich behalten: Hannes und seine Chefin und Geliebte Anita (Hilde Hildebrand).

3 Es hat gefunkt: Gisa (Ilse Werner) und Werftarbeiter Willem (Hans Söhnker) kommen sich näher.

4 Im Hippodrom begrüßt Anita Hannes' Freunde Fiete (Gustav Knuth) und Jens (Günther Lüders, v. l.).

5 Gisa gibt den charmanten Unverschämtheiten Willems nach und trifft sich mit ihm, beim Tanztee mit Elbblick.

6 Traurig, aber wahr: Hannes muss einsehen, dass „seine" Gisa einen anderen liebt.

leichte Mädchen und betrunkene Matrosen tummeln. Kameramann Werner Krien, der im Jahr zuvor mit Hans Albers den knallbunten *Münchhausen* (1942/43) gedreht hatte, findet faszinierende, mal dunkle, mal schrill-bunte Bilder für dieses Halbweltmilieu. Geradezu experimentell wirkt eine mit schräg gestellter Kamera fotografierte Traumsequenz, in der Kröger sich sein Liebes- und Eheglück mit Gisa zusammenträumt.

Diese Stilisierung ist wohl nicht nur künstlerische Absicht Käutners, sondern auch den Verhältnissen geschuldet. Die Kriegszerstörungen in Hamburg machten es nötig, die Innenaufnahmen in nachgebauten Kulissen in den Prager Barrandov-Studios zu drehen. Die Außenszenen filmte Käutner in Hamburg, ließ aber soviel künstlichen Nebel in die Szenerien pusten, dass Hakenkreuze und Tarnnetze auf den Schiffen unsichtbar wurden. Die nebligen Straßen passen gut zur traurigen Geschichte Krögers, der eben nicht der strahlende Held ist, sondern „sein" Mädchen an einen anderen verliert und am Ende feststellen muss, dass seine Braut wohl doch die See ist.

Goebbels und andere Nazi-Größen waren alles andere als begeistert. Am 12. Dezember 1944 wurde der Film für das Deutsche Reich verboten. Im Ausland indes wurde er gezeigt, man wollte etwas von den beachtlichen Produktionskosten von insgesamt 3,5 Mio. Reichsmark wieder hereinholen. Seine deutsche Premiere erlebte *Große Freiheit Nr. 7* nach dem Krieg, am 9. September 1945 in Berlin.

HJK

HANS ALBERS So sehr Hans Albers (1891–1960) – der „blonde Hans", der „Junge von der Waterkant" – mit St. Pauli assoziiert wird, geboren ist der Schauspieler und Sänger im Hamburger Stadtteil St. Georg, der nicht am Hafen liegt. Nach dem Ersten Weltkrieg geht er nach Berlin, wo er in Nebenrollen in Revuen und Operetten auftritt. In diesen Rollen erschafft er schon jenen Typus Mann, den er später auch in seinen Filmen variiert: ein Abenteurer und Glücksritter, galant zu den Damen, doch sonst hart und unbarmherzig. Titel wie *Hans in allen Gassen* (1930) und *Der Draufgänger* (1931) sprechen für sich. Bald ist er – neben Heinz Rühmann, mit dem er 1937 *Der Mann, der Sherlock Holmes war* drehte – einer der beliebtesten deutschen Schauspieler und bekommt die Titelrolle in *Münchhausen* (1942/43), dem Jubiläumsfilm zum 25-jährigen Bestehen der Ufa-Produktionsgesellschaft. Albers tritt in einigen wenigen Propagandafilmen (u. a. *Carl Peters*, 1941) auf, ist aber ansonsten auf Distanz zum Nazi-Regime bedacht. Nach dem Zweiten Weltkrieg spielt er zunächst wieder Theater, 1946 in Berlin den Liliom im gleichnamigen, 1909 entstandenen Theaterstück des 1940 in die USA emigrierten ungarischen Dramatikers Ferenc Molnár und 1949 in München die Figur des Mackie Messer aus Brechts „Dreigroschenoper". Nach dem Krieg dreht Albers noch fast 20 Filme. Darin spielt er melancholische Vater-Rollen, wie die eines Industriemagnaten in der Gerhart-Hauptmann-Adaption *Vor Sonnenuntergang* (1956), er gibt aber auch den Reeperbahn-Romantiker wie in *Das Herz von St. Pauli* (1957). 1960 stirbt er, weit weg von seinem geliebten Hamburg, in München.

DAS HAUS DER LADY ALQUIST
Gaslight

1944 - USA - 114 MIN. - S/W - GENRE DRAMA

REGIE GEORGE CUKOR (1899–1983)
BUCH JOHN VAN DRUTEN, WALTER REISCH, JOHN L. BALDERSTON, nach dem Bühnenstück „Angel Street" von PATRICK HAMILTON KAMERA JOSEPH RUTTENBERG SCHNITT RALPH E. WINTERS
MUSIK BRONISLAU KAPER PRODUKTION ARTHUR HORNBLOW JR. für MGM.

DARSTELLER CHARLES BOYER (Gregory Anton), INGRID BERGMAN (Paula Alquist), JOSEPH COTTEN (Brian Cameron), ANGELA LANSBURY (Nancy Oliver), BARBARA EVEREST (Elizabeth Tompkins), DAME MAY WHITTY (Miss Thwaites), EMIL RAMEAU (Maestro Mario Guardi), EDMUND BREON (Huddleston), TOM STEVENSON (Williams), HALLIWELL HOBBES (Mr. Muffin).

ACADEMY AWARDS 1944 OSCARS für die BESTE HAUPTDARSTELLERIN (Ingrid Bergman), für die BESTE AUSSTATTUNG (Cedric Gibbons, William Ferrari, Edwin B. Willis, Paul Huldschinsky).

„They never found out who killed her."

Ein böser Schatten liegt auf dem Haus am Londoner Thornton Square Nr. 9: Vor Jahren wurde hier die berühmte Sängerin Alice Alquist ermordet aufgefunden. Ihre traumatisierte Nichte Paula (Ingrid Bergman) floh daraufhin ins Ausland. Dennoch lässt sie sich von ihrem neuen Ehemann, dem Pianisten Gregory Anton (Charles Boyer), dazu überreden, wieder dort einzuziehen. Schnell wird deutlich, dass er einen finsteren Plan verfolgt. Mit tiefer Besorgnis in der Stimme redet er Paula und den Dienstboten ein, dass sie krank sei. Gegenstände verschwinden, angeblich aufgrund ihrer „Vergesslichkeit". Unter immer neuen Vorwänden verbietet ihr Gregory, das Haus zu verlassen, in dem sie die Dämonen der Erinnerung nach und nach einholen. Paula wird unmerklich zu seiner Gefangenen und ist bald dem Wahnsinn nahe. Sind es wirklich Schritte, die sie nachts auf dem Dachboden hört? Warum wird das Gaslicht regelmäßig schwächer, sobald Gregory außer Haus geht? Dass sie nicht das Opfer ihrer Wahnvorstellungen ist, ahnt nur Brian Cameron (Joseph Cotten) von Scotland Yard. Er rollt den nie gelösten Fall der Alquists wieder auf ...

Gaslight beruht auf einem 1939 in London uraufgeführten, äußerst erfolgreichen Theaterstück von Patrick Hamilton. Eine gleichnamige Verfilmung von Thorold Dickinson aus dem Jahr 1940 war immerhin so gelungen, dass MGM die Kopien ursprünglich vernichten wollte. Oft wurde darüber gegrübelt, wie Hitchcock diesen Film wohl inszeniert hätte. Gaslight erinnert an Rebecca (1940) und viele andere Beispiele des „Gothic Horror", in denen ein Haus von seinen Bewohnern Besitz ergreift. Tatsächlich hat das heutige Publikum Gregorys Absichten schnell durchschaut, das wahre Rätsel liefert, könnte man spotten, die Energieversorgung des 19. Jahrhunderts. Aber erstens ist auch ein diabolischer Schurke einiges wert – Gregory hat es auf

1

„Die äußere Kriminalgeschichte und der historische Rahmen dienen Cukor nur als Vorwand für eine minutiöse Studie über die Machtergreifung eines Menschen über einen anderen ... Die klaustrophobische Abgeschiedenheit Paulas in dem Mordhaus ... setzt Cukor mit Licht- und Kameraeffekten in Szene, die es geradezu zum Leben erwecken. Der Zuschauer wird mit Paula zu der Überzeugung gedrängt, dass es ihr unmöglich sei, diesen Ort zu verlassen."

Reclams Filmführer

1 Gothic Horror: Im Haus der toten Tante wird Paula (Ingrid Bergman) von der Vergangenheit eingeholt.

2 Der französische Weltstar Charles Boyer spielt den finsteren Gregory.

3 Mit gutem Grund fühlt sich Paula im eigenen Haus nicht mehr sicher. Das Personal ist Teil des Komplotts.

4 Heute gehen wir bummeln – oder doch nicht? Der trickreiche Gregory findet immer neue Wege, seine Gattin von der Außenwelt abzuschirmen. Das Haus wird für sie zum goldenen Käfig.

Tante Alices Juwelen abgesehen, die er auf dem abgeriegelten Dachboden vermutet; zweitens sollte man neben dem großen Geheimnis den realistischen Kern des Dramas nicht vergessen. „Frauen-Regisseur" George Cukor reflektiert hier unter Verwendung eines bereits 1940 verfilmten Theaterstücks den ganz normalen Horror einer herkömmlichen Ehe. Gregory quält seine Frau mit dem klassischen Vorwurf der Hysterie, schottet sie systematisch von der Außenwelt ab und bietet sich dabei scheinheilig als einzigen Unterstützer an. Das Resultat sind Selbstzweifel und Abhängigkeit.

Paula hat dem bis zu ihrer fulminanten Abrechnung wenig entgegenzusetzen – weniger jedenfalls, als man es von Cukor erwartet hätte. Ingrid Bergman allerdings brachte diese Rolle den ersten von drei Oscars, nachdem sie drei Jahre zuvor in *Casablanca* (1942) noch übergangen worden war. Sie spielt mit atemberaubender Intensität weniger den Wahnsinn als die Angst davor. Für ihre Rolle hatte sie zuvor die Blickbewegungen und Gesten von psychisch Kranken eingehend studiert. Weil sie unbedingt an der Seite von Charles Boyer spielen wollte, musste sie sich die Freigabe vom unabhängigen Produzenten David O. Selznick hart erkämpfen. Denn der Name von Boyer, Inkarnation des weltgewandten Franzosen, erschien damals auf Werbeplakaten und im Film stets an erster Stelle. Neben dem wie immer charakterfesten Joseph Cotten sieht man hier außerdem die erst 18-jährige

ANGELA LANSBURY Die 1925 geborene Londonerin Schauspielschülerin ging bereits mit Ausbruch des Kriegs in die USA und bekam dort ihr erstes Engagement. Die Nebenrolle des durchtriebenen Hausmädchens in *Das Haus der Lady Alquist* (*Gaslight*, 1944) brachte Angela Lansbury nicht nur eine Oscar-Nominierung ein, sondern bedeutete auch den Beginn einer bemerkenswerten Karriere. In *Das Bildnis des Dorian Gray* (*The Picture of Dorian Gray*, 1945) spielte sie kurz darauf die unglückliche Sibyl Vane. Meist jedoch besetzte man sie in der Nebenrolle der intriganten und verlogenen „anderen" Frau, etwa neben Spencer Tracy in Frank Capras *Der beste Mann* (*State of the Union*, 1948) oder als verwöhnte Prinzessin in der Komödie *Der Hofnarr* (*The Court Jester*, 1955). Ihre reifen Gesichtszüge legten sie weiter fest. So agierte sie in dem Politthriller *Botschafter der Angst* (*The Manchurian Candidate*, 1962) als Mutter des nur drei Jahre jüngeren Laurence Harvey. Doch weder ihre Filmrollen noch ihre großartigen Erfolge am Broadway – sie gewann hier insgesamt vier Tonys – verschafften ihr den ganz großen internationalen Ruhm.

Das vermochte einzig und allein ihr Auftritt in der amerikanischen Fernsehserie *Immer wenn sie Krimis schrieb ... / Mord ist ihr Hobby* (*Murder, She Wrote*, 1984–96). Seit 1984 kennen sie Generationen als Krimis schreibende Gelegenheitsdetektivin Jessica Fletcher. Vier Golden Globes waren der Lohn. Seitdem spielt Angela Lansbury, die schon 1951 die amerikanische Staatsbürgerschaft annahm, fast nur noch in Fernsehfilmen.

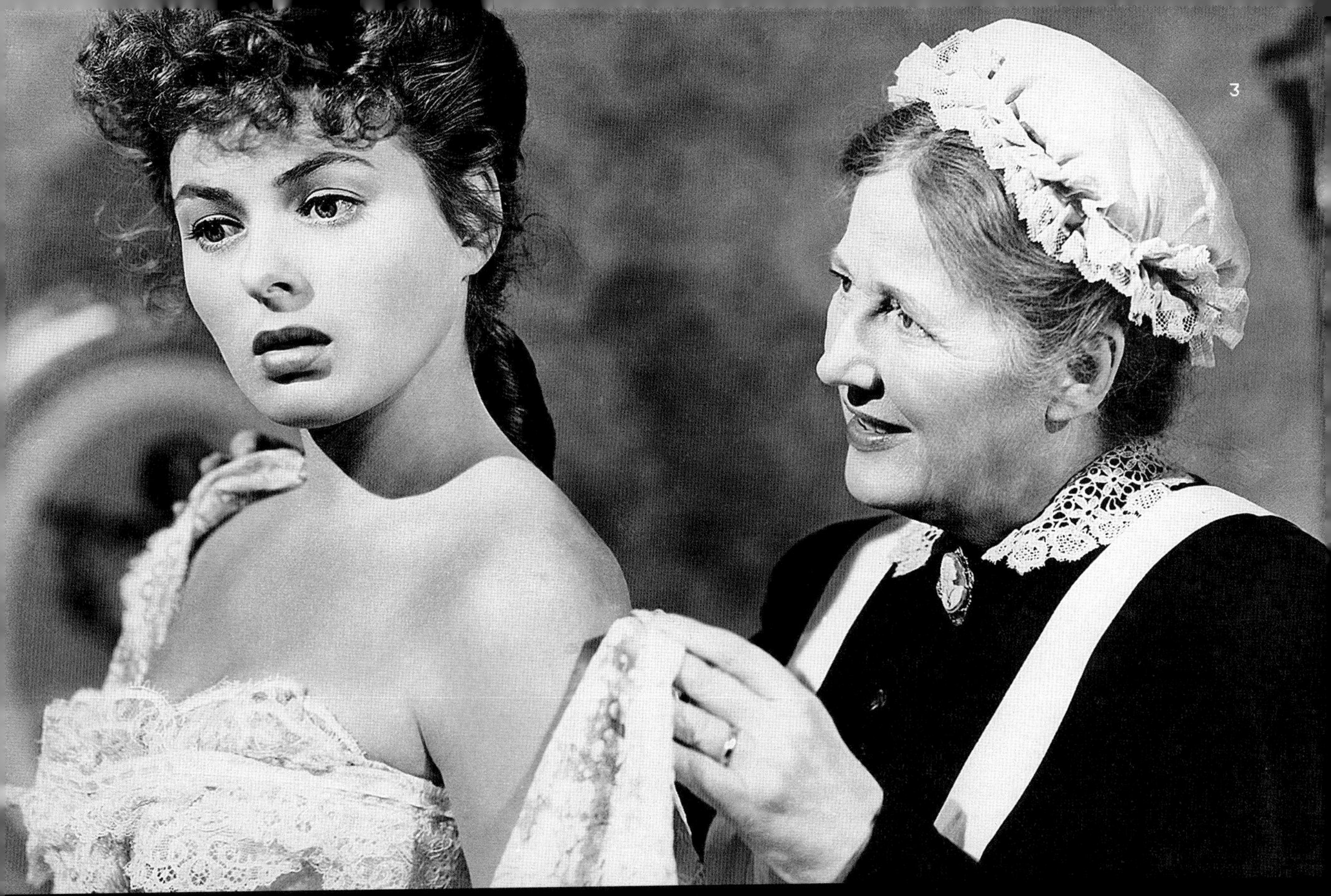
3

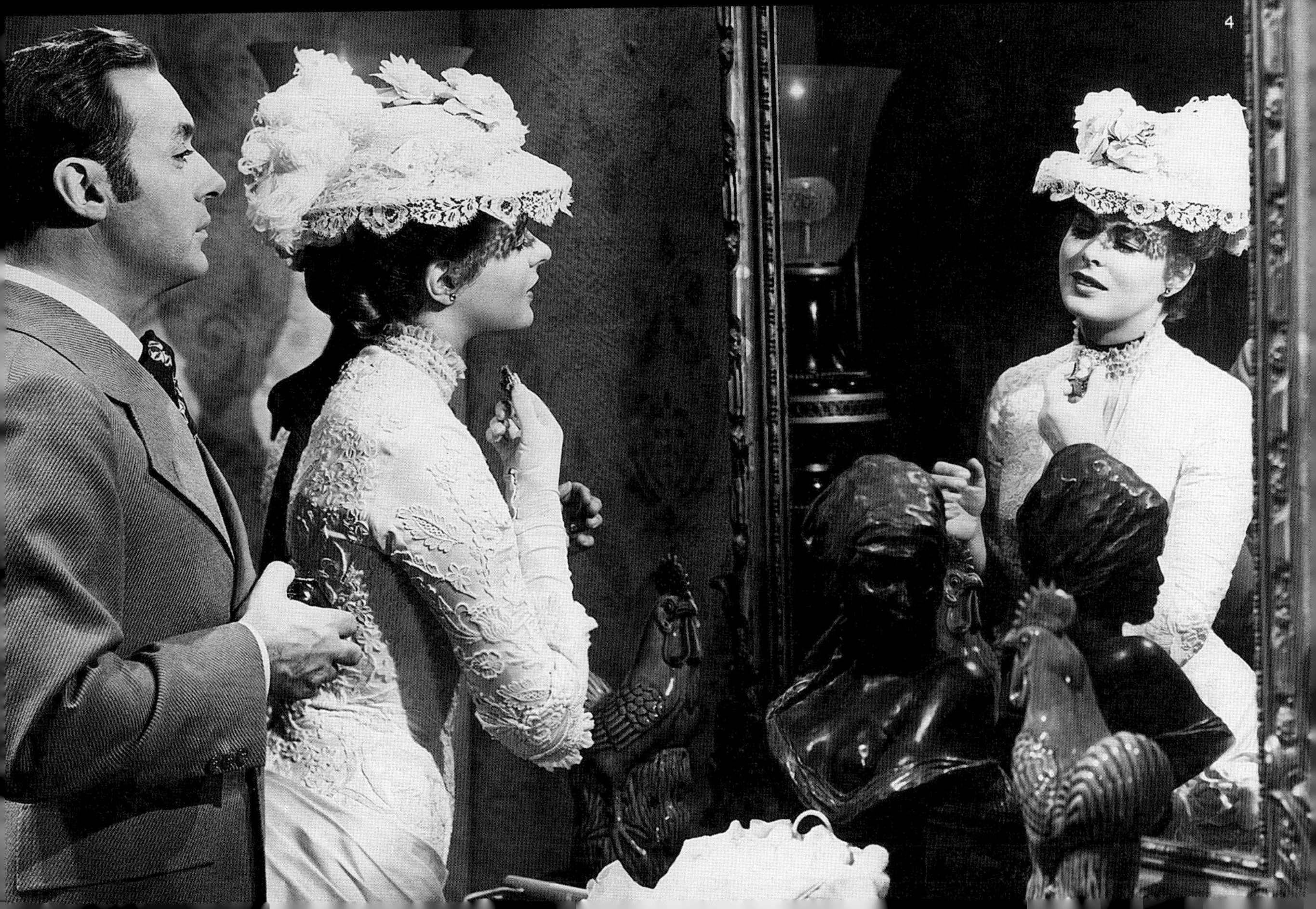
4

Angela Lansbury, später ebenso populär wie erfolgreich als TV-Kriminalistin in *Immer wenn sie Krimis schrieb … / Mord ist ihr Hobby* (*Murder, She Wrote*, 1984–96). Sie spielt das abgebrühte Hausmädchen Nancy, das sich vom charmanten Gregory nur allzu gerne gegen Paula aufhetzen lässt.

Die Atmosphäre von *Gaslight* verdankt sich natürlich dem düsteren Haus am Thornton Square. Die Handlung verlässt den klaustrophobischen Käfig so selten wie Paula. Die Räume sind von Cukor meisterhaft ausgestattet: Je mehr sie von den Erinnerungen gepeinigt wird, desto mehr viktorianischer Nippes scheint sich dort anzuhäufen. Im Flackern des Gaslichts entfaltet dieses Innenleben eine Wirkung des Grauens, die dem Londoner Nebel in nichts nachsteht. PB

„Wunderschön und in jedem Sinne des Wortes verwirrt, wird Ingrid Bergman, am Rande des Wahnsinns, in gewisser Weise zur Heldin der Oper ‚Lucia de Lammermoor‘, eine Rolle, an der sie arbeitete. Beide Figuren sind düstere Schönheiten. Charles Boyer und Joseph Cotten wiederum verkörpern moralische Gegenpole, das Böse und das Gute, kurzum Jekyll und Hyde. Die Epoche bot sich dazu an, und Cukor hat in dieser schwarzen Erzählung nichts ausgelassen." *Le Monde*

5 Flirt ist ihr Hobby: Die durchtriebene Magd Nancy (Angela Lansbury) kommt mit Gregory bestens zurecht.

6 Von Italien nach England: Der Pianist kann die Sängerin überreden, die Stunden beim Maestro (Emil Rameau) aufzugeben.

7 Fesselnd bis zum Schluss: Paula serviert ihrem perplexen Peiniger die längst fällige Abrechnung.

„Den nervenaufreibenden Höhepunkt bildet jene Szene, in der ein junger Inspektor von Scotland Yard die wahre Identität des Ehemanns und Mörders aufdeckt, nachdem Letzterer ein Komplott geschmiedet hat, um seine junge Frau in eine Anstalt einweisen und sich ungehindert im Haus umsehen zu können." *Variety*

HABEN UND NICHTHABEN
To Have and Have Not

1944 - USA - 100 MIN. - S/W - GENRE ABENTEUERFILM, DRAMA

REGIE HOWARD HAWKS (1896–1977)
BUCH JULES FURTHMAN, WILLIAM FAULKNER, nach dem gleichnamigen Roman von ERNEST HEMINGWAY
KAMERA SID HICKOX SCHNITT CHRISTIAN NYBY MUSIK FRANZ WAXMAN, HOAGY CARMICHAEL und JOHNNY MERCER (Songs)
PRODUKTION HOWARD HAWKS für WARNER BROS.
DARSTELLER HUMPHREY BOGART (Harry Morgan), LAUREN BACALL (Marie), WALTER BRENNAN (Eddie „the Rummy"), DOLORES MORAN (Hélène de Bursac), HOAGY CARMICHAEL (Cricket), WALTER MOLNAR (Paul de Bursac), SHELDON LEONARD (Lieutenant Coyo), MARCEL DALIO (Gérard), WALTER SANDE (Johnson), DAN SEYMOUR (Captain Renard), ALDO NADI (Leibwächter), PAUL MARION (Beauclerk).

„*I'm glad you're on our side.*"
– „*I'm not, I'm getting paid.*"

Sommer 1940, auf der Insel Martinique, die zu Frankreich gehört. In das Mutterland sind die Nazis einmarschiert, und auch auf der Antillen-Insel wird das Leben ungemütlicher. Patrouillenboote kontrollieren im Auftrag der nazitreuen Vichy-Regierung die Gewässer rund um die Insel. Dem amerikanischen Bootsbesitzer Harry Morgan (Humphrey Bogart) ist das egal, er will mit Politik nichts zu tun haben. Er schippert jeden Tag seine reichen Kunden zum Fischen aufs Meer hinaus und hält sich ansonsten aus allem heraus. Doch das wird sich ändern. Denn es gibt zwei einschneidende Erlebnisse, die das Leben des abgebrühten Zynikers auf den Kopf stellen. Erst tritt eine atemberaubende Frau in sein Leben: die Sängerin und Taschendiebin Marie (Lauren Bacall), die prompt Harrys Kunden die Brieftasche klaut. Und dann bittet ihn der Besitzer des Hotels, in dem Harry wohnt, einen Führer der französischen Résistance heimlich nach Martinique zu bringen. Ein gefährliches und nicht allzu gut bezahltes Unterfangen. Und Harry winkt ab – zunächst ...

Sie lehnt am Klavier und singt mit dunkel-lasziver Stimme „Am I blue?" Lauren Bacall ist eine Sensation in diesem Film, ihrer erotischen Aura kann man sich auch heutzutage kaum entziehen. Sie ist selbstbewusst, geheimnisvoll, schön – und damit ein ebenbürtiger Widerpart zum cool-zynischen Einzelgänger Humphrey Bogart. Sie ist es, die schließlich die Initiative zum ersten Kuss ergreift. Lauren Bacalls allererster Auftritt ist zunächst unscheinbar: Sie taucht links am Bildrand auf, schließt ihr Zimmer zu, während Bogey seines auf der anderen Seite des Hotelflures öffnet. Dann kommt sie herüber, fragt nach Feuer: „Anybody got a match?" Und damit ist der pointiertlakonische Tonfall zwischen den beiden gesetzt. Wenn Bogart und Bacall

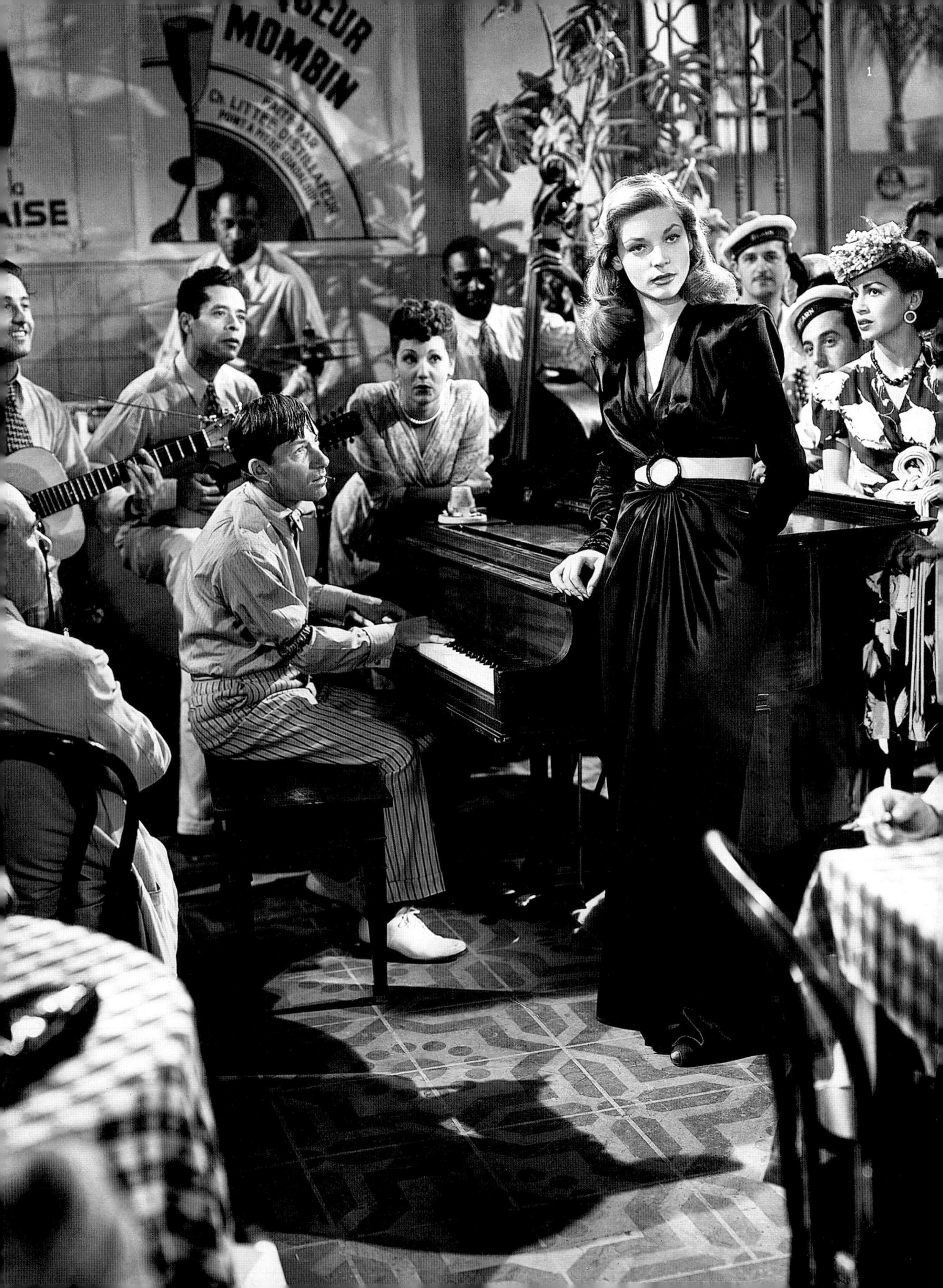

1

1   Da schaut jeder hin: Lauren Bacall alias Marie singt „Am I Blue?", Hoagy Carmichael (spielt den Barpianisten Cricket, am Klavier) hat den Song komponiert.

2   Polizeichef Captain Renard (Dan Seymour, l.) holt Harry Morgan (Humphrey Bogart, 2. v. r.) und Marie zum Verhör aufs Revier.

3   „Have you ever been bit by a dead bee?", fragt Harrys Matrose Eddie (Walter Brennan, l.) jeden, den er trifft. Marie ist die erste, die eine Antwort darauf weiß.

4   Harry hat Widerstandskämpfer Paul de Bursac (Walter Molnar, l.) nach Martinique geschmuggelt.

„Dies ist Hawks' brutalste Darstellung der Notwendigkeit, Verantwortung für andere zu übernehmen oder andernfalls seine Selbstachtung zu verlieren." *Time Out*

aufeinander treffen – die einander im Film mit Steve und Slim anreden, den Kosenamen von Regisseur Howard Hawks und seiner Frau –, dann knistert es gewaltig. Das ist kein Wunder, denn parallel zu ihrer Romanze auf der Leinwand gab es eine im wirklichen Leben.

1942 war *Casablanca* ein großer Hit für die Warner-Brothers-Studios. An diesen Erfolg wollte man anknüpfen. Produzent und Regisseur Howard Hawks (*Blondinen bevorzugt, Gentlemen Prefer Blondes*, 1953) nahm sich zu diesem Zweck Ernest Hemingways im Kuba der 30er Jahre spielenden Roman „To Have And Have Not" (1937, dt.: „Haben und Nichthaben", 1951) und ließ ihn in weiten Teilen umschreiben. Der fertige Film erinnert in der Tat in vielem an *Casablanca*: Beide Filme spielen an exotischen Orten vor dem zeitgeschichtlichen Hintergrund des Nationalsozialismus, in beiden geht es

„Die Dialoge sind spitz, die Inszenierung erstklassig, die Schauspielerei hervorragend, und doch wird man bei *To Have and Have Not* wohl stets immer zuerst an die Romanze zwischen Bogart and Bacall denken, in diesem Film wie auch im wirklichen Leben." *tvguide*

> „Während der Dreharbeiten verliebten sich Bogie und Bacall ineinander, was die Szenen der beiden deutlich widerspiegeln. Die dadurch entstehende Präsenz von Gefühlen ist vollkommen untypisch für die ansonsten bei Howard Hawks vorherrschende Mentalität des harten Durchgreifens."
>
> Time Out

DAS TRAUMPAAR BOGART & BACALL

Produzent und Regisseur Howard Hawks suchte für Haben und Nichthaben (To Have and Have Not, 1944) ein weibliches Pendant, das neben dem Star Humphrey Bogart (1899–1957) bestehen könnte. Seine Frau fand die Gesuchte auf der Titelseite von „Harper's Bazaar": das Model Betty Perske (*1924). Hawks bestellte die damals 19-Jährige zu sich. Er verpasste ihr einen neuen Namen – Lauren Bacall – und ließ sie ihre Stimme trainieren. Die war hoch und dünn, durch Sprachübungen gelang es ihr, sie dunkler und tiefer wirken zu lassen. „Sie ist sehr groß", war Bogeys erster Gedanke, als er zum ersten Mal seine Partnerin (1,70 Meter) sah, die kaum kleiner war als er.

Gleich zu Anfang der Dreharbeiten verliebte sich Bogart in die 25 Jahre jüngere Frau, und sie sich auch bald in ihn. Bogart war zu dem Zeitpunkt in dritter Ehe unglücklich mit der Schauspielerin Mayo Methot verheiratet. Hawks fürchtete, Bogart spiele mit den Gefühlen seiner jungen Kollegin. Doch der meinte es ernst. 1945 ließ er sich scheiden und heiratete elf Tage später Lauren Bacall. Die beiden drehten drei weitere Filme miteinander: Tote schlafen fest (The Big Sleep, 1946), wieder unter der Regie von Hawks, Die schwarze Natter (Dark Passage, 1947) und Gangster in Key Largo/Hafen des Lasters (Key Largo, 1948).

Fünf Monate nachdem ihr vierter gemeinsamer Film ins Kino kam, brachte Lauren Bacall 1949 ihren Sohn Stephen zur Welt, Bogarts erstes Kind. Drei Jahre später wurde Tochter Leslie Howard geboren. Lauren Bacall begann, Filme ohne Bogey zu drehen (u. a. Wie angelt man sich einen Millionär?, How to Marry a Millionaire, 1953). Gemeinsame Leinwandprojekte hatten sie nicht mehr. Überhaupt war ihnen nicht mehr viel gemeinsame Zeit vergönnt: Humphrey Bogart starb 1957 an Krebs.

5   Echt oder gespielt? Bei den Dreharbeiten zu *Haben und Nichthaben* verliebten sich Bogart und Bacall ineinander – deswegen haben die Liebesszenen eine besondere Ausstrahlung.

6   Er hat doch ein gutes Herz: Erst wollte Harry (mit Mütze) Widerstandskämpfer Paul gar nicht auf die Insel holen, nun verarztet er den Verletzten sogar.

7   Widerstandskämpfer Paul de Bursac bedankt sich bei Harry. Und der hat ihm nicht wegen des Geldes geholfen.

8   Harrys Lebensunterhalt: Tag für Tag schippert er den reichen Amerikaner Johnson (Walter Sande) zum Fischen aufs Meer hinaus.

um eine Liebesgeschichte, und Star beider Filme ist Humphrey Bogart. Dass *Casablanca* drei Oscars bekam und zum Kultfilm avancierte, *Haben und Nichthaben* hingegen sehr viel weniger Aufmerksamkeit erzielte, scheint indes ungerechtfertigt. Es sind nicht nur die beiden wundervollen Hauptdarsteller und die ganz besondere Liebesgeschichte ihrer Figuren, die den Reiz des Films ausmachen. Auch die vor trockenem Witz strotzenden Dialoge (Koautor war Romancier William Faulkner) und die herrlichen Nebenfiguren wie der von Walter Brennan verkörperte Säufer und Matrose Eddie begeistern. Ebenfalls bemerkenswert sind die Musiknummern, die Komponist, Pianist und Sänger Hoagy Carmichael (*Die besten Jahre unseres Lebens*, *The Best Years of Our Lives*, 1946) mit und ohne Lauren Bacall singt. All dies verbindet sich zu einem prachtvollen, zeitlosen Filmvergnügen.

HJK

ES TANZT DIE GÖTTIN
Cover Girl

1944 - USA - 107 MIN. - FARBE - GENRE MUSICAL

REGIE CHARLES VIDOR (1900–1959)
BUCH VIRGINIA VAN UPP, MARION PARSONNET, PAUL GANGELIN, nach einer Vorlage von ERWIN GELSEY
KAMERA RUDOLPH MATÉ, ALLEN M. DAVEY SCHNITT VIOLA LAWRENCE MUSIK CARMEN DRAGON, MORRIS STOLOFF, JEROME KERN und IRA GERSHWIN (Songs) PRODUKTION ARTHUR SCHWARTZ für COLUMBIA PICTURES CORPORATION.

DARSTELLER RITA HAYWORTH (Rusty Parker/Maribelle), GENE KELLY (Danny McGuire), LEE BOWMAN (Noel Wheaton), PHIL SILVERS (Genius), JINX FALKENBURG (als sie selbst), LESLIE BROOKS (Maurine Martin), EVE ARDEN (Cornelia Jackson), OTTO KRUGER (John Coudair), JESS BARKER (Coudair als junger Mann), CURT BOIS (Küchenchef).

ACADEMY AWARDS 1944 OSCAR für die BESTE MUSIK (Musical) (Morris Stoloff, Carmen Dragon).

„The show must go on!"

Karriere oder Liebe – eine Frage, vor der viele erfolgreiche Menschen in ihrem Leben irgendwann einmal stehen und die im schnelllebigen Showbusiness von besonderer Dramatik ist. Rusty Parker (Rita Hayworth) singt und tanzt in dem kleinen Brooklyner Nachtclub ihres Freundes Danny McGuire (Gene Kelly). Eines Tages wird sie vom Herausgeber eines Magazins als Cover Girl entdeckt – der erste Schritt zu einer großen Karriere am Broadway.

Doch John Coudair (Otto Kruger) sieht weit mehr in der rothaarigen Schönheit als nur ein Model für einen Tag. Rusty erinnert ihn an die große Liebe seines Lebens, das Showgirl Mirabelle. Vom Reichtum und Charme Coudairs ließ sich Mirabelle einst vor den Traualtar locken. Kurz vor der Vermählung erinnerte sie jedoch ein Piano an ihre wahre Liebe, worauf sie ihren Verlobten stehen ließ. Bald stellt sich heraus, dass Rusty Mirabelles Enkelin ist und von ihr nicht nur ihre Begabung, sondern auch ihr Aussehen geerbt hat. Genauer gesagt, ist sie ihr zum Verwechseln ähnlich – kein Wunder, da Hayworth auch diese Rolle übernahm.

Nachdem Rusty durch ihr Bild auf dem Cover des Magazins Berühmtheit erlangt hat, scheint sich die alte Geschichte auf merkwürdige Weise zu wiederholen: Noel Wheaton (Lee Bowman), ein Theater-Produzent und Freund Coudairs, holt Rusty als Star eines Musicals an den Broadway. Verblendet vom Ruhm, löst sich Rusty immer mehr von Danny, verlässt Brooklyn, um fortan in der Welt der Reichen und Schönen zu leben, in der sie aber nach und nach dem Alkohol verfällt. Danny und sein Sidekick Genius (Phil Silvers) nehmen als Truppenunterhalter am Zweiten Weltkrieg teil. Erst als sie von Rustys bevorstehender Hochzeit erfahren, kehren sie nach New York zurück.

1

CHARLES VIDOR   Zu Beginn des Jahrhunderts in Budapest geboren, nahm Vidor (1900–1959) zunächst auf deutscher Seite am Ersten Weltkrieg teil. Nach seiner Auswanderung in die USA begann er 1932, seinen ersten Film, der nur wenig mit seinen späteren Musikfilm-Erfolgen zu tun hatte, zu realisieren: den Horror-Klassiker *Die Maske des Fu-Manchu* (*The Mask of Fu Manchu*) mit Boris Karloff – Vidor wurde allerdings während der Dreharbeiten durch Charles Brabin ersetzt. Es folgten mehrere Dramen, bis sich Vidor 1935 mit *The Arizonian* an einem Western versuchte. Vidor entwickelte sich zu einem jener Regie-Routiniers, die selten wirklich berühmt werden, sich jedoch quer durch die Genres durch ihre solide handwerkliche Arbeit und eine große Produktivität auszeichnen. Aus seiner Biografie erklärt sich, warum sich Vidors Filme häufig mit dem Aufeinandertreffen verschiedener Welten beschäftigen, etwa die Auswanderer-Komödie *His Family Tree* (1935) oder die Jack-London-Verfilmung *Romance of the Redwoods* (1939). Dazu passen auch sein offenkundiges Interesse sowohl für das Show-Business als auch für mystische Themen *Muss 'em Up* (1936) oder *Der große Gambini* (*The Great Gambini*, 1937). Nach einem weiteren Western, *The Desperadoes* (1943), dreht Vidor jene zwei Filme mit Rita Hayworth, die den Höhepunkt ihrer Karriere darstellten und den Regisseur wohl vor dem Vergessen durch die Nachwelt bewahrt haben: *Es tanzt die Göttin* (*Cover Girl*, 1944) und *Gilda* (1946), zwei sehr unterschiedliche Filme, die dennoch auf vielfältige und interessante Weise miteinander in Verbindung stehen. Dem Musikfilm blieb Vidor fortan verbunden, etwa mit *Tyrannische Liebe/Nachtclub-Affairen* (*Love Me or Leave Me*, 1955) oder *Schicksalsmelodie* (*The Joker Is Wild/All the Way*, 1957) mit Frank Sinatra. In der von David O. Selznick produzierten opulenten Hemingway-Verfilmung *In einem anderen Land* (*A Farewell to Arms*) widmete sich Vidor 1957 noch einmal seinem Lieblingsthema: dem Aufeinanderprallen verschiedener Welten.

Es tanzt die Göttin ist mehr als nur eine Liebesgeschichte. Der Film erzählt darüber hinaus vom Aufeinanderprallen zweier Welten, Brooklyn und Broadway, sowie der für sie repräsentativen Männerfiguren. Doch während sich Rusty zwischen diesen beiden Polen hin und her gerissen fühlt, gibt es auch bei Danny und Genius auf der einen, Wheaton und Courdair auf der anderen Seite Berührungspunkte zu der jeweils anderen Welt – nämlich die unterschwellige Sehnsucht nach dem, was für einen selbst unerreichbar ist.

Interessant ist in diesem Zusammenhang die berühmt gewordene „Alter Ego"-Tanznummer, in der Gene Kelly Dannys innere Zerrissenheit zum Ausdruck bringt: Einerseits möchte er die Geliebte nicht verlieren, wünscht sich andererseits aber ein Leben für sie, das er ihr nicht bieten kann. Und für

1 Die Liebe der Revuetänzerin Rusty Parker (Rita Hayworth) und des Nachtclub-Besitzers Danny McGuire (Gene Kelly) wird auf eine harte Probe gestellt.

2 Trio infernal: Zusammen mit ihrem Freund Genius (Phil Silvers, M.) tanzen und singen sich Rusty und Danny durch ihre Bühnenshows und durchs Leben.

3 Die Zeit der gemeinsamen Erfolge wird für das Traumpaar bald vorbei sein.

4 Mögen sie Austern? Die Hoffnung auf einen Perlenfund lässt die Freunde immer wieder die eigentlich verhassten Meeresfrüchte bestellen.

„Die unglaublich klischeehafte Handlung vergisst man über Ritas Liebreiz, der feinen Musik von Jerome Kern und Ira Gershwin und insbesondere Kellys Soloauftritten leicht. Silvers steuert ein paar Lacher bei, aber Eve Arden stiehlt allen die Show als Krugers scharfzüngige Assistentin." *Leonard Maltin*

5   Wer ist die Schönste im ganzen Land? Beim ersten Casting für das Cover Girl rasselt Rusty gnadenlos durch.

6   Abschied von Brooklyn: Plötzlich wird das Varieté-Sternchen von einflussreichen Männern hofiert.

7   Der Broadway bedeutet für Rusty den ersehnten Erfolg – aber auch den Absturz in Alkoholismus und Depressionen.

8   Mit unerschütterlicher Fröhlichkeit erobert Genius die Herzen des Publikums – und manchmal auch die der Frauen.

„Kelly und Silvers geben ein spielfreudigeres Team ab als Kelly und Hayworth, wenngleich sie umwerfend aussieht und ihr breites Lächeln durchaus zu einem Sinnbild unserer Zeit werden könnte." *Pauline Kael*

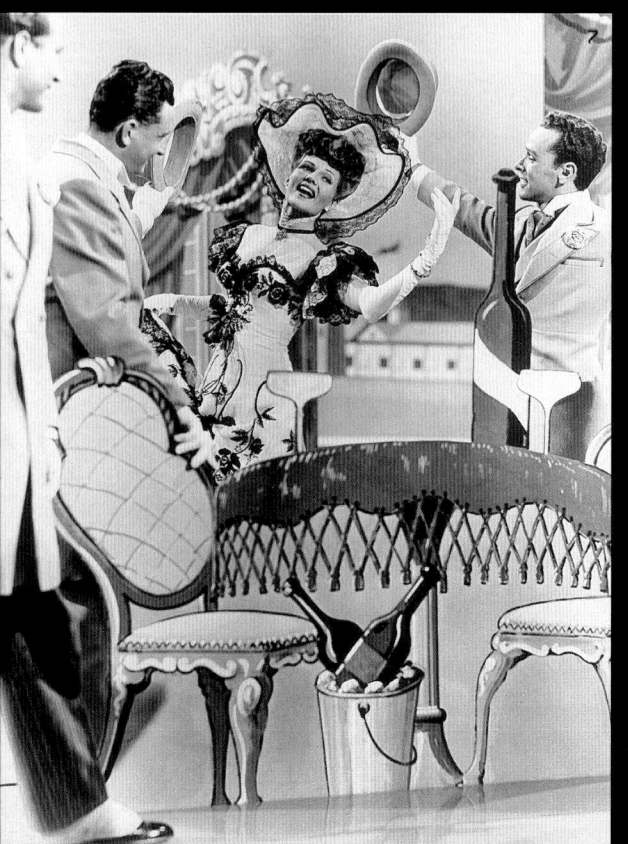

Wheaton und Coudair verkörpert Rusty das Unverfälschte, Authentische im Gegensatz zu ihrer oberflächlichen Glamourwelt.

So unterliegt Danny aufgrund von Coudairs Überredungskünsten dem gleichen Irrtum wie einst er selbst – nur dass diesmal eben Danny der Verlassene ist. Die narrativ geschickte Verknüpfung der beiden Liebesgeschichten hebt den Film über die ihm zuweilen von der Filmkritik attestierte Klischeehaftigkeit hinaus. Die Darstellung der ebenso lauten wie bunten Welt des Varietés verleiht ihm in der ersten Hälfte Authentizität, während die im Kern schwermütigere Stimmung der zweiten Hälfte durch die spaßigen Einlagen von Kelly und Silvers aufgehellt wird.

So verbindet *Cover Girl* etwa zehn Jahre nach der Wende des Musikfilms der Frühzeit hin zum klassischen Hollywood-Musical Motive und Charakteristika beider Stilformen. Wie in den Musikfilmen alter Prägung agieren hier Künstler als Hauptfiguren, Bühnenauftritte werden in die Handlung integriert, in deren Mittelpunkt eine – bzw. in diesem Falle sogar zwei – unglückliche Liebesgeschichten stehen. Auf der anderen Seite bemüht sich *Cover Girl* um einen deutlich beschwingteren Ton und eine durchweg optimistische Grundhaltung. Der Alkoholismus Rustys wird lediglich erwähnt, während die Militärzeit der beiden Freunde eher an eine heitere Landpartie erinnert. Im Unterschied zum Musikfilm der 30er Jahre wird jedes melodramatische Element vermieden und negative Töne sind durch das mit teilweise fast schon hysterischer Fröhlichkeit vorgetragene Motto ersetzt, das sicher auch als Durchhalteparole für die letzten Kriegsjahre verstanden werden kann: „The show must go on!"

SH

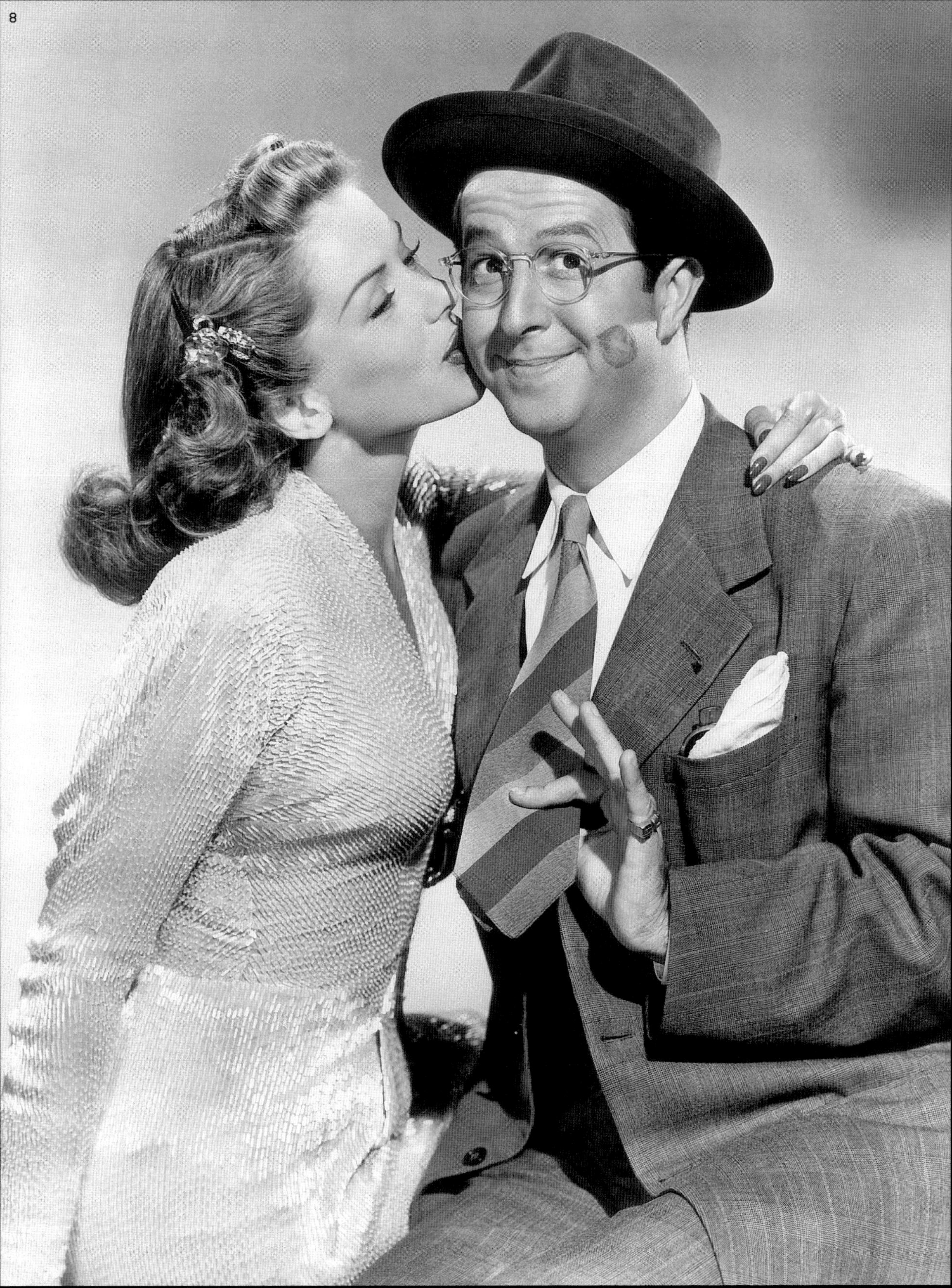

DIE DAMEN VOM BOIS DE BOULOGNE
Les Dames du Bois de Boulogne

1944/45 - FRANKREICH - 85 MIN. - S/W - GENRE DRAMA

REGIE ROBERT BRESSON (1901–1999)
BUCH ROBERT BRESSON, JEAN COCTEAU, nach einer Episode aus dem Roman „Jacques le fataliste et son maître"
von DENIS DIDEROT KAMERA PHILIPPE AGOSTINI SCHNITT JEAN FEYTE MUSIK JEAN-JACQUES GRÜNENWALD
PRODUKTION RAOUL PLOQUIN für LES FILMS RAOUL PLOQUIN.

DARSTELLER MARIA CASARÈS (Hélène), ELINA LABOURDETTE (Agnès), LUCIENNE BOGAERT (Madame D.), PAUL BERNARD (Jean), JEAN MARCHAT (Jacques), YVETTE ETIÉVANT (Zimmermädchen).

„Ich werde mich rächen."

Hélène (Maria Casarès) und Jean (Paul Bernard), beide Angehörige der Pariser Hautevolee, gaben sich vor Jahren das Versprechen, sich die Wahrheit zu sagen, sollten ihre Gefühle füreinander eines Tages erkalten. Als Jean ihren Jahrestag vergisst, ahnt Hélène, dass er sich nicht an die Abmachung hält. Und tatsächlich bringt sie ihn mit einer List zum Geständnis. Zutiefst verletzt sinnt Hélène daraufhin nach Rache.

Sie sucht Madame D. (Lucienne Bogaert) auf, eine frühere Nachbarin, die in finanzielle Not geraten ist und deren schöne Tochter Agnès (Elina Labourdette) ihren Lebensunterhalt als Cabaret-Tänzerin und Prostituierte verdient. Unter dem Vorwand, ihnen helfen zu wollen, macht Hélène die beiden von sich abhängig, um Agnès für ihren Racheplan einzuspannen. Sie arrangiert einen Spaziergang im Bois de Boulogne, bei dem sich Jean und Agnès kennen lernen. Wie von Hélène beabsichtigt, verlieben sich die zwei. Als die beiden, von Hélène gedrängt, schließlich heiraten, hat die Intrigantin ihr Ziel erreicht: Unmittelbar nach der Trauung offenbart sie Jean, dass er nun eine Hure zur Frau hat. Agnès bricht zusammen, Jean fährt außer sich mit dem Auto davon.

Les Dames du Bois de Boulogne ist der zweite erhalten gebliebene Spielfilm von Robert Bresson. Und wenngleich der Regisseur sich später unzufrieden über ihn äußerte, so gehört er doch zu den herausragenden französischen Filmen der 40er Jahre. Bresson selbst schrieb das Drehbuch nach Denis Diderots berühmtem Klassiker „Jacques le fataliste et son maître" und verlegte dessen Handlung in die Gegenwart. Für die Dialoge engagierte er Jean Cocteau.

1

„Maria Casarès beherrscht den Film in der Rolle der Verschmähten mit einer faszinierenden, gekonnt stets am Abgrund des Bösen balancierenden schauspielerischen Leistung. Ihr wunderschönes, maskenartiges Gesicht bleibt nach außen hin unbewegt.
Sie drückt sich allein durch ihre Augen aus, durch die einzigartige Kontrolle ihrer Stimme und eine geradezu unheimliche Fähigkeit, Böses anzudeuten." *Variety*

1   Falscher Glanz: Agnès (Elina Labourdette) finanziert sich nicht nur durch Tanzauftritte – sie prostituiert sich auch.
2   Die materielle Not macht Agnès und ihre Mutter zum idealen Werkzeug ...
3   ... in Hélènes Racheplan. Maria Casarès verkörpert die skrupellose Intrigantin mit eisiger Schönheit.

Die Aktualisierung des Stoffes trug im Zusammenspiel mit Cocteaus poetischer Sprache entscheidend zum außergewöhnlichen Zauber des Films bei, der bei seiner Erstaufführung kurz nach Kriegsende freilich kaum Zustimmung fand. Vielmehr mokierten sich Publikum und Kritik über seine vermeintliche Dekadenz. Erst als Bresson einige Jahre später mit T*agebuch eines Landpfarrers* (*Journal d'un curé de campagne*, 1950) der Durchbruch in Frankreich gelang, wurde auch der frühere Film neu beurteilt.

Les Dames du Bois de Boulogne weist noch nicht ganz die formale und inhaltliche Strenge späterer Filme Robert Bressons auf. Dennoch zeichnet sich die typische Handschrift des Regisseurs bereits ab. Es war der letzte Film, bei dem er mit professionellen Schauspielern arbeitete.

Doch mussten die Akteure ein zermürbendes Procedere über sich ergehen lassen, durch das sich Bresson gewissermaßen seiner späteren Konzeption näherte.

Um jegliche übertriebene Expressivität zu unterbinden, ließ er seine Schauspieler die Szenen so oft wiederholen, bis sie ihre Sätze geradezu mechanisch wiedergaben. Eine vergleichbare Mechanik charakterisiert auch den Blick der Kamera. Sie setzt die Darsteller ins Zentrum der Bilder und schafft zu ihnen Distanz. Bresson verweigert sich auf diese Weise einer oberflächlichen Psychologisierung seiner Figuren, die so ihr Geheimnis wahren.

Hélènes Intrige bildet den Motor der Handlung. Sie delegiert und manipuliert per Brief, Telefon oder Dienstboten. Ihr Reichtum verleiht ihr eine

ROBERT BRESSON   Robert Bresson gehört zu den großen Einzelgängern des europäischen Kinos und zu den wenigen französischen Regisseuren, die in den 50er Jahren von der Zeitschrift *Cahiers du Cinéma* zum *auteur* erhoben wurden. Der 1901 in Bromont-Lamothe in der Auvergne geborene Bresson promovierte in den Fächern Literatur und Philosophie und arbeitete zeitweise als Maler, bevor er in den 30er Jahren zum Film kam. Im Zentrum seines Werks steht die Auseinandersetzung mit dem katholischen Glauben. Es zeigt den Kampf des Individuums gegen vorherbestimmte Verhältnisse, der oft aussichtslos ist und durch den Zufall oder die Gnade Gottes bestimmt wird und in der Gefängnismetapher einen Ausdruck findet. Charakteristisch für Bressons Filme ist die Betonung kinematographischer Mittel. So arbeitete er von seinem vierten Film an mit Laiendarstellern. Bressons Kamerastil ist durch eine dokumentarisch anmutende Distanziertheit und durch kompositorische Strenge gekennzeichnet, die psychologisierende Effekte vermeidet. Menschen und Dinge sind in Bressons Filmen nie bloß Funktionsträger einer Geschichte, sie bewahren sich immer auch eine geheimnisvolle Autonomie. Zu seinen bekanntesten Filmen gehören *Tagebuch eines Landpfarrers* (*Journal d'un curé de campagne*, 1950), *Ein zum Tode Verurteilter ist entflohen* (*Un Condamné à mort s'est échappé/Le Vent souffle où il veut*, 1956), *Pickpocket* (1959), *Der Prozess der Jeanne d'Arc* (*Le Procès de Jeanne d'Arc*, 1961), *Zum Beispiel Balthasar* (*Au hasard Balthazar*, 1966) und *Mouchette* (1966). Bresson starb 1999 in Paris.

4 Mit der Hochzeit von Jean (Paul Bernard) und Agnès glaubt sich Hélène am Ziel: Ihr früherer Geliebter hat eine Frau geehelicht …

5 … von deren Vergangenheit als Prostituierte er nichts ahnt.

„Der Film ist so träge, so getragen, so konventionell und artifiziell wie ein Stummfilm und zeigt doch Bressons frühe Begabung, Stimmungsbildern und Stimmungen filmische Gestalt zu verleihen."

The New York Times

6   Rächerin am Telefon: Von unmittelbarer Kommunikation scheint Hélène ebenso abgeschnitten wie von Gefühlen. In ihrer Isoliertheit wird sie zur eigentlichen tragischen Gestalt des Films.

7   Anders als in seinen späteren Filmen zeigt Bresson die Liebe als Ausweg aus der existenziellen Einsamkeit des Menschen.

Macht, die sich in überlegenen kommunikativen Möglichkeiten niederschlägt. Doch verweist das Mittelbare ihrer Kommunikation stets auch auf eine Tragik ihrer Person, die im Moment ihres Triumphs augenscheinlich wird.

„Sie haben eine Hure geheiratet. Sie haben mir einen Streich gespielt, ich habe mich revanchiert", ruft Hélène und blickt höhnisch in Jeans Auto, als dieser versucht auszuparken. Während er das Fahrzeug hektisch vor- und zurücksetzt, erscheint ihr Gesicht mehrmals im Fenster. Der Rahmen untermalt Hélènes Sieg. Zugleich aber sperrt er sie ein. Bresson lässt hier die bekannte Gefängnismetapher seiner späteren Filme anklingen. Er zeigt Hélène in einer existenziellen Einsamkeit, die sie in Zukunft noch stärker gefangen halten wird.

Am Ende verzeiht Jean Agnès und erhebt sich damit über alle Rachepläne. Es war François Truffaut, der bemerkte, dass die Beziehung von Paul Bernard und Elina Labourdette in *Les Dames du Bois de Boulogne* der zwischen Josette Day und Jean Marais in Cocteaus *Es war einmal / Die Schöne und die Bestie* (*La Belle et la Bête*, 1946) gleicht. „Eine Liebe, die bis zur Unterwerfung geht, bis zur Selbstaufgabe."   UB

HEINRICH V.
Henry V

1944 - GROSSBRITANNIEN - 135 MIN. - FARBE - GENRE DRAMA

REGIE LAURENCE OLIVIER (1907–1989)
BUCH DALLAS BOWER, ALAN DENT, LAURENCE OLIVIER, nach dem gleichnamigen Bühnenstück
von WILLIAM SHAKESPEARE KAMERA ROBERT KRASKER, JACK HILDYARD
SCHNITT REGINALD BECK, LAURENCE OLIVIER MUSIK WILLIAM WALTON
PRODUKTION FILIPPO DEL GIUDICE, LAURENCE OLIVIER für TWO CITIES FILMS LTD.

DARSTELLER LAURENCE OLIVIER (König Heinrich V.), LESLIE BANKS (Erzähler),
RENÉE ASHERSON (Prinzessin Katharine), FELIX AYLMER (Erzbischof von Canterbury),
ESMOND KNIGHT (Fluellen), ROBERT NEWTON (Pistol), GEORGE ROBEY (Falstaff),
HARCOURT WILLIAMS (König Karl VI. von Frankreich), RUSSELL THORNDIKE (Herzog von Bourbon),
LEO GENN (Connétable von Frankreich).

ACADEMY AWARDS 1946 EHRENAUSZEICHNUNG für HERAUSRAGENDE LEISTUNGEN als Schauspieler, Produzent und Regisseur in der filmischen Umsetzung von HEINRICH V. (Laurence Olivier).

„Cry – God for Harry! England and Saint George!"

Es ist eine Binsenweisheit im Filmgeschäft, dass die schwächsten Vorlagen oft die stärksten Filme hervorbringen. Für Shakespeares Königsdrama „Heinrich V." gilt dies doppelt. Das episodenhaft strukturierte Bühnenstück wurde gleich zweimal kongenial verfilmt. Die frühe Version von Laurence Olivier war nicht nur seine erste Shakespeare-Adaption als Regisseur und Produzent. Sie setzte neue Maßstäbe, indem sie die Mittel des Mediums Film bewusst wahrnahm und damit das Werk des Barden einem großen Publikum nahe brachte – in Technicolor! Die Schlacht von Azincourt im Jahr 1415, im Stück eine schmerzliche Lücke, wird bei Olivier zum vitalen Zentrum.

Doch bevor sich die Handlung nach Frankreich ausdehnt, führt Olivier uns tief hinein in die Zeit Shakespeares. Im Londoner Globe Theatre erleben wir eine Aufführung des Stücks, wie sie das Publikum um 1600 sah. Während die Schauspieler hinter der Bühne ihre Kostüme anlegen, bittet ein Erzähler (Leslie Banks) um die Gunst der Zuschauer. Die Atmosphäre im berühmten „hölzernen O" ist ausgelassen. Unter dem Johlen der Menge weist Heinrich (Laurence Olivier) das Friedensangebot des französischen Königs ab. Mit dem Segen der Kirche will er ihm die Erbfolge streitig machen. Es beginnt zu regnen. Die Kamera wandert durch den Vorhang, bis wir uns schließlich am Strand von Southampton befinden, wo Heinrich seine Truppen sammelt. Nach und nach weichen die hölzernen Kulissen realistischeren Schauplätzen, die Schauspieler wirken zunehmend natürlich, ihre Gesichter verlieren das Maskenhafte. Die Bilder übernehmen, was der Erzähler auf der Bühne vom Publikum eingefordert hat: die Phantasie walten zu lassen, zu ergänzen, was das Theater mit seinen bescheidenen Mitteln nicht darstellen kann. Und so kann die Schlacht beginnen. Soldaten kreuzen ihre Waffen. Pferde blähen ihre Nüstern in Großaufnahme. Am Ende ist die französische Übermacht besiegt, Heinrich besiegelt den Frieden durch die Heirat mit Prinzessin Katharina (Renée Asherson). Wie durch Zauberhand befinden wir uns wieder im Globe Theatre, und die Schauspieler erhalten den verdienten Beifall.

Olivier mobilisiert Shakespeare, allerdings ohne revolutionäre Absichten. Die Schlacht bei Azincourt wird keineswegs naturalistisch dargestellt, ebenso wenig werden die Charaktere ihrer subtilen Stilisierung beraubt. Heinrich, in seiner Jugend ein zügelloser Draufgänger, ist nun der starke Führer seines Landes, der seine Männer mit ungebrochener Überzeugungs-

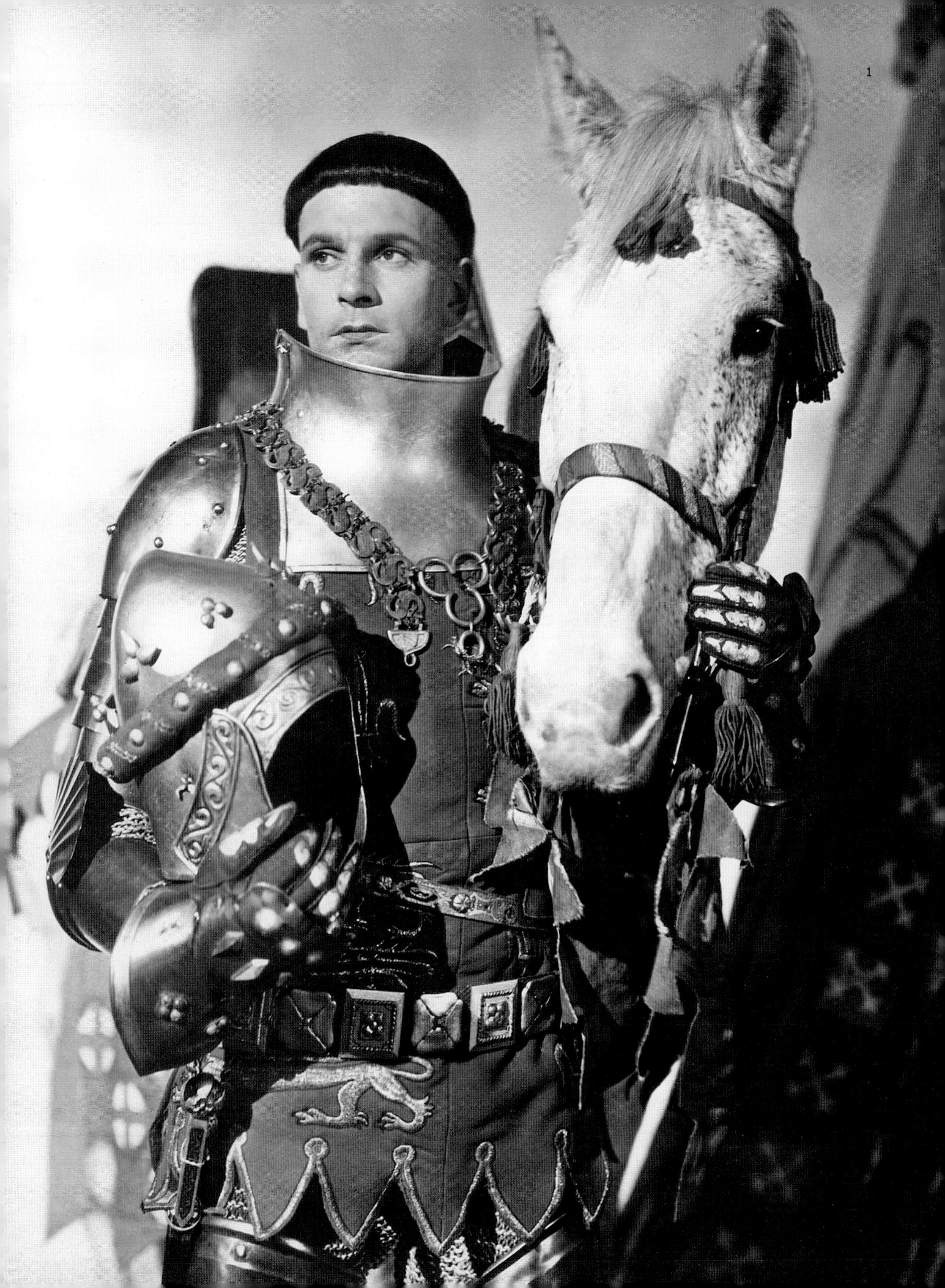
1

2

Kraft nach vorne treibt. Seinen besten Moment aber hat der Film in der Nacht vor dem blutigen Gemetzel, als der König inkognito durchs Lager streift und mit der Furcht seiner Soldaten konfrontiert wird. „Few die well, that die in a battle" – das sind Worte, die ihn die Last seiner königlichen Verantwortung spüren lassen. Das britische Publikum konnte sich dadurch, im Kriegsjahr 1944, direkt angesprochen fühlen. Und dies war offenkundig auch das eigentliche Ziel der Produktion: *Heinrich V.* ist ein cleverer Propagandafilm, der zu den Waffen ruft, aber die Sorgen einer zermürbten Bevölkerung ernst nimmt. Die Schlachtszenen mussten nicht zuletzt deshalb im neutralen Irland gedreht werden, weil der Himmel über England voller Kampfflugzeuge war.

Kenneth Branaghs spätere Verfilmung konnte sich solche Rücksichten sparen. Sein *Henry V* (1989) kommt dem Original der Vorlage näher, indem

1 Unstrittige Erbfolge: Laurence Olivier war der größte Shakespeare-Schauspieler des 20. Jahrhunderts.

2 Humoristischer Höhepunkt: Heinrich wirbt um Prinzessin Katharine (Renée Asherson). Die Dame spricht nur französisch.

3 Die Szenen am französischen Hof ähneln Darstellungen auf Gobelins der Renaissance-Zeit.

4 Die liebevoll gemalten Kulissen sollen die Realität nicht ersetzen. Olivier fordert die Zuschauer vielmehr auf, wie im Theater die Phantasie walten zu lassen. Erst in den Schlachtszenen wird er auf dieses Stilmittel verzichten.

„Die Gewalt bricht explosionsartig hervor, als die Schlacht von Azincourt beginnt. Die lärmenden Vorbereitungen der Waffenmeister, das Spannen der Bogen und das Aufeinanderprallen stahlbehelmter Ritter wird lebensecht nachgestellt. Hat es je eine packendere und schaurigere Darstellung einer Reiterattacke gegeben?" *The New York Times*

5

5 Tableau vivant in Technicolor:
Der Herzog von Bourbon (Russell Thorndike) sammelt die französischen Truppen zur Schlacht von Azincourt. Die „Massenszenen" dürften heutige Zuschauer allerdings kaum mehr beeindrucken.

6 Kämpfen und an England denken:
Mit Shakespearescher Sprachgewalt schickt Heinrich seine Männer in die Schlacht.

„Seid nun ein Vorbild Menschen gröbern Bluts, und lehrt sie Krieg zu führen!" *Filmzitat: Heinrich V. (Laurence Olivier)*

hier etwa die fadenscheinigen Gründe des Feldzugs deutlicher hervorgehoben werden. Auch der aggressive und blutrünstige Charakter der Hauptfigur kommt stärker zum Ausdruck. Heinrich ist nicht nur der patriotische Held, sondern auch verschlagen und grausam im Umgang mit Verrätern oder unterlegenen Gegnern. Die Schlacht schließlich gleicht keinem Renaissancegemälde wie bei Olivier. Sie ist gemalt mit Blut, Schweiß und Dreck. Doch natürlich gibt es nur einen Laurence Olivier. Sein Vortrag trifft die Klarheit der Bilder, untermauert die Poesie der Verse mit der Kraft der Prosa. Für Drehbuch und Regie erhielt er sogar eine Ehrenauszeichnung bei der Oscar-Verleihung. PB

TWO CITIES

Die 40er Jahre gelten als das „goldene Zeitalter" des britischen Films. Vor allem der Name Two Cities bürgte damals für intelligentes Qualitätskino mit hohem Unterhaltungswert. Hier führte David Lean das erste Mal Regie. Nach Vorlagen des Multi-Entertainers Noël Coward filmte er zunächst das engagierte Kriegsdrama *In Which We Serve* (1942), kurz darauf den Kleine-Leute-Film *Wunderbare Zeiten* (*This Happy Breed*, 1944). Laurence Oliviers grüblerischer *Hamlet* (1948) entstand ebenso bei Two Cities wie der Luftwaffenfilm *The Way to the Stars* (1945) und Carol Reeds packende IRA-Erzählung *Ausgestoßen* (*Odd Man Out*, 1947) mit James Mason.

Gegründet wurde die Produktionsgesellschaft, deren Filme vom Ideal englischer Reserviertheit geradezu beseelt waren, im Jahr 1937 von zwei italienischen Flüchtlingen. Dass sie ihr Land wegen Mussolini verlassen hatten, schützte Filippo Del Giudice und Mario Zampi allerdings nicht vor einer kurzzeitigen Internierung. Del Giudice wurde bekannt für finanzielle Großzügigkeit und sein Talent, einem Regisseur auch künstlerisch jeden Freiraum zu schaffen. Für den Big-Budget-Film *Heinrich V.* (*Henry V*, 1944) allerdings musste er sich mit der mächtigen Produktionsfirma Rank Organisation zusammentun. Das Imperium des extrem konservativen Methodisten J. Arthur Rank sollte informell als Verleiher auftreten. Diese Politik ließ sich auf Dauer nicht durchhalten. Nach 1947 wurde Two Cities, zu Del Giudices großer Enttäuschung, nach und nach in die Rank Organisation eingegliedert.

LAURA
Laura

1944 - USA - 88 MIN. - S/W - GENRE THRILLER

REGIE OTTO PREMINGER (1905–1986)
BUCH JAY DRATLER, SAMUEL HOFFENSTEIN, ELIZABETH REINHARDT, nach dem gleichnamigen Roman von VERA CASPARY KAMERA JOSEPH LASHELLE SCHNITT LOUIS R. LOEFFLER MUSIK DAVID RAKSIN PRODUKTION OTTO PREMINGER für 20TH CENTURY FOX.

DARSTELLER GENE TIERNEY (Laura Hunt), DANA ANDREWS (Mark McPherson), CLIFTON WEBB (Waldo Lydecker), VINCENT PRICE (Shelby Carpenter), JUDITH ANDERSON (Ann Treadwell), DOROTHY ADAMS (Bessie Clary), JAMES FLAVIN (McEveety), CLYDE FILLMORE (Bullitt), RALPH DUNN (Fred Callahan), JOHN DEXTER (Künstler).

ACADEMY AWARDS 1944 OSCAR für die BESTE KAMERA (Joseph LaShelle).

„I shall never forget the weekend Laura died."

Polizei-Detektiv Mark McPherson (Dana Andrews) soll den Mord an der attraktiven Laura Hunt (Gene Tierney) aufklären, die tot in ihrem New Yorker Apartment aufgefunden wurde. Schon bald sieht er sich mit einem illustren Kreis von Verdächtigen konfrontiert, insbesondere mit Lauras früherem Förderer, dem exzentrischen Starkolumnisten Waldo Lydecker (Clifton Webb), und ihrem Verlobten Shelby Carpenter (Vincent Price), einem ebenso eitlen wie willensschwachen Lebemann. Je mehr McPherson bei seinen Ermittlungen über Laura erfährt, desto stärker gerät er in den Bann der schönen Toten. Eines Abends, als er noch einmal einsam ihre Wohnung durchstöbert, schläft der Polizist im Sessel vor Lauras lebensgroßem Porträt ein. Als er erwacht, steht sie leibhaftig vor ihm.

Kaum weniger spannend als der Film selbst ist die Entstehungsgeschichte von *Laura*, die überschattet ist vom zähen Ringen Otto Premingers mit dem mächtigen Studio-Boss Darryl F. Zanuck. Obwohl Preminger sich für das Projekt stark gemacht hatte, verweigerte ihm Zanuck beharrlich die Regie, angeblich weil er ihn für einen besseren Produzenten hielt. Preminger ließ jedoch nicht locker. Einen Monat nach Drehbeginn gelang es ihm schließlich, Zanuck davon zu überzeugen, dass er der richtige Mann für die Regie sei, und löste Rouben Mamoulian am Set ab – was freilich nicht bedeutete, dass Zanuck sich fortan aus den Dreharbeiten heraushielt. So markiert ein Film Premingers Durchbruch als Regisseur in Hollywood, bei dem kaum abzuschätzen ist, ob Mamoulian und Zanuck womöglich maßgeblich am Ergebnis beteiligt waren.

Dem Film selbst, längst ein Klassiker des Film noir, sind diese Turbulenzen nicht anzumerken. Auch heute noch fasziniert *Laura* durch seine Eleganz und durch eine Extravaganz, die sich nicht allein in seinem bizarren

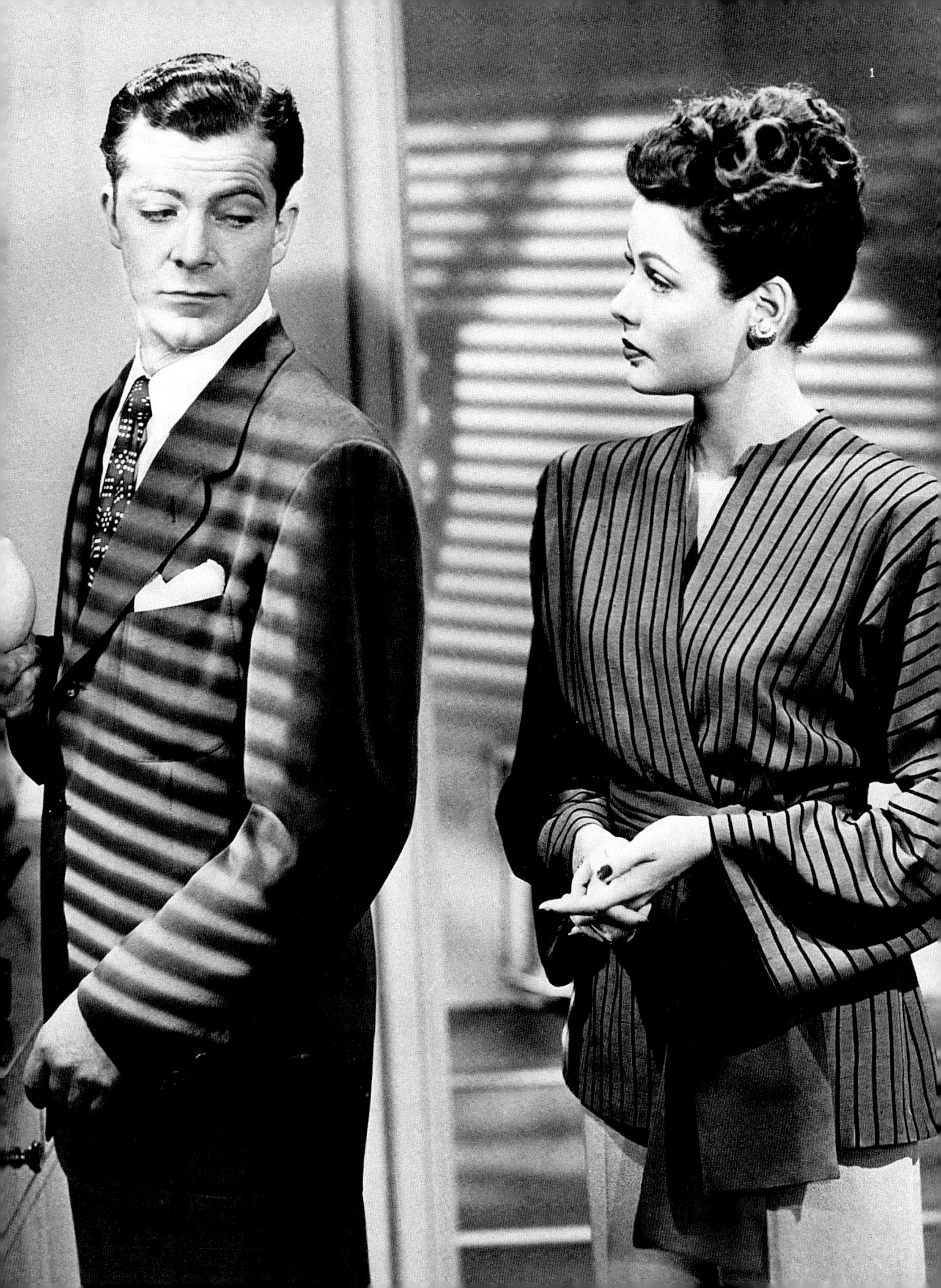
1

GENE TIERNEY   Sie zählte zu den atemberaubendsten Schönheiten im Hollywood-Kino der 40er Jahre und war somit geradezu die Idealbesetzung für *Laura* (1944). Gene Tierney, dunkelhaarig, mit markanten Wangenknochen und strahlendem Lachen, entstammte einer wohlhabenden New Yorker Familie. Ihr Vater schickte die 1920 in Brooklyn Geborene nicht nur auf die besten Schulen, sondern förderte auch ihre Theaterambitionen nach Kräften. So landete Tierney mit 19 Jahren am Broadway. Dort fiel sie Darryl F. Zanuck auf, der sie für Fox unter Vertrag nahm und ihre Karriere lancierte. Binnen kurzer Zeit etablierte sie sich als Star. In Filmen wie *Rache für Jesse James* (The Return of Frank James, 1940; Regie: Fritz Lang), *Tabakstraße* (Tobacco Road, 1940/41; Regie: John Ford), *Abrechnung in Shanghai* (The Shanghai Gesture, 1941; Regie: Josef von Sternberg) oder *Ein himmlischer Sünder* (Heaven Can Wait, 1943; Regie: Ernst Lubitsch) arbeitete sie mit einigen der besten Regisseure ihrer Zeit. Ihre neben Laura wohl schönste Rolle hatte sie jedoch in Joseph L. Mankiewicz' romantischer Spukgeschichte *Ein Gespenst auf Freiersfüßen* (The Ghost and Mrs. Muir, 1947) – als einsame Witwe, die sich in den von Rex Harrison gespielten Geist eines Seemannes verliebt. Wenngleich Tierneys einnehmende Ausstrahlung sie für positive Figuren prädestinierte, überzeugte sie durchaus auch in abgründigen Rollen, wie etwa in John M. Stahls *Todsünde* (Leave Her to Heaven, 1945), in dem sie eine der schwärzesten Femmes fatales des Film noir verkörperte. Tierneys Karriere wurde durch schwere Schicksalsschläge erschüttert. Depressionen zwangen sie Mitte der 50er Jahre, sich in psychiatrische Behandlung zu begeben. Erst 1962 kehrte sie zur Leinwand zurück, drehte jedoch nur noch wenige Filme. Sie starb 1991 in Houston, Texas.

1 Der Cop und sein Ideal: Als vermeintlich Tote erscheint Laura (Gene Tierney) für McPherson (Dana Andrews) als Traumfrau. Lebendig löst sie bei ihm dagegen Irritationen aus.

2 Ihre außergewöhnliche Schönheit machte Gene Tierney zur perfekten „Laura". Vincent Price (l.), später Horror-Star bei Roger Corman, brillierte als ihr eitler Verlobter.

3 Clifton Webb bildet als exzentrischer Schriftsteller Waldo Lydecker das geheime Zentrum des Films. Im lakonischen Dana Andrews fand er seinen idealen Gegenspieler.

„*Laura* ist vor allem ein Liebesgedicht an die Actrice Gene Tierney, damals die geheimnisvollste und schönste Frau von Hollywood."

Süddeutsche Zeitung

Personal äußert, sondern auch formal. Die subtile Kameraarbeit Joseph LaShelles verleiht der neurotischen Love-Story des Polizisten zu der nur vermeintlich Ermordeten einen traumhaften Zauber und wahrt zugleich Distanz zum Helden. Es scheint geradezu, als greife die Kamera die sprachliche Gewandtheit des Erzählers auf. Denn es sind Lydeckers Worte, die als Voiceover in das Geschehen einführen, und es sind auch seine hymnischen Schilderungen, durch die McPherson Laura kennen und lieben lernt.

Je länger jedoch der Film McPherson bei seinen Ermittlungen folgt, desto mehr gerät Lydecker als Erzähler in Vergessenheit, bis ihn schließlich die Filmhandlung sogar gänzlich absorbiert und auslöscht: Als Mörder entlarvt, der in blinder Eifersucht die falsche Frau getötet hat, wird er im Showdown von der Polizei erschossen.

Der Tod des Erzählers ist unlogisch und doch zugleich konsequent. Denn Laura, seit Petrarca der Inbegriff der idealen Frau, erwacht zunächst allein in Lydeckers Erinnerungen zum Leben. Sie ist seine Schöpfung. Nach ihrer Rückkehr steht die „reale" Laura geradezu in unversöhnlicher Konkurrenz zu seinem Ideal. Da sie diesem nicht entspricht, reagiert Lydecker mit tödlichem Zorn, droht doch das prosaische Leben seinen süßen Wahn zu zerstören.

Dass der Film mit Lydeckers Tod schließt, weist ihn deutlich als kritischen Kommentar zum Frauenbild des damaligen Kinos aus: Denn dass die Fiktion in dem Augenblick abbricht, als sich Laura von Lydeckers Zugriff befreit, zeigt auch, dass weibliche Subjektivität im klassischen Hollywood keinen Platz hat.

4

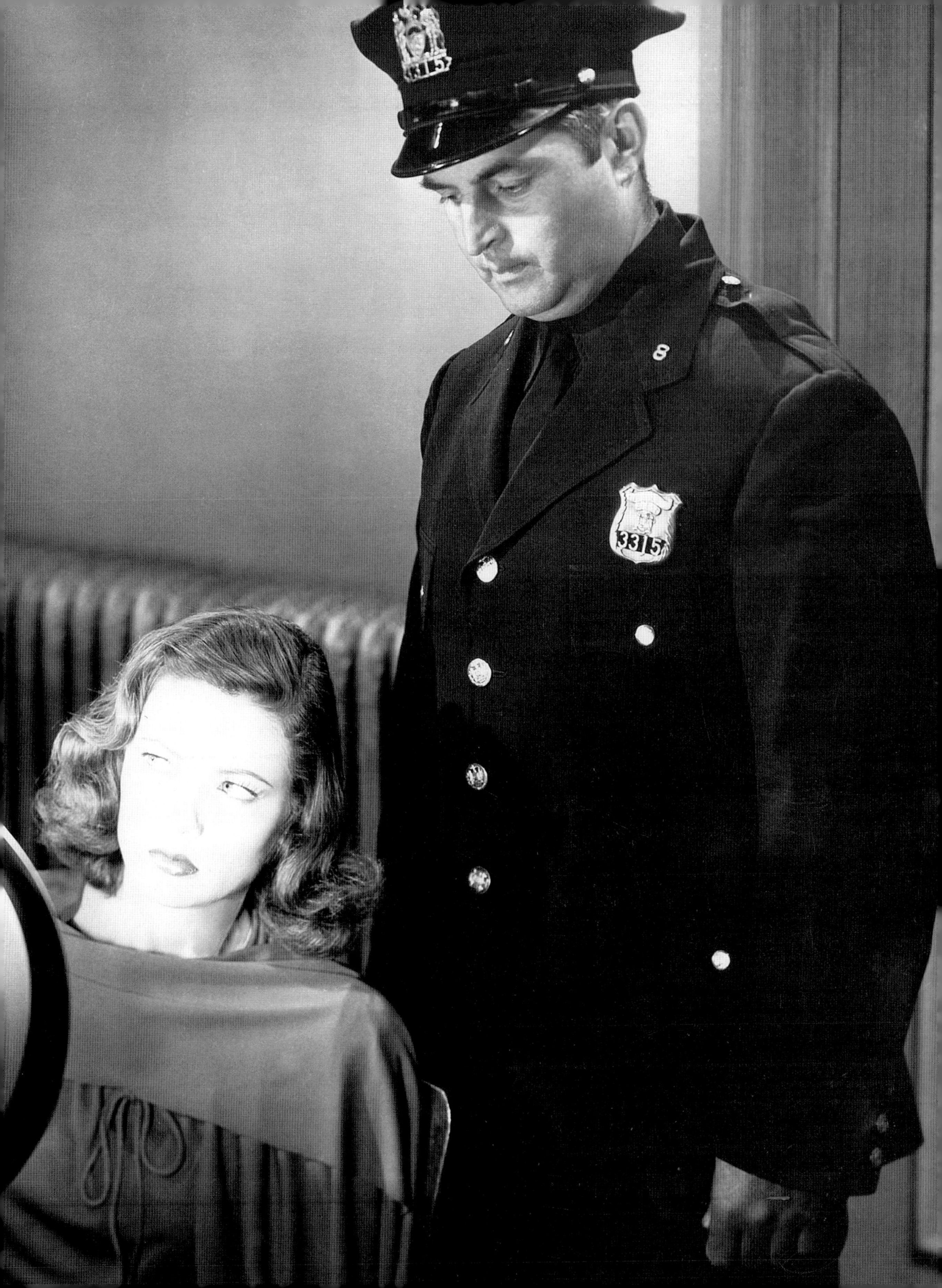
3315
8
3315

4 Realität oder Projektion: *Laura* ist auch eine Reflexion über den männlichen Blick des Kinos.

5 Konstruktionen des Weiblichen: Wie in vielen Films noirs entwickelt der männliche Held eine fetischistische Faszination für ein Frauenporträt.

6 Lydecker ist der eigentliche Erzähler von *Laura*. Dass er am Ende umkommt, belegt die Extravaganz von Otto Premingers Film.

7 Für einen Film noir ist *Laura* untypisch hell ausgeleuchtet. Seine traumhafte Atmosphäre erzielt der Film auf ungewöhnlich subtile Weise.

Premingers Film enttarnt die Phantasie des snobistischen Literaten in ihrer ganzen Irrealität und Gewalttätigkeit, zeigt aber gleichermaßen ihre Anziehungskraft: Nicht nur McPherson verfällt dem Zauber der idealen Laura, die in Gene Tierney eine wunderbare Verkörperung findet. Der Moment, in dem der Polizist erwacht, bringt ebenso für den Zuschauer zumindest kurzzeitig eine Ernüchterung mit sich. Doch die geht vorüber, und so funktioniert *Laura* auch als romantische Erzählung, zumal sie von David Raksins berühmter Filmmusik überaus wirkungsvoll untermalt wird. Mag Lauras wunderbare Auferstehung durch eine profane Verwechslung erklärt werden, letztlich triumphiert durch sie die Liebe über den Tod. Und sei es nur im Traum: Denn ob McPherson wirklich aus seinem Schlummer erwacht, das lässt der Film offen.

JH

„Ich muss schon sagen: Für eine reizende, kluge Frau haben Sie sich mit einer beachtlichen Sammlung von Trotteln umgeben."

Filmzitat: Mark McPherson (Dana Andrews)

„Produzent und Regisseur Otto Preminger, die Drehbuchautoren Sam Hoffenstein, Jay Dratler und Betty Reinhardt und eine gute Besetzung lassen das Publikum gemeinsam 88 Minuten lang angestrengt rätseln, ohne es am Ende zu enttäuschen. Das ist wahre Erzählkunst." *Variety*

IWAN DER SCHRECKLICHE, TEIL I, II
Ivan Groznyj I, II

1944/46 - UdSSR - 99/88 MIN. - S/W, FARBE - GENRE HISTORIENFILM, DRAMA

REGIE SERGEJ M. EISENSTEIN (1898–1948)
BUCH SERGEJ M. EISENSTEIN KAMERA ANDREJ MOSKWIN, EDOUARD TISSÉ SCHNITT SERGEJ M. EISENSTEIN
MUSIK SERGEJ PROKOFJEW PRODUKTION SERGEJ M. EISENSTEIN für ALMA ATA STUDIO.

DARSTELLER NIKOLAI TSCHERKASSOW (Zar Iwan), LUDMILLA ZELIKOWSKAJA (Anastasia), MICHAIL SHAROW (Maljuta Skuratow), AMWROSSI BUTSCHMA (Alexej Basmanow), ANDREJ ABRIKOSSOW (Philipp), SERAFIMA BIRMAN (Jefrossinja Starizkaja), MICHAIL NASWANOW (Fürst Andrej M. Kurbski), PAWEL KADOTSCHNIKOW (Vladimir), ANDREJ ABRIKOSSOW (Kolychev), WSEWOLOD PUDOWKIN (Nikola, der Bettler), ERIK PYRYEV (Iwan als Kind), ALEXANDER MGEBROW (Erzbischof Pimen).

„Zwei Römische Reiche sind dahin, ein drittes – Moskau – entsteht gerade."

Eine riesenhafte, düstere Kirche. Erhoben auf einem Podest steht ein geistlicher Würdenträger, ihm zu Füßen kniet ein weltlicher. Dieser setzt sich selbst die pelzbesetzte Zarenkrone auf und bekommt dann Zepter und Reichsapfel verliehen. Und erst jetzt – gekrönt – sehen wir ihn von vorn: Zar Iwan (Nikolai Tscherkassow), der erste Herrscher aller Russen. Doch noch bevor wir ihn sehen, haben wir die Stimmen der Kritiker und Intriganten gehört, derjenigen, die um ihre Pfründen fürchten.

Meisterregisseur Sergej M. Eisenstein widmet dem Zaren Iwan (1530–1584) eine monumentale zweiteilige Filmbiographie und schenkt ihm zu Anfang das, was man heute einen Star-Auftritt nennen würde. Mit dem Zeichen der uneingeschränkten Macht versehen, groß, einer Statue gleich, mit starr-entschlossenem Blick und erhobenem Kopf steht Iwan da. Er scheint in dem dunklen Kirchengewölbe zu leuchten, dann wird er mit glitzernden Münzen übergossen, und um ihn herum bildet sich eine strahlende Aura. Doch nicht nur die Macht und Entschlossenheit des neuen Herrschers ist von Anfang an spürbar, auch die Verschlagenheit und Entschlossenheit seiner Gegenspieler. Und so wird Iwans Herrschaft als ein einziger großer Krieg gezeigt. Nach innen kämpft er gegen die alteingesessene Feudalaristokratie

1

1 Er ist uneingeschränkter Herrscher und fühlt sich doch von allen Seiten bedroht: Zar Iwan (Nikolai Tscherkassow).

2 Sonst kann er keinem mehr trauen: Iwan lässt sich von einem einfachen Mann beraten, von Maljuta Skuratow (Michail Sharow, l.).

3 Zurück aus dem Kasan-Feldzug, erkrankt Iwan schwer, seine Frau Anastasia (Ludmilla Zelikowskaja) pflegt ihn. Bald wird sie das Opfer der Bojaren werden.

„Beherrschendes Stilelement ist in diesem Film die expressionistische Schauspielkunst, wobei Eisenstein sich für die äußere Erscheinung Iwans von El Greco anregen ließ." *Reclams Filmführer*

„Wir wollen aus ‚Iwan dem Schrecklichen' nicht ‚Iwan den Süßen' machen. Keinen Tropfen vergossenen Blutes werden wir in der Biografie verheimlichen."

Sergej M. Eisenstein

der Bojaren, in deren Zentrum seine intrigante Tante Jefrossinja (Serafima Birman) steht, die sogar Iwans Frau Anastasia (Ludmilla Zelikowskaja) ermorden lässt. Nach außen führt er verschiedene Eroberungskriege, um sein Reich zu vergrößern. Mit der Niederlage im Livländischen Krieg (1558–1582) endet der zweite Teil, ein geplanter dritter Teil kam nicht mehr zustande.

„*Iwan der Schreckliche* ist einer der manieriertesten und stilisiertesten Filme, die je gedreht wurden", schrieb der englische Filmproduzent Ivor Montagu 1968 – und das gilt bis heute. Eisenstein hatte auf Tausenden von Zeichnungen den Film vorab entworfen. Einflüsse der Malerei, des russischen und japanischen Theaters und des deutschen expressionistischen Films verarbeitete er zu Bildkompositionen, die in ihrer hochgradigen Stilisierung ihresgleichen suchen. Extreme Hell-Dunkel-Konstraste, verzerrte Perspektiven, bizarre, übergroße Schatten und ein zu Überzeichnungen und zum Artifiziellen neigender Schauspielstil – das sind die Bestandteile von Eisensteins Bildsprache. Die effektvolle Montage, die seine übrigen Filme ästhetisch bestimmt (siehe Glossar) spielt hier keine so ausgeprägte Rolle. Immer wieder weidet sich die Kamera von Andrej Moskwin (Innenaufnahmen) und Edouard Tissé (Außenaufnahmen) an den kunstvoll gestalteten Tableaus opulenter Massenszenen. Das Bankett im letzten Drittel des zweiten Teils, der sonst wie der erste Teil schwarz-weiß ist, inszenierte Eisenstein gar in Farbe – das einzige Stück Farbfilm, das er je drehte. Beide Teile sind mit Prokofjews oft von Chören getragener Musik unterlegt, und so ergibt sich fast der Eindruck einer Oper. Es ist wohl kein Zufall, dass Eisenstein kurz zuvor am Moskauer Bolschoi-Theater Wagners „Walküre" inszeniert hat.

Iwan der Schreckliche war eine Auftragsarbeit. Zweimal hatte die Staatsführung unter Josef Stalin dem berühmtesten sowjetischen Regisseur angetragen, Stalins Biografie zu verfilmen. Nun wurde ein schöngefärbtes Porträt Stalins im Gewande einer Iwan-Biografie erwartet. Eisenstein indes verweigerte sich dem. Vor allem im zweiten Teil zeichnet er das Bild eines Herrschers, der einerseits seine Gegner mit blutigem Terror bekämpft und der andererseits immer mehr vereinsamt und darunter persönlich leidet. Den offiziellen Erwartungen dürfte das kaum entsprochen haben.

Stalin selbst war der Zar zu unentschlossen dargestellt. Der erste Teil des Films erhielt noch 1945 den Stalinpreis, der zweite wurde im gleichen Jahr verboten und erst 1958, fünf Jahre nach Stalins Tod, uraufgeführt.

HJK

„In den labyrinthischen Interieurs des Kreml bewegen sich die Gestalten des Films oft an ernsten und nachdenklichen Ikonen-Bildern vorbei, die wie aus einer jenseitigen Welt das Geschehen zu betrachten und zu richten scheinen." *Ulrich Gregor und Enno Patalas: Geschichte des Films*

4   Der Klerus ist immer dabei: der Nowgoroder Erzbischof Pimen (Alexander Mgebrow, r.).

5   Schon früh zum Regieren erzogen: Iwan als Kind (Erik Pyryev).

6   Noch ist er stolz und stark und vermeintlich ohne Gegner: Iwan bei seiner Inthronisation.

7   Eine Intrige von Iwans Tante Jefrossinja: Sie bringt ihren schwachsinnigen Sohn Vladimir (Pawel Kadotschnikow, M.) auf den Zaren-Thron, Iwan (r.) spielt das Spiel zur Tarnung mit.

SERGEJ M. EISENSTEIN   Soldatenstiefel marschieren unaufhaltsam eine Treppe hinunter. Schnitt. Die Soldaten schießen immer wieder in die Menschenmenge. Schnitt. Eine Mutter hält ihnen ihr totgetrampeltes Kind entgegen. Schnitt. Ein Kinderwagen mit einem schreienden Baby darin holpert die Treppe hinunter. Und dazwischen immer wieder marschierende Soldatenstiefel. Die Treppenszene in *Panzerkreuzer Potemkin* (*Bronenosec Potjomkin*, 1925), Eisensteins Film über eine Matrosenrevolte im Jahre 1905, ist berühmt und wird u. a. in Brian De Palmas *The Untouchables – Die Unbestechlichen* (*The Untouchables*, 1986) zitiert. Sie steht prototypisch für die Art der Filmmontage, die der sowjetische Meisterregisseur Sergej Eisenstein entwickelt hat.
Die Montage – das Zusammenfügen von Filmmaterial, das aus verschiedenen Kameraeinstellungen aufgenommen wurde – war für Eisenstein das wichtigste Bauprinzip des Films. Er setzte die Montage jedoch nicht nur ein, um die Handlung fortzuführen, er wollte Statements formulieren, wollte Effekte erzielen. Tote Kinder, weinende Mütter und dazwischen Soldatenstiefel – das ist eine Verknüpfung von Motiven, die einen packt und erschüttert, bis heute. *Panzerkreuzer Potemkin* ist einer von vier Filmen, die Eisenstein in den 20er Jahren kurz nacheinander inszenierte und die den 1898 in Riga (Lettland) geborenen Eisenstein weltberühmt machten; dazu gehören *Streik* (*Statschka*, 1924), *Oktober* (*Oktjabr*, 1927), *Die Generallinie/Das Alte und das Neue/Der Kampf um die Erde* (*Generalnaja Linija/Staroje i nowoje*, 1929). Erst 1938 sollte Eisenstein wieder einen Spielfilm beenden: das antideutsche Historienepos *Alexander Newsky* (*Alexander Newskij*). In der Zwischenzeit gab es zahlreiche unvollendete Projekte, Eisenstein reiste durch Europa und Amerika und veröffentlichte theoretische Schriften zum Film und Theater. Danach drehte Eisenstein nur noch die beiden Teile von *Iwan der Schreckliche Teil I, II* (*Ivan Groznyj I, II*, 1944/46). Der geplante dritte Teil kam nicht mehr zustande, der Regisseur starb 1948, drei Wochen nach seinem 50. Geburtstag, in Moskau an Herzversagen.

MEET ME IN ST. LOUIS
Meet me in St. Louis

1944 - USA - 113 MIN. - FARBE - GENRE MUSICAL

REGIE VINCENTE MINNELLI (1903–1986)
BUCH IRVING BRECHER, FRED F. FINKLEHOFFE, nach Geschichten von SALLY BENSON
KAMERA GEORGE J. FOLSEY SCHNITT ALBERT AKST MUSIK HUGH MARTIN und RALPH BLANE (Songs), GEORGE E. STOLL PRODUKTION ARTHUR FREED für MGM.
DARSTELLER JUDY GARLAND (Esther Smith), MARGARET O'BRIEN („Tootie" Smith), TOM DRAKE (John Truett), LEON AMES (Mr. Alonzo Smith), MARY ASTOR (Mrs. Anna Smith), LUCILLE BREMER (Rose Smith), MAJORIE MAIN (Katie), JUNE LOCKHART (Lucille Ballard), HARRY DAVENPORT (Grandpa), JOAN CARROLL (Agnes Smith).

„It'll take me at least a week to dig up all my dolls in the cemetery."

Großfamilie Smith lebt glücklich und zufrieden im St. Louis des Jahres 1903. Ein Jahr lang begleitet der Film die wohlhabende „all american family", jede Jahreszeit wird, beginnend mit dem Sommer, durch eine Fotoalbumansicht des Hauses der Smith eingeleitet. Das Stilmittel ist Programm, erinnert der Film, der das ebenso fröhliche wie ereignislose Familienleben mit sorgsam arrangierten Technicolor-Bildern erzählt, doch selbst an ein Fotoalbum. Für den lockeren Zusammenhalt der einzelnen Episoden sorgen im Grunde nur die Liebesgeschichte zwischen Esther (Judy Garland) und dem unbeholfenen Nachbarsjungen John Truett (Tom Drake) sowie das Ereignis, dem alle Beteiligten entgegenfiebern: die Weltausstellung von 1904 in St. Louis, die im Laufe der Handlung immer wieder in Form der titelgebenden Hymne der Ausstellung ins Gedächtnis gerufen wird.

Bis dahin üben sich die Schwestern Esther und Rose (Lucille Bremer) in Eheanbahnung, Mutter Anna (Mary Astor) streitet sich mit Haushälterin Katie (Majorie Main) über die richtige Zusammensetzung des selbstgebrauten Ketchups, und Vater Alonzo Smith (Leon Ames) bemüht sich, das familiäre Chaos mit patriarchalischer Strenge zu regieren, was ihm aber wegen seines im Grunde gutmütigen Charakters sowie der erdrückenden Übermacht der weiblichen Familienmitglieder nur höchst unzureichend gelingt.

Den Familienalltag setzt Regisseur Vincente Minnelli mit viel Witz und Sinn fürs pittoreske Detail in Szene. So erfährt der Zuschauer, welche Probleme daraus entstehen können, wenn das einzige Telefon des Hauses ausgerechnet im Esszimmer aufgehängt ist. Nur einmal, als Vater Alonzo nach New York versetzt werden soll, gerät der Familienfrieden tatsächlich ins Wanken, doch es ist klar, dass am Ende die Heimatverbundenheit über die Verlockungen der Großstadt siegen wird.

Meet Me in St. Louis beruht auf den Kindheitserinnerungen der New Yorker Autorin Sally Benson. Im wirklichen Leben ist die Geschichte also ganz anders ausgegangen. Doch hier geht es natürlich nicht um Authentizität und auch nicht um eine spannende Geschichte, sondern um die Beschwörung einer vergangenen Epoche, der „guten alten Zeit" mit ihren Werten, Traditionen und Hoffnungen.

Sally Benson selbst wird im Film durch die Figur der jüngsten Tochter, Tootie Smith (Margaret O'Brien), verkörpert. Sie konterkariert die Südstaaten-Idylle mit einer für ein 40er-Jahre-Musical erstaunlich morbiden Phan-

1

1 Die Schöne am Fenster: Regisseur Vincente Minnelli setzte seine Hauptdarstellerin Judy Garland (Esther Smith) derart liebevoll in Szene, dass die spätere Heirat der beiden niemanden mehr überraschte.

2 Ob das der Zukünftige ist? Esther und ihre Schwester nutzen gesellschaftliche Ereignisse vorzugsweise zur Eheanbahnung.

3 Esther muss ihren ungeschickten Nachbarn John Truett (Tom Drake) auf den rechten Weg in den ehelichen Hafen führen.

4 „Tootie" Smith (Margaret O'Brien) tanzt mit ihrer großen Schwester. Die Jüngste in der Familie ist ein Porträt von Sally Benson, deren Kindheitserinnerungen die Vorlage zu *Meet Me in St. Louis* lieferten.

„Das uneinheitliche, aber insgesamt äußerst sympathische Nostalgie-Musical vermittelt wirkungsvoll ein Gefühl für den Lauf der Jahre und den Wechsel der Jahreszeiten."

Halliwell's Film and Video Guide

tasie, die sich vorwiegend um unheilbare Krankheiten, Mord und Trunksucht dreht. Tootie ist auch die Hauptperson der wunderbaren Halloween-Sequenz, in der die als Spukgestalten durch die Nacht huschenden Kinder sich gegenseitig mit der Anzahl „ermorderter", das heißt mit feuchtem Mehl beworfener Nachbarn zu übertreffen suchen. Minnelli bindet hier diskret den im vorletzten Jahr des Zweiten Weltkriegs allgegenwärtigen Gedanken an Tod und Zerstörung in seine nostalgische Südstaaten-Hymne ein. Insofern wir lediglich Kinder beim Spielen beobachten, verliert das Bedrohliche seinen Schrecken. Gleichzeitig fungiert die Weltausstellung als eine zum Greifen nahe Vision einer besseren Zukunft.

Ausdruck dieser Hoffnung ist vor allem auch die Musik. Indem er vorgetragenen Titel als Teil der unmittelbaren Lebenswirklichkeit der Charak-

„Während man ein Gefühl für Nostalgie mitbringen muss, um *White Christmas* durchzustehen, kann man durchaus der schärfste Zyniker sein und trotzdem Gefallen finden an Minnellis flottem Vierakter über eine nette Mittelstandsfamilie aus St. Louis um das Jahr 1903 mit all den Höhen und Tiefen ihres Daseins." The Observer

5

5 Das Ende der heilen Welt? Der geplante Umzug nach New York kommt für Esther und ihre Schwestern einer Vertreibung aus dem Paradies gleich.

6 Alonzo Smith (Leon Ames, r.) führt seine Familie mit patriarchalischer Strenge. In Wirklichkeit aber halten die Frauen des Hauses die Fäden in der Hand.

tere einsetzt, bricht Minnelli mit der Musical-Tradition der 30er Jahre. Zu Beginn stimmt die kleine Schwester nach dem Schwimmen fröhlich die Titelmelodie an, auch Feste oder Ausflüge mit der Straßenbahn dienen als willkommene Anlässe zum Singen, und gegen Ende singt die große Schwester Esther der kleinen Tootie ein weltberühmt gewordenes und hundertfach interpretiertes Weihnachtslied: „Have Yourself a Merry Little Christmas". Neben eigenen Nummern verarbeiteten die Komponisten Hugh Martin und Ralph Blane Originalsongs aus der Zeit um die Jahrhundertwende wie etwa „Under the Bamboo Tree" oder „Skip to My Lou". Auch dies trägt zum realistisch-nostalgischen Grundton des Filmes bei. Dass diese „ganz gewöhnliche Familie" in einem schlossartigen Gebäudekomplex lebt und dass in dem gesamten Film nicht ein einziger Farbiger vorkommt, steht auf einem anderen Blatt.

SH

JUDY GARLAND

Ihr Metier wurde Judy Garland in die Wiege gelegt: 1922 unter dem wenig glamourösen Namen Frances Gumm als Tochter eines Vaudeville-Künstlers geboren, trat sie schon mit drei Jahren im Theater ihres Vaters auf. Gemeinsam mit ihren beiden Schwestern startet sie eine Karriere als Sängerin, bis sie 1935 von MGM als Mucial-Darstellerin verpflichtet wird. In den kommenden 15 Jahren wirkt sie für das Studio an zahlreichen Musical-Produktionen mit – *Broadway Melodie 1938* (*Broadway Melody of 1938*, 1937) ist ihr erster Erfolg auf der Leinwand.
Berühmt wird sie 1939 mit dem musikalischen Märchen *Der Zauberer von Oz* (*The Wizard of Oz*) unter der Regie von Victor Fleming. Die 17-Jährige wird als beste Kinderdarstellerin mit einem Spezial-Oscar ausgezeichnet. Damit das Mädchen den Stress der folgenden Produktionen bewältigt, werden ihr abwechselnd Aufputsch- und Beruhigungsmittel verabreicht – das menschliche Drama der Judy Garland ist damit vorgezeichnet. Das heitere Weihnachtsmusical *Meet Me in St. Louis* (1944) ihres späteren Ehemannes Vincente Minnelli und Vater ihrer Tochter Liza bildet den Höhepunkt ihrer erfolgreichen Karriere in den 40ern, während der sie unter anderem an der Seite von Gene Kelly (*Der Pirat*, *The Pirate*, 1948) und Fred Astaire (*Osterspaziergang*, *Easter Parade*, 1948) auftritt.
Als MGM 1950 ihren Vertrag kündigt, begeht sie einen Selbstmordversuch. Es folgen von vielen Tourneen und fast ebenso vielen Skandalen geprägte Jahre – Depressionen, vier gescheiterte Ehen (insgesamt war Judy Garland fünfmal verheiratet), Medikamentenabhängigkeit und Alkoholprobleme zeugen von einer vom Auf und Ab des Showbusiness und Geldsorgen zerrütteten Persönlichkeit. Mit George Cukors Musical-Drama *A Star Is Born* scheint 1954 der Weltruhm noch einmal zurückzukehren. Den Oscar, für den sie nominiert ist, muss sie dann allerdings Grace Kelly überlassen. Umjubelte Bühnen- und TV-Shows wechseln sich in immer schnellerer Folge mit Zusammenbrüchen und seelischen Krisen ab. 1961 gibt ihr Stanley Kramer eine dramatische Sprechrolle in seinem Weltkriegsdrama *Urteil von Nürnberg* (*Judgment at Nuremberg*), die ihr abermals eine Oscar-Nominierung einbringt. Judy Garland stirbt am 22.6.1969 an einer Überdosis Schlaftabletten.

DIE FEUERZANGENBOWLE

1944 - DEUTSCHLAND - 97 MIN. - S/W - GENRE KOMÖDIE
REGIE HELMUT WEISS (1907–1969)
BUCH HEINRICH SPOERL, nach dessen gleichnamigem Roman KAMERA EWALD DAUB
SCHNITT HELMUTH SCHÖNNENBECK MUSIK WERNER BOCHMANN
PRODUKTION HEINZ RÜHMANN für TERRA FILMKUNST.

DARSTELLER HEINZ RÜHMANN (Doktor Johannes Pfeiffer), KARIN HIMBOLDT (Eva), HILDE SESSAK (Marion), ERICH PONTO (Professor Grey, genannt Schnauz), PAUL HENCKELS (Professor Bömmel), HANS LEIBELT (Gymnasialdirektor Knauer, genannt Zeus), LUTZ GÖTZ (Oberlehrer Doktor Brett), HANS RICHTER (Rosen), CLEMENS HASSE (Rudi Knebel), MAX GÜLSTORFF (Oberschulrat), ANNELIESE WÜRTZ (Frau Windscheidt).

„Sie heißen?"
– „Johann Pfeiffer."
– „Mit einem f oder mit zwei?"
– „Mit drei, Herr Professor!"
– „Mit drei f?"
– „Eins vor dem Ei, zwei hinterm Ei, bitte."

Feuerzangenbowle, so sagen die vier alten Herren, die im Wirtshaus „Zum Klosterstübchen" einen geselligen Abend verbringen, sei ein Teufelszeug: Es gehe scheußlich aufs Gemüt und mache einen herrlichen Kater. Folglich sind sie, als zu vorgerückter Stunde endlich der noch fehlende Fünfte dazukommt, auch schon ordentlich in Stimmung und tauschen Erinnerungen an die längst vergangene Schulzeit aus. Der Neuankömmling aber, der gefeierte Schriftsteller Dr. Johannes Pfeiffer (Heinz Rühmann), kann nichts zum Gespräch beisteuern, geschweige denn über die Geschichten lachen, die da erzählt werden. Denn er, der von einem Privatlehrer auf dem heimischen Gutshof unterrichtet wurde, habe nie eine Schule von innen gesehen. Aber ein derartig schwerwiegendes Versäumnis können ihm die alten Herren nicht durchgehen lassen, also überreden sie ihn, noch einmal die Schulbank zu drücken. Wie das wohl wäre?

Der Traum beginnt in einer kleinen Provinzstadt. Hier erscheint der neue Oberprimaner Hans Pfeiffer in der höheren Lehranstalt – und findet sich schnell zurecht. Denn wenn man mal vom Unterricht des strengen Geschichtslehrers Dr. Brett (Lutz Götz) absieht, sind die Kollegen Professoren zwar ein wenig angestaubt, aber allesamt liebenswerte Originale, mit denen es sich gut auskommen lässt. Da ist z. B. Professor Bömmel (Paul Henckels), der sich so sehr in seine Ausführungen über die Dampfmaschine vertieft, dass die Schüler ihm unbemerkt die Schuhe verstecken. Oder Professor Grey (Erich Ponto), dessen Chemieunterricht seit ewigen Zeiten immer in jener Stunde seinen Höhepunkt findet, in der er den Schülern die alkoholische Gärung am Beispiel seines selbstgekelterten Heidelbeerweins erklärt; diesmal geben die Schüler unter Führung von Pfeiffer die Vorstellung eines kollektiven Vollrausches und erreichen so für den Rest des Tages schulfrei – obwohl doch jeder „nur einen wänzigen Schlock" getrunken hat!

Aber Pfeiffer bleibt nicht unentdeckt. Denn schon reist ihm seine Freundin, die Schauspielerin Marion (Hilde Sessak), nach, um ihn zurück in sein wahres Leben als Literaturstar zu holen. Doch Pfeiffer winkt ab, hat er doch als Primaner nicht nur eine bislang ungekannte Zufriedenheit kennen gelernt, sondern sich auch verliebt: ausgerechnet in Eva (Karin Himboldt), die Tochter des Schuldirektors (Hans Leibelt), was ihn zum Rivalen des ergrauten Professors Grey macht, der ebenfalls um die junge Eva wirbt.

Irgendwann muss der Spaß ein Ende haben. Und so heckt Pfeiffer eine Abschiedsvorstellung aus, die es in sich hat. Ort des Geschehens ist der Chemiehörsaal. Gerade gibt Pfeiffer vor der johlenden Schülerschaft eine köstliche Parodie von Professor Grey, als unerwartet der Oberschulrat (Max

1

HEINZ RÜHMANN Heinrich Wilhelm Rühmann wird 1902 in Essen geboren. 1919 verlässt er vorzeitig die Schule und beginnt eine Schauspielausbildung. Bühnenengagements führen ihn bald nach München und zu Max Reinhardt nach Berlin. Neben dem Theater übernimmt Rühmann auch erste Filmrollen, seinen Durchbruch erreicht er aber erst mit dem Ufa-Film *Die Drei von der Tankstelle* (1930) und wird neben Hans Albers schnell zu einem der tragenden deutschen Filmstars. Die Nationalsozialisten erkennen seinen Wert für die Propaganda, dulden aber nicht seine Ehe mit der Jüdin Maria Herbot. Rühmann gibt Goebbels' Drängen schließlich nach, 1938 lassen sich die Eheleute in beiderseitigem Einvernehmen scheiden, Maria darf nach Schweden ausreisen.
Nach dem Krieg bleibt Rühmanns Produktionsfirma Comedia erfolglos, als Schauspieler gelingt ihm 1953 mit *Keine Angst vor großen Tieren* das Comeback. Bis in die 60er Jahre hinein spielt er in vielen großartigen Filmen, darunter in *Charleys Tante* (1955), *Der Hauptmann von Köpenick* (1956), *Es geschah am hellichten Tag* (*El cebo*, 1958), *Dr. med. Hiob Prätorius* (1964) oder *Die Abenteuer des Kardinal Braun* (*Operazione San Pietro*, 1967). Daneben ist er weiterhin im Theater in wichtigen Inszenierungen zu sehen – z.B. 1954 in Samuel Becketts „Warten auf Godot" an den Münchner Kammerspielen. Ebenfalls nutzt er das Fernsehen für wirkungsvolle Filmauftritte – beispielsweise 1968 als Willy Loman in *Der Tod des Handlungsreisenden*. Rühmann, der insgesamt dreimal verheiratet war, stirbt 1994 in seinem Haus am Starnberger See.

Gülstorff) eintritt, um sich ein Urteil über den Unterrichts des Professors zu bilden – fällt dieses positiv aus, dann erhält Grey einen Direktorenposten in einer anderen Stadt. Pfeiffer meistert die Situation mit Bravour, und jetzt endlich lässt er die Maske fallen: Dem staunenden Kollegium drückt er Abitur- und Promotionsurkunden in die Hand und empfiehlt sich. Und Eva nimmt er mit in eine Zukunft, zu der die Erinnerung an eine wunderbare Schulzeit gehört.

Bereits in der ersten Verfilmung des Stoffes von 1934 unter dem Titel *So ein Flegel* spielte Heinz Rühmann die Rolle des Pfeiffer. Bei der neuen Fassung von 1944 trat er auch als Produzent auf und hatte so die künstlerische Gesamtverantwortung. In dieser Eigenschaft musste er sich dann persönlich ins Führerhauptquartier begeben, um von Hitler die Aufführungsge-

„**Je näher das Ende des Faschismus rückte, desto greifbarer wurde die Ferne, in die sein Film sich fortstahl. Die Söhne erbauen sich an den Streichen der Väter, weil ihre Väter ihnen ihre Jugend stahlen, um die Söhne als Soldaten in den Krieg zu schicken. Was als heitere Komödie wirken soll, bezeugt nur tiefe Melancholie.**" *epd Kirche und Film*

1 Autor, Pennäler, Kavalier: Johannes Pfeiffer (Heinz Rühmann) auf dem Weg zum Rendezvous.

2 Eine der schönen Seiten des Schülerlebens: Man hat noch Zeit für die Liebe.

3 Nur ein winziger Schluck, und schon im Delirium – die Lehrer fallen auf jeden Streich herein.

4 Die Schule im Ausnahmezustand: „Direx Zeus" alias Gymnasialdirektor Knauer (Hans Leibelt) bittet um konstruktive Vorschläge.

5

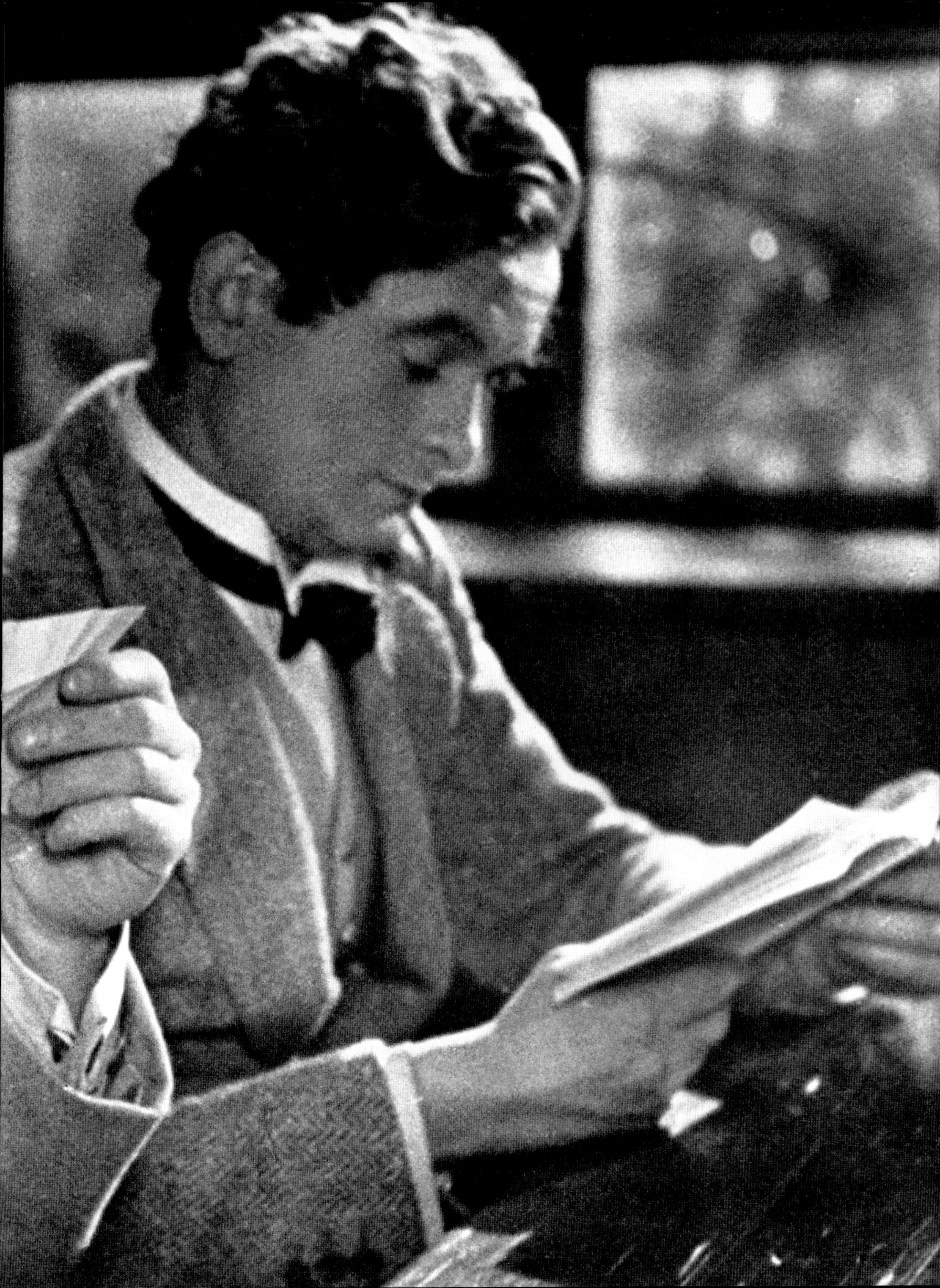

5   Johannes Pfeiffer findet sich schnell auf der Schulbank zurecht und lässt mühelos den Alltag als umschwärmter Theaterstar hinter sich.

6   Frech, aber bitte mit Stil: Der Pennäler der vermeintlich guten alten Zeit trägt Anzug.

7   Kleine Vergehen bestraft der Professor sofort: Nachsitzen im Karzer.

8   Beinahe so tot wie die griechischen Götter, die sie so verehren: Professor Grey (Erich Ponto) und der Direktor.

9   Der Höhepunkt an der höheren Lehranstalt für Jungen: Besuch vom Mädchen-Gymnasium.

nehmigung zu erhalten, die Goebbels dem Film nach Fertigstellung entzogen hatte – wahrscheinlich wegen autoritätsfeindlicher Tendenzen, die der Minister im Gebaren der renitenten Pennäler erkannt haben wollte.

Dabei hat der Geist der NS-Ideologie durchaus seine Spuren im Drehbuch hinterlassen. In der Gestalt des Oberlehrers Dr. Brett, bei dem die germanische Vergangenheit des deutschen Volkes auf dem Lehrplan steht, hat bereits eine neue Pädagogik Einzug ins ehrwürdige Gymnasium gehalten: In seinem Klassenraum herrschen Zucht und Ordnung, die Schüler begrüßen ihren Lehrer mit militärischem Stillgestanden. Nach dem Wesen seiner neuen Linie befragt, antwortet er: „Junge Bäume, wenn sie wachsen wollen, muss man anbinden, dass sie schön gerade wachsen und nicht nach allen Seiten ausschlagen. Und genauso ist es mit den jungen Menschen: Disziplin muss das Band sein, das sie bindet zu schönem, geradem Wachstum."

Von diesen Untertönen abgesehen, ist *Die Feuerzangenbowle* bis heute einer der charmantesten deutschen Spielfilme der 40er Jahre. Ganz nach Rühmanns schon 1931 geäußertem Credo, Filme sollten den Zuschauer aufheitern und aus einer Atmosphäre von Pessimismus und Mutlosigkeit befreien, laden die liebevollen Streiche der Schüler dazu ein, sich an die eigene Schulzeit zu erinnern – wie es im Film heißt, „das schönste Stück Jugend!"

EP

„Mit der Schule ist es wie mit der Medizin: Sie muss bitter schmecken, sonst nützt sie nichts."

Filmzitat: Professor Grey (Erich Ponto)

„*Die Feuerzangenbowle* gehört zu jenen schizophrenen Filmen aus der Spätzeit des Nationalsozialismus, die zugleich dem Regime dienen und über sein Ende hinausblicken wollen, die voller offener oder unterschwelliger Nazi-Ideologeme sind und zugleich von einer Sehnsucht nach Frieden und Versöhnung zeugen, die sozusagen schon mit der Verdrängung der Schuld beginnt, während sie noch geschieht."
epd Kirche und Film

KINDER DES OLYMP
Les Enfants du paradis

1943–45 - FRANKREICH - 190 MIN. - S/W - GENRE DRAMA

REGIE MARCEL CARNÉ (1909–1996)
BUCH JACQUES PRÉVERT KAMERA MARC FOSSARD, ROGER HUBERT SCHNITT MADELEINE BONIN, HENRI RUST
MUSIK JOSEPH KOSMA, MAURICE THIRIET PRODUKTION RAYMOND BORDERIE, FRED ORAIN für PATHÉ CINÉMA.

DARSTELLER ARLETTY (Garance), JEAN-LOUIS BARRAULT (Baptiste Debureau), PIERRE BRASSEUR (Frédérick Lemaître), MARCEL HERRAND (Lacenaire), MARIA CASARÈS (Nathalie), LOUIS SALOU (Graf Édouard de Montray), PIERRE RENOIR (Jéricho), MARCEL PÉRÈS (Direktor), JANE MARKEN (Madame Hermine), FABIEN LORIS (Avril), GASTON MODOT (Bettler).

„Sie hatten recht, Garance, die Liebe ist so einfach."

Das Kino wurde auf den Jahrmärkten geboren. Es ist das Gewerbe von Schaustellern, Gauklern, Illusionskünstlern und – bedingungslos Liebenden. Ihnen allen hat *Kinder des Olymp* ein bleibendes Denkmal gesetzt. Mehr noch: Mit jeder Vorführung dieses unvergleichlichen Meisterwerks erwachen sie zu neuem Leben, feiern Triumphe und erleiden alle Schmerzen des menschlichen Daseins. Auf dem Boulevard du Crime, im Paris der 1830er und 40er Jahre, verschwimmen die Grenzen zwischen Bühne und Leben; aber auch die von Poesie und Realität. Schöpfer des bis heute populären Kinomythos waren die französischen Großmeister des „poetischen Realismus" Marcel Carné und Jacques Prévert.

Sie erzählen von der Liebe in all ihren Formen, als Tragödie und als Farce. Die Mittel ihrer Kunst nutzen auch die historischen Vorbildern nachempfundenen Helden, wenn sie die anmutige Garance (Arletty) umwerben. Der Pantomime Baptiste (Jean-Louis Barrault) legt ihr ohne viele Worte sein Herz zu Füßen. Der Schauspieler Frédérick (Pierre Brasseur) versucht es mit theatralischen Schmeicheleien und Gesten. Lacenaire (Marcel Herrand), gefürchteter Mörder und Philosoph des Verbrechens, beeindruckt die kühle Träumerin durch seine Intelligenz. Für sie ist Garance die Verkörperung der Liebe, nach der sich alle sehnen – in Wahrheit eine schöne Illusion. Denn als

1

„Mit einer kompositorischen Meisterschaft und einer romantischen Emotionalität, die von Cineasten immer wieder als Verrat am Kino bemäkelt, vom Publikum aber jedesmal wieder von neuem heißhungrig genossen wurde, komponierten Jacques Prévert und Marcel Carné klassische, also zwangsläufig ‚vorbelastete‘ Motive und Spannungsstrukturen zu einem Bilderbogen, dessen Dramatik sich vor dem Hintergrund eines Karnevals, auf den Brettern, die die Welt bedeuten, phantastisch potenziert." *Süddeutsche Zeitung*

dieses erfunden wurde. Sie liebt alle, die sie lieben. Und es macht ihr nichts aus, des Geldes wegen einen eitlen Grafen zu erwählen.

Natürlich sehnen sich die Zuschauer auf der Empore des Théâtre des Funambules – die johlenden Kinder des Olymp – nach einem besseren Schluss. Sie bekommen einen ungleich traurigeren. Doch sie sehen eine Menge für ihr Geld. Das opulente Drama ist prall gefüllt mit visuellen Spektakeln und anarchischer Spiellust. Stücke werden auf der Bühne umgeschrieben, Schauspieler verlassen ihre Rollen und jagen die Autoren zum Teufel. Préverts Dialoge treffen mitten ins Herz, die dazugehörigen Bilder sind von Carné durchgängig klug kalkuliert: In Baptistes Theaterstück erhebt er Garance zur lebenden Statue; sie hingegen verbirgt ihre wahre Liebe, indem sie seine Aufführungen heimlich in einer Loge betrachtet. In der Tat ist *Kinder des Olymp* ein Kunstfilm, der zu großen Teilen im Theater spielt. Aber er ist alles andere als ein Theaterfilm – und bietet Kunst sozusagen mit einem Tritt in den Hintern. Er feiert den derben Witz des Volkes in einer schwierigen Zeit ebenso wie seine unverwechselbaren, modernen, teils androgynen Charaktere. Selbst Truffaut, bekanntlich kein Freund des poetischen Realismus, soll gesagt haben: „Ich habe 23 Filme gedreht – und ich gäbe sie alle dafür hin, *Kinder des Olymp* gemacht zu haben."

Der Film entstand in den Jahren 1943 bis 1945 und damit überwiegend zur Zeit der deutschen Besatzung. Wie, ist bis heute ein Rätsel. Die prachtvollen Kulissen erforderten ein Millionenbudget. Jüdische Künstler mussten unter falschem Namen arbeiten. Hungrige Komparsen verschwanden mit dem Buffet, bevor man sie filmen konnte. Marcel Carné orderte einen sünd-

1 In der Rolle des traurigen Baptiste wurde Jean-Louis Barrault zu einer Ikone der Filmgeschichte.

2 Pierre Brasseur als Frédérick, der Schauspieler. Die Hauptfiguren sind historischen Personen nachempfunden.

3 Auch Nathalie (Maria Casarès) verliert sich auf dem Boulevard du Crime.

4 Johlen, Klatschen, Pfeifen: Die Zuschauer sind die wahren Kinder des Olymp. In ihrer respektlosen Begeisterung erkannte sich das besetzte Frankreich wieder.

MARCEL CARNÉ   Schon der Beginn seiner Regiekarriere war klassisch französisch. Der 1909 in Paris geborene Schreinersohn Marcel Carné arbeitete zunächst als Filmkritiker. Nach Regieassistenzen bei Jacques Feyder und René Clair drehte er mit *Jenny* (1936) seinen ersten Spielfilm. Der Drehbuchautor hieß Jacques Prévert. Die beiden wurden zum Traumpaar des poetischen Realismus und verhalfen dem französischen Kino mit *Hafen im Nebel* (*Quai des brumes*, 1938), *Hôtel du Nord* (1938) und *Der Tag bricht an* (*Le Jour se lève*, 1939) zu einer Blütezeit. Diese Atelierfilme, in denen der Regisseur jede Bewegung unter Kontrolle hatte, zeichneten sich aus durch ihre ureigene, künstliche Atmosphäre und hervorragende Schauspieler wie Jean Gabin oder Arletty. Meistens regnete es, die Liebe zweier Einsamer hatte keine Chance auf ein Happyend. Unerfüllt bleiben die Sehnsüchte auch in seinen Meisterwerken *Die Nacht mit dem Teufel / Der Teufel gibt sich die Ehre / Der Satansbote* (*Les Visiteurs du soir*, 1942) und *Kinder des Olymp* (*Les Enfants du paradis*, 1943–45), die während der deutschen Besatzung entstanden. Dass Carné hier auf historische Stoffe zurückgriff, hatte auch mit den Auflagen der Nazis zu tun. Sie empfanden seine zeitgenössischen Filme als zu defätistisch.

Mit seinem melancholischen Fatalismus bildete Marcel Carné einen Gegenpol zu einem weiteren wichtigen Vertreter des poetischen Realismus, Jean Renoir. Während dessen Werke von den jungen Autorenfilmern der Nouvelle Vague gefeiert wurden, geriet Carné in Vergessenheit. Er war kein *auteur*. Das war Prévert. Nach dem Ende der Zusammenarbeit realisierte Carné mit *Die Marie vom Hafen* (*La Marie du port*, 1949) und *Therese Raquin – Du sollst nicht ehebrechen* (*Thérèse Raquin*, 1953) noch zwei Literaturverfilmungen sowie einige wenig beachtete Gangsterfilme. Er starb 1996 in Clamart unweit von Paris.

5

haft teuren Blumenstrauß gleich zweimal, weil ihm der erste nicht gefiel – schließlich handelte es sich um das Geschenk eines Grafen.

Am Ende hatte er alle Hände voll zu tun, die Fertigstellung hinauszuzögern. Die Alliierten waren gerade in der Normandie gelandet, sein Film sollte der erste des freien Frankreichs sein. So nutzte er die Bestimmungen der Nazis, die jedem Film nur 90 Minuten zugestanden, und teilte sein Werk nachträglich in zwei Teile. Im März 1945 war es dann soweit. Der Jubel über die Befreiung fand seine filmische Entsprechung im Finale des Karnevals, in dem Baptiste seine Garance schließlich verliert. Sie fährt in einer Kutsche davon. Die Liebe zum Kino bleibt. PB

> „Der Original-Trailer des Films nennt *Die Kinder des Olymp* die französische Antwort auf *Vom Winde verweht* ... Die beiden Werke ähneln sich tatsächlich, doch der französische Film ist kein historisches Epos, sondern ein anspruchsvolles, zynisches Porträt von Schauspielern, Mördern, Betrügern, Prostituierten und dekadenten Reichen. Viele der Figuren basieren auf realen Personen, und auch das Milieu der Nachtclubs und Spelunken sowie der Theater wurzelt in der Wirklichkeit." *Chicago Sun-Times*

5   Illusion der Liebe: Der Pantomime Baptiste kann seine Frau Nathalie nicht trösten. Er liebt Garance.

6   In seinem Stück erhebt Baptiste Garance (Arletty) zur Statue. Die Grenze zwischen Bühne und Leben verwischt.

7   Poetische Reflexion der Wirklichkeit: Noch auf den Brettern des Funambules wird Baptiste von seinem Vater verfolgt.

DAS VERLORENE WOCHENENDE
The Lost Weekend

1945 - USA - 101 MIN. - S/W - GENRE DRAMA

REGIE BILLY WILDER (1906–2002)
BUCH CHARLES BRACKETT, BILLY WILDER, nach dem gleichnamigen Roman von CHARLES R. JACKSON KAMERA JOHN F. SEITZ SCHNITT DOANE HARRISON
MUSIK MIKLÓS RÓZSA PRODUKTION CHARLES BRACKETT für PARAMOUNT PICTURES.

DARSTELLER RAY MILLAND (Don Birnam), JANE WYMAN (Helen St. James), PHILLIP TERRY (Wick Birnam), HOWARD DA SILVA (Nat, der Barkeeper), DORIS DOWLING (Gloria), FRANK FAYLEN (Bim), MARY YOUNG (Mrs. Deveridge), ANITA SHARP-BOLSTER (Mrs. Foley), LILLIAN FONTAINE (Mrs. St. James), LEWIS L. RUSSELL (Charles St. James).

ACADEMY AWARDS 1945 OSCARS für den BESTEN FILM (Charles Brackett), für die BESTE REGIE (Billy Wilder), für den BESTEN HAUPTDARSTELLER (Ray Milland), für das BESTE ADAPTIERTE DREHBUCH (Charles Brackett, Billy Wilder).
IFF CANNES 1946 BESTER SCHAUSPIELER (Ray Milland).

„You know what I'm gonna call my novel? ,The Bottle'!"

Als *Das verlorene Wochenende* im Jahr 1945 in die amerikanischen Kinos kam, ernteten Regisseur Billy Wilder und sein Produzent Charles Brackett, die auch gemeinsam das Drehbuch nach einem seinerzeit populären Roman von Charles R. Jackson verfasst hatten, für ihre Studie eines Wochenendes im Leben eines alkoholkranken Schriftstellers überall nur Lob. Er würde den Film zwar nicht unbedingt für einen fröhlichen Abend in der Stadt empfehlen, schrieb beispielsweise der Rezensent der „New York Times", doch jeder erwachsene Kinogänger solle sich dieses „überwältigende Drama" unbedingt anschauen.

Ganz allgemein priesen die Kritiker das Werk, das 1946 bei der Oscar-Verleihung vier der „Haupt"-Statuetten (bester Film, Regie, Drehbuch und männlicher Hauptdarsteller) erhalten sollte, einhellig in den höchsten Tönen, und auch beim Publikum erwies sich der Film schließlich als großer Erfolg. Dieser kam zweifellos etwas überraschend, war es doch in jenen Tagen noch durchaus unüblich, einen suchtkranken Menschen zum Helden eines Kinodramas zu machen. Vor allem aber verblüffte *Das verlorene Wochenende* die Zeitgenossen mit einer – bis auf den etwas zu hoffnungsfrohen Schluss – erstaunlich ungeschönten und unverblümten Darstellung des Alkoholismus:

Von der ersten Sekunde der Handlung an bewegt sich Don Birnam (Ray Milland) in einer nahezu unaufhaltsamen Abwärtsspirale.

Der gescheiterte Schriftsteller ist ein ständig überforderter Mann ohne großes Selbstwertgefühl, der in seiner Sucht schrittweise auch den letzen Rest an Selbstachtung aufgibt und in immer demütigendere Situationen gerät: Nicht nur, dass Don, der seit mehreren Jahren an der Flasche hängt und bereits einige missglückte Entziehungskuren hinter sich hat, seinen Bruder Wick (Phillip Terry) und seine Verlobte Helen (Jane Wyman) ständig hintergeht, er unterschlägt und stiehlt auch Geld, um an Schnaps zu kommen. In den Qualen des Entzugs bettelt er in einer Bar um Drinks und raubt in einem Schnapsladen eine Flasche Whisky; am Ende erlebt er ein Delirium tremens und ist schließlich sogar bereit, sich selbst zu töten.

Neben diesen Stufen in der „Karriere" eines Trinkers, die lediglich von einigen in Form von Rückblenden gestalteten wenig ruhmreichen Episoden seiner Vergangenheit unterbrochen werden, die er dem Barkeeper Nat (Howard Da Silva) erzählt, präsentiert der Film auch die ganz konkreten Auswirkungen des Alkohols auf Birnams Psyche: Wenn er seinen „Stoff" benötigt, ist er anderen Menschen gegenüber rücksichtslos und grob, und sein Gesichts-

1

RAY MILLAND   1907 als Reginald Alfred Truscott-Jones in dem walisischen Ort Neath geboren, diente Ray Milland nach seinem College-Abschluss zunächst bei der Kavallerie und betätigte sich als Amateur-Bühnenschauspieler, ehe er 1929 in kleinen Rollen auch zum Film kam. Seit 1933 in Hollywood bei der Paramount unter Vertrag, arbeitete sich Milland schrittweise zum „leading man" nach oben, wobei ihn sein gutes Aussehen zu einem der Matinee-Idole seiner Zeit werden ließ. Mit den Jahren entdeckten Hollywoods Regisseure jedoch die „dunklere" Seite Millands: Für Fritz Lang verkörperte der Mime in dem Paranoia-Thriller *Ministerium der Angst* (*Ministry of Fear*, 1944) einen gerade aus einer psychiatrischen Anstalt entlassenen Mann, der zum Opfer der Machenschaften einer Nazi-Organisation wird und dem die Welt außerhalb der Klinikmauern, in der kaum jemand ist, was er zu sein vorgibt, als vollkommen verrückt erscheint. Für die Rolle des alkoholkranken Schriftstellers in Billy Wilders *Das verlorene Wochenende* (*The Lost Weekend*, 1945) gewann Milland einen Oscar; weitere große Erfolge waren der Part eines gehetzten Journalisten in dem Film noir *Spiel mit dem Tode* (*The Big Clock*, 1948) von Regisseur John Farrow, mit dem Milland mehrfach zusammenarbeitete, und die Rolle von Grace Kellys mörderischem Ehemann in Alfred Hitchcocks *Bei Anruf Mord* (*Dial M for Murder*, 1954). 1954 unterzeichnete Milland einen Vertrag bei dem kleinen Studio Republic, wo er auch als Regisseur tätig wurde, so unter anderem in dem düsteren Western *Ein Mann allein* (*A Man Alone*, 1955) und dem Abenteuerfilm *Geheimzentrale Lissabon* (*Lisbon*, 1956). Den Zusammenbruch des alten Hollywood-Studiosystems überstand Milland relativ unbeschadet; er blieb bis ins höhere Alter gut beschäftigt (häufig in Exploitation-Horrorfilmen). Ray Milland starb 1986.

leichter Trunkenheit blüht er jedoch auf, er wird selbstsicherer, zeigt Charme und Phantasie – um volltrunken schließlich wieder unangenehm zu werden.

Sehr realistisch zeigt *Das verlorene Wochenende* auch den Effekt von Dons Alkoholismus auf die Personen, die ihm am nächsten stehen. Sowohl Wick als auch Helen verstricken sich in ihrem dauernden Bemühen, Don in Schutz zu nehmen, gegenüber anderen Leuten in entschuldigende Lügengeschichten und versuchen, seine Fehltritte irgendwie auszubügeln. Doch während Wick schließlich die Nase voll hat und wütend allein in jenen Wochenendausflug startet, zu dem er seinen Bruder eigentlich hatte mitnehmen wollen, macht Helen ihre Position noch einmal deutlich: „He's a sick person. He needs our help!"

1 Ein tiefer Fall: Auch Helen (Jane Wyman) weiß nicht recht, wie sie ihrem alkoholkranken Verlobten Don Birnam (Ray Milland) helfen soll.

2 Die verzweifelte Suche nach dem Stoff: Don hat viele Verstecke für den Schnaps – wenn er sich doch nur erinnern könnte!

3 Zuhörer von Berufs wegen: Don erzählt dem Barmann Nat (Howard Da Silva) von seinem Dasein als Trinker.

4 Dons Bruder Wick (Phillip Terry) reicht es: Nachdem schon wieder eine Flasche Whisky aufgetaucht ist, fährt er allein ins Wochenende.

„Dies ist kein Film zur bloßen Unterhaltung, denn er zeigt etwas, das man die Häresie des Filmemachens nennen könnte … In *Lost Weekend* gibt es keine Lacher. Und keine Frauenbeine. Und keine scharfzüngigen Dialoge. In seiner manisch-depressiven Art ist der Film verblüffend. Paramount musste … eiserne Erfolgsregeln über Bord werfen, um diesen Film zu drehen." *Variety*

„Billy Wilder hat diesen Film so inszeniert, als wollte er den Zuschauer immer vom besten Blickpunkt aus die Erlebnisse des dem Alkohol verfallenen Schriftstellers Don Birnam ungestört beobachten lassen. Man sitzt in der Bar gemeinsam mit dem Trinker an der Theke, man hetzt mit ihm suchend nach einer versteckten Flasche Whisky durch die Wohnung … und erlebt neben ihm – nicht als teilnahmsloser, alles total überblickender Langzeitbeobachter – eine grauenhafte Nacht in der Säuferabteilung eines Hospitals." *Die Welt*

5   Eigentlich wäre hier Dons Platz: Das Niederschreiben seiner Lebensgeschichte könnte für den Schriftsteller zum Rettungsanker werden.

6   Kurz vor dem Delirium tremens: Don ist nach einem Zusammenbruch im Krankenhaus gelandet, wo ihm ein zynischer Pfleger (Frank Faylen) erzählt, wie das Endstadium seiner Sucht aussieht.

7   Ein Mann ohne Selbstbewusstsein: Nur in leicht alkoholisiertem Zustand wird Don zum amüsanten Gesellschafter.

Stilistisch ist *Das verlorene Wochenende* vor allem von der Arbeit des Kameramanns John F. Seitz bestimmt, eines Meisters der Low-key-Lichtgestaltung (durch die Verwendung eines grellen Führungslichts und den Verzicht auf „fill-" und „back-lights" erzielt man starke Kontrasteffekte), wie man es für die düsteren Geschichten des Film noir mit ihren zerrissenen Charakteren gern verwendete.

Ungewöhnlich für einen amerikanischen Film der mittleren 40er Jahre war jedoch die Entscheidung Wilders, zum Teil „on location" in New York zu filmen: In einer dramatischen Sequenz begleitet die – manchmal auch offenkundig versteckte – Kamera den unter Entzugserscheinungen leidenden Don, der seine Schreibmaschine versetzen will, auf seinem erfolglosen Weg von einer Pfandleihe zur nächsten, die jedoch aufgrund des jüdischen Feiertags Yom Kippur allesamt geschlossen sind. Dass die Straßen für die Dreharbeiten zum Teil nicht abgesperrt waren, brachte jedoch gewisse Probleme mit sich: Wie sich Wilder später erinnerte, sei es sehr schwer gewesen, die Szenen rechtzeitig abzudrehen, ehe die Passanten Ray Milland erkannten und ihn um ein Autogramm baten.

LP

> „Ray Milland war für *Lost Weekend* sehr gut. Es steckte nichts Komödiantisches in ihm, und das war für die Rolle gut. An Milland gab es nichts zu lachen."
> *Billy Wilder*

DIE WENDELTREPPE
The Spiral Staircase

1945 - USA - 83 MIN. - S/W - GENRE THRILLER

REGIE ROBERT SIODMAK (1900–1973)
BUCH MEL DINELLI, nach dem Roman „Some Must Watch" von ETHEL LINA WHITE
KAMERA NICHOLAS MUSURACA SCHNITT HARRY W. GERSTAD, HARRY MARKER MUSIK ROY WEBB
PRODUKTION DORE SCHARY für DORE SCHARY PRODUCTIONS, VANGUARD FILMS PRODUCTION, RKO.

DARSTELLER DOROTHY MCGUIRE (Helen Capel), GEORGE BRENT (Professor Warren), ETHEL BARRYMORE (Mrs. Warren), KENT SMITH (Doktor Parry), RHONDA FLEMING (Blanche), GORDON OLIVER (Steve Warren), ELSA LANCHESTER (Mrs. Oates), RHYS WILLIAMS (Mr. Oates), SARA ALLGOOD (Krankenschwester), JAMES BELL (Polizist).

„Und plötzlich bewegte sich der Schatten"

Ein Film, der mit einer Stummfilmvorführung beginnt, bei der eine junge Frau tief gerührt dem Geschehen auf der Leinwand folgt, während im Obergeschoss ein mysteriöser Mord geschieht, den wir quasi durch die Augen des Täters gezeigt bekommen – eigentlich hätte sich das nur einer ausdenken können: Alfred Hitchcock. Auch der anschließende Suspense-Plot könnte vom Meister des Psychothrillers sein. In ihm geht es um einen Serienmörder, der bevorzugt behinderten Frauen nachstellt. Doch damit nicht genug. Die unheilvolle Atmosphäre sowie die morbide Ausstattung und die zahlreichen sinistren Charaktere erinnern gleichzeitig an die Horrorfilme des berühmten Filmproduzenten Val Lewton (*Ich folgte einem Zombie*, *I Walked with a Zombie*, 1943; *Katzenmenschen*, *Cat People*, 1942). Und in der Tat hatten die unabhängigen Produzent David O. Selznick und Lewtons Arbeitgeber RKO ihre Hände im Spiel. Ursprünglich beabsichtigte Selznick aus dem Film ein Star-Vehikel für seine Schauspieler-Entdeckung Ingrid Bergman zu machen, doch dazu kam es nicht. Um *Duell in der Sonne* (*Duel in the Sun*, 1946) fertig stellen zu können, musste Selznick, der auch mit Hitchcock (u.a. *Rebecca*, 1940) zusammenarbeitete, das Projekt an RKO verkaufen. Hier entstand unter der Regie Robert Siodmaks schließlich ein ebenso bravouröses wie schauriges Whodunit, bei dem der Zuschauer bis fast zum Schluss im Unklaren darüber gelassen wird, wer in dieser bizarren, kammerspielartig verdichteten Szenerie der psychopathische Mörder sein könnte.

New England um die Jahrhundertwende: Im herrschaftlichen Anwesen der Familie Warren geht die Angst um. Ist die schöne, stumme Helen (Dorothy McGuire) das nächste Opfer des Frauenmörders? Und ist der Mörder

1

1 Ikonographie der Angst: Hier kann kein Licht das Dunkel erhellen.
2 Der faszinierte Blick: Bald schon gerät die stumme Helen (Dorothy McGuire) selbst ins Blickfeld eines unheimlichen Frauenmörders.
3 Helens Traum im Albtraum vom Glück zu zweit.
4 Was für ein Spiel treibt eigentlich Professor Warren (George Brent)?
5 Immer noch keine Spur von des Rätsels Lösung.

schon im Haus, als die verängstigte Helen nach einem Kinobesuch bei Blitz und Donner regennass nach Hause kommt? Geheimnisvoll sich öffnende Fenster, vom Luftzug flackerndes Kerzenlicht, ominöse Schatten und verschreckte Blicke deuten darauf hin. Nicht weniger dubios sind die familiären Bande der Warrens mit ihren widersprüchlichen Charakteren. Da ist die sieche Mutter (Ethel Barrymore), die zwar ans Bett gefesselt ist, aber dennoch wie dereinst der verstorbene Patriarch des Hauses uneingeschränkt das Sagen hat. Und da sind die beiden unversöhnlich zerstrittenen Söhne, der eine ein etwas mürrischer, gut situierter Professor (George Brent), der andere ein gut gelaunter, zwielichtiger Lebemann (Gordon Oliver). Beide bemühen sich um die Zuneigung der Sekretärin des Professors, Blanche (Rhonda Fleming). Dazu gesellen sich weitere skurrile Typen, wie man sie vor allem aus britischen Komödien kennt: eine rustikale Haushälterin und ihr Mann, ein Gärtner und eine streitbare Krankenschwester für die Mutter. Als vor langer

„Die Atmosphäre entsteht nicht nur durch das neurotische Verhalten der meisten Charaktere, sondern auch durch die Sorgfalt der Bildgestaltung." *Monthly Film Bulletin*

„Die Eingangssequenz von *The Spiral Staircase* ist wie ein Prolog von der Erzählung abgesetzt und zugleich eine Reflexion über den Zusammenhang von Sehen und Schrecken, von Gewalt und kinematographischer Apparatur."

Karl Prümm, in: W. Jacobsen und H. H. Prinzler (Hg.): Siodmak Bros.

Zeit Helens Eltern bei einem Brand ums Leben kamen, wobei Helen ihre Sprache verlor, haben die Warrens sie aufgenommen. Doch jetzt scheint es, als trachte man der jungen Frau nach dem Leben, weswegen Mrs. Warren den jungen Arzt Doktor Parry (Kent Smith) bittet, Helen mit sich zu nehmen und sie so vor dem heraufziehenden Unheil zu schützen. Doch dazu kommt es so schnell nicht, zuerst muss Blanche im finsteren Keller sterben – und sie kennt ihren Mörder.

Der Film begnügt sich allerdings nicht damit, die brüchige Welt der Warrens durch die Enttarnung des Mörders wieder ins Lot zu bringen. Ganz im Gegenteil führt die Erzählung nur noch tiefer hinab in ungeahnte familiäre Abgründe. Und das ist gemäß der mit dem Auge des Voyeurs und Mörders bereits zu Filmanfang eingeführten, selbstreflexiven Thematisierung des Sehens durchaus unmittelbar bildlich zu verstehen.

Für den Sog des Unheils findet der Film im Bild der Wendeltreppe ein überaus sinnfälliges Motiv. Sie übersetzt den Diskurs über das Delirium des wahnsinnigen Mörders und voyeuristische Augenzeugenschaft in eine visuelle Struktur, die direkt hinabführt in das allumfassende Dunkel des rabenschwarzen Kellers, der alles Licht (und Leben) zu verschlucken scheint. Er wird zur Allegorie für seelische Abgründe und Perversionen, für Schrecken und Tod und ist zugleich symbolische Heimstatt des Mörders, der immer auch Zuschauer ist – nur: Wer ist es?

BR

6   Tod im Kino: Eine Etage über dem Kinosaal werden Mordphantasien grausame Realität.

7   Streithähne unter sich.

8   Dr. Parry (Kent Smith) verheißt Hoffnung.

9   Eine Leiche im Keller von Familie Warren signalisiert den Anfang vom Ende. Helen fürchtet, bald das Schicksal der Sekretärin Blanche (Rhonda Fleming, l.) teilen zu müssen.

NICHOLAS MUSURACA Der 1892 in Riace (Kalabrien) geborene Kameramann hat im Hinblick auf die ästhetische Entwicklung des Film noir Pionierarbeit geleistet. So gilt etwa *Stranger on the Third Floor* (1940) als erster US-amerikanischer Film noir überhaupt. Ihm folgten u.a. *Katzenmenschen* (*Cat People*, 1942) und *Goldenes Gift* (*Out of the Past*, 1947) unter der Regie von Jacques Tourneur sowie *Clash by Night* (1952) und *Gardenia – Eine Frau will vergessen* (*The Blue Gardenia*, 1953) zusammen mit Fritz Lang. Musuraca begann seine Karriere beim Film als Chauffeur und Mitarbeiter bei der Filmproduktion von J. Stuart Blackton, dem Mitbegründer der berühmten Vitagraph Filmgesellschaft und „Vater" des Animationsfilms. Zu Beginn seiner Arbeit als Kameramann in den frühen 20er Jahren drehte er vorrangig Western und Low-Budget-Actionfilme, bevor er Ende der 30er Jahre zu einem der wichtigsten Kameramänner beim Hollywood-Filmstudio RKO (Radio-Keith-Orpheum) aufstieg. Hier filmte der universell einsetzbare Musuraca vom teuren A-Film bis zum Comedy-Kurzfilm in allen Sparten. 1949 wurde er für seine Arbeit an dem Film *Geheimnis der Mutter* (*I Remember Mama*, 1948; Regie: George Stevens) für einen Oscar nominiert. Nach 1954 arbeitete er als freischaffender Kameramann und gelegentlich auch für das Fernsehen. Musuraca starb 1975 in Los Angeles.

SOLANGE EIN HERZ SCHLÄGT
Mildred Pierce

1945 - USA - 111 MIN. - S/W - GENRE THRILLER, MELODRAM

REGIE MICHAEL CURTIZ (1888–1962)
BUCH RANALD MACDOUGALL, nach dem gleichnamigen Roman von JAMES M. CAIN
KAMERA ERNEST HALLER SCHNITT DAVID WEISBART MUSIK MAX STEINER
PRODUKTION JERRY WALD für WARNER BROS.

DARSTELLER JOAN CRAWFORD (Mildred Pierce Beragon), JACK CARSON (Wally Fay), ZACHARY SCOTT (Monte Beragon), ANN BLYTH (Veda), JO ANN MARLOWE (Kay), BRUCE BENNETT (Bert Pierce), EVE ARDEN (Ida Corwin), MORONI OLSEN (Inspector Peterson), VEDA ANN BORG (Miriam Ellis), BUTTERFLY MCQUEEN (Lottie).

ACADEMY AWARDS 1945 OSCAR für die BESTE HAUPTDARSTELLERIN (Joan Crawford).

„*Personally, Veda's convinced me that alligators have the right idea. They eat their young.*"

Nach der Trennung von ihrem Mann muss Mildred Pierce (Joan Crawford) ihr Leben selbst in die Hand nehmen. Es ist offensichtlich, warum Bert (Bruce Bennett) sie und ihre zwei Kinder verlassen hat. Mildreds Liebe zu ihrer selbstsüchtigen, gierigen, undankbaren Tochter Veda (Ann Blyth) ließ ein normales Familienleben nicht zu. Die tapfere Hausfrau, die ihr Leben lang in der Küche stand, arbeitet sich hoch, von der Kellnerin zur erfolgreichen Restaurantbesitzerin. Sie heiratet ein zweites Mal, der reiche Immobilienerbe Monte Beragon (Zachary Scott) wird außerdem ihr Teilhaber. Doch was immer Mildred tut, sie tut es nicht für sich, sondern für Veda. Je mehr sie sich in ihre maßlose Opferbereitschaft hineinsteigert, desto mehr Schatten fallen auf ihr eigenes Leben.

Der traurige Plot von *Solange ein Herz schlägt* erinnert an zahlreiche Frauenfilme, die Hollywood in den Kriegsjahren für die daheim gebliebenen Mütter und Ehefrauen produzierte. Joan Crawford, zuvor schon fast abgeschrieben, misst sich hier noch einmal mit Stars wie Bette Davis oder Olivia de Havilland, in einem klassischen Melodram um schlechte Erziehung und falsche Männer. Doch diesen Teil beschreibt lediglich eine Rückblende. Denn der Film begann mit einem nächtlichen Mord. Das Opfer war Monte Beragon, als Täter verhaftet wurde Mildreds erster Ehemann Bert. Die Schatten, die ihren Blick verdüstern, verwischen denn auch den Eindruck eines lupenreinen Melodrams. In seiner Struktur ist *Solange ein Herz schlägt* ebenso ein Film noir. Männer sind darin ausnahmsweise reine Staffage. Eine Frau wird zu Fall gebracht von einer anderen Frau, einer echten Femme fatale – der eigenen Tochter.

Wie die Polizei ist das Publikum hier jede Sekunde damit beschäftigt, die Teile zu einem Bild zusammenzufügen. Die Kriminalhandlung entwickelt sich nur langsam, das spätere Opfer etwa steigt erst nach der Hälfte des Films in den eigentlichen Plot ein. Mögliche Motive werden eher zerschlagen

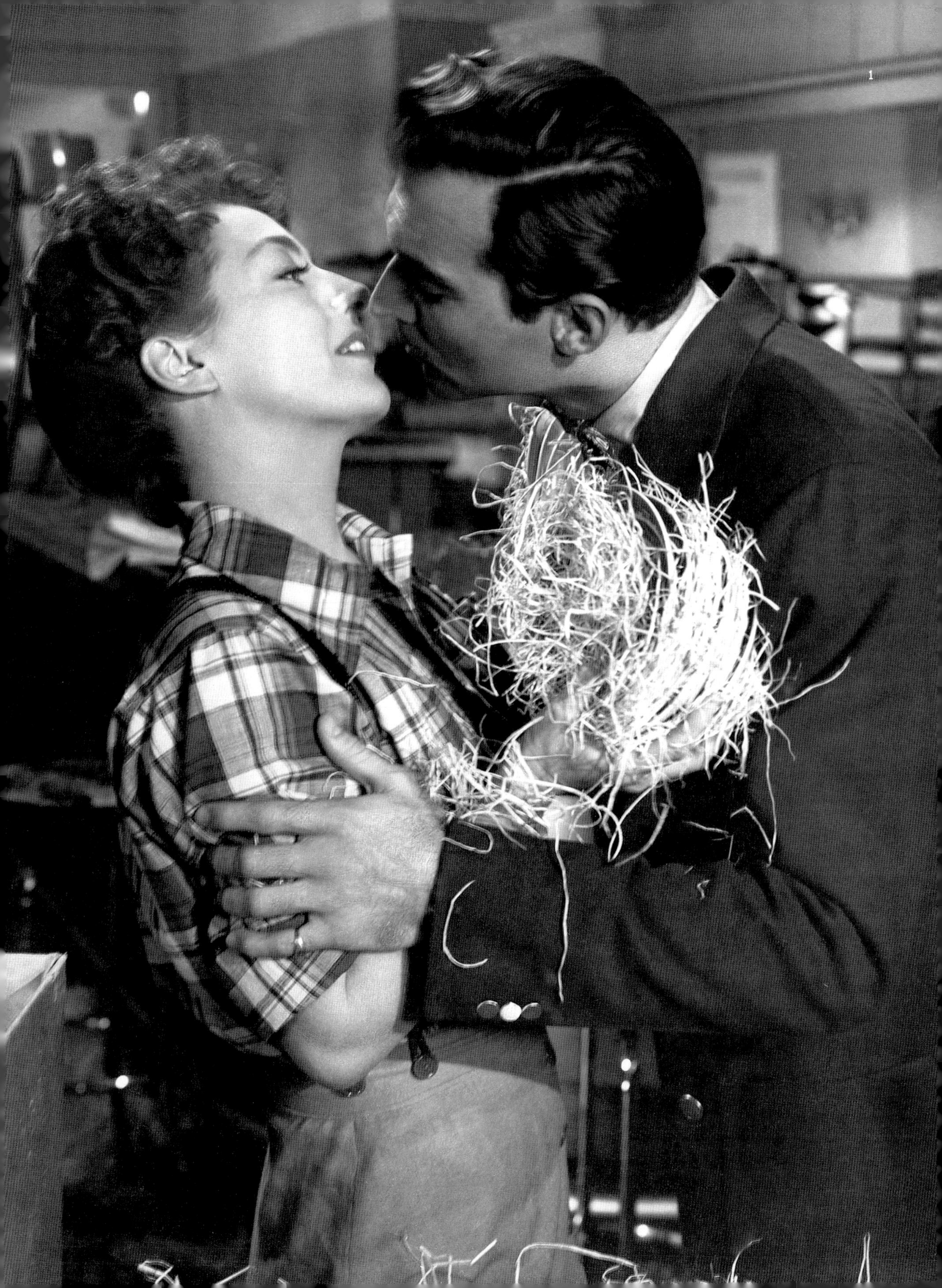

1

1 Schuldloses Opfer? Monte Beragon (Zachary Scott) ist nur an Mildreds (Joan Crawford) Geld interessiert.

2 Lügen und Geheimnisse: Monte und Mildreds ehrgeizige Tochter Veda (Ann Blyth, r.) bilden ein infernalisches Duo.

3 Es ist ein Auto! Montes teure Geschenke gehen auf Mildreds Rechnung.

4 Film noir als Frauensache: Mildred kann der zügellosen Veda nichts abschlagen und vernachlässigt ihre zweite Tochter Kay (Jo Ann Marlowe). Der Vater hat das Weite gesucht.

„Durch seine genau dosierte Erzähldramaturgie, seine Fotografie der untergegangenen kalifornischen Vorstadtkultur der 1940er Jahre und die unwiderstehliche Darstellung der Titelfigur durch Joan Crawford bietet dieser Film-noir-Thriller von Michael Curtiz Spannung pur."
The Guardian

als aufgebaut. Wer immer Beragon umgebracht hat, er kann es nur für Mildred getan haben: Wie Veda hat der Dandy ihre Gutmütigkeit ausgenutzt, und auch in ihrem Statusdünkel sind Tochter und Stiefvater ein perfektes Paar. Die Aufsteigerin Mildred kann noch so hart arbeiten, die Liebe der verwöhnten Teenager-Lady wird sie nie bekommen. Die Auflösung bringt im Gegenteil das ganze Ausmaß einer Intrige ans Licht, die Mildred für immer das Herz brechen wird – worauf sie ihren schwersten Fehler begeht. „Please don't tell anyone what Mildred Pierce did!" lautete ein Werbeplakat für den Film.

Casablanca-Regisseur Michael Curtiz schuf diesen Klassiker des Film noir in Zusammenarbeit mit dem Kameraveteranen Ernest Haller. Hallers expressionistischen Schattenspiele veredeln einen Film, dessen Inhalt durchaus auch Elemente einer Seifenoper aufweist. Denn mit der Adaption des vom

„Mit diesem Geld kann ich von dir fortkommen. Von dir und deinen Hühnern und deinen Kuchen und deiner Küche und allem, was nach Fett riecht. Ich kann von diesem Schuppen mit seinen billigen Möbeln fortkommen. Und dieser Stadt und ihren Frauen in Uniform und ihren Männern in Overalls." *Filmzitat: Veda (Ann Blyth)*

„Man war bei MGM einstimmig der Meinung, dass Joan Crawfords Stern im Sinken begriffen war, als sie kurz vor ihrem vierzigsten Geburtstag stand. Dann fand Produzent Jerry Wald bei Warner für sie die Rolle ihres Lebens ... Diese Verfilmung eines melodramatischen Romans von James M. Cain ist eine großartige Verschmelzung von Film noir und Seifenoper, glanzvoll in Szene gesetzt von Michael Curtiz, zu dessen vielseitigen Leistungen auch *Casablanca* und *Yankee Doodle Dandy* zählen." BBC

„Hardboiled"-Autor James M. Cain stammenden Bestsellers hatte man einige Schwierigkeiten. Dessen Hauptelemente Betrug, Verrat und Gier waren zwar dem Genre angemessen, nicht aber dem Publikum. Mehrere Autoren, unter ihnen der ungenannte William Faulkner, hatten alle Hände zu tun, wenigstens die Hauptfigur sympathisch wirken zu lassen.

Die ungewohnt bescheiden auftretende Joan Crawford nutzte das Comeback zu einer ihrer besten Darbietungen – und erhielt den einzigen Oscar des Films, obwohl Curtiz sie angeblich noch während der Dreharbeiten gegen Barbara Stanwyck austauschen wollte. Eine Nominierung verdiente sich auch die erst 16-jährige Ann Blyth in einer der abstoßendsten Rollen der Filmgeschichte. Es fällt aber auch nicht schwer, in der ehrgeizigen Intrigantin Veda die frühe Joan Crawford zu erkennen. PB

ERNEST HALLER Ernest Haller, 1896 in Los Angeles geboren, war jahrelang einer der angesehensten Kameraleute Hollywoods. Seit 1920 aktiv, wurde er in den späten 30ern zu dem Mann, der Bette Davis ins rechte Licht setzte, etwa in *Jezebel – Die boshafte Lady* (*Jezebel*, 1938) oder *Hölle, wo ist dein Sieg?/ Das Glück in der Glaskugel* (*All This, and Heaven Too*, 1940). Exzellente Schwarz-Weiß-Kontraste waren sein Markenzeichen, doch einen Oscar und bleibenden Ruhm erntete er mit dem wohl berühmtesten Farbfilm überhaupt. Dabei war er erst während der Dreharbeiten zu *Vom Winde verweht* (*Gone with the Wind*, 1939) für einen gefeuerten Kollegen eingewechselt worden. Der Schwarz-Weiß-Film *Solange ein Herz schlägt* (*Mildred Pierce*, 1945) hingegen wurde vor allem durch Hallers ausgefeilte Film-noir-Optik zu einem Klassiker des Genres. Weitere Kultfilme drehte er 1955 mit Nicholas Rays *… denn sie wissen nicht, was sie tun* (*Rebel Without a Cause*) und 1962 mit Robert Aldrichs *Was geschah wirklich mit Baby Jane?* (*What Ever Happened to Baby Jane?*, 1962). In Letzterem spielten die Todfeindinnen Bette Davis und Joan Crawford erstmals gemeinsam in einem Film, die klaustrophobe Stimmung im Haus von Baby Jane ging auf Hallers Konto. Ernest Haller starb 1970, fünf Jahre nach seinem Rückzug aus dem Filmgeschäft, bei einem Autounfall.

5   Nach und nach enthüllt sich Polizei und Zuschauern die Anatomie einer Tragödie.

6   Frühe Warnung: Mildreds Ex-Mann Bert (Bruce Bennett) hat keine Sympathien, wohl aber die Wahrheit auf seiner Seite.

7   Film noir mit klassischer Ausleuchtung: Doch Mildreds Verehrer Wally (Jack Carson) steht nicht lange im Zwielicht.

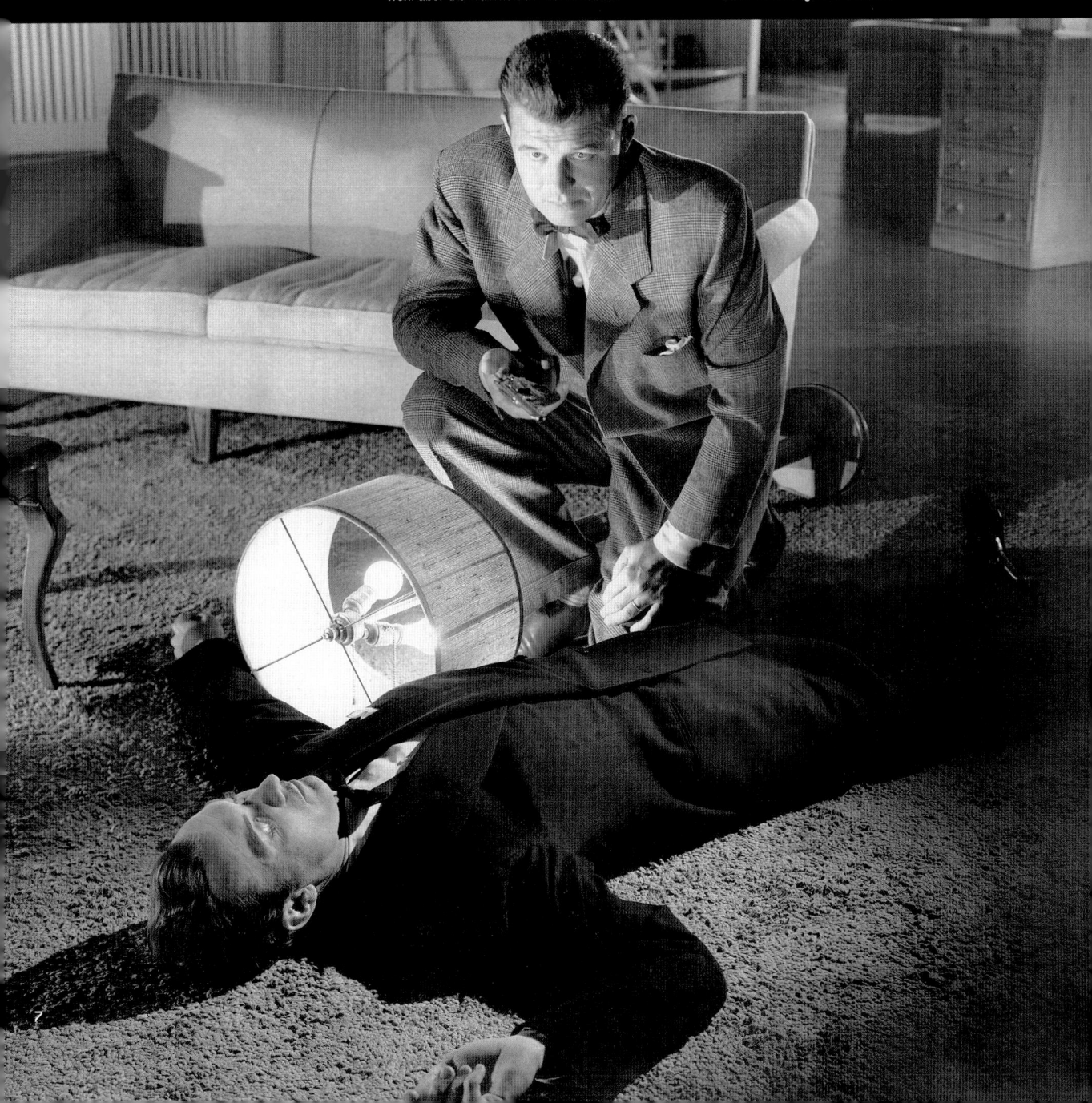

UNTER DEN BRÜCKEN

1944/45 - DEUTSCHLAND - 99 MIN. - S/W - GENRE DRAMA, LIEBESFILM
REGIE HELMUT KÄUTNER (1908–1980)
BUCH WALTER ULBRICH, HELMUT KÄUTNER, nach dem Manuskript „Unter den Brücken von Paris"
von LEO DE LAFORGUE KAMERA IGOR OBERBERG SCHNITT WOLFGANG WEHRUM
MUSIK BERNHARD EICHHORN PRODUKTION WALTER ULBRICH für UFA, TERRA FILMKUNST.
DARSTELLER HANNELORE SCHROTH (Anna Altmann), CARL RADDATZ (Hendrik Feldkamp), GUSTAV KNUTH (Willi), URSULA GRABLEY (Vera), HILDEGARD KNEF (Mädchen in Havelsberg), MARGARETE HAAGEN (Wirtschafterin), WALTER GROSS (Mann auf der Brücke), HELENE WESTPHAL, HILDEGARD KÖNIG, ERICH DUNSKUS.

„Es sprach die Sonne Muschemusch, da lagen wir im Sand. Die Wellen sprachen Muschemusch, und küssten Dir die Hand."

Das Plätschern des Wassers gegen die Bordwand, das Quaken der Frösche im Wasser, das Knarzen der Taue, mit denen das Schiff festgemacht ist – das sind die Geräusche, die Hendrik (Carl Raddatz) und Willi (Gustav Knuth) jeden Tag auf der „Liese-Lotte", ihrem Schiff, begleiten. Hendrik nennt sie seine „kleine Einschlafmusik". Die beiden Freunde sind Besitzer und Besatzung eines Schleppkahns, mit dem sie Waren aller Art rund um Berlin und manchmal bis nach Rotterdam befördern. Sie träumen davon, ein Schiff mit Motor zu besitzen, damit sie selbst fahren können und von den motorisierten Schleppern nicht mehr abhängig sind – und sie träumen von der Liebe. Zwar gibt es Affären, doch Hendrik und Willi suchen „was Festes".

Eines Tages tritt eine Frau in ihr Leben. Anna (Hannelore Schroth) steht in Potsdam auf der Glienicker Brücke, will anscheinend springen und wirft dann nur einen Zehnmarkschein ins Wasser. Hendrik und Willi „retten" sie, nehmen die junge Frau mit nach Berlin – und verlieben sich beide in sie. Schließlich treffen die Freunde ein Abkommen: Der, in den Anna sich verliebt, verlässt den Kahn. Denn: Anna und das Schiff – das wär ja wohl ein bisschen viel Glück. Doch es soll anders kommen ...

Auf den ersten Blick ist *Unter den Brücken* ein zauberhaft-leichtfüßiger Film über Freundschaft und Liebe. So herrlich pointiert geschrieben und von allen drei Hauptdarstellern mit so viel Herzblut gespielt, dass er auch sechs Jahrzehnte nach seiner Entstehung frisch und lebendig wirkt. Regisseur Helmut Käutner (*Große Freiheit Nr. 7*, 1943/44) beweist ein wunderbares Gespür für intime Gesprächssituationen, Momente vorsichtiger Annäherung. Da ist etwa Hendrik in Annas Wohnung, die beiden streiten viel, lieben sich aber im Stillen schon. Anna reinigt Hendriks schmutzige Hände und dabei werden zaghaft Blicke und Gesten ausgetauscht – eine hinreißende Szene. Zudem

1

ist der Film meisterhaft in einer geradezu lyrischen Bildsprache fotografiert. Die abendliche Idylle auf der Havel und den Kanälen rund um Berlin, da wo Hendriks „kleine Einschlafmusik" gespielt wird; Bilder von Industrieanlagen, wo die Kahnfahrer ihre Ladung löschen; Ansichten von Berlin, immer von der Wasserseite her gesehen – all das ist überwältigend schön, in hart kontrastierten Schwarz-Weiß-Bildern gefilmt.

Auf den zweiten Blick – und insbesondere wenn man die historischen Umstände seiner Entstehungszeit mitbedenkt – ist *Unter den Brücken* ein poetisches Meisterwerk, dessen Fertigstellung einem Wunder gleichkommt. In Zeiten, in denen das Dritte Reich fanatisch zum großen Endkampf trommelte und Berlin das Ziel massiver Bombenangriffe durch die Alliierten war, erzählt Regisseur Helmut Käutner eine demonstrativ private Geschichte, die die Liebe, die Poesie und den Individualismus feiert. Käutner und sein Team drehten von Mai bis Oktober 1944 ausschließlich on location, u. a. in Havelwerder, Potsdam und Berlin-Tiergarten, und man sieht tatsächlich keinerlei Kriegszerstörungen.

Wiewohl er nicht ins propagandistische Konzept der Nazis passte, wurde der Film im März 1945 von der Filmprüfstelle zugelassen, kam jedoch vor Kriegsende nicht mehr in die Kinos. Die meisten der Filmkopien und Teile des Negativs verbrannten in den letzten Kriegstagen. Nach dem Krieg tauchten zum Glück Kopien in Schweden und in der Schweiz auf. Seine Uraufführung erlebte *Unter den Brücken* 1946 beim Internationalen Filmfestival im schweizerischen Locarno, in Deutschland wurde er ab 1950 in den Kinos gezeigt.   HJK

1   Die spannungsreiche Annäherung zweier Starrköpfe: Anna (Hannelore Schroth) weiß, was sie will, und beugt sich nicht dem Willen von Hendrik (Carl Raddatz).

2   Anna kommt auf die „Liese-Lotte" und taucht in die ihr fremde Welt der Binnenschiffer ein …

3   … nachdem Willi und Hendrik sie davon abgehalten haben, von der Glienicker Brücke zu springen.

4   Eine Frau an Bord? Bei Anna kann Hendrik sich das sehr gut vorstellen.

„Am Horizont stiegen Rauchpilze hoch, der Himmel wurde finster, es grollte, die Erde erzitterte leise – und um uns quakten die Frösche, der Wind ging durchs Schilf, die Havel floss gemütlich weiter, als ob nichts wäre." *Carl Raddatz über die Dreharbeiten*

HELMUT KÄUTNER Romanze in Moll (1942/43), Große Freiheit Nr. 7 (1943/44) und eben Unter den Brücken (1944/45) – das sind die drei Filme, die den 1908 in Düsseldorf geborene Regisseur Helmut Käutner berühmt gemacht haben, drei der „bemerkenswertesten ‚unzeitgemäßen' Produktionen" („Reclams Filmklassiker") der Nazi-Zeit. Denn: Die wehmütige Romanze aus dem Frankreich des 19. Jahrhunderts, die knallbunte St.-Pauli-Phantasie mit Hans Albers und die lyrische Dreiecksgeschichte im Schiffermilieu erzählen bewusst nicht von dem, was aktuell in Deutschland passierte. So konnte Käutner, der ursprünglich vom Theater und vom Kabarett kam, nach dem Krieg von der Nazi-Vergangenheit unbelastet weiter Filme drehen. Gleich in seinem ersten Nachkriegsfilm, In jenen Tagen (1947) – der Geschichte eines Autos und seiner Besitzer – arbeitete er jene Vergangenheit auf. In den 50er Jahren wechselten in seinem Œuvre leichte, komödiantische Stoffe und schwere, ernsthafte. So drehte er einerseits die ironische Film-im-Film-Komödie Die Zürcher Verlobung (1957) mit Liselotte Pulver, andererseits das deutsch-deutsche Drama Himmel ohne Sterne (1955) mit Horst Buchholz. Mit der Carl-Zuckmayer-Verfilmung Der Hauptmann von Köpenick (1956) mit Heinz Rühmann erwarb sich Käutner auch international einen Namen; der Film wurde für den Oscar als bester nicht-englischsprachiger Film nominiert. Und mit Die letzte Brücke (Poslednji most, 1953) – die Geschichte einer Frau (Maria Schell), die im Zweiten Weltkrieg zwischen Deutschen und jugoslawischen Partisanen steht – schuf er eines der Kriegsdramen der 50er. In den 60er Jahren konnte Käutner nicht mehr an seine herausragenden Leistungen anknüpfen, es entstanden eher uninteressante Filme, die zudem erfolglos blieben. Schließlich zog sich Käutner ganz zu Bühne und Fernsehen zurück. Er starb 1980 in Castelino (Italien).

ROM, OFFENE STADT
Roma, città aperta

1945 - ITALIEN - 100 MIN. - S/W - GENRE DRAMA

REGIE ROBERTO ROSSELLINI (1906–1977)
BUCH SERGIO AMIDEI, FEDERICO FELLINI KAMERA UBALDO ARATA SCHNITT ERALDO DA ROMA
MUSIK RENZO ROSSELLINI PRODUKTION ROBERTO ROSSELLINI für EXCELSA FILM, MINERVA FILM AB.

DARSTELLER ANNA MAGNANI (Pina), ALDO FABRIZI (Don Pietro Pellegrini),
MARCELLO PAGLIERO (Giorgio Manfredi/Luigi Ferrari), MARIA MICHI (Marina Mari),
FRANCESCO GRANDJACQUET (Francesco), HARRY FEIST (Major Bergmann),
VITO ANNICHIARICO (Marcello, Pinas Sohn), NANDO BRUNO (Agostino),
GIOVANNA GALLETTI (Ingrid), EDUARDO PASARELLI (Wachtmeister),
CARLO SINDICI (Polizeichef).

IFF CANNES 1946 GRAND PRIX (Roberto Rossellini).

*„Es ist nicht schwer, gut zu sterben,
aber es ist schwer, gut zu leben."*

Rom 1944, ein Wohnblock wird umstellt. Das deutsche Militär sucht nach einem gewissen Giorgio Manfredi (Marcello Pagliero). Während Manfredis Zimmerwirtinnen die Soldaten ablenken, gelingt dem Gesuchten die Flucht über die Dächer. Für dieses Mal hat die römische Bevölkerung gegen die Besatzer gesiegt, hat die Verbundenheit unter den Unterdrückten und Verfolgten das Schlimmste abgewendet.

Und doch ist klar, dass die Geschichte nicht gut ausgehen kann: Die Deutschen werden zurückkommen, und Solidarität ist eine zerbrechliche Tugend. Die resolute, schwangere Pina (Anna Magnani) und ihr Verlobter, der Drucker Francesco (Francesco Grandjacquet), der in Verbindung mit der Widerstandsgruppe um Manfredi steht, der couragierte Pater Don Pietro Pellegrini (Aldo Fabrizi) und schließlich Manfredi selbst – sie alle unterliegen am Ende der unbarmherzigen Staatsmacht, und manch einer muss seine Zivilcourage mit dem Leben bezahlen.

Doch auch die Deutschen sind in ihrem hohlen Rassenwahn und ihrer maßlosen Selbstüberschätzung zum Scheitern verurteilt. Gestapo-Chef Bergmann (Harry Feist) lässt systematisch die gesamte römische Bevölkerung erfassen und glaubt, mit Hilfe von Karten und zufällig geschossenen Fotos von seinem Schreibtisch aus „Spaziergänge" durch die Straßen Roms unternehmen zu können. Ein grundlegendes Missverständnis, denn das Phänomen Rom lässt sich keineswegs aufgrund seiner Topographie oder als Gesamtheit seiner Einwohner begreifen: Diese Stadt hat ein Eigenleben, eine Seele, die sich den Besatzern niemals erschließen wird, eine unzerstörbare Hoffnung, als deren stärkstes Symbol Rossellini die Kinder vorführt, Zeugen von Ereig-

1

1 Unheilige Allianz: Von der Mätresse des Majors mit Tabletten versorgt, verrät die abhängige Marina Mari (Maria Michi, l.) ihren Geliebten.

2 Wie Spinnen haben Ingrid (Giovanna Galletti) und Major Bergmann (Harry Feist) die Stadt mit den Fäden ihrer Intrigen und Bespitzelungen durchzogen.

3 Die resolute Pina (Anna Magnani) lässt sich nicht unterkriegen – und muss schließlich dafür mit ihrem Leben bezahlen.

4 Die schöne Verräterin merkt viel zu spät, was sie angerichtet hat …

5 … ihre Medikamentensucht macht sie selbst zum Opfer.

nissen, die sie niemals wieder vergessen werden. Es ist diese Seele der Stadt, verkörpert in den darin lebenden Menschen, die die Besatzer überwinden wird, weil sich jede Unmenschlichkeit schließlich gegen sich selbst richten muss.

Es bedarf der Macht der Drogen, natürlich aus deutscher Produktion, um den unbeugsamen Willen der einheimischen Bevölkerung zu untergraben: Die tablettenabhängige Marina (Maria Michi), die ein Verhältnis mit Manfredi hat, liefert ihn nach einem Streit den Deutschen aus.

Obwohl *Rom, offene Stadt* als ein Wegbereiter des italienischen Neorealismus gilt, ist der Begriff „Realismus" irreführend. Denn trotz seiner späteren Wendung hin zum Drama trägt der Film über weite Strecken geradezu komödiantische Züge. Der Ton, den Rossellini hier anschlägt, ist eher burlesk

„Der Film zeigt die historische Wahrheit überdreht. Heute jedoch, in einer neuen europäischen Situation, müssen von einer öffentlichen Vorführung ‚völkerverhetzende' Wirkungen befürchtet werden, die im Interesse einer allgemeinen, besonders einer europäischen Völkerverständigung, unbedingt zu vermeiden sind."

Aus der Begründung der FSK von 1950 zum Verbot der öffentlichen Aufführung des Films

als dokumentarisch. So versteckt Don Pietro während einer Razzia eine von den Kindern angefertigte Bombe im Bett des schlafenden Großvaters. Als der Alte aufwacht und den Geistlichen neben seinem Bett sieht, gerät er in Panik: „Mir geht's großartig", versichert er immer wieder, bis Don Pietro ihn schließlich mit einer Pfanne zum Schweigen bringen muss. Vor allem aber sind natürlich die Deutschen und ihre Helfer Ziel des Spottes: Major Bergmann ist in seiner selbstverliebten Blasiertheit eine Witzfigur ebenso wie der tumbe italienische Polizeichef (Carlo Sindici), der von den ausschweifenden Vorträgen des Deutschen sichtlich gelangweilt ist.

So spiegelt der Film in seinen fast heiteren Momenten die Haltung der römischen Bevölkerung wider: Fast hat man den Eindruck, als würden die Menschen den Ernst der Lage verkennen, bis man versteht, dass ihnen angesichts der grausamen Realität gar nichts anderes übrig bleibt, als sich einfach darüber hinwegzusetzen, um weiterleben zu können. Mit der Ermordung der schwangeren Pina ändert *Rom, offene Stadt* jäh den Ton. Doch die Szenen im Hauptquartier der Deutschen – die Folterungen wurden in der späteren deutschen Fassung teilweise entschärft – wirken, ebenso wie die Hinrichtung Don Pietros am Ende, wie eine Theateraufführung. Rossellini findet damit eine

6 Mit teuren Geschenken und Drogen macht sich Ingrid Marina gefügig.

7 Ungerührt verfolgt der Major die Folterung eines Widerstandskämpfers. Noch lieber allerdings hört sich der arrogante Deutsche selbst reden.

8 Auch der couragierte Don Pietro Pellegrini (Aldo Fabrizi) kann das Schlimmste nicht verhindern.

ANNA MAGNANI Mit ihrem lebhaften Temperament und einer Aura freigebiger Sinnlichkeit verkörperte sie wie keine andere Schauspielerin die Italienerin aus dem Volk. Dass dies auf einer großen Könnerschaft beruhte, stand gleichwohl nie in Frage. Anna Magnani (1908–73) hatte an der Accademia d'Arte Drammatica in Rom studiert, bevor sie ihre Laufbahn am Theater und Varieté begann. Erst Mitte der 30er Jahre übernahm sie kleinere Rollen beim Film, und es dauerte bis 1945, dass sie mit Roberto Rossellinis neorealistischem Meisterwerk *Rom, offene Stadt* (*Roma, città aperta*, 1945) ihren Durchbruch erlebte: Die Szene, in der sie als Verlobte eines Widerstandskämpfers von den Deutschen erschossen wird, gehört zu den erschütterndsten Momenten in der Geschichte des Kinos. Der Film machte Anna Magnani nicht nur weltberühmt, er legte sie auch fest auf Rollen als italienische Proletarierin oder Kleinbürgerin. *Amore* (*L'amore*, 1948) war ihre zweite Zusammenarbeit mit Rossellini, als dessen „Muse" sie zeitweise galt.
Populärer war ihr Auftritt in Luchino Viscontis *Bellissima* (1951), in dem sie eine ehrgeizige Mutter spielt, die mit aller Macht versucht, ihre Tochter zum Filmstar zu machen. Ihre schönste Rolle jedoch gab ihr Jean Renoir in *Die goldene Karosse* (*Le Carrosse d'or*/*La carrozza d'oro*, 1952), der auch als Liebeserklärung an die Schauspielerin zu verstehen ist. Anschließend ging sie nach Hollywood. Und ihre Darstellung der Witwe in Daniel Manns *Die tätowierte Rose* (*The Rose Tattoo*, 1955) brachte ihr den Oscar ein. Zurückgekehrt nach Europa spielte sie die für sie maßgeschneiderte Mutterrolle in Pasolinis *Mamma Roma* (1962). Letztmalig trat sie bei einem Kurzauftritt in *Fellinis Roma* (*Roma*, 1971) in Erscheinung.

brillante Formel, das eigentlich Undarstellbare darstellbar zu machen: Die Qualen des Gefolterten werden auf diese Weise einerseits künstlerisch gebrochen und so für den Zuschauer überhaupt erst erträglich gemacht, andererseits aber auch ins Surreale überzeichnet und dadurch in ihrer Wirkung noch gesteigert. Wenn die Offiziere im Kasino Karten spielen und sich mit ihren Mädchen amüsieren, löst das beim Zuschauer weniger Hass als vielmehr Befremden und schließlich Mitleid mit den Peinigern aus, eine Reaktion, die im Film explizit formuliert wird: „Und wir sollen eine Herrenrasse sein ..."

Es gehört jedoch zur Größe dieses Films, der auf persönlichen Erlebnissen der daran Beteiligten basiert, dass er über keinen seiner Protagonisten ein moralisches Urteil fällt. Und vielleicht ist es genau das, was ein großes „realistisches" Kunstwerk ausmacht.   SH

BEGEGNUNG
Brief Encounter

1945 - GROSSBRITANNIEN - 86 MIN. - S/W - GENRE DRAMA

REGIE DAVID LEAN (1908–1991)
BUCH NOËL COWARD, DAVID LEAN, ANTHONY HAVELOCK-ALLAN, RONALD NEAME, nach dem Bühnenstück „Still Life" von NOËL COWARD KAMERA ROBERT KRASKER
SCHNITT JACK HARRIS MUSIK SERGEJ RACHMANINOW PRODUKTION NOËL COWARD, ANTHONY HAVELOCK-ALLAN, RONALD NEAME für CINEGUILD, G.C.F., THE RANK ORGANISATION FILM PRODUCTIONS LTD.

DARSTELLER CELIA JOHNSON (Laura Jesson), TREVOR HOWARD (Doktor Alec Harvey), STANLEY HOLLOWAY (Albert Godby), JOYCE CAREY (Myrtle Bagot), CYRIL RAYMOND (Fred Jesson), EVERLEY GREGG (Dolly Messiter), MARJORIE MARS (Mary Norton), MARGARET BARTON (Beryl Walters), RICHARD THOMAS (Bobbie Jesson), HENRIETTA VINCENT (Margaret Jesson).

IFF CANNES 1946 GRAND PRIX (David Lean).

„I am a happily married woman – or, rather, I was until a few weeks ago ..."

Eine Eisenbahnstation in Nordengland: Ein von einer Dampflok gezogener Zug scheint direkt am Zuschauer vorbeizufahren, kurz darauf passiert ein weiterer Zug den Bahnsteig in der Gegenrichtung. Beide hatten keine Zeit zu halten, aber für einen kurzen Moment, von niemandem bemerkt, sind sie sich begegnet. Der Vorspann zu *Begegnung* bringt den knappen Inhalt des Films auf den Punkt: Zwei Menschen treffen unerwartet ihre große Liebe, doch die Weichen sind längst gestellt. Laura (Celia Johnson) und Alec (Trevor Howard) sind verheiratet, die neue Liebe bleibt so unerfüllt wie ihr altes Leben, in das sie nach ihrem verbotenen Rendezvous zurückkehren. Mehr gibt es nicht zu sehen, und doch ist dieser britische Klassiker für viele der beste Liebesfilm aller Zeiten, eine Art *Casablanca* (1942) ohne Casablanca, eine tragische Romanze ohne Nazis, Widerstand und Krieg. Die Hauptdarsteller sind keine Stars, aber zutiefst glaubwürdig in ihren Rollen: Sie ist eine einfache Hausfrau, die sich so etwas nie vorstellen konnte; er ein gutmütiger Doktor. Auch die Mittelklasse hat ein Recht auf echtes Drama.

David Leans vierte Regiearbeit macht aus dieser alltäglichen Geschichte ein erschütterndes Erlebnis. Der Film basiert auf einem kurzen Einakter des legendären Noël Coward, der den Titel „Still Life" trägt. Das Stück aus dem Jahr 1936 spielte ausschließlich in jener Teestube des Bahnhofs Milford Junction, in der sich Laura und Alec das erste Mal begegnen: Der Fremde

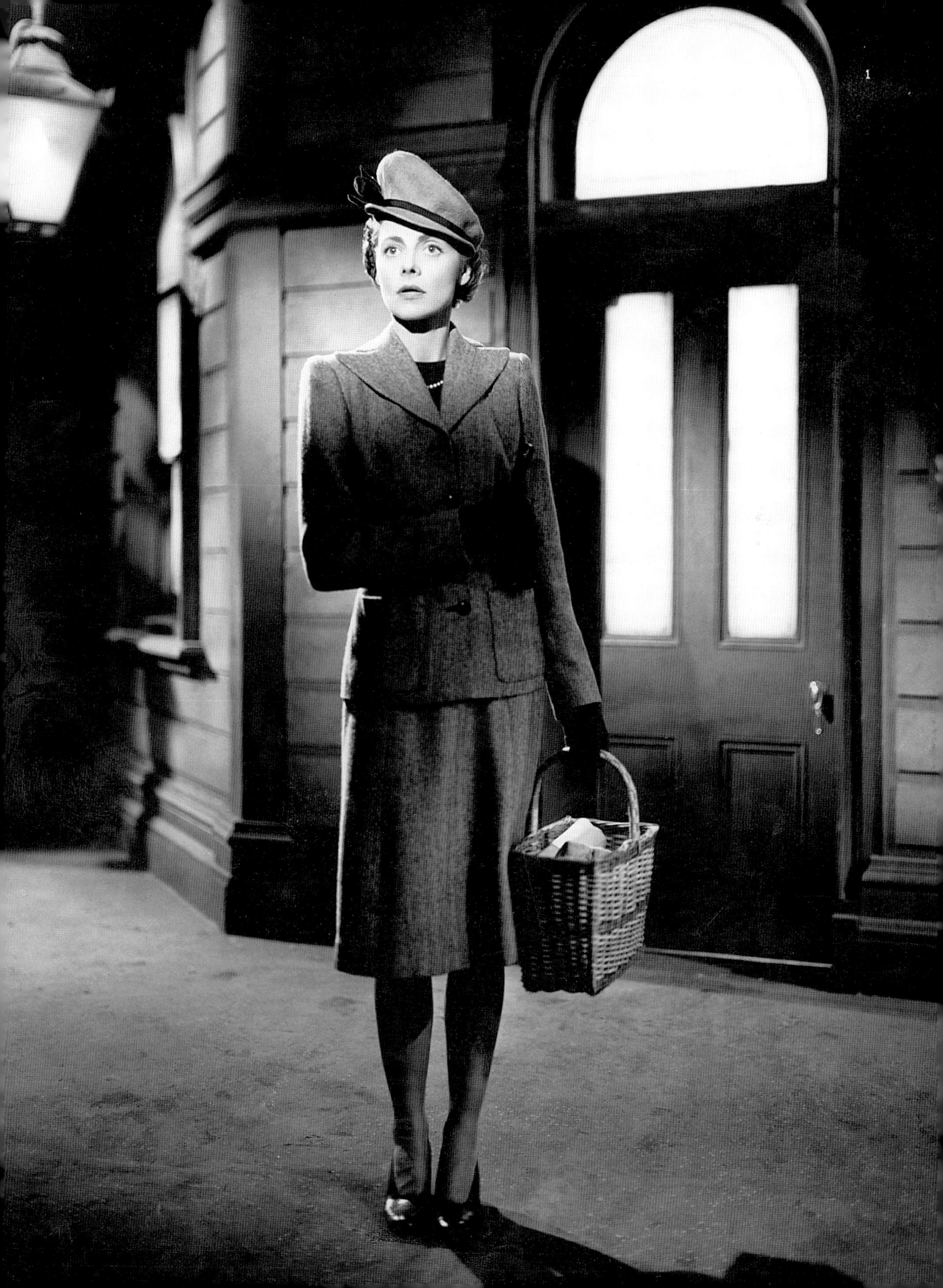
1

1 Eine romantische Tragödie ohne Stars: Celia Johnson als Laura, eine tapfere Hausfrau auf Abwegen.

2 Niedrig, gemein, schmutzig: Lauras Gewissensbisse lassen ihr keine Ruhe. Ihr innerer Monolog strukturiert den Film.

3 Alibi: Die ahnungslose Dolly (Everley Gregg) soll für Laura lügen.

4 Emotionaler Realismus mit viel Empathie für die Figuren: Laura will ihre Familie vor Verletzungen bewahren. Die Moral der Zwischenkriegszeit lässt auch nichts anderes zu.

befreit sie fachmännisch – zum Glück ist er Arzt! – von einem Staubkorn, das ihr ein vorbeibrausender Zug ins Auge gewirbelt hat.

In Zusammenarbeit mit Coward weitete Lean die Handlung aus. Nach ihren wöchentlichen, vom Fahrplan diktierten Zusammentreffen gehen sie ins Kino, unternehmen Ausflüge, treffen sich schließlich heimlich im Apartment eines Freundes. Immer wieder kehrt Laura zurück ins traute Heim, zu (Cyril Raymond). Sein liebstes Hobby sind Kreuzworträtsel, in denen sich unter anderem „Romantik" mit „Delirium" kreuzt. Laura erlebt dieses Delirium, vom ersten Gefühl wilder Lebensfreude bis zur niederdrückenden Erfahrung von Gefahr, Schuld und Verlogenheit. Nie könnte sie Fred von ihrer Affäre erzählen. Obwohl sie nichts lieber täte: „It's awfully easy to lie when you know that you're trusted implicitly. So very easy, and so very

Lauras innerer Monolog, das stumme Geständnis an ihren Mann, gibt den unspektakulären Bildern – nie sieht man mehr als einen Kuss – den emotionalen Hintergrund. Über den tragischen Ausgang, der in ihrer Stimme nachzittert, ist der Zuschauer vorab informiert – der Beginn zeigt die letzten quälenden Momente des Paars, bevor die Zugglocke die beiden endgültig auseinander reißt.

Dieser kluge dramaturgische Kniff verweist auf Leans Handschrift. Denn auch in einem seiner späteren gewaltigen Epen, *Lawrence von Arabien* (*Lawrence of Arabia*, 1962), stirbt der Held in der ersten Szene. Anders als zu vermuten, erzeugt dieses Verfahren keine Distanz zum Geschehen, sondern führt direkt in dessen Zentrum: Lauras zerrissene Psyche, das Bewusstsein einer vergebenen Chance, die sie zeitlebens verfolgen wird.

„Wenn Sie diesen Film und die qualvoll in ihrer selbstgefälligen Überheblichkeit bloßgestellte englische Mittelschicht verkraften, dann haben Sie zumindest einen Kloß im Hals. Weniger zynisch veranlagte Seelen werden Rotz und Wasser heulen." *BBC*

5   Humor Marke Coward: In der Teestube von Milford Junction pflegen auch die Bahnwärter ihre Amouren.

6   Die Ehebrecher machen mobil. Mit dem charmanten Dr. Alec Harvey (Trevor Howard) hat Laura endlich wieder Spaß.

7   Ist es wahr oder nicht? Ja, es ist wahr. Das Hin und Her der Liebesgeständnisse wirkt heute unfreiwillig komisch.

„Ein sensibles Kammerspiel mit perfekter Abstimmung zwischen feinfühliger Handlungsführung, nuancierter Darstellung und stimmungsvoller Fotografie."

Lexikon des internationalen Films

Diese Zerrissenheit äußert sich auch in einem stilistischen Spagat. *Begegnung* ist ein romantischer Film noir, gedreht an unwirtlichen Schauplätzen wie der Bahnstation, nur spärlich ausgeleuchtet, getrübt vom Dampf abfahrender Züge – eines von Leans Lieblingsmotiven. Die Romantik besorgt Rachmaninows zweites Klavierkonzert fast alleine. Nicht jeder wird dieser perfekten Symbiose von Bild und Ton erliegen und Tränen weinen; tatsächlich wurde Lauras herzzerreißender Gewissenskonflikt mindestens ebenso oft parodiert wie die Flughafenszene von *Casablanca*. Aber David Lean hat eine weise Entscheidung getroffen, als er die Handlung in der Zwischenkriegszeit beließ. Erst der Zweite Weltkrieg brachte den moralischen Wandel, der dem Thema Ehebruch den Schrecken nahm. Für Laura und Alec war es zu spät.

PB

NOËL COWARD Dramatiker, Schauspieler, Komponist, Produzent, Sänger – der 1899 geborene Noël Coward war der Allround-Künstler des zwanzigsten Jahrhunderts. Bis in die Nachkriegszeit setzte er die Standards britischer Unterhaltungskunst und wurde durch seinen exzentrischen Charme zum Darling der Gesellschaft. Zahllose Künstler verdanken dem englischen Dandy, der sowohl mit edlen Zigarettenhaltern als auch mit cleveren Bonmots zu überzeugen verstand, ihren Aufstieg. Zu ihnen gehörte auch David Lean. Dessen erste vier Filme – In Which We Serve (1942), Wunderbare Zeiten (This Happy Breed, 1944), Geisterkomödie (Blithe Spirit, 1945) und Begegnung (Brief Encounter, 1945) – basieren auf Arbeiten von Noël Coward und wurden von ihm produziert. Die Liste von Coward-Verfilmungen ist allerdings wesentlich länger.

Geboren wurde das Glückskind kurz vor Weihnachten, daher sein Name, am 16. Dezember 1899 im englischen Teddington. Mit dem Skandalstück „The Vortex" gelang dem Sohn eines erfolglosen Klavierhändlers 1924 der Durchbruch. Coward schrieb elegant, knapp und vor allem schnell, so dass der Wechsel zum neuen Medium Film ihm keinerlei Mühe bereitete. Nach dem Krieg geriet sein Stil aus der Mode, seine Sittenkomödien und Filme wie Begegnung waren der Generation der „angry young men" zu zahm. Noël Coward, der zuletzt mit Revueprogrammen durch die Welt tingelte, starb 1973 in seiner Wahlheimat Jamaika. Seine Stücke werden jedoch noch heute gespielt. Als Schauspieler sieht man ihn unter anderem in In 80 Tagen um die Welt (Around the World in Eighty Days, 1956) und Charlie staubt Millionen ab (The Italian Job, 1969).

DIE BESTEN JAHRE UNSERES LEBENS

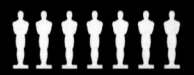

The Best Years of Our Lives

1946 - USA - 172 MIN. - S/W - GENRE DRAMA

REGIE WILLIAM WYLER (1902–1981)
BUCH ROBERT E. SHERWOOD, nach dem Roman „Glory for Me" von MACKINLAY KANTOR
KAMERA GREGG TOLAND SCHNITT DANIEL MANDELL MUSIK HUGO FRIEDHOFER
PRODUKTION SAMUEL GOLDWYN für SAMUEL GOLDWYN COMPANY.

DARSTELLER FREDRIC MARCH (Al Stephenson), MYRNA LOY (Milly Stephenson),
TERESA WRIGHT (Peggy Stephenson), DANA ANDREWS (Fred Derry), VIRGINIA MAYO (Marie Derry),
HAROLD RUSSELL (Homer Parrish), CATHY O'DONNELL (Wilma Cameron), HOAGY CARMICHAEL (Onkel Butch),
GLADYS GEORGE (Hortense Derry), ROMAN BOHNEN (Pat Derry), MICHAEL HALL (Rob Stephenson).

ACADEMY AWARDS 1946 OSCARS für den BESTEN FILM (Samuel Goldwyn), für die BESTE REGIE (William Wyler),
für den BESTEN HAUPTDARSTELLER (Fredric March), für den BESTEN NEBENDARSTELLER (Harold Russell),
für das BESTE DREHBUCH (Robert E. Sherwood), für den BESTEN SCHNITT (Daniel Mandell),
für die BESTE MUSIK (Hugo Friedhofer).

„I've seen a ship go down and 400 of my shipmates went with it. Were those guys suckers?!"

Drei Soldaten kommen aus dem Zweiten Weltkrieg nach Hause: der ältere Sergeant Al Stephenson (Fredric March), der hoch dekorierte Pilot Fred Derry (Dana Andrews) und der junge Matrose Homer Parrish (Harold Russell). Sie treffen sich auf dem Flug mit einer alten Militärmaschine in ihr Heimatstädtchen Boone City, sie fahren zusammen mit dem Taxi vom Flughafen in die Stadt. Und sie blicken alle in eine ungewisse Zukunft. Al, der vor dem Krieg Banker war, ist seit 20 Jahren verheiratet und hat seine inzwischen erwachsene Tochter und seinen Sohn, mittlerweile ein Teenager, seit Jahren nicht gesehen. Fred, der in der Milchbar eines Drugstores gearbeitet hatte, war erst 20 Tage verheiratet, bevor er eingezogen wurde. Seine Frau Marie (Virginia Mayo) arbeitet inzwischen in einem Nachtklub. Al und Fred kommen immerhin körperlich unversehrt aus dem Krieg zurück. Homer hingegen hat bei einem Angriff beide Hände verloren und nun an jedem Arm eine Prothese mit zwei Haken. Was werden seine Eltern, was seine junge Verlobte Wilma (Cathy O'Donnell) dazu sagen?

Regisseur William Wyler – ein europäischer Jude deutsch-schweizerischer Abstammung, der selbst im Zweiten Weltkrieg als Major bei der US-Air Force war – lässt in seinem großen Heimkehrerepos von Anfang an keinen Zweifel daran, in welche Welt die drei Soldaten da heimkehren: in eine Welt, die nicht mehr die ihre ist – in die Welt der Zivilisten, die die Erfahrung des Kriegs nicht gemacht haben und sie sich auch nicht vorstellen können.

Am Anfang versucht Fred einen Flug nach Hause zu bekommen – Fehlanzeige. Ein reicher Mann mit Golftasche hingegen kann sofort einchecken. Der Dienst für das eigene Land, die im Krieg erworbene Ehre – all das zählt

1

1 Gut, wieder zu Hause zu sein: Der Kriegsheimkehrer Al (Fredric March) und seine Frau Milly (Myrna Loy).

2 Sehen einer ungewissen Zukunft entgegen: Al, Fred (Dana Andrews) und Homer (Harold Russell, v. r.) auf dem Rückflug in die Heimat.

3 Hoffnung: Homer spielt mit seinen Hakenprothesen Klavier, zusammen mit seinem Onkel Butch (Hoagy Carmichael, l.).

4 Welch eine Begrüßung: Zunächst finden Homer und Fred (v. l.) keine freien Plätze in einem Flugzeug nach Hause.

5 Familien müssen sich wieder neu kennen lernen: Al, seine Frau Milly, Tochter Peggy (Teresa Wright) und Sohn Rob (Michael Hall, v. r.).

„*Die besten Jahre unseres Lebens* ist so warmherzig, treffend und realistisch, dass es das Leben aller Amerikaner in dieser unschuldigeren und optimistischeren Zeit berührte, und er zeigt Hollywood von seiner besten Seite." *Motion Picture Guide*

nun nicht mehr. Szenen, die diese Erfahrung illustrieren, ziehen sich durch den ganzen Film: Fred, der es als Offizier im Krieg gewohnt war, Verantwortung zu tragen, kann im Drugstore nur als Untergebener desjenigen anfangen, der früher sein Assistent war. Al bekommt zwar seinen Bankjob wieder, er wird sogar befördert. Doch nun fehlt ihm die Kaltschnäuzigkeit, die man braucht, um anderen – auch Kriegsheimkehrern – die Kredite zu verweigern. Er passt nicht mehr in die Bank. Homer indes leidet unter der Befangenheit, mit der alle Menschen seine Haken-Prothesen anstarren, und ist abweisend zu Wilma, weil er glaubt, sie bleibe nur aus Mitleid bei ihm. Fred, Al, Homer – das sind drei Facetten einer tragischen Geschichte, die zeigt, wie sehr sich Heimkehrer und Daheimgebliebene voneinander entfernt haben.

Die besten Jahre unseres Lebens ist ein bewegendes Meisterwerk, ein Film voller wunderschöner, todtrauriger und unvergesslicher Momente, der von seiner großartigen Geschichte und deren nicht minder großartigen Umsetzung lebt. Auf brillante Weise macht das Drehbuch an seinen drei Protagonisten und ihren Beziehungen zueinander ein ganzes Spektrum an Heimkehrerproblemen fest. Sehr nuanciert und lebensnah sind die Figuren gezeichnet, treffend die Dialoge geschrieben. Wie Al und seine Frau Milly (Myrna Loy) miteinander umgehen, bringt einen pointierten, oft sogar komischen Ton ins Spiel, und wie Fred und Als Tochter Peggy (Teresa Wright) sich allmählich näher kommen, zeigt eine hinreißende Liebesgeschichte. Wundervoll ist dieses Skript auf die Leinwand gebracht. Die Schauspieler sind allesamt hervor-

6   Wie verändert der Krieg einen Menschen? Das Haar von Al ist dünner geworden, seine Falten sind tiefer. Und sonst?

7   Es braucht viel Zeit, bis Homer sich traut, seiner Verlobten Wilma (Cathy O'Donnell) seine Hakenprothesen zu zeigen …

8   … und noch viel mehr, bis er ihr glaubt, dass sie ihn noch immer liebt – und beide schließlich heiraten.

„Die besten Jahre unseres Lebens ist der erste große, gute Film der Nachkriegszeit, der tatsächlich die Gegenwartsprobleme der USA zur Sprache bringt." *Life Magazine*

ragend, auch Homer-Darsteller Harold Russell, der kein Schauspieler ist, sondern tatsächlich ein Kriegsversehrter – seine Haken sind kein Filmrequisit. Überzeugend auch die Kameraarbeit. Kameramann Gregg Toland schafft wundervolle, bedeutungsstarke Bilder, in denen die Figuren oft in Spiegeln oder Fensterscheiben verdoppelt sind. So werden sie mit ihrem Ebenbild konfrontiert und damit auch ganz sinnfällig mit der Frage: „Wer bin ich?"

Seinem Happyend zum Trotz ist *Die besten Jahre unseres Lebens* eine düstere Bestandsaufnahme des Nachkriegsamerikas. Der Film wurde mit sieben Oscars prämiert, war an der Kinokasse äußerst erfolgreich und traf 1946 wohl wie kein zweiter den Nerv des amerikanischen Publikums.

HJK

GREGG TOLAND

Im Vordergrund schaut Al bewundernd zu, wie Homer mit seinen Haken Klavier spielt, im Hintergrund sieht man Fred in einer Telefonzelle; er ruft Peggy an und sagt, dass er sie nicht wiedersehen will. Diese berühmt gewordene, mit der Tiefe des Raumes arbeitende Kameraeinstellung trägt deutlich die Handschrift des einfallsreichen, experimentierfreudigen Kameramanns Gregg Toland. Kontrastreich ausgeleuchtete Szenerien und lange Einstellungen mit großer Schärfentiefe sind seine Markenzeichen. Toland begann 15-jährig als Botenjunge in einem Filmstudio, wurde dann Kamera-Assistent und machte 1931 seinen ersten Film als Chef-Kameramann: *Palmy Days*.

1938 drehte er *Stürmische Höhen/Sturmhöhe* (*Wuthering Heights*, 1939) mit Regisseur William Wyler. Der Film brachte ihm den Oscar und setzte die lange fruchtbare Zusammenarbeit mit Wyler fort (u.a. *Die kleinen Füchse*, *The Little Foxes*, 1941). Zuvor hatten die beiden zusammen bereits so wichtige Filme wie *Infame Lügen* (*These Three*, 1936) und *Sackgasse* (*Dead End/Cradle of Crime*, 1937) gedreht. Seinen kreativen Höhepunkt erlebte der 1904 geborene Toland allerdings in der Zusammenarbeit mit einem Regiegiganten: mit Orson Welles, mit dem zusammen er die grandiosen Bildkompositionen von *Citizen Kane* (1941) kreierte. Im Zweiten Weltkrieg arbeitete er bei der „Navy Photographic Unit", wo er u.a. mit John Ford den Dokumentarfilm *December 7th* (1941–43) drehte, für den die „US Navy Field Photographic Branch", zu der die „Navy Photographic Unit" gehörte, einen Oscar erhielt. 1948 starb Toland nur 44-jährig an einem Herzinfarkt.

DUELL IN DER SONNE
Duel in the Sun

1946 - USA - 138 MIN. - FARBE - GENRE WESTERN, MELODRAM

REGIE KING VIDOR (1894–1982)
BUCH DAVID O. SELZNICK, OLIVER H. P. GARRETT, nach dem gleichnamigen Roman von NIVEN BUSCH
KAMERA LEE GARMES, RAY RENNAHAN, HAROLD ROSSON SCHNITT HAL C. KERN
MUSIK DIMITRI TIOMKIN PRODUKTION DAVID O. SELZNICK für SELZNICK PICTURES CORPORATION, VANGUARD FILMS PRODUCTION.

DARSTELLER JENNIFER JONES (Pearl Chavez), JOSEPH COTTEN (Jesse McCanles), GREGORY PECK (Lewton „Lewt" McCanles), LIONEL BARRYMORE (Senator Jackson McCanles), HERBERT MARSHALL (Scott Chavez), LILLIAN GISH (Laura Belle McCanles), WALTER HUSTON (der Priester, „The Sinkiller"), CHARLES BICKFORD (Sam Pierce), HARRY CAREY (Lem Smoot), BUTTERFLY MCQUEEN (Vashti).

„Sprung from the hard clay – quick to blossom and early to die."

King Vidors Western-Melodram beginnt als ein Fanal der Farben und Leidenschaften. Eine heißblütige Indianerin wirbelt über den Tresen eines verrauchten Saloons. Die Männer jubeln ihr zu. Schließlich wirft sie sich einem Verehrer in die Arme, der sie sogleich küsst. Der Ehemann der Tänzerin, der vornehme und integre Scott Chavez (Herbert Marshall), sitzt am Spieltisch und macht einen bekümmerten Eindruck. Er folgt der Untreuen und ihrem Liebhaber bis in eine Wohnung. Auf der Straße steht zufällig seine Tochter Pearl (Jennifer Jones). Dann fallen zwei Schüsse. Der Doppelmord wird aus Pearls Perspektive als ein expressives Drama aus bewegten Schatten vor großen, rot leuchtenden Fenstern gezeigt. Chavez wird für seine Tat gehängt. Zurück bleibt Pearl, die auf die Ranch ihrer entfernten Tante Laura Belle McCanles (Lillian Gish) zieht.

Laura Belle ist eine sanftmütige Frau. Ihr Mann dagegen, der halbseitig gelähmte Senator Jackson McCanles (Lionel Barrymore), ist ein donnernder, indianerfeindlicher Patriarch. Gleich nach ihrer Ankunft interessieren sich die beiden Söhne der McCanles für Pearl. Der charakterfeste Jesse (Joseph Cotten) behält seine Gefühle zunächst respektvoll für sich. Sein kleiner Bruder Lewt (Gregory Peck) dagegen macht sich sofort an Pearl heran. Er ist ein smarter, aber gewissenloser Cowboy, der gewohnt ist, das zu bekommen, was er begehrt. Pearl gerät in einen emotionalen Zwiespalt. Ihrem Vater gab sie vor dessen Hinrichtung das Versprechen, ein anständiges Mädchen zu werden. Nach anfänglichem Widerstand kann Pearl ihre Gefühle nicht länger unterdrücken. Sie gibt sich Lewt hin. Währenddessen wird Jesse wegen einer kleinen Rebellion gegen den Vater von der Ranch verstoßen. Und Pearl

1

2

„Wer sich diesen Film ansieht und ihn nicht ertragen mag oder sich langweilt oder ihn rassistisch oder frauenfeindlich findet, sollte alles in seinem Leben tun. Nur sollte er nicht mehr ins Kino gehen." *Die Zeit*

1   Ein Bild ist mehr als nur ein Augenblick. Gregory Peck als provozierender, kesser Cowboy Lewt.
2   Regisseur King Vidor trotzte der rauen Landschaft des amerikanischen Südwesten ein Maximum an motivischer Western-Romantik ab.
3   Pearl (Jennifer Jones) hat eine Dummheit begangen, der ehrliche Jesse (Joseph Cotten) fühlt sich verletzt. Er geht fort.
4   Lewt betrachtet Pearl als sein Eigentum. Er spielt mit ihrer Leidenschaft.
5   Jesse liebt Pearl auf seine Weise. Zu spät gesteht er ihr seine Liebe. Seine Zögerlichkeit hat sie in die Arme von Lewt getrieben.

wird nun endgültig zum Spielball von Lewts amourösen Spielchen. Eines Tages entscheidet sie, den Erniedrigungen ein Ende zu setzen.

Produzent David O. Selznick wollte mit *Duell in der Sonne* einen ähnlich kassenträchtigen und publikumswirksamen Film produzieren wie *Vom Winde verweht* (*Gone with the Wind*, 1939). Gleichzeitig war er auf einen künstlerisch anspruchsvolleren Film aus. Sein Vertrauen setzte er in Meister-Regisseur King Vidor. Doch Selznicks Einmischungen waren berüchtigt. Gleich fünf weitere Regisseure, darunter Größen wie Josef von Sternberg

JOSEPH COTTEN

Als Jesse sich gegen seinen Vater stellt und den Grenzzaun der Ranch mit einer Kneifzange durchknipsen will, damit die Eisenbahner mit der Verlegung der neuen Bahnstrecke fortfahren können, scheint ihn niemand ernst zu nehmen. Der donnernde Senator droht Jesse zwar mit entsichertem Colt, aber zum Schuss kommt es nicht. Plötzlich rückt die US-Kavallerie an und setzt die Interessen des neuen Staates mit Macht durch. Im Angesicht der Nationalflagge kommt der Patriarch schnell zur Räson. Seinen Sohn aber verstößt er. Diese Szene aus *Duell in der Sonne* (*Duel in the Sun*, 1946) ist symptomatisch für Cottens große Kunst des Übergangen- und Nichtbeachtetwerdens. Auf diese schauspielerische Rolle war der 1905 in Petersburg in Virginia geborene Cotten seit seinem Spielfilmdebüt in Orson Welles' *Citizen Kane* (1941) festgelegt, was zweifelsfrei an Cottens wenig Kanten aufweisendem und insgesamt eher harmlos wirkendem Erscheinungsbild lag.

In seinen Rollen schien er „vom Helden mindestens ebenso weit entfernt wie vom Schurken", schrieb einmal ein Kritiker. Und es hat einige Zeit gedauert, bis dieser Aufrechteste der Aufrechten vom Stigma des ewigen Gutmenschen und „Mann ohne Eigenschaften" befreit wurde: In Hitchcocks *Im Schatten des Zweifels* (*Shadow of a Doubt*, 1942) beförderte Cotten als Onkel Charlie eine Witwe nach der anderen ins Himmelreich. Und wurde Cotten als Doktor Louis Moline in King Vidors *Der Stachel des Bösen* (*Beyond the Forrest*, 1949) noch von Bette Davis gequält und an die kurze Leine genommen, so revanchierte er sich in Robert Aldrichs *Wiegenlied für eine Leiche* (*Hush… Hush, Sweet Charlotte*, 1964), indem er sie als vorgetäuschter Toter in den Wahnsinn trieb.

Auch in Henry Hathaways *Niagara* (1952) erfuhr Cotten von seiner Filmpartnerin Marilyn Monroe nicht viel Zuwendung, bis auf den Umstand, dass sie ihm nach dem Leben trachtete. Unvergessen bleibt seine Darstellung eines amerikanischen Schriftstellers in Carol Reeds Wiener Nachkriegsdrama *Der dritte Mann* (*The Third Man*, 1949), wieder einmal an der Seite seines langjährigen Freundes Orson Welles, der ihn auch entdeckte und am Drehbuch zu *Citizen Kane* mitschreiben ließ. Mag der 1994 verstorbene Cotten auch allzu oft den Part des Sidekicks übernommen haben, umso „begnadeter war dabei seine Fähigkeit, daraus eine Kunst zu machen".

und William Dieterle, verpflichtete er hinzu, um seinem megalomanen Anspruch Genüge zu tun. Es sollte an nichts fehlen. Dem großartigen Filmmusiker Dimitri Tiomkin wurde die Vertonung übergeben, und das Staraufgebot an Schauspielern las sich bereits auf dem Blatt hervorragend.

Der Film entstand in Technicolor. Vidors visionäre Farbdramaturgie ließ die raue Landschaft des Südwestens geradezu auflodern. Gepaart mit der bedingungslosen Leidenschaft der Figuren entstand ein vor Hitze glühender Western, der weit über jeglichen Realismus ins Reich der großen Gefühle vordrang und sich zu einem Melodram voller Schicksalsläufigkeit mit einem beunruhigenden Finale entwickelte.

Die Bild- und Farbgewalt, die Filmmusik sowie das „Acting" von Jennifer Jones und Lillian Gish wirken in *Duell in der Sonne* teilweise derart

„Wenn Fords Filme geprägt sind vom immer wiederkehrenden Kreislauf der Natur, in der der Einzelne nur ein Teil des Ganzen ist, dann drückt King Vidors Dramaturgie den genauen Gegensatz dazu aus: eine fanatische Fixierung auf ein fest umrissenes Ziel, das sich ein Individuum gesetzt hat im oder vielmehr gegen den Strom der Allgemeinheit. Entsprechend sind die moralischen Akzente verteilt. Bei Ford gilt Pflichterfüllung als die höchste Tugend; bei Vidor ist es wiederum das extreme Gegenteil: bedingungslose Leidenschaft." *Süddeutsche Zeitung*

6   Lewt fühlt sich seinem Bruder Jesse weit überlegen. Doch seine Überheblichkeit bringt ihn schließlich auf die schiefe Bahn.

7   Laura Belle (Lillian Gish), die Frau von Senator McCanles, kennt den Charme ihres Sohnes Lewt. Sie hält ihn zu Respekt vor Pearl an.

8   Produzent David O. Selznick wollte aus ihr einen Star machen: Jennifer Jones zwischen Gregory Peck und Joseph Cotten.

überhöht, dass der Film wie ein später Abkömmling der Stummfilmzeit erscheint. Pearls innerlich zerrissener Gefühlszustand ist in jeder Phase des Films an den Farben ihres jeweiligen Kostüms abzulesen. Bis zum Schluss, in dem sie zu einem harten, entschlossenen Schwarz zurückkehrt, durchläuft sie ein Spektrum wechselnder Farbkombinationen. Aber welche Farben und welches Kostüm sie auch trägt, nie ist sie sie selbst, sondern nur ein Produkt äußerer Projektionen und ihr zugewiesener Rollen.

In ähnlich farbstimulierender Weise ist das Land erfasst, sei es, dass es in der Glut der Abendsonne versinkt oder in seiner Weite vom Mondlicht beschienen wird, durch dessen fahlen Schein der Zuschauer den zum Mörder gewordenen Lewt einsam in die Ferne reiten sieht. Immer werden Landschaft und Licht zum direkten Ausdruck des momentanen Geschehens und des Gefühlszustandes der Figuren. *Duell in der Sonne* zu sehen, bedeutet dementsprechend synästhetisch wahrzunehmen. Andernfalls läuft der Zuschauer Gefahr, den inneren Kern der Liebesgeschichte von Pearl und Lowt misszuverstehen und nicht nur das dramatische Finale für großartigen Kitsch zu halten. Der Arbeitstitel von *Duell in der Sonne* gibt davon unfreiwillig ein beredtes Zeugnis: *Lust in the Dust* (*Lust im Staub*).   SR

TOTE SCHLAFEN FEST
The Big Sleep

1946 - USA - 114 MIN. - S/W - GENRE DETEKTIVFILM, LITERATURVERFILMUNG

REGIE HOWARD HAWKS (1896–1977)
BUCH WILLIAM FAULKNER, JULES FURTHMAN, LEIGH BRACKETT, nach dem gleichnamigen Roman von RAYMOND CHANDLER KAMERA SID HICKOX SCHNITT CHRISTIAN NYBY MUSIK MAX STEINER
PRODUKTION HOWARD HAWKS für FIRST NATIONAL PICTURES INC., WARNER BROS.

DARSTELLER HUMPHREY BOGART (Philip Marlowe), LAUREN BACALL (Vivian Rutledge), MARTHA VICKERS (Carmen Sternwood), JOHN RIDGELY (Eddie Mars), CHARLES WALDRON (General Sternwood), SONIA DARRIN (Agnes), REGIS TOOMEY (Bernie Ohls), ELISHA COOK JR. (Jones), BOB STEELE (Canino), LOUIS JEAN HEYDT (Joe Brody), CHARLES D. BROWN (Norris), DOROTHY MALONE (Buchhändlerin), JOY BARLOW (Taxifahrerin), PEGGY KNUDSEN (Mona Mars).

„Such a lot of guns around town and so few brains!"

Privatdetektiv Marlowe (Humphrey Bogart) wird von dem greisen General Sternwood (Charles Waldron) beauftragt, einen Erpressungsfall zu lösen, in den seine leichtlebige Tochter Carmen (Martha Vickers) verwickelt ist. Die Ermittlungen führen den Detektiv auf die Fährte eines mörderischen Komplotts, bei dem auch Sternwoods attraktive zweite Tochter Vivian (Lauren Bacall) eine undurchsichtige Rolle zu spielen scheint. Als sich Marlowe in sie verliebt, gerät er selbst ins Schussfeld konkurrierender Gangster.

Die kurze Skizze der Story mag ein wenig darüber hinwegtäuschen, dass Tote schlafen fest wie kaum ein anderer klassischer Hollywood-Film einer schlüssig nachvollziehbaren Handlung entbehrt. Legendär ist die Anekdote, derzufolge Regisseur Howard Hawks und sein Hauptdarsteller Humphrey Bogart während der Dreharbeiten darüber in Streit gerieten, wie denn eine der Filmfiguren ums Leben gekommen sei, durch Mord oder Selbstmord. Hawks wandte sich daraufhin an Raymond Chandler, der die Romanvorlage geschrieben hatte. Doch der konnte darüber ebenso wenig Aufschluss geben.

Eine erste Fassung von Tote schlafen fest enthielt noch eine Szene, die etwas Licht ins Dunkel der Story brachte. Sie fiel jedoch der Schere zum Opfer, nachdem Tests negative Zuschauerreaktionen gezeigt hatten. Ein Eingriff, der nicht nur das für Hawks so charakteristische rasante Erzähltempo zusätzlich forcierte, sondern den Plot auch noch labyrinthischer wirken ließ. Indem der Film so die Möglichkeit objektivierbarer Erkenntnis geradezu zu negieren scheint, stellt er das Muster klassischer Whodunits auf den Kopf: Nicht die

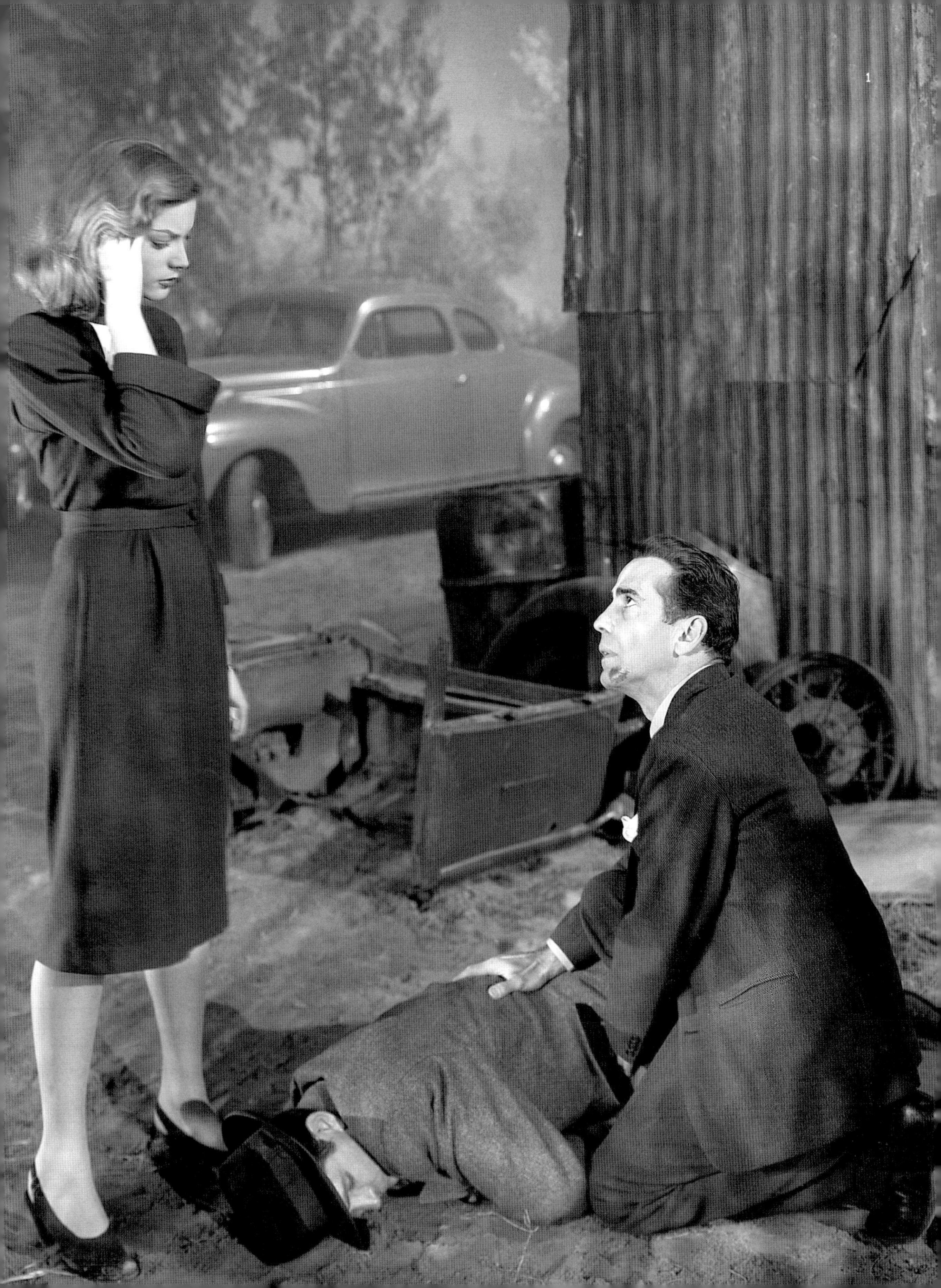

1

Darstellung und Aufklärung eines kriminellen Falls bestimmt den Ablauf, sondern die atmosphärische Schilderung eines durch und durch kriminellen Kosmos.

In diesem für den Film noir typischen Dschungel aus Betrug, Mord und Perversion bewegt sich Marlowe mit der Einsamkeit eines existenzialistischen Helden. Ausgestattet mit einem schnellen Verstand, einem sicheren Instinkt und den Nehmerqualitäten eines harten Kerls, ist er bestens gerüstet für das unsichere Terrain. Die Attraktivität Marlowes beruht allerdings nicht allein auf Toughness. Wenn Bogart durch *Tote schlafen fest* mehr noch als durch seinen Auftritt als zynischer Schnüffler Sam Spade in *Die Spur des Falken* (*The Maltese Falcon*, 1941) zum idealen Leinwanddetektiv wurde, dann liegt das eher an der Integrität, die er ausstrahlt. Die schlagfertige Art, mit der er deutlicher als im Roman seine Unkorrumpierbarkeit zelebriert,

„How did you find her?"
„I didn't find her."
„Well then how did you …"
„I haven't been here, you haven't seen me, and she hasn't been out of the house all evening."

Filmzitat: Vivian (Lauren Bacall) und Philip Marlowe (Humphrey Bogart)

1 Ein Traumpaar – privat wie im Kino: Bogart und Bacall heirateten nach Abschluss der Dreharbeiten.

2 Sexy: Dorothy Malones denkwürdiger Kurzauftritt als verführerische Buchhändlerin.

3 Der Wintergarten General Sternwoods (Charles Waldron, r.) gibt einen Vorgeschmack auf den Großstadtdschungel, der Marlowe erwartet.

4 Wer sitzt hier im Sattel? Der anspielungsreiche Dialog zwischen Marlowe und Vivian macht diese nachträglich eingefügte Szene zu einem frivolen Höhepunkt des Films.

lässt indes ahnen, dass diese nicht allein ethisch, sondern auch ästhetisch motiviert sein dürfte. Denn Marlowe macht sich zweifellos keine Illusionen darüber, wie wenig sein Tun letztlich bewirken kann, jedoch weiß er um die Schönheit seines Handelns – und um deren Wirkung auf Frauen.

Seinen immensen Unterhaltungswert bezieht *Tote schlafen fest* denn auch nicht so sehr aus genretypischer Action als vielmehr aus frivolen Wortgefechten, die sich Bogart wie in einer Hawkschen Screwball-Komödie gleich mit einer ganzen Riege selbstbewusster Schönheiten liefert. Dass er dabei augenzwinkernd mit seinem Status als Filmheld umgeht, macht seine Figur nur noch anziehender. „You are not very tall", versucht ihn die laszive Carmen aus der Reserve zu locken. „I try to be", entgegnet Marlowe.

Pistolen gehören in Hawks' Film ganz selbstverständlich zu den Waffen der Frauen. Und überhaupt scheint der eigentliche Kampf weniger zwischen Guten und Bösen stattzufinden als zwischen den Geschlechtern. Dass dieses

DOROTHY MALONE

Ihr Auftritt in *Tote schlafen fest* (*The Big Sleep*, 1946) dauert kaum länger als drei Minuten. Aber die haben es in sich: Die 1925 in Chicago geborene Dorothy Malone spielt die verführerische Buchhändlerin im „Acme book shop", den Marlowe eigentlich nur betritt, um eine Auskunft zu erhalten. Als sie jedoch für ihn die Brille abnimmt, sich das Haar löst und die Ladentür zusperrt, disponiert er kurzerhand um und verbringt dort den Nachmittag mit ihr: um Whisky zu trinken. Trotz dieser famosen Szene an der Seite von Bogart und ihres augenscheinlichen Potenzials brauchte Malone rund zehn Jahre – während der sie nicht zuletzt in kleineren Western-Produktionen mitwirkte –, um sich für kurze Zeit in die erste Reihe der Hollywood-Darstellerinnen zu spielen.

Zwei der besten Filme Douglas Sirks markierten den Höhepunkt ihrer Kinolaufbahn: *Duell in den Wolken* (*The Tarnished Angels*, 1957), vor allem aber das wunderbare Melodram *In den Wind geschrieben/Die Großen von Texas* (*Written on the Wind*, 1956), in dem sie die nymphomane Tochter eines texanischen Ölmagnaten spielte. Eine Rolle, die ihr den Oscar als beste Nebendarstellerin einbrachte, aber auch ihre weitere, gemessen an ihren Möglichkeiten recht unbefriedigend verlaufene Karriere beeinflusste. In den Folgejahren blieb Malone zumeist auf Frauenfiguren mit Tendenz zur Liederlichkeit abonniert – in Filmen von oft mäßiger Qualität. Zu den positiven Ausnahmen gehört Robert Aldrichs Western *El Perdido* (*The Last Sunset*, 1961). Größere Berühmtheit erlangte Malone in den 60er Jahren als Fernsehstar in der Serie *Peyton Place* (1964–69), freilich ohne sonderlich gefordert zu werden. Sie trat auch weiterhin, wenngleich unregelmäßiger, in Kinofilmen in Erscheinung. Zum vorerst letzten Mal war sie in Paul Verhoevens *Basic Instinct* (1992) in einem Gastauftritt zu sehen.

„Die spröden Figuren Chandlers wurden von Howard Hawks, dem Produzenten und Regisseur dieses Films, mit Wucht auf die Leinwand gehievt und liefern über den größten Teil der Strecke eine volle Ladung harter, packender Action." *Variety*

5 Gefährliche Schönheit: In ihrer Rolle als mörderische Nymphomanin war Martha Vickers eine weitere Attraktion des Films. Hawks wollte sie als neuen Star aufbauen.

6 In einer der eindringlichsten Szenen des Films muss Marlowe hilflos mit ansehen, wie der harmlose Schnüffler Harry Jones (Elisha Cook Jr., M.) vergiftet wird.

7 Die Verworrenheit der Handlung zeigt sich auch an der dubiosen Figur des Eddie Mars (John Ridgely, M.), der am Ende ohne erkennbaren Grund als Bösewicht dasteht und erschossen wird.

Kräftemessen eine romantische Wendung durchaus nicht ausschließt, ja sogar wunderbar befeuern kann, zeigt sich am Traumpaar des Films. Denn wie schon in Hawks' *Haben und Nichthaben* (*To Have and Have Not*, 1944) findet Bogart seinen ebenbürtigen „Widerpart" in Lauren Bacall. Und zweifellos trägt die augenscheinliche erotische Spannung zwischen Bacall und Bogart entscheidend zum Zusammenhalt des Films bei. Die Augenblicke, in denen die Coolness der beiden unvermittelt aufbricht, gehören nach wie vor zu den Magic Moments des Kinos.

Die wohl denkwürdigste Szene des Paars fand erst nachträglich in den Film. Auf Drängen der Studioleitung, die das Starpotenzial des Gespanns zu wenig genutzt sah, fügte Hawks eine anspielungsreiche Unterhaltung der beiden ein: „I'm not sure how far you can go", versucht Bogart Bacall in der Szene aus der Reserve zu locken. Ihre Antwort: „That depends on who is in the saddle". Eine direktere Aufforderung zum Sex hat es im Hollywoodkino der 40er selten gegeben.

JH

> „Bogart ist die Idealbesetzung für diesen Marlowe. *The Big Sleep* ist sein Film, er beherrscht ihn – fast. Denn eine kann mithalten: Lauren Bacall."
>
> *Rheinischer Merkur*

DIE MARX BROTHERS: EINE NACHT IN CASABLANCA
A Night in Casablanca

1946 - USA - 85 MIN. - S/W - GENRE KOMÖDIE

REGIE ARCHIE MAYO (1891–1968)
BUCH JOSEPH FIELDS, ROLAND KIBBEE KAMERA JAMES VAN TREES SCHNITT GREGG G. TALLAS
MUSIK WERNER JANSSEN PRODUKTION DAVID L. LOEW für LOMA VISTA PRODUCTIONS, UNITED ARTISTS.

DARSTELLER HARPO MARX (Rusty), GROUCHO MARX (Ronald Kornblow/Ronald Hühnerpuster), CHICO MARX (Corbaccio), SIG RUMAN (Count Pfefferman/Heinrich Stubel), LOIS COLLIER (Annette), LISETTE VEREA (Beatrice Rheiner), CHARLES DRAKE (Lieutenant Pierre Delmar), DAN SEYMOUR (Polizeipräfekt), FREDERICK GIERMANN (Kurt), HARRO MELLOR (Emile), LEWIS L. RUSSELL (Gouverneur Galoux).

„A peek?
A knees?
A peek?
A knees?
A Pekinese!"

Was hat ein Pekinese mit Mord zu tun? Wie oft darf man bei einem geplanten Schäferstündchen das Hotelzimmer wechseln, ohne dass die Dame entnervt Reißaus nimmt? Und wie bringt man einen Koffer packenden Altnazi um Sinn und Verstand?

Wer auf solcherlei Fragen tatsächlich eine Antwort haben will, liegt mit *Eine Nacht in Casablanca*, dem letzten wirklich gemeinsam realisierten Film der damals schon legendären Marx Brothers, genau richtig. Eine besonders originelle Story darf man freilich kaum erwarten.

Dass die Marx Brothers „auf Biegen und Brechen immer wieder denselben Film" gemacht haben, hat schon Woody Allen festgestellt. Vermutlich wäre alles andere wohl auch eine Enttäuschung für „Marxisten" in aller Welt gewesen. Und so gibt Groucho Marx einmal mehr den alle Regeln des Establishments auf den Kopf stellenden Zyniker, der diesmal unter dem Namen Ronald Kornblow (in kongenialer deutscher Übersetzung: Ronald Hühnerpuster) Angestellte und Bewohner eines Hotels an den Rand des gesunden Menschenverstands führen darf (um den Service zu verbessern, soll etwa ab sofort ein Zwei-Minuten-Ei nur eine Minute gekocht, Gästen, die ein Ein-Minuten-Ei bestellt haben, ein lebendes Huhn serviert werden). Ehrensache, dass Hühnerpuster auch vor sich selbst nicht Halt macht und sich mit großem Enthusiasmus in den tiefsten Schlamassel stürzt, aus dem ihn ein aus dem radebrechenden Corbaccio (Chico Marx) und seinem stummen Faktotum Rusty (Harpo Marx) bestehendes Duo Infernale nach allen Regeln der Zer- und Verstörungs-Kunst wieder heraushauen muss.

Trotzdem kostet der (selbstverständlich erschlichene) Job als Hotelmanager Mr. Hühnerpuster fast den Kopf. Schon seine Vorgänger starben wie die Fliegen, wie sich herausstellt, weil im Fahrstuhlschacht ein millionen-

1

schwerer Nazi-Schatz versteckt ist, den der inkognito reisende Altnazi Heinrich Stubel (Sig Ruman) an sich reißen will. Rumans Hauptprobleme: ein verräterischer Schmiss auf dem Kopf, den er nur mit einem widerspenstigen Toupet kaschieren kann, sowie sein Diener Rusty, der sich für die ständig bezogenen Prügel bitter rächt, indem er seinen Chef langsam, aber sicher in den Irrsinn treibt.

Dass es nebenbei die übliche Liebesgeschichte und einige Seitenhiebe auf Hollywood-Filme über Nazis gibt, kann man getrost vernachlässigen. Denn wie üblich hält die magere Handlung dem andauernden komödiantischen Dauerfeuer des Trios nicht lange stand und zerbröselt unter den Augen der Zuschauer wie die Nervenkostüme der bedauernswerten Marx-Opfer.

Während Harpo den Bilderbuchnazi Stubel zur menschlichen Vogelscheuche umdekoriert (und damit gewissermaßen dessen eigentliches Wesen offenbart), tyrannisiert Chico als selbst ernannter Leibwächter Groucho, der im Nebel seiner Zigarre einer heimtückischen Tänzerin nachsteigt. Schließlich führen Chico und Harpo gemeinsam vor, wie viele Stühle in einen Ballsaal passen. Wie vieles in *Eine Nacht in Casablanca* ist auch dies ein Selbstzitat: Schon einmal, in *Die Marx Brothers auf See* (*Monkey Business*, 1931), hatten

1 Alles tanzt nach unserer Tröte! Die Marx Brothers (Groucho, Chico und Harpo) mischen den afrikanischen Kontinent auf.

2 Keine Gnade: Auch die härtesten Jungs brechen schnell unter den geballten Nonsens-Attacken der Chaos-Brüder zusammen.

3 Die Marx Brothers und die Frauen – während in ihren Filmen zumeist Groucho die Rolle des Herzensbrechers zufiel, betätigte sich im wirklichen Leben vor allem Chico als Lebemann.

„Es spielt keine große Rolle, wenn man feststellt,
dass dies nicht einer ihrer besten Filme ist, denn ihr
schlechtester Film wäre immer noch sehenswerter als
die meisten anderen Dinge, die mir in den Sinn kommen."
The Nation

DIE MARX BROTHERS

Die Brüder hatten keine Wahl. Mutter Minnie Marx, selbst Tochter zweier Bühnenkünstler – eines holländischen Bauchredners und einer jodelnden Harfespielerin aus Westfriesland, die einst eine Karriere in New York (!) angestrebt hatten – hatte sich von Anfang an in den Kopf gesetzt, ihre Jungs ins Showbusiness zu bringen. Chico (eigentlich Leonard, geb. 1887), Harpo (Adolph, geb. 1888), Groucho (Julius Henry, geb. 1890), Gummo (Milton, geb. 1892) und Zeppo (Herbert, geb. 1901) wuchsen unter ärmsten Verhältnissen in Brooklyn auf und begannen unter dem Druck der übermächtigen Mutter eine Karriere als Darsteller in den damals populären Vaudeville-Theatern. Das komödiantische Musical „I'll Say She Is" war der erste große Erfolg, der die Brüder schließlich an den Broadway führte. Mit ihren Shows „The Cocoanuts" (1925) und „Animal Crackers" (1928) wurden sie reich und berühmt, beide wurden später verfilmt (*Die Marx Brothers: Cocoanuts*, *The Cocoanuts*, 1929 und *Animal Crackers*, 1930). Die Paramount-Zeit, in der Marxsche Meisterwerke wie *Die Marx Brothers auf See* (*Monkey Business*, 1931) oder *Die Marx Brothers im Krieg* (*Duck Soup*, 1933, der letzte Film mit Beteiligung des „vierten Marx Brother", Zeppo) entstanden, gilt vielen Marxisten als die beste Phase der Chaos-Brüder. Ungestört von irgendwelchen von der Handlung auferlegten Zwängen dürfen sie hier ihren anarchischen, in vielen Live-Auftritten erprobten Brachial-Humor zelebrieren.

Mit *Skandal in der Oper* (*A Night at the Opera*), 1935 für MGM gedreht, begann eine neue Ära. *Skandal in der Oper* ist sicherlich der künstlerisch ambitionierteste Marx-Brothers-Film, doch gleichzeitig geht die aufwendige Inszenierung auch auf Kosten der Spontaneität und der befreienden Mutwilligkeit des Marxschen Humors. Die folgenden Filme, etwa *Die Marx Brothers im Zirkus* (*At the Circus*, 1939) oder *Die Marx Brothers im wilden Westen/Die Marx Brothers: Go West* (*Go West*, 1940), neigen zur Wiederholung altbewährter Gags und Strickmuster. *Die Marx Brothers: Eine Nacht in Casablanca* (*A Night in Casablanca*, 1946) ist der letzte Film, für den die Marx Brothers gemeinsam vor der Kamera standen. In Szenen wie dem berühmten Stühlerücken im Ballsaal blitzt noch einmal die ganze subversive Sprengkraft des Humors der Marx Brothers auf, die im wirklichen Leben mindestens so chaotisch gewesen sein sollen wie auf der Bühne und der Leinwand.

„Ich kann nicht umhin, die Schlusssequenz des neuen Films der Marx Brothers als ein großartiges und schreckliches Symbol des menschlichen Verhaltens im Atomzeitalter zu verstehen. Gewiss würden die Marx Brothers diese Interpretation heftig zurückweisen; aber das hätte auch Dürer getan, wenn ihm jemand gesagt hätte, dass seine ‚Apokalypse' den gewaltigen Umsturz der Reformation habe vorausahnen lassen."

Erwin Panofsky, in: Stil und Medium im Film

sie das Fassungsvermögen eines Raumes getestet, in dem sie eine Schiffskabine so lange mit Menschen füllten, bis die Tür aus den Angeln flog. Aus der Kabine wurde nun ein Ballsaal, aus den Menschen Stühle – eine Szene, die den Dramatiker Eugène Ionesco zu seiner Farce „Die Stühle" anregte.

So hat am Ende auch die so genannte Hochkultur davon profitiert, dass der älteste Marx Brother, Chico, ein notorischer Spieler und Lebemann, kurz nach der offiziellen Abdankung der Marxschen Bruderschaft schon wieder Pleite war. Mitte der 40er hatte er seine sicher nicht unbeträchtlichen Einkünfte aus den vergangenen goldenen Jahren der Truppe sowie die großzügigen finanziellen Zuwendungen seines jüngeren Bruders Groucho verzockt und dabei angeblich auch noch Schulden bei einigen Unterwelt-Bossen gemacht.

So blieb Groucho und Harpo nichts anderes übrig, als an einem weiteren Werk der Marx Brothers mitzuwirken, deren Ruhm seinen Zenit längst überschritten hatte. Ungeachtet schlechter Kritiken, in die auch der ewig unzufriedene Groucho selbst am vehementesten einstimmte: Das Marxsche Œuvre wäre sicher ärmer ohne diesen Film. Noch einmal blitzt hier der anarchische Humor auf, der die Brüder einst berühmt gemacht hatte.

Grouchos Urteil, *Eine Nacht in Casablanca* sei „der schlechteste Film, den wir jemals gemacht haben", wird dem Film keinesfalls gerecht. Von der

4 Frauen wollen doch immer nur das eine: endlich mal wieder ordentlich beleidigt werden!

5 Nach dem Groucho-Prinzip folgen auf große Gesten zumeist größtmöglicher Schwachsinn und maximale Zerstörung – oder umgekehrt.

6 Um die obligatorische Liebesgeschichte zu einem positiven Abschluss zu bringen, stürzt sich Groucho mit Todesverachtung ins Geschehen. Als ob so eine kleine Bombe einen Marx aus der Ruhe bringen könnte …

7 Dabei soll Rauchen im Bett so gefährlich sein … aber bestimmt nicht halb so gefährlich wie diese verführerischen Orientalinnen!

Szene, in der die Brüder Nazi Stubel beim Kofferpacken nahe an einen Herzinfarkt bringen, bekommt der Zuschauer jedenfalls beim ersten Ansehen vor Lachen nur einen Bruchteil mit, so dass man sich den Film – sicher ganz im Sinne des überaus geschäftstüchtigen Familienunternehmens – mehrmals hintereinander ansehen muss.

Für Heiterkeit sorgt bis heute aber auch eine Anekdote aus dem wirklichen Leben: Als der Film drei Jahre nach dem Original-*Casablanca* (1942) mit Humphrey Bogart und Ingrid Bergman in die Kinos kam, drohte Warner Brothers mit einer Plagiatsklage wegen des Namens der Stadt im Titel. Groucho konterte mit dem Hinweis, in diesem Fall würde seine Familie Warner Bros. wegen der Verwendung des Wortes Brothers im Firmennamen zur Rechenschaft ziehen – eine Drohung, die ihre Wirkung nicht verfehlte und die Warner-Rechtsabteilung in helle Aufregung versetzte.

SH

ES WAR EINMAL / DIE SCHÖNE UND DIE BESTIE
La Belle et la Bête

1946 - FRANKREICH - 96 MIN. - S/W - GENRE MÄRCHENFILM, LITERATURVERFILMUNG
REGIE JEAN COCTEAU (1889–1963)
BUCH JEAN COCTEAU, nach dem gleichnamigen Märchen von JEANNE-MARIE LEPRINCE DE BEAUMONT
KAMERA HENRI ALEKAN SCHNITT CLAUDE IBÉRIA MUSIK GEORGES AURIC PRODUKTION ANDRÉ PAULVÉ für DISCINA.
DARSTELLER JEAN MARAIS (die Bestie/der Prinz/Avenant), JOSETTE DAY (Belle), MARCEL ANDRÉ (Belles Vater), MILA PARÉLY (Felicity), NANE GERMON (Adelaide), MICHEL AUCLAIR (Ludovic), RAOUL MARCO (der Wucherer).

„Mein Herz ist gut, aber ich bin ein Ungeheuer."

Während Belle (Josette Day) auf dem Hof ihres verarmten Vaters (Marcel André) schuftet, sind ihre eitlen Schwestern (Mila Parély und Nane Germon) damit beschäftigt, heiratsfähige Prinzen zu finden. Und auch ihr Bruder (Michel Auclair) ist ein Taugenichts, der seine Zeit mit seinem Freund Avenant (Jean Marais) beim Bogenschießen vertrödelt. Der hübsche Avenant möchte Belle heiraten, doch sie will lieber bei ihrem Vater bleiben. Als der sich auf dem Heimweg von einem abermals missglückten Geschäft im Wald verirrt, übernachtet er in einem unheimlichen Schloss. Am Morgen pflückt er eine Rose im Park und entfacht damit den Zorn des Besitzers: einer Bestie (ebenfalls Jean Marais), halb Tier, halb Mensch, die zur Vergeltung das Leben des unglückseligen Mannes einfordert – oder das eines seiner Töchter. Zum Sterben entschlossen, bleiben dem Vater drei Tage, sich von seinen Kindern zu verabschieden. Doch bevor er aufbricht, seine Schuld zu begleichen, reitet

„Es war einmal …" – mit dieser klassischen Formel leitet Jean Cocteau seine Version von *La Belle et la Bête* ein, dem berühmten Märchen von Jeanne-Marie Leprince de Beaumont. Drei Worte, die das Publikum seit ewigen Zeiten dazu ermuntern, sich dem Irrationalen zu öffnen, und die stets wie ein Versprechen klingen, in eine einfache Welt voller Schönheit eintauchen zu können, eine Welt, die allerdings zugleich voller Grausamkeit ist. Cocteaus Film löst diese Erwartung auf wunderbare Weise ein, indem er sich dem Märchenstoff mit seiner ganz eigenen surrealen Phantasie nähert.

Auch als Filmemacher sah sich Cocteau vor allem als Surrealist und Poet. Im Unterschied aber zu seinem vorherigen Film, *Das Blut eines Dichters* (*Le Sang d'un poète*, 1930), der noch deutlicher von der Avantgarde der 20er Jahre beeinflusst war, erfüllt *La Belle et la Bête* auf narrativer Ebene die Konventionen des Erzählkinos. Und es mag auch an Cocteaus Vorbehalten

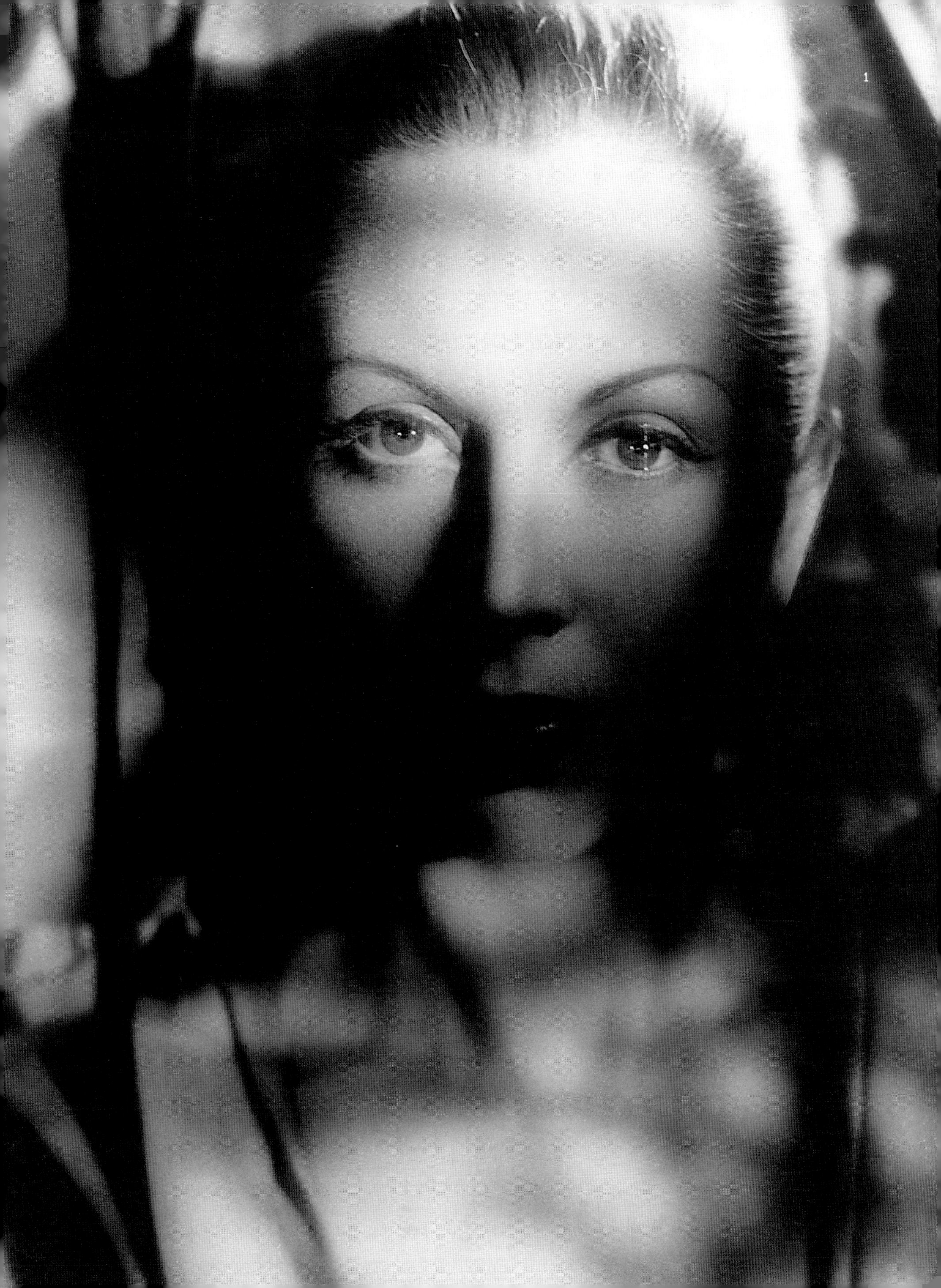

1 Innere und äußere Schönheit: Belle (Josette Day) verkörpert die Reinheit einer wahren Märchenprinzessin.

2 Nur ein Traum? Die Bestie (Jean Marais) lässt sich auch als erotische Phantasie der ohnmächtigen Schönen deuten.

3 Zwischen Trieben und Zärtlichkeit: Jean Marais als tragisch liebendes Monster.

4 Scheußliches Antlitz: Auch heute noch verblüfft die Maske der Bestie durch eine erstaunliche Natürlichkeit.

„Es ist einer der zauberhaftesten aller Filme. Vor der Zeit der CG-Effekte und moderner Monstermasken haben wir hier ein Märchen vor uns, das von Trickaufnahmen und erstaunlichen Effekten lebt und uns eine ‚Bestie' liefert, die einsam wie ein Mensch ist und missverstanden wie ein Tier." *Chicago Sun-Times*

ment als Co-Regisseur zur Seite stand. Zu den Merkmalen der Cocteauschen Poesie gehört es, das Übernatürliche aus dem Alltäglichen hervortreten zu lassen. In *La Belle et la Bête* veranschaulicht Cocteau das Alltägliche durch die visuelle Referenz gegenüber der holländischen Genremalerei des 17. Jahrhunderts. Für die Aufnahmen des väterlichen Hofes empfahl er Kameramann Henri Alekan, sich unter anderem an den Bildern Vermeers zu orientieren. Freilich weniger im Sinne eines direkten Zitierens als eines Nachempfindens des Lichts, der Raumgestaltung und der Positionierung der Figuren. Und tatsächlich lässt sich der Einfluss der Malerei in Alekans poetischem Kamerastil deutlich erkennen.

Die Inszenierung des Schlosses und seiner Umgebung dagegen orientierte sich an Gustave Dorés düsteren Illustrationen der Märchen Perraults,

JEAN COCTEAU Er entwarf Bühnenbilder, schrieb Gedichte, Romane und Dramen, inszenierte Ballette, zeichnete und malte. Im Kino sah Jean Cocteau (1889–1963) nur eines von vielen Mitteln, sich als Poet und Surrealist auszudrücken. Und wenn sein filmisches Œuvre deshalb auch verhältnismäßig schmal ausfällt, so schlägt sich diese Vielseitigkeit doch faszinierend in seinen Filmen nieder. Cocteaus erster – überlieferter – Film, *Das Blut eines Dichters* (*Le Sang d'un poète*, 1930), zeigt deutlich seine Nähe zur Avantgarde der damaligen Zeit und ähnelt in vielem den frühen Werken Buñuels. In diesem Film, der eine Reihe wunderbarer Tricks enthält, beschäftigt sich Cocteau auf sehr intime Weise mit der Existenz des Künstlers und dem Ursprung von Inspiration. Ein Thema, das er in *Orphée* (1949) und seinem letzten Film *Das Testament des Orpheus* (*Le Testament d'Orphée*, 1959/ 60) erneut aufgriff, mit denen *Das Blut eines Dichters* eine Trilogie bildet.
Cocteaus beliebtester Film ist zweifellos *Es war einmal/Die Schöne und die Bestie* (*La Belle et la Bête*, 1946). In ihm gelang es Cocteau auf zauberhafte Weise, dem berühmten Märchenstoff seine surreale Bildpoesie zu verleihen. Die männliche Hauptrolle besetzte er mit Jean Marais, der über lange Jahre sein Lebenspartner war und der fortan in all seinen Filmen auftrat – so auch in Cocteaus weniger bekannten Verfilmungen seiner eigenen Theaterstücke, *Der Doppeladler* (*L'Aigle à deux têtes*, 1948) und *Die schrecklichen Eltern* (*Les Parents terribles*, 1948). Cocteau verfasste auch eine Reihe von Drehbüchern, darunter für so exzellente Filme wie Robert Bressons *Die Damen vom Bois de Boulogne* (*Les Dames du Bois de Boulogne*, 1944/45), Jean-Pierre Melvilles *Die schrecklichen Kinder* (*Les Enfants terribles*, 1950) und Georges Franjus *Thomas, der Betrüger/Thomas, der Schwindler* (*Thomas l'imposteur*, 1964).

5

5   Schönes Äußeres, hässlicher Kern: Belles Schwestern (hier: Mila Parély) verbergen das Monster in ihrem Inneren.

6   In seiner Bildsprache orientiert sich Cocteaus Film ebenso an holländischen Genremalereien …

7   … wie an Klassikern der phantastischen Kunst.

8   Cocteaus Muse: Jean Marais – hier als Prinz – war zugleich Lebenspartner und bevorzugter Hauptdarsteller des großen Surrealisten.

„Jean Cocteau hat in diesem ganz neuartigen Filmwerk einen Kontakt zwischen dem Surrealismus und dem Realismus, zwischen der Illusion und der Wirklichkeit gefunden." *Allgemeine Zeitung*

aber auch an anderen Künstlern des Phantastischen. In diese übernatürlichen Bildwelten wusste Cocteau seine zauberhaften filmischen Tricks und surrealistischen Visionen gekonnt zu integrieren. Mehrfach erreicht er mit rückwärts laufenden Bildern verblüffende Effekte. Ebenso einfach und wirkungsvoll sind die von menschlichen Armen gehaltenen Kandelaber an der Wand oder die gleichfalls lebendigen Gesichter der Karyatiden, deren Blicke den Figuren folgen. Besonders schön ist der Moment, als Belle feengleich durch die langen Korridore schwebt.

Dass die Verweise auf Werke der bildenden Kunst auch eine komplexere Lesart des Films ermöglichen, zeigt sich wenig später. Angesichts der Bestie fällt Belle in Ohnmacht. Als das Untier sie daraufhin in ihr Schlafzimmer trägt, gleicht ihre Körperhaltung der Träumenden in Füsslis berühmtem Gemälde „Der Nachtmahr". Die Parallele verrät, dass Cocteau die Begierde nicht allein auf Seiten der Bestie sieht, sondern das Tier durchaus auch als erotische Phantasie Belles zu deuten ist.

Am Ende stirbt Avenant, weil er bei seinem Versuch, Belle zu befreien und den Schatz der Bestie zu rauben, gegen das Prinzip des Wunderbaren verstößt. Gleichzeitig verendet auch die Bestie, doch verwandelt sie sich durch die Liebe der Schönen zu einem Prinzen, der Avenants Züge trägt. Ein wahrhaft märchenhaftes Happyend, doch liegt darüber eine vage Melancholie. Denn Belle, das ließ uns Cocteau spüren, hat das Untier geliebt. Der hübsche Märchenprinz wird es nie ganz ersetzen können.

UB

IST DAS LEBEN NICHT SCHÖN?
It's a Wonderful Life

1946 - USA - 130 MIN. - S/W - GENRE DRAMA, KOMÖDIE

REGIE FRANK CAPRA (1897–1991)
BUCH FRANCES GOODRICH, ALBERT HACKETT, FRANK CAPRA, JO SWERLING, nach der Erzählung „The Greatest Gift" von PHILIP VAN DOREN STERN KAMERA JOSEPH F. BIROC, JOSEPH WALKER
SCHNITT WILLIAM HORNBECK MUSIK DIMITRI TIOMKIN PRODUKTION FRANK CAPRA für LIBERTY FILMS, RKO.
DARSTELLER JAMES STEWART (George Bailey), DONNA REED (Mary Hatch Bailey), LIONEL BARRYMORE (Mr. Potter), THOMAS MITCHELL (Onkel Billy), HENRY TRAVERS (Clarence Oddbody), BEULAH BONDI (Ma Bailey), FRANK FAYLEN (Ernie), WARD BOND (Bert), GLORIA GRAHAME (Violet Bick), H.B. WARNER (Mr. Gower), TODD KARNES (Harry Bailey).

„One man's life touches so many others, when he's not there it leaves an awfully big hole."

Im Jahr 1945 suchte Frank Capra verzweifelt nach einem neuen Projekt. Sein nächster Film, schrieb er in seiner Autobiographie, sollte etwas Besonderes sein, eine Antwort auf den schrecklichen Krieg, der eben erst zu Ende gegangen war. Er sollte den Menschen wieder Mut geben, den Erschöpften und Desillusionierten den Sinn ihres scheinbar so unbedeutenden Lebens vor Augen führen.

Als er schon selbst nicht mehr daran glaubte, fiel ihm eine Geschichte in die Hände, die Philip Van Doren Stern auf eine Weihnachtspostkarte geschrieben hatte. Sie erzählte von einem Mann, der sein Leben damit verbracht hatte, anderen zu helfen. Seine eigenen Träume gingen nie in Erfüllung. Als er sich am Weihnachtsabend das Leben nehmen will, schickt der Himmel einen Engel zu seiner Rettung. Capra war wie elektrisiert. Er engagierte James Stewart, auch er ein Kriegsheimkehrer, als Hauptdarsteller und schuf mit It's a Wonderful Life sein bleibendes Vermächtnis.

Als George Bailey ist James Stewart der Idealtyp des capraesken Helden: humorvoll, uneigennützig, optimistisch, ein wenig naiv. Der junge Mann träumt davon, „den Staub seiner engen kleinen Stadt von den Füßen zu schütteln", in die Welt zu ziehen und Großes zu schaffen. Doch seine Heimatstadt Bedford Falls lässt ihn nicht los. Zuerst muss er das Immobiliengeschäft seines Vaters übernehmen, dann ermöglicht er seinem Bruder das Studium. George baut keine Wolkenkratzer, sondern Häuser für die Armen und rettet sie damit immer wieder aus den Fängen des ebenso verschlagenen wie geldgierigen Potter (Lionel Barrymore). Dann steht seine Firma plötzlich, durch das Ungeschick eines lieben Verwandten, vor dem Bankrott. George wünscht sich, er wäre nie geboren worden.

Bei Capra gehen Wünsche in Erfüllung. Clarence (Henry Travers), Engel zweiter Klasse, zeigt George, wie die Welt ohne ihn ausgesehen hätte. Aus Bedford Falls wird das Sündenbabel Pottersville. Die Menschen sind missmutig und flüchten in den Alkohol. Georges Bruder Harry ist als Kind ertrunken, weil er nicht da war, um ihn zu retten. Seine Jugendliebe Mary (Donna Reed), mit der er drei Kinder hatte, geht als alte Jungfer durchs Leben. „One man's life touches so many others, when he's not there it leaves an awfully big hole", sagt Clarence. Die Horrorvision bringt George wieder zu Sinnen. Wer so viele Freunde hat, kann kein Versager sein. Der geläuterte Schwarz-

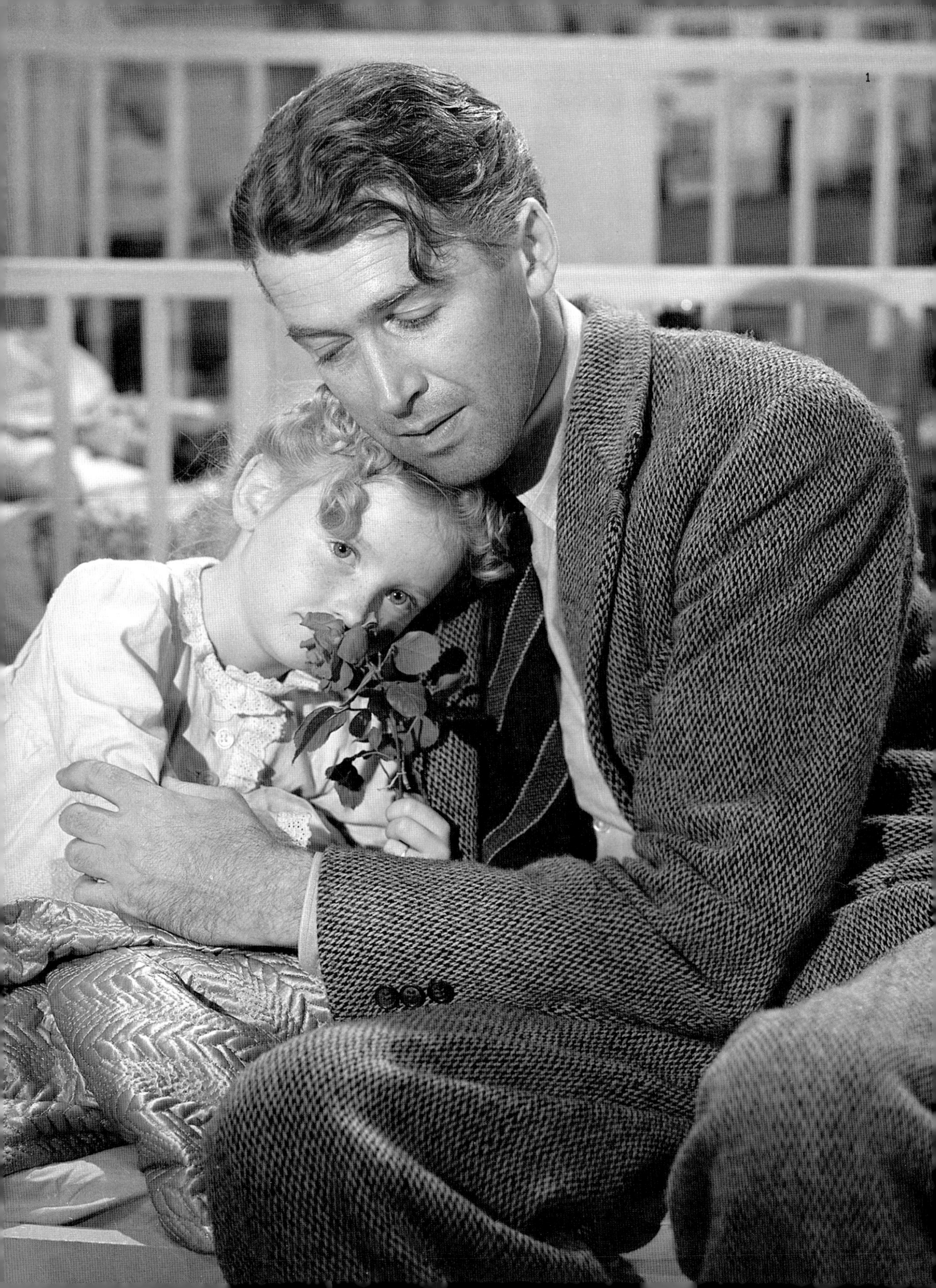
1

1 Hat alles und will noch mehr: George Baily (James Stewart) als Vorzeigeamerikaner und guter Mensch von Bedford Falls.

2 Ende gut, alles gut: Erst mit Hilfe des Fernsehens wurde aus dem Flop ein Weihnachtsspaß für die ganze Familie.

3 George Bailey wird dem Ausverkauf seiner Stadt nicht tatenlos zusehen.

4 Wie würde diese Welt ohne ihn aussehen? George, Idealtyp eines Helden à la Capra, hat keine Ahnung.

seher löst seine Probleme im Handumdrehen, und Engel Clarence bekommt als Belohnung endlich seine lang ersehnten Flügel verliehen.

In mancher Hinsicht eine Umkehrung von Charles Dickens' Weihnachtsgeschichte „A Christmas Carol", bietet dieses soziale Märchen „Capra-Corn" vom Feinsten. Die verschneite Zuckergussidylle von Bedford Falls wird von der Kamera mit viel Schärfentiefe und Liebe zum Detail eingefangen. Jedes Bild zielt auf größten emotionalen Effekt, jede Szene unterstützt die humanistische Aussage. Dabei sieht man einen über weite Strecken düsteren Film, in dem das Gute einen verzweifelten Kampf gegen das Böse führt und soziale Ungerechtigkeiten keineswegs ausgeblendet werden. Frank Capra gaukelt

FRANK CAPRA

„Frank Capra, ein großer Mensch und ein großer Amerikaner, ist eine Quelle der Inspiration für alle, die an den ‚American Dream' glauben", schrieb John Ford im Vorwort zu Capras Autobiographie „The Name Above the Title". Der 1897 geborene Sohn einer sizilianischen Bauernfamilie hat diesen Traum wesentlich mitgeschaffen und selbst gelebt. Begonnen hatte er seine Karriere als Szenarist für die Stummfilmlegende Hal Roach. Im Jahr 1928 erhielt er einen Vertrag bei der Columbia, wo er sich mit Gesellschaftssatiren wie *Lady für einen Tag* (*Lady for a Day*, 1933) schnell einen guten Ruf erarbeitete. Für die frühe Screwball-Comedy *Es geschah in einer Nacht* (*It Happened One Night*, 1934) bekam er seinen ersten Oscar. Seine größten Erfolge – und die Häme der Kritiker – erntete er jedoch mit seinen sentimentalen Sozialkomödien, in denen ein „kleiner Mann" mit idealistischem Eifer an den Grundfesten des Systems rüttelt. *Mr. Deeds geht in die Stadt* (*Mr. Deeds Goes to Town*, 1936) und *Mr. Smith geht nach Washington* (*Mr. Smith Goes to Washington*, 1939), mit Gary Cooper bzw. James Stewart in den Hauptrollen, boten eskapistischen Kitsch in höchster Vollendung – der Begriff „Capra-Corn" war geboren. Gedacht waren diese idealistischen „Message Movies" nicht zuletzt als Propaganda für Präsident Roosevelts Politik des New Deal. Mit der schwarzen Komödie *Arsen und Spitzenhäubchen* (*Arsenic and Old Lace*, 1942/44) stellte Capra aber auch erneut seine Vielseitigkeit unter Beweis.

Nach dem Krieg, an dem er sich durch die Produktion der Propagandafilmserie *Why We Fight* (1942–45) beteiligt hatte, verkündete er mit *Ist das Leben nicht schön?* (*It's a Wonderful Life*, 1946) noch einmal den Glauben an amerikanische Freiheit, Gerechtigkeit und Moral. Doch dieser und der nächste Film, *Der beste Mann* (*State of the Union*, 1948) mit Spencer Tracy, beendeten die Erfolgsserie. Das von Capra, William Wyler und George Stevens eigens gegründete Unternehmen Liberty Films wurde wenig später an Paramount veräußert. Im Jahr 1982 erhielt der 84-Jährige den „Life Achievement Award" des American Film Institute für sein Lebenswerk. Frank Capra starb 1991 im kalifornischen La Quinta an einem im Schlaf erlittenen Herzinfarkt.

keine helle Welt vor. Er gibt die helle Welt in Auftrag, mit dem Vermerk höchster Dringlichkeit. Dass die amerikanischen Werte Individualismus und Gemeinschaftssinn dafür das beste Rezept darstellen, versteht sich von selbst. Verkörpern konnte sie keiner besser als James Stewart, stets in der richtigen Mischung, aber auch mit sanfter Ironie.

Sowohl Capra als auch Stewart betrachteten *It's a Wonderful Life* zeitlebens als ihren Lieblingsfilm. Kommerziell war ihm wenig Erfolg beschieden. Erst als 1974 die Urheberrechte nicht mehr geschützt waren, nahm er seinen Weg doch noch ins Bewusstsein der Amerikaner. Denn seitdem vergeht kein Weihnachten, an dem nicht so gut wie jede Fernsehanstalt ihr Programm mit diesem wunderbaren Film schmückt. Einen „Weihnachts-Klassiker" allerdings hatte Frank Capra nie im Sinn gehabt. PB

„Dieses großartige amerikanische Märchen lebt nicht zuletzt vom unerschütterlichen Glauben an die Fülle der menschlichen Seele. Capra wollte einen Film drehen, der Amerika half, seine depressive Stimmung nach dem Zweiten Weltkrieg zu überwinden, doch ironischerweise wurde der Film erst in dieser äußerst zynischen Zeit nach Vietnam richtig populär, wo wir seine Menschlichkeit noch nötiger haben."
Apollo Movie Guide

FAUSTRECHT DER PRÄRIE / TOMBSTONE
My Darling Clementine

1946 - USA - 97 MIN. - S/W - GENRE WESTERN

REGIE JOHN FORD (1894–1973)
BUCH SAMUEL G. ENGEL, WINSTON MILLER, SAM HELLMAN, nach dem Roman
„Wyatt Earp, Frontier Marshal" von STUART N. LAKE KAMERA JOSEPH MACDONALD
SCHNITT DOROTHY SPENCER MUSIK CYRIL J. MOCKRIDGE, DAVID BUTTOLPH
PRODUKTION SAMUEL G. ENGEL für 20TH CENTURY FOX.

DARSTELLER HENRY FONDA (Wyatt Earp), LINDA DARNELL (Chihuahua), VICTOR MATURE (Doc Holliday),
WALTER BRENNAN (der alte Clanton), TIM HOLT (Virgil Earp), CATHY DOWNS (Clementine Carter),
WARD BOND (Morgan Earp), ALAN MOWBRAY (Granville Thorndyke), JOHN IRELAND (Billy Clanton),
ROY ROBERTS (Bürgermeister), DON GARNER (James Earp).

„When ya pull a gun, kill a man!"

„Nein!" Wyatt Earp (Henry Fonda) ist beim besten Willen nicht misszuverstehen. Er will sein Vieh nicht zu einem Dumpingpreis an die Clantons verkaufen. „Nein!" Er möchte auch nicht Sheriff von Tombstone werden – jedenfalls noch nicht. Das ändert sich allerdings kurze Zeit später, nachdem das Vieh gestohlen und der jüngste Earp-Bruder James (Don Garner) ermordet worden ist: Faustrecht der Prärie schildert einmal mehr die – zumindest im Kern wahre – Legende von der Auseinandersetzung zwischen den Earps und den Clantons mit der berühmten Schießerei am OK Corral.

Doch im Gegensatz zu seinem knapp und präzise formulierenden Helden erzählt Regisseur John Ford die Geschichte eher langsam und weitschweifig, denn sie dient ihm lediglich als Vorwand, um über einige seiner bevorzugten Themen nachzudenken: die Überwindung des „Wilden Westens" durch die Zivilisation und die Entwicklung von „Heimatgefühlen" bei den Protagonisten.

In *Faustrecht der Prärie* stellt Ford zwei Familienclans einander gegenüber: Die Clantons repräsentieren als gesetz- und kulturlose Menschen eine Gesellschaft, die sich überlebt hat. Sie können sich auch nicht ändern – der alte Clanton (Walter Brennan) versucht Wyatt selbst dann noch zu ermorden, als dieser ihm nach der finalen Schießerei das Leben schenken will, und sie müssen deshalb Platz machen für die bürgerliche Zivilgesellschaft, die in Tombstone langsam Fuß fasst.

Wyatt, der Anführer des Earp-Clans, den man zu Beginn noch als Viehtreiber gesehen hat, findet hingegen den Absprung in Bürgerlichkeit und Sesshaftigkeit: Nicht nur, dass er stets höflich wirkt und Wert auf ein gepflegtes Äußeres legt (was Ford Anlass zu einer ganzen Reihe von Gags gibt), er beschützt als Sheriff auch die – noch vornehmlich ideellen – Werte der ehrbaren Bürger Tombstones. Eine Rolle, die dem liberalen, stets aufrecht und ehrlich wirkenden Henry Fonda zweifellos besonders lag: Sein Wyatt Earp ist

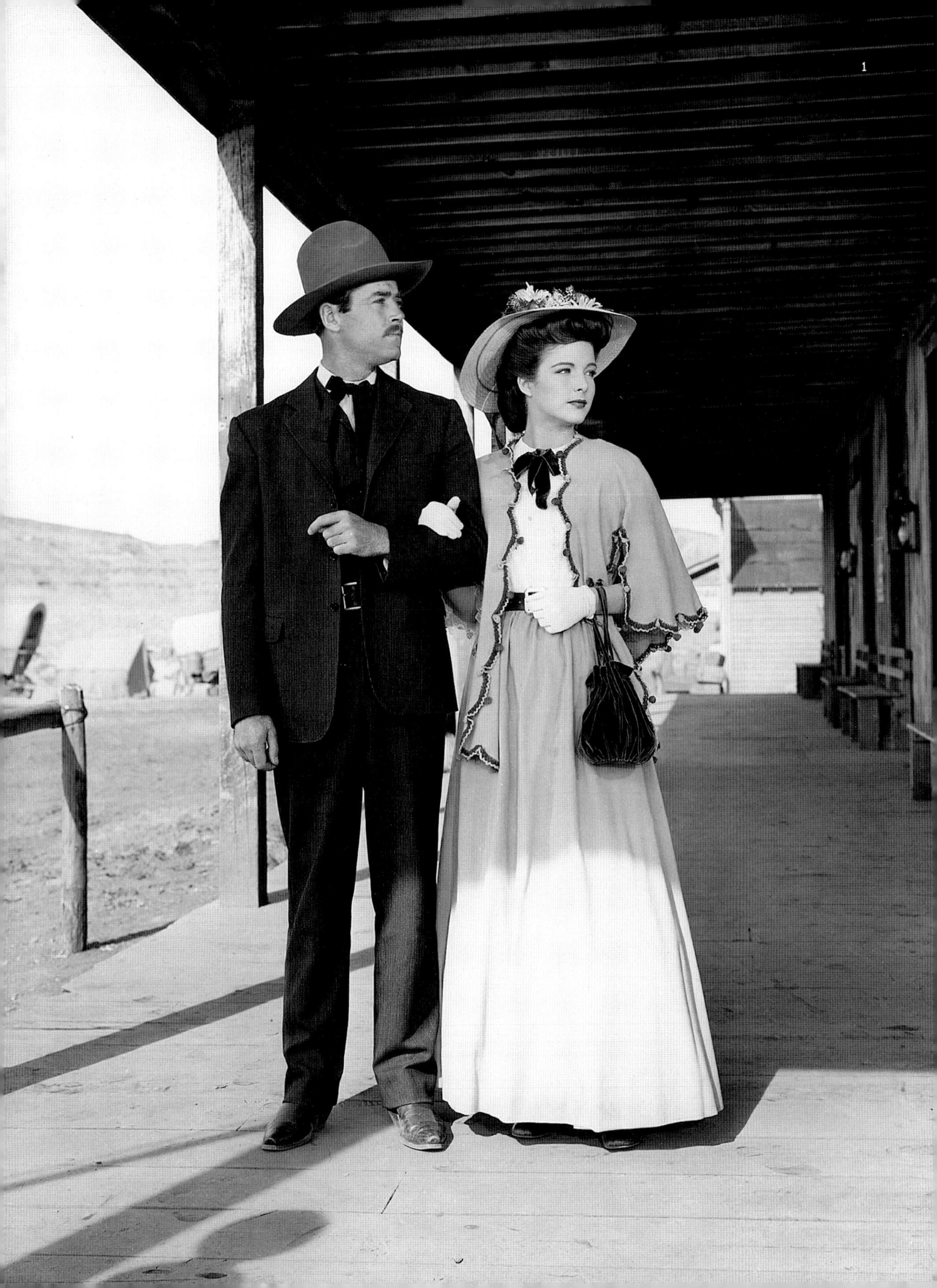

2

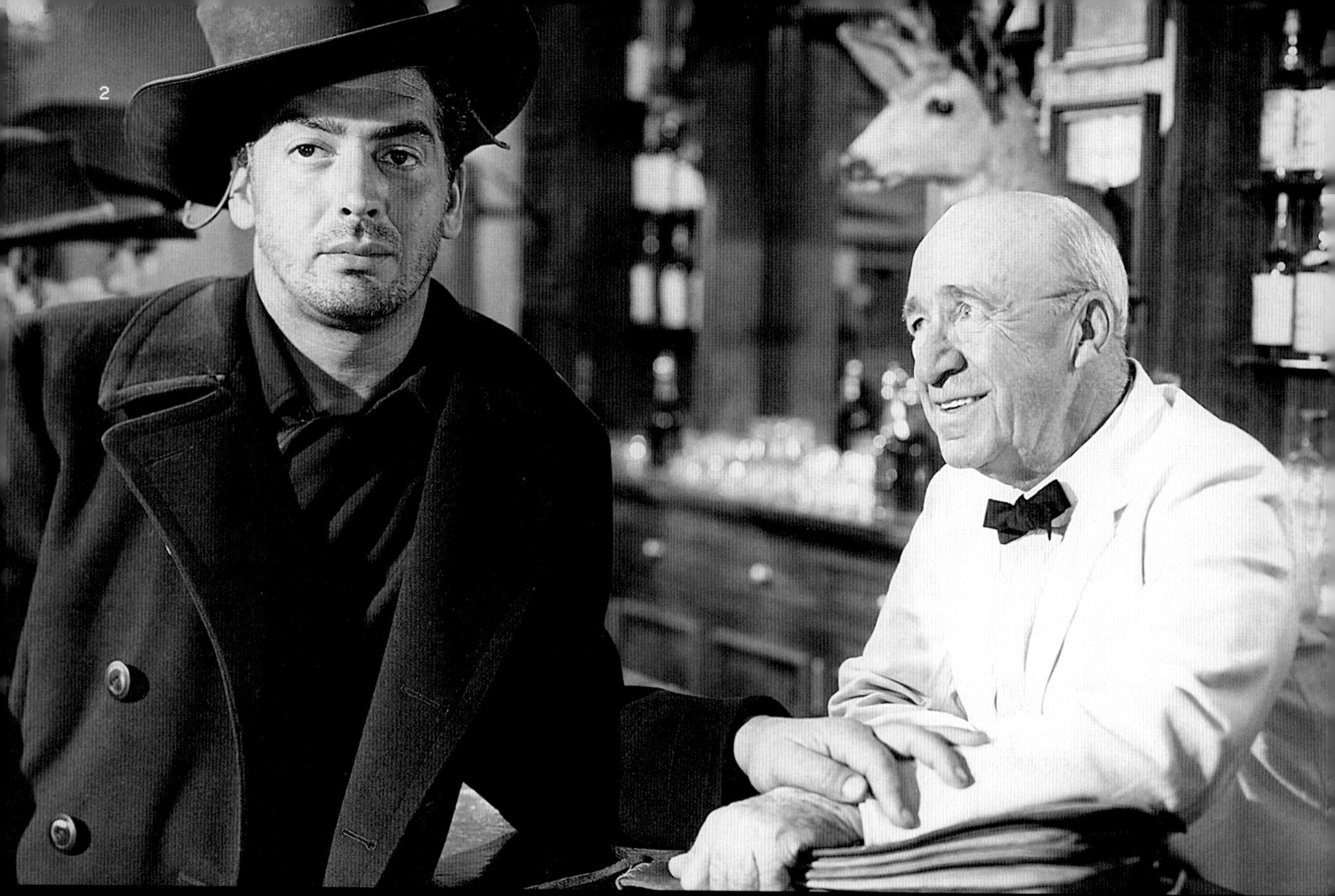

3

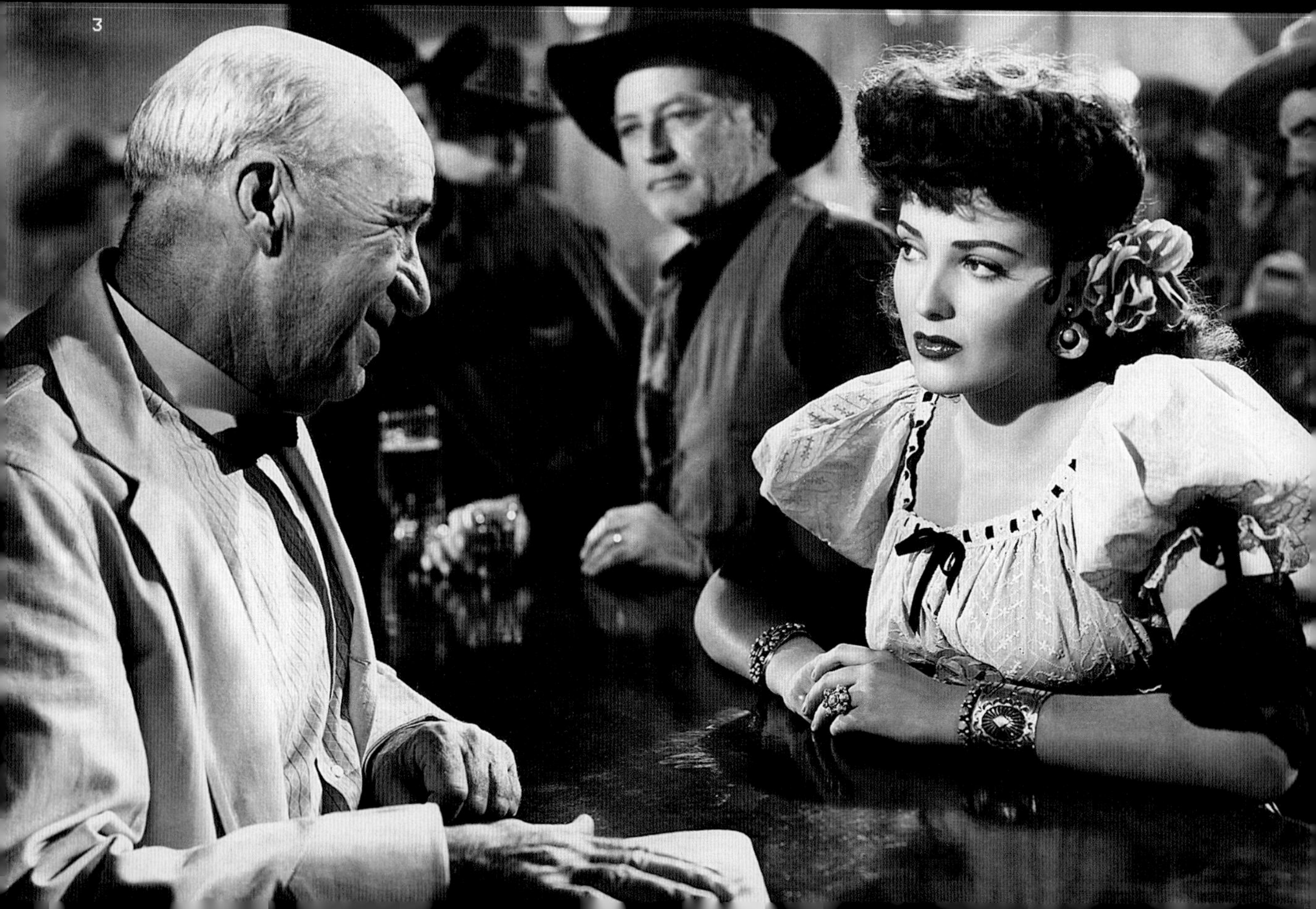

prinzipientreu und wortkarg, stets ein wenig steif, dabei jedoch nicht ohne Humor.

Am Ende verlässt Earp den Ort zwar vorübergehend, um seinen Vater über die vorangegangenen Ereignisse zu informieren, doch er verspricht, als Farmer zu Clementine Carter (Cathy Downs) zurückzukehren, einer Krankenschwester, die in Zukunft als Lehrerin arbeiten wird. Clementine wiederum ist die Ex-Verlobte des ehemaligen Arztes Doc Holliday, dem Victor Mature hier ein leidendes, tragisches Gesicht verleiht. Eine schwere Lungenkrankheit hat Holliday veranlasst, die Zelte in Boston abzubrechen und ein Leben als Spieler und Revolverheld im Grenzgebiet zu führen: Tombstone gilt als „seine" Stadt. Mit der Ankunft der Earps wird auch Doc Holliday zum „Auslaufmodell", doch bei ihm wiegt seine „zivilisierte" Vergangenheit schwerer: Er schlägt sich auf die Seite der Gerechtigkeit und stirbt schließlich als Märtyrer.

Die erste Begegnung von Doc und Wyatt im Saloon inszeniert Ford als ein ritualisiertes Kräftemessen, bei dem Doc feststellen muss, dass Wyatt nicht einmal einen Revolver bei sich trägt – jedoch stets durch seine Brüder abgesichert wird. Die Situation ist – wie so vieles in *Faustrecht der Prärie* – auch ein ganzes Stück weit ziemlich komisch und endet entspannt: Man trinkt gemeinsam ein Glas Champagner.

Viel Zeit nimmt sich Ford für jene Sequenzen, die den Einzug der Zivilisation in Tombstone belegen. Als der fahrende Schauspieler Granville Thorndyke (Alan Mowbray) zu seiner abendlichen Vorstellung nicht erscheint, finden ihn Holliday und Earp im Saloon, wo er von den betrunkenen Clanton-Söhnen genötigt wird, eine „Sondervorstellung" zu geben. Thorndyke trägt

1 Die bürgerliche Zukunft fest im Visier: Sheriff Wyatt Earp (Henry Fonda) beim gemeinsamen Kirchgang mit Clementine Carter (Cathy Downs).

2 Ein Revolverheld steht auf der richtigen Seite: Der ehemalige Arzt Doc Holliday (Victor Mature) freundet sich mit den Earps an.

3 Das Auftauchen von Hollidays Ex-Verlobter Clementine beschwört ein Eifersuchtsdrama herauf: Chihuahua (Linda Darnell) macht Dummheiten.

4 Ermordet von den Clantons: James Earp (Don Garner) wird vom Ausritt nach Tombstone nicht zurückkehren.

„Mit seinen starken Lichtern und Schatten, seinen sanft kontrastierten Stimmungsbildern und seinem gemessenen Tempo trägt der Film deutlich die Handschrift John Fords." *Variety*

VICTOR MATURE Zu einem der größten Erfolge des Schauspielers Victor Mature, dem biblischen Epos *Samson und Delilah* (*Samson and Delilah*, 1949; Regie: Cecil B. DeMille), ist das Bonmot überliefert, dies sei vermutlich das einzige Werk der Geschichte Hollywoods, in dem der Hauptdarsteller größere Brüste habe als seine Filmpartnerin. Rund zwanzig Jahre währte die Hollywoodkarriere des Mimen, doch mit dem Vorurteil, zwar sehr gut auszusehen, doch leider vollkommen talentlos zu sein, hatte der Hüne mit der breiten Brust immer wieder zu kämpfen. Ein Blick auf seine Filmographie zeigt jedoch, dass der 1915 in Louisville, Kentucky geborene Mature beileibe nicht nur in Sandalen- und Historienspektakeln wie *Das Gewand* (*The Robe*, 1953; Regie: Henry Koster), *Die Gladiatoren* (*Demetrius and the Gladiators*, 1954; Regie: Delmer Daves) und *Sinuhe, der Ägypter* (*The Egyptian*, 1954; Regie: Michael Curtiz) glänzte, sondern – wie die meisten Darsteller im klassischen Studiosystem Hollywoods – eine breite Palette an Rollen in den verschiedensten Genres spielte.

Mature, der eine Bühnenausbildung am Pasadena Community Playhouse erhalten hatte, kam 1939 zum Film, zunächst zum Studio von Hal Roach und zwei Jahre später zur 20th Century Fox, wo man ihn zunächst als Partner von Betty Grable und Rita Hayworth in Musicals wie *Song of the Islands* (1941/42; Regie: Walter Lang) und *Die Königin vom Broadway* (*My Gal Sal*, 1942; Regie: Irving Cummings) besetzte. War in diesen Rollen vor allem sein mediterraner Charme gefragt (Mature war italienischer Abstammung), so präsentierte er dem Publikum in brillanten Kriminalfilmen wie *Der Todeskuss* (*Kiss of Death*, 1947; Regie: Henry Hathaway) und *Schrei der Großstadt* (*Cry of the City*, 1948; Regie: Robert Siodmak) eine erheblich härtere Seite seines Charakters. Die 50er Jahre sahen Mature vornehmlich in Abenteuerfilmen; am Ende der Dekade beendete er seine Filmkarriere und trat danach nur noch sehr sporadisch vor die Kamera. Victor Mature starb 1999 an Leukämie.

„Jede Szene, jede Einstellung ist das Produkt eines scharfen und aufmerksamen Auges – eines Auges mit tiefem Verständnis für die Ästhetik eines rauen Menschenschlags und einer rauen Welt."

The New York Times

5 Das Monument Valley war John Fords Lieblingskulisse.

6 Die Kultur hält Einzug in Tombstone: Earp und Holliday sind von der Ankunft des Schauspielers Granville Thorndyke (Alan Mowbray) begeistert.

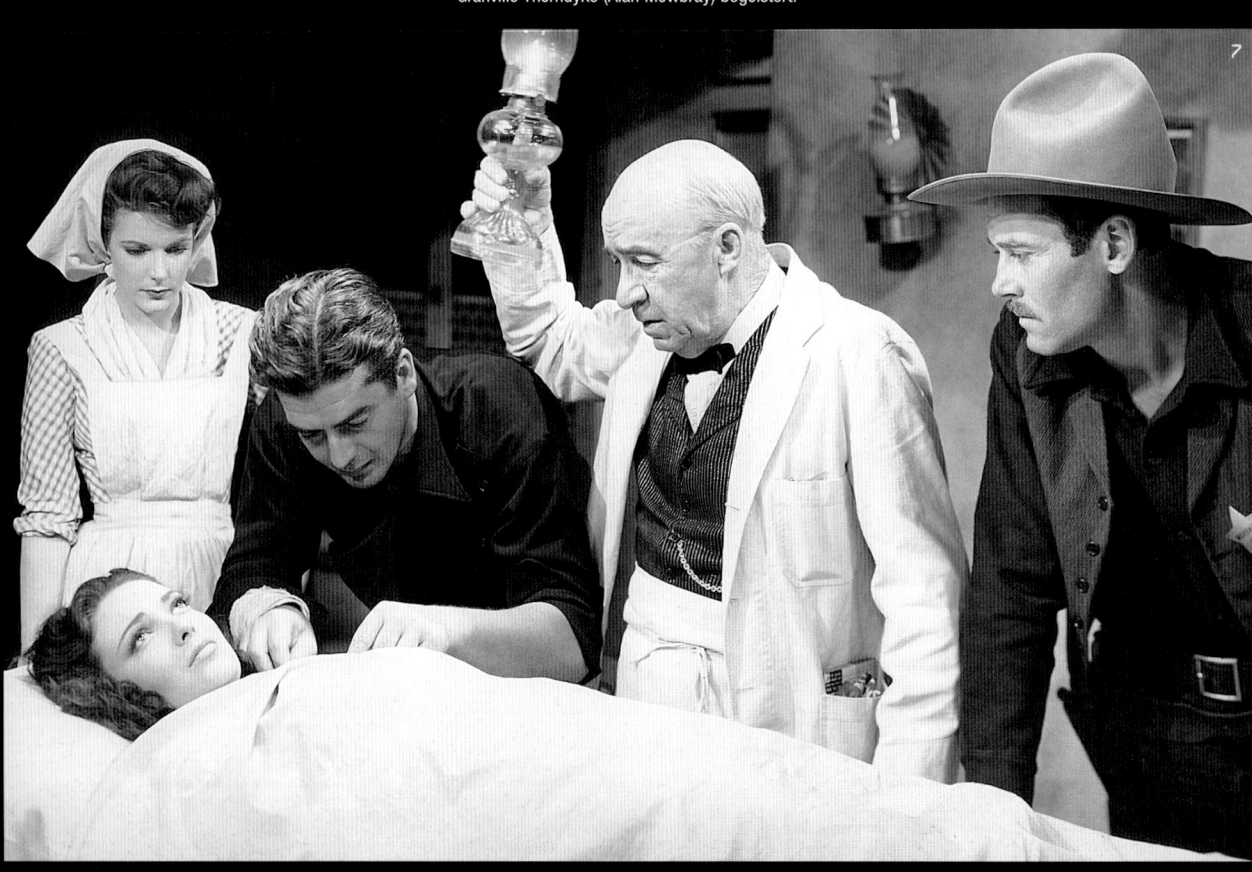

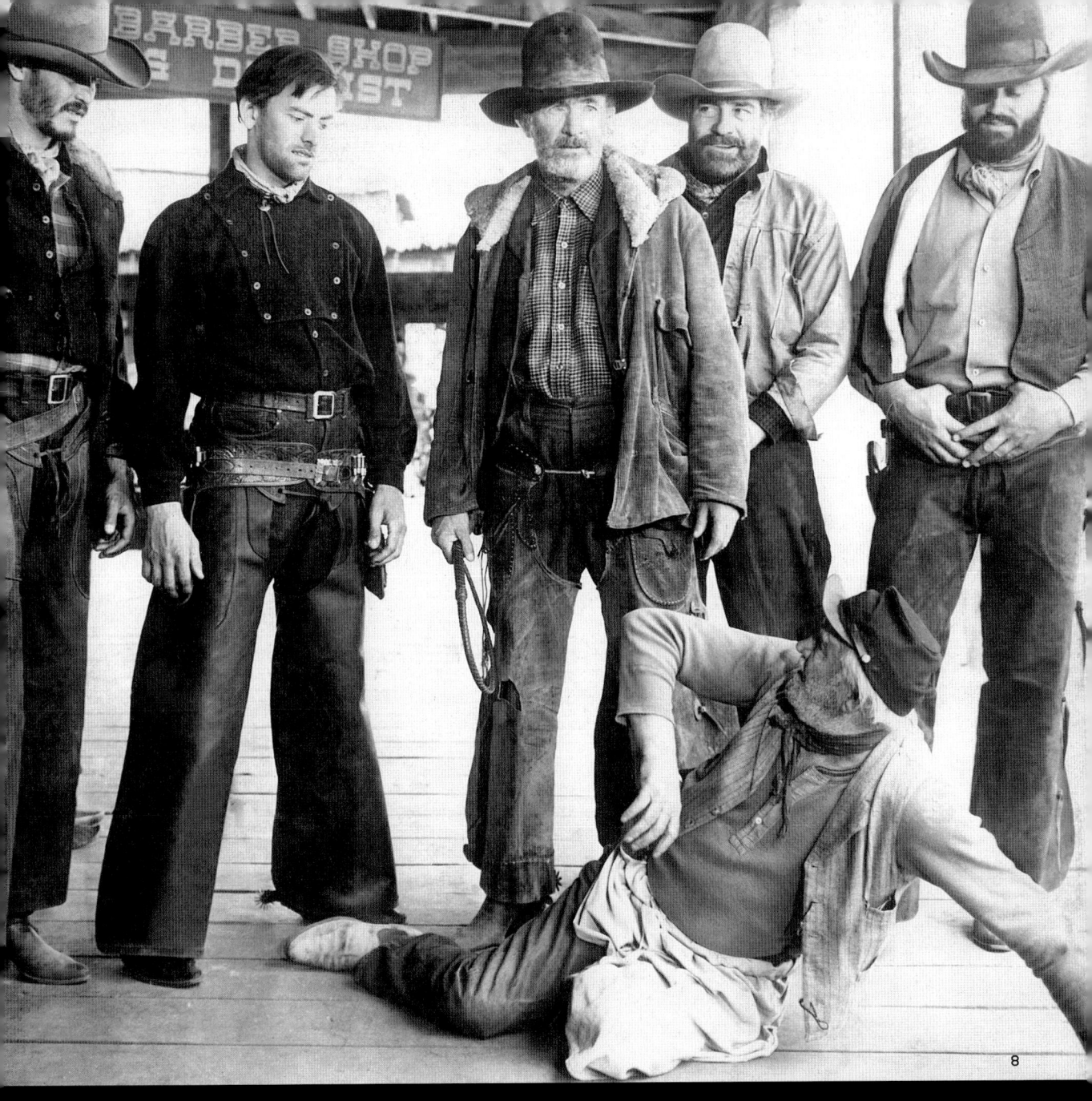

7 Die Aufbietung aller ärztlichen Kunst Hollidays hilft nichts mehr: Chihuahua findet ihr verdientes Ende.

8 Ein gesetzloser Familienclan: Der alte Clanton (Walter Brennan) und seine Söhne gehen über Leichen, um ihre Interessen durchzusetzen.

den „Sein-oder-Nichtsein"-Monolog aus Shakespeares „Hamlet" vor, der bei den Rowdys allerdings auf wenig Gegenliebe stößt. Dass Doc und Wyatt die Situation retten und Holliday sogar den Monolog für den ins Stocken geratenen Mimen zu Ende spricht, gehört zu den Schlüsselszenen des Films.

In einer anderen Szene begleitet Wyatt Earp Clementine zur Einweihungsfeier der neuen Kirche, von der bislang nur das Gerüst des Glockenturmes steht. Weil die Gemeinde noch keinen Pfarrer hat, gibt es keinen Gottesdienst – sondern eine Tanzveranstaltung, bei der auch Wyatt schließ-

lich Clementine etwas steifbeinig herumschwenkt und damit seine Aufnahme in die Gemeinschaft der Städter besiegelt.

„Action" spielt – bis auf ein Finale, in dem sich die Ereignisse überschlagen – in *Faustrecht der Prärie* hingegen kaum eine Rolle, der Film ist vielmehr ein in exquisitem Schwarz-Weiß fotografiertes, breit ausgemaltes Stimmungsbild vor John Fords Lieblingskulisse: Den Blick auf das Monument Valley mochte sich der Regisseur auch in diesem ungewöhnlichen Western nicht nehmen lassen.

GILDA
Gilda

1946 - USA - 110 MIN. - S/W - GENRE DRAMA

REGIE CHARLES VIDOR (1900–1959)
BUCH MARION PARSONNET, JO EISINGER, nach der gleichnamigen Erzählung von E. A. ELLINGTON
KAMERA RUDOLPH MATÉ SCHNITT CHARLES NELSON MUSIK MORRIS STOLOFF, MARLIN SKILES
PRODUKTION VIRGINIA VAN UPP für COLUMBIA PICTURES CORPORATION.

DARSTELLER RITA HAYWORTH (Gilda), GLENN FORD (Johnny Farrell), GEORGE MACREADY (Ballin Mundson), JOSEPH CALLEIA (Obregon), STEVEN GERAY (Onkel Pio), JOE SAWYER (Casey), GERALD MOHR (Kapitän Delgado), ROBERT E. SCOTT (Gabe Evans), LUDWIG DONATH (Deutscher), LIONEL ROYCE (Deutscher), DONALD DOUGLAS (Thomas Langford), SAUL MARTELL (kleiner Mann).

„I hated her so I couldn't get her out of my mind for a minute."

Johnny Farrell (Glenn Ford), ein auf Falschspielerei spezialisierter Ganove, steigt zur rechten Hand des Gangsterbosses Ballin Mundson (George Macready) auf, der in Buenos Aires ein Casino betreibt. Er ahnt nicht, dass Ballin mit der schönen Gilda (Rita Hayworth) verheiratet ist, die früher einmal seine Geliebte war und die er lange zu vergessen suchte. Schon bald zeigt sich, dass die Vergangenheit für beide nicht abgeschlossen ist. Während Johnny, der sich Ballin verpflichtet fühlt, Gilda mit demonstrativer Gleichgültigkeit demütigt, provoziert sie ihn, indem sie vor seinen Augen auf die Avancen anderer Männer eingeht. Als Ballin schließlich begreift, dass Johnny und Gilda sich nicht nur seit langem kennen, sondern auch noch immer Gefühle füreinander hegen, wird aus dem Duell ein erbitterter Dreikampf, angefeuert von Liebe wie von unbändigem Hass.

Wenn *Gilda* zu einem der überragenden Kinohits des Jahres 1946 avancierte und als Klassiker des Film noir längst Eingang ins kollektive Gedächtnis der Cinephilen gefunden hat, dann liegt das nicht zuletzt an der erotischen Sprengkraft seiner Hauptdarstellerin Rita Hayworth. Genauer gesagt: an jenem legendären Striptease, mit dem sie nicht nur Glenn Ford zum Kochen brachte – obwohl sie eigentlich bloß ihre Handschuhe abstreifte, während sie „Put the blame on Mame" sang. Und damit das männliche Publikum ironisch dazu aufforderte, den Frauen die Schuld an allen Katastrophen dieser Welt in die Schuhe zu schieben.

Der Auftritt des Musicalstars gehört nicht nur zum Aufregendsten, was das Hollywood-Kino der Studioära zu bieten hat, er bringt auch den Hauptkonflikt des Films auf den Punkt: Die langen schwarzen Handschuhe, die Gilda bei ihrer Tanzeinlage zum ebenfalls schwarzen schulterfreien Kleid trägt, lassen sie vor dem dunklen Hintergrund der Bühne als Torso erscheinen. Indem sie sich ihrer entledigt und so ihre Arme beim Tanzen nach und nach entblößt, erobert sie optisch ihre körperliche Unversehrtheit zurück. Gildas Darbietung bedient also nicht allein den männlichen Voyeurismus, sondern zeigt sie zugleich als Frau, die sich gerade nicht zum Objekt reduzieren lässt.

Gilda, das macht die Szene deutlich, lebt ihre Sexualität selbstbewusst aus. Gerade deshalb wird sie für die Männer zum Problem, insbesondere natürlich für Johnny, dessen Frustrationen in seiner Schroffheit klar hervortreten. Dass der Film in diesem Konflikt sein eigentliches Thema findet, wird vom unglaubwürdigen Kriminlot nur fadenscheinig verdeckt. Wenn Ballin

1

1 Rita Hayworth' „Striptease" in *Gilda* gehört sicherlich zu den erotischsten Momenten des klassischen Hollywood-Kinos. Nicht zuletzt diese Szene machte sie zur „Sexgöttin".

2 Zerrissen zwischen Liebe und Hass: Gilda und Johnny (Glenn Ford) lassen keine Gelegenheit aus, um sich gegenseitig zu demütigen.

3 Verletzliche Seele: Gilda ist keine Femme fatale im eigentlichen Sinne. An ihrem guten Kern lässt der Film nie einen Zweifel.

sich schließlich als Kopf eines Kartells entpuppt, das die Weltherrschaft ergreifen will, dann fesselt das zweifellos weit weniger als die erotischen Spannungen und Abhängigkeiten, die das Trio umtreibt. Und die sind um so komplexer, da sich Ballin und Johnny augenscheinlich nicht nur als Konkurrenten sehen, sondern zwischen ihnen auch eine erotische Anziehung spürbar ist.

Es versteht sich, dass solche sexuellen Unerhörtheiten seinerzeit nicht offen zur Sprache kommen durften. Der berüchtigte Production Code untersagte dies strikt, weshalb sich im Hollywood-Kino der Studioära ein System von Codes etabliert hatte, mit dem diese Einschränkungen umgangen werden konnten – freilich zumeist auf klischeehafte Weise. *Gilda* greift dies augenzwinkernd auf und erweist sich dadurch als ironischer Kommentar zur grotesken Selbstzensur der Filmindustrie. Das äußert sich in Gildas Tanz ebenso deutlich wie im augenscheinlichen Vergnügen der Filmemacher an der Trivialisierung Freudscher Symbolik. So besitzt Ballin etwa einen speziellen „Freund": einen Spazierstock, der sich per Knopfdruck in einen todbringenden Spieß verwandelt – was Johnny zu der Frage veranlasst, ob es sich denn dabei um einen männlichen oder einen weiblichen Freund handelt. Interessanterweise hat offenbar gerade die reflektierte Inszenierung von Erotik, die Auseinandersetzung mit dem männlichen Blick des Kinos, dazu geführt, dass *Gilda* wie kein anderer Hayworth-Film die Phantasien des männlichen Publikums beflügelte. Wie sehr das Image der Leinwandgöttin durch den Film festgeschrieben wurde, lässt Hayworth' desillusionierte Feststellung erahnen, dass sich jeder ihrer Männer fortan in Gilda verliebt habe. Nur um später ernüchtert neben Rita aufzuwachen.

JH

GLENN FORD Der 1916 in Quebec, Kanada, geborene Glenn Ford wurde Ende der 30er Jahre am Theater für den Film entdeckt. Er begann seine Karriere bei Columbia, wo er bald als Westerndarsteller auf sich aufmerksam machte. Fords eigentlicher Aufstieg zum Star vollzog sich jedoch erst nach seiner Rückkehr vom Krieg, an dem er bei den US-Marines teilgenommen hatte. Der gut aussehende Newcomer überzeugte zunächst in dem Bette-Davis-Melodram *Die große Lüge* (*A Stolen Life*, 1946), bevor es ihm in *Gilda* (1946) gelang, neben der umwerfenden Rita Hayworth zu bestehen, deren Partner er in vier weiteren Filmen wurde. Fortan gehörte er zu den meistbeschäftigten und beliebtesten Hollywood-Schauspielern. Ford, der überwiegend harte, aber aufrechte Figuren verkörperte, denen er oft eine bemerkenswerte Tiefe verlieh, hat in seiner langen Laufbahn in mehr als 100 Filmen mitgewirkt. Oft spielte er Cowboys und Cops, vor allem in späteren Jahren auch immer wieder Militärs. Sein komisches Talent bewies er unter anderem an der Seite von Marlon Brando in Daniel Manns *Das kleine Teehaus* (*The Teahouse of the August Moon*, 1956), einer Satire auf die amerikanischen Demokratisierungsbemühungen in Japan. Seinen wohl denkwürdigsten Auftritt, als Polizei-Sergeant auf Rachefeldzug, hatte er jedoch in Fritz Langs bestem US-Film, *Heißes Eisen* (*The Big Heat*, 1953).

„*Gilda* ist kein Film zum Nachschmecken und Räsonnieren, sondern einer zum Hassen und Lieben, zum Heulen und zum Zähneklappern: Gefühlskino im Superlativ. Wenn Männer hassen, erfinden sie Frauen wie Gilda: die Bestie, die in aller Unschuld lügt und betrügt und im schwarzen Seidenkleid ‚Put the blame on Mame' singt." *Die Zeit*

4 Rita Hayworth war der eigentliche Star des Films. Doch sein Part an ihrer Seite katapultierte Glenn Ford ebenfalls in die erste Liga Hollywoods.

5 Die „Chemie" stimmt: Durch Gilda avancierten Rita Hayworth und Glenn Ford zu einem der Traumpaare der 40er Jahre. Insgesamt traten sie in fünf Filmen gemeinsam auf.

RÄCHER DER UNTERWELT
The Killers

1946 - USA - 105 MIN. - S/W - GENRE KRIMINALFILM, LITERATURVERFILMUNG

REGIE ROBERT SIODMAK (1900–1973)
BUCH ANTHONY VEILLER, nach der Erzählung „The Matadors" von ERNEST HEMINGWAY
KAMERA ELWOOD BREDELL SCHNITT ARTHUR HILTON MUSIK MIKLÓS RÓZSA
PRODUKTION MARK HELLINGER für MARK HELLINGER PRODUCTIONS, UNIVERSAL PICTURES.

DARSTELLER BURT LANCASTER (Ole Andersen, „der Schwede"), AVA GARDNER (Kitty Collins), EDMOND O'BRIEN (Jim Reardon), SAM LEVENE (Lieutenant Sam Lubinsky), ALBERT DEKKER (Big Jim Colfax), VIRGINIA CHRISTINE (Lilly Lubinsky), VINCE BARNETT (Charleston), JACK LAMBERT („Dum Dum" Clarke), CHARLES MCGRAW (Al, erster Killer), WILLIAM CONRAD (Max, zweiter Killer).

„Don't ask a dying man to lie his soul into hell."

Ole Andersen (Burt Lancaster), genannt „der Schwede", liegt auf seinem Bett und erwartet den Tod. Zwei Auftragskiller sind unterwegs, um ihn für ein dunkles Kapitel in seiner Vergangenheit bezahlen zu lassen. Und Andersen ist bereit zu zahlen. Eine Dummheit habe er einst begangen, sagt er einem Freund. Dann stirbt er unter den Kugeln seiner Verfolger. Die Killer verschwinden im Nichts, aus dem sie aufgetaucht sind, und lassen Oles wenige Bekannte und den Zuschauer ratlos zurück: Wer war dieser „Schwede", und wer trachtete ihm nach dem Leben? Warum hat er sich nicht gegen seinen gewaltsamen Tod gewehrt? Und was könnte das für eine Dummheit sein, die ein solches Ende rechtfertigen würde?

Diese Fragen stellt sich auch Jim Reardon (Edmond O'Brien), der dem Fall für eine Versicherungsfirma nachgeht. Das professionelle Interesse ist gering, geht es doch um die für den Auftraggeber eigentlich unerhebliche Summe von 2500 Dollar. Doch das Leben des Mannes, der vom hoch dotierten Profiboxer zum Verbrecher abstieg, um schließlich als Tankwart in einem verschlafenen Nest auf seinen Tod zu warten, lässt Reardon bald nicht mehr los. Die Killer, denen der Film seinen Originaltitel verdankt, sind bedrohliche Personifikationen eines dunklen Geheimnisses, eines Schicksals, das bereits ein Menschenleben gekostet hat und das Reardon nun selbst herausfordert.

Eine verhängnisvolle Vergangenheit, eine Liebe bis in den Tod, das Schicksal, dem man nicht zu entrinnen vermag – mit gutem Recht kann man *Rächer der Unterwelt* als Film noir par excellence bezeichnen. Eine Hauptfigur, von der man weiß, dass sie die in Rückblenden erzählte Geschichte nicht überleben wird, damit mutete Genre-Spezialist Robert Siodmak seinem Publikum allerdings einiges zu, zumal man sich mit diesem sanften Riesen, der offenbar nur das Pech hatte, sich in die falsche Frau zu verlieben, gern identifiziert.

Burt Lancasters reduziertes, streckenweise fast apathisch wirkendes Spiel vermittelt dabei den Eindruck, als habe auch Ole von Anfang an gewusst, wie die Geschichte ausgehen wird. Als er auf einer Party Kitty Collins

1

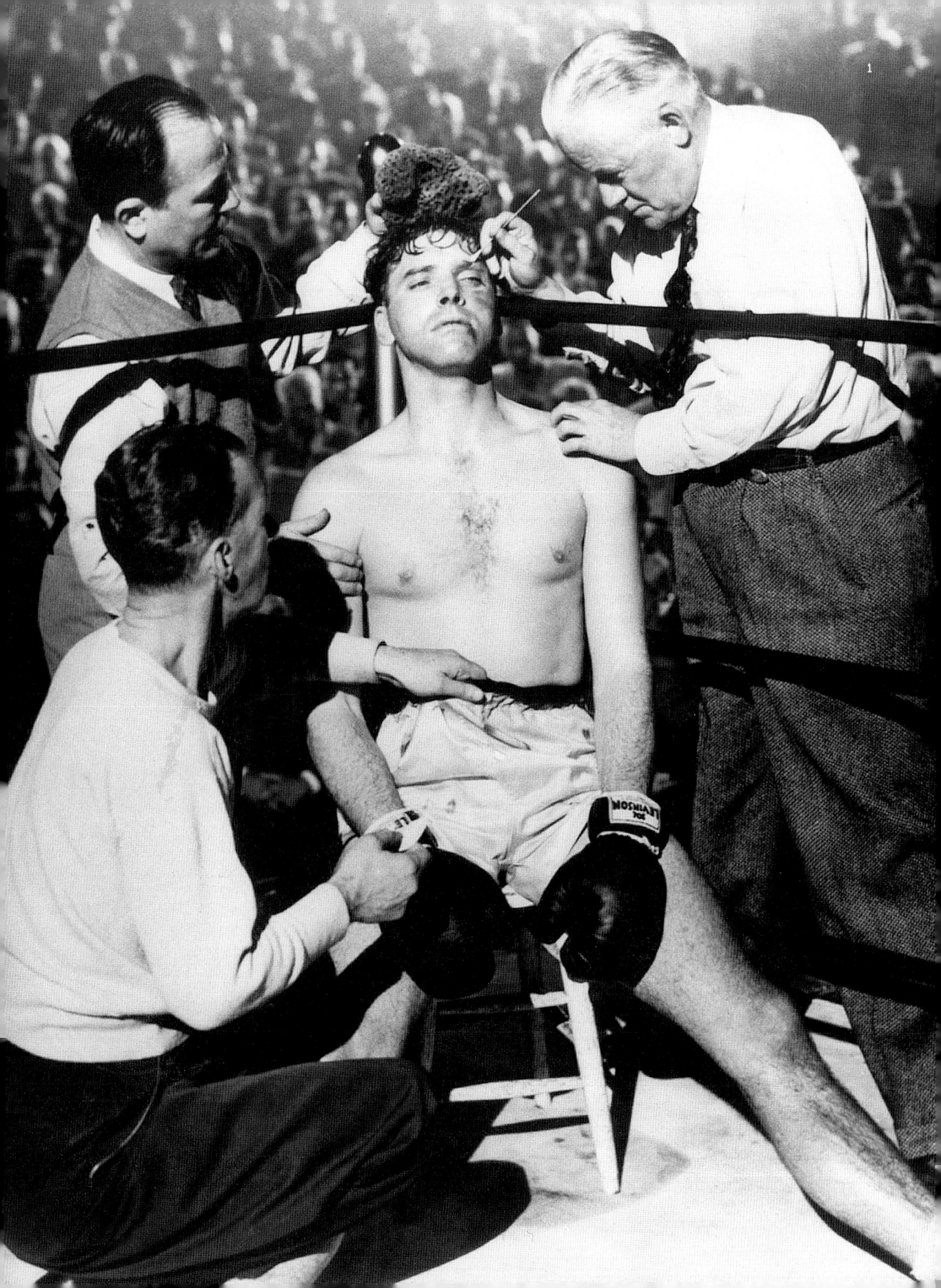

2

1 Mit seinem letzten Kampf ist der tiefe Fall des Ole Andersen (Burt Lancaster) noch lange nicht zu Ende.

2 Welches Spiel spielt die schöne Kitty Collins (Ava Gardner)? Diese Frage stellt sich der verliebte Ole viel zu spät.

3 Warten auf den Tod: Ole schlägt alle Warnungen in den Wind.

4 Durch eine zufällige Begegnung wird der „Schwede" plötzlich von seiner Vergangenheit eingeholt.

5 Ole versucht, die auf frischer Tat ertappte Kitty vor der Verhaftung durch Lieutenant Sam Lubinsky (Sam Levene) zu retten, und geht schließlich für sie ins Gefängnis.

(Ava Gardner) kennen lernt, gibt er sein Schicksal aus der Hand. Er verfällt der geheimnisvollen Schönheit, gegen die die biedere Lilly (Virginia Christine), die den stillen Hünen verehrt und ihn nach harten Kämpfen zu Hause bekocht, keine Chance hat. Dass er sich gerade in einer Lebenskrise befindet, weil er wegen einer gebrochenen Hand nicht mehr boxen kann, macht ihre Anziehungskraft für ihn umso stärker. Hatte er also überhaupt jemals die Freiheit, sich zu entscheiden?

Die Verknüpfung solch psychologisch-existenzialistischer Motive mit der kriminalistischen Auflösung des Falles ist ebenfalls typisch für den Film noir. In der zugrunde liegenden Story von Ernest Hemingway fand Siodmak einen geradezu idealen Stoff für seine düstere Reflexion über Schuld, Sühne und Vorherbestimmung. Immer weiter rekonstruiert Reardon Ole Andersens Vergangenheit und kommt dabei einem Mikrokosmos auf die Spur, in dem jeder jeden zu kennen und alles mit allem in irgendeiner Verbindung zu ste-

„Wir wissen, was Ava Gardner anderen Männern angetan hat. Burt Lancaster war ein echter Fels in der Brandung, aber wie konnten wir erwarten, dass es ihm besser ergehen würde als ‚Old Blue Eyes'? Der Mensch ist zum Scheitern verdammt, aus dieser Erfahrung entsteht große Kunst, und durch sie wird der Schmerz des Daseins erträglicher. Und dies ist der Grund, warum Sinatra-Songs so gut in Restaurants klingen, die nachts durchgehend geöffnet haben." *The Austin Chronicle*

hen scheint: Lieutenant Sam Lubinsky (Sam Levene), ein alter Freund Oles, hat sich mittlerweile der verschmähten Lilly angenommen. Er ist auch derjenige, der Ole einst festnahm, als dieser für Kitty ins Gefängnis ging. Die hat sich in der Zwischenzeit mit Big Jim Colfax (Albert Dekker) eingelassen, der Ole später zu einem verhängnisvollen Bankraub überreden wird.

So scheinen alle Ereignisse einem komplexen Plan zu folgen, der sich im Nachhinein nur noch schwer enträtseln lässt. Nicht zufällig lernt Ole im Gefängnis den alten Charleston (Vince Barnett) kennen, der ihm in der Gefangenschaft alles über die Sternbilder und deren Bedeutung erzählt: So rätselhaft und unergründlich weltliche Ereignisse im Allgemeinen und das Leben eines Individuums im Besonderen zu sein scheinen, in einem größeren Kontext bekommen sie schließlich alle eine Bedeutung. Und vielleicht hat ja auch die Tatsache einen tieferen Sinn, dass man die Zusammenhänge meist erst dann versteht, wenn es bereits zu spät ist. SH

BURT LANCASTER

„Tief in meinem Innern bin ich ein frustrierter Opernsänger", hat der musisch veranlagte Sportsmann einmal gesagt. Seine Liebe zur Kunst und zur Musik wurde wegen seiner athletischen Erscheinung häufig übersehen – ebenso wie seine Begabung als Charakterdarsteller aufgrund seiner zahlreichen Rollen in Action- und Abenteuerfilmen. 1913 in New York als Burton Stephen Lancaster geboren, wurde der ehemalige Zirkusartist, der nie eine Schauspielschule besucht hat, Anfang der 40er Jahre von einem Broadway-Produzenten entdeckt. *Rächer der Unterwelt* (*The Killers*, 1946) ist sein erster Film und gleichzeitig sein erster großer Erfolg. Zwei Jahre später gründet er zusammen mit Harold Hecht – zur damaligen Zeit höchst ungewöhnlich für einen Schauspieler – seine eigene Produktionsfirma. In dem Familiendrama *Alle meine Söhne* (*All My Sons*) spielt er 1948 an der Seite von Edward G. Robinson. In *Gewagtes Alibi* (*Criss Cross*, 1948) übernimmt er abermals die Hauptrolle in einem Film von Robert Siodmak, ebenso wie 1952 in dem Piratenfilm-Klassiker *Der rote Korsar* (*The Crimson Pirate*).

Immer wieder versucht Lancaster, mit Filmen wie *Kehr zurück, kleine Sheba* (*Come Back, Little Sheba*, 1952) seinem Abenteurer-Image zu entkommen. Bei der Oscar-Verleihung 1954 erringt Fred Zinnemanns *Verdammt in alle Ewigkeit* (*From Here to Eternity*, 1953) acht Auszeichnungen – Lancaster geht trotz Nominierung leer aus (die Trophäe geht an William Holden für seinen Auftritt in Billy Wilders *Stalag 17*, 1953). Zu Oscar-Ehren kommt Lancaster erst 1961 – für seine Darstellung des Geschäftsmanns im gleichnamigen Film *Elmer Gantry – Gott ist im Geschäft* (*Elmer Gantry*, 1960). Der für ihn persönlich wichtigste Film dürfte jedoch der 1962 unter der Regie von John Frankenheimer entstandene *Der Gefangene von Alcatraz* (*Birdman of Alcatraz*) sein. Abermals wird er für einen Oscar nominiert, verliert aber gegen die kaum zu schlagende Konkurrenz von Gregory Peck (*Wer die Nachtigall stört*, *To Kill a Mockingbird*, 1962).

In den folgenden Jahren wird Lancaster immer wieder von europäischen Regisseuren wie Luchino Visconti (*Der Leopard*, *Il gattopardo*, 1963) für Charakterrollen engagiert, ist aber auch häufig als unerschrockener Draufgänger zu sehen, etwa 1964 in Frankenheimers Weltkriegsthriller *Der Zug* (*The Train*/*Le Train*/*Il treno*) oder in Sydney Pollacks Westernkomödie *Mit eisernen Fäusten* (*The Scalphunters*, 1968).

Lancasters spätes Werk ist geprägt von melancholischen Figuren, wie der des abgehalfterten Mafiosos in Louis Malles *Atlantic City, USA* (*Atlantic City*, 1980) oder die des amerikanischen Ölmagnaten Happer in Bill Forsyths Tragikomödie *Local Hero* (1982). 1994 stirbt Burt Lancaster in Century City, Kalifornien, an Herzversagen.

„**Unter der fachkundigen Regie von Robert Siodmak liefert Burt Lancaster verblüffend wirkungsvoll seine erste Filmrolle ab, und Siodmak vollbringt wahre Wunder mit Ava Gardner.**" *Pauline Kael*

6 Mitinsasse Charleston (Vince Barnett) ist der Einzige, dem Ole noch vertrauen kann. Er warnt den Ex-Boxer vor seiner gefährlichen Liebschaft mit Kitty und weiht ihn in die Geheimnisse der Sterndeutung ein.

7 Vom ersten Augenblick an gerät Ole in Kittys gefährlichen Bann. Aber ist sie tatsächlich auch schuld an seinem Tod?

WEISSES GIFT / BERÜCHTIGT
Notorious

1946 - USA - 101 MIN. - S/W - GENRE THRILLER, DRAMA

REGIE ALFRED HITCHCOCK (1899–1980)
BUCH BEN HECHT KAMERA TED TETZLAFF SCHNITT THERON WARTH MUSIK ROY WEBB
PRODUKTION ALFRED HITCHCOCK für RKO.

DARSTELLER CARY GRANT (T.R. Devlin), INGRID BERGMAN (Alicia Huberman), CLAUDE RAINS (Alexander Sebastian), LOUIS CALHERN (Paul Prescott), LEOPOLDINE KONSTANTIN (Anna Sebastian), REINHOLD SCHÜNZEL (Doktor Anderson), MORONI OLSEN (Walter Beardsley), IVAN TRIESAULT (Eric Mathis), ALEX MINOTIS (Joseph), WALLY BROWN (Mr. Hopkins).

„*This is a very strange love affair.*"
– „*Why?*"
– „*Maybe the fact that you don't love me.*"

Die wahrhaft große Liebe äußert sich im Verzicht. So war es schon in *Casablanca* (1942) zwischen Humphrey Bogart und Ingrid Bergman. Und so war es vier Jahre später in *Berüchtigt*, jenem psychologischen Thriller Marke Hitchcock, der die Bergman zur unangreifbaren Ikone machte. Auch hier liefert der Krieg den Hintergrund einer tragischen Dreiecksbeziehung. Der schwedische Star spielt Alicia Huberman, eine in Amerika geborene Tochter eines deutschen Nazispions. Aus Liebe zu einem Mann, dem US-Geheimagenten T.R. Devlin (Cary Grant), heiratet sie einen anderen. Das ehemalige Partygirl soll herausfinden, was sich im Haus des nach Südamerika geflohenen Nazis Alexander Sebastian (Claude Rains) abspielt. Als Alicia auf Spuren eines groß angelegten Uranschmuggels stößt, wird dieses Haus für sie zur tödlichen Falle. Nach und nach wird sie von ihrem enttäuschten Gatten mit Arsen vergiftet. Erst in letzter Minute kommt Devlin, um sie zu retten.

Berüchtigt ist ein eindrucksvoller Beleg für Hitchcocks Theorie des MacGuffin. Dass hier ausgerechnet atomwaffenfähiges Uran das Begehren auf sich zieht, spielt für diese zeitlose Liebesgeschichte keine Rolle. Durch puren Zufall hatte der visionäre Regisseur die Idee bereits 1944 entwickelt, ein Jahr vor dem ersten Abwurf einer Atombombe auf Hiroshima. Die deutsche Synchronisation verharmloste die potenzielle Massenvernichtungswaffe zu Rauschgift (ursprünglicher Verleihtitel: *Weißes Gift*), ohne der Story damit etwas anhaben zu können.

Entscheidend ist Hitchcocks dramatische Ökonomie. Er nutzt die strukturellen Ähnlichkeiten von Agenten- und Liebesfilm. Hier wie dort speist sich

1

INGRID BERGMAN Ingrid Bergman drehte drei Filme mit Alfred Hitchcock: *Ich kämpfe um dich* (*Spellbound*, 1945), *Weißes Gift / Berüchtigt* (*Notorious*, 1946) und *Sklavin des Herzens* (*Under Capricorn*, 1949). Sie war die erste seiner großen „leading ladies", der Grace Kelly und Tippi Hedren folgen sollten. Seine Enttäuschung war maßlos, als sie die Zusammenarbeit für beendet erklärte. Dennoch verband sie bis zum Tod des Meisters eine innige Freundschaft.

Nicht nur Hitchcock, die ganze Welt lag der 1915 in Stockholm geborenen Ausnahmeschauspielerin zu Füßen. Sie war der Inbegriff natürlicher Schönheit, gepaart mit einem noblen Wesen und einmaliger Professionalität. Produzent David O. Selznick hatte den schwedischen Star 1938 entdeckt. In Hollywood konnte sie es sich schon bald erlauben, nur einen Film pro Jahr zu drehen. So entstanden nacheinander die Klassiker *Casablanca* (1942), *Wem die Stunde schlägt* (*For Whom the Bell Tolls*, 1943) und *Das Haus der Lady Alquist* (*Gaslight*, 1944). Schon bald darauf wurde ihr der untadelige Ruf zum Verhängnis. Während der Dreharbeiten zu *Stromboli* (*Stromboli, terra di Dio*, 1949) verliebte sie sich in den Regisseur Roberto Rossellini und verließ für ihn Mann und Kinder. Der Bannstrahl der Öffentlichkeit wurde erst Jahre später aufgehoben, als sie für ihre Rolle in *Anastasia* (1956) ihren zweiten Oscar erhielt.

In den folgenden Jahren drehte Ingrid Bergman in Europa sowie in den USA und feierte späte Triumphe mit Ingmar Bergmans *Herbstsonate* (*Höstsonaten*, 1978) und der Darstellung der israelischen Premierministerin Golda Meir in dem TV-Film *Golda Meir* (*A Woman Called Golda*, 1982). Ingrid Bergman starb 1982 im Alter von 67 Jahren in London. Aus ihrer Ehe mit Rossellini stammt die Schauspielerin Isabella Rossellini.

1 Der Schein trügt nicht, ausnahmsweise: Cary Grant und Ingrid Bergman beim „längsten Filmkuss aller Zeiten".

2 Als Devlin endlich zu Alicias Rettung schreitet, ist es schon fast zu spät. Ihr Ehemann wollte sie allmählich mit Arsen vergiften.

3 Der zwielichtige Geheimagent Devlin weiht die verliebte Alicia in seine Pläne ein.

4 In einem grausamen Machtpoker macht Devlin Alicia zur Spionin wider Willen. Aus Liebe zu ihm fügt sie sich in ihr Schicksal – und heiratet einen anderen.

> „Mit Alfred Hitchcocks *Notorious* schuf der Meister den elegantesten Ausdruck seines visuellen Stils, so wie *Vertigo* am vollendetsten seine Obsessionen zum Ausdruck bringt. Der Film enthält einige der wirkungsvollsten Kameraaufnahmen in seinem ganzen Werk ... und alle führen sie zu einer einfach großartigen Schlusspassage, in der zwei Männer herausfinden, wie sehr sie sich beide geirrt haben." *Chicago Sun-Times*

die Spannung aus dem Kampf um Vertrauen, lauern Betrug und Verrat, müssen Geheimnisse bewahrt und dürfen erst zum richtigen Zeitpunkt preisgegeben werden. So lässt Hitchcock uns, die Zuschauer, immerhin ahnen, dass Devlin Alicia liebt. Sie hingegen leidet – gleich wegen zwei Männern. Zum einen muss sie mit Sebastian schlafen, der sie mit seinem grenzenlosen Vertrauen erdrückt. Zum anderen muss sie die Kälte Devlins ertragen, der diesen patriotischen Dienst mit offenem Sarkasmus quittiert. Es ist ein klas-

Opferbereitschaft, die nur nach außen hin als Schwäche erscheint, m atemberaubender Hingabe verkörpert. Demgegenüber wirkt Grants Devli fast wie ein erotischer MacGuffin. Der Nazi Sebastian, der Alicia wirklich lieb und den Betrug umso tragischer erlebt, erscheint wesentlich sympathische – ein hervorragendes Beispiel für Hitchcocks komplexe Schurken, denen o sein größtes Mitgefühl gilt. Für die Rolle an der Seite der hoch gewachsene Schwedin musste der kleine Claude Rains, wie Bogart in *Casablanca*, au

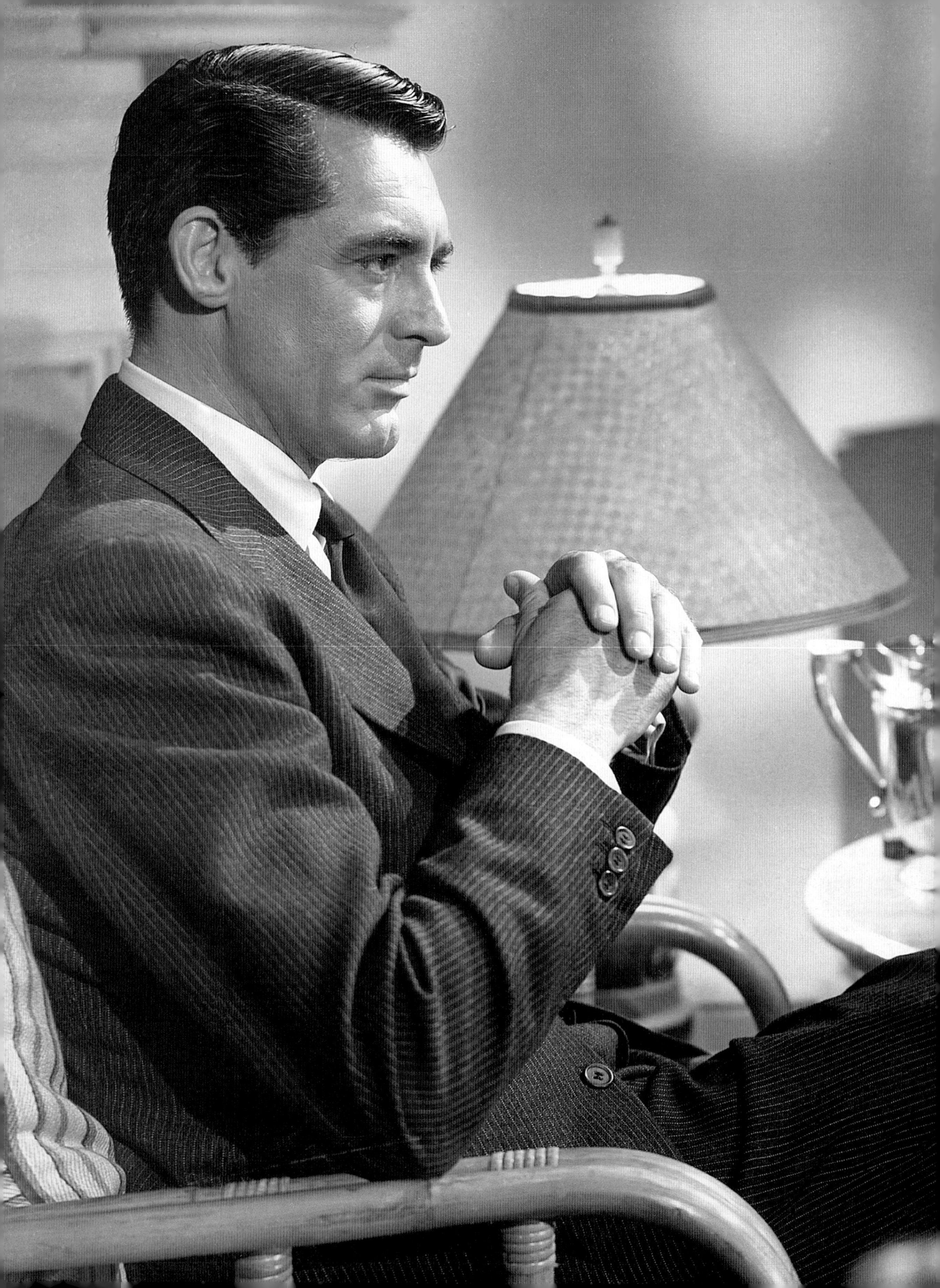

4

5   Auch Devlin ist nur eine Marionette im Spiel des CIA, seine Kälte professionelle Fassade.

Während Alicia ahnungslos bleibt, offenbart allein die Kamera seine wahren Gefühle.

6   Atomarer Etikettenschwindel: In Sebastians Weinkeller entdecken die Agenten ein geheimnisvolles Pulver.

So vielschichtig die Handlung, so transparent die Erzählweise. Einige Kameraeinfälle sind in die Filmgeschichte eingegangen. Da ist zum einen die suggestive Symbolik der Flüssigkeiten, die Alicia zu sich nimmt und die stets in unmittelbarem Zusammenhang mit ihren Qualen erscheinen, von der Selbstvergiftung durch Alkohol bis zum Mordanschlag durch Arsen. Ihr Kater nach einer durchzechten Nacht mit Devlin äußert sich in einer 180-Grad-Drehung um die eigene Bildachse – Alicia wirkt betrunken und Devlin als der schräge Charakter, der er auch ist. Später lenkt Hitchcock die Aufmerksamkeit immer wieder auf den Schlüssel zum Weinkeller, in dem sich das Uran befindet. Und dann ist da natürlich noch der „längste Filmkuss aller Zeiten". Geschlagene drei Minuten liegen sich Grant und Bergman in den Armen. Den Kuss selbst allerdings musste Hitchcock, da der Production Code nur drei Sekunden zuließ, immer wieder unterbrechen.

Berüchtigt ist wohl der romantischste aller Hitchcock-Filme. Die untergründige sexuelle Spannung lässt jedoch bereits seine spätere Handschrift erkennen. Sie entlädt sich in einem wundersamen und doch mit zwingender Logik herbeigeführten Finale, das Alicia und Devlin in die Freiheit führt. Der unglückliche Sebastian nimmt den umgekehrten Weg in den Tod.   PB

7 Ingrid Bergman spielte dreimal, Cary Grant viermal für Hitchcock. Aber nur in *Berüchtigt* standen sie in einem Hitchcockfilm gemeinsam vor der Kamera.

8 Verliebtes Muttersöhnchen: Claude Rains als Nazi Alexander Sebastian ist eines der besten Beispiele für Hitchcocks vielschichtige Schurken. Als Alicia ihm auf die Schliche kommt, entschließt er sich schweren Herzens, sie zu vergiften.

„Man kann sich an keine bemerkenswertere … Liebesszene erinnern als das in die Länge gezogene Schnäbeln und Gurren der Hauptfiguren in diesem Film. Indem Ingrid Bergman in ihrer Rolle zudem ein großes Maß an echten Gefühlen zu zeigen scheint und ihr ganzes Spiel eine natürliche Integrität ausstrahlt, fesselt sie den Zuschauer in jeder Minute." *The New York Times*

DIE MÖRDER SIND UNTER UNS

1946 - DEUTSCHLAND - 85 MIN. - S/W - GENRE DRAMA
REGIE WOLFGANG STAUDTE (1906–1984)
BUCH WOLFGANG STAUDTE KAMERA FRIEDL BEHN-GRUND, EUGEN KLAGEMANN
SCHNITT HANS HEINRICH MUSIK ERNST ROTERS PRODUKTION HERBERT UHLICH für DEFA.

DARSTELLER HILDEGARD KNEF (Susanne Wallner), ERNA SELLMER (Frau Brückner), ARNO PAULSEN (Ferdinand Brückner), ERNST WILHELM BORCHERT (Doktor Mertens), CHRISTIAN SCHWARZWALD (Otto), HILDE ADOLPHI (Daisy), MARLISE LUDWIG (Sonja), ELLY BURGMER (Mutter des kranken Kindes), URSULA KRIEG (Carola Schulz), ROBERT FORSCH (Herr Mondschein).

„Aber wir haben die Pflicht, Anklage zu erheben."

Wolfgangs Staudtes Film setzte Maßstäbe, denen viele der späteren Trümmerfilme nicht mehr gerecht zu werden vermochten – also jene deutschen Filme der zweiten Hälfte der 40er Jahre, die ihre Handlung in den Trümmern deutscher Großstädte ansiedelten und sich mit der moralischen und geistigen Haltung der Zeitgenossen der unmittelbaren Nachkriegszeit beschäftigten. Dabei übte *Die Mörder sind unter uns* hinsichtlich Figuren, filmischer Mittel und der Wendung des Helden von depressiven Gefühlen bis zur Selbstbehauptung großen Einfluss auf die Nachfolger aus. Gedreht unter sowjetischer Aufsicht, erschien der Spielfilm als erster der eben gegründeten ostdeutschen DEFA. Zur Aufführung kam er ab Oktober 1946 – in einer Zeit, als die Todesurteile der Nürnberger Kriegsverbrecherprozesse vollstreckt wurden – noch in allen Besatzungszonen. Obwohl der Zusammenhang zu Nürnberg ursprünglich so nicht intendiert war, handelt es sich dabei um mehr als eine bloße Koinzidenz, thematisiert der Film doch den Umgang mit Schuldigen.

Die Handlung folgt einer einfachen Doppelstruktur: Die junge KZ-Überlebende Susanne Wallner (Hildegard Knef) trifft bei ihrer Heimkehr in die Ruinenlandschaft Berlins in ihrer stark beschädigten Wohnung den Kriegsheimkehrer Doktor Mertens (Ernst Wilhelm Borchert), der sich dort inzwischen einquartiert hat. Die Frau ist, typisch für den Trümmerfilm, die Stärkere. Voller Zuversicht möchte sie sich eine Zukunft aufbauen, während Mertens, durch die Kriegsereignisse depressiv geworden, seinen Arztberuf nicht ausübt und stattdessen die Nächte verbittert im Halbweltmilieu verbringt. Beide teilen sich die Wohnung und werden zum Paar. Durch Susannes Verständnis und Hilfe gewinnt Mertens sein Selbstvertrauen und die Motivation für seinen Beruf zurück.

Der zweite Handlungsstrang berührt das Thema von Schuld und Sühne: Besonders belastende Erinnerungen hat Mertens an seinen ehemaligen Hauptmann Brückner (Arno Paulsen). Der ließ zu Weihnachten 1942 in Polen

1

2

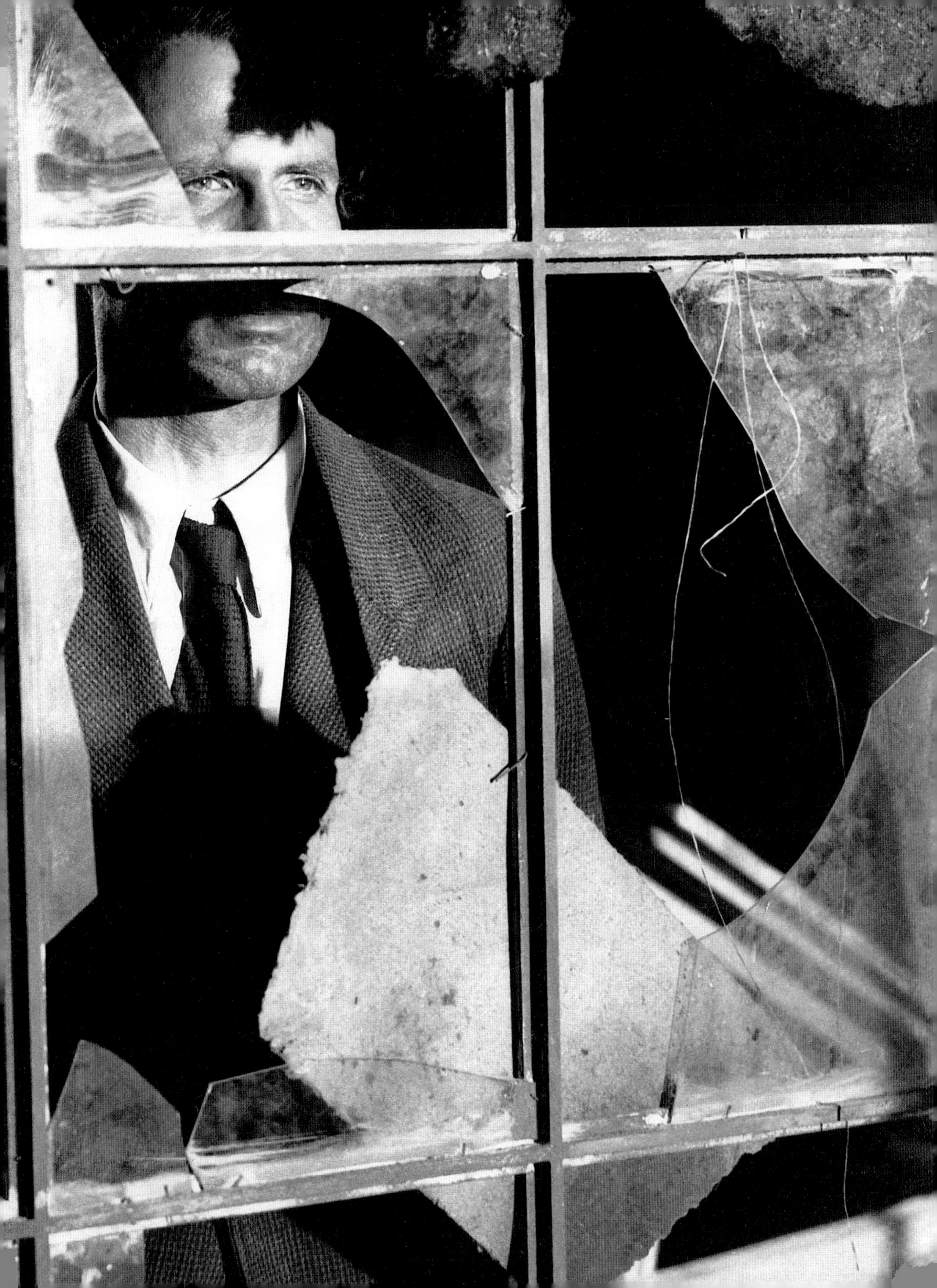

1 Friedensweihnacht 1945: Die KZ-Überlebende Wallner (Hildegard Knef) schmückt ihren Baum.

2 Blick in die Trümmer Berlins. Hans Mertens (Ernst Wilhelm Borchert) sarkastisch: „Sehen Sie, hier haben alle einen gültigen Mietvertrag – einen endgültigen."

3 Hans quälen Erinnerungen an Kriegsverbrechen, die genau drei Jahre zurückliegen.

4 Mertens formuliert das Credo des Films: „Aber wir haben die Pflicht, Anklage zu erheben …"

5 „Susanne, ich liebe dich."

HILDEGARD KNEF Offenbar suchte Staudte für die weibliche Hauptrolle in seinem Film ein im Ufa-Kino unverbrauchtes Gesicht. Er fand es mit der 1925 geborenen Hildegard Knef, die nach dem Besuch der Babelsberger Filmschule seit 1944 erst wenige Nebenrollen, darunter in Helmut Käutners *Unter den Brücken* (1944/45), gespielt hatte. Dem Erfolg in *Die Mörder sind unter uns* (1946) folgten weitere Auftritte in den Trümmerfilmen *Zwischen gestern und morgen* (1947) und *Film ohne Titel* (1947; Regie: Rudolf Jugert), für den sie 1948 beim Festival von Locarno den Preis für die beste Schauspielerin erhielt. Eine Nacktszene in Willi Forsts *Die Sünderin* (1950) trug ihr einen Skandal ein, aber gleichzeitig Erfolg und Prominenz. Die Heirat mit dem US-Filmoffizier Kurt Hirsch brachte Hildegard Knef schon 1947 das erste Mal in die USA, wo sie in den 50er Jahren Bühnenerfolge als Ninotchka in dem Broadway-Musical „Silk Stockings" feiert. Gleichzeitig macht sie bis Mitte der 60er Jahre mit Filmrollen in den USA, Großbritannien, Frankreich und Deutschland internationale Karriere, bevor sie ab 1963 als Chansonsängerin und ab 1970 als Buchautorin (Autobiographie „Der geschenkte Gaul") von sich reden macht. In Kinofilmen tritt sie nun kaum noch auf. Sie starb am 1. Februar 2002 in Berlin.

– gegen Mertens Protest – unschuldige Männer, Frauen und Kinder erschießen und ist inzwischen als Fabrikant von Kochtöpfen, gepresst aus Stahlhelmen, wieder obenauf. Mertens möchte Brückner zur Verantwortung ziehen. Als er ihn zu Weihnachten 1945 mit vorgehaltener Pistole zur Rede stellt, kann Susanne gerade noch verhindern, dass er schießt. Die im Skript noch vorgesehene Selbstjustiz wich auf Veranlassung der Besatzungsmacht folgender Lösung. Susanne: „Wir haben nicht das Recht zu richten ..." Mertens: „Aber wir haben die Pflicht, Anklage zu erheben ..." Und eben das ist das Credo des Films, der in seiner letzten Sequenz Brückners Schrei „Ich bin doch unschuldig" – ähnlich wie einst der Antikriegsfilm *Im Westen nichts Neues* (*All Quiet on the Western Front*, 1930) – mit Bildern von Grabkreuzen und Krüppeln konfrontiert.

Sieht man *Die Mörder sind unter uns* heute, so beeindruckt die Authentizität der Außenaufnahmen im Ruinenfeld, das gleich zu Beginn mit einer Plansequenz etabliert wird und sich dann immer wieder als Handlungsort oder Symbolbild zwischen die Interieurs schaltet. Ähnlich glaubwürdig wirkt das moralische Anliegen Staudtes, der selbst zum NS-Regime Distanz wahrte. Dabei sind viele der klug eingesetzten filmischen Mittel an sich konventionell oder beruhen auf Rückgriffen auf die Filmgeschichte. Das betrifft solch sarkastisch-symbolische Kopplungen wie die der Erschießung mit dem Weihnachtsfest, begleitet vom Chor der Landser, die „Oh, du fröhliche ..." singen. Dass dann die Abrechnung mit Brückner wiederum zu Weihnachten stattfindet – auch diese Parallele ist ein klassischer dramaturgischer Kunstgriff.

Die stärkste Symbolik beruht indessen auf Anleihen beim expressiven Stil, vor allem beim Lichtstil des Kinos der 20er Jahre, das seinerseits ein Nachkriegskino war. In ihm hatten etwa Friedl Behn-Grund, der führende Kameramann, und der Szenenbildner Otto Hunte (*Metropolis*, 1926 u. a.) ihr Handwerk erlernt. Daher sind nicht allein Dinge (wie das Plakat „Das schöne Deutschland" in der Ruine des Anhalter Bahnhofs oder die Christusfigur als Gewehrhalter) stark symbolisch besetzt. Vor allem schafft die dramatische Licht- und die Kameraführung mit teilweise extrem naher oder schräger Kadrierung eine stark emotionalisierende und symbolische Qualität der Räume. Berühmt ist der übermächtige Schatten, den der selbst nicht im Bild zu sehende Mertens bei seiner Anklage auf den fassungslosen Brückner und die Wand hinter ihm wirft.

JS

> „Brückner ist die bestgelungene Figur des Films. So wie er vor uns steht, ist er der Typ des so genannten ‚anständigen Deutschen', der nichtsdestoweniger als ‚Sieger' unschuldige Menschen hinmorden ließ und höchst erstaunt und empört ist, wenn man ihn heute für ‚schuldig' erklärt."
> *Der Sonntag*

DER SCHATZ DER SIERRA MADRE
The Treasure of the Sierra Madre

1947 - USA - 126 MIN. - S/W - GENRE ABENTEUERFILM, DRAMA, LITERATURVERFILMUNG
REGIE JOHN HUSTON (1906–1987)
BUCH JOHN HUSTON, nach dem gleichnamigen Roman von B. TRAVEN KAMERA TED D. MCCORD
SCHNITT OWEN MARKS MUSIK MAX STEINER PRODUKTION HENRY BLANKE für WARNER BROS.
DARSTELLER HUMPHREY BOGART (Fred C. Dobbs), WALTER HUSTON (Howard), TIM HOLT (Bob Curtin),
BRUCE BENNETT (James Cody), BARTON MACLANE (Pat McCormick), ALFONSO BEDOYA (Gold Hat),
JOHN HUSTON (Amerikaner im weißen Anzug), ROBERT BLAKE (der Junge mit den Lotterielosen),
JOSÉ TORVAY (Pablo), MARGARITO LUNA (Pancho).
ACADEMY AWARDS 1948 OSCARS für die BESTE REGIE (John Huston), für das BESTE DREHBUCH (John Huston),
für den BESTEN NEBENDARSTELLER (Walter Huston).

„Bye mountain, thanks!"

Der alte, erfahrene Howard (Walter Huston) weiß es von Anfang an: „Gold itself ain't good for nothin' except makin' jewelry with and gold teeth." Er hat in seinem Leben schon überall nach Gold geschürft, reich geworden ist er dabei nicht. „Yeah, I know what gold does to men's souls", sagt er in einer lausigen Männerabsteige zu Dobbs (Humphrey Bogart) und Curtin (Tim Holt), zwei im mexikanischen Tampico hängen gebliebenen Arbeitern, die mal wieder abgebrannt sind, weil sie von dem zwielichtigen Geschäftsmann McCormick (Barton MacLane) übers Ohr gehauen wurden. Und doch funkeln Howards Augen, wenn er von der Goldgräberei spricht. Und deswegen ist er auch sofort dabei, als Dobbs und Curtin in ihrer Ausweglosigkeit beschließen, Partner zu werden und gemeinsam nach dem Edelmetall zu suchen. Die drei machen sich auf in einen unwegsamen Winkel Mexikos, in die Sierra Madre, wo Howard viel Gold vermutet.

Howard führt die Gruppe an, er ist derjenige, der über das nötige Knowhow verfügt. Dennoch liegt ihm sehr viel daran, dass alle in der Gruppe gut miteinander auskommen. Viel zu gut weiß er, dass der Erfolg der Schürfung vom gegenseitigen Vertrauen abhängt. Ist es einmal zerbrochen, wird jeder Goldfund zur mörderischen Angelegenheit. Es ist, als würde der glitzernde Goldstaub den Wahnsinn des Menschen hervorkitzeln und seinen Verstand umwölken. Curtin ist der unschuldigste von den drei Männern, aber er hat Moral. Der Angeber Dobbs dagegen neigt zu übertriebenem Argwohn. Ihm sind alle Szenarien eines möglichen Hinterhalts bewusst. Zu oft schon in seinem Leben wurde er übers Ohr gehauen, als dass er in einem simplen freundschaftlichen Gespräch seiner Partner nicht bereits das Indiz einer Verschwörung sieht. Die drei finden Gold, sie finden sehr viel Gold, und damit nimmt das Drama seinen Lauf.

1

Regisseur John Huston, der selbst in drei kleinen Szenen des Films als weiß gekleideter, reicher Amerikaner zu sehen ist, war bereits vor dem Zweiten Weltkrieg von der 1927 erschienenen Romanvorlage des mysteriösen B. Traven begeistert. Doch seine Einberufung in den Kriegsdienst ließ zunächst alle beruflichen Pläne platzen. Kurz nach Kriegsende nahm das Projekt wieder Gestalt an. Huston war es wichtig, die literarische Vorlage für den Film umzuschreiben. Die Dialoge schienen zu sperrig, die Handlung selbst wirkte ausufernd und allzu metaphorisch aufgeladen. Huston kam es vor allem auf die Entwicklung der Charaktere und die Darlegung der daraus resultierenden menschlichen Abgründe an, auf die Gratwanderung zwischen gegenseitigem Vertrauen und heillosem Misstrauen. In Mexiko hielt er Ausschau nach geeigneten Drehorten, da er so viele Außenaufnahmen wie möglich machen wollte.

Der Film lässt den Zuschauer die Abgeschiedenheit, in der die drei Goldgräber über Monate hinweg sich selbst und ihren Imaginationen überlassen sind, deutlich spüren. Felsen, Staub, Hitze und Kakteen umgeben die Tag für Tag mehr verlumpenden Glücksritter.

Hustons Vater Walter, der für seine Rolle einen Oscar bekam – wie auch John Huston selbst je eine der begehrten Trophäen für die beste Regie und das beste Drehbuch erhielt –, wurde von seinem Sohn dazu genötigt, auf seine Zahnprothese zu verzichten, damit der alte Howard authentischer wirke. Und Walter Huston redete, was das Zeug hielt: in atemberaubendem Tempo und ohne jeden Versprecher. Seine philosophischen Exkurse über das Gold und das, was es mit dem Menschen anstellt, sind selbst Gold wert.

1 Gegenseitiges Vertrauen ist nicht mit Gold aufzuwiegen. Curtin (Tim Holt) muss feststellen, dass sein Partner Dobbs zu allem fähig ist, nur um nicht selbst übers Ohr gehauen zu werden.

2 Dobbs (Humphrey Bogart) träumt von einer besseren Zukunft. Ein Junge bietet ihm ein Glückslos an.

3 Aufbruch ins vermeintliche Glück. Noch bilden Dobbs, Howard (Walter Huston) und Curtin eine unzertrennbar scheinende Einheit.

4 Dobbs verliert mehr und mehr den Blick für die Realität. Howard ahnt, dass die Gemeinschaft der drei Freunde in Gefahr ist.

5 Curtin und Dobbs spüren, dass der alte Howard ihnen weit voraus ist.

„Mehr als eine Betrachtung über die Wagnisse des menschlichen Strebens ist dieser Film eine Hymne an die Freiheit und eine Hymne John Hustons an seinen Vater Walter, der ohne größere Schwierigkeiten Bogart an die Wand spielt." *Le Nouvel Observateur*

„**Der Schatz der Sierra Madre** war einer der ersten amerikanischen Filme, dessen Außenaufnahmen fast ausschließlich außerhalb der USA gedreht wurden. Tampico in Mexiko war eine Art Basisstützpunkt, denn Huston wollte seine Schauspieler so weit von der Zivilisation entfernt halten wie möglich, was für Bogart jeder Ort war, von dem aus man nicht mal eben auf einen Drink zu Mike Romanoff's Restaurant fahren konnte." *moviediva online*

6   Hinterhältig heucheln die mexikanischen Banditen Unschuld vor dem Herrn. Dobbs tut gut daran, ihnen zu misstrauen.

7   Ohne Howards Erfahrung kämen Dobbs und Curtin nicht weit. Regisseur John Huston besetzte die Rolle Howards mit seinem Vater Walter Huston, der eine wunderbare Darbietung zeigte. Am Ende waren beide bei der Vergabe der Academy Awards 1949 erfolgreich.

Howard ist der menschlichste der drei Charaktere. Denn er lebt nach dem Grundsatz, dass er vom Leben nicht mehr verlangen kann als das, was es ihm gibt. Wenn am Ende der gesamte mühselig erschürfte Goldstaub vom Wind verweht wird und nichts zurückbleibt, bricht er in ein schallendes Gelächter aus. „The gold has gone back to where we found it!" Die Natur kennt keine Moral, doch das hindert Howard nicht daran, das Drama des Verlustes für eine kluge Komödie einer höheren Instanz zu halten. Sein Lachen ist ein befreiendes, erneuerndes Lachen, eines, das den Tod verjagt und das Leben über den Profit setzt. Wesentlicher als Reichtum ist das Glück, das dem Menschen zuteil wird, wenn er sich in einer auf Vertrauen gegründeten Gemeinschaft aufgehoben weiß. „Die Hölle, das sind die anderen", heißt es in Jean Paul Sartres Drama „Geschlossene Gesellschaft" („Huis Clos", 1944). Huston hatte Sartres Stück kurz vor dem Film in New York inszeniert.

SR

B. TRAVEN

Wer war dieser mysteriöse B. Traven? Selbst einschlägige Lexika legen sich in seinem Falle nicht eindeutig fest. Sicher ist, dass er seit seinen literarischen Erfolgen Anfang der 30er Jahre bis zu seinem Tod unerkannt bleiben wollte. Mehrmals wechselte er den Namen. Der britische Journalist W. Wyatt wollte nachgewiesen haben, dass es sich bei Traven ursprünglich um Albert Otto Maximilian Feige gehandelt habe, einen Deutschen, der 1882 in Schwiebus bei Frankfurt an der Oder geboren wurde. Die von Rolf Recknagel verfasste 1966 und 1982 in Leipzig erschienene Biografie sieht B. Traven wiederum identisch mit dem ehemaligen Münchner Herausgeber der sozialistisch-anarchistischen Zeitschrift „Der Ziegelbrenner" Ret Marut. Auch dieser Name war ein Pseudonym.

Sicher ist, dass Traven nach dem Ersten Weltkrieg unter dem Namen Berick T. Torsvan über etliche Stationen nach Mexiko flüchtete. Dabei nutzte er geschickt die Chance, seine alte Identität aufzugeben. In Mexiko begann seine schriftstellerische Karriere. Traven, der 1941 als Hal Croves angeblich mexikanischer Staatsbürger wurde, schrieb so beklemmende und sozialkritische Romane wie „Das Totenschiff" (1926), „Die Baumwollpflücker" (1926), „Die Rebellion der Gehängten" (1936) und den von John Huston verfilmten Roman „Der Schatz der Sierra Madre" (1927) – Werke, die in sehr eigenwilliger Tonlage und in einem metaphorisch hoch aufgeladenen Stil eine existenzialistisch gefärbte Sozialkritik übten und sich gegen Unmenschlichkeit und Gewalttätigkeit aussprachen. John Huston traf sich während der Vorbereitungen zu *Der Schatz der Sierra Madre* (*The Treasure of the Sierra Madre*, 1947) mit jenem Hal Croves in Mexiko.

Croves gab sich allerdings als Agent von B. Traven aus. Huston war sich später jedoch sicher, es mit dem wahren B. Traven zu tun gehabt zu haben. Die Witwe von B. Traven, Rosa Elena Luján, bestätigte nach Travens Tod am 26. März 1969, es habe sich bei ihrem Mann tatsächlich um den deutschsprachigen Anarchisten Ret Marut gehandelt, der eine nicht unbedeutende Rolle in der „Münchener Räterepublik" gespielt habe.

MONSIEUR VERDOUX – DER FRAUENMÖRDER VON PARIS / DER HEIRATSSCHWINDLER VON PARIS
Monsieur Verdoux

1947 - USA - 110 MIN. - S/W - GENRE KOMÖDIE, KRIMINALFILM
REGIE CHARLES CHAPLIN (1889–1977)
BUCH CHARLES CHAPLIN, nach einer Idee von ORSON WELLES
KAMERA ROLAND H. TOTHEROH, CURT COURANT SCHNITT WILLARD NICO MUSIK CHARLES CHAPLIN
PRODUKTION CHARLES CHAPLIN für CHARLES CHAPLIN PRODUCTIONS, UNITED ARTISTS.
DARSTELLER CHARLES CHAPLIN (Monsieur Henri Verdoux), MARTHA RAYE (Annabella Bonheur), MARILYN NASH (das Mädchen), ISOBEL ELSOM (Marie Grosnay), ROBERT LEWIS (Monsieur Bottello), ALLISON RODDAN (Peter Verdoux, Henris Sohn), MADY CORRELL (Madame Verdoux), AUDREY BETZ (Martha Bottello), ADA MAY (Annette), MARJORIE BENNETT (Dienstmädchen).

„It's all business."

Frankreich zwischen den Weltkriegen. Dreißig Jahre lang arbeitete Henri Verdoux (Charles Chaplin) bei einer Pariser Bank. Dann kommt die Wirtschaftskrise, und man entlässt ihn. Um seine gehbehinderte Frau (Mady Correll) und seinen kleinen Sohn (Allison Roddan) weiterhin versorgen zu können, wechselt er das Metier: Er wird Heiratsschwindler – einer, der auch vor Mord nicht zurückschreckt. Ein einträglicher Beruf, der aber auch einiger Könnerschaft bedarf. Denn nicht jede reiche Witwe lässt sich so einfach um ihr Vermögen bringen. Geschweige denn um die Ecke.

Die Idee zu *Monsieur Verdoux* stammte ursprünglich von Orson Welles, der einen Film über den historischen Fall Landru drehen wollte. Als er Chaplin die Hauptrolle anbot, gefiel dem großen Komiker die Idee so gut, dass dieser Welles kurzerhand die Rechte abkaufte, um den Film selbst zu inszenieren. Freilich auf ganz eigene Weise: Vier Jahre lang schrieb Chaplin am Drehbuch. Und die Erfahrungen, die er während dieser Zeit sammeln musste, hinterließen darin deutliche Spuren.

Seit Anfang der 40er Jahre sah sich Chaplin zunehmend den Hetzkampagnen konservativer amerikanischer Kreise ausgesetzt. Dabei waren auch seine Beziehungen zu sehr jungen Frauen ins Licht der Öffentlichkeit gezerrt worden. Die Anfeindungen gipfelten in einem spektakulären Vaterschaftsprozess, bei dem die Beweislage zwar eindeutig für Chaplins Unschuld sprach, er aber dennoch verurteilt wurde. *Monsieur Verdoux* war Chaplins ätzende Antwort auf diese Ereignisse. Eine tiefschwarze misogyne Komödie, die der Gesellschaft einen Spiegel vorhalten sollte, die aber zugleich Chaplins eigene Verbitterung offenbarte.

Tatsächlich ist Henri Verdoux vor allem ein Mann, der die Lehren des Kapitalismus gelernt hat. Das Morden betreibt er als Business, und so ist auch sein Verhalten das eines kühl kalkulierenden Geschäftsmannes. Die Verführung der wohlhabenden Frauen plant er ebenso professionell wie deren Ermordung. Den Gewinn legt er in Aktien an. Moralische Bedenken ob seiner Taten kennt Verdoux nicht. Mit einer Ausnahme: Einmal möchte er ein

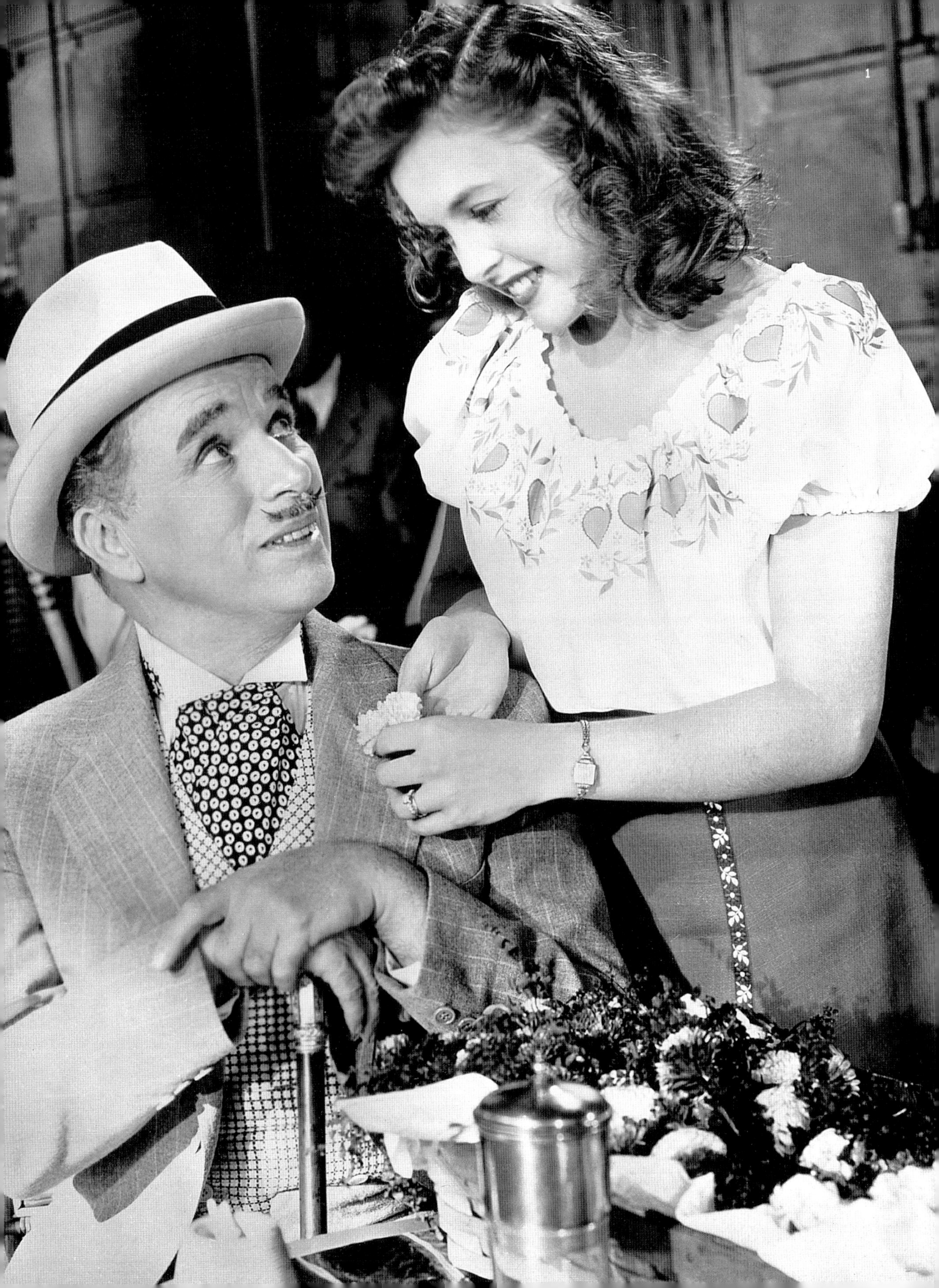

1 Charmanter Killer: In der Rolle des Frauenmörders Verdoux schockierte Charles Chaplin ein Publikum, das ihn als kleinen Tramp liebte.

2 Die Maske des Biedermannes: Die Bekanntschaft eines arglosen Apothekers nutzt Verdoux, um an Gift zu gelangen.

3 Beruf Witwenmörder: Seinen Job erledigt Verdoux mit professioneller Sorgfalt.

4 Pervertierter Tramp? In seinem dandyhaften Outfit erscheint Verdoux wie ein Nachfahre des chaplinschen Vagabunden früherer Zeiten.

„*Monsieur Verdoux* gehört sicherlich nicht zu den größten Meisterwerken der Filmgeschichte, aber die unerbittliche Logik und übersteigerte Misanthropie machen das Werk zum spannendsten, weil aufschlussreichsten von Chaplins Filmen." *Le Monde*

Gift an einem Straßenmädchen (Marilyn Nash) ausprobieren, das er fälschlicherweise für lebensmüde hält. Als er seinen Irrtum bemerkt, verwirft er seinen Plan.

Es ist nicht allein diese Episode, die den Zuschauer für den Mörder einnimmt. Schon die minutiöse Planung seiner Taten und die grotesken Schwierigkeiten, auf die er bei deren Ausführung stößt, erwecken Sympathien – zumal die Darstellung der Morde selbst diskret ausgespart wird und die Opfer durchweg als grelle Karikaturen gezeichnet sind. Aber auch ein weniger augenscheinlicher Aspekt bringt dem Zuschauer den Frauenmörder nahe. Denn wenngleich sich der Misserfolg des Films an den Kinokassen auch durch das Fehlen von Chaplins berühmtem Tramp Charlie erklären lässt, so ist dieser doch unterschwellig präsent: Nicht nur wegen seines Bärtchens

„Chaplin hat seine Requisiten, das Gertenstöckchen, die Melone und die Schnabelschuhe, abgelegt und ist, weil nun die Kleider doch nicht immer Leute machen, der alte Chaplin geblieben."

Neue Zürcher Zeitung

„Es herrscht ein Klima totaler moralischer Ambivalenz, jeder Aspekt von Verdoux' Charakter sieht sich fast gleichzeitig durch einen diametral verschiedenen widerlegt, und selbst der scheinbar eindeutige Appell am Schluss vermag die Widersprüche nicht mehr aufzulösen."
Die Zeit

5 Schwieriger Fall: In der temperamentvollen Komikerin Martha Raye fand Chaplin eine ebenbürtige Gegenspielerin.

6 „Chaplin Noir": Mit der Figur des Monsieur Verdoux hält ein Zynismus Einzug in Chaplins Werk, der seinen Filmen zuvor fremd war.

7 Augenscheinliche Misogynie: Mit seinem Mörder scheint sich Chaplin auch an den konservativen Frauenverbänden rächen zu wollen, die in den 40er Jahren die amerikanische Öffentlichkeit gegen den Komiker aufbrachten.

oder des dandyhaften Aufzuges wirkt Verdoux wie eine pervertierte Variante des Vagabunden. Auch in seinen linkischen Gesten und unfreiwilligen Slapstick-Einlagen verweist der Frauenmörder direkt auf die wohl beliebteste Filmfigur aller Zeiten.

Der galante Dandy Verdoux hat, so scheint es, die Lächerlichkeit des Vagabunden gegen Zynismus eingetauscht. Dass diese Wandlung ihn als Produkt einer entmenschlichten Gesellschaft ausweist, macht Chaplin am Ende des Films explizit: Nachdem ihn der Börsenkrach ruiniert hat und Frau und Kind gestorben sind, begegnet Verdoux noch einmal dem Straßenmädchen von einst. Durch die Heirat mit einem Rüstungsfabrikanten ist es inzwischen reich geworden. Ein Geschäft, in das er hätte investieren sollen, bemerkt Verdoux bitter. Wenig später stellt er sich der Polizei. Als er in einem öffentlichen Prozess zum Tode verurteilt wird, ergreift er – wie am Schluss von *Der große Diktator* (*The Great Dictator*, 1940) – die Gelegenheit zu einer Ansprache: Angesichts einer Gesellschaft, die mit Massenvernichtungswaffen Tausende von Frauen und Kindern tötet und die Massenmörder zu Helden macht, sei er bloß ein Dilettant. „Zahlen heiligen" („Numbers sanctify"), antwortet Verdoux kurz vor seiner Hinrichtung einem Reporter, der nach einer Moral für seine Geschichte fragt, und treibt seinen Zynismus auf die Spitze. Im Schlussbild geht Verdoux mit dem Rücken zu uns seinem Schicksal entgegen. Wo in den früheren Filmen eine ungewisse Zukunft auf den kleinen Tramp wartete, steht für Verdoux nun die Guillotine bereit. UB

ROLAND H. TOTHEROH Der 1890 geborene Roland Totheroh war der wohl wichtigste, in jedem Fall aber der langjährigste Mitarbeiter Chaplins. Er begann seine Filmlaufbahn 1912 bei Essanay, wo er zunächst als Kleindarsteller und später als Kameramann an vielen der berühmten Broncho-Billy-Western mitwirkte. Dort begegnete er auch Chaplin, dessen Stammkameramann er ab 1915 wurde. Er blieb es über dreißig Jahre lang, bis zu *Monsieur Verdoux – Der Frauenmörder von Paris/Der Heiratsschwindler von Paris* (*Monsieur Verdoux*, 1947), und noch bei *Rampenlicht* (*Limelight*, 1952) bekam er einen Credit als Kameraberater. Er setzte sich zur Ruhe, als Chaplin Amerika im gleichen Jahr verließ. Totheroh, der sehr ökonomisch arbeiten konnte und ein findiger Techniker war, ist für seine Qualitäten als Kameramann nur selten gewürdigt worden. Dies liegt wohl nicht zuletzt daran, dass der technische Aspekt von Chaplins Filmen allgemein eher wenig Beachtung findet. Doch auch Chaplin selbst, so loyal er sich seinen Mitarbeitern gegenüber auch sonst verhalten haben mag, schwieg weitestgehend, wenn es um deren Anteil an seinen Filmen ging. So bleibt immerhin festzuhalten, dass es Totheroh war, der so unvergessliche Filme wie *The Kid/Der Vagabund und das Kind* (*The Kid*, 1920), *Goldrausch* (*The Gold Rush*, 1925), *Der Zirkus/Circus* (*The Circus*, 1928), *Lichter der Großstadt* (*City Lights*, 1931) und *Moderne Zeiten* (*Modern Times*, 1936) fotografiert hat. Er starb 1967 in Hollywood.

GOLDENES GIFT
Out of the Past

1947 - USA - 97 MIN. - S/W - GENRE MELODRAM, KRIMINALFILM

REGIE JACQUES TOURNEUR (1904–1977)
BUCH DANIEL MAINWARING, FRANK FENTON, JAMES M. CAIN, nach dem Roman „Build My Gallows High" von GEOFFREY HOMES [= DANIEL MAINWARING] KAMERA NICHOLAS MUSURACA SCHNITT SAMUEL E. BEETLEY MUSIK ROY WEBB PRODUKTION WARREN DUFF für RKO.

DARSTELLER ROBERT MITCHUM (Jeff Bailey/Markham), JANE GREER (Kathie Moffett), KIRK DOUGLAS (Whit Sterling), VIRGINIA HUSTON (Ann), STEVE BRODIE (Fisher), RHONDA FLEMING (Meta Carson), RICHARD WEBB (Jim), PAUL VALENTINE (Joe), DICKIE MOORE (taubstummer Junge), KEN NILES (Leonard Eels).

„You want to just shut the door and forget it?"

Goldenes Gift beginnt bei helllichtem Tag. Die Nacht aber kündigt sich bereits an mit dem Fremden (Paul Valentine), der in das kalifornische Provinzstädtchen Bridgeport kommt. Er sucht Bailey (Robert Mitchum), den Besitzer der Tankstelle, der sich vor einiger Zeit dort niedergelassen hat und nun ein ruhiges Leben führt – mit seiner Freundin Ann (Virginia Huston) und einem gesicherten Auskommen. Als der Fremde ihn findet, ist es um Baileys Ruhe geschehen.

Wie so viele Films noirs handelt auch Jacques Tourneurs Goldenes Gift von der Gegenwärtigkeit des Vergangenen, vom Erlebten, das nicht ungeschehen gemacht oder vergessen werden kann. Bailey war früher Privatdetektiv in New York. Der Gangster Whit Sterling (Kirk Douglas) beauftragte ihn damals, seine Geliebte Kathie (Jane Greer) zu ihm zurückzubringen. Bailey aber verliebte sich in sie und brannte mit ihr durch. Sein Ex-Kompagnon Fisher (Steve Brodie) machte das Liebespaar ausfindig. Doch bevor Fisher sie verraten konnte, erschoss ihn Kathie und floh allein mit dem Geld, das sie Sterling gestohlen hatte. Bailey zog sich daraufhin nach Bridgeport zurück und schien seinen Frieden gefunden zu haben. Bis zu dem Tag, an dem Sterlings Handlanger Joe auftaucht und Bailey ausrichtet, sein Boss wolle ihn sprechen.

Bailey beichtet Ann seine Vergangenheit, als sie im Auto durch die Nacht fahren, zu Sterlings Haus am Lake Tahoe. Im dämmrigen Licht und untermalt durch seine ruhige, tiefe Stimme gleitet die Handlung hinüber in Baileys Erinnerung wie in einen Traum. Damit wandelt sich auch die Optik des Films. Die Dunkelheit nimmt überhand, und es etabliert sich eine

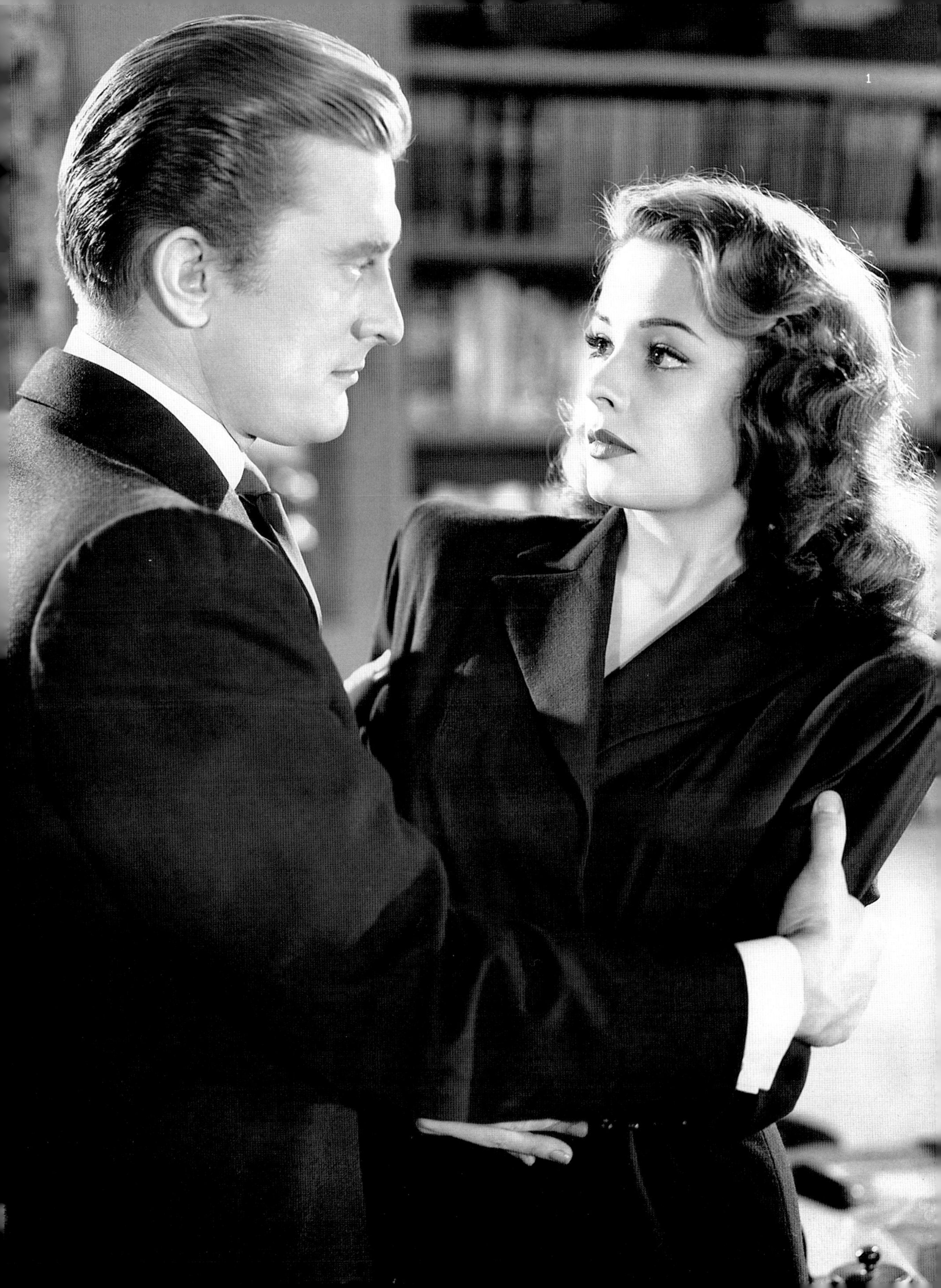

„Ein Klassiker der Schwarzen Serie, so düster und fatal, dass selbst jene Szenen, die unter der flirrenden Sonne Acapulcos oder in der hellen amerikanischen Provinz spielen, nur wie überbelichtete Albträume aussehen."

Süddeutsche Zeitung

Atmosphäre des Unbestimmten, Nichtgreifbaren, beinahe Phantastischen, die an Tourneurs Horrorfilme der frühen 40er Jahre erinnert. Sie verleiht Baileys Begegnung mit Kathie etwas Schicksalhaftes.

Bei ihrem Rendezvous vor Fischernetzen am abendlichen Strand in Mexiko, eine Schlüsselszene des Films, deutet sich so bereits an, dass Bailey sich nie vollständig von Kathie wird lösen können. Und tatsächlich: Als Bailey am Ende der nächtlichen Fahrt Sterlings Anwesen erreicht und dessen gusseisernes Gittertor hinter sich schließt, hat ihn die Vergangenheit endgültig eingeholt. Wenig später steht Kathie wieder vor ihm. Sie ist zu Sterling zurückgekehrt. Doch damit sind längst nicht alle alten Rechnungen beglichen.

Wenn *Goldenes Gift* im Laufe der Jahre zu einem Kultfilm avanciert ist, dann liegt das sicherlich insbesondere auch an der anziehenden Melancholie seiner Hauptfigur: Robert Mitchum verkörpert nicht nur einen der lakonischsten, sondern zudem einen der fatalistischsten Helden des Film noir. Bailey hat keine Chance davonzukommen, und er scheint das bereits zu wissen, bevor Sterling ihn findet. Als er zu Beginn mit Ann am See liegt und sich ihre gemeinsame Zukunft ausmalt, verrät sein Gesicht eine Desillusioniertheit, die seinen Worten entgegensteht. Selbst als er später versucht, Sterlings mörderischen Racheplan zu durchkreuzen, und ihn dabei mit beneidenswerter Souveränität gegen Kathie ausspielt, haftet seinen Handlungen etwas Beiläufiges an. Ganz so, als habe er insgeheim bereits aufgegeben und als

1. Der Gangster und seine Braut: Whit Sterling (Kirk Douglas) betrachtet Kathie (Jane Greer) als seinen Besitz. Doch eine waschechte Femme fatale hat eigene Pläne …

2. Schatten der Vergangenheit: Dass Bailey (Robert Mitchum) seiner fatalen Liebe zu Kathie nicht entkommen kann, spiegelt sich in der Bildkomposition deutlich wider.

3. Dem Schicksal entgegen: Tourneurs Lichtregie lässt den tödlichen Ausgang der Autofahrt bereits erahnen.

4. Lektionen in Coolness: Den verführerischen Blicken der schönen Meta (Rhonda Fleming) begegnet Mitchum mit der ihm eigenen Teilnahmslosigkeit.

sollten seine Taten lediglich beweisen, dass man sein Schicksal nicht selbst bestimmen kann.

Dieser scheinbare Widerspruch zwischen Tatkraft und Teilnahmslosigkeit, den Mitchum wie kein anderer Darsteller verkörpern konnte, ist charakteristisch für die Spannungsverhältnisse, die überall im Film herrschen und die ihn so undurchdringlich wirken lassen. So erscheint auch Kathie, die Femme fatale, nicht nur als kalter Vamp, sondern zeigt mitunter eine unvermutete Verletzlichkeit, ebenso wie Ann für eine brave Bürgerstochter ungewohnt kämpferisch und sinnlich in Szene gesetzt ist und selbst Sterling einige sympathische Züge besitzt.

Tourneur versetzt das stereotype Schwarz-Weiß der Figurenkonstellation, das manchen Film noir heute so schematisch erscheinen lässt, in

> „Robert Mitchum ist herrlich dreist und selbstsicher als ‚Privatschnüffler' in Schwierigkeiten und konsumiert eine astronomische Zahl an Zigaretten, um zu zeigen, wie lässig er ist." *The New York Times*

5

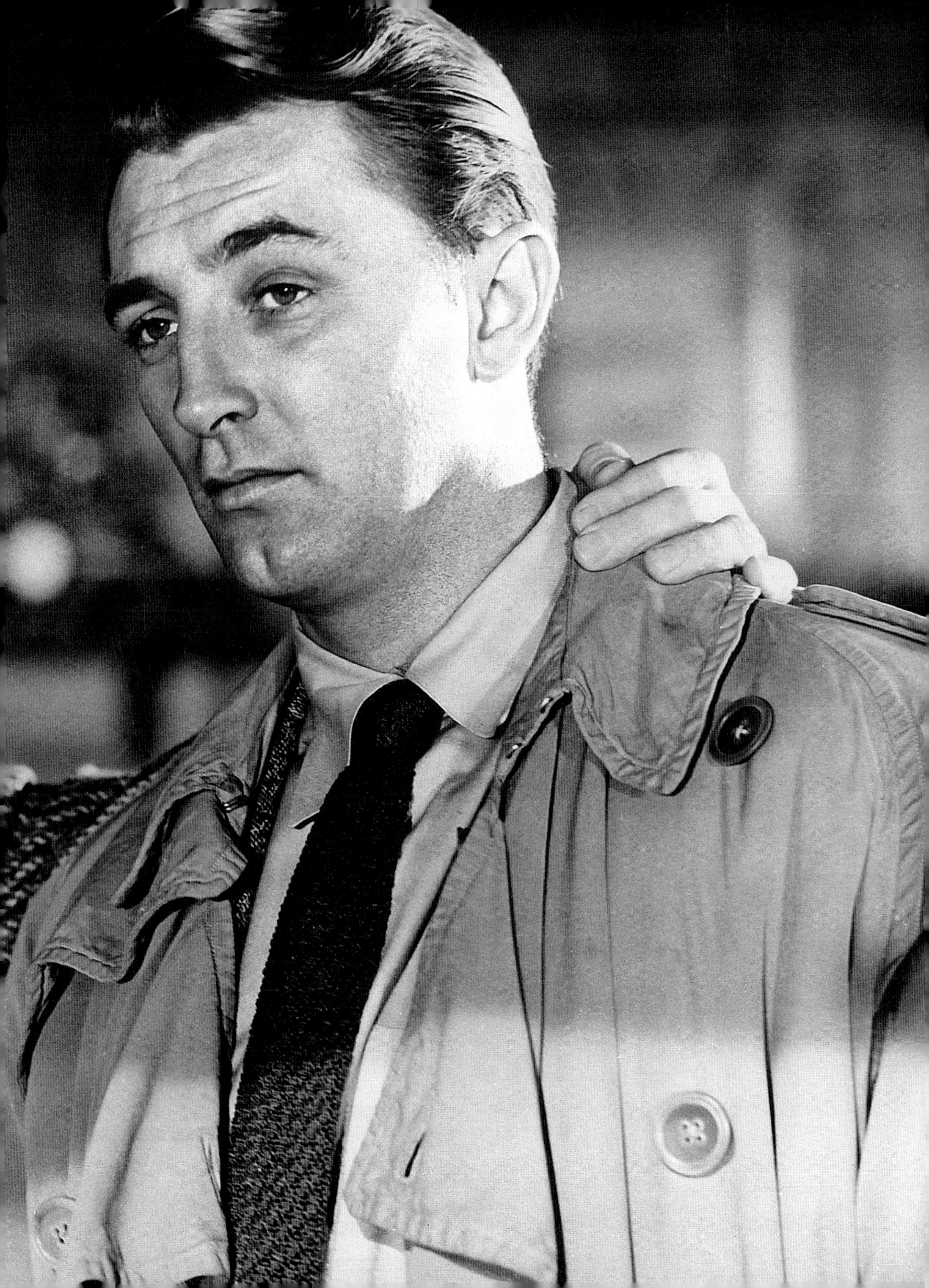

5 Zwei Newcomer im Film noir: Kirk Douglas und Robert Mitchum starteten in den 40er Jahren ihre großen Leinwandkarrieren.

6 Mörderische Idylle: Für Sterling ist Baileys Tod längst beschlossene Sache. Am Ende kommt keiner der Rivalen lebend davon. Und auch Kathie findet den Tod.

7 Trügerische Unschuld: Jane Greers Part gehört zu den schwärzesten Frauenrollen des Film noir.

„Mitchum legt eindrucksvoll Rechenschaft über sich ab. Und Jane Greer als charmante Mörderin mit Babygesicht ist ebenfalls faszinierend." Variety

Schwingung. Und diese sanfte Erschütterung erstarrter Darstellungsmuster prägt auch den visuellen Stil des Films. Wenn Kameramann Nicholas Musuraca, der für Tourneur bereits *Katzenmenschen* (*Cat People*, 1942) gefilmt hatte, durch subtile Lichtregie den zumeist realen Schauplätzen selbst bei Tage eine unterschwellige Bedrohlichkeit verleiht, dann werden auch grundlegende Gewissheiten des Hollywood-Kinos in Frage gestellt: Das sonnige Bridgeport wirkt unversehens gar nicht mehr so idyllisch. Und die Spießigkeit seiner Bewohner, für die Bailey immer ein zwielichtiger Fremdling geblieben ist, atmet bereits das faschistoide Klima, das die Kleinstadtszenerien im US-Kino der 50er so oft bestimmt. Eine Zuflucht bietet sich Bailey hier nicht. Nirgends.

JH

JACQUES TOURNEUR   Er war der Sohn eines berühmten Vaters, des Regisseurs Maurice Tourneur. Und als dessen Assistent und Cutter lernte der 1904 in Paris geborene Jacques Tourneur Ende der 20er Jahre das Filmemachen. Nachdem er bei einigen Filmen selbst Regie geführt hatte, ging Tourneur 1935 nach Hollywood, wo er zunächst Einakter drehte und ab 1939 B-Filme. Seinen Durchbruch erlebte Tourneur mit dem Erfolg von *Katzenmenschen* (*Cat People*, 1942), dem ersten von drei legendären Horrorfilmen, die er mit dem Produzenten Val Lewton für RKO realisierte. Der Film revolutionierte das Genre, indem er den Schrecken nie explizit zeigte, sondern vor allem durch expressive Lichtführung lediglich suggerierte.
Katzenmenschen wie auch *Ich folgte einem Zombie* (*I Walked with a Zombie*, 1943) und *The Leopard Man* (1943) trugen Tourneur den Ruf eines exzellenten Stilisten ein. Eine Einschätzung, die der optisch an seine Horror-Filme erinnernde Thriller *Berlin-Express* (*Berlin Express*, 1948) und *Goldenes Gift* (*Out of the Past*, 1947) bestätigten. Tourneur, der sich nach eigenen Aussagen Zeit seines Lebens mit übersinnlichen Phänomenen und Parapsychologie beschäftigt hat, ein Thema, das er in seinem in England entstandenen Film *Der Fluch des Dämonen* (*The Night of the Demon / Curse of the Demon*, 1957) nochmals aufgriff, war jedoch ein sehr vielseitiger Regisseur, der auch im Umgang mit Farbe und in den verschiedensten Genres zu überzeugen wusste. Sein Western *Wichita* (1955) belegt das ebenso eindrucksvoll wie der turbulente Ritterfilm *Der Rebell* (*The Flame and the Arrow*, 1950) und *Die Piratenkönigin* (*Anne of the Indies*, 1951). Jacques Tourneur starb im Dezember 1977 in Bergerac in der Dordogne (Frankreich).

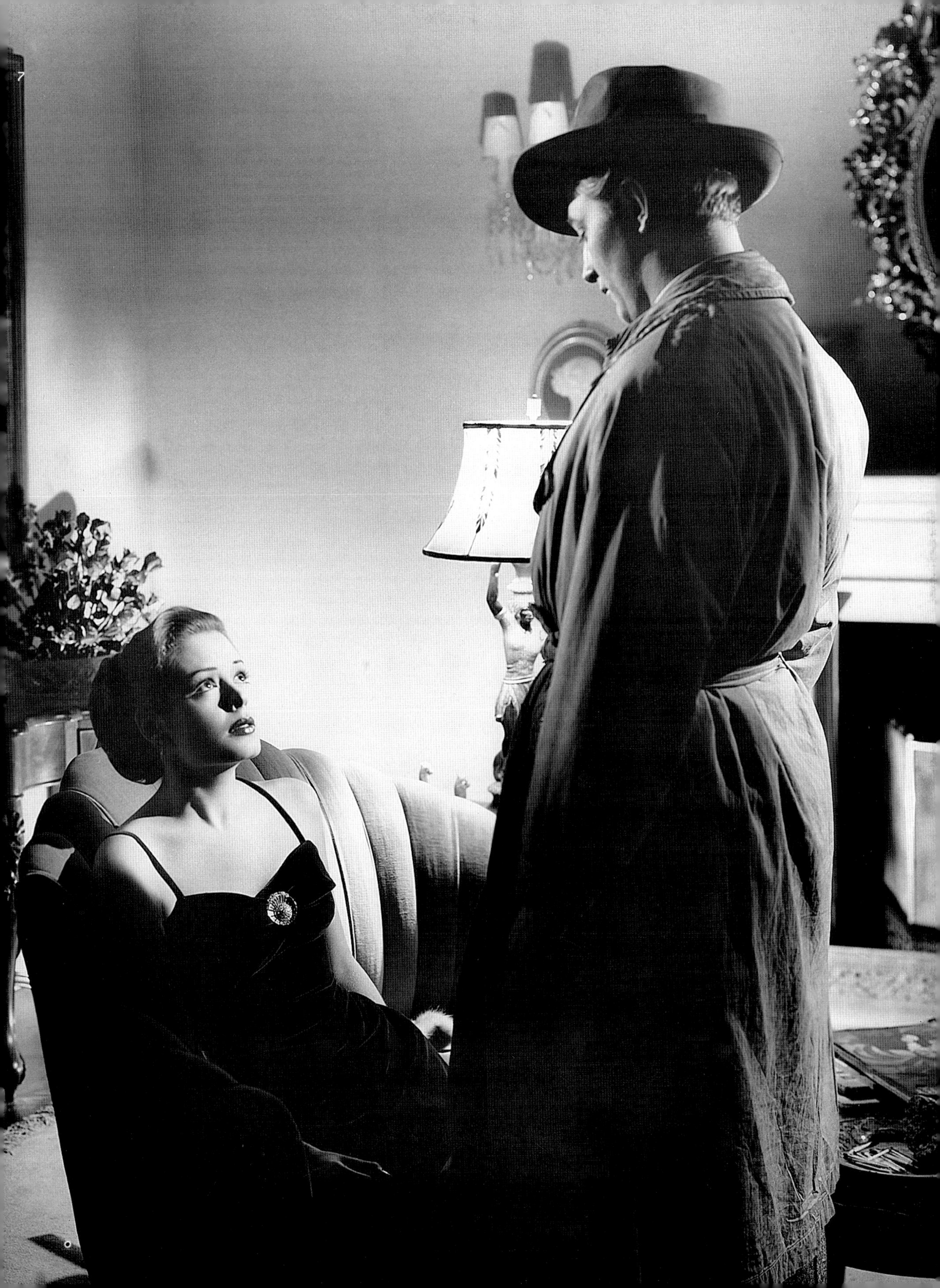

EIN GESPENST AUF FREIERSFÜSSEN
The Ghost and Mrs. Muir

1947 - USA - 104 MIN. - S/W - GENRE FANTASYFILM, LIEBESFILM
REGIE JOSEPH L. MANKIEWICZ (1909–1993)
BUCH PHILIP DUNNE, nach dem gleichnamigen Roman von R. A. DICK KAMERA CHARLES LANG
SCHNITT DOROTHY SPENCER MUSIK BERNARD HERRMANN PRODUKTION FRED KOHLMAR für 20TH CENTURY FOX.

DARSTELLER GENE TIERNEY (Lucy Muir), REX HARRISON (der Geist von Captain Daniel Gregg),
GEORGE SANDERS (Miles Fairley), EDNA BEST (Martha Huggins), VANESSA BROWN (Anna Muir als Erwachsene),
ANNA LEE (Mrs. Fairley), ROBERT COOTE (Mr. Coombe), NATALIE WOOD (Anna Muir als Kind),
ISOBEL ELSOM (Angelica Muir), VICTORIA HORNE (Eva Muir).

„In my opinion you are the most obstinate young woman I have ever met."

Er sei hier, weil sie glaube, dass er hier sei, sagt der Geist von Captain Daniel Gregg (Rex Harrison) einmal zu der jungen Witwe Lucy Muir (Gene Tierney), die in sein ehemaliges Haus „Gull Cottage" am Meer gezogen ist. Denn obwohl der gern deftig fluchende Geist eine durchaus handfeste Erscheinung ist, die je nach Gusto auch für andere Personen sicht- oder hörbar wird, lässt Joseph L. Mankiewicz' romantischer Gespensterfilm *Ein Gespenst auf Freiersfüßen* auf geschickte Weise stets ein Stück weit offen, ob es sich bei dem britischen Kapitän zur See nicht doch nur um eine charmante Einbildung der jungen Frau handelt.

Bevor Lucy den Geist des Kapitäns zum ersten Mal „real" zu Gesicht bekommt, zeigt er sich ihr nämlich im Schlaf: Lucy ist im Lehnstuhl eingenickt, das Fenster zum Balkon öffnet sich wie von Geisterhand, und man erkennt die Gestalt eines Mannes in Rückenansicht, der die Schlafende betrachtet. Anschließend wird Lucy der Haushälterin Martha (Edna Best) von ihrem seltsamen „Traum" erzählen. Die erste Hälfte des Films endet schließlich mit einer Art Klammer: Nachdem sich Lucy in den sehr irdischen Kinderbuchautor Miles Fairley (George Sanders) verliebt hat, beschließt Captain Gregg, seine Freundin fortan nicht mehr zu besuchen. Ein letztes Mal erscheint er der wiederum schlafenden Lucy, um mitzuteilen, dass er ihr von nun an ausschließlich als Traum in Erinnerung bleiben werde. Die irreale Grundatmosphäre des Films wird dabei noch verstärkt durch die stets etwas „mysteriös" wirkende Musik Bernard Herrmanns sowie die Kameraarbeit von Charles Lang, der die Räume des Häuschens oft in ein schummriges Dämmerlicht taucht.

Die Beziehung zwischen dem Kapitän, der seine Empfindsamkeit hinter einer rauen Schale versteckt, und der wohl erzogenen jungen Frau (eine Rolle, die der aus bester Familie stammenden und in einem Schweizer Mädchenpensionat erzogenen Gene Tierney ungemein entgegenkommt) gestaltet sich bei aller „Körperlosigkeit" allerdings ausgesprochen humorvoll, wobei sich viele Scherze auch als kleine Spitzen gegen die amerikanische Filmzensur verstehen lassen: So weigert sich Lucy beispielsweise, bei der Niederschrift der Memoiren des Kapitäns ein ganz bestimmtes Wort zu schreiben. Nach einiger Diskussion tippt sie schließlich deutlich vernehmbar vier Buchstaben – also eines der berüchtigten „Four-letter"-Schimpfworte der englischen Sprache. Doch Lucy lernt nicht nur das Fluchen, auch eine erotische Spannung zwischen ihr und Captain Gregg ist unübersehbar: So bewohnt sie ihr Schlafzimmer gemeinsam mit dem Gespenst (was die Zensur bei einem „lebendigen" Charakter nie erlaubt hätte) – und aus den Bemerkungen, die der Kapitän über Lucys Figur macht, ist zu schließen, dass er ihr durchaus ganz gern beim Auskleiden zuschaut.

Ein Gespenst auf Freiersfüßen ist allerdings nicht nur eine amüsante Gespensterstory, eine geschmackvolle Reflexion über die nahe Verwandt-

1

schaft von Schlaf, Traum und Tod, angereichert mit ein wenig augenzwinkerndem „Gothic Horror" (der sich zu Beginn des Films in Sturm und Gewitter, Kerzenschein und flackerndem Gaslicht äußert, die zu einem Spuk unweigerlich dazugehören).

Hinter alledem steht deutlich erkennbar die Emanzipationsgeschichte einer jungen Frau im England des beginnenden 20. Jahrhunderts: Lucy setzt sich über gesellschaftliche Konventionen hinweg und verlässt als allein erziehende Mutter die miesepetrigen Verwandten ihres verstorbenen Gatten, um ihre Freiheit zu haben; sie besteht sowohl dem Makler als auch dem Gespenst gegenüber hartnäckig darauf, im „Gull Cottage" zu wohnen, und sie erlangt ihre finanzielle Unabhängigkeit als Buchautorin. Zwischenzeitlich bekommt sie von Captain Gregg sogar einen neuen Namen verpasst: Er nennt sie Lucia. Denn Frauen namens Lucy würden ihr Leben lang nur ausgenutzt, meint der Kapitän, Lucia dagegen sei ein Name für eine Königin.

Letztlich erzählt der Film also vor allem von der Kunst, im Einklang mit sich selbst zu leben, und er benutzt auch die Metapher der Kunst, um Lucys verschiedene Partner an diesem Maßstab zu messen: Lucys verstorbener Mann Edwin war Architekt, allerdings ein schlechter, wie Lucy meint – folg-

---

GEISTERFILME

Der Glaube an übernatürliche Erscheinungen in ihren verschiedensten Formen gehört bei fast allen Völkern dieser Erde zur kulturellen Überlieferung. Kein Wunder also, dass sich Geistergeschichten auch im Kino von jeher großer Beliebtheit erfreuten, wo sie bereits um 1900 mit den theatralischen und märchenhaften „Trick"-Filmen von Georges Méliès Einzug hielten. Im deutschen Stummfilm dominierten dagegen lange Zeit Spukstoffe in der literarischen Tradition der Romantik, die in Gestaltung und Thematik für das ganze Genre des klassischen Horrorfilms wegweisend werden sollten. Einer der bedeutendsten frühen Geisterfilme entstand 1920 in Schweden: Mit *Der Fuhrmann des Todes* (*Körkarlen*), einem Drama um die moralische Läuterung eines Trinkers, dem der Geist eines Fuhrmanns erscheint, der die Seelen der Verstorbenen abtransportiert, schuf Victor Sjöström einen Klassiker, in dem die exzellenten Trickaufnahmen von Julius Jaenzon noch heute bestechen. Eine Dekade später fielen die Gespenster unter die Komödianten: René Clairs Satire um ein schottisches Schlossgespenst, das samt Wohnsitz der Ahnen von neureichen Amerikanern nach Florida verschifft wird (*Ein Gespenst geht nach Amerika*, *The Ghost Goes West*, 1935), und die Screwball-Komödie *Topper – Das blonde Gespenst* (*Topper*, 1937; Regie: Norman Z. McLeod), in der ein geisterhaftes Ehepaar im Leben ihres Freundes Topper Verwirrung stiftet, sorgten seinerzeit für geistreiche Unterhaltung.

In den 40er Jahren dominierten eher die romantischen Phantasien: In poetischen Filmen wie *Ein Gespenst auf Freiersfüßen* (*The Ghost and Mrs. Muir*, 1947; Regie: Joseph L. Mankiewicz) und *Jenny* (*Portrait of Jennie*, 1948; Regie: William Dieterle) verlieben sich Sterbliche und übernatürliche Erscheinungen ineinander – ein Topos, der auch im japanischen und chinesischen Kino eine lange Tradition besitzt (man denke an Mizoguchis *Ugetsu – Erzählungen unter dem Regenmond*, *Ugetsu monogatari*, 1953, die Trilogie *Chinese Ghost Story*, 1987–91, oder King Hus *Painted Skin/ Hua pi zhi yinyang fawang*, 1993). Ein Revival erlebten Geisterstoffe noch einmal mit der technischen Perfektionierung von Spezialeffekten in den 80er Jahren in Komödien wie *Ghostbusters – Die Geisterjäger* (*Ghostbusters*, 1984; Regie: Ivan Reitman) und *Lottergeist Beetlejuice* (*Beetlejuice*, 1988; Regie: Tim Burton); in jüngster Zeit wurden Gespenstergeschichten vor allem in japanischen Horrorfilmen wieder populär.

sich war auch die Ehe nicht glücklich. Miles Fairley ist ebenfalls ein Künstler, doch auch er befindet sich keineswegs im Einklang mit sich selbst: Unter einem Pseudonym schreibt Fairley Bücher für Kinder, gibt Lucy gegenüber jedoch zu, „die kleinen Monster" zu hassen.

Captain Gregg dagegen hat das Haus, in dem er sich so wohl fühlt und das auch Lucy liebt, selbst entworfen; er beweist seinen Kunstsinn, indem er den Dichter John Keats zitiert, und er verfasst Memoiren, die aufgrund ihrer Authentizität zum Bestseller avancieren. Keine Frage also, wer der Richtige für Lucy ist – selbst wenn der Geist des Kapitäns nur eine schöne Illusion sein sollte. Die Schlusseinstellung jedenfalls zeigt zwei Geister auf dem Weg in einen heimeligen Nebel.

LP

„Dies ist die Geschichte einer Frau, die sich in einen Geist verliebt … Sie ist von herzerwärmender Menschlichkeit, und die Romanze mit dem Übersinnlichen wirkt so ansteckend, dass sie die Sympathien des Publikums packt und nie wieder loslässt." *Variety*

1 Erstaunt, aber furchtlos: Mrs. Muir (Gene Tierney) findet das Erscheinen eines Geistes in ihrem neuen Heim eher amüsant als ängstigend.

2 Entdecken ihre Seelenverwandtschaft: Der Geist von Captain Gregg (Rex Harrison) und Mrs. Muir schließen Freundschaft.

3 Mrs. Muirs nervtötender Verwandtschaft (Isobel Elsom, Victoria Horne) steht ein Schreck bevor.

4 Was wartet im oberen Stockwerk? Der Makler Mr. Coombe (Robert Coote) hat unangenehme Erfahrungen in „Gull Cottage" gemacht, doch Mrs. Muir besteht auf einem Rundgang.

JAGD NACH MILLIONEN
Body and Soul

1947 - USA - 106 MIN. - S/W - GENRE BOXERFILM, DRAMA

REGIE ROBERT ROSSEN (1908–1966)
BUCH ABRAHAM POLONSKY KAMERA JAMES WONG HOWE SCHNITT FRANCIS D. LYON, ROBERT PARRISH
MUSIK HUGO FRIEDHOFER, JOHNNY GREEN (Song: „Body and Soul") PRODUKTION BOB ROBERTS für
ENTERPRISE PRODUCTIONS.

DARSTELLER JOHN GARFIELD (Charlie Davis), LILLI PALMER (Peg Born), ANNE REVERE (Anna Davis),
HAZEL BROOKS (Alice), WILLIAM CONRAD (Quinn), JOSEPH PEVNEY (Shorty Polaski), LLOYD GOUGH (Roberts),
CANADA LEE (Ben Chaplin), ART SMITH (David Davis), VIRGINIA GREGG (Irma).

ACADEMY AWARDS 1947 OSCAR für den BESTEN SCHNITT (Francis D. Lyon, Robert Parrish).

„Like a tiger stalking his prey."

Boxervisage – die Narben in Charlies (John Garfield) kantigem Gesicht tragen die Namen der Orte, an denen sie entstanden. Die tiefe Kerbe am linken Kinn des Boxers stammt aus Chicago, der kleine Kratzer daneben aus Philadelphia, der Schmiss an der rechten Augenbraue aus Boston. Ein Jahr lang hat seine Freundin Peg (Lilli Palmer) ihn nicht gesehen, jetzt, beim Wiedersehen, küsst sie jede Wunde einzeln.

„21 Kämpfe, 19 Knock-outs, zwei Punktsiege", erklärt Charlie stolz. Für ihn bedeutet diese Bilanz ein Leben in Saus und Braus, denn jeder Sieg bringt gutes Geld. Genau darin sieht sein Freund und Manager Shorty (Joseph Pevney) jedoch zunehmend ein Problem. Er befürchtet, dass Charlie durch seine Geldgier und die Machenschaften der Boxpromoter zu einer „Money Machine" verkommt und sich von seinen Freunden und seiner Familie entfremdet. „Heirate ihn so schnell du kannst", rät er Peg. „Du bist die Einzige, die ihn noch erreichen kann." Doch die geplante Hochzeit wird verschoben, weil Charlie die Chance erhält, den Weltmeister in einem Titelkampf herauszufordern.

Charlie stammt aus kleinen Verhältnissen. In der Zeit der Wirtschaftsdepression haben seine Eltern einen kleinen Laden, der sie mehr schlecht als recht ernährt. Als der Vater zufällig bei einem Gangsterattentat ums Leben kommt und die Mutter Sozialhilfe beantragen muss, scheint der Boxsport für ihn die beste Möglichkeit, Karriere zu machen. Gegen den Rat seiner Mutter sucht er deshalb sein Heil im Ring.

1

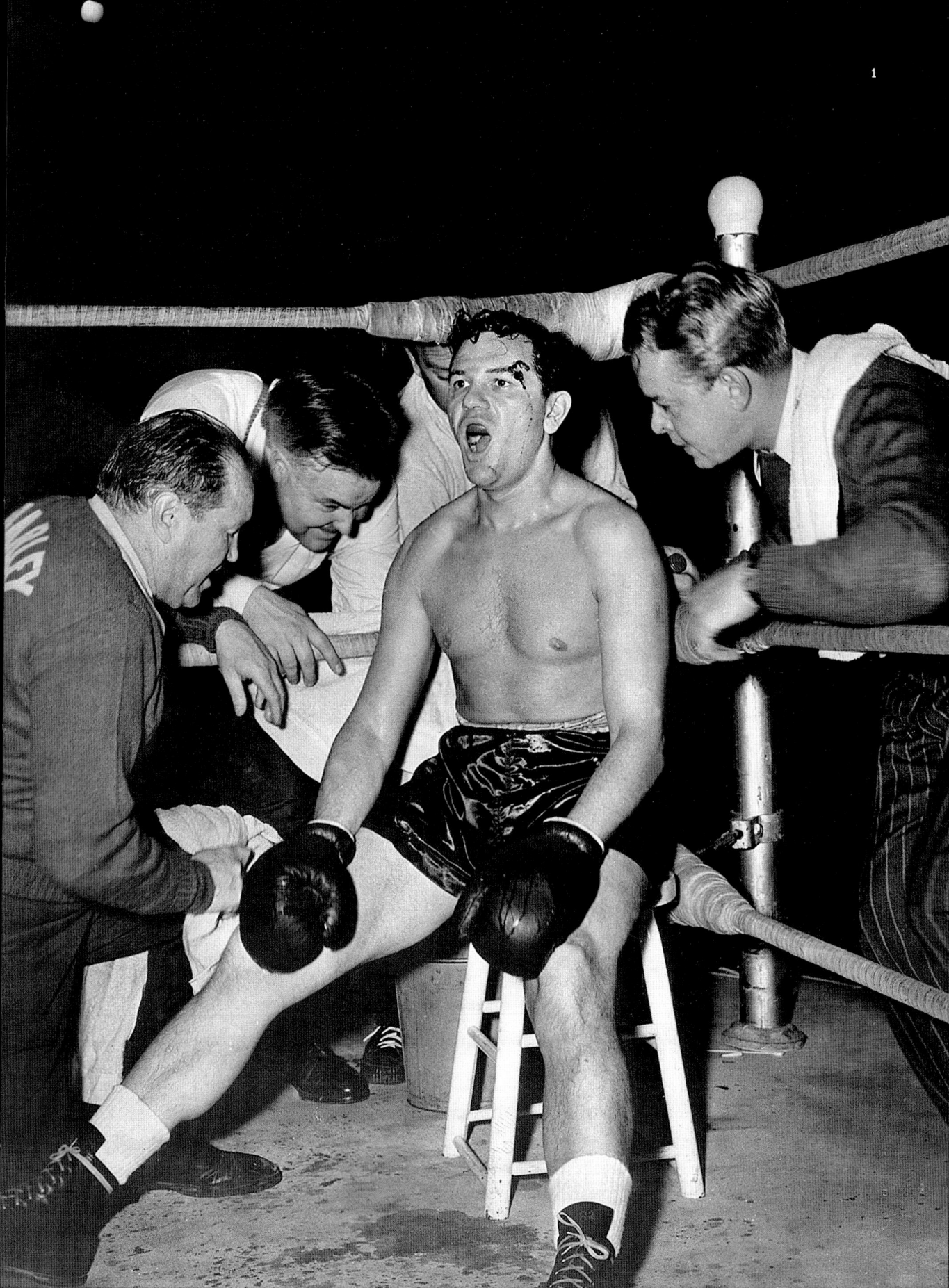

„Treffend in der Sozialkritik, dicht in der Milieuzeichnung, ausgezeichnet gespielt."

Lexikon des internationalen Films

Wie viele andere Boxfilme zeigt auch *Jagd nach Millionen* einen aufstrebenden Boxer, der sich durch den Sport aus ärmlichen Verhältnissen befreien kann und dessen sportliche Integrität durch das Verbrechen bedroht wird. Dass der Film dennoch als eines der herausragenden Werke des Genres gilt, liegt daran, dass seine Geschichte als realistische Milieuzeichnung anlegt ist. Rossen bringt das ärmliche Leben in New Yorks Lower Eastside so auf die Leinwand, wie er es selbst als Jugendlicher kennen gelernt hat: mit brennenden Benzinfässern, heruntergekommenen Straßen und den Treppenaufgängen von Kneipen, in denen sich junge Männer treffen, während unten, im rauchigen Zwielicht der Billardtische, halbseidene Geschäfte gemacht werden. Rossens Film ist kein Biopic, der Boxsport also nicht Aufhänger für die Biographie eines historischen Kämpfers. Noch ist er die Visualisierung eines symbolischen oder religiösen Leidenswegs. Er dient vielmehr als glaubwürdiges Vehikel für ein Sozialdrama. Umso erstaunlicher, dass insbesondere die Boxszenen des Films beim Publikum für Aufsehen sorgten. Denn die schnellen, mitunter ruckartigen Bewegungen der Handkamera verleihen dem Film eine neue visuelle Qualität und Direktheit, die das Genre nachhaltig beeinflussten.

Ähnlich wie in *Rächer der Unterwelt* (*The Killers*, 1946) vor ihm und *Ring frei für Stoker Thompson* (*The Set-Up*, 1949) nach ihm verbindet *Jagd nach Millionen* den Film noir mit dem Sportfilm. Bereits die Eröffnungsszene setzt den düsteren Grundton: Aus der Vogelperspektive betrachtet der Zuschauer den Freiluftring in Charlies Trainingscamp, in den das Mondlicht den Schatten eines pendelnden Sandsacks wirft. Unter unheilverheißenden Streicherstakkatos löst sich der starre Blick der Kamera, stößt durch das wirre Geäst eines

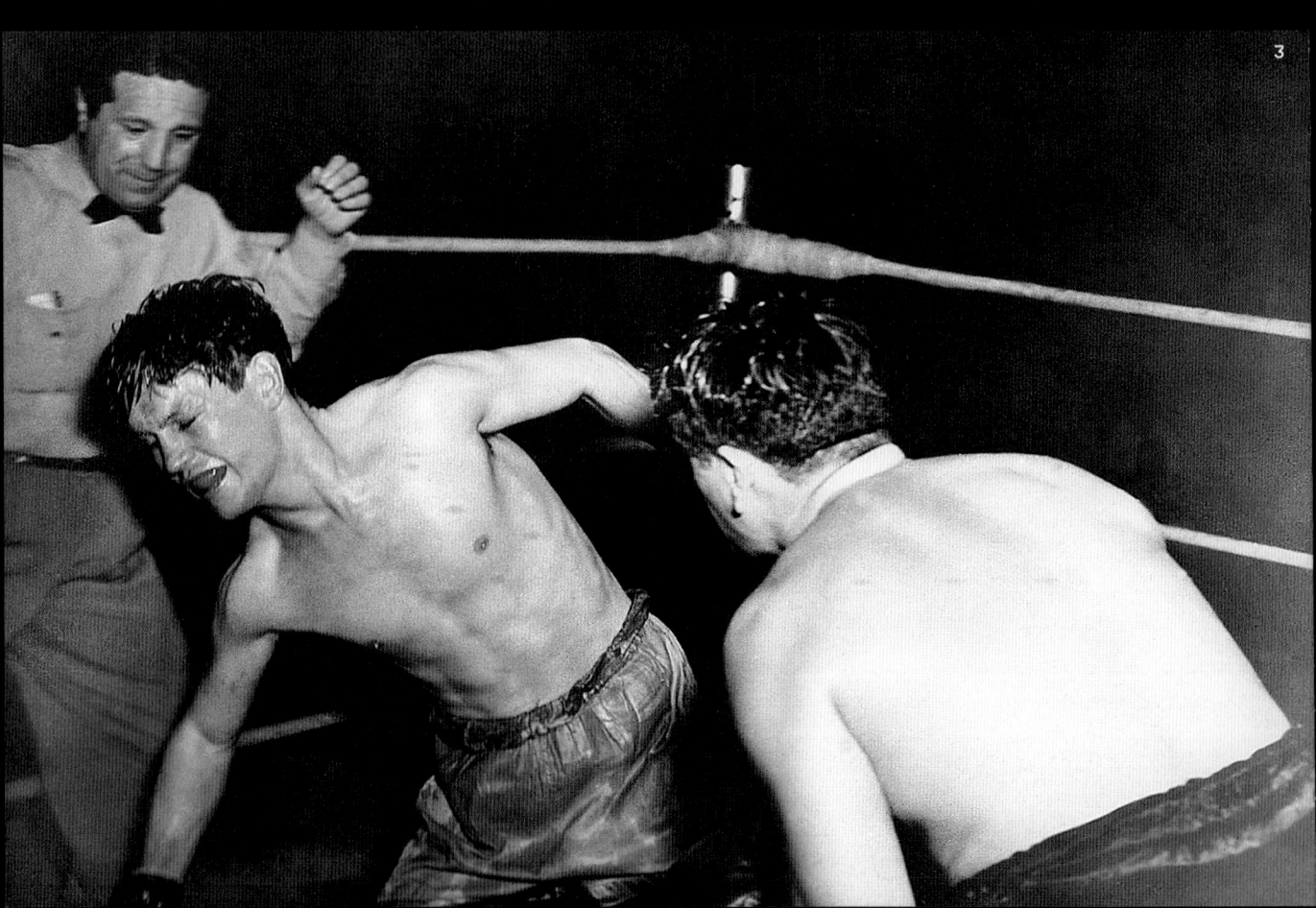

1 Von der Welt außerhalb des Rings ist nichts zu erkennen: Der Boxfilm verdichtet alles zum Kampf zwischen zwei Menschen. Charlies (John Garfield) leerer Blick lässt ihn dabei mitunter wie ein Tier aussehen.

2 In den Kampfunterbrechungen wirkt Charlie oft wie betäubt, aber in diesen Ruhephasen trifft er die wesentlichen Entscheidungen.

3 Blut, Schweiß und ein Kameramann auf Rollschuhen sorgten für lebendige Ringatmosphäre.

4 Wenn ein Mann sich nicht unter Kontrolle hat, dann ist er leicht zu manipulieren. So wie Charlie durch die schöne Alice (Hazel Brooks).

„Alles ist Addition oder Subtraktion, der Rest ist Unterhaltung."

Filmzitat: David Davis (Art Smith)

laublosen Baumes, um das albtraumgezeichnete Gesicht von Charlie ins Visier zu nehmen, das den inneren Konflikt des Helden verrät.

Darsteller John Garfield war selbst Boxsportler gewesen und kam zum Film, nachdem er in einem Bühnenstück als Faustkämpfer einen Erfolg gefeiert hatte. In der Rolle des Charlie überzeugt er als naiver, aber instinktsicherer Kämpfer mit wesentlich mehr Herz als Hirn, ähnlich der Figur des Rocky in John G. Avildsens gleichnamigem Film aus dem Jahr 1976. Unterstrichen wird die Charakterzeichnung durch das für den Boxfilm typisch gewordene Tigermotiv. So malt Peg nicht nur ein Porträt von Charlie, das ihn als Boxer mit Tigerbeinen zeigt, sondern zitiert mehrfach das berühmte Tigergedicht von William Blake: „Tiger, Tiger burning bright / In the forests of the night". Ihre poetische Liebeserklärung verweist gleichzeitig auf die Zer-

störungskraft des Menschen und damit auf das Verbrechen. Charlie gehört schon fast zu den besessenen Helden des späten Film noir und verkörpert den Prototyp des Rossenschen Helden, der einerseits von jugendlichem Ehrgeiz geprägt ist und dem es andererseits an Selbstkontrolle und einer realistischen Sicht auf die Ereignisse mangelt. Selbst als seine Freunde durch den direkten oder indirekten Einfluss der Gangster sterben, zieht Charlie keine Lehren daraus. Sein unbedingter Wille, der Armut zu entkommen, treibt ihn zusehends in die Arme des Verbrechens und der ruchlosen Alice (Hazel Brooks). In einer der schönsten Einstellungen des Films trainiert Charlie an der Boxbirne, die vor Alices anmutigen Beinen pendelt – ein irritierender Anblick, bei dem sich der Zuschauer ebenso wenig auf das Timing der Schläge konzentrieren kann wie der Boxer.

5 Im Billardkeller lassen Manager ihre Kämpfer wie bunte Kugeln aufeinander prallen, und der eine oder andere verschwindet auch schon mal in der Versenkung.

6 Die Künstler-WG von Peg Born (Lilli Palmer) hingegen liegt im ersten Stock, hier begegnet Charlie der modernen Frau der späten 40er Jahre.

7 Eingerahmt von den neugierigen Gesichtern der Passanten, konzentriert sich der Blick des Betrachters auf Peg und Charlie. Wie wird er auf den Tod seines Freundes reagieren?

„Der Film liefert eine kritische Auseinandersetzung mit den Praktiken im Boxgeschäft."

Filmecho

Alice ist weniger die manipulierende Femme fatale der Schwarzen Serie als vielmehr der weibliche Gegenpart zum ehrgeizigen Charlie. Demgegenüber ist Peg – wunderbar gespielt von Lilli Palmer – eine selbständige Frau, die sich als Kunststudentin auf ehrliche Art und Weise behauptet und deshalb das Wohlwollen der Mutter genießt, das Charlie verliert. Erst in letzter Sekunde, sprich in der letzten Runde des alles entscheidenden Kampfes, rettet Charlie seine persönliche Integrität, sagt sich los von den Gangstern und kann sich so wirklich vom Einfluss seiner Herkunft befreien.

Der oftmals als unglaubwürdig kritisierte Schluss des Films entstand gegen Rossens ursprüngliche Absicht, Charlie für seine Überzeugung sterben zu lassen. Drehbuchautor Abraham Polonsky, mit dem Rossen während der Dreharbeiten in heftigen Konflikt geriet, hielt das Happyend jedoch für publikumstauglicher. Nachdem zwei Endversionen gedreht worden waren und Rossen beide miteinander verglichen hatte, verzichtete der Regisseur freiwillig auf sein Ende. An der Kinokasse wurde der Film ein fulminanter Erfolg. OK

JAMES WONG HOWE

Seinen Ruf als einer der besten Kameramänner seiner Zeit verdankt der 1899 als Wong Tung Jim in China geborene Kameramann vielen guten Einfällen und einem glücklichen Zufall: 1919 machte Cecil B. DeMille den Studiolaufburschen Howe aus Personalmangel zum Kamera-Assistenten. Seit seiner Jugend war Howe leidenschaftlicher Fotograf, und so machte er auf Wunsch von Mary Miles Minter Aufnahmen von der Darstellerin. Das Ergebnis begeisterte Minter, denn ihre Augen, das wichtigste Instrument der Stummfilmstars, waren auf dem Foto wesentlich dunkler und damit wesentlich eindrucksvoller als in Wirklichkeit. Minter fragte Howe, ob er dies auch bei Filmaufnahmen fertig brächte. Howe hatte keine Ahnung, wie er es geschafft hatte, bejahte aber die Frage.

Nach eindringlicher Prüfung der Aufnahmen fand er das Erfolgsgeheimnis in Form eines Stücks schwarzer Seide, das sich in den Augen gespiegelt hatte. Dementsprechend filmte er die Großaufnahmen von Minters Gesicht durch das Loch eines schwarzen Seidenvorhangs. Schon bald verbreitete sich unter den Stars die Nachricht von einem mysteriösen chinesischen Kameramanns, der Augen dunkler machen konnte – Howes Aufstieg begann. Seine Karriere erfuhr aber durch den Beginn des Tonfilms einen jähen Einschnitt. Howe, der einige Zeit im Ausland verbracht hatte, konnte keine Erfahrungen mit den so genannten „Talkies" vorweisen und erhielt deshalb zunächst keine Engagements. Aber schon bald wusste er durch Experimente mit neuen Linsen und seine schnelle Arbeitsweise wieder Studios von seinen Qualitäten zu überzeugen. Stilistisch wurde insbesondere die kontrastarme Lichtsetzung bei Innenaufnahmen zu seinem Markenzeichen.

Während des Zweiten Weltkriegs machten Howe rassistische Vorurteile zu schaffen, und in der McCarthy-Zeit geriet er in Verdacht, ein Kommunistenfreund zu sein. Doch bereits 1956 gewann er seinen ersten Oscar für *Die tätowierte Rose* (*The Rose Tattoo*, 1955) und seinen zweiten für *Der Wildeste unter Tausend* (*Hud*, 1963). Auch ohne Oscar-Auszeichnung zählt *Jagd nach Millionen* (*Body and Soul*, 1947) aber aufgrund der feinen Lichtführung und der spektakulären Boxszenen zu seinen herausragenden Arbeiten. Weil er die Großaufnahmen im Ring aus Platzmangel nicht mit einem Dolly-Wagen drehen konnte, stellte er sich mit der Handkamera auf Rollschuhe und fügte bei den Schlägen mitunter absichtliche Wackler hinzu, was die subjektive Wahrnehmung der Boxer unterstrich.

Einen weiteren unvergesslichen Glanzpunkt setzte Howe mit *Der Mann, der zweimal lebte* (*Seconds*, 1966). Mittels verzerrender Linsen steigerte er die dramatische Wirkung von Drogenszenen; den beklemmenden Todeskampf von Rock Hudson wiederum filmte er durch ein Fischauge, eine Sequenz, die zum Vorbild zahlreicher Paranoia-Streifen wurde. Anfang der 70er Jahre, einer Zeit, in der er mit Angeboten überhäuft wurde, zwang ihn sein schlechter gesundheitlicher Zustand zum Rückzug aus dem Filmgeschäft. Er starb 1976 in Hollywood an Krebs.

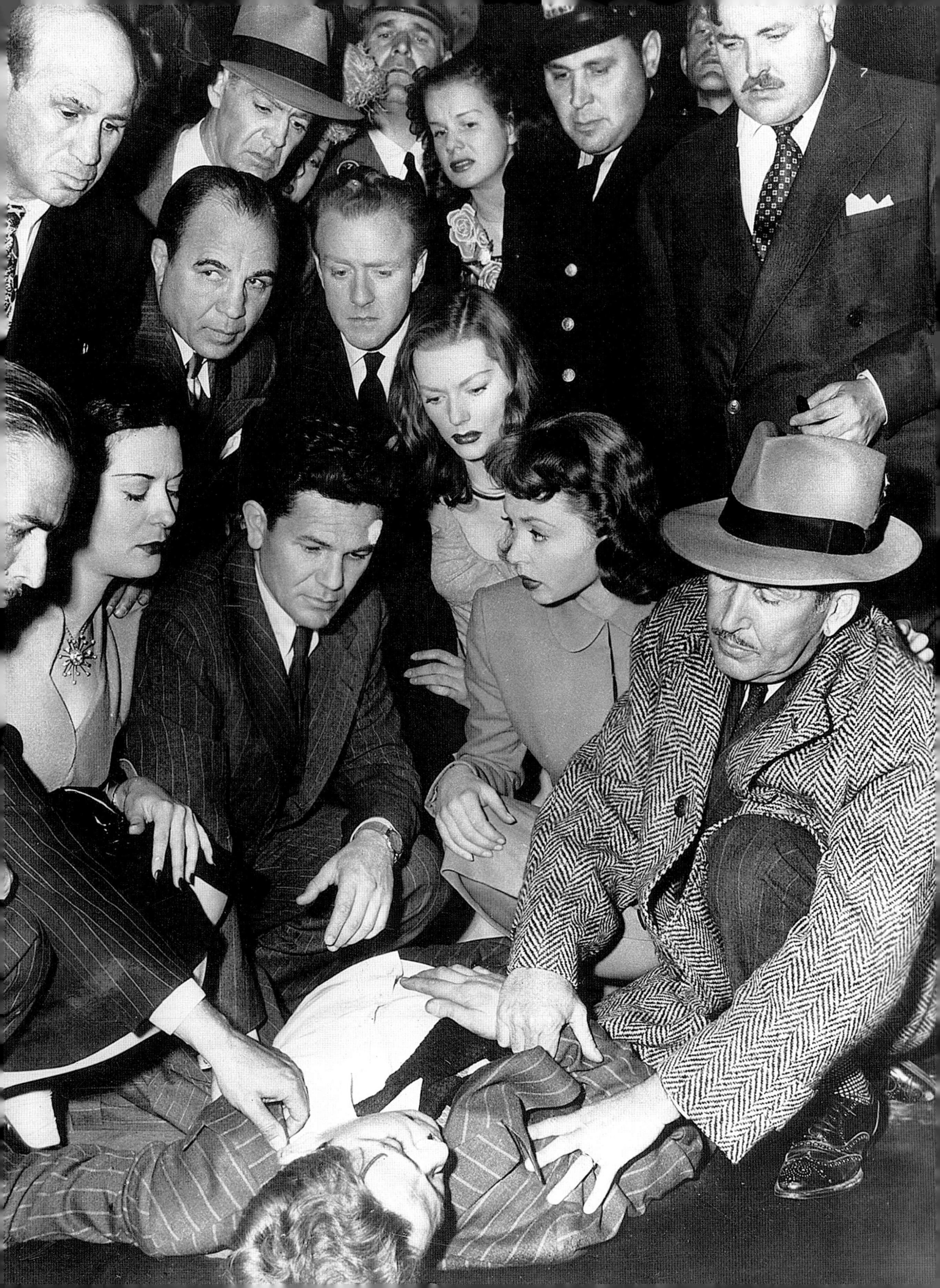

DIE LADY VON SHANGHAI
The Lady from Shanghai

1947 - USA - 87 MIN. - S/W - GENRE THRILLER, MELODRAM

REGIE ORSON WELLES (1915–1985)
BUCH ORSON WELLES, nach dem Roman „If I Die Before I Wake" von SHERWOOD KING
KAMERA CHARLES LAWTON JR. SCHNITT VIOLA LAWRENCE MUSIK HEINZ ROEMHELD
PRODUKTION ORSON WELLES für COLUMBIA PICTURES CORPORATION.

DARSTELLER RITA HAYWORTH (Elsa Bannister), ORSON WELLES (Michael O'Hara), EVERETT SLOANE (Arthur Bannister), GLENN ANDERS (George Grisby), TED DE CORSIA (Sidney Broome), ERSKINE SANFORD (Richter), GUS SCHILLING (Goldfish), CARL FRANK (Staatsanwalt), EVELYN ELLIS (Bessie), LOUIS MERRILL (Jake).

„When I start out to make a fool of myself, there's very little can stop me!"

„Ich hätte meinen Verstand gebrauchen sollen. Aber nachdem ich sie einmal gesehen hatte, ein einziges Mal, war ich für lange Zeit nicht mehr in der Lage, vernünftig zu denken." Elsa Bannister (Rita Hayworth) wirkt wie ein Betäubungsmittel auf den Matrosen Michael O'Hara (Orson Welles), den sie am Hafen den „schwarzen Iren" nennen. Seine sonst so aufmerksamen Sinne, sein scharfer Verstand – alles dahin. Sie fährt durch den New Yorker Central Park, sitzt in einer Kutsche, strahlend schön, und blendet O'Hara. Er will cool sein, fragt sie nach einer Zigarette und ist ihr damit schon auf den Leim gegangen. Sein Schicksal ist besiegelt: Er wird auf der Luxusyacht ihres Mannes, des Staranwaltes Arthur Bannister (Everett Sloane), und seines Kompagnons George Grisby (Glenn Anders) für eine Vergnügungstour Richtung Mexiko anheuern. Er wird Versuchungen ausgesetzt sein und bizarren Situationen, und er wird schließlich erst vor Gericht und dann vor der Mündung eines Revolvers stehen …

Es gibt Filme, die scheinen dem Leben abgeschaut zu sein: Die Protagonisten reden, wie ihnen der Schnabel gewachsen ist, sie tauschen freundliche Nichtigkeiten aus; die Kamera zeigt scheinbar bedeutungslose Alltagsbilder. Und es gibt Filme, da ist jeder Dialogsatz und jedes Bild, jede Kameraperspektive mit Bedeutung aufgeladen. *Die Lady von Shanghai* fällt eindeutig in die zweite Kategorie. Schon die ersten Einstellungen machen das deutlich: der abendliche Hudson River, Umschnitt auf den Central Park, wo Elsa mit einem weiß gepunkteten Kleid in der heranbrechenden Dämmerung beinahe zu leuchten scheint. Dazu aus dem Off gesprochen der düster-fatalistische Kommentar von O'Hara. Jedes Bild, jeder Ton atmet Unheil.

In dieser symbolhaften und geradezu exaltierten Erzählweise geht es weiter: Die bizarre „Menage à quatre" zwischen O'Hara, Elsa, ihrem undurchsichtigen, gehbehinderten Gatten und seinem schmierigen Kompagnon ent-

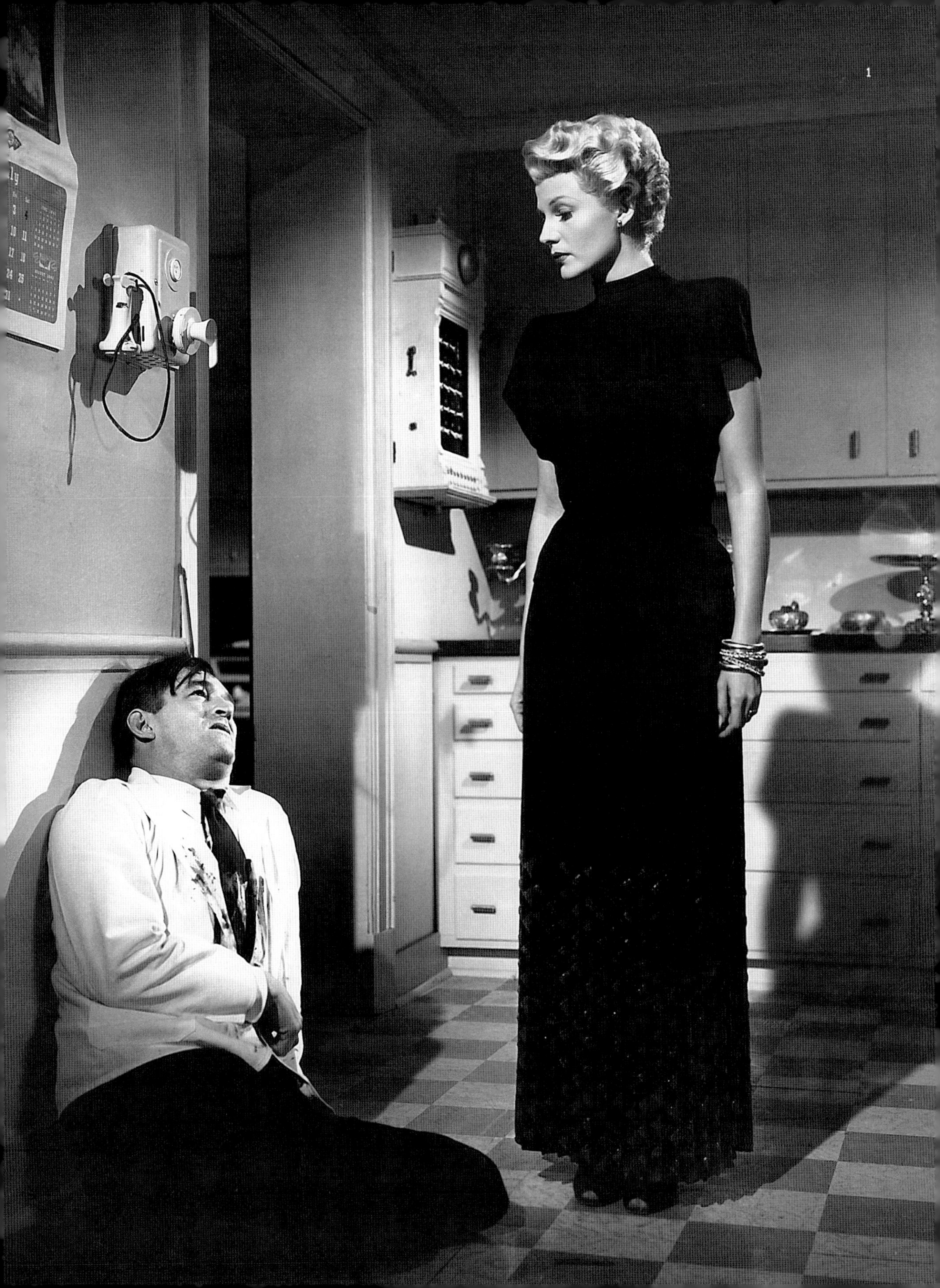

1

„Rita konnte nicht einfach als das sehr bekannte Pin-up-Girl daherkommen; sie brauchte einen vollkommen neuen Look. Also machten wir sie platinblond mit sehr kurzem Haar. Man kann sich vorstellen, wie begeistert Studioboss Harry Cohn war, als er das herausbekam!"
Orson Welles

1 Die Intrige beginnt zu zerfallen: Elsa Bannister (Rita Hayworth) und Privatdetektiv Sidney Broome (Ted de Corsia).

2 Matrose Michael O'Hara (Orson Welles) ist der reichen Elsa Bannister auf den Leim gegangen.

3 Bannisters Kompagnon George Grisby (Glenn Anders, r.) beobachtet genau, was Michael und Elsa so treiben.

4 Grisby (r.) bietet Michael Geld, wenn er Bannister zum Schein ermordet, doch bald ist Grisby tot …

5 … und Michael (r.) steht wegen Mordes vor Gericht. Anwalt Bannister (Everett Sloane, 2. v. r.) verteidigt ihn.

wickelt sich in einer von sexuellem Verlangen und latenter Gewalt vibrierenden Atmosphäre auf einem Boot, wo keiner festen Boden unter den Füßen hat. O'Hara erzählt dazu eine sinnfällige Geschichte: Als er einmal fischen ging, war das Wasser plötzlich voller Haie, und als einer von ihnen verletzt wurde, zerfleischten sich in einem irren Blutrausch die Raubfische gegenseitig. In einem Dorf in Mexiko macht Grisby dem überraschten O'Hara das Angebot, er solle ihn töten. Die Szene wiederum ist sehr vielsagend gefilmt: mit einer hoch über den Männern stehenden Kamera, die hinter ihnen schroff abfallende Klippen – einen Abgrund! – zeigt.

Szenen wie diese hätten zu einer Ansammlung von Plattheiten und Überdeutlichkeiten werden können. Doch Regisseur, Drehbuchautor, Produzent und Hauptdarsteller Orson Welles (*Citizen Kane*, 1941) spielt derart virtuos mit Stereotypen, mit Versatzstücken aus Film noir und Hardboiled-Krimi, dass *Die Lady von Shanghai* zu einer faszinierenden, hochgradig arti-

„Den verblüffendsten visuellen Effekt bietet die Szene im Spiegelkabinett, zugleich Höhepunkt des Films, die ein Wunderwerk der surrealistischen Ausstattung darstellt." *tvguide*

fiziellen Groteske wird, zu einem Film, der immer auch augenzwinkernd mit seiner überkandidelten Machart kokettiert. In dieser Groteske kriegen einige ihr Fett weg: Die beiden Anwälte als Siegertypen und Repräsentanten des American Way of Life werden als skrupellose Widerlinge karikiert. Und Rita Hayworth, das Sexsymbol der 40er Jahre und zum Zeitpunkt der Dreharbeiten Welles' Noch-Ehefrau (die beiden wurden 1947 geschieden), erscheint als eine Art männermordendes Insekt. Der Film endet mit einer Szene, die inzwischen fast so berühmt ist wie die Duschszene aus *Psycho* (1960): mit einem wiederum symbolträchtigen Showdown im Spiegelkabinett. Hier werden etliche Spiegel zerschossen, zwei Menschen getötet – und O'Hara erfährt endlich die erschütternde Wahrheit.

HJK

RITA HAYWORTH

„Put the blame on Mame" singt sie und rollt einen langen Handschuh den Arm herab. Mochten sich andere Mädchen ausziehen, Rita Hayworth als Gilda muss nur ihre Handschuhe ablegen, um die Männer um den Verstand zu bringen. Mit *Gilda* (1946), dem gleichnamigen Film, ihrer 45. Leinwandarbeit, erreichte Rita Hayworth – die hier wie in allen ihren Filmen nicht selbst sang – den Gipfel ihres Ruhms. Margarita Carmen Cansino, so hieß sie bürgerlich, wurde 1918 ins Showbusiness hineingeboren. Ihre Eltern waren beide Tänzer. Mit ihrem spanischen Vater trat sie zusammen als Tanzduo auf und wurde dabei für den Film entdeckt.

Ab 1937 arbeitete die New Yorkerin für die Columbia-Studios des berühmt-berüchtigten Produzenten Harry Cohn und drehte unter anderem zwei Musicals mit Fred Astaire: *Reich wirst du nie* (*You'll Never Get Rich*, 1941) und *Du warst nie berückender* (*You Were Never Lovelier*, 1942). Die rothaarige Schönheit erwarb sich in den 40ern den Ruf einer „Love Goddess", einer Liebesgöttin. Sie war Pin-up-Girl Nr. 1 und wahrscheinlich der Traum jedes GIs, der in den Zweiten Weltkrieg zog. Umso entsetzter war Studioboss Cohn über den Imagewandel seines Stars in *Die Lady von Shanghai* (*The Lady from Shanghai*, 1947), den Rita mit ihrem zweiten Ehemann Orson Welles drehte und in dem sie nicht nur ihre Haarfarbe (in Blond) änderte. Ab den 50er Jahren trat Rita Hayworth nur noch selten in Filmen auf, 1958 etwa als alternde Schönheit in Delbert Manns Liebesdrama *Getrennt von Tisch und Bett* (*Separate Tables*). 1980 erkrankte sie an Alzheimer; sie starb 1987.

„Es entfaltet sich eine groteske Danse macabre, eine Satire auf den American Way of Life, ob es sich um das Geschworenensystem handelt oder die Macht des Geldes, die alle menschlichen Bindungen zerstört."
Reclams Filmklassiker

6 Der berühmte Showdown im Spiegelkabinett eines Freizeitparks in San Francisco: Michael erfährt endlich die Wahrheit über Elsas abgefeimte Intrige …

7 … und am Ende ist (nicht nur) Arthur Bannister tot.

KENNWORT 777
Call Northside 777

1947/48 - USA - 111 MIN. - S/W - GENRE DRAMA, KRIMINALFILM

REGIE HENRY HATHAWAY (1898–1985)
BUCH JEROME CADY, JAY DRATLER, LEONARD HOFFMAN, QUENTIN REYNOLDS, nach einem Tatsachenbericht von JAMES P. MCGUIRE KAMERA JOSEPH MACDONALD
SCHNITT J. WATSON WEBB JR. MUSIK ALFRED NEWMAN PRODUKTION OTTO LANG für 20TH CENTURY FOX.
DARSTELLER JAMES STEWART (P.J. McNeal), RICHARD CONTE (Frank Wiecek), LEE J. COBB (Brian Kelly, Redakteur der „Chicago Times"), HELEN WALKER (Laura McNeal), BETTY GARDE (Wanda Skutnik), KASIA ORZAZEWSKI (Tillie Wiecek), JOANNE DE BERGH (Helen Wiecek-Rayska), HOWARD SMITH (K.L. Palmer, Herausgeber der „Chicago Times"), GEORGE TYNE (Tomek Zaleska), E.G. MARSHALL (Rayska).

„Ich bin doch so gut wie tot, Helen."

Dass sich Hollywoods Traumfabrik nicht nur auf glamouröse Filmmärchen für Erwachsene, sondern auch auf Erzählungen verstand, die eher am Rande der Gesellschaft angesiedelt waren, zeigt einmal mehr die Wandelbarkeit der erfolgreichsten Filmindustrie der Welt. *Kennwort 777* ist eines jener Sozialdramen, die dem Zuschauer ein Gefühl dafür vermitteln, was es heißt, zu den Verlierern der Gesellschaft zu gehören. Sein karger sozialer Realismus besticht durch außergewöhnliche Vielschichtigkeit: Neben Anleihen beim Gangster-, Detektiv-, Gerichts- und Reporterfilm sorgen semidokumentarische Strategien für Authentizität und Glaubwürdigkeit. Die Spielorte sind sorgfältig ausgewählt, die Milieus mit großer Präzision gezeichnet und in einen historischen Rahmen eingepasst, der den Gestus der Aufrichtigkeit unterstreicht. Dass die Geschichte auf einer wahren Begebenheit beruht, nimmt man der Ankündigung zu Beginn des Films schließlich gerne ab.

Im Chicago der Prohibitionszeit geschieht ein Polizistenmord, für den die beiden polnischen Immigranten Frank Wiecek (Richard Conte) und Tomek Zaleska (George Tyne) unter zweifelhaften Bedingungen zu lebenslangen Haftstrafen verurteilt werden. Immerhin elf Jahre vergehen, bis ein Zeitungsreporter der „Chicago Times" auf den Fall aufmerksam wird und schließlich dafür sorgt, dass die beiden Verurteilten rehabilitiert werden. Doch bis dahin ist es ein weiter und keineswegs geradlinig verlaufender Weg, denn nichts in dieser Stadt ist einfach zu haben, insbesondere nicht Wahrheit und Gerechtigkeit. Es scheint, als lebten in Chicago ausschließlich korrupte Polizisten und phlegmatische Justizbeamte, egoistische Kleinkriminelle und verzweifelte Arbeiter – wäre da nicht ein Reporter namens McNeal (James Stewart), der sich angesichts des zwischenmenschlichen Desasters vom hochnäsigen Saulus zum mitfühlenden Paulus wandelt.

1

1   Frank Wiecek (Richard Conte), Gefangener einer Welt, die sich gegen ihn verschworen zu haben scheint, und Zeitungsreporter McNeal (James Stewart), seine letzte Hoffnung.

2   Aufstand gegen Korruption und soziale Kälte: McNeals leidenschaftliches Plädoyer für die Gerechtigkeit.

3   Aus Nachrichtenmachern werden Detektive wider Willen: Redakteur Brian Kelly (Lee J. Cobb) und sein Reporter McNeal.

4   Die Arbeit ihres Mannes bereitet Laura McNeal (Helen Walker) schlaflose Nächte.

„Als Chicagoer Reporter, der den Auftrag erhält, die Schicksale zu recherchieren, die hinter einem elf Jahre zurückliegenden Mordfall stehen, pendelt P. J. McNeal (James Stewart) zwischen einem aufgesetzten Zynismus und rührseliger Sentimentalität hin und her, bis er einen an den Realitäten interessierten Zeitungsmenschen abgibt." *Variety*

In der filmischen Inszenierung der Stadt wird die schiefe Lebenslage ihrer Bewohner zur visuellen Metapher. Kunstvoll erfindet die expressiv-naturalistische Kameraarbeit von Joseph MacDonald im Spiel mit Licht und Schatten, harten Kontrasten, senkrechten Kompositionen, Gitterstrukturen und Untersichten ein beklemmendes Gefühl ausweglose Enge. Und inmitten all der bedrohlich wirkenden Wolkenkratzer, der schier unendlich langen Korridore, der zwielichtigen Hinterhöfe und armseligen Lebensräume findet sich eine aufrechte Frau, die selbstbewusst um Gerechtigkeit für ihren Sohn kämpft: Tillie Wiecek (Kasia Orzazewski), Franks Mutter, die seit Jahren jeden mühsam erarbeiteten Cent zur Seite gelegt hat, um die Unschuld ihres Sohnes zu beweisen. Als McNeal sie auf ein Zeitungsinserat hin aufsucht, in dem eine Belohnung zur Ergreifung der wahren Polizistenmörder ausgesetzt wird, tun

„Es ist eine Sisyphusarbeit, denn alles scheint sich gegen McNeal zu stellen: Kurz nach der Urteilsverkündung stirbt der Richter, der Anwalt verschwindet, und die Frau, die Frank bei der Gegenüberstellung als Schuldigen identifizierte, ist nicht mehr aufzufinden. Und dann hat sich auch noch Franks Frau von ihm scheiden lassen." *Monthly Film Bulletin*

5   Die Dramaturgie von Licht und Schatten inmitten dynamischer Linienführungen steht ganz in der Tradition des Film noir.

6   Der mühsame Kampf um Gerechtigkeit für Frank wird hart am Rande der Verzweiflung geführt.

7   Der illegale Alkoholausschank der dubiosen Wanda Skutnik (Betty Garde) wird zum Tatort eines brutalen Polizistenmordes.

„Henry Hathaways Regie kennzeichnet eine Abkehr vom dokumentarischen Format. Anstelle eines durchgängigen Realismus verfällt er in eine Zwittertechnik – mit jeder Menge gekünstelter Melodramatik." *Variety*

8 Ignoranz und Falschaussagen haben ihr Leben zerstört: Frank und seine Frau Helen (Joanne De Bergh) blicken in den Abgrund.

9 Hilferufe von ganz unten: Franks Mutter (Kasia Orzazewski) opfert sich für ihren Sohn.

LEE J. COBB Charakterdarsteller Lee J. Cobb begann seine Bühnenkarriere 1931 im berühmten Pasadena Playhouse. Kurze Zeit später wurde er Mitglied des politisch links orientierten Group Theatre und spielte hier u. π a. an der Seite des späteren Hollywood-Starregisseurs Elia Kazan in zeitgenössischen Stücken wie dem in politischer Hinsicht progressiven Drama „Waiting for Lefty" oder „Till the Day I Die". Zu seinen erfolgreichsten Rollen gehörte die des Willy Loman in Arthur Millers „Tod eines Handlungsreisenden" („Death of a Salesman", 1949), die Miller eigens für Cobb geschrieben hatte. Neben seiner Bühnentätigkeit spielte Cobb seit Mitte der 30er Jahre in einigen Haupt- und zahlreichen Charakterrollen in Hollywood-Produktionen. Seine Filmkarriere begann 1937 mit den Western *Die Todesranch* (*North of the Rio Grande*) und *Rustler's Valley*. Neben *Kennwort 777* (*Call Northside 777*, 1947/48) erlangte Cobb vor allem mit überzeugenden Auftritten in *Die Faust im Nacken* (*On the Waterfront*, 1954), *Die zwölf Geschworenen* (*12 Angry Men*, 1957) und *Die Brüder Karamasow* (*The Brothers Karamazov*, 1957) internationale Anerkennung. Daneben spielte er in vielen bekannten Fernsehproduktionen mit, darunter in der ambitionierten Western-Serie *Die Leute von der Shiloh Ranch* (*The Virginian / The Men from Shiloh*, 1962–71). Cobb starb 1976 an einem Herzinfarkt.

sich wahre Abgründe mütterlicher Verzweiflung auf. Und auch dem unschuldig schuldigen Sohn Frank ergeht es kaum besser: Er hat seine Frau sogar zur Scheidung überredet, damit es ihr und dem gemeinsamen Sohn gut geht, während er selbst sich längst wehrlos in sein Schicksal gefügt hat. Und obwohl die Druckmaschinen der Zeitung unnachgiebig die Wahrheit aus dem Fall Wiecek zu pressen versuchen, stoßen McNeals aufklärerische Ambitionen an Grenzen. Wo Wahrheit und Gerechtigkeit sich egoistischen Einzelinteressen beugen und im sozialen Miteinander keinen Platz mehr haben, ruht alle Hoffnung zuletzt auf geradezu fetischisierten technischen Apparaturen zur Wahrheitsfindung, auf Lügendetektoren und fotografischen Instrumenten. Dass die Hoffnung am Ende nicht stirbt, bleibt in diesem bemerkenswerten Film indes auch das Verdienst solcher Apparate. BR

RED RIVER / PANIK AM ROTEN FLUSS
Red River

1948 - USA - 133 MIN. - S/W - GENRE WESTERN

REGIE HOWARD HAWKS (1896–1977)
BUCH BORDEN CHASE, CHARLES SCHNEE, nach den Erzählungen „The Chisholm Trail" von
BORDEN CHASE KAMERA RUSSELL HARLAN SCHNITT CHRISTIAN NYBY MUSIK DIMITRI TIOMKIN
PRODUKTION HOWARD HAWKS für CHARLES K. FELDMAN GROUP, MONTEREY PRODUCTIONS.

DARSTELLER JOHN WAYNE (Thomas Dunson), WALTER BRENNAN (Groot), MONTGOMERY CLIFT (Matt Garth),
JOANNE DRU (Tess Millay), HARRY CAREY (Mr. Melville), JOHN IRELAND (Cherry Valance),
NOAH BEERY JR. (Buster McGee), CHIEF YOWLACHIE (Quo), PAUL FIX (Teeler Yacey),
HARRY CAREY JR. (Dan Latimer).

„Take 'em to Missouri, Matt!"

Thomas Dunson (John Wayne) ist ein hartgesottener Rancher, der in 14 Jahren schwerer Arbeit eine 10 000 Rinder zählende Herde aus dem Nichts aufgebaut hat. Da der Süden unter den Folgen des Bürgerkriegs leidet, liegt Dunsons einzige Chance, sein Lebenswerk vor dem Ruin zu bewahren, im Verkauf der Herde an den prosperierenden Norden. Er beschließt, sein gesamtes Vieh in einem gewagten Unternehmen Tausende von Meilen von Südtexas über den Red River nach Missouri zu treiben.

Red River ist Howard Hawks' erster in einer Reihe von Western, darunter weitere Meilensteine des Genres wie The Big Sky – Der weite Himmel (1952), Rio Bravo (1959), El Dorado (1967) und Rio Lobo (1970). Kein anderer Western prägte das Bild vom abgehärteten, sich selbst Gesetze gebenden Cowboy unter weitem Himmel eindringlicher als dieser sich ganz der rauen und staubigen Landschaft des amerikanischen Südwestens hingebende Klassiker. Bezeichnenderweise spielen nur zwei Szenen des Films in einem Raum mit festem Dach. Ansonsten folgt der Film dem Diktat von Unbehaustheit und Freiheit. Doch gerade die innere Freiheit ist hart umkämpft und wird durch einen sozialen Konflikt innerhalb der Gruppe der Viehtreiber um Dunson und seinen auf Ausgleich bedachten Ziehsohn Matt (Montgomery Clift) in Frage gestellt.

Der Beginn des großen Viehtriebs, der nach dem ersten Drittel des Films erfolgt, gehört zu den großen Augenblicken des Westerngenres. Die Kamera schwenkt ruhig über die ins frühmorgendliche Licht getauchte Landschaft, in der die gewaltige Herde von schief in den Sätteln hängenden Cowboys bewacht wird. Dann gibt Dunson lakonisch das Zeichen zum Aufbruch: „Take 'em to Missouri, Matt!" In rasanter Folge erscheinen nun kurz hintereinander die Gesichter der „Yippeh" schreienden Cowboys. Die Männer wirbeln ihre Lassos und galoppieren dicht an die Herde heran, die sich mit tiefkehligem Gebrüll widerwillig in Bewegung setzt.

1

> „Keine Künstlichkeiten! Manieriertheit war ihm ein Gräuel; Effekthascherei erst recht. Bei Hawks gibt es keine extremen Kameraeinstellungen; Nüchternheit und Rationalität sind nicht nur die Antriebskräfte seiner Helden, sie schlagen sich auch in seiner Arbeitsweise, in seiner Ästhetik nieder. Jede Einstellung sieht bei ihm so aus, als wäre es die einzig richtige und mögliche." *Süddeutsche Zeitung*

1 Verkörperung kompromissloser Entschlossenheit: John Wayne als hartgesottener Rancher Thomas Dunson.

2 Erst ein blutiger Faustkampf bringt Dunson und Ziehsohn Matt (Montgomery Clift) wieder zueinander. Die schöne und selbstbewusste Tess bewahrt die beiden dabei vor dem Gesichtsverlust.

3 Dunson weiß genau, was er will. Matt verhält sich ihm gegenüber lange Zeit loyal. Doch eines Tages begehrt er auf.

4 Der uneinsichtige Dunson macht selbst seinem treuesten Wegbegleiter Groot (Walter Brennan) das Leben schwer.

5 Perfekte Bilddramaturgie: Tausende Rinder durchqueren den Red River.

Peter Bogdanovich hat diese eindringliche Szene in *Die letzte Vorstellung* (*The Last Picture Show*, 1971) zitiert. Beide Filme, die 23 Jahre auseinander liegen, sind in Schwarz-Weiß gedreht und umklammern eine Periode Hollywoods, in der die Farbe und das CinemaScope den Western klar dominierten. Bogdanovich wandelte die Aufbruchszene von *Red River* allerdings zur Schlussszene der letzten Kinovorstellung in einem texanischen Provinzkino um. Anfang und Ende des Westernmythos fallen somit ineinander; und mit dem aufleuchtenden Saallicht erlischt ein für alle Mal jener amerikanische Traum, der in der Aufbruchszene in *Red River* noch paradigmatisch als ein Urbild der Erschließung des Westens fungierte. Zu Recht hat man *Red River* verschiedentlich als Sinnbild des amerikanischen Kapitalismus interpretiert.

Neben dem Drama des in berauschenden Bildern eingefangenen Viehtriebs steht in *Red River* die Beziehung zwischen dem egomanischen Dunson und seinem aufgeweckten Ziehsohn Matt im Zentrum der Handlung. Bereits die erste Begegnung der beiden ist gekennzeichnet von einem komplexen Verhältnis wechselseitigen Vertrauens, väterlicher Bevormundung und jugendlicher Rebellion. Dunson annektiert die Kuh des kleinen Matt, der als Einziger einen Indianerüberfall auf einen Siedlertreck überlebt hat, ver-

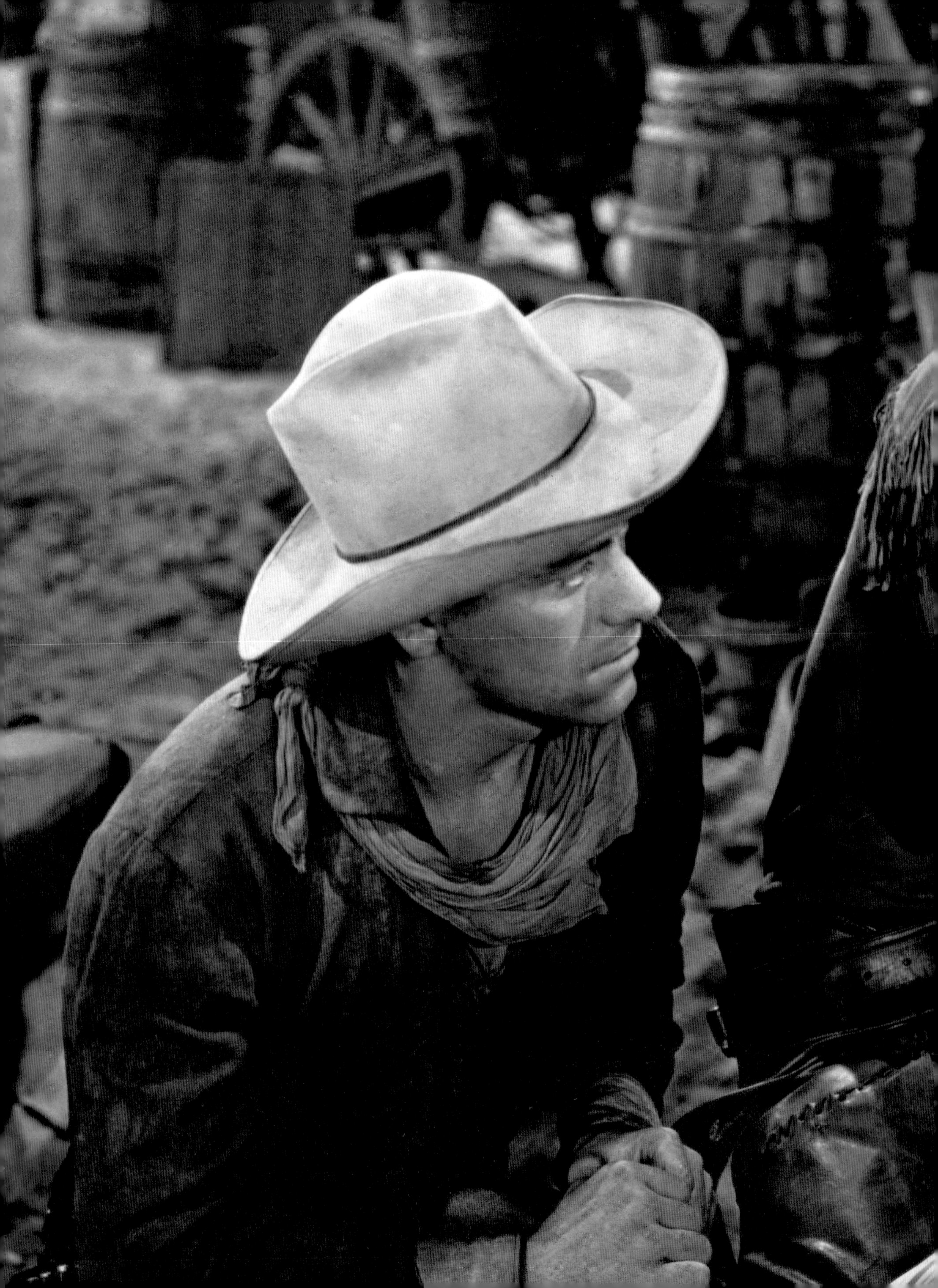

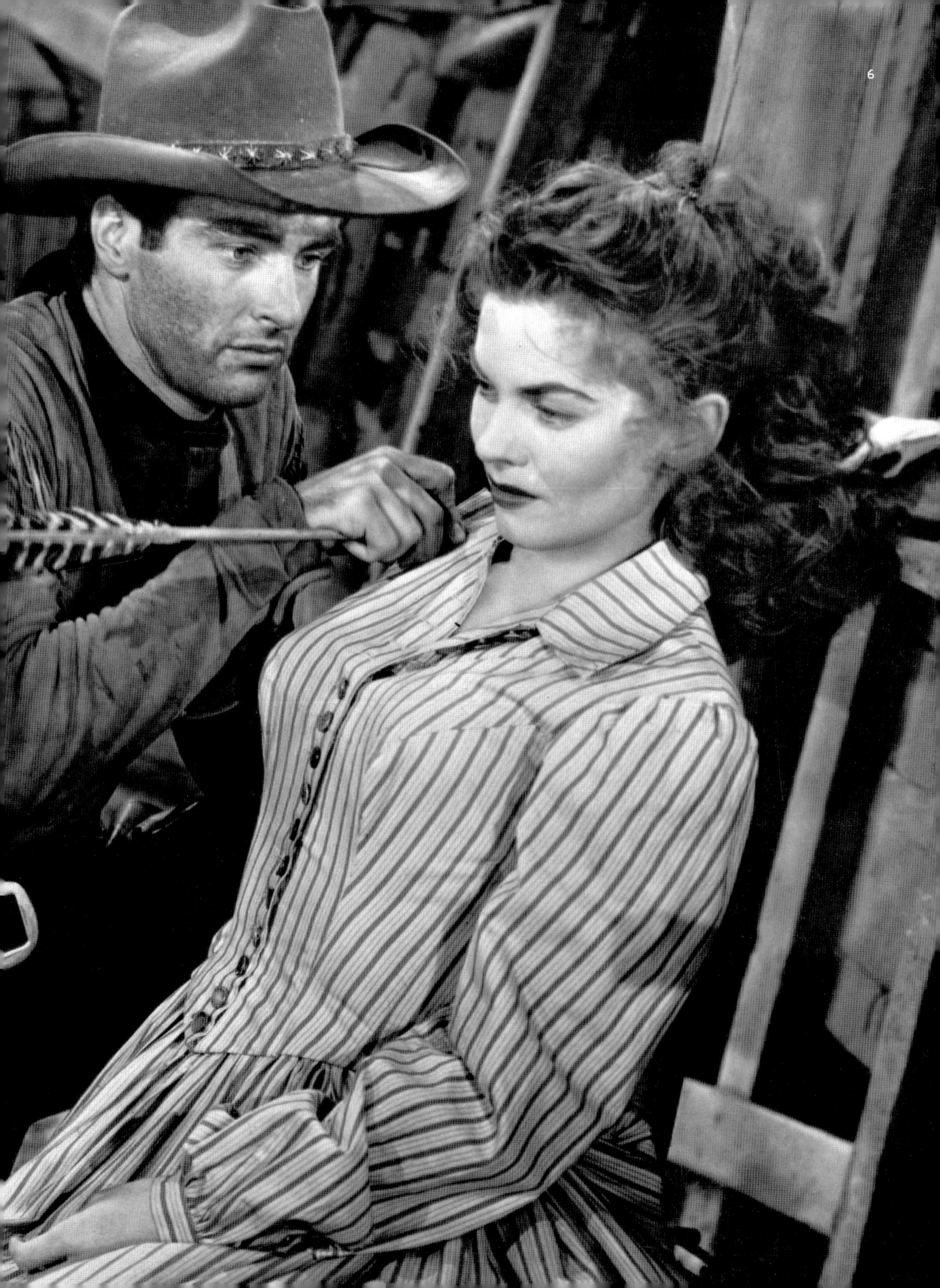

6 Erste Berührungen: Matt zieht Tess (Joanne Dru) einen Pfeil aus der Schulter.
7 Tess würde alles tun, um den verbitterten Dunson von Matt fernzuhalten. Dunson ist von ihrer Entschlossenheit beeindruckt. Ohne Tess gäbe es kein Happyend.

„In all seinen Western hat John Wayne diesen Mann gespielt, der nach einem moralischen Code lebt und handelt, den er selber so beschrieben hat: ‚He's a man of his place and time, and maybe a victim of circumstance or past mistakes. But he's really living by a moral code of his own, a code just as rigid in its fashion as the ones in the books'." *Neue Zürcher Zeitung*

BORDEN CHASE

Bordon Chase, mit bürgerlichem Namen Frank Fowler, war einer der bedeutendsten Western-Autoren Hollywoods, der nicht nur die Skripte für Klassiker wie *Red River/Panik am roten Fluss* (Red River, 1948), *Vera Cruz* (1954) von Robert Aldrich, King Vidors *Mit stahlharter Faust* (Man Without a Star, 1955), John Sturges' *Das Geheimnis der fünf Gräber* (Backlash, 1956) und die drei Anthony-Mann-Western *Winchester '73* (1950), *Meuterei am Schlangenfluss* (Bend of the River, 1951) und *Über den Todespass* (The Far Country, 1954) lieferte, sondern auch an solch erfolgreichen Fernsehserien wie *Bonanza* (1959–73) und *Die Leute von der Shiloh Ranch* (The Virginian/The Men from Shiloh, 1962–71) maßgeblich mitgeschrieben hat.

Bevor der im Januar 1900 in New York geborene Chase Autor wurde und zum Film kam, verdingte er sich in allerlei Jobs, unter anderem war er Boxer und angeblich Chauffeur eines Gangsters. Der große Durchbruch gelang ihm mit einer Folge von sechs Erzählungen unter dem Arbeitstitel „The Chisholm Trail", die zwischen Dezember 1946 und Januar 1947 in der „Saturday Evening Post" erschien. Die Geschichte des hartherzigen, mit einer frühen Schuld belasteten Viehtreibers Thomas Dunson begeisterte Howard Hawks sofort. Er sicherte sich die Filmrechte und verpflichtete den Autor als Drehbuchschreiber gleich mit. Sah die literarische Vorlage für den unnachgiebigen Dunson am Ende noch den Tod vor, nahm Hawks von diesem dramatischen Showdown Abschied und setzte ein versöhnlicheres Ende in *Red River*. Unter literarischen Aspekten vielleicht ein Frevel, aber als Film-Happyend von befreiender Wirkung.

Zu Chases hervorstechendsten Arbeiten zählen insbesondere die drei Anthony-Mann-Western, jeweils mit James Stewart in der Hauptrolle. In allen drei Filmen durchzieht das Thema der persönlichen Suche nach Gerechtigkeit in einem äußeren Bedrohungs- und Gewaltgefüge die Handlung. Chase verstand es dabei auf hervorragende Weise, die wahre moralische Integrität seiner Figuren und ihrer Gegenspieler erst anhand zugespitzter Handlungssituationen ins Gut-Böse-Schema kippen zu lassen. Auch das Motiv der Rebellion oder Meuterei fällt in diese dramaturgische Form ambivalenter Moral, beispielhaft von Chase ausgeführt in Lewis Milestones Remake von *Meuterei auf der Bounty* (Mutiny on the Bounty, 1962). Chase starb 1971 in Kalifornien.

8   Friedlich ziehen die Siedler gen Westen. Doch kurze Zeit später wird der Treck von Indianern überfallen.

9   Groot versucht verzweifelt, seine beim Zocken verspielten dritten Zähne von Quo (Chief Yowlachie) zurückzubekommen.

10 Mehr als alle Worte überzeugt ein Kuss von Tess. Für einen Moment weiß Matt den Verfolger Dunson weit hinter sich.

spricht ihm jedoch spätere Gleichberechtigung. Matt akzeptiert, wenngleich nicht ohne auf sein Persönlichkeitsrecht zu pochen. Vierzehn Jahre später wird ihr Verhältnis während des Viehtriebs, den Dunson unerbittlich gegen die Bedürfnisse seiner Cowboys führt, auf die Probe gestellt und mündet schließlich in einer Meuterei, bei der Matt seinem Mentor die Führung der Herde entzieht. Aus Liebe wird Hass und aus Vertrauen Angst.

Das Handlungstempo in *Red River* ist rasant. Hawks verzichtet auf einen breiten und sich effekthascherisch in die unterschiedlichen Milieus versenkenden epischen Bogen zugunsten einer szenisch abwechslungsreichen und von packenden Dialogen begleiteten Erzählform. „Ich bin nur ein Geschichtenschreiber", hat Hawks einmal gesagt, um deutlich zu machen, dass er seinen Figuren und deren Spiel weit mehr vertraut als einem kunstvoll um sie herum errichteten Dekor. Dazu passt, dass Hawks die klassischen Geschlechterrollen aufbricht. Es ist die selbstbewusste und schöne Tess (Joanne Dru), die schließlich die zentrale Rolle bei der Konfliktbewältigung zwischen Matt und Dunson übernimmt. Vorher allerdings geraten beide Helden noch hart aneinander, dann schließlich steht jedoch ein „M" gleichberechtigt neben dem „D" des Brandzeichens der Ranch.   SR

DIE ROTEN SCHUHE
The Red Shoes

1948 - GROSSBRITANNIEN - 133 MIN. - FARBE - GENRE DRAMA, TANZFILM

REGIE MICHAEL POWELL (1905–1990), EMERIC PRESSBURGER (1902–1988)
BUCH MICHAEL POWELL, EMERIC PRESSBURGER, nach dem gleichnamigen Märchen von
HANS CHRISTIAN ANDERSEN KAMERA JACK CARDIFF SCHNITT REGINALD MILLS MUSIK BRIAN EASDALE
PRODUKTION MICHAEL POWELL, EMERIC PRESSBURGER für THE ARCHERS, INDEPENDENT PRODUCERS,
J. ARTHUR RANK FILMS.

DARSTELLER ANTON WALBROOK = ADOLF WOHLBRÜCK (Boris Lermontov), MOIRA SHEARER (Victoria Page),
MARIUS GORING (Julian Craster), LÉONIDE MASSINE (Grischa Ljubov), ROBERT HELPMANN (Ivan Boleslawsky),
ALBERT BASSERMANN (Sergei Ratov), ESMOND KNIGHT (Livingstone Montagne),
LUDMILLA TSCHERINA (Irina Boronskaja), JEAN SHORT (Terry), GORDON LITTMANN (Ike).

ACADEMY AWARDS 1948 OSCARS für die BESTE MUSIK (Brian Easdale) und für die BESTE AUSSTATTUNG
(Hein Heckroth, Arthur Lawson).

„Why do you want to dance?"

Der berühmte Ballettimpresario Boris Lermontov (Anton Walbrook) ist mehr als verärgert. Denn gerade hat seine Primaballerina Irina Boronskaja (Ludmilla Tscherina) ihre geplante Vermählung bekannt gegeben. Doch wer sich auf die Liebe einlasse, könne niemals ein großer Tänzer werden, bescheidet Lermontov, der die vollkommene Hingabe seiner Mitarbeiter an ihre Kunst fordert, unwirsch: „You can't have it both ways." Auch den Einwurf seines Choreographen Grischa Ljubov (Léonide Massine), die menschliche Natur sei nun einmal nicht zu ändern, wischt Lermontov beiseite: Man könne sie ja einfach ignorieren.

Wohl kein anderer Spielfilm hat jemals einen so radikalen Kunstbegriff vertreten wie *Die roten Schuhe*: Der Schaffung des Schönen, so das Credo des Films und seiner Schöpfer Michael Powell und Emeric Pressburger, gilt es ganz grundsätzlich alles zu opfern – im Zweifelsfall auch die Liebe und sogar das Leben. Als Sinnbild dieses Grundsatzes dient das als freie Bearbeitung des Märchens von Hans Christian Andersen entstandene 14-minütige Ballett von den roten Schuhen, das den Mittelpunkt des Films einnimmt: Die verzauberten roten Schuhe tanzen einfach immer weiter, auch als ihre Trägerin längst müde geworden ist, und führen das Mädchen schließlich in den Tod.

Die Geschichte des Balletts ist ihrerseits mit der Spielhandlung verzahnt: Als auch die von Lermontov zum neuen Star aufgebaute Ballerina Victoria Page (Moira Shearer) das Eheglück mit dem Komponisten Julian Craster (Marius Goring) sucht, kann sie den Konflikt zwischen ihrer Liebe zum Tanz und der Liebe zu ihrem Mann nicht mehr auflösen. Vor die Wahl gestellt, sich für das eine oder das andere zu entscheiden, stürzt sie sich in ihren roten Ballettschuhen von einer Balustrade vor einen herannahenden Zug. Oder genauer gesagt: Die roten Schuhe stürzen die willenlose Tänzerin in den Tod, erst im Sterben kann Julian sie ihr abnehmen.

Doch nicht nur inhaltlich, sondern auch in der künstlerischen Gestaltung korrespondieren das Ballett, in dem der Triumph der Phantasie auch zum Triumph der Farben gerät, und die Rahmenhandlung miteinander. Während das Ballett, für das Art Director Hein Heckroth zunächst rund fünfhundert farbige Ölskizzen schuf, nach „realistischem" Beginn die theatrale Darstellung zugunsten eines rein filmischen Raumes aufgibt, um Victorias surreale Phan-

1

tasien, Gedanken und Gefühle zu illustrieren (etwa, wenn eine Zeitung zum Tanzpartner wird oder plötzlich das Meer auf die Bühne zu branden scheint), tauchen in der Spielhandlung unvermittelt märchenhaft-surreale Momente auf: Bevor Victoria von Lermontov erfährt, dass sie zum neuen Star seiner Truppe auserkoren ist, wird sie von einem Chauffeur durch Monte Carlo gefahren und an einem riesigen Anwesen abgesetzt. Ganz verloren steht sie da, angetan mit einem rauschenden Ballkleid und mit einer kleinen Krone auf dem Kopf, und wirkt, während sie die etwas ausgetretenen Stufen zu Lermontovs Domizil hinaufschreitet, plötzlich wie eine Prinzessin auf dem Weg in ein verwunschenes Märchenschloss. In einer anderen Szene liest Lermontov einen Brief, der unvermittelt anfängt „zu singen" – und auf diese Weise von Julian Crasters Arbeit an einer neuen Oper kündet.

„Die roten Schuhe ist einer der wenigen Ballettfilme, die Tanzsequenzen nicht als unterhaltsame Einlagen verwenden, sondern sie als konstituierende Teile in die Handlung integrieren."

Rheinischer Merkur

1 Das Sinnbild für die Kunst, die eine absolute Hingabe erfordert: Der teuflische Schuhmacher (Léonide Massine) erschafft die roten Schuhe.

2 Sein Opfer: ein vom Tanz begeistertes junges Mädchen (Moira Shearer).

3 Ohne Disziplin geht gar nichts. Für die Ballerina Vicky Page heißt es üben, üben, üben.

4 Die roten Schuhe tanzen immer weiter. Die junge Frau erkennt es mit Entsetzen.

5 Das Kleid zerrissen, das Haar wirr: Es geht dem Ende entgegen. Auch der Liebhaber (Robert Helpmann) hat der Macht des Teufels (und der Kunst) nichts entgegenzusetzen.

Lermontov, der Victoria letztlich zu ihrem fatalen Comeback überredet, besitzt ganz eindeutig die Sympathie der Filmemacher: ein ebenso charmanter und verführerischer wie arroganter und grausamer Charakter, der aufgrund seiner Besessenheit für die Kunst immer einsam bleibt. Nachdem Victoria die Truppe verlassen hat, liegt er auf einer Ottomane in seinem Salon: In der fahlen Beleuchtung sieht er dabei aus wie sein eigener Geist, und seine maßlose Enttäuschung entlädt sich schließlich mit einem Faustschlag in den Spiegel.

Doch auch Victoria und Julian bleibt das bürgerliche Glück konsequent verwehrt. In einer der wenigen Szenen, die das Paar nach seiner Heirat gemeinsam daheim zeigt, sieht man die beiden nachts schlaflos in getrennten Betten liegen: Er schleicht sich schließlich hinaus, um weiter an seiner Oper zu arbeiten, während sie heimlich eine Kommodenschublade öffnet: Dort liegen ihre sehnsuchtsvoll betrachteten Ballettschuhe.

LP

MICHAEL POWELL

Der 1905 in Bekesbourne, England, geborene Michael Powell kam bereits in den 20er Jahren zum Kino und arbeitete sich als Assistent in verschiedenen Funktionen nach oben. Erste Regieerfahrungen machte Powell ab 1931 mit so genannten „quota quickies" (ein Förderprogramm der britischen Regierung zur Steigerung der einheimischen Filmproduktion); bis 1936 inszenierte er für verschiedene Firmen mehr als zwanzig dieser billig produzierten Filme.

Als der Regisseur 1939 bei der Arbeit an dem Propagandafilm *Der Spion in Schwarz* (*The Spy in Black*) den ungarischen Drehbuchautor Emeric Pressburger kennen lernte, brach seine große Zeit an: Gemeinsam mit Pressburger gründete Powell 1942 die Produktionsgesellschaft The Archers und war in den folgenden Jahren für eine Reihe der herausragendsten Filme jener Ära verantwortlich: In Filmen wie der ungewöhnlichen Propagandastory *Leben und Sterben des Colonel Blimp* (*The Life and Death of Colonel Blimp*, 1943), der Fantasy-Geschichte *Irrtum im Jenseits* (*A Matter of Life and Death*, 1946) und dem wegen seines Themas – Nonnen geraten im Himalaja in eine erotische Hysterie – heftig umstrittenen Dramas *Die schwarze Narzisse* (*Black Narcissus*, 1947) verbinden sich romantische Geschichten mit einer oftmals mystizistischen Naturauffassung und einer künstlerischen Farbgestaltung.

Nach ihrem Erfolg mit dem Ballettfilm *Die roten Schuhe* (*The Red Shoes*, 1948) versuchten sich Powell und Pressburger in den 50er Jahren auch an der Übertragung von Opern- (*Hoffmanns Erzählungen*, *The Tales of Hoffmann*, 1951) und Operettenstoffen (*Fledermaus/Oh, Rosalinda!*, *Oh, Rosalinda!*, 1955) auf die Leinwand, fanden jedoch weit weniger Zuspruch beim Publikum als zuvor. 1957 zerbrach die Partnerschaft, beide gingen nun eigene Wege. Ein weiterer Geniestreich gelang Powell 1960 mit dem Psycho-Horrorfilm *Augen der Angst* (*Peeping Tom*), doch das Werk um einen Psychopathen, der die Angst seiner Opfer filmt, während er sie mit einem Stilett im Kamerastativ ermordet, wurde von einer erbosten Kritik derart niedergemacht, dass Powells Karriere ernsthaften Schaden erlitt.

Erst bei seiner Wiederaufführung Ende der 70er Jahre erfuhr der Film späte Anerkennung als intelligente Reflexion über das Kino der Angst. Als Regisseur war Powell noch bis Ende der 70er Jahre tätig, nebenbei hielt er Vorlesungen über das Kino und verfasste umfangreiche Memoiren. Michael Powell starb 1990 im Alter von vierundachtzig Jahren.

FAHRRADDIEBE
Ladri di biciclette

1948 - ITALIEN - 88 MIN. - S/W - GENRE DRAMA

REGIE VITTORIO DE SICA (1902–1974)
BUCH CESARE ZAVATTINI, ORESTE BIANCOLI, SUSO CECCHI D'AMICO, ADOLFO FRANCI, GERARDO GUERRIERI, VITTORIO DE SICA, nach dem gleichnamigen Roman von LUIGI BARTOLINI KAMERA CARLO MONTUORI SCHNITT ERALDO DA ROMA MUSIK ALESSANDRO CICOGNINI
PRODUKTION VITTORIO DE SICA, GIUSEPPE AMATO für PRODUZIONI DE SICA.

DARSTELLER LAMBERTO MAGGIORANI (Antonio Ricci), ENZO STAIOLA (Bruno), LIANELLA CARELL (Maria Ricci), GINO SALTAMERENDA (Baiocco), IDA BRACCI DORATI (Signora Santona), VITTORIO ANTONUCCI (Dieb), ELENA ALTIERI (Dame), GIULIO CHIARI (Bettler), MICHELE SAKARA (Mitarbeiter einer Hilfsorganisation), FAUSTO GUERZONI (Laiendarsteller).

ACADEMY AWARDS 1949 EHRENAUSZEICHNUNG für den BESTEN NICHT-ENGLISCHSPRACHIGEN FILM (Vittorio De Sica).

„A tutto c'è rimedo – meno della morte."

Nun kann nur noch ein Wunder helfen. Ganz Rom hat Antonio (Lamberto Maggiorani) nach seinem gestohlenen Fahrrad abgesucht, Flohmärkte durchkämmt, bei der Polizei Anzeige erstattet. Vergeblich. Ohne Fahrrad, für das er als Bezahlung sein letztes Laken hergegeben hatte, verliert Antonio seinen Job als Plakatkleber und damit auch den Lohn, den er und seine kleine Familie so dringend brauchen. In der Aufregung hat er sogar seinen kleinen Sohn Bruno (Enzo Staiola) geohrfeigt, der ihn auf der Suche nach dem Fahrrad treu begleitet. Sie sitzen in einer Trattoria, gönnen sich ein kleines Essen. Da kommt Antonio eine Idee.

Sie laufen in die Via della Paglia, in den ersten Stock eines Mietshauses, in die Wohnung der Signora Santona (Ida Bracci Dorati). Gut ein Dutzend Menschen warten bereits, die Signora um Hilfe zu bitten. Die stattliche Frau thront neben einem großen Bett auf einem Sessel, gekleidet in einen hellen Morgenmantel. Ihre Tochter reicht ihr einen Kaffee, sie rührt mit dem Löffel in der Tasse. In dieser Pause drängt Bruno seinen zögernden Vater auf den freien Stuhl vor der Signora. Er flüstert ihr sein Leid ins Ohr. Sie antwortet ihm mit dem rätselhaften Rat: Sofort müsse er das Fahrrad finden, oder er finde es niemals mehr. Draußen auf der Straße, direkt vor dem Haus der Signora, treffen Vater und Sohn plötzlich den lang gesuchten Dieb des Fahrrads – und versuchen, ihn zu stellen.

Fahrraddiebe ist ein Film von geradezu klassischer Schlichtheit – und vielleicht liegt genau darin auch der Grund für seine ausgesprochene Schönheit. Das zumindest vermutete der berühmte französische Filmtheoretiker André Bazin schon 1951. Der Verzicht auf eine spektakuläre Story öffnet laut Bazin die Augen für ein ganz anderes Spektakel, nämlich das der Realität: Ein Mann gehe allein die Straße entlang und der Zuschauer sei einfach nur erstaunt über die Anmut seines Ganges. In *Fahrraddiebe* sah Bazin daher den ultimativen Ausdruck des italienischen Neorealismus, jener einflussreichen Bewegung, die in der zweiten Hälfte der 1940er Jahre das Kino revolutionierte.

Die Wirklichkeit möglichst authentisch einzufangen, dafür an Originalschauplätzen zu drehen und mit Laiendarstellern zu arbeiten, das war der Grundgedanke der Neorealisten. Vittorio De Sica und Drehbuchautor Cesare Zavattini gingen einen ganz eigenen Weg, um Realität abzubilden. Wo sich andere Regisseure am Dokumentarfilm orientierten, versuchten sie, mit einer Art poetischen Überhöhung dem Alltag sein wahres Gesicht zu entreißen.

1

1 Antonio Ricci (Lamberto Maggiorani, 2. v. r.) mit seinem Sohn Bruno (Enzo Staiola). Den Fahrraddieb können sie stellen, doch Beweise für seine Tat haben sie nicht.

2 Nach dem Film arbeitete Lamberto Maggiorani in einer Waffenfabrik – wie bereits zuvor. Als sich die Werkstore schlossen, versuchte er einen zweiten Start im Filmgeschäft – vergebens.

3 Das Fahrrad, frisch aus dem Pfandhaus. Arbeit, meint Antonios Frau Maria (Lianella Carell), sei wichtiger als ein Laken auf dem Bett.

Wo andere darauf abzielten, den Zuschauer vom Leinwandgeschehen zu distanzieren, um ihn zur Reflexion zu bewegen, erzeugten De Sica und Zavattini Nähe durch Anteilnahme und Emotion.

Die Aufrichtigkeit und Sympathie, mit der sie ihren Figuren begegnen, ist förmlich spürbar. Obwohl seine Verzweiflung stetig wächst, verliert Antonio in *Fahrraddiebe* doch nie seinen letzten Rest Würde. Selbst dann noch nicht, als er aus Scham über sich selbst weint. Denn das Wunder der Signora Santona hat nur für einen kurzen Hoffnungsschimmer gereicht. Den Dieb konnte Antonio zwar stellen, nicht aber sein Fahrrad wieder finden. Vor einem Stadion, wo unzählige Räder abgestellt sind, kann er der Versuchung nicht mehr widerstehen: Er schwingt sich auf einen fremden Sattel, tritt in die Pedale. Doch sofort wird er ertappt, von einer aufgebrachten Menge gestellt, schließlich aber wieder laufen gelassen. Als ihm eine Träne aus dem Auge fließt, ergreift der kleine Bruno seine Hand, zum ersten Mal.

So erzählt *Fahrraddiebe* auf einer zweiten Ebene auch von der Beziehung zwischen Vater und Sohn, die sich durch die gemeinsame Suche näher kommen. Der Familie schenkt De Sica die liebevollste Aufmerksamkeit, die schönsten Szenen sind ihr gewidmet. Zum Beispiel in der ersten

VITTORIO DE SICA

Komödien machten ihn zum Star, mit Melodramen klang seine Karriere aus. In der Zwischenzeit prägte er mit Werken wie *Schuhputzer/Schuschia* (*Sciuscià*, 1946), *Fahrraddiebe* (*Ladri di biciclette*, 1948) und *Umberto D.* (1951) den italienischen Neorealismus. Vittorio De Sica war einer der wichtigsten Protagonisten des italienischen Kinos, sowohl als Schauspieler als auch als Regisseur.

1902 geboren, wächst er in Neapel auf. Zum Unterhalt der Familie muss er sich zum Buchhalter ausbilden lassen, obwohl er schon früh sein Talent für das Theater entdeckt. In einer für seine weitere Karriere typischen Rolle als lebenslustiger junger Mann schafft er 1932 mit Mario Camerinis Komödie *Gli uomini, che mascalzoni!* endgültig den Sprung von der Bühne auf die Leinwand, im Laufe des Jahrzehnts wird er zu einem der beliebtesten Schauspieler Italiens.

Anfang der 40er beginnt er, selbst Regie zu führen. Um seine eigenen anspruchsvollen Projekte zu finanzieren, spielt er in weniger anspruchsvollen mit. Jenseits des Neorealismus punktet er vor allem als Regisseur seines Stars Sophia Loren: Für seinen Film *Und dennoch leben sie* (*La ciociara*, 1960) bekommt sie den Oscar als beste Darstellerin, für den Episodenfilm *Gestern, heute und morgen* (*Ieri, oggi, domani/Hier, aujourd'hui et demain*, 1963) mit ihr als Hauptdarstellerin bekommt er den Oscar für den besten fremdsprachigen Film – bereits sein dritter nach den Ehren-Oscars für *Fahrraddiebe* und *Schuhputzer*. Später wird er noch einmal mit dieser Trophäe ausgezeichnet, für *Der Garten der Finzi Contini* (*Il giardino dei Finzi-Contini*, 1970). Die deutsch-italienische Co-Produktion erzählt von einer jüdischen Familie in der Zeit des Faschismus – ein Thema, das De Sica mehrfach angepackt hat.

Vittorio De Sica war Lebemann und Idealist, einer, der seine Popularität einzusetzen wusste, um die Aufmerksamkeit auf Menschen im Schatten der Gesellschaft zu lenken. In über 150 Kinofilmen trat er auf, über 30 inszenierte er selbst. 1974 starb er in Frankreich, seiner zweiten Heimat. In Erinnerung bleibt er vor allem als Humorist und Humanist.

„Regisseur Vittorio De Sica hat diese menschliche Melodie über dem sozialen Grundakkord mit pointierter Nuance zum Schwingen gebracht und damit gezeigt, dass er nicht nur artistisches Können, sondern auch Herz besitzt. Seit Chaplins *Kid* war man von einem Kind auf der Leinwand nicht mehr so berührt wie von diesem kleinen Jungen." *Filmcritica*

„Die größte Leistung De Sicas, die andere bisher nicht einmal annähernd erreicht haben, besteht darin, dass es ihm gelungen ist, eine filmische Dialektik zu entwickeln, welche den Widerspruch zwischen theatralischer Handlung und bloßem Ereignis überwindet. So gesehen ist *Ladri di biciclette* eines der ersten Beispiele des reinen Kinos. Keine Schauspieler, keine Geschichte, keine Mise-en-scène mehr, das bedeutet in der vollkommenen ästhetischen Illusion von Realität letztendlich: kein Kino mehr." *Esprit*

4   Monatelang suchte Vittorio De Sica nach seinen beiden Hauptdarstellern. Ihre Natürlichkeit ist die eigentliche Sensation des Films. Selbst anrührende Szenen wirken niemals kitschig.

5   Hollywoodproduzent David O. Selznick wollte den Film finanzieren, wenn Cary Grant die Hauptrolle bekommen hätte. De Sica lehnte ab.

6   Schon in *Schuhputzer/Schuschia* (Sciuscià, 1946) bewies De Sica sein Talent, Kinder vor der Kamera zu führen. In der Zeitschrift „Time" hieß es, um seine Arbeit mit Enzo Staiola bewundern zu können, wäre auch ein weitaus höherer Eintrittspreis angemessen gewesen.

7   *Fahrraddiebe* war eine für die Nachkriegszeit relativ teure Produktion. Der Aufwand lohnte sich: Der Film wurde zu einem der wenigen Kassenerfolge des Neorealismus.

Viertelstunde des Films, wenn sich Vater und Sohn im Morgengrauen zur Arbeit fertig machen, fast den gleichen Overall tragen und beide die von der Mutter geschmierten Brötchen in die linke Brusttasche stecken. Nur ein kleiner Lichtblick, ein Moment der Wärme und Zuversicht in dem sonst eher trostlosen Bild, das De Sica vom Rom der Nachkriegszeit zeichnet. Es fehlt an Arbeit, an Solidarität, an funktionierenden Behörden. Jeder kämpft für sich allein ums Überleben, selbst einfache Gebrauchsgegenstände wie ein Fahrrad werden in dieser Not existenziell.

Am Ende verliert der Zuschauer Vater und Sohn aus dem Blick. Sie tauchen unter in der Menge der Menschen, die gerade aus dem Stadion strömen. Sie gehen auf der Straße davon, tief gedemütigt, aber nicht gebrochen, einer ungewissen Zukunft entgegen.   NM

ABBOTT UND COSTELLO TREFFEN FRANKENSTEIN / MEIN GOTT, FRANKENSTEIN
Abbott & Costello Meet Frankenstein

1948 - USA - 83 MIN. - S/W - GENRE KOMÖDIE, HORRORFILMPARODIE

REGIE CHARLES T. BARTON (1902–1981)
BUCH ROBERT LEES, FREDERIC I. RINALDO, JOHN GRANT KAMERA CHARLES VAN ENGER
SCHNITT FRANK GROSS MUSIK FRANK SKINNER PRODUKTION ROBERT ARTHUR für UNIVERSAL INTERNATIONAL PICTURES.
DARSTELLER BUD ABBOTT (Chick Young), LOU COSTELLO (Wilbur Grey), LON CHANEY JR. (Lawrence Talbot/Werwolf), BELA LUGOSI (Graf Dracula), GLENN STRANGE (das Monster), FRANK FERGUSON (Mr. McDougal), LÉNORE AUBERT (Doktor Sandra Mornay), JANE RANDOLPH (Joan Raymond), CHARLES BRADSTREET (Doktor Stevens), HOWARD NEGLEY (Harris).

„Wollen Sie Ihre Leiche immer noch? Da kommt gerade eine!"

Wenn mit Dracula, Frankensteins Monster und dem Werwolf die Prominenz des Gruselns auf das Komikerduo Abbott & Costello trifft, dann ist es mit der Autorität des Genres nicht mehr weit her: Ende der 1940er Jahre war das goldene Zeitalter der klassischen Universal-Horrorfilme vorbei und fand mit *Abbott und Costello treffen Frankenstein* in Hollywood seinen Abgesang, der allerdings furios geriet.

Die beiden Freunde Chick (Bud Abbott) und Wilbur (Lou Costello) betreiben ein Transportunternehmen in einem Küstenstädtchen Floridas, als ein mysteriöser Anruf sie eindringlich warnt, zwei Kisten für McDougals (Frank Ferguson) Horrorkabinett auszuliefern. Am anderen Ende der Leitung ist Lawrence Talbot (Lon Chaney Jr.), der wohl um die Gefährlichkeit der Fracht weiß, da er bei Vollmond zum Werwolf wird. Die Kisten enthalten die Leichen von Graf Dracula (Bela Lugosi) und Frankensteins Monster (Glenn Strange). Als Chick und Wilbur die Särge ausliefern, erwachen die „Toten" zum Leben und verschwinden. Nach diesen Ereignissen scheint der rundliche Wilbur ungeheuren Erfolg beim anderen Geschlecht zu haben: Die elegante Blondine Sandra (Lénore Aubert) ist rührend um seine Gesundheit besorgt, und zudem macht sich auch noch die attraktive Joan (Jane Randolph) an ihn heran. Dabei hat es Sandra auf Wilburs Geist im eigentlichen Sinn des Wortes abgesehen: Im Auftrag Draculas soll die dubiose europäische Ärztin dem

1

„Die Monster waren am nettesten, wie kleine Babys. Die eigentlichen Monster waren Abbott und Costello."
Charles T. Barton

Monster ein neues Gehirn einsetzen, und zwar eins „ohne einen Funken Intelligenz". Und Joan ermittelt im Auftrag der Versicherung, um den Fall der verschwundenen Leichen zu klären. Auf einem Maskenball kommt es zu einem heillosen Durcheinander, als die Monster aufeinander treffen. Im Trubel gelingt es Dracula & Co., Wilbur zu entführen und in ein Schloss auf einer einsamen Insel zu bringen. Wilburs Rettung in der folgenden Nacht gipfelt in einem temporeichen Finale.

Die Kombination aus Humor und Horror funktioniert in *Abbott und Costello treffen Frankenstein*, weil die Vertreter der jeweiligen Genres konsequent ihre Rolle spielen. Komik und Spannung entstehen vor allem dann, wenn dies im gleichen Bild geschieht und die Akteure im Vordergrund nicht merken, was im Hintergrund passiert: etwa wenn Wilbur im Gruselkabinett in die Texttafel zu Dracula vertieft ist und sich der Sargdeckel hinter ihm langsam öffnet. Oder wenn er in Talbots Hotelzimmer nicht wahrnimmt, wie der Werwolf hinter ihm her ist, und er nur durch zufällige Bewegungen dessen Angriffen entgeht. Diese Mischung aus Unschuld, Unwissenheit und Dummheit rettet Chick und Wilbur das Leben und macht den Charme des Films aus.

Abbott und Costello treffen Frankenstein lässt kaum ein Horrorfilm-Element aus und integriert diese in den Rhythmus der Komödie. Mag die genaue Genre-Zuordnung umstritten bzw. unmöglich sein, so funktioniert der Streifen im Endeffekt als Abbott & Costello-Film mit Gruselfiguren, die hauptsächlich als Zitat ihrer selbst auftreten. Das Casting vereinte noch einmal Größen des Horrorgenres: Bela Lugosi übernahm mit Dracula jene Rolle, die ihn 17 Jahre zuvor als Unsterblichen unsterblich gemacht hatte. Dabei war er nicht die erste Wahl, doch sein Nachfolger John Carradine lehnte den Part ebenso ab wie Boris Karloff die Rolle des Monsters, da beide fürchteten, die Parodie würde ihrem Rollenimage schaden – zu Unrecht, wie der respekt-

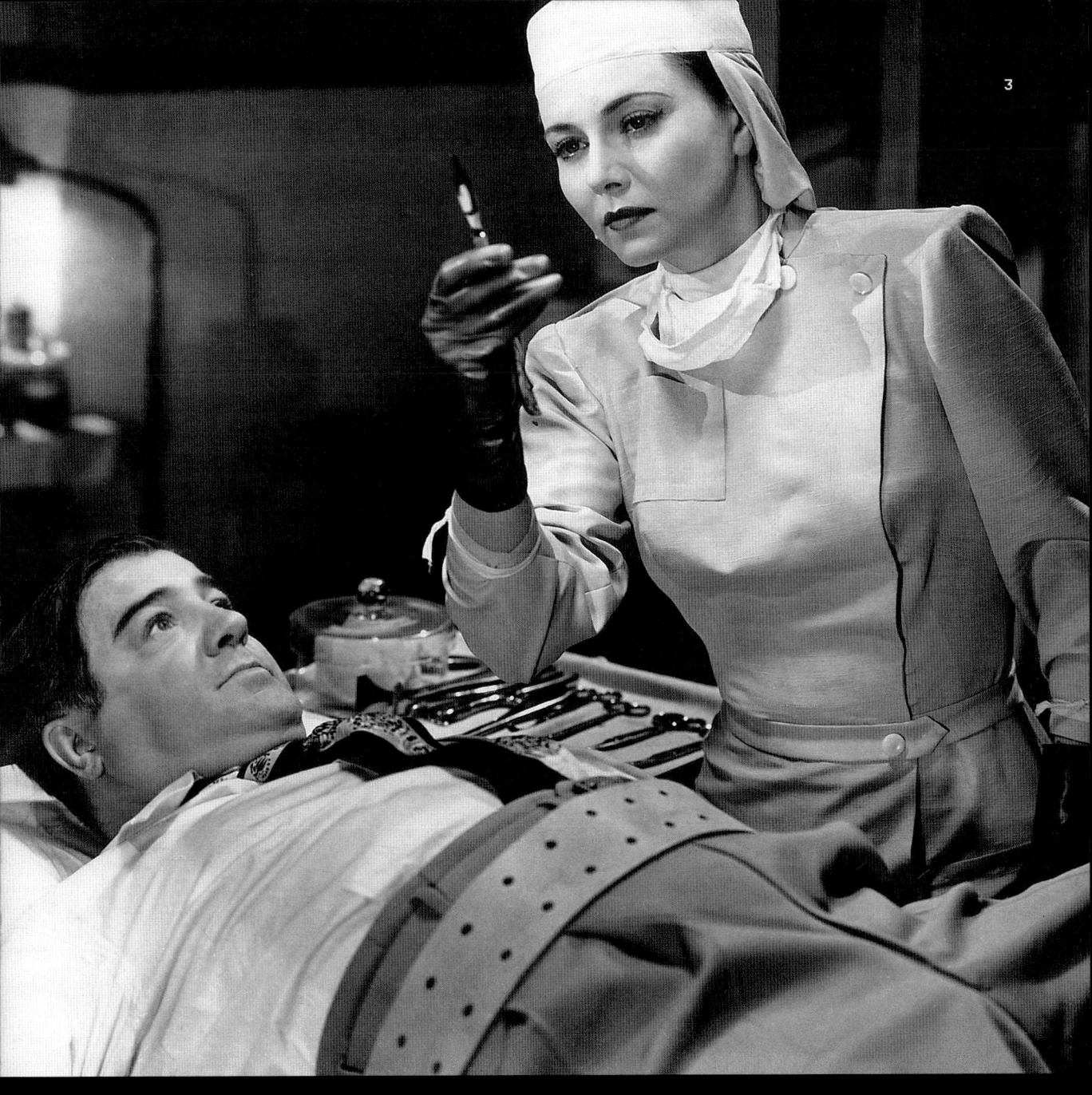

1   Vollmond: Lawrence Talbot (Lon Chaney Jr.) hat sich in einen Werwolf verwandelt und ist hinter Chick (Bud Abbott) her, der ihm knapp entkommt – natürlich ohne es zu merken.

2   Gefangene des Grafen Dracula: Joan (Jane Randolph) und Dr. Stevens (Charles Bradstreet) schmieden Fluchtpläne.

3   Gleich wird Sandra bzw. Dr. Mornay (Lénore Aubert) das Skalpell zur Entnahme von Wilburs (Lou Costello) Gehirn ansetzen; eine Betäubung ist nicht vorgesehen!

ABBOTT UND COSTELLO Bud: „Wirst du wohl aufhören, hier drin zu rauchen, Costello." / Lou: „Wie kommst du darauf, dass ich rauche?" / Bud: „Du hast eine Zigarre im Mund." / Lou: „Ich hab auch Schuhe an – und laufe ich?" Dialogen wie diesem verdankte das Komikerduo Abbott & Costello seine Popularität. Seit 1931 standen sie gemeinsam auf der Bühne und feierten ihre größten Erfolge zunächst im Radio. Der seriös auftretende Bud Abbott (William Alexander Abbott, 1895–1974) gab dabei meistens seinem rundlich-infantilen Kollegen Lou Costello (Louis Francis Cristillo, 1906–59) das Stichwort, worauf dieser ihn mit seiner Begriffsstutzigkeit an den Rand des Wahnsinns brachte. In *One Night in the Tropics* waren sie 1940 erstmals auf der Leinwand zu sehen. Zwar nur in einer Nebenrolle, aber diese machte sie so berühmt, dass ihnen das Universal-Studio einen Langzeitvertrag anbot und beim ersten eigenen Film freie Hand ließ: Dieser, die Militärklamotte *Buck Privates* (1941), wurde gleich ein ungeheurer Erfolg. Es folgte Film auf Film in einem Tempo, das allerdings weder ihrer zwischenmenschlichen Beziehung noch der Nachfrage beim Publikum förderlich war. So belebte die Idee des „Abott & Costello meet ..." nicht nur das Horrorgenre bei Universal noch einmal, sondern gab auch dem Duo neuen Filmstoff. Nach ihrer Trennung 1956 hatten beide keine Leinwand-Erfolge mehr. Lou Costello wurde nur 53 Jahre alt, er starb 1959 in East Los Angeles an einem Herzinfarkt.

429

4 Frankensteins Monster (Glenn Strange) wird schwächer, Graf Dracula (Bela Lugosi) beschließt, unverzüglich mit der Operation zu beginnen.

5 Vogel-Strauß-Politik: Auch wenn Wilbur nichts mitbekommen will, die Monster sind nicht einfach auszublenden.

6 McDougals Horrorkabinett macht seinem Namen alle Ehre.

7 Graf Dracula will den Fehler seines Vorgängers nicht wiederholen und verlangt von Sandra ein Gehirn, dass aus Frankensteins Geschöpf ein „vollkommen willenloses Ungeheuer" macht.

volle Umgang des Regie-Routiniers Charles T. Barton mit den Gruselikonen zeigt.

Aufgrund des großen und nicht zuletzt kommerziellen Erfolgs ihrer Parodie trafen Abbott und Costello in sieben weiteren Filmen, was es sonst noch an Monstern, Untoten und Gruselgestalten gab. Allerdings konnte kein Streifen mehr das Publikum so begeistern wie *Abbott und Costello treffen Frankenstein*. Mit diesem hatten die Filmbösewichter ihren Zenit in Hollywood definitiv überschritten. Ein Jahrzehnt später belebten dann die britischen Hammer Studios das Genre neu, mit Christopher Lee als ebenso aristokratisch-elegantem wie triebgesteuert-brutalem *Dracula* (*Dracula/Horror of Dracula*, 1958). Während die Universal-Produktionen Grauen dank der Imagination des Zuschauers erzeugten, floss jetzt das Blut in Farbe und Großaufnahme.

MS

„**Dies ist einer der besten Filme mit Abbott und Costello. Das Komikerduo trifft darin nicht nur auf Frankenstein, sondern auch den Wolfsmenschen, den Grafen Dracula und den Unsichtbaren. Daraus ergibt sich eine schwindelerregende Mischung aus Horrorfilm und Komödie.**"

The Austin Chronicle

EINE AUSWÄRTIGE AFFÄRE
A Foreign Affair

1948 - USA - 116 MIN. - S/W - GENRE KOMÖDIE

REGIE BILLY WILDER (1906–2002)
BUCH CHARLES BRACKETT, RICHARD L. BREEN, BILLY WILDER, ROBERT HARARI, nach einer Vorlage von DAVID SHAW KAMERA CHARLES LANG SCHNITT DOANE HARRISON
MUSIK FRIEDRICH HOLLAENDER PRODUKTION CHARLES BRACKETT für PARAMOUNT PICTURES.
DARSTELLER MARLENE DIETRICH (Erika von Schlütow), JEAN ARTHUR (Phoebe Frost), JOHN LUND (Captain John Pringle), MILLARD MITCHELL (Colonel Rufus J. Plummer), PETER VON ZERNECK (Hans Otto Birgel), STANLEY PRAGER (Mike), RAYMOND BOND (Pennecot), CHARLES MEREDITH (Yarnell), WILLIAM MURPHY (Joe), FRANK FENTON (Major Mathews).

„Eggs for statuettes, smiles for cigarettes."

Berlin, 1947, die Kamera blendet auf: das Gesicht einer ausgebombten Stadt, zerstörte Straßen und Viertel, ein Meer von Trümmern. Ein trostloser Anblick, wäre da nicht ein Jeep, der schwungvoll um die Ecke biegt, und diese charmant-beschwingte Hintergrundmelodie, die der Szene die Leichtigkeit einer sonntäglichen Spazierfahrt verleiht. „Isn't It Romantic" heißt das Stück, mit dem Regisseur Billy Wilder die Trümmerlandschaft ironisch kontrastiert – ein Kunstgriff, der den gesamten Film durchzieht und es Wilder erlaubt, das schwierige Terrain für seine geistreiche Komödie zu nutzen.

Der Jeep gehört US-Entnazifizierungsoffizier Pringle (John Lund), der gerade auf dem Schwarzmarkt seine Geburtstagstorte gegen eine Matratze für seine Geliebte eingetauscht hat, die deutsche Barsängerin Erika von Schlütow (Marlene Dietrich). Um sie vor Schwierigkeiten zu bewahren, manipuliert Pringle Erikas Entnazifizierungsakte. Diese Fälschung droht aufzufliegen, als eine Gruppe Kongressabgeordneter nach Berlin kommt, um die moralische Integrität der US-Truppen zu untersuchen. Phoebe Frost (Jean Arthur), die Vertreterin aus Iowa, geht besonders streng mit der Truppe ins Gericht, sieht sie die Soldaten doch von einer Art „moralischer Malaria" befallen, weil die deutschen „Froileins" sie vom Weg der Tugend abgebracht haben.

Durch einen Zufall wird die altjüngferliche Miss Frost auf Erika aufmerksam und entdeckt, dass sie mit einem ranghohen Nazi befreundet war. Da Pringle, der ebenfalls aus Iowa stammt, der einzige US-Soldat ist, dem sie vertraut, muss er ihr bei den Ermittlungen helfen. Je näher Frost der Wahrheit kommt, desto mehr treibt sie Pringle in die Enge, bis dieser sich nicht mehr zu helfen weiß und sie verführt. Damit ist die Dreiecksgeschichte

1

perfekt, in der Pringle immer mehr die Kontrolle verliert. Ist die Geschichte besonders im zweiten Teil auch sehr unglaubwürdig, so bietet sie doch jede Menge kuriose, groteske oder erotische Situationen.

Als Pringle etwa seine Geliebte besucht, wird der Zuschauer zum Voyeur, der Marlene Dietrich durch ein Brandloch in der Tür beim morgendlichen Zähneputzen beobachtet. Formal wurde hier gegen kein Verbot der Zensurbehörde verstoßen, aber die Unnahbare derart intim posieren zu lassen, war eine herrliche Frivolität. Und nachdem man die Dietrich gerade leicht bekleidet gesehen hat, wirken ihre lasziv-erotisch vorgetragenen Chansons in der schummrigen Lorelei-Bar umso betörender, zumal die Doppeldeutigkeit, mit denen sie die Verhältnisse im Nachkriegsdeutschland besingt, ihresgleichen sucht. „Come I show you things you cannot get else-

„Skandal in Berlin – Marlene Dietrichs beste Rolle seit dem *Blauen Engel*. Einer der bissigsten, originellsten, geistreichsten und humorvollsten Filme der Gegenwart." *Neue Zürcher Zeitung*

1   Vorsicht vor dem Fräulein! Marlene Dietrich erhebt als Erika von Schlütow den schlichten Trenchcoat zum androgynen Divengewand. Weniger ist manchmal eben mehr.

2   Phoebe Frost (Jean Arthur) bringt Liebesgrüße von Pringles (John Lund) Verlobter aus der Heimat.

Ironischerweise wird aber gerade die puritanische Anstandsdame der Daheimgebliebenen letztendlich den Freund ausspannen.

3   Landpomeranze trifft auf russische Rustikalsänger, mit schöner Musik hat das nichts mehr zu tun.

4   Im Gegensatz zur plumpen Jean Arthur verwandelt Marlene Dietrich mit ihrem dunklen Timbre jede Kellerspelunke in eine Bühne von Weltrang. Am Klavier der Komponist der frivolen Lieder, Friedrich Hollaender, höchstpersönlich.

where", singt sie über den Schwarzmarkt, steckt dem Pianisten ihre Zigarette in den Mund und haucht lasziv: „Oh boy, these goods are hot." Begeisterung bei den anwesenden Herren.

A Foreign Affair war die erste Zusammenarbeit von Wilder mit der Dietrich und nach mehreren Flops endlich wieder ein großer Erfolg für die Darstellerin. Die Inszenierung als ruchlose Chanteuse erinnert deutlich an Josef von Sternbergs Der blaue Engel (1930). Unverkennbar auch der Zynismus des Drehbuch-Duos Wilder/Brackett mit seinen scharfen, kurzen Sentenzen, wie sie etwa Pringles Vorgesetzter, Colonel Plummer (Millard Mitchell), auf seiner Stadtrundfahrt mit den Kongressabgeordneten zum Besten gibt: „Das Brandenburger Tor war ein Triumphbogen, bis sie aus der Übung kamen. Der Steinhaufen da war das Hotel Adlon, bis die achte Luftflotte für einen Wochenendbesuch vorbeischaute." Kennzeichnend für die Komik des Films ist, dass Wilder die Verhältnisse kaum beschönigt, sondern mit beißender Satire kommentiert. Selbst vor dem Hitlergruß schreckte er nicht zurück und lässt Erika ihren Geliebten mit einem zärtlichen „Heil Johnny" umgarnen. Stuart Schulberg konnte darüber gar nicht lachen. Er gehörte zu der Prüfungskommission der Militärregierung, die feststellen sollte, ob der Film sich für die Umerziehung der Deutschen eigne, und sein Fazit war wenig schmeichelhaft: „Unsere Enttäuschung schlug in Zorn und Ekel um." Da der Film nicht in Deutschland zu sehen war, wurde auch keine deutsche Synchronfassung erstellt. Das Publikum der Bundesrepublik sah den Film deshalb bislang nur mit Untertiteln. Nachdem er 1977 im Fernsehen ausgestrahlt wurde, feierte er erst 1991 Kinopremiere.

Trotz der großen zeitlichen Distanz bleibt auch der heutige Betrachter nicht ungerührt vom Leid der Menschen, das den realistischen Hintergrund

„Eine rabenschwarze Komödie ... Billy Wilder brennt in dieser Trümmerlandschaft ein Feuerwerk von Pointen ab und hält doch die dramaturgischen Fäden so souverän in der Hand, dass er meilenweit vom freischwebenden Klamauk entfernt bleibt."

film-dienst

5

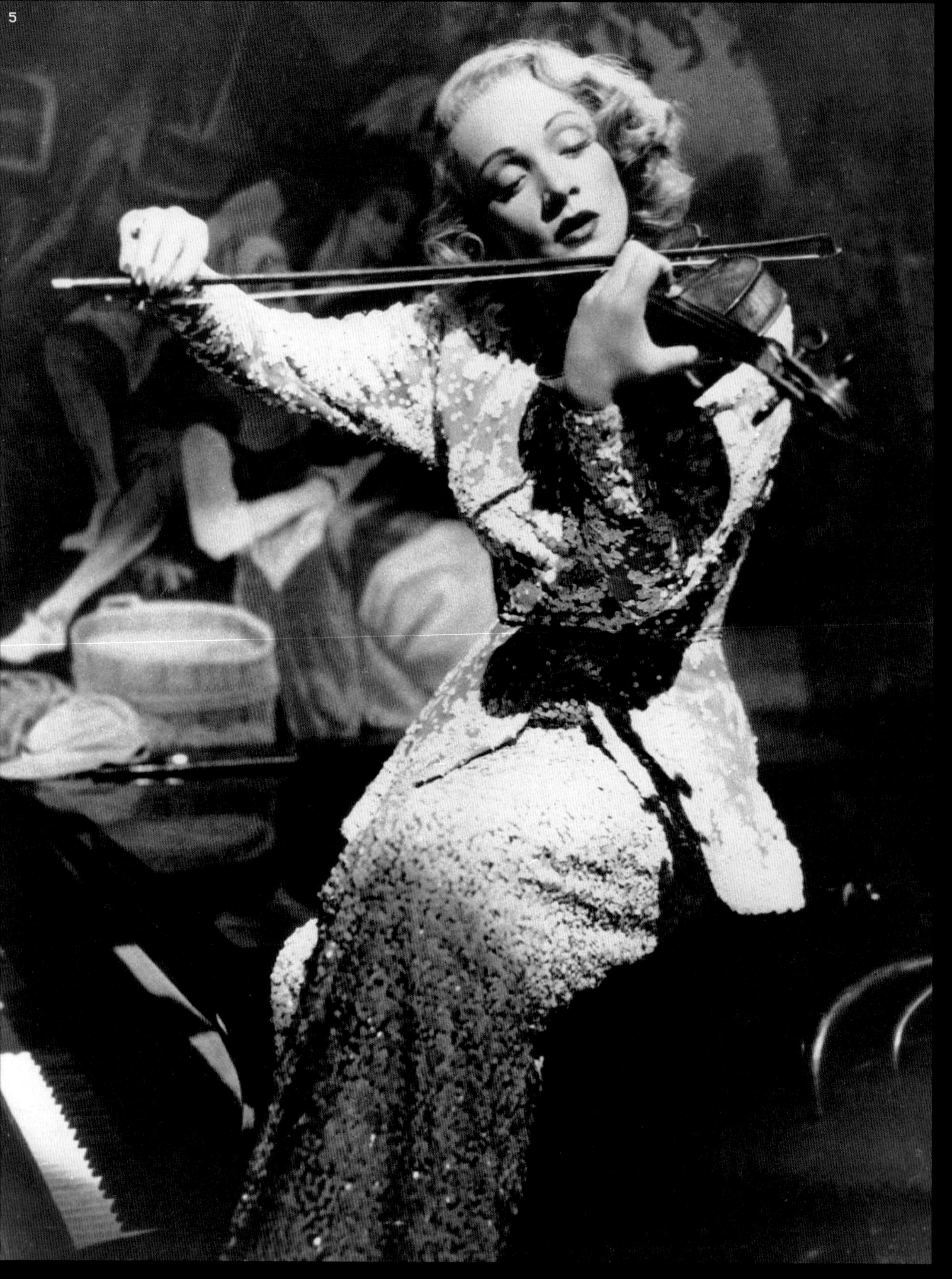

abgibt, vor dem Wilder seine Komödie aufbaut. Wenn Marlene Dietrich sich vor ihrem Geliebten erniedrigt und ihn fieberhaft nach Geschenken absucht, ist das alles andere als lustig. Solche Härten verhindern jedoch das Abgleiten in den reinen Klamauk und sind wohl dosiert. Meist karikiert der Film Stereotypen wie den Hacken zusammenschlagenden Altnazi, dessen Sohn ständig und überall mit Kreide Hakenkreuze malt – selbst auf den Rücken des Vaters.

Wilder kannte beide Seiten, hatte er doch als Offizier der Division für psychologische Kriegsführung selbst an Entnazifizierungsverfahren teilgenommen. Und so kritisiert der Film die Verdrängung, mit der die meisten Deutschen ihrer unmittelbaren Vergangenheit begegneten, ebenso wie die Selbstgerechtigkeit der US-Militärs. Wilder mischt dabei Berliner Trümmerbilder und Studio-Aufnahmen so gekonnt, dass der Eindruck entsteht, als sei alles an Originalschauplätzen gedreht worden. Das Resultat ist ein wortgewaltiger Schwank zwischen Doku-Drama und Nachtclub-Romantik im Geiste von Lubitschs *Ninotschka* (*Ninotchka*, 1939). Der eine hatte der Garbo, der andere die Dietrich. Letztere ist bei Wilder so sexy, dass gleich fünf Männer sie abführen müssen. Dass Pringle zum Schluss mit Jean Arthur zurück in die Heimat muss, erscheint da mehr als Strafe denn als Happyend. OK

5 Schöne Musik und elegante Kleider konterkarieren die Trümmerlandschaft der frühen Nachkriegsjahre. Wilders Film lebt von den Kontrasten.

6 Die Dietrich im Seidenpyjama – heiße Ware im Jahr 1948.

„In den Ruinen von Berlin, fangen die Blumen wieder an zu blüh'n."

Filmzitat: Erika von Schlütow (Marlene Dietrich)

FRIEDRICH HOLLAENDER   Friedrich Hollaender, der sich mitunter auch spottend Alfred Knackfuß nannte, war im Berlin der 20er Jahre einer der begabtesten Musik-Arrangeure. Der 1896 als Sohn des Operetten-Komponisten Victor Hollaender in London Geborene studierte an der Berliner Musikakademie bei Engelbert Humperdinck, entdeckte aber schon bald seine Vorliebe für Theater und Film. Er schreibt für Max Reinhardts berühmtes Kabarett „Schall und Rauch" und vertont Texte von Tucholsky oder Walter Mehring. Bereits als Schüler begleitete er im Kino Stummfilmgrößen wie Asta Nielsen mit Klavierimprovisationen. „Ich ahnte nicht, dass das schon die Fingerübungen waren für über 150 Filmmusiken, die ich später in Hollywood nach Maß schreiben sollte."

Mit welcher Leichtigkeit er Worte und Musik zu verbinden wusste, zeigt die Entstehung seines wohl größten Erfolges. Für Josef von Sternbergs *Der blaue Engel* (1930) trällerte er während der Filmproben einen improvisierten Text zur komponierten Melodie, der nur als Platzhalter, als so genannter Schimmel, dienen sollte: „Ich bin von Kopf bis Fuß auf Liebe eingestellt / denn das ist meine Welt / und sonst gar nichts." Der Platzhalter wurde zum Welterfolg und machte Marlene Dietrich zum Star.

Hollaender wurde zum gefragten Komponisten, betrieb aber auch das Revuetheater Tingel-Tangel. 1932 dreht Hollaender als Regisseur für die Ufa die Musikkomödie *Ich und die Kaiserin / Das Strumpfband der Kaiserin* (1933), für die er zusammen mit Franz Wachsmann (der in den USA unter dem Namen Franz Waxman seine Karriere fortsetzte) die Musik arrangiert. Wenige Tage nach der Uraufführung muss der Jude Hollaender 1933 Deutschland aufgrund der zunehmenden Repressalien der Nationalsozialisten verlassen. Von Berlin über Paris gelangt er nach Hollywood, wo er bald zum gefragten Komponisten wird und neben Wilder auch mit Lubitsch, Cukor, Ophüls und Lang zusammenarbeitet. Stars wie Ginger Rogers oder Clark Gable interpretieren seine Hits.

Obwohl er sich nach dem Krieg zunächst nicht zur Rückkehr nach Deutschland entschließen kann, siedelt er 1956 wieder nach München über, widmet sich erneut dem Schreiben von Revuen für kleine Kabarett-Bühnen und komponiert die Filmmusik für Kurt Hoffmanns Komödie *Das Spukschloss im Spessart* (1960). Die 60er Jahre passen aber nicht mehr zum doppeldeutig feinsinnigen Wortdirigenten, der 1965 seine Autobiografie „Von Kopf bis Fuß" veröffentlicht. Immer wieder unternahm Hollaender Ausflüge ins ernste Fach, dirigierte Orchester, schrieb die Musik zu Balletten und Operetten. Seine großen Erfolge jedoch verdankt er der Mischung aus Erotik, Wortwitz, Melancholie und schwungvoller Dynamik. Er starb 1976 in München.

1948 - ITALIEN - 153 MIN. - S/W - GENRE DRAMA, LITERATURVERFILMUNG
REGIE LUCHINO VISCONTI (1906–1976)
BUCH LUCHINO VISCONTI, ANTONIO PIETRANGELI, nach dem Roman „I Malavoglia" von GIOVANNI VERGA
KAMERA ALDO GRAZIATI SCHNITT MARIO SERANDREI MUSIK WILLY FERRERO, LUCHINO VISCONTI
PRODUKTION SALVO D'ANGELO für UNIVERSALIA FILM.
DARSTELLER EINWOHNER DES DORFES ACI TREZZA.

„Il mare è amaro e il marinaio muore in mare"

Die Sehnsucht nach seinem Boot treibt 'Ntoni wieder an den Strand, das erste Mal seit langer Zeit. Der Mast ist immer noch gebrochen, Planken fehlen. Aber einige Männer haben bereits das Leck am Heck geflickt, mit dem Pech einer Fackel dichten sie gerade den Bug ab. 'Ntoni schlägt mit der flachen Hand auf das Holz, streicht über die runde Wölbung der Spanten. Ob das sein Boot sei, fragt ihn ein junges Mädchen. Ja, antwortet er, aber die Reparaturen könne er nicht bezahlen. Sie setzt sich auf das Heck, beugt sich zu ihm, sagt: „Si ti putissi aiutari iu, t'aiutassi." („Wenn ich dir helfen könnte, würde ich dir helfen."). 'Ntoni schaut sie an, er lächelt. Keiner habe kapiert, sagt er direkt in die Kamera und damit in den Kinosaal, dass er nicht nur sich selbst, sondern allen helfen wollte. Und jetzt stürze sich das ganze Dorf auf ihn wie die Aasgeier.

'Ntoni und seine Familie haben alles riskiert – und alles verloren. Die Valastros waren einst arme, aber stolze Fischer in dem kleinen sizilianischen Dorf Aci Trezza. Jede Nacht ruderten sie aufs Meer, jeden Morgen verkauften sie ihren kleinen Fang zu einem Hungerlohn an die Großhändler – wie ihre Ahnen und Urahnen auch. Bis 'Ntoni beschloss, sich gegen die Ausbeutung der Händler zu wehren: Selbst wollte er die Fische in Catania zu einem fairen Preis anbieten. Für die Selbständigkeit nahm er eine Hypothek auf das alte Haus der Familie auf, doch kurz darauf zerstörte ein Sturm das Boot und nahm den Valastros alles: erst die Arbeit, dann das Ansehen, schließlich die eigenen vier Wände. Alle im Dorf behaupten, er trage die Schuld an dieser Misere. 'Ntoni wendet sich an das Mädchen – und damit an uns Zuschauer. Aber eines Tages, sagt er, werden sie merken, dass er Recht habe.

Die Erde bebt nimmt Anstoß. Anstoß an der Armut der Ausgebeuteten, an der Chancenlosigkeit der Unterdrückten. Zu einer Zeit, in der sich Italien nach dem Krieg politisch reorganisierte, sollte Luchino Visconti im Auftrag der Kommunistischen Partei einen Dokumentarfilm über die Arbeiter in Sizilien drehen. Je länger er über die Insel reiste, desto nachhaltiger reifte in

1

1 In der Dorfgemeinde zählt die soziale Hierarchie mehr als persönliches Gefühl: Erst war 'Ntonis Schwester Mara zu wohlhabend, den Maurer Nicola zu heiraten, nun ist sie zu arm.

2 Schon bei den Filmfestspielen in Venedig kontrovers aufgenommen, fällt der Film auch an der Kinokasse durch. Die Zuschauer bekommen allerdings eine stark gekürzte Version zu sehen.

3 Sizilien galt damals als die „vergessene Insel" Italiens, weil sich hier der gesellschaftliche und ökonomische Wandel durch das Industriezeitalter noch nicht vollzogen hatte.

4 „Die soziale Realität des Südens, Siziliens, und die individuellen Leidenschaften brechen sich in und an den Kräften der Natur", schrieb die Zeitschrift „film-dienst".

ihm die Idee zu einer großen Spielfilm-Trilogie. Realisieren konnte er lediglich Teil eins über das Leben der Fischer. Das dramaturgische Gerüst vom Aufstieg und Fall einer Familie entnahm er dem 1881 erschienenen Roman „I Malavoglia" von Giovanni Verga, den marxistischen Ton fügte er selbst hinzu. Den Film jedoch nur nach seiner politischen Stoßrichtung zu befragen, verfehlt seine eigentliche Sensation: die atemberaubend direkte und intensive Darstellung von Wirklichkeit.

Das konnte nur gelingen, weil der Blick auf Aci Trezza der eines Auswärtigen war: Visconti, Abkömmling von einem der ältesten Mailänder Adelsgeschlechter, stand dieser einfachen Welt aufgrund seiner Herkunft denkbar fern, war umso fasziniert vom Handwerk der Fischer. Kritiker warfen und werfen ihm daher vor, dass er seine Landsleute aus dem Süden wie ferne Exoten inszeniert habe. Dass er den Proletarier 'Ntoni mit den kapitalistischen Zwischenhändlern einen Klassenkampf ausfechten ließ, der den in ihrer alten Tradition verhafteten Fischern selbst wohl kaum in den Sinn gekommen wäre. Dennoch schmeckt dieser Film förmlich nach dem Salz des Meeres, das die Fischer jede Nacht auf ihrer Haut spüren – weil Visconti alle Rollen mit den Bewohnern des realen Dorfes Aci Trezza besetzte, die nichts anderes tun, als ihren Alltag darzustellen. Und die dabei einen Dialekt sprechen, der schon in anderen sizilianischen Regionen kaum mehr verständlich ist. Mit *Die Erde bebt* brachte Visconti sein Credo vom anthropomorphen Kino zur Perfektion, das er bereits 1943, zur Zeit seines Kinodebüts *Besessenheit* (*Ossessione*, 1943), formuliert hatte. Ihm geht es um ein Kino, das Geschichten von lebendigen Menschen erzählt, das sein Augenmerk auf ihr Leiden und Hoffen richtet, statt auf die Dinge und Ereignisse, die ihr Leben zu bestimmen scheinen. Deshalb legte Visconti den größten Wert auf

„Von allen Aufgaben, die ich als Regisseur zu übernehmen habe, fasziniert mich die Arbeit mit den Schauspielern am meisten: das Erschaffen neuer Menschen." *Luchino Visconti*

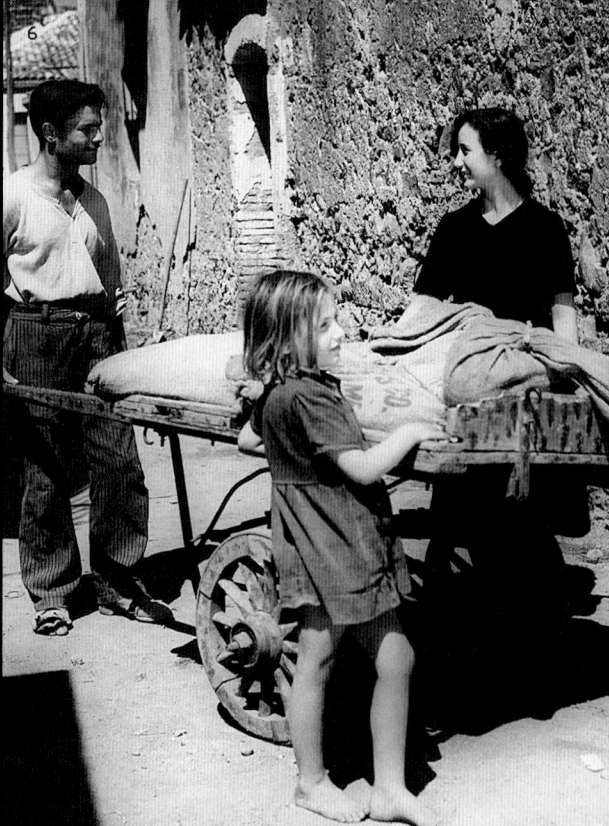

5   Lucia entscheidet sich für ein selbstbestimmtes Leben und lässt sich vom örtlichen Wachtmeister verführen – zu viel Freiheit für die traditionelle Gemeinschaft.

6   Jeden Morgen erklärte Visconti den Bewohnern von Aci Trezza, was an dem Tag gedreht werden sollte. Ihre spontanen Reaktionen ließ er in den Film mit einfließen.

7   Die beiden ungleichen Schwestern 'Ntonis: Die eine ist sesshaft und der Familie treu ergeben, die andere will raus aus der erdrückenden Enge des Dorfes.

die Arbeit mit den (Laien-)Schauspielern: Mit ihnen und durch sie wollte er eine neue, eine wahre Wirklichkeit erschaffen, die nicht bloß Abbild der Realität ist, sondern deren Überformung, Überspitzung und Ästhetisierung zeigt.

Da tanzen die Lichter der Boote, die die Fische an die Wasseroberfläche locken sollen, nach einer lautlosen Sinfonie auf den leichten Wogen in der Schwärze der Nacht. Da stehen die Frauen in ihrer dunklen Kleidung wie lebendige Felsklippen am Ufer und starren in banger Erwartung auf den Horizont, ob ihre Männer, die sich trotz des Sturmes hinausgewagt haben, jemals zurückkommen werden. Mit solchen bemerkenswert schönen Bildern vom rauen, kargen Fischerleben beschwört Visconti eine Erhabenheit selbst der einfachsten Dinge. *Die Erde bebt* gilt daher als die Essenz einer der einflussreichsten Bewegungen der Filmgeschichte, des italienischen Neorealismus.

NM

NEOREALISMUS   Die wahre Aufgabe des Films, schrieb Drehbuchautor Cesare Zavattini, sei es nicht, Fabeln zu erzählen, sondern die Notwendigkeit der Zeit auszudrücken, also der Realität in ihrer Alltäglichkeit ins Gesicht zu sehen, die Wirklichkeit jenseits des Hollywood-Spektakelkinos abzubilden. In seinem Aufsatz „Einige Gedanken zum Film" („Alcune idee sul cinema") verfasste Zavattini 1952 eine Art Poetik des neorealistischen Films – zu einer Zeit, als die Bewegung ihren Zenit bereits überschritten hatte. Denn erst allmählich wurde auch theoretisch gefasst, was sich um die Mitte der 40er Jahre mit dem Neorealismus in Italien ereignet hatte: eine Revolution des Kinos.

Roberto Rossellini, Luchino Visconti und Vittorio De Sica – so lauten die wichtigsten Namen – brachten die Kameras aus den Ateliers auf die Straße, drehten an Originalschauplätzen, besetzen ihre Filme mit Laiendarstellern und verliehen ihnen somit eine bis dahin ungewöhnliche Authentizität. Viscontis *Besessenheit* (*Ossessione*) von 1943 gilt als der erste neorealistische Film, der im Gegensatz zur faschistischen Propaganda kein heiteres, idealistisches Gesellschaftsbild zeichnete, sondern roh die Realität im Po-Delta schilderte. Rossellini betonte mit der narrativen Form des Episodenfilms die Gleichwertigkeit und Gleichzeitigkeit der Menschen und ihrer Geschichten. In *Rom, offene Stadt* (*Roma, città aperta*, 1945) und *Paisà* (1946) erzählte er auf fast dokumentarische Weise vom italienischen Widerstand und gestattet somit einen direkten Blick auf die Zeit der deutschen Besatzung. Vittorio De Sica und sein Drehbuchautor Cesare Zavattini konzentrierten sich auf Beobachtungen des gegenwärtigen Alltags und thematisierten soziale und gesellschaftliche Missstände – wie in ihren Meisterwerken *Schuhputzer/Schuschia* (*Sciuscià*, 1946) und *Fahrraddiebe* (*Ladri di biciclette*, 1948).

Auch wenn der Neorealismus nur wenige Jahre überdauerte – manche datieren sein Ende mit De Sicas *Umberto D.* auf 1951, andere nennen Viscontis *Rocco und seine Brüder* (*Rocco e i suoi fratelli*) von 1960 als seinen Schlusspunkt –, so reicht seine Wirkung bis in die Gegenwart. Er beeinflusste die Filmemacher der Nouvelle Vague und des Neuen Deutschen Films ebenso wie die des dänischen Dogma-Films.

7

BRIEF EINER UNBEKANNTEN
Letter from an Unknown Woman

1948 - USA - 86 MIN. - S/W - GENRE MELODRAM, LITERATURVERFILMUNG

REGIE MAX OPHÜLS (1902–1957)
BUCH HOWARD KOCH, nach der Novelle „Brief einer Unbekannten" von STEFAN ZWEIG
KAMERA FRANZ PLANER SCHNITT TED J. KENT MUSIK DANIELE AMFITHEATROF
PRODUKTION JOHN HOUSEMAN für RAMPART PRODUCTIONS, UNIVERSAL INTERNATIONAL PICTURES.

DARSTELLER JOAN FONTAINE (Lisa Berndle), LOUIS JOURDAN (Stefan Brand),
MADY CHRISTIANS (Frau Berndle), MARCEL JOURNET (Baron Johann Stauffer),
ART SMITH (John), JOHN GOOD (Leutnant Leopold von Kaltenegger),
CAROL YORKE (Marie), HOWARD FREEMAN (Herr Kastner), LEO B. PESSIN (Stefan Jr.),
ERSKINE SANFORD (Portier).

„Wenn du diesen Brief liest, bin ich schon tot."

Der von der Branchenzeitschrift „Variety" 1948 als „strong woman's picture" angekündigte Film beginnt ein wenig paradox mit einem Mann im Frack. Dem gerade aus dem Wiener Nachtleben des Fin de siècle heimkehrenden Stefan Brand (Louis Jourdan) steht im Morgengrauen ein riskantes Duell bevor. In letzter Minute möchte er flüchten, doch etwas Unerwartetes nimmt seine Aufmerksamkeit trotz der großen Eile in Anspruch. „Wenn du diesen Brief liest, bin ich schon tot", so lautet die erste Zeile aus einem Brief, den er in seiner Wohnung vorfindet. Der Brief handelt vom Schicksal einer Frau, die sterbend offenbart, dass sie Brand ein Leben lang ebenso hingebungsvoll wie unglücklich liebte. Doch der Lebemann mit seinen zahllosen Affären kann sich nicht einmal an sie erinnern. Dennoch versinkt er in der Lebensbeichte und vergisst darüber Zeit und Flucht. Erst ganz zum Schluss gelingt ihm mit Hilfe seines Dieners die Erinnerung an Lisa Berndle (Joan Fontaine). Fatalistisch begibt er sich nun zum Duell.

Die nächtliche Geschichte des Mannes bildet jedoch nur den Rahmen für die briefliche Erzählung der Frau. Die inszeniert der Film in einer Folge von Rückblenden, eingeleitet und kommentiert durch Lisas Voice-over. Die Erinnerung geht zurück zur ersten Schwärmerei des kleinen Mädchens für den eben nebenan eingezogenen Stefan, damals ein erfolgreicher Pianist. Als Lisas verwitwete Mutter (Mady Christians) erneut heiratet und mit ihr nach Linz zieht, flieht die Halbwüchsige noch einmal vom Bahnhof in Stefans Nähe, um dann mit anzusehen, wie er – wieder einmal – eine elegante Dame in seine Wohnung geleitet. Dennoch hält sie ihm auch in Linz die Treue.

Jahre später, Lisa ist als junge Frau zurück in Wien, wird Brand auf sie aufmerksam. Beide verbringen einen Abend und eine Nacht. Tags darauf reist er ab und vergisst sie. Die nächste Station zeigt Lisa mit dem Kind jener Nacht, ihrem Sohn Stefan Jr. Sie führt inzwischen mit dem Diplomaten Stauffer eine Vernunftehe. Aber dieses Arrangement bricht zusammen, als

1

Brand ihr erneut begegnet. Sie riskiert alles und geht zu ihm, er aber erkennt sie nicht mehr. Die Routine, mit der er sie zu verführen sucht, wird ihr desillusionierend klar. Stauffer, der Lisa zu Brand gehen sah, fordert ihn zum Duell. Der in einem mit Typhus verseuchten Zug eilig weggeschickte Sohn stirbt an der Krankheit ebenso wie schließlich Lisa …

Die Geschichte um einen oberflächlichen Mann und eine ewig unerfüllt liebende Frau, die auf einer Novelle von Stefan Zweig fußt, wirkt – mit wenigen Worten nacherzählt – recht konstruiert. Worauf beruht dennoch die Faszination, die Max Ophüls' zweiten amerikanischen Film zum Objekt ästhetischer Verehrung und zahlloser Interpretationen werden ließ? Verantwortlich scheint zweierlei. Zum einen: Für das Scheitern des Paares werden – anders als in vielen zeitgenössischen Melodramen – keine äußeren, keine gesellschaftlichen Ursachen reklamiert, sondern allein innere Tatbestände der Figuren. Lisas masochistische Liebe, die Erinnerungslosigkeit Stefans und dessen späte Freilegung verschütteter Gedächtnisbestände haben psychoanalytische und feministische Deutungen geradezu herausfordert.

Zum anderen: Die kunstvoll arrangierte Geschlossenheit der Imagination stellt im Moment des Miterlebens auf suggestive Weise eine große Plausibilität her. Der Film erreicht dies nicht zuletzt durch viele Doppelungen wie die Parallelität von Handlungen und Orten bei den Abreisen von Stefan und Stefan Jr. oder die wiederholten extremen Aufsichten auf die verschiedenen Paare im Treppenhaus vor Brands Wohnung. Aber auch die kleinen, den Figuren beständig in dezenter Distanz folgenden Kamerabewegungen tragen dazu bei. Gemeinsam mit großen Kamerafahrten, teils schnittlos in

2

„Können Sie sich vorstellen, wie es einen quält, ein Gesicht zu sehen, dessen Züge man im Unterbewusstsein in sich trägt. Das eine Gesicht, auf das man ein Leben lang wartet. Als ich Sie vorhin ... sah, da war mir klar, dass Sie die Frau sind, die ich immer suchte. Wer sind Sie?" *Filmzitat: Stefan Brand (Louis Jourdan)*

1 Wiederbegegnung nach Jahren: Lisa Berndle (Joan Fontaine) und Stefan Brand (Louis Jourdan): „Wer sind Sie?"

2 Schlüsselbild des Melodramas. Die Frau zwischen eifersüchtigem Ehemann und erinnerungslosem Verführer.

3 Hinter Glas gesetzt: Blick der heranwachsenden Lisa auf die Erwachsenen.

4 Umschlag ins Sinnbild: nicht einlösbares Begehren in einer vergitterten Welt.

„Stellen Sie sich die hübsche Joan Fontaine vor, die draußen in einem Schneesturm steht, mit traurigem Blick ihre Nase an eine Fensterscheibe presst und mit einsamer Inbrunst nach einer Romanze schmachtet, die nicht sein soll – dann haben Sie einen ungefähren Eindruck von der Art und der Atmosphäre des Films *Brief einer Unbekannten.*" The New York Times

Schwenks übergehend, und mit raumgreifenden Kranaufnahmen, die an den markanten Treppenkonstruktionen des Films entlanggleiten, schaffen sie die viel bewunderte schwebende Atmosphäre, eine Welt „für sich", metaphysisch überhöht durch das Ineinandergreifen von Rahmenerzählung und Flashback-Handlung. Ophüls' Lust an der Gliederung seiner Bilder durch Fensterrahmen oder die Gitterstäbe von Toren und Geländern befördert noch den latenten Umschlag ins Sinnbildhafte. Wenn Lisas erste Begegnung mit Stefan getrennt durch die Scheibe einer Tür im Bild erscheint, dann ist damit ein emblematisches Bild geschaffen für alles, was folgt. Erst zum Schluss, als er die tote Lisa „erkannt" hat, tritt sie in seinem Gedächtnisbild hinter der Scheibe hervor. JS

5 Arrangement mit Champagner: die emotionale Leere eines routinierten Verführers.
6 Erste Begegnung als Erinnerungsbild: die kindliche Lisa und der berühmte Pianist.
7 Erst sein Diener verhilft Stefan zur späten Erinnerung – zu spät.

HOWARD KOCH Seine Fähigkeit, gute Dialoge zu schreiben, stellte der 1902 geborene spätere Filmautor zunächst im Radio unter Beweis. Er schrieb das unter der Regie des jungen Orson Welles 1938 realisierte – und diesem zum Durchbruch verhelfende – sensationelle Hörspiel „The War of the Worlds", das Menschen, die die Fiktion nicht erkannten, in Panik auf die Straße trieb. Ab 1940 arbeitet er als Drehbuchschreiber für Hollywood, unter anderem als Co-Autor von *Casablanca* (1942). In *Brief einer Unbekannten* (*Letter from an Unknown Woman*, 1948) zeigt er seine besondere Stärke, literarische Texte, wie den von Stefan Zweig, in Filmdialoge zu übertragen.
Während der McCarthy-Ära gerät er auf die Schwarze Liste, sodass er nach *The 13th Letter* (1950) zehn Jahre nicht, oder zumindest nicht unter eigenem Namen, arbeiten kann. Erst nach dem Kinostart der britischen Produktion *Es geschah in diesem Sommer* (*The Greengage Summer*, 1961) war man auch in Hollywood wieder auf ihn aufmerksam geworden. 1964 wurde sein Name dann in den Credits zu *Kampfgeschwader 633* (*633 Squadron*, 1964) erstmalig wieder in einer US-amerikanischen Produktion aufgeführt. Koch starb am 17. August 1995 in Woodstock, New York.

BIS ZUM LETZTEN MANN
Fort Apache

1948 - USA - 125 MIN. - S/W - GENRE WESTERN

REGIE JOHN FORD (1894–1973)
BUCH FRANK S. NUGENT, nach der Erzählung „Massacre" von JAMES WARNER BELLAH
KAMERA ARCHIE STOUT SCHNITT JACK MURRAY MUSIK RICHARD HAGEMAN
PRODUKTION JOHN FORD, MERIAN C. COOPER für ARGOSY PICTURES, RKO.

DARSTELLER JOHN WAYNE (Captain Kirby York), HENRY FONDA (Colonel Owen Thursday), SHIRLEY TEMPLE (Miss Philadelphia Thursday), PEDRO ARMENDÁRIZ (Sergeant Beaufort), VICTOR MCLAGLEN (Sergeant Festus Mulcahy), WARD BOND (Sergeant Michael O'Rourke), JOHN AGAR (Lieutenant Michael Shannon O'Rourke), GEORGE O'BRIEN (Captain Sam Collingwood), IRENE RICH (Mrs. Mary O'Rourke), ANNA LEE (Mrs. Emily Collingwood), MIGUEL INCLÁN (Cochise).

„This isn't a country for glory."

„40 Meilen von Pfütze zu Pfütze – Mule Creek, Dead Men's Squaw, Smit's Well, Hangman's Flats, Hassayampa und am Ende Fort Apache. Fort Apache! Welch Undank, einem Mann hier ein Kommando zu übertragen", ärgert sich Colonel Owen Thursday (Henry Fonda), der mit der Postkutsche auf dem Weg zu seinem neuen Einsatzort ist. „Nach allem, was ich geleistet habe, schickt man mich hierher." Der verdiente Offizier ist frustriert über seine Versetzung an den Rand der Zivilisation und deshalb fest entschlossen, sein neues Kommando streng zu führen. Er legt Wert auf exakte Befolgung der Armeevorschriften, und beim ersten Appell entbindet er ohne ersichtlichen Grund verdiente Offiziere von ihren Aufgaben. „Wir sind keine Cowboys, wir sind Gründer mit Luzerne", lässt er seine Untergebenen wissen. Selbst am Ende der zivilisierten Welt hofft er auf die Gelegenheit zu einer ruhmreichen Tat. Damit könnte er anschließend ehrenvoll in die zivilisierte Welt zurückkehren. Die Flucht der Apachen aus dem nahen Reservat kommt ihm da nicht ungelegen. Sieht er die Indianer doch ohnehin als Wilde. Ganz anders sein Stellvertreter Captain Kirby York (John Wayne), der die Verhandlungen mit Apachen-Häuptling Cochise (Miguel Inclán) aufnimmt und ihm sein Ehrenwort gibt, dass der Kommandant zu den weite-

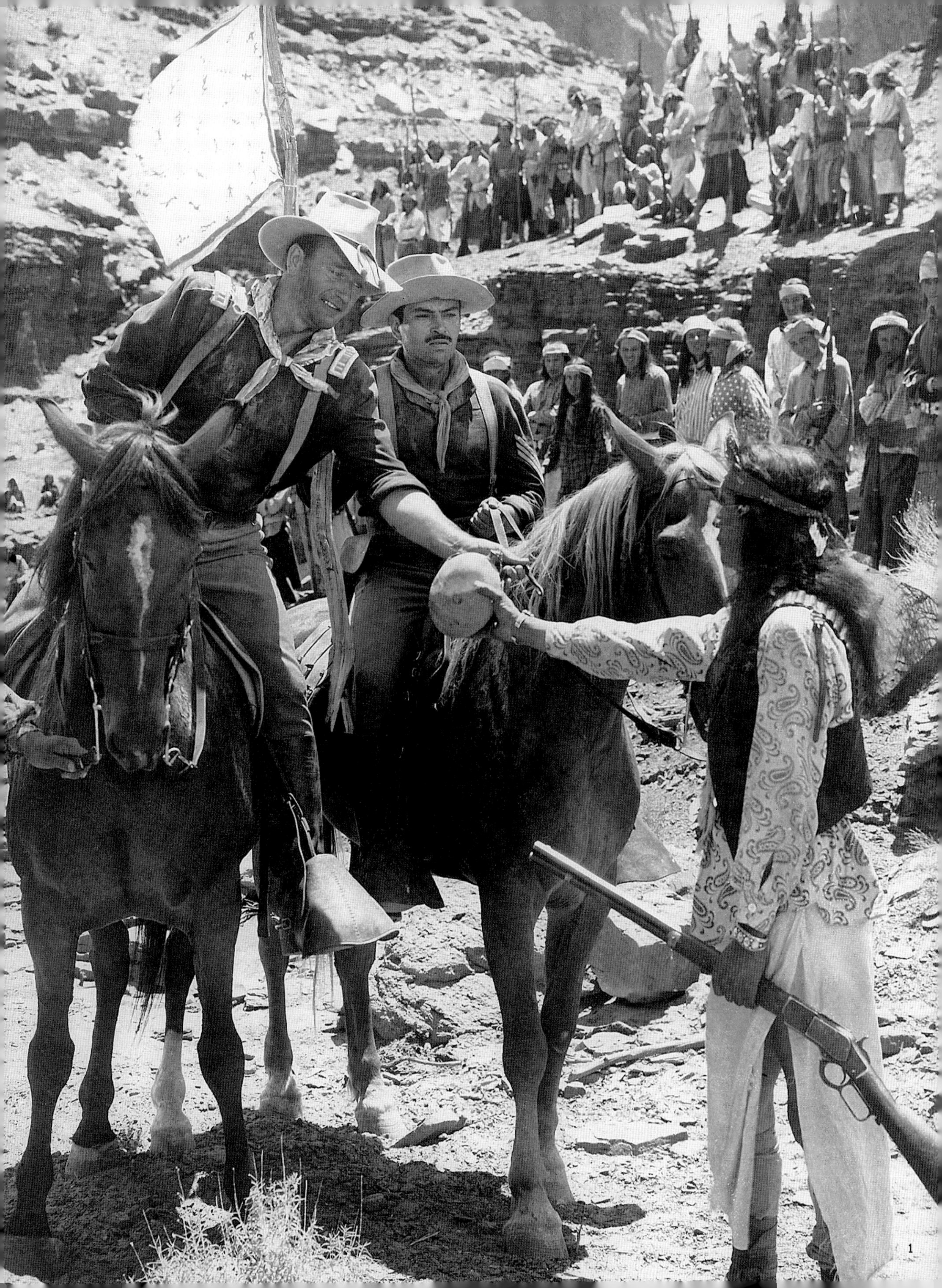

1

> „Ein psychologisch fundierter Film von historischer Glaubwürdigkeit und Objektivität den Indianern gegenüber, optisch und darstellerisch eindrucksvoll."
>
> Lexikon des internationalen Films

1 Das Überreichen des Wassers als Zeichen gegenseitigen Respekts. Captain York (John Wayne) akzeptiert Häuptling Cochise (Miguel Inclán) als gleichwertigen Verhandlungspartner.

2 Die wehrhafte Demokratie im Kleinformat: Owen Thursday (Henry Fonda) umringt von seinen Männern – die Armee als Sinnbild der amerikanischen Gesellschaft.

3 Ein Indianer ist ein Mensch, ein Indianerstamm hingegen ist ein Orkan. Mit wabernden Staubwolken und den Nahaufnahmen der galoppierenden Pferde macht Regisseur Ford den Indianerangriff zu einem Naturereignis.

ren Gesprächen nur mit einer kleinen Eskorte anrücken wird. Thursday jedoch hat andere Pläne.

In den Gegensätzen der beiden perfekt besetzten Militärs spiegelt sich die Entwicklungsgeschichte der amerikanischen Nation. Hier der alternde, elegante Thursday von der Ostküste, der sich lange in Europa aufgehalten hat, dort der rustikale York, noch jugendlich-dynamisch, aber schon erfahren im Überlebenskampf der Grenzregion. Auf der einen Seite die Verwurzelung mit dem alten klassenbewussten Kontinent, auf der anderen der Stellvertreter der tatkräftigen neuen Nation Amerika. Hier der Paragraphenreiter, dort der sich ebenso natürlich wie pragmatisch verhaltende Führer.

Was die beiden so unterschiedlichen Charaktere verbindet, ist die Armee, die als Ersatzfamilie und Notgemeinschaft fungiert. Angesichts der immerwährenden äußeren Bedrohung durch Natur und Indianer dient der militärische Gehorsam als Instrument, das alle zusammenhält – die degradierten ehemaligen Südstaaten-Offiziere, die enttäuschten Yankees und die Iren, die alle miteinander verwandt zu sein scheinen. Wichtigstes Mittel bei der Inszenierung dieser Gemeinschaft sind die Rituale, allen voran die Rekrutenausbildung. Diese dienen nicht nur zur Veranschaulichung von Drill und Disziplin, sondern bieten zugleich die Möglichkeit, typisch irische Komödienelemente einzuflechten. So ist die Ironie der Situation nicht zu übersehen, wenn Väter und Onkel der älteren Generation vor ihren Söhnen und Neffen salutieren oder wenn die frisch ausgebildeten Rekruten ihre verkaterten Ausbilder zur Strafaktion eskortieren. Höhepunkt des Gemeinschaftslebens sind die feierlichen Tanzveranstaltungen, die einzig Colonel Thursday nicht zu genießen weiß. Ebenfalls sinnbildlich ist dabei die Ankunftsszene im Fort, in der Thursday mitten in den feierlichen Ball zu Ehren George Washingtons platzt. Anstatt die fröhliche Stimmung zu nutzen, um sich einzuführen, bleibt er unbeteiligt am Rand stehen, während York und die anderen sich dem Vergnügen hingeben. Eingebunden in die Gemeinschaft ist Thursday vor allem durch seine Tochter Philadelphia (Shirley Temple), die sich aber gegen seinen Willen mit dem jungen irischen Lieutenant Michael O'Rourke (John Agar) anfreundet.

Eingebettet ist die Inszenierung dieser menschlichen Verwicklungen in jene der alles überragenden Natur des Monument Valley, die dem Film seine epische Dimension verleiht. Kameramann Archie Stout experimentierte teilweise mit Infrarot-Film, sodass die Wolken wie bombastische Lichtflecken am tiefdunklen Himmel stehen, der sich klar von der hellen Erde scheidet. Die Tafel- und Zackenberge wirken so mitunter wie Scherenschnitte am Horizont, vor denen die Menschen trotz ihrer offensichtlichen Unscheinbarkeit ihre staubigen Spuren hinterlassen. Dementsprechend findet der Film seine optischen Höhepunkte in Totalen und Weitaufnahmen. Diese haben ihren Widerpart in den actiongeladenen Kampfszenen, in denen der Zuschauer aus Unterperspektive Zeuge wird, wie die Pferde durch den Präriesand galoppieren.

So wie Ford die Darstellung der Landschaft im Film schon in den 20er Jahren mit *Das eiserne Pferd/Das Feuerross* (*The Iron Horse*, 1924) revolutionierte und darüber hinaus den Helden aus der einengenden Halbnah-Aufnahme befreite, so hatte er gewagte Stunts und Dramatik schon knapp zehn

4   Thursdays Porträt wird zum Sinnbild für die identitätsstiftende Legendenbildung der amerikanischen Nation. Die historische Wahrheit spielt für John Ford dabei keine Rolle, wohl aber Aufbau und Ausschnitt der einzelnen Sequenzen.

5   Der Hut macht den Mann: York als pragmatischer Mann des Westens, Thursday als steifer Paragraphenreiter aus dem Osten.

6   Verkehrte Welt: Die Rekruten eskortieren die verkaterten Vorgesetzten zur Strafexpedition.

7   Ein Fest ist im Western stets ein Ereignis. Dass Thursday Tanz und guter Stimmung nichts abgewinnen kann, unterstreicht sein mürrisches, ungeselliges Wesen.

„Eine visuell fesselnde Inszenierung von Gewalt ..."
New York Herald Tribune

HENRY FONDA

Henry Fonda war ein Charakterstar jenseits aller Schubladen. Seine Erfolgsgeschichte erstreckt sich über verschiedene Genres und lässt ihn die unterschiedlichsten Typen stets glaubhaft verkörpern. Ende der 20er Jahre hatte der 1905 geborene Fonda seinen Bürojob aufgegeben, um Theater zu spielen, unter anderem mit James Stewart. 1934 beginnt er seine Arbeit in Hollywood und kann bereits 1936 mit Fritz Langs *Gehetzt* (*You Only Live Once*) einen ersten Erfolg feiern.

Sein Durchbruch gelingt ihm jedoch erst mit John Fords Filmen *Trommeln am Mohawk* (*Drums Along the Mohawk*, 1939) und *Der junge Mr. Lincoln* (*Young Mr. Lincoln*, 1939). Bereits hier zeigt sich seine Vielseitigkeit und die Tendenz Fondas, sich nicht auf einen Rollentypus oder Genre festlegen zu lassen. So überzeugte er neben Barbara Stanwyck in der Screwball-Komödie *Die Falschspielerin* (*The Lady Eve*, 1941) ebenso wie später als Bezuchov im Historienfilm *Krieg und Frieden* (*War and Peace / Guerra e pace*, 1956). Mit *Bis zum letzten Mann* (*Fort Apache*, 1948) ließ er das Image des strahlenden Helden hinter sich und übernahm die Rolle des verbitterten Karrieresoldaten, der an seinem blinden Ehrgeiz scheitert. Noch weiter ging er in Sergio Leones *Spiel mir das Lied vom Tod* (*C'era una volta il West / Once Upon a Time in the West*, 1968), in dem er in die Stiefel eines kaltblütigen Killers stieg. Ebenso unvergesslich seine Plädoyers als achter Geschworener in Sidney Lumets *Die zwölf Geschworenen* (*12 Angry Men*, 1957) oder seine Rede in John Fords Sozialdrama *Früchte des Zorns* (*The Grapes of Wrath*, 1940).

Trotz seiner Vielseitigkeit verdankt Henry Fonda doch dem Western die meisten seiner Erfolge, die er mit Streifen wie *Stern des Gesetzes* (*The Tin Star*, 1957), *Das war der Wilde Westen* (*How the West Was Won*, 1962) oder als Selbstparodie in *Mein Name ist Nobody* (*Il mio nome è Nessuno*, 1973) feierte. Wie groß sein Starruhm war, zeigte sich im Kriegsfilm *Der längste Tag* (*The Longest Day*, 1962), in dem er neben anderen Darstellergrößen wie John Wayne und Robert Mitchum den Sohn von Präsident Roosevelt spielte.

Nachdem er Mitte der 60er Jahre auch verstärkt TV-Rollen angenommen hatte, gelang ihm als Film-Ehemann von Katharine Hepburn an der Seite seiner Tochter Jane Fonda in Mark Rydells *Am goldenen See* (*On Golden Pond*, 1981) ein letzter Glanzpunkt, für den er zu Recht mit dem Oscar für den besten Hauptdarsteller ausgezeichnet wurde. Die Ehrung konnte er aufgrund seiner bereits fortgeschrittenen Krankheit jedoch nicht mehr persönlich entgegennehmen. Er starb wenig später am 12. August 1982 in Los Angeles.

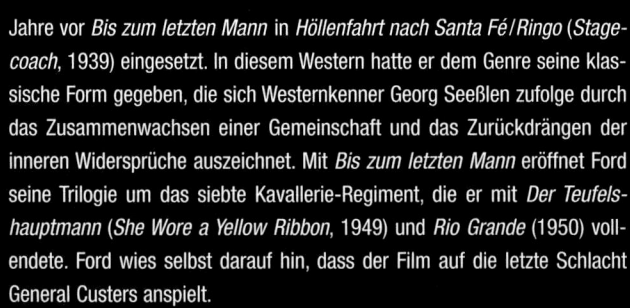

Jahre vor *Bis zum letzten Mann* in *Höllenfahrt nach Santa Fé / Ringo* (*Stagecoach*, 1939) eingesetzt. In diesem Western hatte er dem Genre seine klassische Form gegeben, die sich Westernkenner Georg Seeßlen zufolge durch das Zusammenwachsen einer Gemeinschaft und das Zurückdrängen der inneren Widersprüche auszeichnet. Mit *Bis zum letzten Mann* eröffnet Ford seine Trilogie um das siebte Kavallerie-Regiment, die er mit *Der Teufelshauptmann* (*She Wore a Yellow Ribbon*, 1949) und *Rio Grande* (1950) vollendete. Ford wies selbst darauf hin, dass der Film auf die letzte Schlacht General Custers anspielt.

Wenn York den toten Thursday vor Journalisten zum ruhmvollen Helden stilisiert, dann verwandelt der Western genregerecht die amerikanische Geschichte zum Mythos. Dass die historische Wahrheit zugunsten der nationalen Glorie geopfert wird, erachtete Ford offenbar als keineswegs fragwürdig, so verzichtete er wie die meisten Regisseure der Zeit generell auf farbige Darsteller. Die Bedeutung des Films liegt dementsprechend weniger in seiner historischen Authentizität als in seiner komplexen Psychologie und der großen Leistung der Hauptdarsteller.

In gekonntem rhythmischem Wechselspiel vereint Ford Komik und Konflikt und verbindet die verschiedenen Handlungsfäden zu einem perfekten Ganzen, das sich nicht zuletzt durch die Leichtigkeit der Inszenierung auszeichnet. In Deutschland allerdings kürzte man die synchronisierte Fassung um rund 40 Minuten und verstümmelte den Westernklassiker damit fast bis zur Unkenntlichkeit.

OK

TATIS SCHÜTZENFEST / TEMPO – TEMPO!!
Jour de fête

1947/49 - FRANKREICH - 82 MIN. - FARBE/S/W - GENRE KOMÖDIE

REGIE JACQUES TATI (1908–1982)
BUCH JACQUES TATI, HENRI MARQUET, RENÉ WHEELER KAMERA JACQUES MERCANTON, JACQUES SAUVAGEOT
SCHNITT MARCEL MORREAU MUSIK JEAN YATOVE PRODUKTION FRED ORAIN für CADY FILMS, PANORAMIC FILMS.

DARSTELLER JACQUES TATI (François), GUY DECOMBLE (Roger), PAUL FRANKEUR (Marcel), SANTA RELLI (Rogers Frau), MAINE VALLÉE (Jeanette), ROGER RAFAL (Friseur), JACQUES BEAUVAIS (Cafébesitzer), DELCASSAN (altes Klatschweib).

IFF VENEDIG 1949 BESTES DREHBUCH (Jacques Tati).

„Tempo, Tempo!"

Hochsommer in Zentralfrankreich. Im kleinen Dorf Sainte-Sévère-sur-Indre laufen die Vorbereitungen für den Jahrmarkt. Gehänselt von den Schaustellern dirigiert der zerstreute Briefträger François (Jacques Tati) das Aufstellen des Fahnenmastes, worüber er beinahe seine dienstlichen Pflichten vergisst. Zu den Attraktionen des Festes zählt ein Wanderkino, das einen Film über die Postzustellung in den USA zeigt. Mit Flugzeug, Helikopter und Motorrad werden dort die Sendungen mit größtmöglicher Geschwindigkeit an die Adressaten gebracht. Kein Wunder, dass François sich nach der Vorführung den Frotzeleien der Dorfbewohner ausgesetzt sieht. Jedoch, in seiner Ehre gekränkt, stellt er sich am nächsten Tag der Herausforderung: Er schwingt sich auf sein Fahrrad und jagt in atemberaubendem Tempo durch das Dorf, um es der amerikanischen Post gleichzutun.

Tatis Schützenfest war der erste abendfüllende Film von Jacques Tati. Und wenngleich der französische Komiker hier noch nicht in der Rolle des berühmten Monsieur Hulot in Erscheinung tritt, so offenbart der Film doch bereits die typische Handschrift seines Regisseurs. Als Ausgangspunkt nutzte Tati seinen Kurzfilm Schule der Briefträger (L'École des facteurs, 1947), aus dem er nicht nur die Hauptfigur und einige Gags, sondern auch den Handlungsort übernahm, dem wie stets in seinen Filmen eine zentrale Bedeutung zukommt. Denn das Bauerndorf dient nicht bloß als idyllischer Hintergrund, sondern ist vielmehr unmittelbar und ursächlich an den amüsanten Situationen beteiligt. Das liegt daran, dass Tatis spezifische Komik nicht zuletzt auf der unaufgeregten Beobachtung alltäglicher Ereignisse beruht, deren Absurdität auf diese Weise offenbar wird.

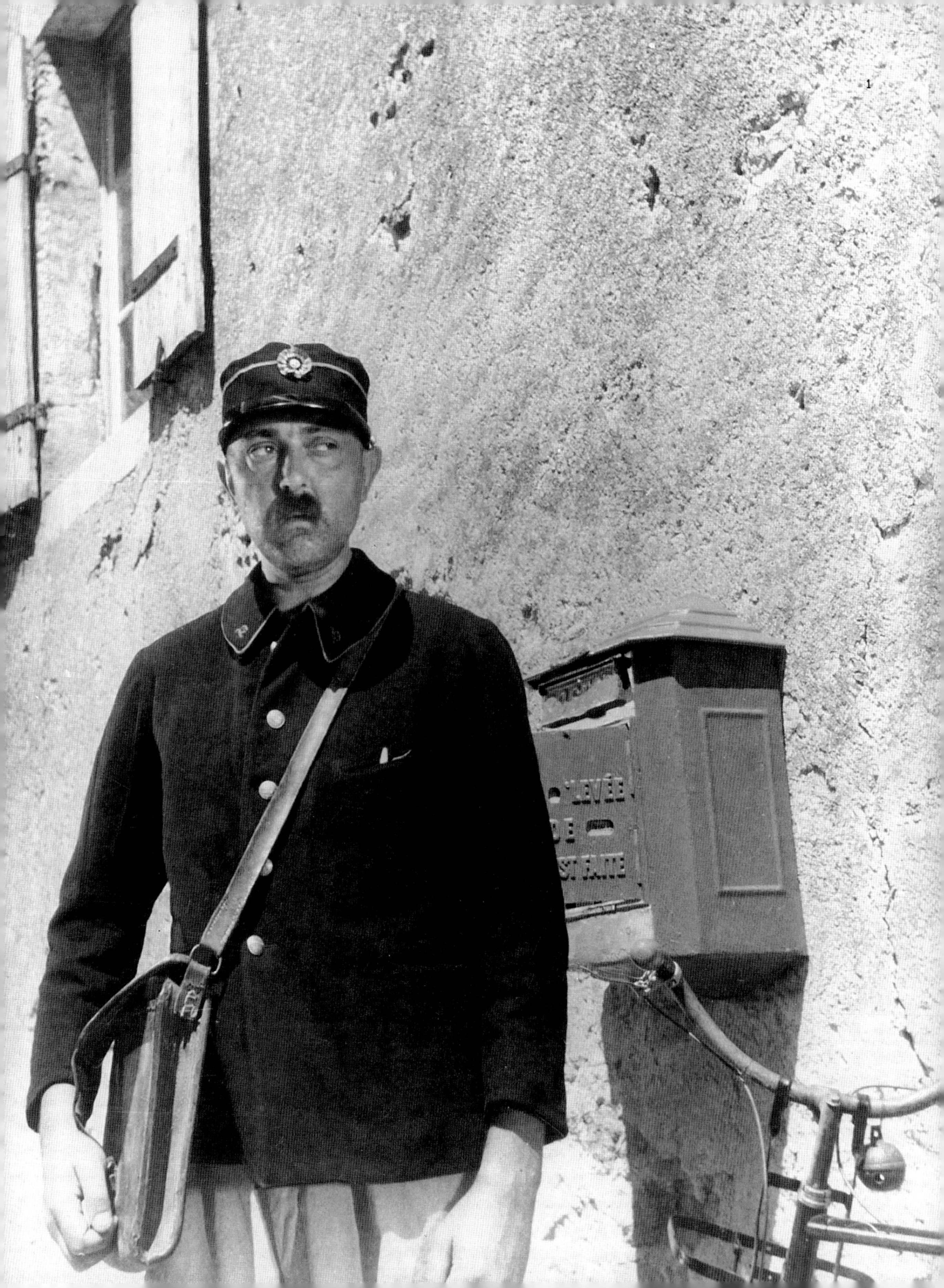

1

1 Der Dorftrottel: In der Rolle des Briefträgers François gelang Jacques Tati der Durchbruch als Filmkomiker.
2 Die guten alten Zeiten: Von der Moderne ist in Sainte-Sévère noch nicht viel zu sehen.
3 Die ungelenken Bewegungen täuschen: Tatis Komik wäre ohne seine außergewöhnliche Körperbeherrschung nicht denkbar.

„Die Ähnlichkeit von Tati und de Gaulle funktioniert wie die von Chaplin und Hitler. Die Übereinstimmung, die spätere Zeiten als frappierende Ausnahme wahrnehmen, ist die Physiognomie der ganzen Epoche. Den meisten Zeitgenossen entging sie, weil sie ihre eigene war."
Frankfurter Allgemeine Zeitung

Im Mittelpunkt der Gags steht zumeist der Briefträger, der mit seiner kindischen Ernsthaftigkeit und schlaksigen Statur aus dem sich ansonsten völlig organisch und ganz selbstverständlich vollziehenden Dorfleben heraussticht. Die grotesken Szenen, die er stets ungewollt auslöst, ergeben sich so geradezu zwangsläufig – ohne dass François selbst im eigentlichen Sinne komisch wäre. Tati knüpft damit an die Tradition der großen Slapstick-Komiker der Stummfilmzeit an. Und wie bei Chaplin oder Keaton resultiert auch Tatis physische Komik, seinen scheinbar ungelenken Bewegungen zum Trotz, aus einer erstaunlichen Körperbeherrschung. Besonders augenfällig wird das im wohl legendärsten Gag des Films, wenn François auf seinem alten Dienstrad und mit provozierend aufrechter Haltung einen Tross schmerzgekrümmter Radrennfahrer abhängt.

Die Popularität, die *Tatis Schützenfest* auch heute noch vor allem in seinem Heimatland genießt, erklärt sich zweifellos auch aus dem urtümlichen Reiz seiner Szenerie. Sainte-Sévère-sur-Indre, das ist Frankreich wie in der guten alten Zeit. Die Vorführung des spektakulären Post-Films, der inmitten des pittoresken dörflichen Treibens wie eine Satire auf Fortschrittsgläubigkeit und den American Way of Life wirkt, lässt die nostalgische Qualität des Schauplatzes umso deutlicher hervortreten. Tatis skeptische Haltung gegenüber den Segnungen der modernen Zeit, die später in *Playtime – Tatis herrliche Zeiten* (*Play Time*/*Tempo di divertimento*, 1967) gipfelte, zeichnet sich hier bereits ab.

Dass Tatis Film aber auch als politischer Kommentar zu deuten ist, lässt die auffällige Ähnlichkeit seines uniformierten Helden mit Charles de Gaulle

4 Die Kinder fiebern dem jährlichen Höhepunkt entgegen, dem Schützenfest mit seinem Pferdekarussell.

5 Kauzige Typen: Seinen Reiz bezieht Tatis Film auch aus vielen kuriosen Nebenfiguren.

6 In *Tatis Schützenfest* spielt Guy Decomble (M.) den übermütigen Schausteller Roger. Ende der 50er Jahre wurde Decomble zu einer Art Maskottchen der Nouvelle Vague.

GUY DECOMBLE Obwohl seine Filmkarriere kaum größere Rollen umfasst, gehört er doch zu den Gesichtern, die wohl jedem Freund des französischen Kinos im Gedächtnis haften: Seit Beginn der 1930er Jahre trat der 1910 geborene Guy Decomble regelmäßig als Kleindarsteller in Filmen auf, darunter mehrmals bei Jean Renoir. Doch erst Jacques Tatis *Tatis Schützenfest / Tempo – Tempo!!* (*Jour de fête*, 1947/49) bescherte ihm einen größeren Auftritt in der Rolle des übermütigen Schaustellers Roger, der nicht nur mit dem armen Briefträger seine Späße treibt, sondern auch den Frauen des Dorfes zugeneigt ist. In *Drei Uhr nachts* (*Bob le flambeur*, 1955) besetzte ihn dann Jean-Pierre Melville als sympathischen Inspektor Ledru, bevor er in zwei frühen Filmen der Nouvelle Vague dem Unverständnis der älteren Generation ein Gesicht gab: In Claude Chabrols *Schrei, wenn du kannst* (*Les Cousins*, 1959) spielt er einen kauzigen Buchhändler und Hüter der Moral. Unvergessen aber bleibt Decomble wohl vor allem als strenger Lehrer des kleinen Antoine Doinel in François Truffauts legendärem Regiedebüt *Sie küssten und sie schlugen ihn* (*Les quatre cents coups*, 1958/59). Guy Decomble starb 1964.

erahnen. So leistet sich Tati, wenn sein Held bei der Errichtung des Fahnenmastes seine Handlanger zur Rechten und Linken mit geradezu militärischem Ernst anweist, an den Seilen zu ziehen, eine augenzwinkernde Anspielung auf die vom General beschworene Einigkeit aller Franzosen. Immerhin: Nach einigen Turbulenzen weht die Trikolore tatsächlich über dem Marktplatz.

Und selbst wenn François letztlich bei seinem Versuch scheitert, mit dem Tempo der amerikanischen Post Schritt zu halten, gewinnt doch am Ende das französische Savoir-vivre über die Hektik der neuen Welt: Nachdem der Postbote schließlich samt Fahrrad im Flüsschen Indre landet, lässt er Dienst Dienst sein und hilft stattdessen bei der Heuernte. Die Briefe aber trägt ein kleiner Junge aus, der fröhlich hinter dem abfahrenden Schaustellerwagen her hüpft. UB

SPRUNG IN DEN TOD / MASCHINENPISTOLEN
White Heat

1949 - USA - 114 MIN. - S/W - GENRE GANGSTERFILM

REGIE RAOUL WALSH (1887–1980)
BUCH IVAN GOFF, BEN ROBERTS, nach einer Vorlage von Virginia Kellogg KAMERA SID HICKOX
SCHNITT OWEN MARKS MUSIK MAX STEINER PRODUKTION LOUIS F. EDELMAN für WARNER BROS.
DARSTELLER JAMES CAGNEY (Arthur „Cody" Jarrett), VIRGINIA MAYO (Verna Jarrett),
EDMOND O'BRIEN (Hank Fallon alias Vic Pardo), MARGARET WYCHERLY (Ma Jarrett),
STEVE COCHRAN (Big Ed Somers), JOHN ARCHER (Philip Evans), WALLY CASSELL (Cotton Valletti),
FRED CLARK (Daniel Winston), FORD RAINEY (Zuckie Hommell), PERRY IVINS (Doktor Simpson).

„Made it, Ma! Top of the world!"

Bei einem Eisenbahnüberfall töten Cody Jarrett (James Cagney) und seine Bande vier Menschen. Zwar hat die Polizei keine Beweise gegen Jarrett in der Hand, doch weil ihre Ermittlungen den Gangster in die Enge treiben, beschließt dieser, sich den Behörden zu stellen – für eine Tat, die er nicht begangen hat. Er gesteht einen Hotelraub, der ihm ein Alibi verschafft und statt des elektrischen Stuhls lediglich zwei Jahre Gefängnis einbringt. Die Polizei lässt jedoch nicht locker und schleust den verdeckten Ermittler Hank Fallon (Edmond O'Brien) in Jarretts Zelle. Fallon gelingt es, das Vertrauen des Verbrechers zu gewinnen. Die Situation spitzt sich zu, als Jarrett erfährt, dass seine Mutter (Margaret Wycherly), die in seiner Abwesenheit die Gang führt, von einem Bandenmitglied ermordet wurde. Gemeinsam mit Fallon bricht er aus, um sich zu rächen. Und um einen neuen Coup zu landen.

Unter den rund hundert Filmen, die Raoul Walsh während seiner fünfzigjährigen Laufbahn inszeniert hat, gehört *Sprung in den Tod* zu den unbestrittenen Höhepunkten. Mit ihm wies sich der oft als „Männer-Regisseur" bezeichnete Hollywood-Veteran einmal mehr als Meister jener schnörkellosen und packenden Genrefilme aus, die das Image von Warner Brothers während der Studio-Ära maßgeblich prägten. Wie John Hustons *Gangster in Key Largo/Hafen des Lasters* (*Key Largo*, 1948) ist auch Walshs Film ein Nachruf auf Warners klassische Gangsterfilme der 30er Jahre. Und wie in Hustons Film noir, in dem Edward G. Robinson einen alternden Mafia-Boss verkörpert, tritt auch hier einer der großen Stars des Genres als anachronistische Figur auf.

James Cagney, der einst als *Der öffentliche Feind* (*The Public Enemy*, 1931) zum Leinwandidol aufstieg, durchlebt in der Rolle des Cody Jarrett keine der klassischen Geschichten um Aufstieg und Untergang. Dass der von ihm gespielte Gangster seinen Zenit augenscheinlich überschritten hat, lässt schon die rustikale Wildwest-Manier des Zugüberfalls erahnen. Im krassen Gegensatz dazu steht die nüchterne und effiziente Fahndungsarbeit der Polizei, die Walsh mit beinahe dokumentarischer Sachlichkeit einfängt. Dem Banditen alter Schule begegnet die Staatsmacht mit modernster Technik. Während sie bei ihrer Jagd Peilsender und Autotelefone nutzt, scheint Jarrett

1

solchen Geräten geradezu feindlich gegenüberzustehen. Ein einziges Mal greift er im Film zu einem Telefon – um es aus der Wand zu reißen.

Jarrett agiert stets spontan und impulsiv. Er ist ein Mann der Instinkte, der allein seiner Mutter Vertrauen entgegenbringt. Sie ist es, die ihn immer wieder an sein Ziel erinnert, nach ganz oben zu kommen: „Top of the world". Und einzig ihre Massagen vermögen Jarretts unvermittelt auftretende furchtbare Kopfschmerzen zu lindern. Wie sehr „Ma Jarrett" indes das Denken und Fühlen ihres Sohnes beherrscht, wird anhand eines sorgsam arrangierten Szenenwechsels deutlich: Als einmal von Jarrett auf die Mutter überblendet wird, verschmelzen die Züge der beiden einen kurzen Moment lang zu einem Gesicht. *Sprung in den Tod* nimmt hier gewissermaßen das berühmte Ende von Hitchcocks *Psycho* (1960) vorweg, bei dem auf ähnliche Weise offenbar

„Dass dieses bewundernswerte Schauspiel in seiner Maßlosigkeit nicht immer hundertprozentig realistisch wirkt, hängt wohl auch mit der offensichtlichen Sympathie zusammen ..., die Walsh seinem Helden entgegenbringt: James Cagney findet in Jarrett die Chance, eine der letzten großen Gangsterrollen seiner Karriere zu spielen, und zieht alle Register seines Könnens." *Positif*

1 Schwerer Junge: Seit *Der öffentliche Feind* (*The Public Enemy*, 1931) zählte James Cagney (hier als Arthur „Cody" Jarrett) zu den markantesten Darstellern des Gangsterfilm-Genres.

2 Der Gangster und seine Braut: Virginia Mayo macht eine überzeugende Figur als Codys gefühlskalte Gefährtin Verna Jarrett. Hank Fallon alias Vic Pardo (Edmond O'Brien), links.

3 Star-Power: Wie kein anderer Hollywood-Schauspieler prägte James Cagney das Bild des vor Energie strotzenden Gangsters.

4   Der Boss und die Bande: Immer wieder muss Cody gegen einen Autoritätsverlust innerhalb der Gang ankämpfen – zu offensichtlich sind seine psychischen Defekte.

5   Ganz oben: Im explosiven Finale triumphiert Codys Mutterliebe auf spektakuläre Weise.

6   Wildwest-Manier: Die archaische Brutalität des Eisenbahnüberfalls weist den Gangster als anachronistische Figur aus.

„Cagney kehrt zur Gangsterrolle zurück in einem der explosivsten Filme, die er oder irgendjemand anderer je spielten." *The New York Times*

wird, dass der schizophrene Mörder Norman Bates endgültig die Identität seiner toten Mutter angenommen hat.

Tatsächlich lässt auch Walshs Film keinen Zweifel an Jarretts krankem Geisteszustand. Selbst die Polizei kennt die Ursache seines chronischen Leidens: Als Kind musste er Kopfschmerzen simulieren, um die Aufmerksamkeit seiner Mutter zu gewinnen. Dass Fallon diesen psychischen Defekt eiskalt ausnutzt, um Jarrett zur Strecke zu bringen, verleiht dem Vorgehen der Polizei etwas Heimtückisches. Dagegen haftet dem Verbrecher trotz seiner Brutalität eine fast kindliche Unschuld an. Wenn *Sprung in den Tod* deshalb einerseits auf den pathologischen Kern der von Erfolgshunger und extremer

EDMOND O'BRIEN

David Thomson schrieb über Edmond O'Brien (1915–1985), er habe als einer von wenigen Hollywood-Schauspielern das ungeschriebene Verbot durchbrochen, vor der Kamera sichtbar zu schwitzen. Und so liegt es zweifellos auch an seiner unglamourösen Körperlichkeit, dass O'Brien nur selten so einnehmend wirkte wie als Dichter Gringoire in William Dieterles *Der Glöckner von Notre Dame* (*The Hunchback of Notre Dame*, 1939), seinem ersten größeren Auftritt im Kino. O'Brien, der in den 30er Jahren zeitweise der Truppe von Orson Welles' Mercury Theatre angehörte, eignete sich nicht für die Rolle des strahlenden Helden. Obwohl er sich in *Sprung in den Tod / Maschinenpistolen* (*White Heat*, 1949) als Undercover-Agent in permanenter Lebensgefahr bewegt, bleibt in seinem Spiel stets die Hinterlist seines Auftrags präsent. Und selbst wenn er in Rudolph Matés *Opfer der Unterwelt* (*D.O.A.*, 1950) tödlich vergiftet seinem Mörder hinterherjagt, untergräbt er die Tragik seiner Figur, indem er ihn wie einen paranoiden Spießbürger interpretiert.

Auch die Rolle, die ihm den Oscar als bester Nebendarsteller bescherte, zeigt O'Brien von einer eher unangenehmen Seite: Als Presseagent in Joseph L. Mankiewicz' *Die barfüßige Gräfin* (*The Barefoot Contessa*, 1954) verkörperte er den konformistischen Gegenpart zu Humphrey Bogart. Vergleichsweise positiv erscheinen dagegen seine Auftritte in zwei der berühmtesten Spätwestern. In John Fords *Der Mann, der Liberty Valance erschoss* (*The Man Who Shot Liberty Valance*, 1962) spielte er den alkoholabhängigen Zeitungsherausgeber. Und Sam Peckinpah besetzte ihn in *The Wild Bunch – Sie kannten kein Gesetz* (*The Wild Bunch*, 1969) als Senior und Gewissen der Bande. O'Brien führte auch selbst zweimal Regie und arbeitete über Jahrzehnte hin erfolgreich als TV-Darsteller.

7

7 Falscher Freund: Im Gefängnis gelingt es Hank Fallon, Codys Vertrauen zu gewinnen. In der Intimität der beiden Männer liegt auch eine homoerotische Spannung.

8 Walshs Film zwingt dem Zuschauer zwiespältige Emotionen auf. In dieser Szene fiebert er mit Fallon mit – obwohl dessen Verhalten gegenüber Cody geradezu hinterhältig erscheint.

9 Ma Jarrett (Margaret Wycherly) beherrscht Codys Denken und Fühlen. In seiner extremen Liebe zur Mutter liegt auch die Ursache seiner Geisteskrankheit.

„Verraten von Frau und Freund, wird der Verbrecher fast zur tragischen Figur. Besonders die hervorragende psychologische Studie von James Cagney als Cody verleiht dieser Gestalt Gewicht. Und Edmond O'Brien als Polizeispitzel wirkt fast schon unsympathisch." *Kölner Stadt-Anzeiger*

Vitalität geprägten Cagneyschen Gangsterfiguren verweist, so bleibt der Schauspieler doch auch in dieser Rolle letztlich ein „Engel mit schmutzigem Gesicht". Es ist nicht zuletzt diese für einen Film noir so typische moralische Ambivalenz, aus der Walshs Film seine immense Spannung bezieht – und das bis zum spektakulären Finale: Wenn Jarrett schließlich Fallons Verrat begreift und sich, von der Polizei umstellt, auf einen riesigen Öltank einer Raffinerie flüchtet, dann mag er zwar als Verbrecher gescheitert sein – seine Liebe zur Mutter jedoch findet eine triumphale Bestätigung. „Made it, Ma! Top of the world!" brüllt Jarrett in den Himmel, bevor er seinem Leben mit einer gewaltigen Explosion ein Ende setzt.

JH

DER DRITTE MANN
The Third Man

1949 - GROSSBRITANNIEN - 104 MIN. - S/W - GENRE THRILLER, DRAMA

REGIE CAROL REED (1906–1976)
BUCH GRAHAM GREENE KAMERA ROBERT KRASKER SCHNITT OSWALD HAFENRICHTER MUSIK ANTON KARAS
PRODUKTION CAROL REED, ALEXANDER KORDA, DAVID O. SELZNICK für LONDON FILM PRODUCTIONS, BRITISH LION FILM CORPORATION.

DARSTELLER JOSEPH COTTEN (Holly Martins), ORSON WELLES (Harry Lime), ALIDA VALLI (Anna Schmidt), TREVOR HOWARD (Major Calloway), PAUL HÖRBIGER (Hausmeister), ERNST DEUTSCH (Baron Kurtz), ERICH PONTO (Doktor Winkel), SIEGFRIED BREUER (Popescu), BERNARD LEE (Sergeant Paine), GEOFFREY KEEN (britischer Polizist).

ACADEMY AWARDS 1950 OSCAR für die BESTE KAMERA (Robert Krasker).
IFF CANNES 1949 GOLDENE PALME (Carol Reed).

„Poor Harry!"

Ein Toter treibt in der schönen blauen Donau, dazu verkündet eine Erzählerstimme lakonisch, dass der Schwarzmarkt im Nachkriegs-Wien nichts für Amateure sei – und schon befindet man sich in einer Geschichte, die es wie keine zweite versteht, aus ihrem Zeit- und Lokalkolorit Kapital zu schlagen. Der britische Regisseur Carol Reed drehte *Der dritte Mann* 1948 nach einem Drehbuch von Graham Greene an Originalschauplätzen im zerbombten und besetzten Wien; geschickt verbindet sein Film Thriller, Melodram und Elemente der schwarzen Komödie miteinander. Exzellent getroffen ist vor allem die Atmosphäre in der zerstörten Stadt mit ihren durch den Krieg zusammengewürfelten Bewohnern verschiedener Herkunft: die vielen Sprachen, die Wurzellosigkeit der Menschen, ihre kleinen und großen Schiebereien.

Inmitten dieser Welt von Schwarzmarktgeschäften und Polizei-Razzien findet sich einer ein, der all dies nicht wirklich versteht: Holly Martins (Joseph Cotten), ein leicht begriffsstutziger amerikanischer Autor von Groschenromanen, der, kaum in Wien angekommen, auch schon der Beerdigung seines alten Freundes Harry Lime (Orson Welles) beiwohnen muss.

Die Verwicklungen, die sich alsbald aus Hollys unbedarften Nachforschungen zu Harrys angeblichem Unfalltod ergeben, inszeniert Reed wie eine makaber-amüsante Hommage an die temporeichen Szenenwechsel in Alfred Hitchcocks britischen Filmen: Gerade noch als vermeintlicher Mörder von Limes Hausmeister (Paul Hörbiger) einem schaulustigen Mob entronnen, wird Martins bei seiner Rückkehr ins Hotel in einem Taxi „entführt" – und landet in einer literarischen Veranstaltung, bei der er als Autor von „The Lone Rider of Santa Fé" plötzlich über James Joyce diskutieren soll. Kaum hat er dies überstanden, wird er auch schon von zwei Männern verfolgt und von einem Papagei gebissen und kann gerade noch über ein Trümmerfeld entkommen. Dass Martins den tatsächlich quicklebendigen Harry Lime doch noch auftreibt, verdankt er schließlich lediglich einem Zufall.

Der skrupellose Penicillin-Schieber Lime gehört unzweifelhaft zu den ganz großen Rollen von Orson Welles, der es stets verstand, seinen Schurken eine derart tragische Note zu verleihen, dass man am Ende beinahe Mitleid mit ihnen hat. Obwohl Welles lediglich im letzten Drittel von *Der dritte Mann* vielleicht eine knappe Viertelstunde lang zu sehen ist, kreist der ganze Film doch um seine Figur. Oder besser: um deren Abwesenheit, die eine ungeheure Erwartungshaltung schafft, der Welles mit seinem ersten Auftritt allerdings spielend gerecht wird.

1

1 Hartnäckig, hartgesotten und empört: Major Calloway (Trevor Howard) verfolgt den Penicillin-Schieber Harry Lime unnachsichtig.

2 Für den Moment ist er noch einmal davongekommen. Harry Lime (Orson Welles) lebt in der Vier-Sektoren-Stadt Wien ein verborgenes Leben.

3 Das Labyrinth der Wiener Abwässerkanäle ist ein erstklassiges Versteck: Calloway, Paine (Bernard Lee) und Holly Martins (Joseph Cotten) finden heraus, warum Lime immer wieder entkommt.

„*Der dritte Mann* bedeutet einen vorläufigen künstlerischen Höhepunkt, der nicht nur der beste Film Reeds ist, sondern mit einigem Recht als der bisher beste englische Film bezeichnet werden darf."

film-dienst

3

„Wenn man jedoch alles abwägt, dann steht das höchste Lob Carol Reed zu, der die disparaten Elemente zu einem außerordentlich stringenten Thriller zusammengefügt hat. Und ganz besonders muss man ihn für den genialen Einfall loben, zur musikalischen Untermalung des Films ausschließlich Zithermusik zu verwenden. Diese schaurig-betörende Musik, die rhythmisch und leidenschaftlich und traurig zugleich ist, wird zum Kommentator der Wiener Szene und so zum Genius Loci."

The New York Times

DAVID O. SELZNICK

David O. Selznick gehörte zu den Wunderknaben Hollywoods: Bereits im Alter von 34 Jahren besaß er seine eigene Produktionsfirma (Selznick International Pictures, seit 1936), nachdem er zuvor in leitenden Positionen bei Paramount, RKO und MGM beschäftigt gewesen war. Dabei hatte Selznick stets ein glückliches Händchen bewiesen: In seiner Zeit bei RKO nahm er unter anderem Fred Astaire unter Vertrag und beförderte die Karrieren von Katharine Hepburn und Regisseur George Cukor. Selznick holte Ingrid Bergman und Alfred Hitchcock aus Europa nach Hollywood, und auch die 65 000 Dollar, die er für die Rechte an Margaret Mitchells Südstaatenroman „Vom Winde verweht" bezahlte, erwiesen sich als gute Kapitalanlage – wenngleich die Vorbereitungen für den Film Jahre dauerten und diverse Drehbuchautoren und Regisseure verschliss. Letztlich jedoch gab Selznick mit seiner Großproduktion eines der besten Beispiele dafür, was Hollywoods Studiosystem in seinen Glanzzeiten leisten konnte: handwerklich perfekte Unterhaltung zwischen intimem Melodram und epischer Action, Kitsch und Kunst gleichermaßen, gepaart mit einem guten Schuss Besessenheit und Größenwahn.

Doch gerade weil sich Selznick für nahezu jeden Aspekt des Filmemachens interessierte, konnte es ihm nie jemand recht machen – seine „Memos" waren ebenso legendär wie gefürchtet. In den 40er Jahren entwickelte er eine Obsession für die Schauspielerin Jennifer Jones (die auch seine zweite Frau wurde), für die er ständig nach „großen" Rollen suchte. Zudem engagierte er sich in Co-Produktionen mit italienischen und britischen Filmemachern, ließ deren Werke jedoch selten unangetastet: Auch die von Selznick verantwortete amerikanische Version von *Der dritte Mann* (*The Third Man*, 1949) ist gegenüber der britischen Fassung um etwa zehn Minuten gekürzt und hat eine andere Einführung. Seinen letzten Film *In einem anderen Land* (*A Farewell to Arms*) produzierte Selznick 1957. Er starb 1965 an einem Herzanfall.

In einem dunklen Hauseingang sieht man zunächst nur Limes Beine, um die der Kater („He only likes Harry") seiner Geliebten Anna (Alida Valli) streicht. Dann fällt Licht aus einem gegenüberliegenden Fenster auf sein Gesicht, und einen kurzen Moment lang offenbart sich der totgeglaubte Harry mit dem wohl spitzbübischsten Lächeln der Filmgeschichte den Blicken des ebenso betrunkenen wie überraschten Holly Martins.

Später wird Lime seine Schurkereien mit denkwürdigem Zynismus rechtfertigen: „In den dreißig Jahren unter den Borgias hat es nur Krieg gegeben, Terror, Mord und Blut. Aber dafür gab es Michelangelo, Leonardo da Vinci und die Renaissance. In der Schweiz herrschte brüderliche Liebe; fünfhundert Jahre Demokratie und Frieden. Und was haben wir davon: die Kuckucksuhr."

4 Von der Ausweisung bedroht: Limes Freundin, die Schauspielerin Anna Schmidt (Alida Valli), lebt mit einem gefälschten Pass in Wien.

5 Kein Happyend für Holly und Anna: Der tote Harry Lime steht zwischen ihnen.

6 Noch weiß der Autor von „The Lone Rider of Santa Fé" nicht, dass er über James Joyce diskutieren soll: Holly Martins nimmt die Einladung zu einer Kulturveranstaltung gerne an.

Welles' Einfluss auf *Der dritte Mann* beschränkt sich jedoch nicht allein auf die Darstellung des liebenswürdig-bedrohlichen Halunken; auch die expressionistische, opulent-„barocke" Schwarz-Weiß-Fotografie von Kameramann Robert Krasker mit ihren scharfen Kontrasten und verkanteten Perspektiven lässt Erinnerungen an Welles' eigene Regiearbeiten aufkommen.

Im Übrigen definieren sich sämtliche Hauptfiguren und ihre moralischen Positionen ausschließlich in Bezug auf Lime: der britische Major Calloway (Trevor Howard), der den Schieber unnachgiebig verfolgt, weil er behandelt wurden; Anna, die Harry trotz seiner Verbrechen niemals denunzieren würde („A person doesn't change because you find out more"), und schließlich Holly Martins, der seinen Freund nicht nur an die Polizei verrät, sondern ihn am Schluss der berühmten Verfolgungsjagd im Labyrinth der Wiener Abwasserkanäle auch erschießt.

Überdies ist Harry Lime auch auf der Tonspur des Films ständig präsent: im Leitmotiv von Anton Karas' Zithermusik, das sich als Klassiker der „Popmusik" längst verselbstständigt hat.

HEUT' GEHN WIR BUMMELN – DAS IST NEW YORK!
On the Town

1949 - USA - 98 MIN. - FARBE - GENRE MUSICAL

REGIE STANLEY DONEN (*1924), GENE KELLY (1912–1996)
BUCH ADOLPH GREEN, BETTY COMDEN KAMERA HAROLD ROSSON SCHNITT RALPH E. WINTERS
MUSIK ROGER EDENS, LENNIE HAYTON, LEONARD BERNSTEIN, SAUL CHAPLIN
PRODUKTION ARTHUR FREED für MGM.

DARSTELLER GENE KELLY (Gabey), FRANK SINATRA (Chip), JULES MUNSHIN (Ozzie),
BETTY GARRETT (Brunhilde Esterhazy), ANN MILLER (Claire Huddesen), VERA-ELLEN (Ivy Smith),
ALICE PEARCE (Lucy Shmeeler), FLORENCE BATES (Madame Dilyovska), GEORGE MEADER (Professor).

ACADEMY AWARDS 1949 OSCAR für die BESTE MUSIK (Musical) (Roger Edens, Lennie Hayton).

„All I know is, I gotta find this girl."

Was für eine Stadt! Was für ein grandioser Beginn eines Musicals! Nach einer Panoramaansicht New Yorks sieht man drei Matrosen von Bord eines Kriegsschiffs gehen, nein tanzen, und sofort fangen sie zu singen an: „New York, New York, it's a wonderful town, the Bronx is up and the Battery's down." Bereits diese erste Nummer führt sie durch die halbe Stadt, vorbei an Freiheitsstatue und Rockefeller Center, doch diese Jungs haben mehr vor. Chip (Frank Sinatra) will sämtliche Sehenswürdigkeiten des Big Apple abklappern, während sich Gabey (Gene Kelly) und Ozzie (Jules Munshin) mehr für die Bewohner interessieren – jedenfalls diejenigen weiblichen Geschlechts.

Mit ähnlich hohen Ansprüchen und genau so gut gelaunt bietet *Heut' gehn wir bummeln – Das ist New York!* anderthalb Stunden beste Musical-Unterhaltung. Die Zeit ist knapp, am nächsten Morgen müssen die drei wieder auf ihrem Zerstörer sein, also Leinen los! Noch in der U-Bahn verliebt sich Gabey in die frisch gekürte „Miss Untergrund" Ivy (Vera-Ellen); Chip bekommt es mit der forschen Taxifahrerin Brunhilde (Betty Garrett) zu tun; und Ozzie verbringt den Tag mit der Steinzeitforscherin Claire (Ann Miller), die sich von seinen archaischen Gesichtszügen begeistert zeigt. Für aufregende Liebesabenteuer und weitere Gesangseinlagen ist also gesorgt. Die Musik von Leonard Bernstein, Saul Chaplin, Lennie Hayton und Roger Edens ersetzt ohnehin jede Story.

Die besteht vor allem aus Gabeys Suche nach Ivy, die der Provinzmensch naiverweise für eine Berühmtheit hält. Eingeführt durch das atemberaubend komische „Miss Turnstiles Ballett" ist sie auch gleich wieder ver-

1

„Fast nichts wirkt abgestanden an diesem Film und überhaupt nichts peinlich – so wie etwa das aufgedonnerte Ballett in *Ein Amerikaner in Paris* oder die übertriebene Quäkstimme, derer sich Jean Hagen in *Singin' in the Rain* bedienen muss. Die ersten Einstellungen mit der unwirklichen Skyline von Manhattan im Morgengrauen, das überraschende Einsetzen von Gesang mit der Stimme des verschlafenen Hafenarbeiters und die zeitlose Theatralik von Matrosenanzügen heben die Handlung schlagartig auf eine Ebene, auf der alles glaubhaft wirkt und Gesang und Tanz alltäglich sind." *Frankfurter Allgemeine Zeitung*

1   Berühmt oder nicht berühmt: Gabey (Gene Kelly) hat sich unsterblich in „Miss Untergrund" verliebt.

2   „New York, New York": Schon die erste Nummer ist eine einzige Liebeserklärung an eine großartige Stadt.

3   Sightseeing: Mit Brunhilde (Betty Garrett) ist Chip (Frank Sinatra) genau bei der Richtigen gelandet.

4   „On the Town": Nach glücklicher Wiedervereinigung stürzen sich die drei Liebespärchen ins Nachtleben.

5   Gene Kelly, Frank Sinatra und Jules Munshin als flotte Jungs. Alle drei waren bereits weit über die dreißig.

schwunden. Dem unheilbaren Romantiker bleibt nur ihr Plakat aus der U-Bahn („Sie mag die Armee, aber ihr Herz gehört der Marine.") Die Suche führt unter anderem ins Naturhistorische Museum, wo sich die Matrosen, allen voran Ozzie, mit Claire zum irrwitzigen „Prehistoric Man" verbünden: eine zunächst harmlose Nummer, die mit zunehmender Länge in einen bizarren und auch gehörig lasziven Stammestanz ausartet, dem „prähistorische" Trommeln und Kostüme als Utensilien dienen. Und natürlich bekommt „Ol' Blue Eyes" Frank Sinatra, hier erstaunlich jung wirkend, die Gelegenheit zu singen.

Nach dem ähnlich gelagerten Matrosen-Musical *Urlaub in Hollywood* (*Anchors Aweigh*, 1944) war es für Sinatra bereits die dritte Zusammenarbeit mit Gene Kelly, der hier erstmals als Co-Regisseur in Erscheinung trat und dem Film mit seinem humorvollen, sehr körperbetonten Tanzstil seinen Stempel aufdrückte. Mit dem choreographischen Bravourstück „A Day In New York Ballet" setzt er auch ein melancholisches Highlight: deprimiert von der erfolglosen Suche nach seiner Traumfrau, lässt Gabey in einem Ballett ohne Worte den ganzen Tag noch einmal Revue passieren – als Traumvision auf

ARTHUR FREED   Bilden die MGM-Musicals der 40er und 50er den Höhepunkt des Genres, so darf der Produzent Arthur Freed als ihr eigentlicher Schöpfer bezeichnet werden. Was die Produktion von Musicals anging, verfügte er beim Konzern mit dem Löwen über schier unbegrenzte Freiräume. Sein Verdienst war es, sie den Künstlern zur Verfügung zu stellen und dabei seinem untrüglichen Gespür für junge Talente freien Lauf zu lassen. Vincente Minnelli, Stanley Donen und Gene Kelly kamen durch Freed zu ihrer ersten Regiearbeit. Judy Garland, Fred Astaire und Leslie Caron verdankten ihm ihre größten Hits. Freed selbst hatte die Entwicklung des Genres seit Beginn des Tonfilms als Songschreiber begleitet. Für *Der Zauberer von Oz* (*The Wizard of Oz*, 1939) trat er erstmals als Produktionsleiter in Erscheinung. Der Erfolg verschaffte ihm bei MGM sämtliche Kompetenzen. *Meet Me in St. Louis* (1944) sah erneut Judy Garland in der Hauptrolle, *Spiel zu dritt* (*Take Me Out to the Ball Game*, 1949) und *Heut' gehn wir bummeln – Das ist New York!* (*On the Town*, 1949) glänzten durch Frank Sinatra und Gene Kelly. Der unerreichte Glanz des Kelly-Musicals *Du sollst mein Glücksstern sein / Singin' in the Rain* (*Singin' in the Rain*, 1952) kam nicht von ungefähr: Es beruhte auf älteren Stücken des Produzenten. Oscars für den besten Film erhielt Freed für *Ein Amerikaner in Paris* (*An American in Paris*, 1951) und *Gigi* (1958), der – auch das ein Beleg für Freeds umfassendes künstlerisches Wirken – gleich neunmal ausgezeichnet wurde. Im Jahr 1968 erhielt Freed, der seit 1964 Präsident der Academy of Motion Picture Arts and Sciences war, den Ehren-Oscar. Arthur Freed starb 1973 im Alter von 78 Jahren in Los Angeles.

6 Leinen los: Kein anderes Genre als das Musical kann einen Abschied für immer als Happyend verkaufen.

7 Die drei Matrosen interessieren sich vor allem für die weiblichen Sehenswürdigkeiten New Yorks.

einer leeren Bühne. Einschübe dieser Art gehörten später zum Standard weiterer Kelly-Filme wie *Du sollst mein Glücksstern sein/Singin' in the Rain* (*Singin' in the Rain*, 1952), für den sich der Tanzstar erneut mit Regisseur Stanley Donen sowie dem Autorenduo Adolph Green und Betty Comden zusammentat.

Die Songschreiber hatten bereits an dem Broadway-Musical von 1944 mitgewirkt, das dem Film zugrunde liegt. Allerdings befand der legendäre MGM-Produzent Arthur Freed einige ihrer Titel für zu „anspruchsvoll", um dem Vergnügungswillen eines Massenpublikums zu genügen. Der Veteran Roger Edens wurde mit der Komposition neuer Stücke beauftragt. Zu ihnen gehört auch der Titelsong „On the Town". Die Aufforderung zur großen Party startet auf dem Dach des Empire State Building und führt sechs glücklich vereinte Turteltäubchen, davon drei in bezaubernden Matrosenanzügen, über die Fifth Avenue direkt in den nächsten Nachtclub – Chip hat seine Sightseeing-Tour also doch noch bekommen. Der Dreh an Originalschauplätzen war für damalige Verhältnisse eine Sensation; er gibt dem Film, der ganz ohne den genreüblichen Kitsch auskommt, sein noch heute unwiderstehliches Flair.

PB

8 „Prehistoric Man": Mit einer Steppnummer erteilt Claire (Ann Miller) den anderen Naturkundeunterricht.

9 Romantisches Zwischenspiel mit Ivy (Vera-Ellen): Wie so oft bilden Gene Kellys Tanzeinlagen die atemberaubenden Höhepunkte eines rundum perfekten Musicals.

„Von dem Augenblick an, in dem der Film in der tatsächlichen Marinewerft von Brooklyn beginnt, mit den drei Matrosen, die sich aufmachen, New York zu erobern, kommt die ganze Sache unaufhaltsam ins Rollen mit Tanz, Gesang, Komik und Romantik, die genial miteinander verwoben und gespielt sind."

The New York Times

ADEL VERPFLICHTET
Kind Hearts and Coronets

1949 - GB - 100 MIN. - S/W - GENRE KOMÖDIE, KRIMINALFILM

REGIE ROBERT HAMER (1911–1963)
BUCH ROBERT HAMER, JOHN DIGHTON, nach dem Roman „Israel Rank" von ROY HORNIMAN
KAMERA DOUGLAS SLOCOMBE SCHNITT PETER TANNER MUSIK WOLFGANG AMADEUS MOZART
PRODUKTION MICHAEL BALCON für EALING STUDIOS.

DARSTELLER ALEC GUINNESS (der Herzog/Ascoyne D'Ascoyne Sr., der Bankier/der Geistliche/
der General/der Admiral/Ascoyne D'Ascoyne Jr./der junge Henry/Lady Agatha),
DENNIS PRICE (Louis Mazzini), AUDREY FILDES (Mama Louisa), VALERIE HOBSON (Edith D'Ascoyne),
JOAN GREENWOOD (Sibella Holland), JOHN PENROSE (Lionel Holland), MILES MALLESON (Mr. Elliott, der Henker),
CLIVE MORTON (Gefängnisdirektor), HUGH GRIFFITH (Lord High Steward), JOHN SALEW (Mr. Perkins).

„Kind hearts are more than coronets, and simple faith than Norman blood."

Eigentlich sollte Louis Mazzini (Dennis Price) dem distinguierten Leben des englischen Adels frönen: Tee trinken, Polo spielen und mit wohl gewählten Worten seine Untergebenen demütigen. Stattdessen sitzt er in der Todeszelle – kein Wunder, hat der Mann doch nahezu seine gesamte Familie umgebracht. Schon am nächsten Morgen soll er, standesgemäß mit einem seidenen Strick um den Hals, am Galgen baumeln. Unterdessen erkundigt sich der Henker (Miles Malleson) schon mal nach dem bei diesem Anlass gültigen Dresscode.

Dank seiner gutem Erziehung ist Mazzini ein äußerst eloquenter Erzähler und lässt sich als Mann von Ehre auch von Kleinigkeiten wie einer drohenden Hinrichtung nicht aus der Ruhe bringen. So erfährt der Zuschauer aus dem Off, wie es zu diesem menschlichen Drama kommen konnte.

Da seine Mutter (Audrey Fildes) einst einen ebenso mittellosen wie stimmgewaltigen italienischen Tenor ehelichte, wurde sie von ihrer Familie, der mächtigen D'Ascoyne-Dynastie, verstoßen. Der Sohn wächst in dem von der Mutter verbissen wach gehaltenen Bewusstsein auf, um den Titel eines Duke und die damit verbundenen Annehmlichkeiten betrogen worden zu sein. Als die Mutter schließlich in Armut und Gram stirbt, schwört der Sohn Rache. Freilich hat er dafür auch noch andere Gründe. Schließlich will er nicht sein Leben als Verkäufer von Damenunterwäsche fristen, sondern sich seiner Angebeteten Sibella (Joan Greenwood) als gute Partie empfehlen. Als heiratet, bedarf es nur noch eines kleinen Zufalls, um Louis zum Mörder zu machen.

Dieser stellt sich schon bald in Gestalt des arroganten Bankierssohns Ascoyne (Alec Guinness) ein, der aus einer kleinlichen Laune heraus für Louis' Kündigung sorgt. Kurz darauf fällt Ascoyne gemeinsam mit seiner Geliebten bei einem Bootsausflug einer tückischen Stromschnelle zum Opfer. Louis' Kommentar: „I was sorry for the girl, but found some relief in the reflection that she had presumably during the weekend already undergone a fate worse than death."

Da er nun schon einmal damit angefangen hat, macht der betrogene Erbe ungerührt weiter. Nach und nach fallen die D'Ascoynes (allesamt, Männer wie Frauen, gespielt von einem brillanten Alec Guinness) mehr oder weniger bizarren Unfällen zum Opfer: vergiftet, in die Luft gesprengt oder im Heißluftballon über London von einem Pfeil zu Fall gebracht.

Der unwiderstehliche Witz von *Adel verpflichtet* beruht in erster Linie auf dem Kontrast zwischen den kultivierten Umgangsformen seiner Protagonisten und dem perfiden Treiben einer durch und durch korrupten Gesellschaft. Solcherlei Widersprüche, die ja für sich genommen schon einiges an Humorpotenzial bieten, zu entlarven und das Publikum zugleich mit der boshaften Lust an der Destruktion der beschriebenen Verhältnisse schadlos zu halten – das ist die Grundstruktur einer schwarzen Gesellschaftskomödie

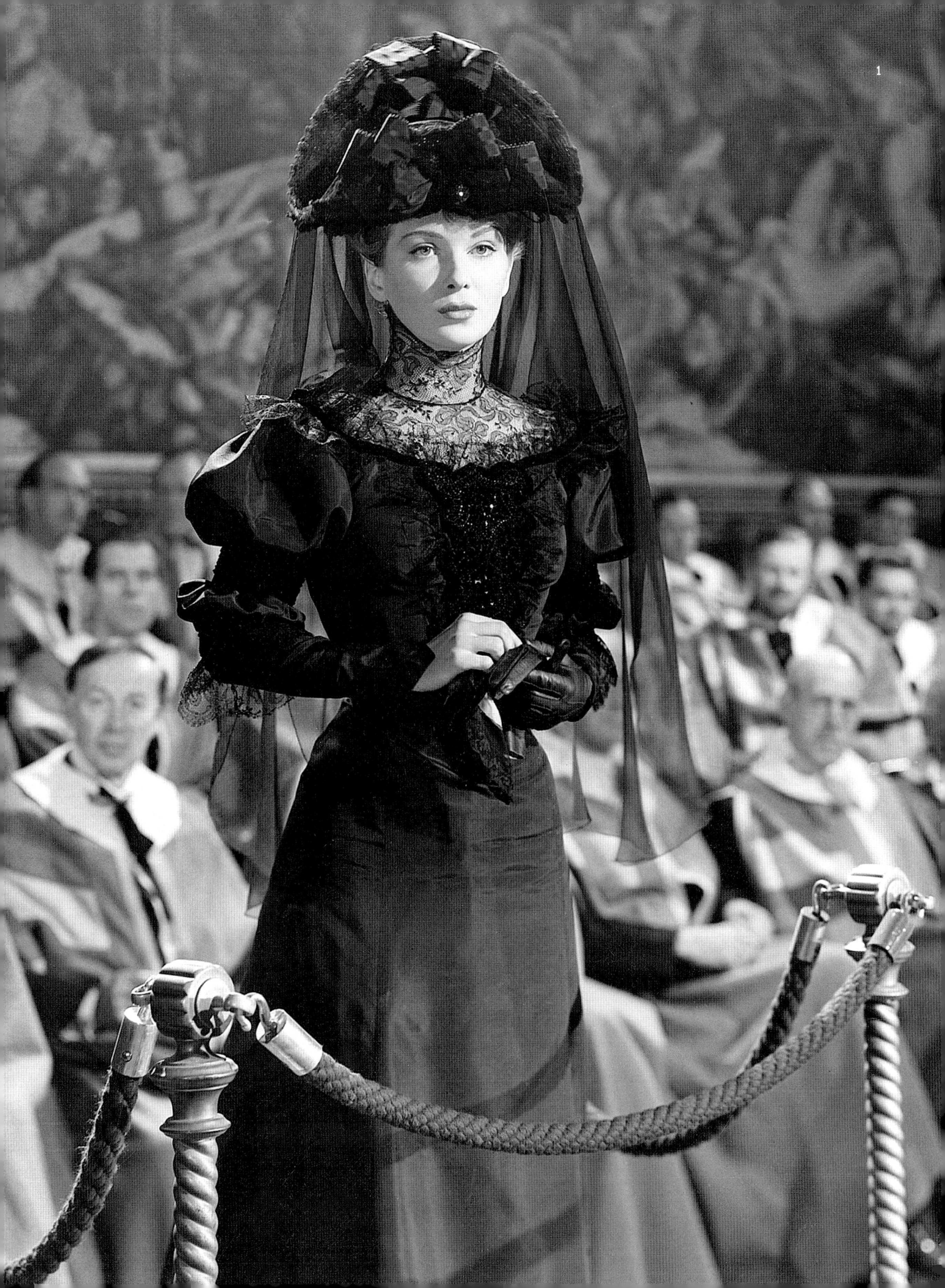
1

1 Die Trauer über den Verlust ihres Ehemanns hält sich bei der schönen Sibella (Joan Greenwood) in Grenzen. Von ihrem einst verschmähten Verehrer, der mittlerweile zu einer gute Partie geworden ist, darf sie sich allerdings kaum Trost erhoffen.

2 Ascoyne D'Ascoyne (Alec Guinness) ahnt nicht, dass sein Schützling Louis Mazzini (Dennis Price) in seiner Freizeit am liebsten seine Familie dezimiert.

3 Die D'Ascoynes (allesamt gespielt von Alec Guinness) werden immer weniger. Immerhin beweist die Adelsdynastie auch bei ihrer Ausrottung Stil.

4 „Rache ist Blutwurst": Auch von Lionel (John Penrose) muss sich Louis nicht mehr herumschubsen lassen. Doch der tumbe Nebenbuhler bereitet dem Serienmörder bald mehr Probleme, als er ahnt.

5 Savoir vivre: In der Todeszelle glaubt Louis keine Sekunde daran, dass er tatsächlich für seine Taten büßen muss.

„Es ist so schwierig, Menschen auf saubere Weise zu beseitigen, mit denen man sich nicht gut versteht."

Filmzitat: Louis Mazzini (Dennis Price)

So ist der „Held", ein Serienkiller reinsten Wassers, dem Zuschauer von Anfang an sympathisch. Dagegen sind die D'Ascoynes ein derart degenerierter Haufen, dass man sich der Schadenfreude unmöglich erwehren kann, wenn sie einer nach dem anderen in den englischen Rasen beißen. Diese versnobten Adeligen mit ihren am liebsten auf Kosten anderer ausgelebten Marotten sind ein Panoptikum der besseren Gesellschaft Großbritanniens um die Jahrhundertwende, die, in Konventionen und Vorurteilen erstarrt, nur noch durch die mörderische Radikalität eines aus ihren eigenen Reihen Ausgestoßenen von ihrer Engstirnigkeit befreit werden kann.

Es versteht sich von selbst, dass Louis irgendwann unweigerlich dem eigenen verdrehten Gerechtigkeitsverständnis zum Opfer fallen muss. Denn je mehr er durch sein Morden in der Familienhierarchie der D'Ascoynes aufsteigt, desto mehr wird er tatsächlich zu einem der ihren, maßlos in seinem Egoismus und verblendet von einer ebenso maßlosen Selbstüberschätzung. Als sein Onkel und Arbeitgeber Ascoyne D'Ascoyne, einer der wenigen Familienmitglieder, die ihn anständig behandelt haben, im Sterben liegt, sagt Louis: „I was glad after all his kindness to me, that I should not have to kill him." Kein Zweifel, dass er es sonst ohne Zögern getan hätte.

Der Rachegedanke, das ist die moralische Pointe des Films, wird durch ein solches Verhalten ad absurdum geführt. Das Gleiche gilt für den Zuschauer, der sich zunächst auf die Seite des Unterdrückten und seiner vermeintlich gerechten Sache stellt, um dessen Treiben schließlich mit eigennütziger und ganz und gar unmoralischer Freude am Makabren beizuwohnen. Die Boshaftigkeit, die uns so herzlich zum Lachen bringt, ist nämlich letztlich nicht die der Protagonisten auf der Leinwand, sondern vor allem unsere eigene. SH

SIR ALEC GUINNESS Er könne ins Kino gehen, ohne je von irgendjemandem um ein Autogramm gebeten zu werden, verrät der als Alec Guinness de Cuffe in London Marylebone, England, geborene Schauspieler in seiner Autobiographie „Blessings in Disguise" („Das Glück hinter der Maske"). Vielleicht machte ihn gerade diese Verwechselbarkeit unverwechselbar. Zumindest machte sie ihn wandlungsfähig. Dazu trug vermutlich auch seine bewegte Kindheit bei, in deren Verlauf er mit seinen ständig unter Geldnot leidenden Eltern „ungefähr 30 verschiedene Hotels, Pensionen und Wohnungen" bezog, „die alle zum Zuhause erklärt wurden, bis wir wieder fortzogen".

Nach einem Schauspielstudium und Jahren als Shakespeare-Darsteller auf der Bühne entdeckt ihn 1946 David Lean für die Leinwand. Mit ihm dreht Guinness seine wohl berühmtesten Filme: Die Brücke am Kwai (The Bridge on the River Kwai, 1957), der ihm einen Oscar und einen Golden Globe einbringt, Lawrence von Arabien (Lawrence of Arabia, 1962) und Doktor Schiwago (Doctor Zhivago, 1965) sowie Reise nach Indien (A Passage to India, 1984).

Berühmt macht ihn aber bereits 1949 seine Achtfachrolle in Adel verpflichtet (Kind Hearts and Coronets), mit der er seinen Ruf als „Mann mit den tausend Gesichtern" begründet. Für die Londoner Independent-Produktionsstätte Ealing Studios wirkt er in zahlreichen weiteren Gesellschaftskomödien mit. So 1955, gemeinsam mit Peter Sellers, in der berühmten Gaunerkomödie Ladykillers (The Ladykillers). 1959 erhebt ihn die Queen wegen herausragender schauspielerischer Leistungen in den Ritterstand. Einem jüngeren Publikum wurde Guinness in den 70er Jahren durch seine Rolle des Obi-Wan Kenobi in George Lucas' Krieg der Sterne (Star Wars, 1977) bekannt – eine Rolle, die ihm aufgrund einer Gewinnbeteiligung zwar einigen Reichtum einbrachte, mit der er aber dennoch zeitlebens unglücklich war.

EHEKRIEG
Adam's Rib

1949 - USA - 101 MIN. - S/W - GENRE KOMÖDIE, GESELLSCHAFTSSATIRE
REGIE GEORGE CUKOR (1899–1983)
BUCH RUTH GORDON, GARSON KANIN KAMERA GEORGE J. FOLSEY
SCHNITT GEORGE BOEMLER MUSIK MIKLÓS RÓZSA, COLE PORTER (Song: „Farewell, Amanda")
PRODUKTION LAWRENCE WEINGARTEN für MGM.

DARSTELLER SPENCER TRACY (Adam Bonner), KATHARINE HEPBURN (Amanda Bonner),
JUDY HOLLIDAY (Doris Attinger), TOM EWELL (Warren Francis Attinger), DAVID WAYNE (Kip Lurie),
JEAN HAGEN (Beryl Caighn), HOPE EMERSON (Olympia La Pere), EVE MARCH (Grace),
CLARENCE KOLB (Richter Reiser), EMERSON TREACY (Jules Frikke), POLLY MORAN (Mrs. McGrath),
WILL WRIGHT (Richter Marcasson), ELIZABETH FLOURNOY (Doktor Margaret Brodeigh).

„Hurrah for that little difference."

„It's the hilarious answer to who wears the pants", versprach das Original-Filmplakat zu George Cukors hinreißender Geschlechterkampf-Komödie *Ehekrieg*. Vielleicht mag die Frage am Ende des Films nicht zur Zufriedenheit aller beantwortet werden, aber bis dahin genießt der Zuschauer 101 höchst vergnügliche Minuten, in denen sich die beiden Repräsentanten des jeweiligen Geschlechts nichts schenken – weder im Gerichtssaal noch daheim. Denn Adam und Amanda Bonner (Spencer Tracy, Katharine Hepburn) sind zwei extrem streitlustige, gewitzte und mit allen Wassern gewaschene Anwälte. Ihr Beruf hat keinen Einfluss auf ihre glückliche Ehe – jedenfalls nicht bis zu jenem verhängnisvollen Tag, an dem sie vor Gericht erstmals auf zwei verschiedenen Seiten stehen: Adam vertritt im Fall von Doris Attinger (Judy Holliday), die ihren untreuen Ehemann Warren (Tom Ewell) beinahe mit einer Kugel ins Jenseits befördert hätte, die Anklage. Als Amanda die Verteidigung von Doris übernimmt, bahnt sich ein spektakulärer Prozess an, der den häuslichen Frieden und das Eheglück der Bonners nachhaltig stört ...

Cukors umwerfend wortwitzige Farce gilt als sein bester Film über den Geschlechterkampf. Das Drehbuch für *Ehekrieg* (das den Originaltitel *Man and Wife* trug und dem Film seine einzige Oscar-Nominierung einbrachte) stammte von Ruth Gordon und Garson Kanin und wurde von dem Ehepaar William und Dorothy Whitney inspiriert – zwei Anwälten, die sich nach einem Scheidungsprozess selbst scheiden ließen und später ihre jeweiligen Mandanten heirateten. Dass die beiden Autoren Gordon und Kanin ebenfalls

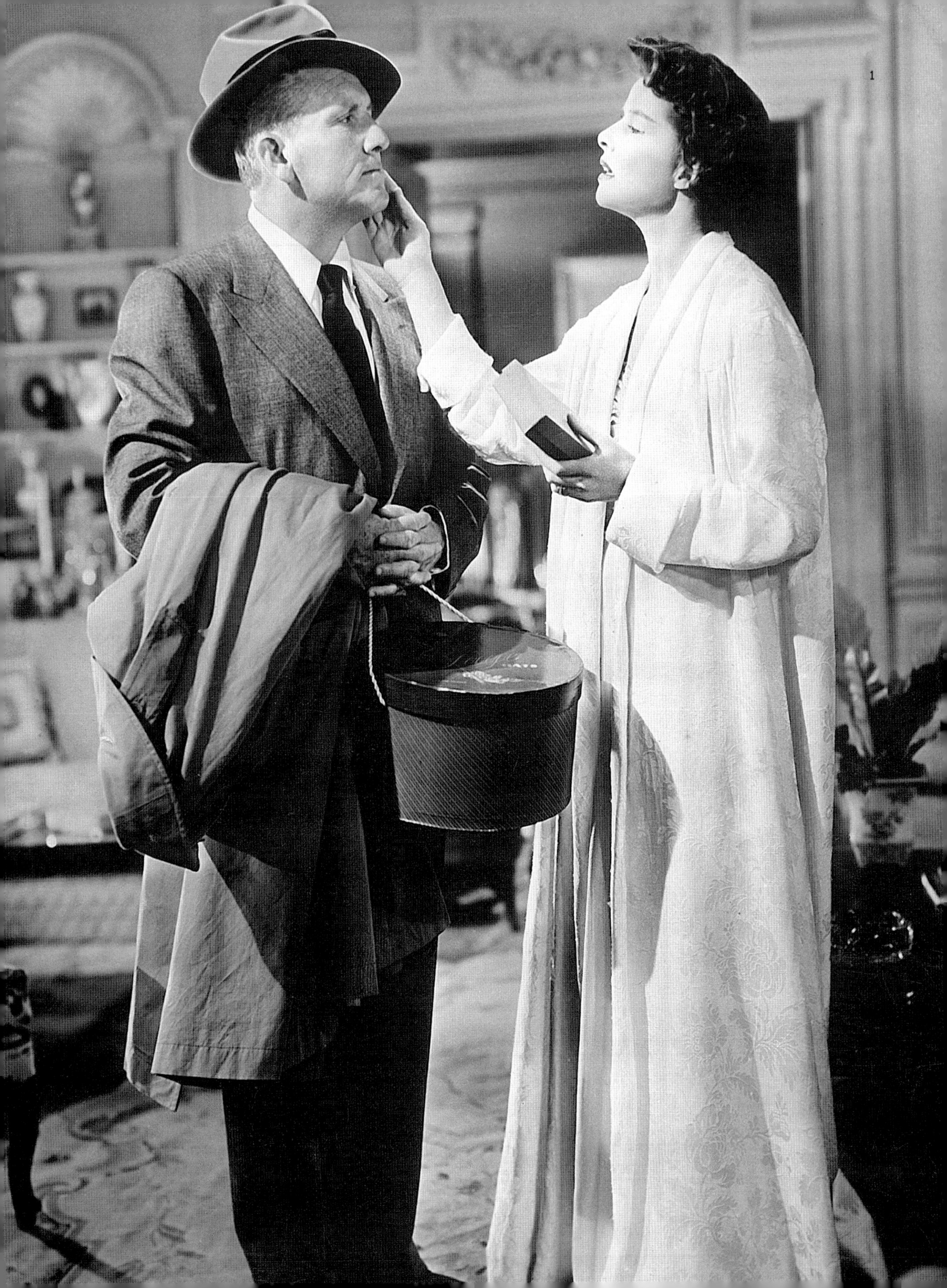

1

1 Was sich liebt, das neckt sich: Wer im Hause von Amanda und Adam Bonner (Katharine Hepburn, Spencer Tracy) die Hosen anhat, ist auch noch Jahre nach der Hochzeit ungeklärt …

2 Ruhestörer: Der smarte Kip Lurie (David Wayne) macht Amanda selbst in Anwesenheit ihres Mannes ganz offensiv den Hof.

3 Kuschelstimmung: Noch herrscht eitel Sonnenschein im Privathaushalt der Bonners. Der anstehende Gerichtsprozess wird sich auch auf das Familienglück von Amanda und Adam auswirken.

miteinander verheiratet waren und darüber hinaus die lange geheim gehaltene Liaison von Katharine Hepburn und ihrem (verheirateten) Kollegen Spencer Tracy ausgerechnet zu jener Zeit bekannt wurde, verleiht dem ohnehin übersprudelnden Humor des Stoffes einen zusätzlichen Schuss Ironie. Überhaupt erscheint das Buch von Anfang an für Hepburn und Tracy maßgeschneidert: Als die Schlagzeile über den versuchten Mord von Doris an ihrem lieblosen Gatten für den ersten Streit zwischen Amanda und Adam sorgt, spürt man förmlich die Funken zwischen den Schauspielern sprühen.

Ehekrieg war der sechste gemeinsame Film dieses privat ebenso wie professionell einzigartigen Paares, und natürlich meistern Tracy und Hepburn ihre Rollen mit Leichtigkeit. Ihre atemberaubend spritzige Darstellung als konservativer, liebenswert-granteliger Chauvinist und dessen liberale, spöttisch-selbstbewusste Gattin sind ein reizvoller Gegensatz zu der sehr theaterhaften Inszenierung Cukors, der seine Geschichte mit einer meist statischen Kamera ohne allzu viele Schnitte in langen, behäbigen Einstellungen erzählt: Die berühmte, fast fünfminütige Sequenz, in der Amanda im Frauengefängnis ihre Mandantin Doris zu ihrer Ehe befragt, ließ Cukor ohne eine einzige Kamerabewegung oder einen Schnitt drehen. Auch wenn sich der Regisseur auch vor hemmungslos albernen Momenten — wie Adam Bonners Vision, in der er Doris in Männer- und Warren Attinger in Frauenkleidern im

KATHARINE HEPBURN UND SPENCER TRACY

Nicht nur in ihren Filmen trafen sich die beiden legendären Dickköpfe Katharine Hepburn und Spencer Tracy stets auf Augenhöhe. Ihre Beziehung außerhalb der Studios und Filmsets zählt zu den größten Liebesgeschichten Hollywoods. Erstmals standen sie unter der Regie von George Stevens in *Die Frau, von der man spricht* (*Woman of the Year*, 1941) vor der Kamera. Acht weitere gemeinsame Filme sollten folgen, darunter George Cukors *Die ganze Wahrheit/Hüter der Flamme* (*Keeper of the Flame*, 1942), Frank Capras *Der beste Mann* (*State of the Union*, 1948) und schließlich Stanley Kramers *Rat mal, wer zum Essen kommt* (*Guess Who's Coming to Dinner*, 1967). Aber mehr noch als ihre Filme sorgte – nach dessen Bekanntwerden – ihr privates Verhältnis für Schlagzeilen.

Denn Tracy war bereits verheiratet und hatte mehrere Kinder. Die Herkunft seines Vaters, er war ein katholischer Ire, bestimmte auch Tracys Haltung: Niemals hätte er sich von seiner Frau scheiden lassen und die Familie verlassen. Hepburn akzeptierte seine Entscheidung, ihre Verbindung lange geheim zu halten – ebenso wie die Tatsache, dass ihr Geliebter Alkoholiker war. „Er war so schwierig, wie ein Mensch nur sein kann", schrieb sie 1991 in ihren Memoiren. Und dennoch opferte sie sich bis zu seinem Tod auf, lehnte Rollenangebote ab, als er immer schwächer und kränklicher wurde. Am 10. Juni 1967 brach Spencer Tracy nach einem Herzstillstand tot in ihrer Küche zusammen. Am Tag seiner Beerdigung nahm Katharine Hepburn im Leichenschauhaus Abschied von ihrer großen Liebe. Zur Trauerfeier und Beisetzung war sie nicht eingeladen.

„Ganz gleich, was Sie denken: Sie denken das Gleiche wie ich."

Filmzitat: Adam Bonner (Spencer Tracy)

4 Eiszeit: In Anwesenheit ihres Anwalts trennen Amanda und Adam bereits ihre Besitztümer. Ob sich ein tragisches Ende des Ehekriegs noch abwenden lässt?

5 Kläger und Beklagte: Vor Gericht treffen sich Doris Attinger (Judy Holliday) und ihr untreuer Mann Warren (Tom Ewell) wieder.

6 Eine schauspielerische und technische Meisterleistung: Die Szene mit Katharine Hepburn und Judy Holliday im Frauengefängnis kommt ohne Schnitt und Kamerabewegung aus.

„Zum Glück verliert *Ehekrieg* nie seinen Sinn für Humor, und die Themen werden auf leichtfüßige, gelegentlich sogar alberne Art angegangen."

Apollo Movie Guide

rischen Stil treu. Dabei setzt Cukor auf die strikte Gegenüberstellung der beiden Handlungsebenen: Der Ehekrieg vor Gericht auf der einen und die privaten Auseinandersetzungen des Paares auf der anderen Seite werden stets mit Einblendungen wie „This Evening" voneinander getrennt.

Natürlich sind Katharine Hepburn und Spencer Tracy uneingeschränkt die Stars von *Ehekrieg*. Dennoch schenkt Cukor auch seinen Nebendarstellern unvergessliche Momente. Die gefeierte Bühnenschauspielerin Judy Holliday, die mit der Rolle der naiven Doris Attinger, die natürlich blond ist, ihren eigentlichen Einstieg ins Geschäft feierte, nachdem ihr Leinwanddebüt in dem wenig bekannten Cukor-Film *Winged Victory* (1944) kaum Beachtung fand, wird nur noch von David Wayne übertroffen, der als Kip Lurie seiner Nachbarin Amanda nachstellt – sehr zum Missfallen von Adam Bonner, versteht sich. Ihn beglückt das Drehbuch mit einigen der vergnüglichsten Zeilen. Zum Beispiel folgenden: „Lawyers should never marry other lawyers. This is called inbreeding, from which comes idiot children … and other lawyers." ES

7 Da sprühen die Funken: Die Verteidigerin Amanda vertritt die Angeklagte, Staatsanwalt Adam den Kläger – vor Gericht werden die Eheleute Bonner zu erbitterten Gegnern, die sich spektakuläre Wortgefechte liefern.

ORPHÉE
Orphée

1949 - FRANKREICH - 95 MIN. - S/W - GENRE DRAMA

REGIE JEAN COCTEAU (1889–1963)
BUCH JEAN COCTEAU KAMERA NICOLAS HAYER SCHNITT JACQUELINE SADOUL
MUSIK GEORGES AURIC PRODUKTION ANDRÉ PAULVÉ für ANDRÉ PAULVÉ FILM, FILMS DU PALAIS ROYAL.
DARSTELLER JEAN MARAIS (Orphée), MARIE DÉA (Eurydice), MARIA CASARÈS (Prinzessin), FRANÇOIS PÉRIER (Heurtebise), JULIETTE GRÉCO (Aglaonice), EDOUARD DERMITHE (Cégeste), ROGER BLIN (Schriftsteller), MAURICE CARNEGE (Richter), RENÉ WORMS (Richter), JEAN-PIERRE MELVILLE (Hotelmanager), JEAN-PIERRE MOCKY (Dichter).

„Il s'agit pas de comprendre.
Il s'agit de croire."

Ein Pariser Literaturcafé in den späten 40er Jahren. Unter den jungen Intellektuellen der Metropole, die das Lokal zu ihrem Treffpunkt gemacht haben, sitzt Orphée (Jean Marais). Dem etablierten Schriftsteller steht die neue Generation feindselig gegenüber, doch das ist ihm gleichgültig. Seine Aufmerksamkeit gilt vielmehr der Anwesenheit einer mysteriösen Prinzessin (Maria Casarès), die als Mäzen des aufstrebenden Dichters Cégeste (Edouard Dermithe) auftritt. Als im Café unversehens eine Schlägerei losbricht, greift die Polizei ein und nimmt Cégeste fest. Der jedoch reißt sich los, und als er davonlaufen will, wird er auf der Straße von zwei finsteren Motorradfahrern überfahren. Die Prinzessin fordert Orphée daraufhin auf, sie beim Transport des Verletzten zu begleiten. Doch die Fahrt in ihrem schwarzen Rolls-Royce führt nicht ins Krankenhaus, sondern in ein Niemandsland. Denn die Prinzessin entpuppt sich als Verkörperung des Todes, als eine Wandlerin zwischen Diesseits und Jenseits. Weil sie sich in Orphée verliebt, veranlasst sie den Tod seiner Frau Eurydice. Orphée beschließt, Eurydice zurückzuholen. Doch folgt sein Gang in die Unterwelt auch seiner Liebe zu der dunklen Prinzessin.

„Es ist das Privileg der Legenden, zeitlos zu sein." Diese Worte spricht Jean Cocteau zu Beginn seines Films, der gemeinsam mit *Das Blut eines Dichters* (*Le Sang d'un poète*, 1930) und *Das Testament des Orpheus* (*Le Testament d'Orphée*, 1959/60) die berühmte Orpheus-Trilogie des Regisseurs, Dichters und Zeichners bildet. Dem Gedanken folgend, verwandelt Cocteau die Geschichte des Orpheus zu einer surrealistischen Phantasie, zu einem traumartigen Labyrinth aus Verweisen und Anspielungen auf Leben

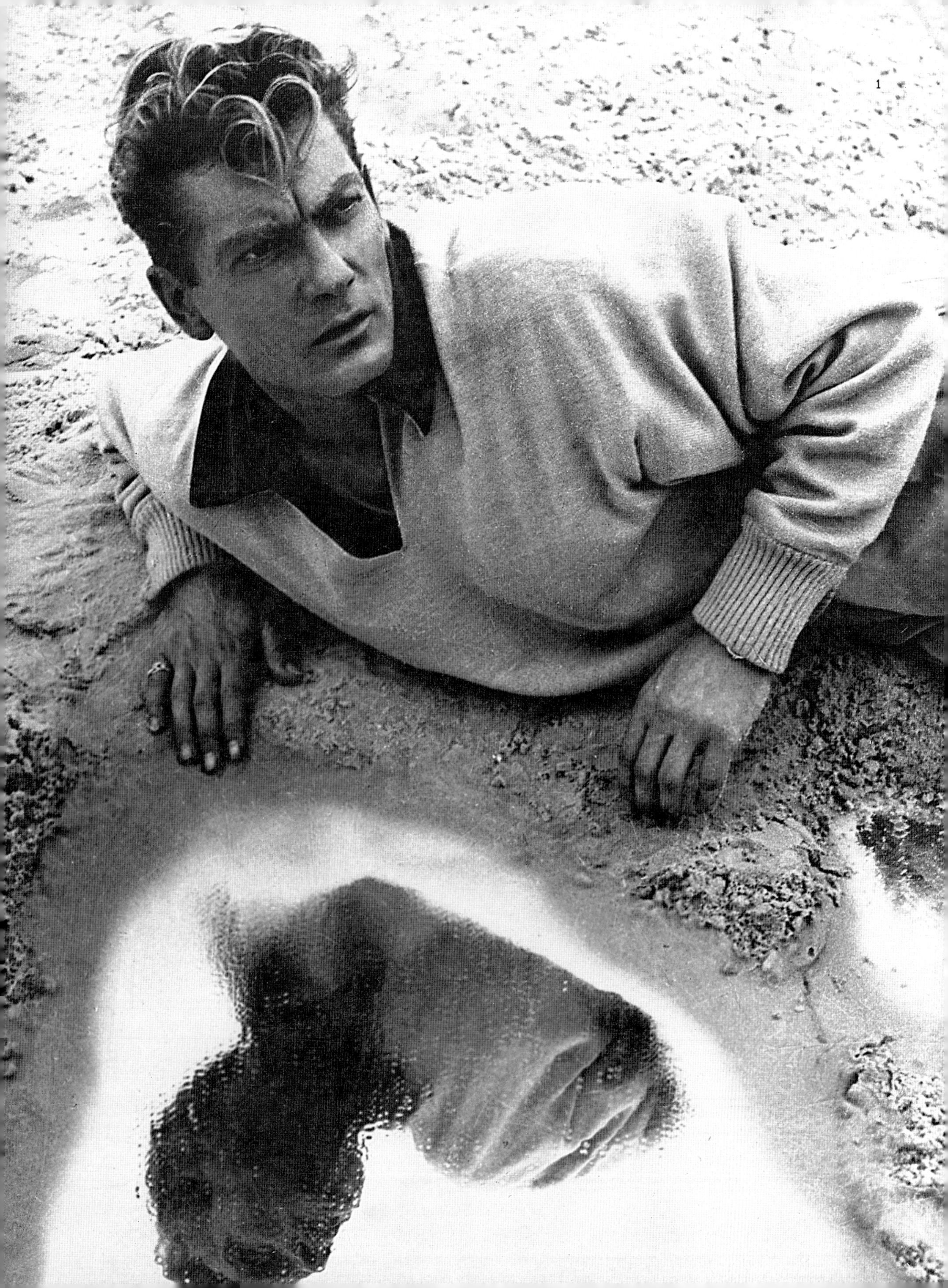
1

1   Der Künstler als Narziss? In der Rolle des Orphée verkörpert Jean Marais das Alter Ego Cocteaus.

2   Mit teilweise verblüffend einfachen Tricks kreiert Cocteau eine surreale Bildwelt. Hier lassen künstliche Augen die Prinzessin (Maria Casarès) wie ein unbelebtes Wesen erscheinen.

3   Der Chauffeur des Todes: Heurtebise (François Périer) ist ein sanfter Mittler zwischen Diesseits und Jenseits.

4   Eine unmögliche Liebe: In der Zwischenwelt gestehen sich die Prinzessin und Orphée ihre Gefühle füreinander.

5   Todesobsession oder Nachhall des Krieges? Der Dichter Cégeste (Edouard Dermithe) wird an einen mysteriösen Ort verschleppt, an dem jede Vernunft außer Kraft gesetzt scheint.

„In all seinen Filmen – und in *Orphée* ganz besonders – beweist uns Cocteau unablässig, dass man sich auf Méliès zurückbesinnen muss, wenn man lernen will, wie man Filme macht, und dass es dazu immer noch notwendig ist, dass man sich in den frühen Jahren des Films … auskennt." *Jean-Luc Godard*

und Werk, auf Zeitgeschichte und Kunst. Ähnlich wie in *Es war einmal/Die Schöne und die Bestie* (*La Belle et la Bête*, 1946) lässt Cocteau, und das macht den Gegenwartsbezug seines Films offenbar, seinen Surrealismus in der Wirklichkeit beginnen. Mit dem närrischen Treiben im „Café des Poètes" karikiert er unverkennbar die Intellektuellenkreise von Saint-Germain-des-Prés, in denen Cocteau aufgrund seiner angeblich unpolitischen Haltung von vielen als etabliert und angepasst verachtet wurde. Dass die Sängerin Juliette Gréco, seinerzeit ein Idol der Pariser Existenzialisten, als Anführerin des Zirkels auftritt, macht den Bezug ebenso augenscheinlich wie Cocteaus „Muse" Jean Marais, der das Alter Ego des Regisseurs verkörpert. Hingegen erinnert das Einschreiten der Polizei an Gestapo-Aktionen, ebenso lassen sich die beiden Motorradfahrer durchaus als faschistoide Figuren deuten.

JEAN MARAIS Er sah blendend aus: Mit markantem Gesicht, blonder Mähne und athletischer Statur schien Jean Marais (1913–98) prädestiniert für die Rolle des strahlenden Leinwandhelden. Zunächst stand er in Nebenrollen vor der Kamera und auf der Bühne, bis ihn Jean Cocteau 1937 entdeckte – eine Begegnung, die Marais später einmal seine „zweite Geburt" nannte. Er wurde der Lebensgefährte des berühmten Künstlers – und dessen Hauptdarsteller. Jean Delannoys *Der ewige Bann* (*L'Éternel retour*, 1943), eine moderne Version von „Tristan und Isolde", zu der Cocteau das Drehbuch schrieb, machte Marais zum Star. Nach Kriegsende, Marais hatte sich zwischenzeitlich den US-Truppen angeschlossen, besetzte Cocteau ihn dann als Held in einem der schönsten Märchenfilme aller Zeiten: *Es war einmal*/*Die Schöne und die Bestie* (*La Belle et la Bête*, 1946). Gemeinsam drehten sie daraufhin *Die schrecklichen Eltern* (*Les Parents terribles*, 1948), *Der Doppeladler* (*L'Aigle à deux têtes*, 1948), vor allem aber *Orphée* (1949) und zuletzt *Das Testament des Orpheus* (*Le Testament d'Orphée*, 1959/60). Zugleich etablierte sich Marais als romantischer Held des französischen Unterhaltungskinos. Insbesondere Kostümabenteuer wie *Des Königs bester Mann* (*La Tour, prends garde!*/*Agli ordini del re*, 1957) profitierten von seiner Präsenz – und seiner Physis: Stunts pflegte Marais seinerzeit selbst durchzuführen. Aber auch in ambitionierteren Filmen wie Jean Renoirs *Weiße Margeriten* (*Eléna et les hommes*/*Eliana e gli uomini*, 1956) und Luchino Viscontis *Weiße Nächte* (*Le notti bianche*/*Nuits blanches*, 1957) überzeugte er. Äußerst populär war Marais als Superverbrecher in der amüsanten *Fantomas*-Reihe (1964, 1965, 1966). Und auch am Theater feierte er Erfolge, als Darsteller und als Regisseur von Cocteaus Stücken. In den 70er Jahren unterbrach er seine Karriere und wandte sich der Malerei und der Bildhauerei zu. Im Kino war der zum damaligen Zeitpunkt 83-jährige Marais ein letztes Mal in Bernardo Bertoluccis *Gefühl und Verführung – Stealing Beauty* (*Stealing Beauty*/*Beauté volée*/*Io ballo da sola*, 1996) zu sehen.

Und auch die Ruinen der von Bomben zerstörten Militärakademie Saint-Cyr, die der Film-Unterwelt als Kulisse dienten, oder die geheimen Nachrichten, die Orphée über ein Autoradio empfängt, evozieren den Krieg und die Zeit der Okkupation.

Gänzlich ausdeuten oder entschlüsseln lässt sich der Film freilich nicht. Er funktioniert nicht als Kommentar – das widerspräche auch seinem surrealen Geist –, sondern betont vielmehr das Geheimnis der menschlichen Existenz und der künstlerischen Inspiration, indem er sich poetisch über die Begrenzungen der Vernunft hinwegsetzt. *Orphée* ist ein Film der Grenzüberschreitungen. Er bewegt sich fließend zwischen Leben und Tod, Innen und Außen, Traum und Realität, Bild und Abbild. Diese Gegensätze und ihre Überwindung visualisiert Cocteau häufig durch verblüffend einfache, aber äußerst

6

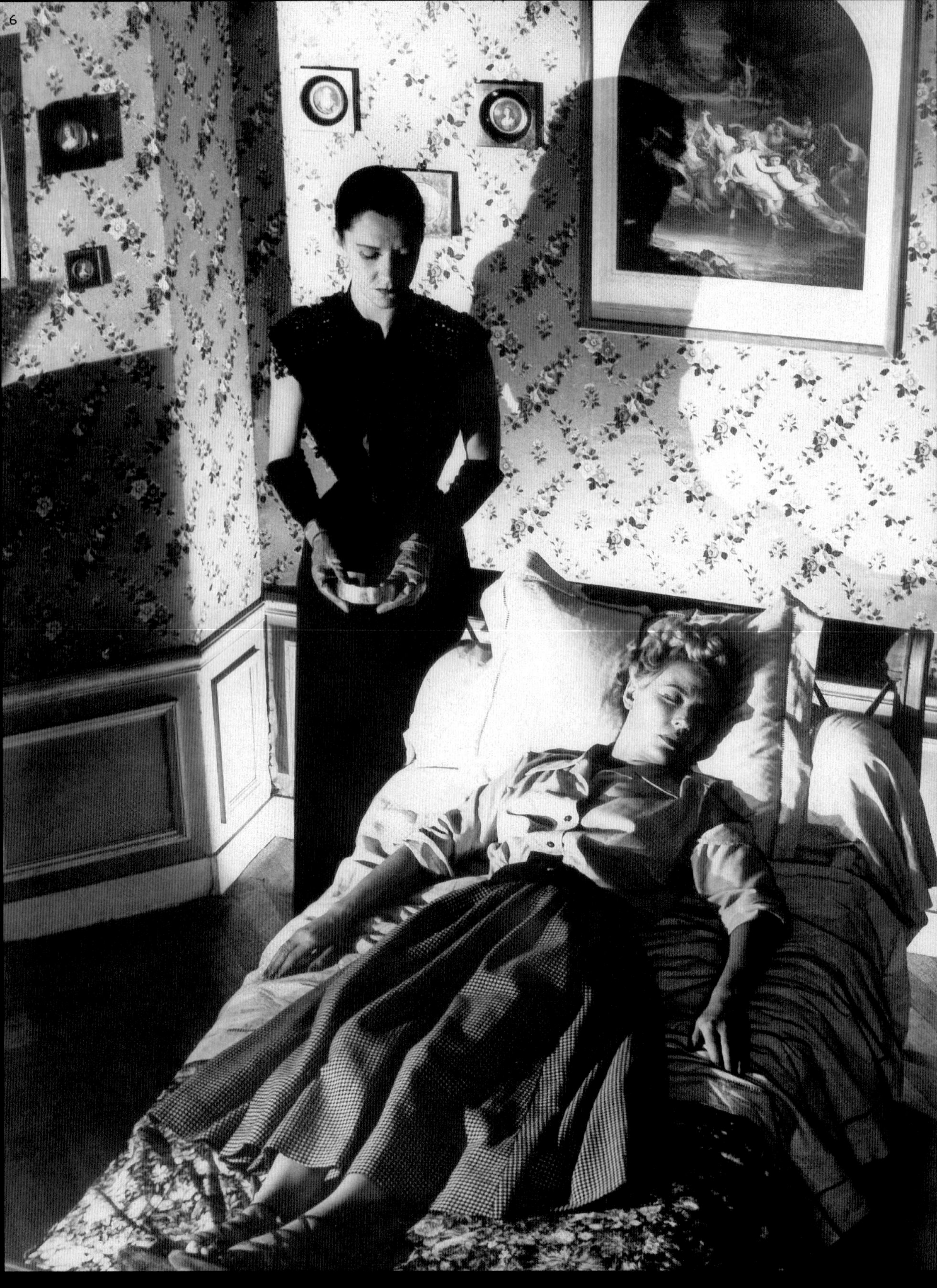

6 Der Tod bricht ein in die bürgerliche Idylle: Die Prinzessin nimmt Eurydice (Marie Déa) mit ins Jenseits.

7 Banaler Alltag: Auch der Dichter Orphée bleibt nicht von Ehestreitigkeiten verschont.

8 Das Gericht der Zwischenwelt lässt sich auch als Anspielung auf die Prozesse verstehen, die in Frankreich nach dem Krieg gegen Kollaborateure geführt wurden.

„Den deutlichsten Hinweis auf Cocteaus Film findet man wohl im Programmheft. Dort schreibt Cocteau über seine Filme: ‚Wenn ich einen Film drehe, ist es wie ein Schlummer, und ich träume.'" *The New York Times*

wirkungsvolle Tricks. Mal zeigt er die Fahrt ins Zwischenreich, indem er eine Landschaft im Negativfilm rückprojiziert – und zitiert auf diese Weise Friedrich Wilhelm Murnaus legendären Vampirfilm *Nosferatu – Eine Symphonie des Grauens* (1922). Oder er lässt seinen Helden durch einen Spiegel in die Unterwelt eintreten – ein Effekt, für den er einen horizontal liegenden Quecksilbertank als reflektierende Oberfläche nutzt. In dem Maße, in dem diese Tricks auf die Form aufmerksam machen, wird diese zum eigentlichen Thema des Films. Cocteau setzt seinen Kritikern einen Film voller spielerischer Schönheit und poetischer Leichtigkeit entgegen, ein Werk, in dem der Inhalt aus der Form selbst hervorgeht. Zugleich aber weist er doch deutlich auf die Quellen seiner Inspiration. Auf Liebe, Eros und Tod.

UB

WINCHESTER '73
Winchester '73

1950 - USA - 92 MIN. - S/W - GENRE WESTERN

REGIE ANTHONY MANN (1906–1967)
BUCH ROBERT L. RICHARDS, BORDEN CHASE, STUART N. LAKE
KAMERA WILLIAM H. DANIELS SCHNITT EDWARD CURTISS MUSIK JOSEPH GERSHENSON
PRODUKTION AARON ROSENBERG für UNIVERSAL INTERNATIONAL PICTURES.

DARSTELLER JAMES STEWART (Lin McAdam), SHELLEY WINTERS (Lola Manners),
DAN DURYEA (Waco Johnnie Dean, Kansas Kid), STEPHEN MCNALLY (Dutch Henry Brown),
MILLARD MITCHELL (High-Spade Frankie Wilson), ROCK HUDSON (Junger Stier), ANTHONY CURTIS
[= TONY CURTIS] (Doan), CHARLES DRAKE (Steve Miller), JOHN MCINTIRE (Joe Lamont),
WILL GEER (Sheriff Wyatt Earp), STEVE BRODIE (Wesley), JOHN DOUCETTE (Roan Daley),
JAY C. FLIPPEN (Sergeant Wilkes).

„One out of thousand."

Lin McAdam (James Stewart) hat eine Rechnung offen. Die Fährte des Kopfgeldjägers Dutch Henry Brown (Stephen McNally), mit dem Lin, wie sich später herausstellen wird, mehr gemeinsam hat, als man anfangs ahnt, führt ihn nach Dodge City. Bei einem von Sheriff Wyatt Earp (Will Geer) persönlich geleiteten Schießwettbewerb gilt es nun, dem Widersacher den Hauptpreis, eines der legendären Winchester-73-Gewehre, abspenstig zu machen. McAdam gewinnt und hat gleich noch einen Grund mehr, sich Dutch Henry an die Fersen zu heften. Denn dieser hat ihm, dem klaren Gewinner, die begehrte Trophäe kurzerhand entwendet.

Nach diesem Auftakt verlässt der Film seinen Helden und dessen treuen Begleiter High-Spade Frankie Wilson (Millard Mitchell) und folgt dem weiteren Schicksal der berühmten Waffe. Als würde sie einem eigenen Willen folgen, wandert die Winchester von Hand zu Hand, um in der Mitte des Films ein weiteres Mal den Weg McAdams zu kreuzen – ohne dass es dieser allerdings merkt. So wird das Gewehr selbst zu einem Symbol des Schicksals, dessen Wege unergründlich sind und das die Protagonisten immer wieder in wechselnden Konstellationen zusammenführt. Sie verschwinden und tauchen an anderer Stelle wieder auf, und erst im Nachhinein erscheint der Gang der Dinge schlüssig, ja geradezu zwangsläufig. Jedes Ereignis hat seine Vorboten, die den aufmerksamen Zuschauer die nächste Wendung der Geschichte vorausahnen lassen.

So sieht man, kurz bevor Dutch Henry und seine Kumpane in die mitten im Indianergebiet gelegene Spelunke einkehren, den Waffenhändler Joe Lamont (John McIntire) sehr geschickt Karten mischen. Beim Pokern mit Dutch beteuert er hingegen, dass er keine Ahnung davon habe, und stellt sich beim Austeilen der Karten so ungeschickt an, dass man sofort weiß, welches Spiel hier gespielt wird.

Bis zum berühmten Showdown in einer Felsenlandschaft reiht sich so eine Episode an die andere, jede von ihnen eine Miniatur, die ein bestimmtes Genremotiv paradigmatisch auf den Punkt bringt: der Schießwettbewerb in Dodge City, der verschlagene Waffenhändler, der die Indianer mit Repetiergewehren ausrüstet und am Ende selbst ihr Opfer wird, die Kavallerie, die mitten in der Wildnis von Indianern umzingelt wird. „Es ist erstaunlich, welche Fülle an Handlung in den 92 Minuten des Films erzählt wird", wie ein

1

1 In der Rolle des Lin McAdam verkörpert James Stewart einen neuen Heldentypus, der durchaus auch seine dunklen Seiten hat. Der Frau an seiner Seite, Shelley Winters als Lola Manners, bleibt ein Happyend verwehrt.

2 Alle wollen nur das eine: Die legendäre Winchester scheint keinem ihrer Besitzer Glück zu bringen.

3 In der erbarmungslosen Welt des Westens regiert das Faustrecht.

4 Umzingelt von Indianern denken die Eingeschlossenen über die richtige Taktik nach.

5 Auf der Flucht vor den Indianern wird Lola von ihrem feigen Verlobten im Stich gelassen.

Kommentator schreibt. Dennoch zerfällt Manns Film, bei dem ursprünglich Fritz Lang Regie führen sollte, keineswegs in beliebig aneinander gereihte Einzelsequenzen. Es ist vor allem die kunstvolle Erzählstruktur, die *Winchester '73* zu einem herausragenden Vertreter seines Genres macht. Die legendäre Waffe ist der rote Faden, der alle Handlungsfäden miteinander verknüpft. Mann bemüht sich nicht um eine Neubestimmung des Genres wie andere Regisseure von Nachkriegswestern, allen voran *Zwölf Uhr mittags* (*High Noon*, 1952), und ebenso wenig um mehr Realismus. Stattdessen schafft er aus den verwendeten klassischen Western-Standards ein Panorama des Wilden Westens aus der Sicht Hollywoods.

Dafür, dass die hier vorgeführten Typen nicht zu Stereotypen verkommen, sorgt aber auch die bis in die Nebenrollen glückliche Besetzung. Shelley Winters' gefallenes Mädchen, das sich für eine bessere Zukunft einem braven, aber feigen jungen Farmer anschließt und schließlich doch selbst das Heft in die Hand nehmen muss, ist eine Figur von großer psychologischer Tiefe, die den Zuschauer unmittelbar für sich einnimmt. Auch

SHELLEY WINTERS   Keine Geringere als Marilyn Monroe, mit der die 1922 in East Saint Louis, Illinois, geborene Schauspielerin einst ein Zimmer teilte, soll von ihr den lasziven Blick gelernt haben. Sie selbst erlernte ihr Handwerk, das sie in über 100 Filmen unter Beweis stellte, an der New Yorker Theatre School, dem Actors' Studio und bei Charles Laughton. Nach ihrem Karrierestart am Broadway brachte erst George Cukors *Ein Doppelleben/Mord in Ekstase* (*A Double Life*, 1947) einen ersten Leinwanderfolg.

Der endgültige Durchbruch gelingt der Charakterdarstellerin mit tragischen Frauenfiguren, die ihre gesamte Karriere hindurch ihre Spezialität bleiben: Für ihre Rolle als Schwangere, die in *Ein Platz an der Sonne* (*A Place in the Sun*, 1951) von George Eastman (Montgomery Clift) wegen der reichen und schönen Angela Vickers (Liz Taylor) ermordet wird, bekommt sie ihre erste Oscar-Nominierung. Unter der Regie ihres einstigen Lehrers Charles Laughton brilliert sie 1955 als betrogene Witwe neben Robert Mitchum in *Die Nacht des Jägers* (*The Night of the Hunter*). Für ihre Rolle als Nachbarin in *Das Tagebuch der Anne Frank* (*The Diary of Anne Frank*, 1959) erhält sie schließlich tatsächlich einen Oscar. Den wäre sicher auch ihre Darstellung der Mutter in Stanley Kubricks *Lolita* (1962) wert gewesen – immerhin gab es eine Golden-Globe-Nominierung. Doch schon wenig später wird sie von der Academy abermals für eine Nebenrolle bedacht: In *Träumende Lippen* (*A Patch of Blue*, 1965) spielt sie die Mutter eines blinden Mädchens. Neben ihren Hollywood-Engagements tritt Winters auch immer wieder in europäischen Produktionen in Erscheinung, so in Roman Polanskis Roland-Topor-Verfilmung *Der Mieter* (*Le Locataire*/*The Tenant*, 1976) oder Walter Bockmayers *Looping* (1980/81).

6   Zu den vielen Besitzern des titelgebenden Gewehres gehört auch ein Indianer auf dem Kriegspfad – allerdings nicht sehr lange.

7   Kopfgeldjäger Dutch Henry Brown (Stephen McNally) zeigt sich als schlechter Verlierer.

Nicht nur Lola hat unter dem skrupellosen Verbrecher zu leiden.

8   Seinem rechtmäßigen Gewinner macht das Gewehr nur Ärger. Doch so hat er einen Grund mehr, sich seinem Erzrivalen an die Fersen zu heften.

9   Lin McAdam und sein Freund Waco Johnny Dean (Dan Duryea) sind ein unzertrennliches Team und spielen sich im Kampf wie in den Dialogen gegenseitig die Bälle zu – Vorbild für zahlreiche Nachfolger. In Western in dieses „Buddies"-Motiv besonders beliebt.

Lins enge Freundschaft zu Waco (Dan Duryea) kommt ohne umständliche Erklärungen aus: Man spürt sofort die gegenseitige Achtung und das blinde Verständnis zwischen diesen beiden Männern, die sich in manchen Dialogen sogar gegenseitig ergänzen: „Wish we'd have had you with us at Bull Run. We might not have run so fast", erklärt der Kavallerie-Sergeant Wilkes, nachdem mit McAdams Hilfe ein Indianerüberfall zurückgeschlagen werden

High-Spade", erwidert McAdam, und High-Spade ergänzt: „Only we were on the other side."

Mann drehte noch vier weitere Western mit James Stewart, in denen der Typus des gebrochenen Helden weiter ausgebaut wurde, des zornigen Rächers, der die Spirale der Gewalt allein deswegen schon nicht unterbrechen kann, weil er seine eigene Wut nicht unter Kontrolle hat.

„Als ich bei der Motivsuche diese Felsengegend gefunden hatte, war ich sehr glücklich. Die beiden Männer hätten nicht auf einem flachen Terrain miteinander kämpfen dürfen. Beide sind zu gute Schützen, das Duell hätte nur 15 Sekunden gedauert." *Anthony Mann*

ALLES ÜBER EVA
All About Eve

★★★★★

1950 - USA - 137 MIN. - S/W - GENRE DRAMA, GESELLSCHAFTSSATIRE

REGIE JOSEPH L. MANKIEWICZ (1909–1993)
BUCH JOSEPH L. MANKIEWICZ, nach der Kurzgeschichte „The Wisdom of Eve" von MARY ORR
KAMERA MILTON KRASNER SCHNITT BARBARA MCLEAN MUSIK ALFRED NEWMAN
PRODUKTION DARRYL F. ZANUCK für 20TH CENTURY FOX.

DARSTELLER BETTE DAVIS (Margo Channing), ANNE BAXTER (Eve Harrington), GEORGE SANDERS (Addison De Witt),
CELESTE HOLM (Karen Richards), GARY MERRILL (Bill Sampson), HUGH MARLOWE (Lloyd Richards),
THELMA RITTER (Birdie Coonan), MARILYN MONROE (Miss Caswell),
GREGORY RATOFF (Max Fabian), BARBARA BATES (Phoebe).

ACADEMY AWARDS 1950 OSCARS für den BESTEN FILM (Darryl F. Zanuck), für die BESTE REGIE (Joseph L. Mankiewicz),
für das BESTE DREHBUCH (Joseph L. Mankiewicz), für den BESTEN NEBENDARSTELLER (George Sanders),
für die BESTEN KOSTÜME (Edith Head, Charles Le Maire), für den BESTEN TON (20th Century Fox Sound Department).
IFF CANNES 1951 BESTE DARSTELLERIN (Bette Davis), SPEZIALPREIS DER JURY (Joseph L. Mankiewicz).

„There comes a time that a piano realizes that it has not written a concerto."

Noch ist Margo Channing (Bette Davis) der unumstrittene Star der New Yorker Theaterszene, aber wie lange wird die Enddreißigerin noch glaubwürdig eine Zwanzigjährige spielen können? „Aged in Wood" heißt denn auch das Stück, in dem Margo gerade auf der Bühne steht, als die junge Eve Harrington (Anne Baxter) in ihr Leben tritt. Nur zu gern glaubt Margo als alternde Diva die Geschichte der jungen Eve, die keine ihrer Vorstellungen versäumt und bei der ersten Begegnung in Margos Garderobe alle Anwesenden mit ihrer Theaterbegeisterung fesselt: „Ich erzählte zu Hause die tollsten Dinge – wilde selbst erfundene Märchen. Nach und nach drängten sich Traum und Phantasie immer mehr in mein Leben. Ich konnte Schein und Wirklichkeit kaum noch unterscheiden und bald erschien mir der Schein lebendiger als das Leben." Angetan von solch naiver Offenheit, macht Margo Eve zu ihrem Mädchen für alles.

Doch schon bald erhält das makellose Bild der scheinbar so selbstlosen Assistentin Risse, und dahinter kommt eine sehr geschickte Intrigantin zum Vorschein. Was als Theatermärchen beginnt, endet als wortwitzig-zynischer Reigen um Ehrgeiz, Liebe und das Showgeschäft. Ganz nebenbei zeichnet Mankiewicz ein Panoptikum schillernder Theatertypen in ihrer ganzen Ambivalenz und offenbart deren zuweilen jämmerlichen Narzissmus: Da ist die alles beherrschende launische Diva Margo, ihr treuer Geliebter, der Regisseur Bill Sampson (Gary Merrill), ihr Freund, der leicht zu manipulierende Drehbuchautor Lloyd Richards (Hugh Marlowe), der scharfzüngige, aber gewissenlose Kritiker Addison De Witt (George Sanders), der ständig über Schmerzen klagende Produzent Max Fabian (Gregory Ratoff) und das ehrgeizige Talent Eve.

Zwar führte Anne Baxters Darstellung der hinterhältigen Jungschauspielerin zu einer der sagenhaften 14 Oscar-Nominierungen für den Film – ein Rekord, der erst in den 90er Jahren durch *Titanic* (1997) übertroffen wurde – doch auf den heutigen Betrachter wirkt ihr Spiel hölzern. Dem Vergnügen an diesem Klassiker schadet das indes nur wenig, bildet doch Margo das Zentrum der Handlung, die Bette Davis mit unbändiger Verve zu einer Frau macht, die hin- und hergerissen ist zwischen Verbitterung über ihr Alter und romantischer Hoffnung auf Liebe. Höhepunkt dieser Darbietung ist die Geburtstagsfeier für ihren Geliebten Bill, auf der sie sich in zynischem Selbstmitleid und geifernder Eifersucht ergeht und den Pianisten so lange traurige Lieder spielen lässt, bis Bill sie sarkastisch fragt: „Ein paar von dei-

1

hen Gästen möchten gerne wissen, ob sie vielleicht mal den Leichnam sehen können. Wo hast du ihn aufbahren lassen?" Die alkoholisierte Margo entgegnet: „Wir sind noch fleißig beim Einbalsamieren, aber in Wirklichkeit siehst du ihn ja – die Überreste von Margo Channing." In solchen Passagen scheint Davis sich selbst zu spielen. Unverkennbar sind die Parallelen zur damaligen Lebenssituation der Darstellerin, die Ende der 40er Jahre mehr und mehr der Vergessenheit anheim zu fallen drohte, bis ihr Mankiewiczs Film ein grandioses Comeback bescherte.

Zeitgleich nahm sich Billy Wilder mit *Boulevard der Dämmerung* (*Sunset Boulevard*, 1950) und Gloria Swanson ebenfalls des Themas der alternden Schauspielerin an. Doch wo Wilder und sein Kameramann John F. Seitz durch extreme Lichtsetzung, Gesten und Perspektiven sowie aufwendige Deko- rationen an den Expressionismus der Stummfilmzeit erinnern, bleiben Mankiewicz und Krasner zurückhaltend. Die Erstklassigkeit der Inszenierung von *Alles über Eva* steckt im Detail. Sie findet sich etwa im Lichtrand, der Eve wie eine Aura umgibt, als sie ihren ersten Theaterpreis entgegennimmt, oder in den vielsagenden Nahaufnahmen bei der Preisverleihung, welche nacheinander die versteinerten Mienen von Margo und ihren Freunden zeigen, die teilnahmslos dasitzen, während das übrige Publikum sich in enthusiastischem Beifall ergeht. So gekonnt wie Mankiewicz hier Aktion und Reaktion zur Spannungssteigerung und Konfliktdarstellung einsetzt, so ausgeklügelt gestaltet er als Drehbuchautor den Dialog des Films, der nicht nur jede Menge Seitenhiebe auf Hollywood enthält, sondern auch gekonnt zwischen geistreicher Bemerkung, scharfem Wortwechsel und gewichtigem Monolog variiert.

2

1 Der Widerspenstigen Zähmung: Bill (Gary Merrill) versucht Margos (Bette Davis) Temperament zu zügeln.
2 Mankiewicz nimmt den Zuschauer mit hinter die Kulissen und spielt mit der voyeuristischen Lust des Betrachters ebenso wie Eve (Anne Baxter).
3 Ob Margo Feuer spuckt oder schweigt, die Kamera bleibt meist auf Distanz.

„Schnallen Sie sich an – diese Fahrt wird es in sich haben."

Filmzitat: Margo Channing (Bette Davis)

JOSEPH L. MANKIEWICZ

Joseph L. Mankiewicz ist nicht nur der Einzige, der zwei Jahre in Folge die Oscars für die beste Regie und das beste Drehbuch gewinnen konnte, er hat die Geschichte des Films so vielseitig und aktiv mitgestaltet wie nur wenige: In den 20er Jahren übersetzte der 1909 in Pennsylvania geborene Mankiewicz Zwischentitel für Stummfilme der Ufa, bis ihn sein älterer Bruder Herman Mankiewicz mit nach Hollywood nahm, wo beide erfolgreiche Drehbuchautoren wurden.

Die zynischen Wortgefechte in *Alles über Eva* (*All About Eve*, 1950) gehören zu seinen größten Leistungen auf diesem Gebiet, was sich auch daran zeigt, dass Theaterautor Edward Albee eine Passage für seinen Ehekrieg in *Who's afraid of Virginia Woolf?* übernahm. Trotz der anfänglichen Hilfestellung war Josephs Verhältnis zu seinem älteren Bruder geprägt von Konkurrenzdenken, galt Joseph doch lange als der weniger Talentierte. Nach den frühen Erfolgen Hermans, der für sein Drehbuch zu *Citizen Kane* (1941) einen Oscar gewann, überflügelte Joseph den Bruder jedoch später, wurde zunächst Produzent (z. B. *Die Nacht vor der Hochzeit*, *The Philadelphia Story*, 1940) und anschließend Regisseur.

Als solcher drehte er eine Vielzahl höchst unterschiedlicher Filme – vom Western bis zur musikalischen Komödie. Oft übernahm er zugleich den Part des Drehbuchautors, was seine Regie-Arbeit deutlich geprägt hat. Denn Mankiewiczs' Filme kennen keinen gewagten Bild- und Szenenbau, wohl aber mondänen Wortwitz und eine kluge Konstruktion der Geschichte. Dass er nicht immer besonders einfallsreich zu Werke ging, beweist etwa die Häufung von Rückblenden, von der er nicht nur in *Alles über Eva*, sondern auch in *Ein Brief an drei Frauen* (*A Letter to Three Wives*, 1948) und *Die barfüßige Gräfin* (*The Barefoot Contessa*, 1954) Gebrauch macht. Dennoch gehörte er dank seiner meisterhaften Art zu erzählen in den 40er und 50er Jahren zu den erfolgreichsten Regisseuren Hollywoods und drehte auch in den 60ern und 70ern noch mit Stars wie Laurence Olivier, Henry Fonda und Kirk Douglas.

Bis zum Schluss erhielt er Oscar-Nominierungen, und mit Elizabeth Taylor und jeder Menge Statisten versuchte er im Monumentalfilm *Cleopatra* (1963), die Position des Kinos gegenüber dem immer populärer werdenden Fernsehen zu stärken. Wie so oft in seiner Karriere siegte auch hier das Studio über seine kreativen Einfälle – François Truffaut brachte dies auf den Punkt: „Hollywood hat ihn dazu verdammt, Möbel zu polieren, wo er die Wände einreißen wollte." Joseph L. Mankiewicz starb 1993 an Herzversagen.

„Eine im Grunde kaum überzeugende Geschichte mit blassen Charakteren wird durch ein vor bissigem Witz sprühendes Drehbuch und ein paar reizbare Schauspieler zu einem Filmerlebnis, an das man sich gerne zurückerinnert." *Halliwell's Film and Video Guide*

4 So altehrwürdig wie die Herren ist auch der Erzählstil des Films, der sich von der Preisverleihung per Rückblende in die Vergangenheit begibt.

5 Einem Theaterkritiker macht man so leicht nichts vor. De Witt (George Sanders) macht Eve klar, dass sie in ihm ihren Meister gefunden hat.

6 Selbst wenn die Darsteller nicht – wie in dieser Einstellung – auf der Bühne stehen, erinnern Kostüme und Ausstattung an die Requisiten eines Theaterfundus.

7 Das Bett als Ort der Wahrheit: Sobald Margo im Film in die Horizontale geht, kann man ihr gleichsam in die Seele schauen und ihr tatsächliches Alter erahnen.

Elegant spielt Mankiewicz auch mit den unmerklich wechselnden Perspektiven, aus denen der Zuschauer Eve betrachtet, bis am Ende Kritiker Addison De Witt das letzte Wort hat. In der bösartigsten Verbalattacke des Films reißt er Eves Leben in Fetzen und eröffnet dem Zuschauer wirklich alles über sie: „Du bist eine unglaubliche Person, Eve, genau wie ich, das haben wir gemeinsam. Außerdem verachten wir das Menschliche, sind unfähig zu lieben und uns lieben zu lassen." Dies ist nicht nur ein vernichtendes Urteil, sondern zugleich ein deutlicher Hinweis auf Eves und De Witts Homosexualität, die entsprechend der Zeit nur angedeutet bleibt. Sie unterstreicht die moralische Haltlosigkeit der beiden und zeigt sich etwa, wenn Addison mit seinen Lippen das feminine Utensil der Zigarettenspitze umspielt oder Eve mit einer unbekannten Dame im Schlafanzug auf ihr Zimmer geht.

Am Schluss endet der Kampf zwischen alter Diva und jungem Talent in einem verdienten Unentschieden. Alleiniger Gewinner ist der Zuschauer, dem Mankiewicz in manipulativer und höchst unterhaltsamer Weise die Machenschaften hinter den Kulissen gezeigt hat, wobei er Theater und Hollywood miteinander versöhnt. „Wo man auf Magie und Illusion trifft und sich Zuschauer finden, da ist Theater", lässt er Bill als sein Alter Ego sagen und definiert damit Bühne und Leinwand zugleich. Da scheint es nur konsequent, dass der auf einer Kurzgeschichte basierende Film 1970 als Musical „Applause" an den Broadway kam, in dem zunächst Lauren Bacall und ab 1973 Anne Baxter die Rolle der alternden Margo übernahm.

OK

RASHOMON – DAS LUSTWÄLDCHEN
Rashomon

1950 - JAPAN - 88 MIN. - S/W - GENRE DRAMA

REGIE AKIRA KUROSAWA (1910–1998)
BUCH AKIRA KUROSAWA, SHINOBU HASHIMOTO, nach den Erzählungen „Rashomon" und „Yabu no naka" von RYUNOSUKE AKUTAGAWA KAMERA KAZUO MIYAGAWA
SCHNITT AKIRA KUROSAWA MUSIK FUMIO HAYASAKA PRODUKTION JINGO MINORU für DAIEI STUDIOS.

DARSTELLER TOSHIRÔ MIFUNE (Tajomaru, der Bandit), MASAYUKI MORI (Takehiro, der Samurai), MACHIKO KYÔ (Masako, Takehiros Frau), TAKASHI SHIMURA (Holzfäller), MINORU CHIAKI (Mönch), KICHIJIRO UEDA (Mann bürgerlicher Herkunft), DAISUKE KATÔ (Polizeibeamter), FUMIKO HONMA (Medium).

ACADEMY AWARDS 1951 EHRENAUSZEICHNUNG als BESTER NICHT-ENGLISCHSPRACHIGER FILM.

IFF VENEDIG 1951 GOLDENER LÖWE (Akira Kurosawa).

„It's human to lie. Most of the time we can't even be honest with ourselves."

Es regnet nicht, es schüttet. Drei Männer finden unter dem halbverfallenen Stadttor Rashomon Schutz vor dem sintflutartigen Regen: ein Holzfäller (Takashi Shimura), ein buddhistischer Mönch (Minoru Chiaki) und ein dritter Mann, offensichtlich von bürgerlicher Herkunft (Kichijiro Ueda). Der Holzfäller und der Mönch machen Andeutungen, es sei etwas Schlimmes passiert. Der dritte Mann drängt sie zu erzählen. Sie schildern, was sie selbst gesehen haben bzw. was sie nur gehört haben bei einer Gerichtsverhandlung, zu der sie vorgeladen waren. Doch ergeben ihre Erzählungen kein schlüssiges Bild des Vorgefallenen.

Fest steht: Im Wald ist ein Samurai (Masayuki Mori) zu Tode gekommen. Und seine Frau (Machiko Kyô) wurde von dem Banditen Tajomaru (Toshirô Mifune) vergewaltigt. Aber sonst steht nichts fest. Wurde der Samurai vom Banditen getötet? Oder gar von seiner eigenen Frau? Oder war es Selbstmord? Wir hören – und sehen in Rückblenden – die Geschehnisse im Wald vier Mal: aus der Sicht des Banditen, aus der Sicht der Frau und des getöteten Mannes, der durch ein Medium (Fumiko Honma) spricht, sowie aus der Sicht des Holzfällers. Jedes Mal ist es eine andere Geschichte. Und in jeder dieser Geschichten ist es ein anderer, der sich schurkenhaft bzw. ehrenhaft verhält.

Rashomon war ein Paukenschlag, und zwar in dreifacher Hinsicht. Als der Film 1951 beim Festival in Venedig lief, wurde dem westlichen Publikum

1

schlagartig klar, welch faszinierende Kinematographie das bis dato als Filmnation praktisch nicht wahrgenommene Japan zu bieten hat. In der Geschichte Japans, das sich jahrhundertelang vom Westen isoliert hatte, gab es mehrere Gelegenheiten, bei denen das Tor zum Westen in politischer oder kultureller Hinsicht aufgestoßen wurde. *Rashomon* und seine Auszeichnung in Venedig hat das Tor zum Filmland Japan geöffnet.

Ein zweiter Paukenschlag betraf Regisseur Akira Kurosawa (*Die sieben Samurai*, *Shichinin no samurai*, 1954) persönlich: Er wusste nicht einmal, dass sein Film in Venedig lief. Und da er bei der Vorbereitung des Films immer wieder auf Skepsis und Unverständnis gestoßen war, hielt er die Aussichten für eine Auszeichnung für weniger als gering. Doch dann gewann *Rashomon* den Hauptpreis, und das bei einem der drei großen Filmfestivals der Welt,

„Die Menschen sind unfähig, aufrichtig zu sich selbst zu sein. Sie können nicht über sich sprechen, ohne das Bild zu schönen. Dieser Film ist wie ein Rollbild, das im Entrollen das menschliche Ich enthüllt." *Akira Kurosawa*

1 Bandit Tajomaru (Toshirô Mifune) hat Masako (Machiko Kyô), die Frau des Samurai, vergewaltigt. Um ihre Ehre zu retten, bittet sie ihn, sie zu seiner Frau zu machen.

2 Bedroht vom Banditen Tajomaru spielt Masako ein Psycho-Spiel mit ihrem Mann, den sie ebenso reizt und provoziert wie für sich zu gewinnen sucht.

4 Masako umschmeichelt ihren Mann, den Samurai Takehiro (Masayuki Mori). Ihr psychologisches Raffinement ist beeindruckend.

3 Unter dem halbverfallenen Stadttor Rashomon treffen sich Menschen, die Unerhörtes erlebt haben. Nur was, ist nicht ganz klar.

und dazu eine Ehrenauszeichnung als bester nicht-englischsprachiger Film im Rahmen der Oscarverleihung.

Vom dritten Paukenschlag wurde das Publikum getroffen, hatte man doch niemals zuvor einen vergleichbaren Film gesehen. Eine vermeintliche Kriminalgeschichte, die sich partout einer Auflösung verweigert. Ein Film, der eine Geschichte in mindestens drei erlogenen und höchstens einer wahren Fassung präsentiert (oder sind vielleicht alle erlogen?), aber bis zum Schluss nicht zu erkennen gibt, welche die wahre ist – das wirkte 1951 irritierend und tut es heute noch. *Rashomon* erscheint zwar wie eine Kriminalgeschichte: Immer wieder wird der Zuschauer angeregt zu überlegen, wie es denn wirklich gewesen sein könnte. Und in den Rückblenden auf die Gerichtsverhandlung, in der kein Richter zu sehen oder zu hören ist, sprechen die Zeugen direkt in die Kamera und machen so den Zuschauer gleichsam zum Richter.

Dennoch ist der Film viel eher eine Parabel über den Menschen, seine Eitelkeiten und seinen Umgang mit der Wahrheit – und letztlich eine düste-

KAZUO MIYAGAWA Die Leidenschaft für die kontrastreiche Lichtführung deutscher Stummfilme war es, die den späteren Kameramann Kazuo Miyagawa zum Film brachte – das kann man *Rashomon – Das Lustwäldchen* (*Rashomon*, 1950) sehr wohl ansehen. Bevor er bei einem Filmstudio anfing, hatte Miyagawa die traditionelle japanische Tuschtechnik „sumi-e" studiert. Zunächst arbeitete er als Labortechniker, dann als Kameraassistent, schließlich als Kameramann. Die Zusammenarbeit mit Akira Kurosawa rahmt sein Werk gleichsam ein. International bekannt macht ihn – wie Kurosawa – *Rashomon*, 30 Jahre später kann er wegen eines Augenleidens die Dreharbeiten zu *Kagemusha – Der Schatten des Kriegers* (*Kagemusha*, 1980) nicht beenden. Dazwischen liegt eine außerordentliche künstlerische Karriere. Schon früh hatte er mit Schienen und Kränen experimentiert, um die Kamera beweglicher zu machen (auch das kann man in *Rashomon* sehen). In Kenji Mizoguchis *Ugetsu – Erzählungen unter dem Regenmond* (*Ugetsu monogatari*, 1953) ließ er sich von traditionellen japanischen Rollbildern inspirieren, wobei im Film lange Einstellungen ein Entlanggleiten am Geschehen suggerieren. In Kon Ichikawas *Der Tempel zur Goldenen Halle* (*Enjo*, 1958) verwendete er erstmals das neue Breitwandformat Daieiscope und griff einmal mehr auf japanische Maltechniken zurück, in dem er das Bild unterteilte und durch Türen etc. „einrahmte". Bei einer weiteren Zusammenarbeit mit Kurosawa, dem Samuraifilm *Yojimbo – Der Leibwächter* (*Yojimbo*, 1961) drehte er Kampfszenen mit einem Teleobjektiv, was dem Ganzen einen surrealistischen Touch verleiht.

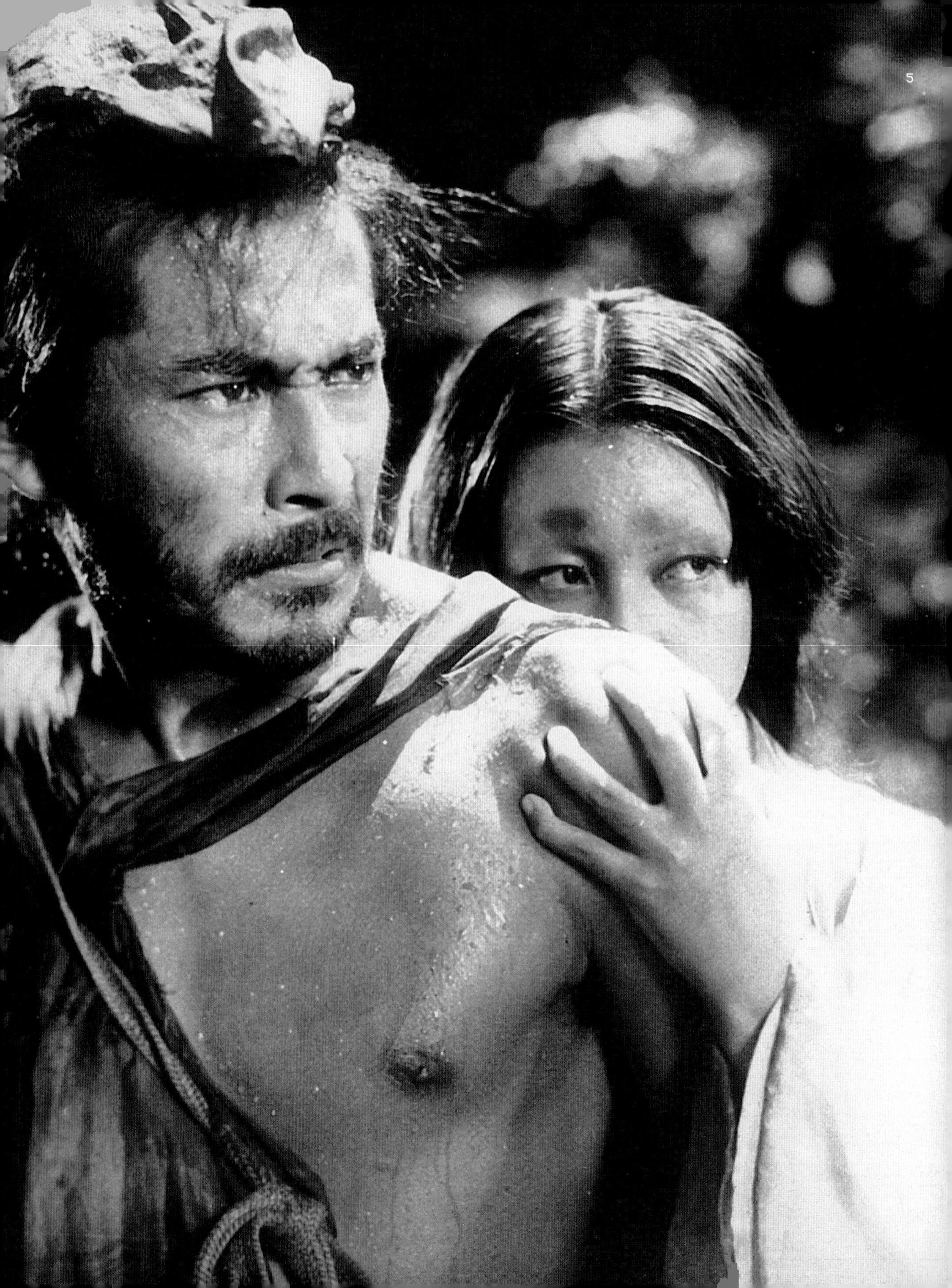

re Parabel. Nicht von ungefähr spielt der Film im 12. Jahrhundert, einer Zeit feudaler Machtkämpfe und des politischen und kulturellen Niedergangs.

Was daneben auch heutzutage noch an dem Film begeistert, ist seine formale Gestaltung. Der Film spielt auf drei zeitlichen und räumlichen Ebenen: in der Gegenwart unter dem Stadttor, kurz zuvor bei der Gerichtsverhandlung und drei Tage vorher im Wald. Diese klar gegliederte Erzählstruktur, dazu seine hochästhetische, mit harten Schwarz-Weiß-Kontrasten arbeitende Fotografie und der sehr ausdrucksstarke, manchmal an große Theatergesten erinnernde Schauspielstil machen *Rashomon* zu einem streng komponierten, fremdartig-faszinierenden Meisterwerk.

HJK

„Jeder, der diesen Film sieht, wird sofort von der Schönheit und Anmut der Aufnahmen gebannt sein, der geschickten Ausnutzung von Licht und Schatten, um eine Vielzahl ausdrucksstarker und doch einfühlsamer Bildeffekte zu erzielen."

The New York Times

5 Bandit Tajomaru verteidigt Masako wie seine eigene Frau.

6 Wehrlos, an einen Baum gebunden, muss Samurai Takehiro mit ansehen, wie der Bandit seine Frau vergewaltigt.

7 Bandit Tajomaru und Samurai Takehiro liefern sich einen erbitterten Kampf auf Leben und Tod.

CINDERELLA / ASCHENPUTTEL
Cinderella

1950 - USA - 74 MIN. - FARBE - GENRE ZEICHENTRICKFILM
REGIE CLYDE GERONIMI (1901–1989), WILFRED JACKSON (1906–1988), HAMILTON LUSKE (1903–1968)
BUCH KEN ANDERSON, HOMER BRIGHTMAN, WINSTON HIBLER, BILL PEET, ERDMAN PENNER,
HARRY REEVES, JOE RINALDI, TED SEARS, nach der Erzählung „Cendrillon" von CHARLES PERRAULT
SCHNITT DONALD HALLIDAY MUSIK MACK DAVID, AL HOFFMAN, JERRY LIVINGSTON, PAUL J. SMITH,
OLIVER WALLACE PRODUKTION WALT DISNEY für WALT DISNEY PICTURES.
SPRECHER ILENE WOODS (Cinderella), ELEANOR AUDLEY (Lady Tremaine, die Stiefmutter),
VERNA FELTON (gute Fee), RHODA WILLIAMS (Drizella), LUCILLE BLISS (Anastasia),
JAMES MACDONALD (Gus/Jacques/Bruno), LUIS VAN ROOTEN (König/Herzog), JUNE FORAY (Lucifer),
WILLIAM PHIPPS (Traumprinz), CLINT MCCAULEY (die Mäuse), BETTY LOU GERSON (Erzählerin).
IFF BERLIN 1951 GOLDENER BÄR für MUSIKFILME (Walt Disney).

„Bibbidi-bobbidi-boo."

Es war einmal ... ein Filmemacher, der seine ganze Kraft dem Ziel widmete, den Zeichentrickfilm zu revolutionieren. Und tatsächlich: Ohne Walter Elias Disney, geboren am 5. Dezember 1901, gestorben am 15. Dezember 1966, der 1920 in einer leer stehenden Garage sein erstes Animationsstudio gründete, aus dem wiederum drei Jahre später die berühmten „Disney Studios" hervorgehen sollten, würde das Genre in seiner heutigen Form nicht existieren. Unter anderem, weil Disney als Einziger fest daran glaubte, dass der Zeichentrick – bis dahin ausschließlich eine Stilform des Kurzfilms – auch in Spielfilmlänge funktionieren würde: Seine Pläne für einen abendfüllenden Zeichentrickfilm wurden in der Branche mit kollektivem Gelächter und Kopfschütteln quittiert. Aber Schneewittchen und die 7 Zwerge (Snow White and the Seven Dwarfs, 1937), der während der dreijährigen Produktionszeit das Studio an den Rand des Ruins trieb, erwies sich als kommerzieller und künstlerischer Triumph – und Disney wurde buchstäblich dazu animiert, seine Vision weiterzuverfolgen.

Obwohl danach für das Studio einige goldene Jahre anbrachen und Disney mit Filmen wie Fantasia (1940) und Bambi (1942) sensationelle Erfolge feierte, stellte sich die Erstaufführung von Cinderella am 15. Februar 1950 als schwerer Prüfstein für Disney heraus. Denn der Film stand am Ende einer fast achtjährigen harten Zeit, die vom Schatten des Zweiten Weltkriegs und firmeninternen Querelen, aber auch von kühnen künstlerischen und technischen Experimenten geprägt war. Cinderella markierte den ersten „echten" Disney-Spielfilm seit Bambi – und den Beginn einer neuen, erfolgreichen Ära.

Es ist wohl auch dem Erfolg von Disneys Spielfilmdebüt Schneewittchen zu verdanken, dass die Zeichentricklegende nach den mageren Jahren auf

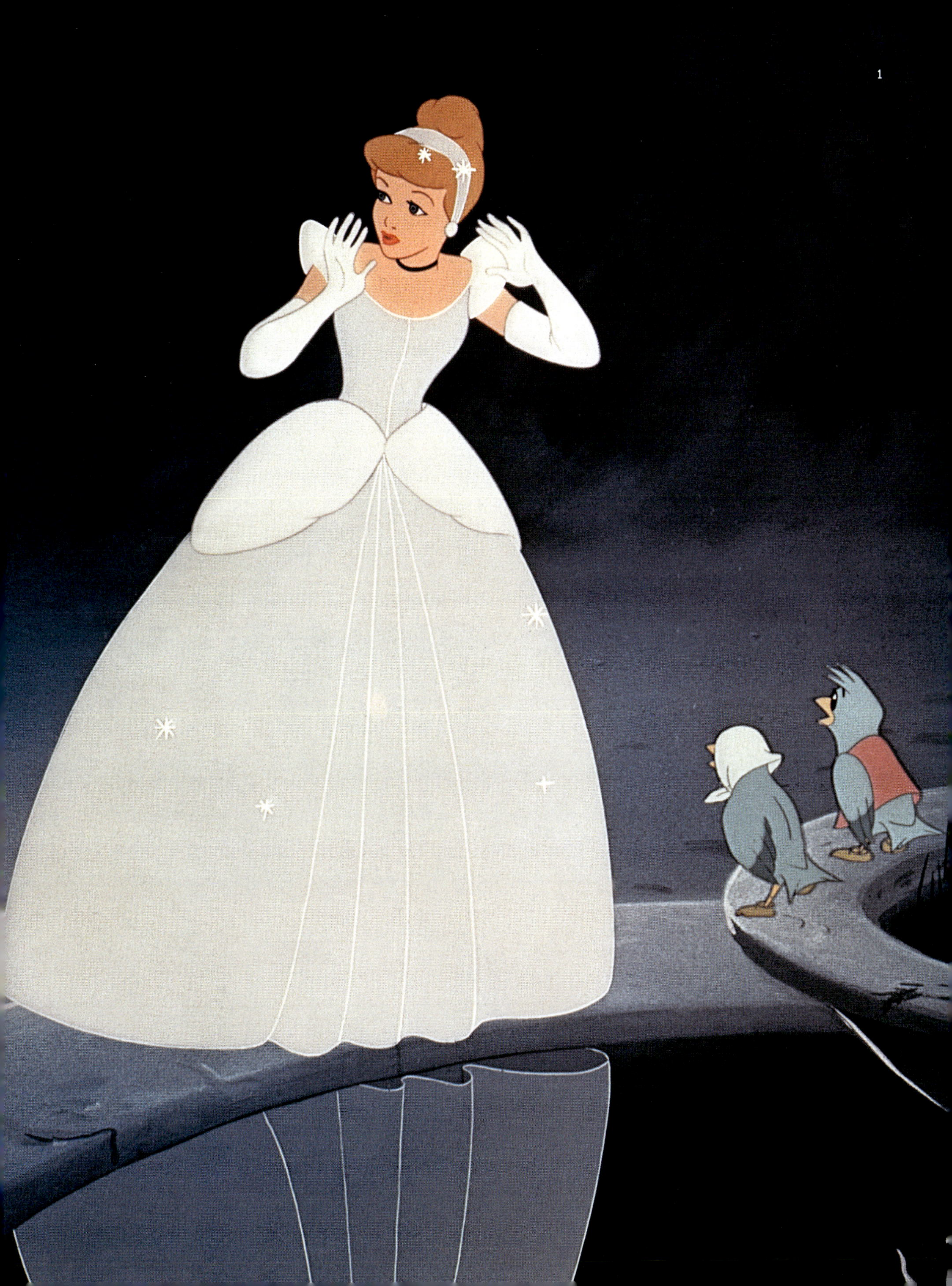

„Wenn diese kleinen Mäuse das Letzte aus sich herausholen, um den Schlüssel Hunderte von Treppenstufen hochzuschleppen und Aschenputtel damit zu befreien, dann spielt es keine Rolle, wie viele Kubrick-Filme Sie gesehen haben: Es ist immer noch aufregend." *Chicago Sun-Times*

Nummer Sicher ging und erneut auf einen weltweit bekannten Märchenstoff zurückgriff: Die Geschichte des liebreizenden, hilfsbereiten Mädchens, das unter seiner bösartigen Stiefmutter und den hinterlistigen Stiefschwestern leidet und am Ende doch seinen Traumprinzen heiraten darf, basiert auf der Erzählung „Cendrillon", der Version der Aschenputtel-Geschichte des französischen Schriftstellers Charles Perrault und stammt aus dessen berühmter Märchensammlung „Feenmärchen für die Jugend" von 1697. Natürlich findet man in der erzählerisch eher schwachen und vorhersehbaren, aber visuell

1 Augenschmaus: Statt in Sack und Asche erscheint Cinderella in einem wunderbaren Kleid auf dem königlichen Ball. Kein Wunder, dass sie das Herz des Prinzen erobert …

2 Ausstattungsfrage: Cinderella träumt von schönen Kleidern und einem attraktiven Traumprinzen – und überlegt mit Hilfe der pfiffigen Mäuse, wie Schnitt und Look ihres Ballkleides aussehen könnten.

3 Kleine Helfer: Die Mäuse im Haushalt von Cinderellas Stiefmutter sind treue Freunde des jungen Mädchens.

4 Katz-und-Maus-Spiel: Täglich fechten die aufgeweckten Mäuse kleine und größere Kämpfe mit dem boshaften Kater Lucifer aus.

5 Mutterfigur: Die gute Fee stattet Cinderella vor dem schicksalhaften Fest mit buchstäblich zauberhaften Kleidern, Schmuck und einer standesgemäßen Kutsche aus.

prächtigen Verfilmung die wesentlichen Versatzstücke des Märchens: die böse Stiefmutter, den edlen Prinzen, die gute Fee, die Cinderella durch ihren Zauber den Zutritt zu dem prunkvollen Ball ermöglicht, und schließlich das Happyend. Aber ebenso selbstverständlich wurden diese Versatzstücke mit allen Elementen angereichert, die Disneys Zeichentrickfilme geprägt und berühmt gemacht haben: niedliche Tiere, tapsige Sidekicks (beispielsweise den Herzog des Königs), der Einsatz von Musik und vor allem das konsequente Auslassen von Gewalt – wenn Cinderellas Stiefschwestern den gläsernen Schuh anprobieren, den sie vorher im Schloss verloren hatte, werden, anders als in der Märchenversion der Gebrüder Grimm, weder Zehen noch Fersen abgehackt.

„Disney's most valuable and original contribution to the Cinderella-tale was the addition of dozens of animals to the story", bemerkte der US-Kritiker

> „Glaub an deine Träume, dann wird sich eines Tages dein Regenbogen zeigen."
>
> Filmzitat: Cinderella

Roger Ebert ein wenig hämisch. Aber gerade diese Tiere sind es, die *Cinderella* seinen zeitlosen Charme verleihen. Wenn die Mäuse immer wieder erfolgreich versuchen, ihre Haut vor den Krallen des Katers Lucifer zu retten, sind das kleine, komische Dramen, die dazu beitragen, der Geschichte Leben einzuhauchen. Darüber hinaus muten die cartoonhaft gezeichneten Tiere und menschlichen Nebenfiguren wesentlich lebendiger und charmanter an als die naturalistisch angelegten Figuren von Cinderella und dem Prinzen, die eher statisch und distanziert wirken – was daran liegen mag, dass die Zeichner von *Cinderella* auf real gefilmtes Material zurückgegriffen haben. Denn rund 90 Prozent des Films wurde vor der Animation im „Live-action"-Verfahren gedreht.

Cinderella mag weder der beste noch der erfolgreichste Zeichentrickfilm von Walt Disney sein. Dennoch ist er einer der unumstrittenen Meilensteine eines Studios, an dem sich auch heute noch – nach dem Siegeszug der Computeranimation und dem Tod des klassischen handgezeichneten Animationsfilms – ein ganzes Genre messen lassen muss. **ES**

6 Traum aller kleinen Mädchen: Der namenlose fesche Prinz verliebt sich beim Tanz in die wunderschöne Cinderella.

7 Wenn es am schönsten ist, soll man gehen: Cinderella flüchtet aus dem Schloss, bevor der Zauber verfliegt.

8 Schöner Schein: Der Prinz ist geblendet von der makellosen Schönheit seines geheimnisvollen Ball-Gastes.

UB IWERKS Über 20 Jahre lang hütete Walt Disney das Geheimnis, dass seine wohl bekannteste Schöpfung gar nicht von ihm selbst stammte. Denn der Meister selbst war nur für die Charakter-Konzeption von Mickey Mouse zuständig, die Gestaltung der Figur besorgte Disneys Freund und Partner Ub Iwerks. Ubbe Ert Iwwerks kam 1901 als Sohn eines ostfriesischen Einwanderers in Kansas City, Missouri, zur Welt. 1919 lernte er Walt Disney kennen und folgte ihm nach Hollywood, wo die Freunde 1920 das Disney-Iwerks-Zeichentrickstudio gründeten. Die Rollen waren klar verteilt: Disney, der sich selbst nie als besonders begabten Zeichner gesehen hatte, sorgte für die Logistik und die Ideen, sein talentierterer Partner für deren Umsetzung. Unter dem Namen Ub Iwerks erarbeitete sich der Trickzeichner – mit teilweise bis zu 700 Zeichnungen pro Tag – den Ruf, Bester seiner Branche zu sein. Im Jahr 1928 schuf er für die Filme *Plane Crazy* und *Steamboat Willie* (den ersten Zeichentrickfilm mit Ton) den unverwechselbaren Look von Mickey Mouse.

Im Jahr 1930 trennte sich Iwerks von Disney, um sich selbständig zu machen. Doch der Erfolg seines ehemaligen Partners war zu groß: Iwerks musste Konkurs anmelden und kehrte 1940 zu Disney zurück. Dort arbeitete er wieder als Zeichner, unter anderem an *Cinderella / Aschenputtel* (*Cinderella*, 1950), aber vor allem als Entwickler neuer Geräte und technischer Verfahren. Darüber hinaus war er auch maßgeblich an den Trickaufnahmen von Alfred Hitchcocks *Die Vögel* (*The Birds*, 1963) beteiligt. 1960 und 1965 wurde er mit einem Oscar für seine filmtechnischen Erfindungen und Neuerungen ausgezeichnet, „for the conception and perfection of techniques for Color Traveling Matte Composite Cinematography", wie es wörtlich in der Begründung der Jury hieß. Ub Iwerks starb am 17. Juli 1971 in Burbank, Kalifornien.

DIE VERGESSENEN / LOS OLVIDADOS
Los Olvidados

1950 - MEXIKO - 80 MIN. - S/W - GENRE DRAMA

REGIE LUIS BUÑUEL (1900–1983)
BUCH LUIS BUÑUEL, LUIS ALCORIZA KAMERA GABRIEL FIGUEROA SCHNITT CARLOS SAVAGE
MUSIK RODOLFO HALFFTER, GUSTAVO PITTALUGA PRODUKTION OSCAR DANCIGERS, SERGIO KOGAN, JAIME A. MENASCE für ULTRAMAR FILMS.

DARSTELLER ALFONSO MEJÍA (Pedro), ROBERTO COBO (Jaibo), ESTELA INDA (Marta, Pedros Mutter), MIGUEL INCLÁN (Don Carmelo, der Blinde), ALMA DELIA FUENTES (Meche), HÉCTOR LÓPEZ PORTILLO (Richter), FRANCISCO JAMBRINA (Direktor), JAVIER AMÉZCUA (Julian), JESÚS NAVARRO (Julians Vater), JORGE PÉREZ (Pelon).

IFF CANNES 1951 BESTE REGIE (Luis Buñuel).

„Is there no mercy for a poor blind man?"

Während die anderen Jungen aus der Bande mit einer Jacke und Zeigefingern, die als „Hörner" an den Kopf gelegt werden, Stierkampf spielen, läuft Jaibo (Roberto Cobo) mit einer kecken Haartolle und einem flaumigen Bart als junger Herr durch die Straßen von Mexiko City. Jaibo, der Anführer einer Straßenbande, ist älter als die anderen in seiner Gang. Und er ist der niederträchtigste von ihnen. Er stiftet die anderen an, einen blinden Bettler und Musiker (Miguel Inclán) zu bestehlen und mit Steinen zu bewerfen. Er selbst schleudert einem vermeintlichen Verräter einen Stein an den Kopf und erschlägt ihn mit einem Stock.

Pedro (Alfonso Mejía) ist auch in der Bande, aber er ist anders als Jaibo. Er lebt bei seiner Mutter (Estela Inda), die ihn und seine drei Geschwister alleine großzieht. Und er versucht, ehrlich zu sein. Doch immer wieder kommt ihm Jaibo dazwischen: In einer Schmiede, in der Pedro arbeitet, stiehlt Jaibo einen Dolch. Pedro wird des Diebstahls bezichtigt und kommt daraufhin in ein Heim für schwer erziehbare Kinder. Als der Direktor (Francisco Jambrina) ihn Zigaretten holen schickt, lauert der Ältere dem Jüngeren auf und nimmt ihm das Geld weg. Schließlich bandelt Jaibo mit Pedros Mutter an, einer jungen Witwe, nach deren mütterlicher Liebe sich Pedro vergeblich sehnt. Die Geschichte der beiden Widersacher geht nicht gut aus, sie kommen beide ums Leben.

Die Vergessenen beruht, wie es auf einer Tafel im Vorspann heißt, auf realen Ereignissen. Bei seiner Premiere schockierte der kraftvolle, bewegende Film das Publikum durch seine Hoffnungslosigkeit. Und in der Tat irritiert er noch heute: Die Kinder sind aggressiv und durchtrieben, auch Pedro macht bei allen entsetzlichen Taten der Bande mit. Der blinde Bettler ist der Widerpart der Jungen und dennoch kein guter Mensch: Das Mädchen, das ihm regelmäßig Eselsmilch bringt, zieht er lüstern auf seinen Schoß; den Indio-Jungen, der ihm hilft, behandelt er schlecht. Diese beiden Kinder sind die einzigen positiven Figuren im ganzen Film. Ansonsten herrschen Heimtücke und Durchtriebenheit.

Der spanische Regisseur Luis Buñuel erregte 1929 Aufsehen, als er mit dem Maler Salvador Dalí zusammen den surrealistischen Kurzfilm *Der andalusische Hund* (*Un Chien andalou*) drehte, in dem der berühmte Schnitt mit einem Rasiermesser durch ein Auge zu sehen ist. Seit 1946 arbeitete

1

1 Jaibo (Roberto Cobo, r.) ist der Älteste der Straßengang, und er ist brutal und rücksichtslos.

2 Pedro (Alfonso Mejía, r.) muss mit ansehen, wie Jaibo (l.) einen vermeintlichen Verräter erschlägt.

3 Er ist blind, aber deswegen noch lange nicht gut: Don Carmelo (Miguel Inclán, r.) zieht lüstern das Mädchen auf seinen Schoß, das ihm zu trinken bringt.

4 Eine verhängnisvolle Verbindung: Immer wieder zieht der Ältere Jaibo (M.) …

5 … den Jüngeren Pedro ins Unglück. Am Ende sind sie beide tot.

„Ein voller Akkord buñuelscher Themen und Techniken: Was ein realistisches Dokument verwahrloster und vernachlässigter Jugend zu sein vorgibt (und auch ist), ist dennoch zugleich ein Zeugnis bestürzender Albträume und Halluzinationen voller Hoffnungslosigkeit."

Peter W. Jansen, Wolfram Schütte: Luis Buñuel

Buñuel in Mexiko, Francos Faschisten verwehrten ihm die Rückkehr nach Spanien. Mit *Die Vergessenen* begann der internationale Siegeszug Buñuels. Das Jugenddrama ist ein sozialkritischer Film, auf den ersten Blick vergleichbar mit Filmen des italienischen Neorealismus. Doch er ist viel mehr: In seiner Kompromisslosigkeit und seiner Bildsprache knüpft er an Buñuels surrealistisches Meisterwerk an.

Der meisterhaft von Kameramann Gabriel Figueroa fotografierte Film macht in seinen Bildern stets Verfall und Eingesperrtsein spürbar. Die Jungen bewegen sich zwischen elenden Hütten und Bauruinen. Himmel und weites Land gibt es praktisch nie zu sehen. Die Einzimmerwohnung, die Pedro mit seiner Familie bewohnt, ist voll gestellt mit Betten, deren Schatten im Dunkel gespenstische Gittermuster an die Wände werfen. Auch bedient sich Buñuel

GABRIEL FIGUEROA Der mexikanische Kameramann Gabriel Figueroa (1907–97) studierte Malerei und arbeitete in einem Fotostudio, bevor er – zunächst als Standfotograf – zum Film kam. Sein filmisches Handwerk erlernte er in Hollywood als Assistent von *Citizen-Kane*-Kameramann Gregg Toland. Nach seiner Rückkehr nach Mexiko 1935 begann er selbst als Kameramann zu arbeiten. Berühmt wurde er durch die Zusammenarbeit mit dem Regisseur Emilio Fernández, mit dem er in den 40er Jahren eine stark von der Natur und Kultur Mexikos geprägte Filmästhetik entwickelte.

In der Zusammenarbeit mit Luis Buñuel, mit dem Figueroa insgesamt sieben Filme drehte (u. a. auch *Der Würgeengel, El ángel exterminador*, 1962), war indes ein anderer Look gefragt. Buñuel selbst erzählt in seiner Autobiographie die Anekdote, wie Figueroa bei den Dreharbeiten zu *Nazarin* (*Nazarín*, 1959) eine hochästhetische Einstellung eingerichtet hatte, mit dem Popocatépetl in Hintergrund. Doch Buñuel sei dies alles viel zu „schön" gewesen, und so habe er die Kamera kurzerhand umgedreht und auf eine banale Alltagsszenerie gerichtet.

Mehrfach verpflichteten Hollywood-Regisseure Gabriel Figueroa, wenn sie in Mexiko drehten. Für John Ford fotografierte er *Befehl des Gewissens* (*The Fugitive*, 1947), für Don Siegel *Ein Fressen für die Geier* (*Two Mules for Sister Sara*, 1969). Zweimal arbeitete Figueroa mit John Huston zusammen, bei *Die Nacht des Leguan* (*The Night of the Iguana*, 1964), der Figueroa eine Oscar-Nominierung einbrachte, und bei *Unter dem Vulkan* (*Under the Volcano*, 1984). Als Figueroa 1997 neunzigjährig starb, blickte er auf ein riesiges Œuvre zurück, das mehr als 220 Filme umfassen soll.

einer äußerst symbolhaften Bildsprache. In einem Albtraum gibt Pedros Mutter ihrem Sohn ein Stück Fleisch – doch es ist roh und Jaibo nimmt es ihm weg. Als dauerhaft anwesendes Symbol bevölkern zahlreiche Hühner den Film und spiegeln die Situation der Menschen wider: Stumpf und gleichgültig laufen sie umher. Ein Hahn starrt dem geschlagenen Blinden ins Gesicht, ein anderer pickt auf der Leiche von Pedro herum.

Dem erschossenen Jaibo hingegen wird in einer Todesvision ein Hund als Tier zugeordnet. Der stolze, starke Hund für den abgrundtief bösen Jaibo, das schwache Huhn für Pedro, der wenigstens versucht hat, gut zu sein – bis zuletzt verstört Luis Buñuel, in dem er sich der Einteilung in Gut und Böse radikal verweigert.

HJK

DER SCHARFSCHÜTZE
The Gunfighter

1950 - USA - 85 MIN. - S/W - GENRE WESTERN

REGIE HENRY KING (1888–1982)
BUCH WILLIAM BOWERS, WILLIAM SELLERS, ANDRÉ DE TOTH KAMERA ARTHUR MILLER SCHNITT BARBARA MCLEAN
MUSIK ALFRED NEWMAN PRODUKTION NUNNALLY JOHNSON für 20TH CENTURY FOX.
DARSTELLER GREGORY PECK (Jimmie Ringo), HELEN WESTCOTT (Peggy Walsh), MILLARD MITCHELL (Marshal Mark Strett), JEAN PARKER (Molly), KARL MALDEN (Mac), SKIP HOMEIER (Hunt Bromley), ANTHONY ROSS (Deputy Charlie Norris), VERNA FELTON (Mrs. Pennyfeather), ELLEN CORBY (Mrs. Devlin), RICHARD JAECKEL (Eddie), B.G. NORMAN (Jimmie Walsh).

„You know who it is? It's Jimmie Ringo!"

Der Vorspann beginnt traumwandlerisch: Im Galopp durchmisst ein Reiter, den Hut tief ins Gesicht gezogen, die staubige Weite einer bizarren Nachtlandschaft aus fahlen Sandhügeln und kargen Sträuchern. Der Ritt des Mannes zeugt von einer Eleganz und visuellen Präsenz, die seiner Einsamkeit einen tieferen Sinn verleihen. Dieser Mann, der Revolverheld Jimmie Ringo (Gregory Peck), ist ein ewiger Wanderer, sagen die Bilder. Er reitet durch die Nacht, als wolle er eine andere Welt erreichen.

Weil er seiner Heldentaten überdrüssig ist, sehnt sich Jimmie Ringo nach Jahren des Umherirrens nach nichts Geringerem als einem schlichten, zivilen Leben mit seiner Frau Peggy (Helen Westcott) und seinem achtjährigen Sohn (B. G. Norman). Doch die Vergangenheit holt ihn auf dem Weg in das kleine Städtchen Cayenne, in dem Peggy und sein Sohn ein neues Leben begonnen haben, unentwegt ein. Ständig muss er sich in Acht nehmen, nicht von einem Ruhm- oder Rachsüchtigen erschossen zu werden. Die Freiheit, die er einst im Westen suchte, ist für ihn längst zu einem Fluch geworden. Selbst einen simplen Whisky kann er nicht mehr unbehelligt trinken.

Bereits die erste Szene des Films verdeutlicht den Konflikt. Auf einem Zwischenstopp betritt Jimmie mit klirrenden Sporen einen Saloon. An der Bar ordert er einen Whisky. Doch kaum setzt er zum Trinken an, holt ihn sein Ruf bereits ein. „Weißt du, wer das ist?", fragt jemand am Pokertisch. „Das ist Jimmie Ringo!" Der junge Draufgänger Eddie (Richard Jaeckel) blickt neugierig auf. „Er sieht gar nicht aus wie ein Revolverheld", sagt er. Dann tritt Eddie an die Bar und bricht einen Streit vom Zaun. Kurz darauf ist er tot. Jimmie entschwindet in die Nacht. Er ist zwar im Recht, doch Eddies Brüder, so prophezeit man ihm, werden sich rächen wollen.

Als Jimmie am nächsten Morgen Cayenne erreicht und die Palace-Bar betritt, scheint sich die Geschichte zu wiederholen. Wieder wird er prompt erkannt, und sofort gerät die Ordnung in Cayenne aus dem Gleichgewicht.

1

1 Alles, was Scharfschütze Jimmie Ringo (Gregory Peck) sucht, ist ein ruhiger Platz zum Leben. Doch egal welche Tür er öffnet, niemand heißt ihn willkommen.

2 Regisseur Henry King schwebte eine Ausstattung des Films vor, die möglichst nah an die historischen Vorbilder angelehnt war.

3 Einst ritten sie zusammen durch die Weiten des Westens. Nun ist Mark Strett (Millard Mitchell) Marshal.

4 Trigonometrie des Westernduells: ein Barmann, ein abgeklärter Scharfschütze und ein allzu überheblicher Herausforderer (Richard Jaeckel).

„Hier stehe ich: 35 Jahre alt, und ich hab nicht mal 'ne Uhr."

Filmzitat: Jimmie Ringo (Gregory Peck)

ARTHUR CHARLES MILLER Wie manch einer hatte auch Kameramann Arthur Charles Miller damit zu kämpfen, nicht mit dem berühmten amerikanischen Bühnenautor und zeitweiligen Ehemann von Marilyn Monroe, Arthur Miller, verwechselt zu werden. Dabei hatte sich Miller in der Filmbranche schon früh einen Namen gemacht. Bereits mit 13 Jahren arbeitete der 1895 geborene New Yorker für Fred Balshofer. Später schloss er sich Edwin S. Porter an. 1919 ging Miller zu Famous Players-Lasky Corporation, der späteren Paramount Pictures Corporation, nach Hollywood und drehte in Rom mit George Fitzmaurice *The Eternal City* (1923), einen Stummfilm mit Barbara La Marr in der Hauptrolle, in dem Mussolini in einer Szene einen Massenaufmarsch italienischer Faschisten im antiken Kolosseum abnimmt. Als die Filmcrew von Mussolini des Landes verwiesen wurde, schmuggelte Miller das Negativ aus Italien.

1932 wurde Miller von der 20th Century Fox unter Vertrag genommen. Er arbeitete unter anderem verschiedene Male mit John Ford zusammen und fotografierte viele Filme mit dem Kinderstar Shirley Temple. Für seine Arbeit an dem walisischen Grubenarbeiter-Melodram *So grün war mein Tal* (*How Green Was My Valley*, 1941) von John Ford erhielt Miller seinen ersten Oscar für die beste Kameraarbeit. Zwei weitere folgten für Henry Kings Verfilmung des Franz-Werfel-Romans *Das Lied von Bernadette* (*The Song of Bernadette*, 1943) mit Jennifer Jones in der Hauptrolle sowie für die Kaiser-Gouvernanten-Romanze *Anna und der König von Siam* (*Anna and the King of Siam*, 1946) von John Cromwell. Miller hatte einen bestechenden Blick für präzise ausgeleuchtete, sehr fein ausdifferenzierte Interieuraufnahmen. Gleichzeitig verstand er es, bestimmte Außenszenen expressiv zu steigern. Beispiele dafür sind die düsteren Aufnahmen der heruntergewirtschafteten Kohlemine am Anfang von *How Green Was My Valley* sowie der berückend eingefangene Nachtritt Gregory Pecks in *Der Scharfschütze* (*The Gunfighter*, 1950). Miller starb 1970. Kurz vor seinem Tod veröffentlichte er zusammen mit Fred Balshofer den Band „One Reel a Week", ein Bericht über die Filmarbeit in der Frühzeit des Mediums. Lange Zeit war er Vorsitzender der American Society of Cinematographers (ASC), für die er ein Museum früher Filmkameras einrichtete.

Nur einer in der Stadt behält einen kühlen Kopf: Marshal Mark Strett (Millard Mitchell), ein alter Freund und Weggefährte Jimmies, der den Revolver gegen den Marshalstern eingetauscht hat. Als Strett erkennt, dass Jimmie ehrliche Absichten hegt, versucht er ihm zu helfen. Aber die Zeit für ein Wiedersehen mit Peggy wird knapp. Denn Jimmies Verfolger nähern sich unaufhaltsam der Stadt. Und dann ist da noch der Angeber Hunt Bromley (Skip Homeier), der gern so berühmt wäre wie Jimmie.

Mit *The Gunfighter* begann die Ära der „Adult-Western" oder „Edel-Western", als dessen bekanntester Vertreter *Zwölf Uhr mittags* (*High Noon*, 1952) von Fred Zinnemann mit Gary Cooper in der Hauptrolle gilt. Die großen Westernepen eines John Ford, Howard Hawks und King Vidor hatten dem Mythos vom Wilden Westen zur filmischen Realität verholfen. Nun wich

„Henry King war ein Handwerker, der virtuos mit dem Apparat umzugehen wusste, den ihm Hollywood zur Verfügung stellte; er war ein Hollywood-Professional, der in keinem Moment vergaß, dass Filmkunst eine kollektive Kunst ist, in der die Drehbuchschreiber und der Kameramann und natürlich die Stars den gleichen Anteil am fertigen Film hatten wie der Regisseur." *Süddeutsche Zeitung*

„Das ist ein tolles Leben, nicht wahr? Einfach nur zu versuchen, am Leben zu bleiben. Nicht wirklich zu leben. Nichts zu erreichen. Nur zu versuchen, nicht umgelegt zu werden. Nur darauf zu warten, von irgendeinem harten Burschen auseinander genommen zu werden, so einem Typen, wie ich es früher war." *Filmzitat: Jimmie Ringo (Gregory Peck)*

das Schweifen im symbolisch aufgeladenen Monument Valley einem enger geführten Blick auf die historische Realität des eroberten Westens. Insbesondere das durch den Zivilisationsprozess konfliktbeladene Leben in den Provinzstädten geriet in den Fokus des Genres. Die einstigen Helden stiegen von ihren Pferden herab und begannen, über ihr bisheriges Leben nachzudenken. Doch ihre Rückkehr ins zivile Leben förderte neuerliche Probleme zu Tage: Konflikte zwischen Gesetz, gesellschaftlicher Moral und persönlicher Vergangenheit.

The Gunfighter schöpft aus der Neuordnung der Motivebenen seine ganze Kraft. Der einstige Held wird zum Gejagten, und die bislang Unschuldigen werden zu Tätern. Wie einschneidend die Kehrtwende vom klassischen Draufgänger zum selbstkritischen Anti-Helden empfunden wurde, verdeutlicht eine Anekdote von Darryl F. Zanuck, Vize-Präsident von 20th Century Fox, der bei der Sichtung der Filmmuster irritiert auf Gregory Pecks Schnurrbart reagierte. Weil Regisseur King eine sehr authentische Ausstattung des Films verfolgte, sollte insbesondere das Aussehen der Figuren den historischen Vorbildern entsprechen. King bediente sich dabei aus dem reich ausgestatteten Bild- und Geschichtsband „Triggernometry: A Gallery of Gunfighters" von Eugene Cunningham. Pecks Schnurrbart war echt, doch Zanuck fürchtete, das Publikum wolle den Star lieber glatt rasiert sehen.

Am Ende stirbt Jimmie Ringo. Ein anderer erbt den Fluch ewiger Wanderschaft und entschwindet in die Nacht. Ein Kassenschlager wurde The Gunfighter wohl nicht, dafür aber ein unvergesslicher Klassiker.

SR

5   Egal, wo Jimmie Ringo ankommt, sein Ruf als Scharfschütze eilt ihm voraus. Stets muss er mit einem Hinterhalt rechnen.

6   Hilfssheriff Charlie (Anthony Ross) nimmt den schießwütigen jungen Hunt Bromley (Skip Homeier) in Schutzhaft.

7   Am Ende wird der Ruf, ein ausgezeichneter Scharfschütze zu sein, für Jimmie Ringo zum Fluch. Ein junger Revolverheld schießt ihn hinterrücks aus dem Sattel.

DER REIGEN
La Ronde

1950 - FRANKREICH - 100 MIN. - S/W - GENRE DRAMA, LIEBESFILM

REGIE MAX OPHÜLS (1902–1957)
BUCH JACQUES NATANSON, MAX OPHÜLS, nach dem Bühnenstück „Reigen" von ARTHUR SCHNITZLER
KAMERA CHRISTIAN MATRAS SCHNITT LÉONIDE AZAR MUSIK OSCAR STRAUS PRODUKTION SACHA GORDINE, RALPH BAUM für SACHA GORDINE, PARIS.

DARSTELLER ANTON WALBROOK = ADOLF WOHLBRÜCK (Spielleiter), SIMONE SIGNORET (Léocadie), SERGE REGGIANI (Franz), SIMONE SIMON (Marie), DANIEL GÉLIN (Alfred), DANIELLE DARRIEUX (Emma Breitkopf), FERNAND GRAVEY (Charles Breitkopf), JEAN-LOUIS BARRAULT (Robert Kühlenkampf), GÉRARD PHILIPE (Graf), ODETTE JOYEUX (Anna), ISA MIRANDA (Charlotte).

„Die Menschen erkennen niemals mehr als nur einen Teil der Wirklichkeit."

Der Spielleiter (Anton Walbrook) führt uns ins Geschehen. Wir sind in Wien, man schreibt das Jahr 1900. Doch wo befinden wir uns wirklich? Der Spielleiter steigt eine Treppe hoch, eine Bühne rückt ins Bild. Aber nein, es ist ein Filmstudio. Alles wird nur gespielt, zu unserem Vergnügen. Eine Prostituierte steigt von einem Karussell und wird vom Spielleiter zur ersten Szene geschickt; der Reigen kann beginnen. Nacheinander treffen sich: die Dirne und der Soldat, der Soldat und das Stubenmädchen, das Stubenmädchen und der junge Herr, der junge Herr und die verheiratete Frau, die verheiratete Frau und ihr eigener Mann, der Mann und das süße Mädchen, das süße Mädchen und der Dichter, der Dichter und die Schauspielerin, die Schauspielerin und der junge Graf. Am Schluss erwacht der junge Graf bei der Prostituierten vom Anfang. Der Kreis hat sich geschlossen.

Welche Rolle hat der Conférencier in diesem Spiel? Ist er „der Autor, ein Komparse, ein Passant?" All das trifft zu. Manche der Begegnungen werden von ihm eingeleitet. Andere beendet er, wenn sie ihm zu langatmig werden, und richtet den Scheinwerfer auf die nächste. Er schlüpft selbst in Rollen, als Trompeter, Kutscher oder Oberkellner. Einmal übernimmt er sogar die Aufgabe des Zensors und schneidet ein paar Meter aus dem schönen Film. Was darauf zu sehen wäre, ist jedem klar.

Der Reigen, nach dem Skandalstück von Arthur Schnitzler, beschreibt den Lauf der Liebe, die Suche nach dem Objekt der Begierde und die Verführung, die hier in allen zehn Fällen zum Geschlechtsakt führt. An seiner Stelle befanden sich bei Schnitzler Striche. Dem Filmemacher Max Ophüls stehen natürlich unendlich mehr Möglichkeiten zur Verfügung, und er nutzt

1

1 Auch sie tanzen den Reigen: der junge Herr (Daniel Gélin) und die verheiratete Frau (Danielle Darrieux).
2 Werkgetreu: Die Verfilmung von Schnitzlers „Skandalstück" zeigt einen Kreislauf unerfüllter Sehnsüchte.
3 Körper als Ware: Der Graf (Gérard Philipe) und die Dirne (Simone Signoret) beschließen den Reigen standesgemäß.

„Wienerisches und Pariserisches kamen hier zu einer glücklichen Verbindung, die zwar nicht mehr so ganz der Reigen des animalischen, zerstörenden Eros ist, sondern mehr das poetische Ringelspiel, der Ringelreihen der flüchtigen mit der Uhr bemessenen Liebe, mit köstlicher Ironie und nicht ohne Trauer über die Vergänglichkeit der Liebesschwüre zum Singen und Klingen gebracht." *Der Tagesspiegel*

sie, unter anderem durch die Hinzufügung des Spielleiters, der sagt: „Ich bin die Inkarnation Ihres Wunsches, alles zu wissen." In der Tat weiß der Zuschauer hier wesentlich mehr als die einzelnen Figuren. Sie sind blind gegenüber dem anderen. Aber auch blind gegenüber sich selbst. Alle Paare verwechseln hier Liebe mit Begehren, die Sucht nach Erregung führt ins Leere, und darum geht der Reigen nie zu Ende.

Was Schnitzler jedoch zu einem pessimistischen Gesellschaftsporträt bewegte, wird von Ophüls mit tanzender Leichtigkeit umgesetzt. Was in den Szenen geschieht, das Lügen, Betrügen und all die kleinen schmutzigen Dinge des Lebens – das scheint gar nicht so sehr von Belang. Stattdessen ist *Der Reigen* ein Film über die Schönheit und die Möglichkeiten der bewegten Kamera. In weiten Bögen folgt sie den Charakteren, vom einen zum anderen, von einer Kulisse zur nächsten. Wenn die Dirne den Soldaten zum Tête-à-tête überredet, schwenkt sie immer wieder hin und her. Oft löst sie sich von der Handlung, scheint selbst auf der ständigen Suche nach einem neuen Objekt der Begierde, macht sich an Dingen fest, weil sie ihr gefallen. In dieser Bevorzugung der Mise-en-scène gegenüber der Montage ist *Der Reigen* die Quintessenz von Ophüls' Werk. Die Verknüpfung der losen Sze-

MAX OPHÜLS

Opulente Bilder, ausschweifende Kamerafahrten und die Selbstreferenz auf das Medium Film waren die Markenzeichen seines Werks. Die meisten Filme von Max Ophüls haben einen Erzähler, der das Publikum über seinen Status aufklärt. Doch der wirkliche Erzähler ist die Kamera. Sie registriert und inszeniert das Geschehen, ist dabei in ständiger Bewegung, genau wie ihr Regisseur, der 1902 als Max Oppenheimer in Saarbrücken geboren wurde. Der Sohn einer wohlhabenden jüdischen Kaufmannsfamilie versucht sich zunächst als Schauspieler und pendelt jahrelang zwischen verschiedenen deutschen Städten und Wien. Im Jahr 1932 dreht er mit *Die verliebte Firma* seinen ersten Spielfilm. Eine Verfilmung nach Arthur Schnitzler, *Liebelei* (1933) mit Gustaf Gründgens, bringt ihm den Durchbruch. Aber inzwischen sind die Nazis an der Macht. Ophüls verbringt die meiste Zeit seines Schaffens im Exil, zunächst in Frankreich, Italien und der Schweiz. Es entstehen Filme wie *Zärtliche Feindin* (*La Tendre Ennemie*, 1936), *Yoshiwara* (1937) und die Habsburgergeschichte *Von Mayerling bis Sarajevo* (*De Mayerling à Sarajevo*, 1940). Anfang der 40er Jahre flieht er unter großen Gefahren in die USA.

Mittlerweile französischer Staatsbürger, tut er sich in Hollywood schwer. Das Projekt *The Man Who Killed Hitler* scheitert an der Finanzierung. Dafür gelingen ihm mit *Brief einer Unbekannten* (*Letter from an Unknown Woman*, 1948) und *Gefangen* (*Caught*, 1948/49) zwei hervorragende Melodramen. Sein künstlerisches Vermächtnis steckt jedoch in zwei Filmen, die er, nach Frankreich zurückgekehrt, verwirklicht: *Der Reigen* (*La Ronde*, 1950) und das gewaltige Bildepos *Lola Montez* (*Lola Montès*, 1955), das das Leben der berüchtigten Tänzerin als Zirkusdarbietung erzählt. Der Kreis schließt sich, als Ophüls 1954 für einige Theaterarbeiten nach Deutschland zurückkehrt. Er stirbt 1957 in Hamburg. Sein Sohn ist der bekannte Dokumentarfilmer Marcel Ophüls.

„Der Schauplatz ist zugleich Theater, Film und ein ‚Film-Wien'. Immerzu wechseln die Intensitäten, mit denen die Kulissen sich kenntlich machen; mal scheinen sie zu verschwinden und der Ort ‚realistisch' zu werden, zu einem Film-Ort; mal handelt es sich um einen Film (eine der zehn Episoden wird mit einer Klappe angekündigt); dann wieder haben die Kulissen die Künstlichkeit des Theaters." *Reclams Filmklassiker*

4   Überredung und Verführung, auch mit Hilfe der Kamera: der Soldat (Serge Reggiani) und die Dirne.

5   Spiel zwischen Realität und Phantasie: In Gedanken ist der Ehemann (Fernand Gravey) schon beim süßen Mädel.

6   Der Spielleiter (Anton Walbrook) ist zugleich Autor und Akteur.

7   Der junge Herr und das Stubenmädchen (Simone Simon) im nicht enden wollenden Reigen.

nen, visuell galant und doch avantgardistisch, erscheint hier noch konsequenter als in seinem barocken Meisterstück Lola Montez (Lola Montès, 1955). Dort sollte auch der Spielleiter wieder auftauchen, als dämonischer Zirkusdirektor, gespielt von Peter Ustinov.

Auch die Besetzung von Der Reigen kann sich sehen lassen. Anton Walbrook, der charmante Wiener mit vier Pseudonymen, ist eine Erleuchtung. Er singt auch das von Oscar Straus komponierte Titellied. Daneben sieht man, wenn auch nur kurz, mit Simone Signoret, Danielle Darrieux, Gérard Philipe und Jean-Louis Barrault einige der beliebtesten französischen Schauspieler. Dass der Film zum Erfolg wurde, ist dennoch nicht selbstverständlich. Bei der Uraufführung des Bühnenstücks 1920 in Berlin kam es zum Eklat, Schnitzler selbst verfügte daraufhin ein bis 1982, dem Tod von Schnitzlers Sohn Heinrich, geltendes Aufführungsverbot, das Max Ophüls umging.

PB

DER GEBROCHENE PFEIL
Broken Arrow

1950 - USA - 93 MIN. - FARBE - GENRE WESTERN, DRAMA
REGIE DELMER DAVES (1904–1977)
BUCH MICHAEL BLANKFORT, ALBERT MALTZ, nach dem Roman „Blood Brother" von ELLIOTT ARNOLD
KAMERA ERNEST PALMER SCHNITT J. WATSON WEBB JR. MUSIK HUGO FRIEDHOFER
PRODUKTION JULIAN BLAUSTEIN für 20TH CENTURY FOX.

DARSTELLER JAMES STEWART (Tom Jeffords), JEFF CHANDLER (Cochise), DEBRA PAGET (Sonseeahray), BASIL RUYSDAEL (General Oliver Howard), WILL GEER (Ben Slade), JOYCE MACKENZIE (Terry), ARTHUR HUNNICUTT (Milt Duffield), JAY SILVERHEELS (Geronimo), BILLY WILKERSON (Juan), ROBERT ADLER (Lonergan).

„To talk of peace is not hard. To live it is very hard."

Auch Indianerjungen haben eine Mutter, die um sie weint. Auch Indianer wissen, was Fair Play ist. Zu diesen beiden Erkenntnissen kommt der ehemalige Postreiter Tom Jeffords (James Stewart), als er auf der Suche nach Gold durch Apachengebiet reitet. Dort findet er einen von Soldaten schwer verwundeten Jungen, den er trotz des damit verbundenen hohen Risikos gesund pflegt. Als die beiden kurz darauf vom Stamm des Jungen aufgespürt werden, wird Jeffords Zeuge, mit welcher Grausamkeit und Unbarmherzigkeit die bedrängten Ureinwohner Amerikas gegen ihre Feinde vorgehen. Jeffords selbst jedoch kommt mit dem Leben davon. Der durch dieses Erlebnis Geläuterte erkennt, dass Unrecht und Unmenschlichkeit ihren Ursprung immer auf beiden Seiten der an einem Konflikt beteiligten Parteien haben.

In seinem Bemühen um Friedensverhandlungen macht sich Jeffords jedoch bei seinen eigenen Leuten verdächtig. „Wer nicht für uns ist, ist gegen uns", lautet die Parole der radikalisierten Siedler. So bricht er auf eigene Faust auf, um den legendären Apachenhäuptling Cochise (Jeff Chandler) zu bitten, wenigstens die Postreiter beim Durchreiten der Indianergebiete zu schonen. Cochise willigt ein, freundet sich mit Jeffords an und setzt sich sogar dafür ein, dass der Weiße das Indianermädchen Sonseeahray (Debra Paget) heiraten darf.

Schließlich gelingt es den beiden Freunden, ein Friedensabkommen mit der Washingtoner Regierung in die Wege zu leiten. Doch Jeffords muss dafür einen hohen Preis zahlen: Sonseeahray wird von aufgebrachten Weißen in einen Hinterhalt gelockt und erschossen. Bis heute gilt *Der gebrochene Pfeil* als Prototyp des Indianerwesterns, der sich um eine differenziertere Sicht auf die amerikanischen Ureinwohner und ihren Krieg mit den weißen Eindringlingen bemüht. Regisseur Delmer Daves stellt beide Welten mit ihren jewei-

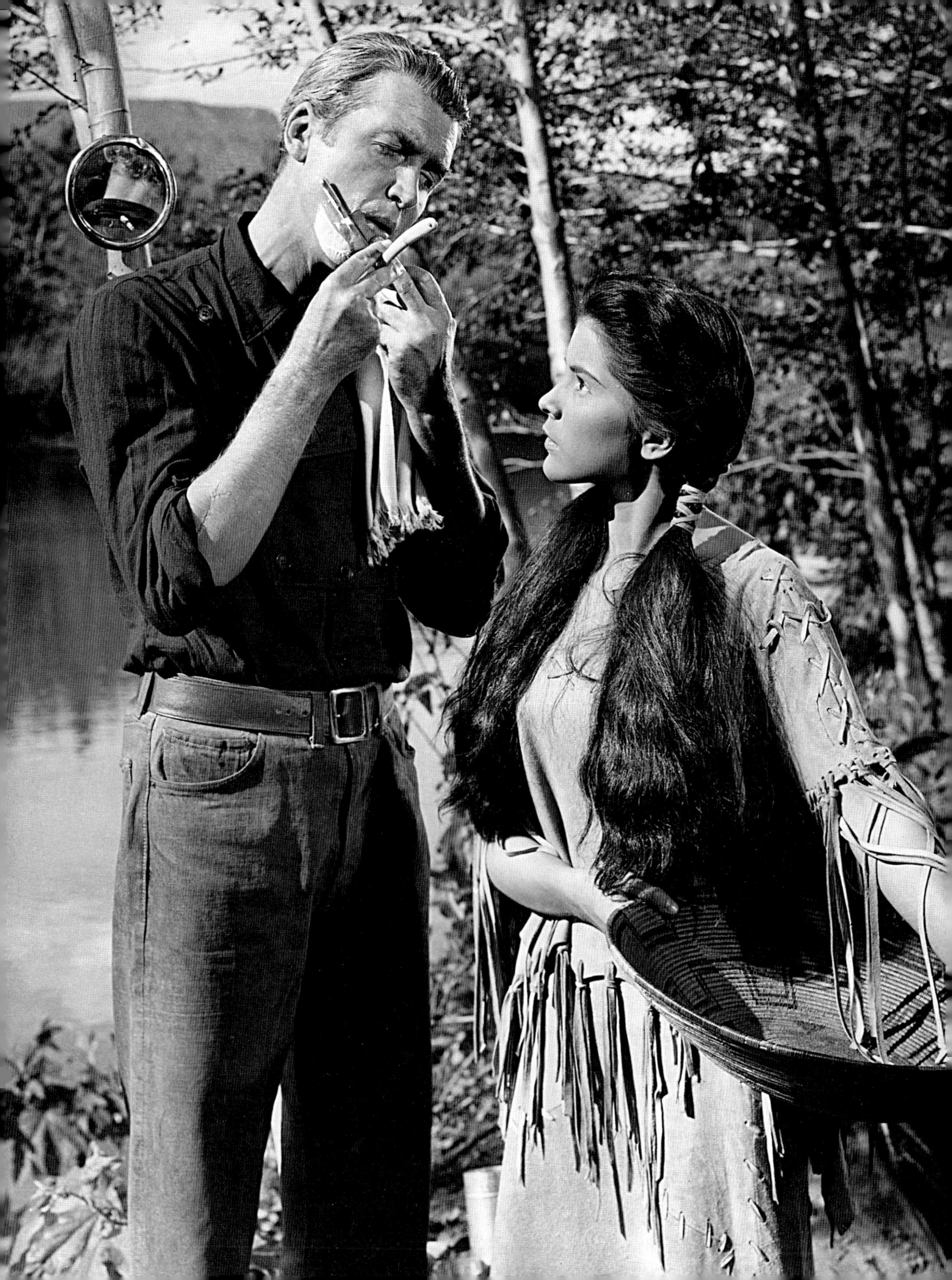

„Nun sage ich dies: Die Amerikaner züchten Vieh, aber sie sind nicht weich oder schwach. Warum sollten die Apachen nicht in der Lage sein, neue Lebensweisen zu erlernen? Es ist nicht leicht, sich zu ändern, aber manchmal ist es notwendig. Die Amerikaner werden stärker, während wir schwächer werden. Wenn ein großer Wind aufkommt, muss sich ein Baum beugen ... oder er wird mitsamt seinen Wurzeln herausgerissen." *Filmzitat: Cochise (Jeff Chandler)*

1. Die Liebe zwischen Tom Jeffords (James Stewart) und Sonseeahray (Debra Paget) überbrückt die Kluft zwischen den beiden Kulturen.

2. Weil er gegen Vorurteile kämpft, gilt Jeffords vielen Weißen als Verräter.

3. Jeffords weiß, wie zerbrechlich der Frieden zwischen Siedlern und Ureinwohnern ist. Zum Erreichen seines Ziels muss er viel Überzeugungsarbeit leisten.

4. Männer von Ehre: Mit ehrlichen Worten gewinnt Jeffords das Vertrauen des legendären Indianerhäuptlings Cochise (Jeff Chandler).

5. Einige unverbesserliche Indianerhasser stellen Cochise, Sonseeahray und Jeffords eine tödliche Falle.

ligen Vorurteilen einander gegenüber, ohne für eine von beiden Partei zu ergreifen. Dem fanatischen Geronimo (Jay Silverheels), dem Gegenspieler Cochises, und seinen Anhängern entsprechen auf der anderen Seite die vom Hass verblendeten Weißen, die ein friedliches Nebeneinander aus rein egoistischen Gründen ablehnen. Zu ihnen gehört am Ende auch der durch seinen Verlust verbitterte Jeffords, der den von ihm ausgelösten Friedensprozess jedoch nicht mehr aufhalten kann.

Daves Blick auf das Leben der Indianer ist keineswegs frei von Sentimentalität und folkloristischer Idealisierung. Armut, Elend und Unterentwicklung, wie sie in vielen vom Krieg gezeichneten Indianersiedlungen Ende des 19. Jahrhunderts geherrscht haben, kommen hier nicht vor. Während Häuptling Cochise als weiser Staatsmann europäischer Prägung auftritt, verkörpert die schöne Sonseeahray die archaische Unschuld eines naturverbundenen Volkes, die am Ende als Preis für den Frieden geopfert werden muss.

6   Bei seiner ersten Begegnung mit den Indianern kommt Jeffords nur knapp mit dem Leben davon.

7   Regisseur Delmer Daves, der selbst längere Zeit unter Indianern lebte, zeichnet ein geschöntes Bild vom einfachen Leben der amerikanischen Ureinwohner im Einklang mit der Natur.

„Dieser Film hat möglicherweise mehr dazu beigetragen, Rassenspannungen zu mildern, als die meisten Filme, die es sich zur Aufgabe gemacht haben, zu belehren, anzuregen oder anzuklagen." Pauline Kael

DELMER DAVES

Die Karriere des 1904 in San Francisco geborenen Schauspielers, Drehbuchautors, Regisseurs und Produzenten verlief alles andere als geradlinig. Nachdem er bereits mit zehn Jahren in einem Film aufgetreten war, studiert er zunächst in Los Angeles Bauingenieurswesen, später Jura und kommt nach seinem Studium zunächst als Requisiteur und technischer Berater zum Film.

Ein längerer Aufenthalt bei den Hopi- und Navajo-Indianern schärft seinen Blick für Rassendiskriminierung – eine Erfahrung, die er 1950 in seinem ersten Western, *Der gebrochene Pfeil* (*Broken Arrow*), verarbeitet. Zuvor jedoch arbeitet Daves, unter anderem an der Seite von Humphrey Bogart und Bette Davis, für MGM als Schauspieler. Er verfasst mehrere Drehbücher für Humphrey-Bogart- und Bette-Davis-Filme. Beide Stars werden später auch unter seiner Regie spielen. Erst 1943 hat der Lebemann die Regie zu seinem ersten Film übernommen, *Bestimmung Tokio* (*Destination Tokyo*) – angeblich tat er dies anfangs ausgesprochen widerwillig, da er wegen des aufreibenden Berufs um seine Gesundheit fürchtete.

Mit *Die schwarze Natter* (*Dark Passage*), in dem Humphrey Bogart einen flüchtigen Sträfling spielt, der sich von einem plastischen Chirurgen zu einem neuen Menschen machen lässt, gelingt ihm 1947 ein Meisterwerk des Film noir. Daves schreibt die Drehbücher für viele seiner Filme selbst und zählt heute für einige Kritiker zu den am meisten unterschätzten Autorenfilmern. Zentral für Daves ist die Frage nach der Identität des Einzelnen und seine Fähigkeit, die eigenen Grenzen zu überwinden. Gelingt dies – wie etwa dem verarmten Farmer in *Zähl bis drei und bete* (*3:10 to Yuma*, 1957) – so liegt darin zugleich auch die Verheißung einer besseren gesellschaftlichen Zukunft.

Obwohl Daves einige der besten Western aller Zeiten drehte, ließ er sich auf dieses Genre nicht festlegen: Zu seinem Œuvre gehören unter anderem auch ein Sandalenfilm (*Die Gladiatoren*, *Demetrius and the Gladiators*, 1954) und Ehedramen wie *Die Sommerinsel* (*A Summer Place*) von 1959. Delmer Daves starb 1977 in La Jolla, Kalifornien.

Die Botschaft des Films, dass gegenseitiges Verständnis und Toleranz Grundbedingungen einer friedlichen Koexistenz sind, mag ihre Berechtigung haben. Doch verkennt diese Sichtweise die Tatsache, dass die kulturellen Unterschiede wohl sehr viel größer waren, als hier dargestellt. Auch gerät damit die Tatsache aus dem Blickfeld, dass die weißen Eroberer zumeist überhaupt kein Interesse an einem fairen Ausgleich hatten, sondern im Gegenteil die Ausrottung der Ureinwohner nicht zuletzt durch die Regierung systematisch betrieben wurde.

Gleichwohl kann kaum bestritten werden, dass Daves' Film einen wichtigen Wendepunkt im US-Western und seiner Darstellung des mit der Besiedlung des Westens verbundenen Rassenkonfliktes markiert. Sein Einfluss auf den Western der 50er und ganz besonders der 60er Jahre kann kaum überschätzt werden. Eine ähnliche Wirkung kommt im Subgenre des Indianerwesterns sonst nur noch Anthony Manns im gleichen Jahr entstandenem Film *Fluch des Blutes* (*Devil's Doorway*) zu, der das Thema allerdings wesentlich pessimistischer behandelt.

Nicht zuletzt ist *Der gebrochene Pfeil* bewegendes Kino, das mit seiner vereinfachenden Darstellung komplexer Probleme und seinem Appell an Mitgefühl und gesunden Menschenverstand mehr bewirkt haben mag als die meisten politisch korrekten Lippenbekenntnisse. SH

BOULEVARD DER DÄMMERUNG
Sunset Boulevard

1950 - USA - 110 MIN. - S/W - GENRE DRAMA

REGIE BILLY WILDER (1906–2002)
BUCH CHARLES BRACKETT, BILLY WILDER, D.M. MARSHMAN JR. KAMERA JOHN F. SEITZ
SCHNITT ARTHUR SCHMIDT MUSIK FRANZ WAXMAN PRODUKTION CHARLES BRACKETT für PARAMOUNT PICTURES.
DARSTELLER GLORIA SWANSON (Norma Desmond), WILLIAM HOLDEN (Joe Gillis),
ERICH VON STROHEIM (Max von Mayerling), NANCY OLSON (Betty Schaefer),
FRED CLARK (Sheldrake), LLOYD GOUGH (Morino), JACK WEBB (Artie Green),
FRANKLYN FARNUM (Bestatter), CECIL B. DEMILLE (er selbst), BUSTER KEATON (er selbst).

ACADEMY AWARDS 1950 OSCARS für das BESTE DREHBUCH (Charles Brackett, Billy Wilder, D.M. Marshman Jr.),
für die BESTE MUSIK (Franz Waxman), für die BESTE AUSSTATTUNG (Hans Dreier, John Meehan,
Sam Comer, Ray Moyer).

„I am big. It's the pictures that got small."

Ein Toter erzählt seine Geschichte. Die Bekanntschaft mit der ehemaligen Stummfilm-Diva Norma Desmond (Gloria Swanson) hat den erfolglosen Drehbuchautor Joe Gillis (William Holden) das Leben gekostet. Mit dem Gesicht nach unten treibt er nun im Swimmingpool, Polizeibeamte aus Hollywood fischen unbeholfen nach seiner Leiche – der Auftakt zu *Boulevard der Dämmerung* gehört wohl zu den verstörendsten und gleichzeitig brillantesten Eingangssequenzen der Filmgeschichte.

Eigentlich hatte Regisseur Billy Wilder zunächst eine Unterhaltung zwischen Toten in einer Leichenhalle inszeniert. Bei Probevorführungen brach das Publikum jedoch in schallendes Gelächter aus. Wilder verwarf seine ursprüngliche Idee, ging es ihm hier doch weniger um schwarzen Humor, als vielmehr darum, die Grenze zwischen der Welt der Toten und der Welt der Lebenden in polemischer Absicht zu verwischen.

Denn es ist in der Tat eine Welt der lebenden Toten, in die sich der verschuldete Gillis, verfolgt von den Agenten seiner Gläubiger, zu Anfang der Geschichte verirrt. Die Desmond ist gerade dabei, einen Affen zu Grabe zu tragen – eine Szene, die man als einigermaßen boshaften Hinweis auf Gillis' weiteres Schicksal deuten kann. Sie macht den Zorn spürbar, der Wilder bei der Realisierung dieses Films offenbar geleitet hat – der Zorn gegen die Mechanismen der Traumfabrik, für die sich jeder, der in ihr überleben will, zum Affen machen muss.

Auf ihrem riesigen Anwesen haben sich die vom Publikum vergessene Norma Desmond und ihr Butler Max von Mayerling (Erich von Stroheim) ihr eigenes bizarres Traumreich geschaffen: Hier, zwischen den staubigen Zimmerfluchten, ist die Desmond immer noch berühmt, hier liegt ihr die Welt noch zu Füßen. Verbissen arbeitet sie an einem Drehbuch, in dem sie, als Gipfel des Selbstbetrugs, sich selbst die Rolle der verführerischen Salomé auf den Leib schreibt.

Für dieses Unterfangen kommt ihr Gillis gerade recht. Geld spielt keine Rolle, und der verzweifelte Autor übernimmt die wenig verlockende Aufgabe, das Machwerk halbwegs präsentabel zu machen. Bald wird der junge Mann, halb fasziniert, halb abgestoßen von ihrem längst verwelkten Glamour, von seiner Auftraggeberin völlig vereinnahmt. Gillis merkt viel zu spät, dass er selbst Teil dieser geisterhaften Umgebung geworden ist, während die Desmond mit den anderen „Wachsfiguren" – ehemaligen Stummfilmstars wie Buster Keaton, die in einer gespenstischen Szene allesamt als sie selbst auftreten – Karten spielt. Auch eine Liebschaft mit der Paramount-Angestellten Betty Schaefer (Nancy Olson), mit der er heimlich an einem gemeinsamen Drehbuch schreibt, kann ihn nicht mehr retten. Als er sich endlich von der Diva lösen will, erschießt sie ihn aus Eifersucht.

Als eine „Straße in eine andere Welt" hat David Lynch, der *Boulevard der Dämmerung* zu seinen „fünf Lieblingsfilmen" zählt, den Film bezeichnet. Es liegt nahe, dass sich der Regisseur von *Eraserhead* (1974/77) und *Blue Velvet* (1985) besonders von der morbiden Aura des Hauptschauplatzes des Films hat beeindrucken lassen. Das Anwesen mit dem riesigen, leicht heruntergekommenen Haus steht für das alte Hollywood, die Zeit, in der die großen Stars, vielleicht gerade wegen ihrer Stummheit, noch Götter waren, für eine längst untergegangene Epoche.

1

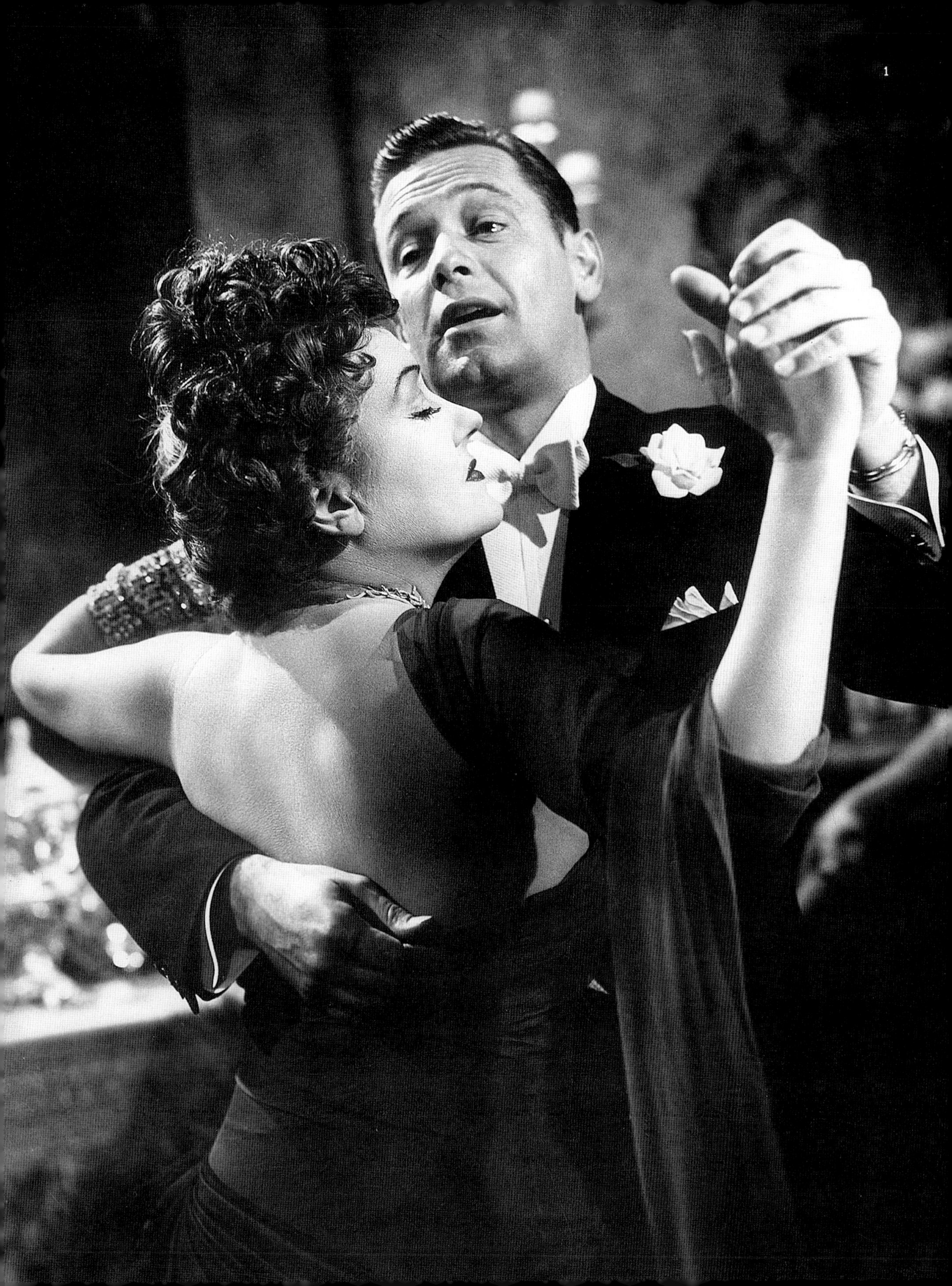

Gleichzeitig ist es aber auch Symbol für die Welt, die jeder selbst um sich herum erschafft und deren Gefangener man ständig zu werden droht. *Boulevard der Dämmerung* ist eine Moritat über die zerstörerische Kraft des menschlichen Selbstbetrugs. Während Desmond und von Mayerling allmählich zusammen mit ihrer versinkenden Traumwelt untergehen, prostituiert sich Gillis, weil er sich dem Leben „draußen" nicht mehr gewachsen fühlt. Dabei hätte er es in der Hand gehabt, etwa Neues zu schaffen, die gemeinsame Arbeit mit Betty Schaefer verlief viel versprechend. Doch einmal den eigenen Idealen untreu geworden, führt kein Weg mehr in die Unschuld zurück.

In dieser existenziellen Reflexion über die Angst vor der Veränderung steckt auch eine deutliche Warnung an diejenigen, die das heutige Hollywood repräsentieren. Die Strukturen des alten Hollywood waren Ende der

> „Der Film ist wie eine Straße in diese andere Welt, eine wunderschöne Straße. Ich unterhielt mich mit Billy Wilder, die Villa lag nicht mal am Sunset Boulevard. Ich wünschte, ich hätte das nie erfahren. Natürlich stand sie am Sunset Boulevard. Da steht sie doch! Und sie steht noch immer da."
> *David Lynch*

1 Eine bizarre Liaison: Der erfolglose Drehbuchautor Joe Gillis (William Holden) und die vergessene Stummfilmdiva Norma Desmond (Gloria Swanson).

2 Trotz seiner Zuneigung zu der Studio-Angestellten Betty Schaefer (Nancy Olson) kann sich Gillis nicht vom lähmenden Einfluss der Desmond befreien.

3 Die Diva gibt „ihrem" Regisseur die Ehre: Cecil B. DeMille spielt sich in diesen Szenen selbst, wie auch die Rolle der Hauptdarstellerin in gewisser Weise ein Selbstporträt ist.

4 Chauffeur, Diener, Bodyguard: Max von Mayerling (Erich von Stroheim) weicht nicht von der Seite seiner Chefin. Erst spät erfährt Gillis, wer Max von Mayerling wirklich ist.

5 Nach und nach erkennt Gillis, wie unentrinnbar sich Norma Desmond in ihren Wahn verstrickt hat. Doch auch er ist schon viel zu weit gegangen, um seinem Schicksal entkommen zu können.

WILLIAM HOLDEN

Seine erste ernst zu nehmende Rolle als junger Boxer in *Golden Boy* (1939) machte den 1918 in Illinois als William Franklin Beedle Jr. Geborenen über Nacht berühmt. Die Rolle brachte ihm darüber hinaus einen lebenslangen Spitznamen ein: „The Golden Boy". Dabei war es eigentlich nur der Intervention seiner Filmpartnerin Barbara Stanwyck zu verdanken gewesen, dass der als Schauspieler noch völlig unerfahrene 20-Jährige nicht bereits nach den ersten Drehtagen gefeuert wurde. Es folgten, unterbrochen durch seine Teilnahme am Zweiten Weltkrieg, eine lange Reihe eher mittelmäßiger Filme.

Die Rolle seines Lebens spielte er 1950 als erfolgloser Drehbuchautor und Gigolo in *Boulevard der Dämmerung* (*Sunset Boulevard*, 1950) – einem Film, von dem es zu Recht heißt, er funktioniere überhaupt nur durch die Überzeugungskraft von Holdens Spiel. Unter der Regie von Billy Wilder entstand auch einer seiner nächsten Filme, *Stalag 17* (1953), der ihm nach der Nominierung für *Boulevard der Dämmerung* einen Oscar einbrachte. Ein Jahr später folgte *Sabrina* (1954). Diese Filme belegen, über welches schauspielerische Potenzial Holden tatsächlich verfügte. Dass er in vielen seiner Filme dennoch unter seinen Möglichkeiten blieb, führt der Kritiker Leonard Maltin auf zwei Ursachen zurück. In frühen Jahren habe ihn ein langfristiger Vertrag mit Columbia und Paramount beschränkt, später habe die Schauspielerei allzu häufig hinter seiner unbändigen Reiselust zurückstehen müssen. Dessen ungeachtet entstanden unter seiner Beteiligung Werke wie *Verrat im Fort Bravo* (*Escape from Fort Bravo*, 1953) von John Sturges oder David Leans *Die Brücke am Kwai* (*The Bridge on the River Kwai*, 1957) und natürlich, allen voran, Sam Peckinpahs epochales Western-Epos *The Wild Bunch – Sie kannten kein Gesetz* (*The Wild Bunch*, 1969).

Seine späten Filme sind symptomatisch für Holdens Lebenswerk: Große Filme wie *Fedora* (1978), wiederum unter der Regie von Billy Wilder, oder *Network* (1976) von Sidney Lumet, für den er abermals für einen Oscar nominiert wurde, stehen neben zweifelhaften Streifen wie *Ashanti* (1979), an dem mitzuwirken ihn wohl in erster Linie seine Liebe zum afrikanischen Kontinent bewogen hat. Holden starb am 16. November 1981 an Verletzungen, die er sich während eines Vollrauschs zugezogen hatte.

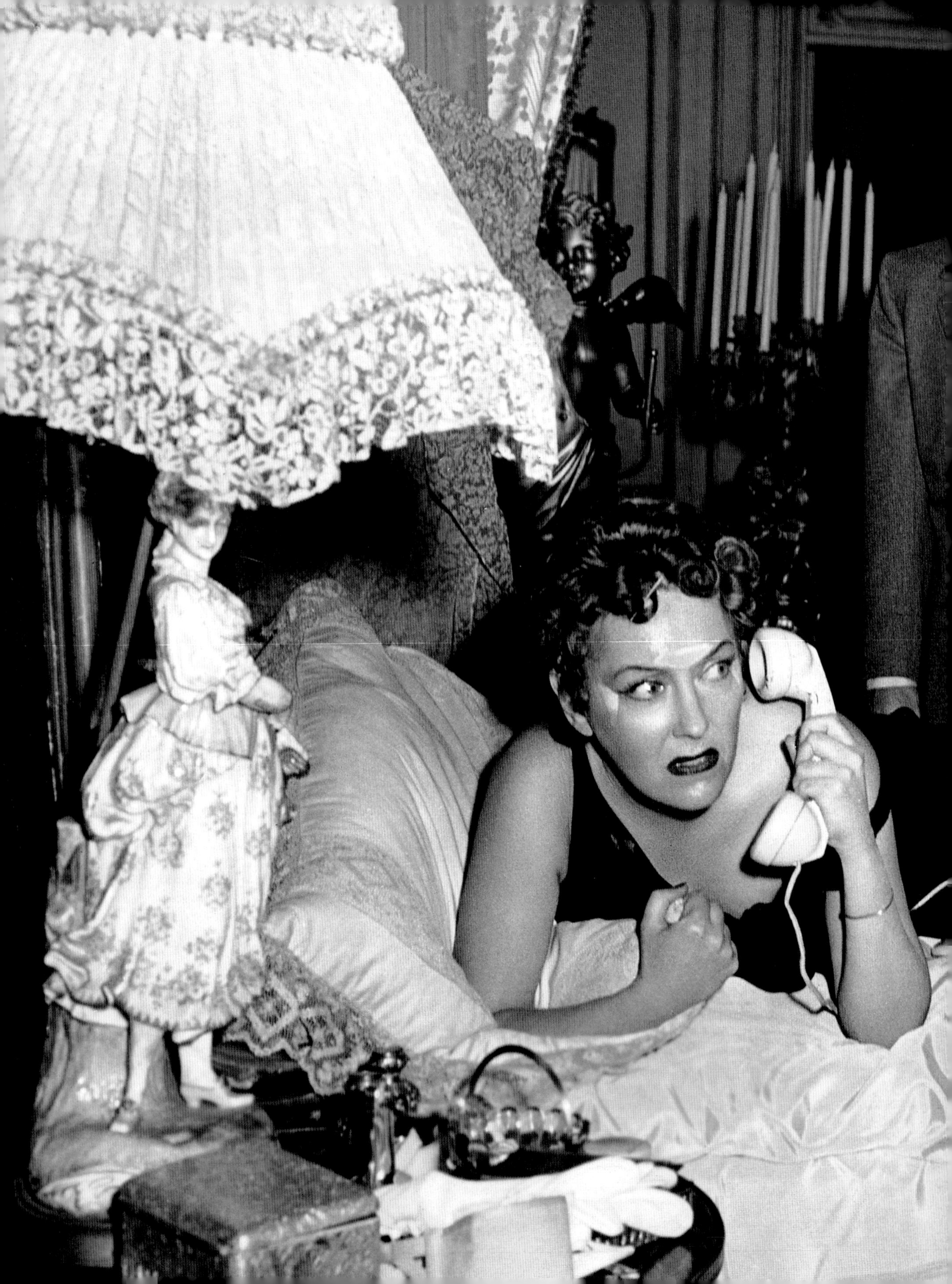

5

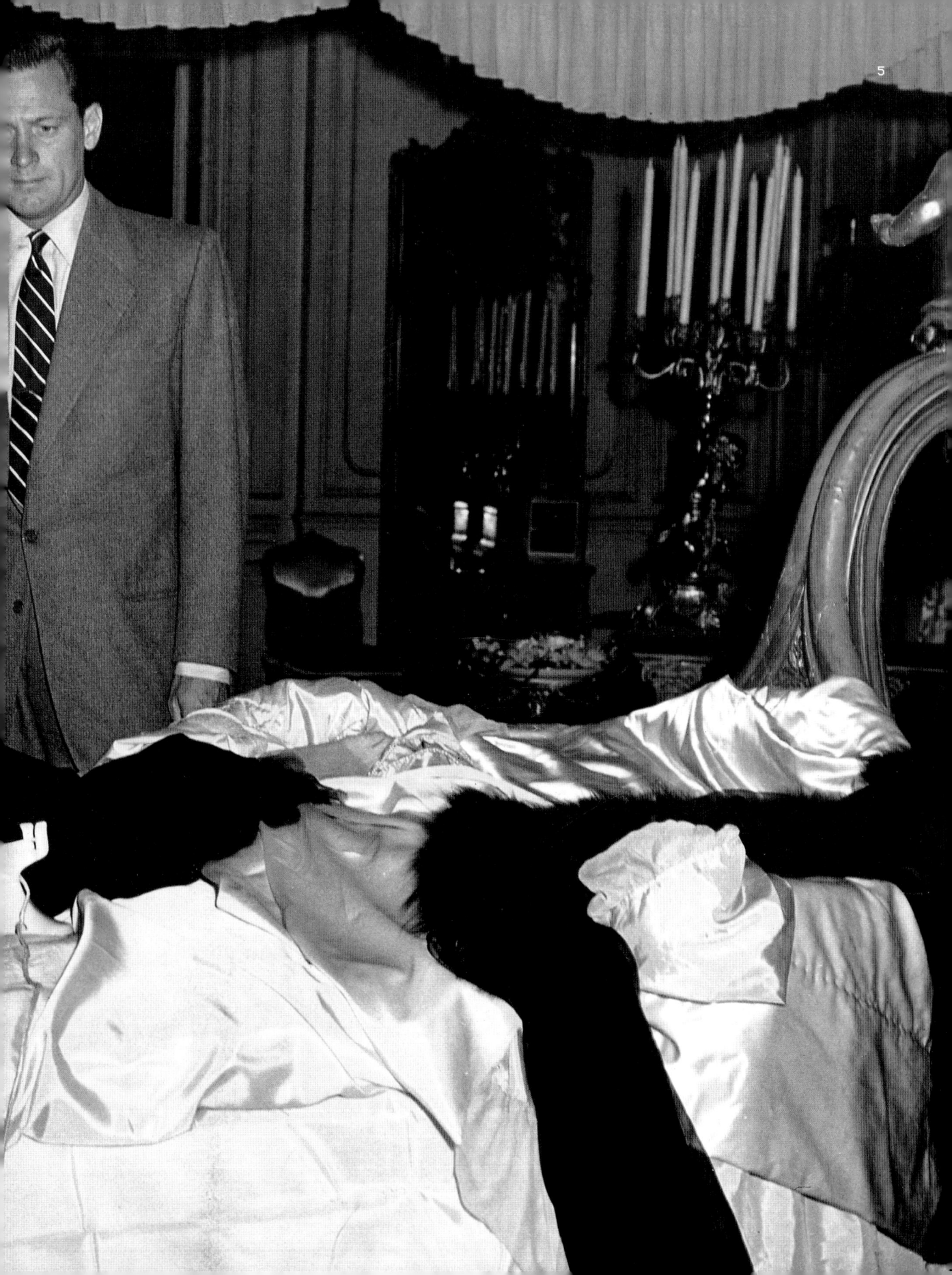

6   Der letzte große Auftritt: Die Desmond hält ihre Verhaftung für ein Comeback.

7   Betty versucht verzweifelt, hinter Joes Geheimnis zu kommen und ihn zur Arbeit an einem gemeinsamen Drehbuch zu bewegen.

40er Jahre noch allgegenwärtig. Wilder verleiht ihnen Gestalt in der Karikatur des Studiobosses, der nur zynisch auf den finanziellen Erfolg schielt und seine Autoren wie Lohnsklaven behandelt, während er sich selbst Zigarre rauchend auf dem Sofa fläzt. Auch ist es bezeichnend, dass mit Erich von Stroheim ein von den Studios missverstandener Regisseur und mit Gloria Swanson eine aus dem Scheinwerferlicht verbannte Filmdiva sich selbst spielen. Sie sind tragische Beispiele dafür, was der Filmindustrie ihre ausgemusterten Helden wert sind, ohne die es, wie die Desmond im Film einmal sagt, Studios wie die Paramount gar nicht geben würde.

Hollywood rächte sich auf seine Art an dem Nestbeschmutzer Wilder: Obwohl für elf Oscars nominiert, gewann *Boulevard der Dämmerung* am Ende gerade einmal drei – unter anderem für die Musik und für die beste Ausstattung in einem Schwarz-Weiß-Film. Und der Filmmogul Louis B. Mayer schimpfte nach einer Vorführung bei Paramount den Regisseur einen „Bastard", den man eigentlich „geteert und gefedert aus der Stadt jagen" müsse. Doch selbst ein Mann wie Mayer musste letztendlich einsehen, dass das goldene Zeitalter der Traumfabrik vorbei war. Im wahren Leben schlug nun die Stunde des Fernsehens.

SH

7

ACADEMY AWARDS 1941–1950

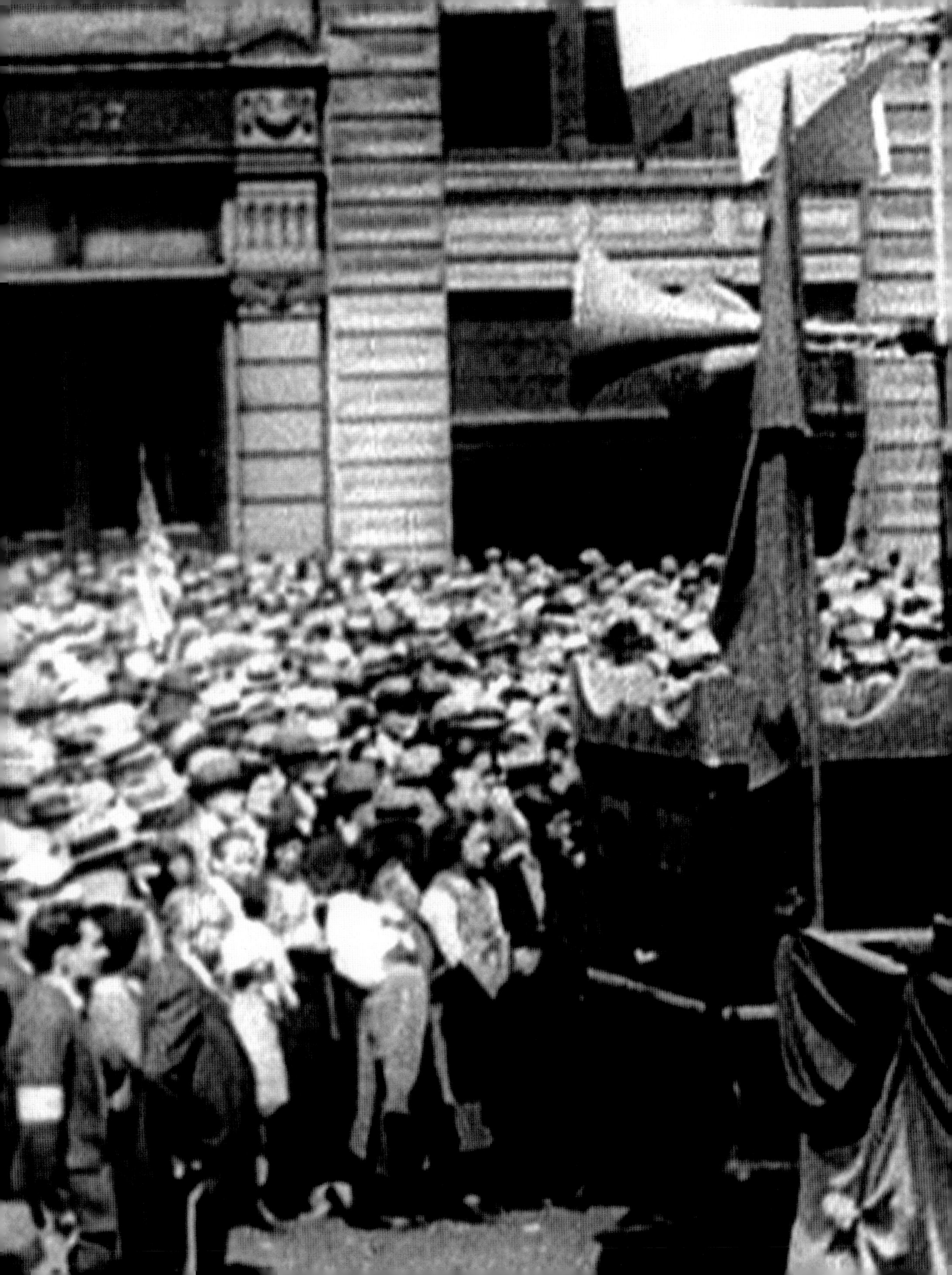

1941 OSCARS

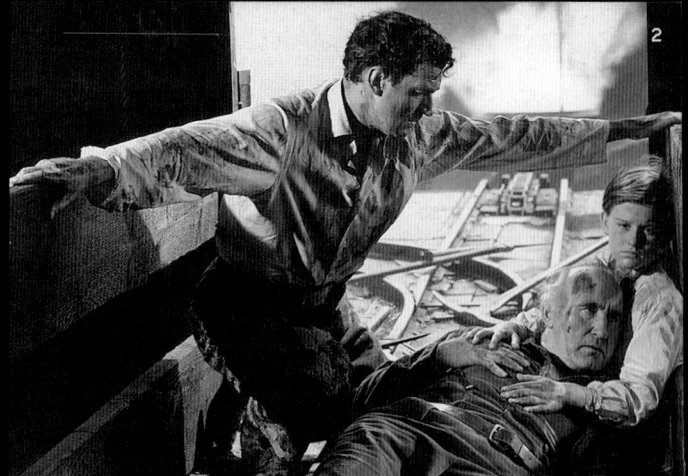

1 Unbegründete Zweifel: *Verdacht* brachte Joan Fontaine den Oscar als beste Darstellerin.

2 Fünf Academy Awards machten John Fords *So grün war mein Tal* zum großen Oscar-Gewinner des Jahres 1941.

BESTER FILM	SO GRÜN WAR MEIN TAL (DARRYL F. ZANUCK)
BESTE REGIE	JOHN FORD für *Schlagende Wetter*
BESTE DARSTELLERIN	JOAN FONTAINE in *Verdacht*
BESTER DARSTELLER	GARY COOPER in *Sergeant York*
BESTE NEBENDARSTELLERIN	MARY ASTOR in *Vertauschtes Glück*
BESTER NEBENDARSTELLER	DONALD CRISP in *Schlagende Wetter*
BESTES ORIGINALDREHBUCH	HERMAN J. MANKIEWICZ, ORSON WELLES für *Citizen Kane*
BESTES ADAPTIERTES DREHBUCH	SIDNEY BUCHMAN, SETON I. MILLER für *Urlaub vom Himmel*
BESTE STORY	HARRY SEGALL für *Urlaub vom Himmel*
BESTE KAMERA	ARTHUR MILLER für *Schlagende Wetter* (schwarz/weiß); ERNEST PALMER für *König der Toreros* (Farbe)
BESTE AUSSTATTUNG	RICHARD DAY, NATHAN JURAN, THOMAS LITTLE für *So grün war mein Tal* (schwarz/weiß); CEDRIC GIBBONS, URIE MCCLEARY, EDWIN B. WILLIS für *Blüten im Staub* (Farbe)
BESTER SCHNITT	WILLIAM HOLMES für *Sergeant York*
BESTE MUSIK	BERNARD HERRMANN für *Der Teufel und Daniel Webster*
BESTE MUSIK (MUSICAL)	FRANK CHURCHILL, OLIVER WALLACE für *Dumbo, der fliegende Elefant*
BESTER SONG	JEROME KERN (Musik), OSCAR HAMMERSTEIN II (Text) für „The Last Time I Saw Paris" in *Lady Be Good*
BESTE VISUELLE EFFEKTE	FARCIOT EDOUART, GORDON JENNINGS für *I Wanted Wings*
BESTER TON	JACK WHITNEY (GENERAL SERVICE SSD) für *That Hamilton Woman*
BESTE TONEFFEKTE	LOUIS MESENKOP für *I Wanted Wings*

1942 OSCARS

3 Charakterstarke Frau in schweren Zeiten: Für ihre nuancenreiche Darstellung der Mrs. Miniver wurde Greer Garson mit dem Oscar belohnt.

4 Patriotischer Showman: In *Yankee Doodle Dandy* stellte James Cagney sein Qualitäten als Tänzer in den Dienst des Staates.

BESTER FILM	MRS. MINIVER (Sidney Franklin)
BESTE REGIE	WILLIAM WYLER für *Mrs. Miniver*
BESTE DARSTELLERIN	GREER GARSON in *Mrs. Miniver*
BESTER DARSTELLER	JAMES CAGNEY in *Yankee Doodle Dandy*
BESTE NEBENDARSTELLERIN	TERESA WRIGHT in *Mrs. Miniver*
BESTER NEBENDARSTELLER	VAN HEFLIN in *Der Tote lebt*
BESTES ORIGINALDREHBUCH	MICHAEL KANIN, RING LARDNER JR. für *Die Frau, von der man spricht*
BESTES ADAPTIERTES DREHBUCH	GEORGE FROESCHEL, JAMES HILTON, CLAUDINE WEST, ARTHUR WIMPERIS für *Mrs. Miniver*
BESTE STORY	EMERIC PRESSBURGER für *The 49th Parallel / The Invaders*
BESTE KAMERA	JOSEPH RUTTENBERG für *Mrs. Miniver* (schwarz/weiß); LEON SHAMROY für *Der Seeräuber* (Farbe)
BESTE AUSSTATTUNG	RICHARD DAY, JOSEPH C. WRIGHT, THOMAS LITTLE für *This Above All* (schwarz/weiß); RICHARD DAY, JOSEPH C. WRIGHT, THOMAS LITTLE für *Die Königin vom Broadway* (Farbe)
BESTER SCHNITT	DANIEL MANDELL für *Der große Wurf*
BESTE MUSIK	MAX STEINER für *Reise aus der Vergangenheit*
BESTE MUSIK (MUSICAL)	RAY HEINDORF, HEINZ ROEMHELD für *Yankee Doodle Dandy*
BESTER SONG	IRVING BERLIN (MUSIK UND TEXT) für „White Christmas" in *Musik, Musik*
BESTE VISUELLE EFFEKTE	FARCIOT EDOUART, GORDON JENNINGS, WILLIAM L. PEREIRA für *Piraten im Karibischen Meer*
BESTER TON	NATHAN LEVINSON (WARNER BROS. SSD) für *Yankee Doodle Dandy*
BESTE TONEFFEKTE	LOUIS MESENKOP für *Piraten im Karibischen Meer*

1943 OSCARS

1 Er drehte den berühmtesten Film der Welt: Michael Curtiz, der Regisseur von *Casablanca*.

2 Von Lourdes nach Hollywood: In der Rolle der heiligen Bernadette wurde Jennifer Jones zur Oscar-Preisträgerin.

BESTER FILM	CASABLANCA (Hal B. Wallis)
BESTE REGIE	MICHAEL CURTIZ für *Casablanca*
BESTE DARSTELLERIN	JENNIFER JONES in *Das Lied von Bernadette*
BESTER DARSTELLER	PAUL LUKAS in *Watch on the Rhine / Die Wacht am Rhein*
BESTE NEBENDARSTELLERIN	KATINA PAXINOU in *Wem die Stunde schlägt*
BESTER NEBENDARSTELLER	CHARLES COBURN in *Jeder hilft sich wie er kann / Immer mehr, immer fröhlicher*
BESTES ORIGINALDREHBUCH	NORMAN KRASNA für *Princess O'Rourke*
BESTES ADAPTIERTES DREHBUCH	JULIUS J. EPSTEIN, PHILIP G. EPSTEIN, HOWARD KOCH für *Casablanca*
BESTE STORY	WILLIAM SAROYAN für *Und das Leben geht weiter*
BESTE KAMERA	ARTHUR MILLER für *Das Lied von Bernadette* (schwarz/weiß); HAL MOHR, W. HOWARD GREENE für *Phantom der Oper* (Farbe)
BESTE AUSSTATTUNG	JAMES BASEVI, WILLIAM S. DARLING, THOMAS LITTLE für *Das Lied von Bernadette* (schwarz/weiß); ALEXANDER GOLITZEN, JOHN B. GOODMAN, RUSSELL A. GAUSMAN, IRA WEBB für *Phantom der Oper* (Farbe)
BESTER SCHNITT	GEORGE AMY für *Airforce*
BESTE MUSIK	ALFRED NEWMAN für *Das Lied von Bernadette*
BESTE MUSIK (MUSICAL)	RAY HEINDORF für *This Is the Army*
BESTER SONG	HARRY WARREN (Musik), MACK GORDON (Text) für „You'll Never Know" in *Hello Frisco, Hello*
BESTE VISUELLE EFFEKTE	FRED SERSEN für *Crash Dive*
BESTER TON	STEPHEN DUNN (RKO RADIO SSD) für *Dies ist mein Land*
BESTE TONEFFEKTE	ROGER HEMAN SR. für *Crash Dive*

1944 OSCARS

3 Mit *Casablanca* ging Ingrid Bergman 1943 noch leer aus, im Jahr darauf gewann sie den Oscar für ihre Hauptrolle in *Das Haus der Lady Alquist*.

4 *Der Weg zum Glück* führt zum Oscar: Nicht nur für Hauptdarsteller Bing Crosby, Leo McCareys Film räumte insgesamt sieben Statuen ab.

BESTER FILM	DER WEG ZUM GLÜCK (Leo McCarey)
BESTE REGIE	LEO MCCAREY für *Der Weg zum Glück*
BESTE DARSTELLERIN	INGRID BERGMAN in *Das Haus der Lady Alquist*
BESTER DARSTELLER	BING CROSBY in *Der Weg zum Glück*
BESTE NEBENDARSTELLERIN	ETHEL BARRYMORE in *None But the Lonely Heart*
BESTER NEBENDARSTELLER	BARRY FITZGERALD in *Der Weg zum Glück*
BESTES ORIGINALDREHBUCH	LAMAR TROTTI für *Wilson*
BESTES ADAPTIERTES DREHBUCH	FRANK BUTLER, FRANK CAVETT für *Der Weg zum Glück*
BESTE STORY	LEO MCCAREY für *Der Weg zum Glück*
BESTE KAMERA	JOSEPH LASHELLE für *Laura* (schwarz/weiß); LEON SHAMROY für *Wilson* (Farbe)
BESTE AUSSTATTUNG	CEDRIC GIBBONS, WILLIAM FERRARI, EDWIN B. WILLIS, PAUL HULDSCHINSKY für *Das Haus der Lady Alquist* (schwarz/weiß); WIARD IHNEN, THOMAS LITTLE für *Wilson* (Farbe)
BESTER SCHNITT	BARBARA MCLEAN für *Wilson*
BESTE MUSIK	MAX STEINER für *Als Du Abschied nahmst*
BESTE MUSIK (MUSICAL)	CARMEN DRAGON, MORRIS STOLOFF für *Es tanzt die Göttin*
BESTER SONG	JIMMY VAN HEUSEN (MUSIK), JOHNNY BURKE (TEXT) für „Swinging on a Star" in *Der Weg zum Glück*
BESTE VISUELLE EFFEKTE	A. ARNOLD GILLESPIE, DONALD JAHRHAUS, WARREN NEWCOMBE für *Dreißig Sekunden über Tokio*
BESTER TON	EDMUND H. HANSEN (20th Century Fox SSD) für *Wilson*
BESTE TONEFFEKTE	DOUGLAS SHEARER für *Dreißig Sekunden über Tokio*

1945 OSCARS

1   Billy Wilder mal ganz ernst: Mit *Das verlorene Wochenende* triumphierte der gebürtige Österreicher als bester Regisseur und in der Kategorie für das beste adaptierte Drehbuch.

2   Frau mit Pistole: Als blindwütig liebende Mutter schoss sich Joan Crawford zum Oscar.

BESTER FILM	DAS VERLORENE WOCHENENDE (Charles Brackett)
BESTE REGIE	BILLY WILDER für *Das verlorene Wochenende*
BESTE DARSTELLERIN	JOAN CRAWFORD in *Solange ein Herz schlägt*
BESTER DARSTELLER	RAY MILLAND in *Das verlorene Wochenende*
BESTE NEBENDARSTELLERIN	ANNE REVERE in *Kleines Mädchen, großes Herz*
BESTER NEBENDARSTELLER	JAMES DUNN in *Ein Baum wächst in Brooklyn*
BESTES ORIGINALDREHBUCH	RICHARD SCHWEIZER für *Marie-Louise*
BESTES ADAPTIERTES DREHBUCH	CHARLES BRACKETT, BILLY WILDER für *Das verlorene Wochenende*
BESTE STORY	CHARLES G. BOOTH für *Das Haus in der 92. Straße*
BESTE KAMERA	HARRY STRADLING für *Das Bildnis des Dorian Gray* (schwarz/weiß); LEON SHAMROY für *Todsünde* (Farbe)
BESTE AUSSTATTUNG	WIARD IHNEN, A. ROLAND FIELDS für *Spionage in Fernost* (schwarz/weiß); HANS DREIER, ERNST FEGTÉ, SAM COMER für *Der Pirat und die Dame* (Farbe)
BESTER SCHNITT	ROBERT KERN für *Kleines Mädchen, großes Herz*
BESTE MUSIK	MIKLÓS RÓZSA für *Ich kämpfe um dich*
BESTE MUSIK (MUSICAL)	GEORGE E. STOLL für *Urlaub in Hollywood*
BESTER SONG	RICHARD ROGERS (Musik), OSCAR HAMMERSTEIN II (Text) für „It Might as Well Be Spring" in *Jahrmarkt der Liebe / Das bunte Karussell*
BESTE VISUELLE EFFEKTE	JOHN P. FULTON für *Der Wundermann*
BESTER TON	STEPHEN DUNN (RKO RADIO SSD) für *Die Glocken von St. Marien*
BESTE TONEFFEKTE	ARTHUR JOHNS für *Der Wundermann*

1946 OSCARS

3 Bester Film und beste Regie: Oscar-Triumphator William Wyler (Mitte) während der Dreharbeiten zu *Die besten Jahre unseres Lebens* zwischen Kameramann Gregg Toland (rechts) und Dana Andrews.

4 Schwierige Heimkehr: Oscar-Gewinner Frederic March als Kriegsveteran in *Die besten Jahre unseres Lebens*.

BESTER FILM	DIE BESTEN JAHRE UNSERES LEBENS (Samuel Goldwyn)
BESTE REGIE	WILLIAM WYLER für *Die besten Jahre unseres Lebens*
BESTE DARSTELLERIN	OLIVIA DE HAVILLAND in *Mutterherz*
BESTER DARSTELLER	FREDRIC MARCH in *Die besten Jahre unseres Lebens*
BESTE NEBENDARSTELLERIN	ANNE BAXTER in *Auf Messers Schneide*
BESTER NEBENDARSTELLER	HAROLD RUSSELL in *Die besten Jahre unseres Lebens*
BESTES ORIGINALDREHBUCH	MURIEL BOX, SYDNEY BOX für *Der letzte Schleier / Der siebte Schleier*
BESTES ADAPTIERTES DREHBUCH	ROBERT E. SHERWOOD für *Die besten Jahre unseres Lebens*
BESTE STORY	CLEMENCE DANE für *Perfect Strangers*
BESTE KAMERA	ARTHUR MILLER für *Anna und der König von Siam* (schwarz/weiß);
	CHARLES ROSHER, LEONARD SMITH, ARTHUR E. ARLING für *Die Wildnis ruft* (Farbe)
BESTE AUSSTATTUNG	LYLE R. WHEELER, WILLIAM S. DARLING, THOMAS LITTLE, FRANK E. HUGHES
	für *Anna und der König von Siam* (schwarz/weiß);
	CEDRIC GIBBONS, PAUL GROESSE, EDWIN B. WILLIS für *Die Wildnis ruft* (Farbe)
BESTER SCHNITT	DANIEL MANDELL für *Die besten Jahre unseres Lebens*
BESTE MUSIK	HUGO FRIEDHOFER für *Die besten Jahre unseres Lebens*
BESTE MUSIK (MUSICAL)	MORRIS STOLOFF für *Der Jazzsänger*
BESTER SONG	HARRY WARREN (MUSIK), JOHNNY MERCER (TEXT)
	für „On the Atchison, Topeka and Santa Fe" in *The Harvey Girls*
BESTE VISUELLE EFFEKTE	THOMAS HOWARD für *Geisterkomödie*
BESTER TON	JOHN P. LIVADARY (COLUMBIA SSD) für *Der Jazzsänger*

1947 OSCARS

1 Junger Erfolgsregisseur: Elia Kazan stand noch am Anfang seiner Karriere, als er mit *Tabu der Gerechten* den Oscar gewann ...

2 ... Sein Produzent Darryl F. Zanuck durfte für das gesellschaftskritische Werk den Preis für den besten Film in Empfang nehmen.

BESTER FILM	TABU DER GERECHTEN (Darryl F. Zanuck)
BESTE REGIE	ELIA KAZAN für *Tabu der Gerechten*
BESTE DARSTELLERIN	LORETTA YOUNG in *Die Farmerstocher*
BESTER DARSTELLER	RONALD COLMAN in *Ein Doppelleben / Mord in Ekstase*
BESTE NEBENDARSTELLERIN	CELESTE HOLM in *Tabu der Gerechten*
BESTER NEBENDARSTELLER	EDMUND GWENN in *Das Wunder von Manhattan*
BESTES ORIGINALDREHBUCH	SIDNEY SHELDON für *So einfach ist die Liebe nicht*
BESTES ADAPTIERTES DREHBUCH	GEORGE SEATON für *Das Wunder von Manhattan*
BESTE STORY	VALENTINE DAVIES für *Das Wunder von Manhattan*
BESTER NICHT-ENGLISCHSPRACHIGER FILM	(Ehrenauszeichnung) SCHUHPUTZER / SCHUSCHIA (Italien)
BESTE KAMERA	GUY GREEN für *Geheimnisvolle Erbschaft* (schwarz/weiß)
	JACK CARDIFF für *Die schwarze Narzisse* (Farbe)
BESTE AUSSTATTUNG	JOHN BRYAN, WILFRED SHINGLETON für *Geheimnisvolle Erbschaft* (schwarz/weiß);
	ALFRED JUNGE für *Die schwarze Narzisse* (Farbe)
BESTER SCHNITT	FRANCIS D. LYON, ROBERT PARRISH für *Jagd nach Millionen*
BESTE MUSIK	MIKLÓS RÓZSA für *Ein Doppelleben / Mord in Ekstase*
BESTE MUSIK (MUSICAL)	ALFRED NEWMAN für *Es begann in Schneiders Opernhaus*
BESTER SONG	ALLIE WURBEL (Musik), RAY GILBERT (Text) für „Zip-A-Dee-Doo-Dah" in *Onkel Remus' Wunderland*
BESTE VISUELLE EFFEKTE	A. ARNOLD GILLESPIE, WARREN NEWCOMBE für *Taifun*
BESTER TON	GORDON SAWYER (SAMUEL GOLDWYN SSD) für *Jede Frau braucht einen Engel*
BESTE TONEFFEKTE	DOUGLAS SHEARER, MICHAEL STEINORE für *Taifun*

1948 OSCARS

3   Oscar-Ehrung als Familienfeier: John Huston (links) mit dem Regie-Oscar, Vater Walter mit dem Preis für den besten Nebendarsteller.

4   Am Set von *Hamlet*: Laurence Olivier (rechts) mit seinem Production Designer Roger Furse. Der berühmte Schauspieler wurde für seinen Film als Produzent und als Hauptdarsteller ausgezeichnet.

BESTER FILM	HAMLET (Laurence Olivier)
BESTE REGIE	JOHN HUSTON für *Der Schatz der Sierra Madre*
BESTE DARSTELLERIN	JANE WYMAN in *Schweigende Lippen*
BESTER DARSTELLER	LAURENCE OLIVIER in *Hamlet*
BESTE NEBENDARSTELLERIN	CLAIRE TREVOR in *Gangster in Key Largo / Hafen des Lasters*
BESTER NEBENDARSTELLER	WALTER HUSTON in *Der Schatz der Sierra Madre*
BESTES ORIGINALDREHBUCH	RICHARD SCHWEIZER, DAVID WECHSLER für *Die Gezeichneten*
BESTES ADAPTIERTES DREHBUCH	JOHN HUSTON für *Der Schatz der Sierra Madre*
BESTER NICHT-ENGLISCHSPRACHIGER FILM	(Ehrenauszeichnung) MONSIEUR VINCENT (Frankreich)
BESTE KAMERA	WILLIAM H. DANIELS für *Stadt ohne Maske / Die nackte Stadt* (schwarz/weiß); JOSEPH A. VALENTINE, WILLIAM V. SKALL, WINTON C. HOCH für *Johanna von Orleans* (Farbe)
BESTE AUSSTATTUNG	ROGER K. FURSE, CARMEN DILLON für *Hamlet* (schwarz/weiß); HEIN HECKROTH, ARTHUR LAWSON für *Die roten Schuhe* (Farbe)
BESTER SCHNITT	PAUL WEATHERWAX für *Stadt ohne Maske / Die nackte Stadt*
BESTE MUSIK	BRIAN EASDALE für *Die roten Schuhe*
BESTE MUSIK (MUSICAL)	JOHNNY GREEN, ROGER EDENS für *Osterspaziergang*
BESTER SONG	JAY LIVINGSTON & RAY EVANS (Musik und Text) für „Buttons and Bows" in *Sein Engel mit den zwei Pistolen*
BESTE KOSTÜME	ROGER K. FURSE für *Hamlet* (schwarz/weiß); DOROTHY JEAKINS, BARBARA KARINSKA für *Johanna von Orleans* (Farbe)
BESTE VISUELLE EFFEKTE	PAUL EAGLER, J. McMILLAN JOHNSON, RUSSELL SHEARMAN, CLARENCE SLIFER für *Jenny*
BESTER TON	20TH CENTURY FOX SOUND DEPARTMENT für *Die Schlangengrube / Menschen im Schatten*
BESTE TONEFFEKTE	CHARLES L. FREEMAN, JAMES G. STEWART für *Jenny*

1949 OSCARS

1 Der Mann, der herrschen wollte: Broderick Crawford als skrupelloser Senator, der mit terroristischen Mitteln versucht seine Macht zu erhalten.

2 Charakterdarstellerin: Olivia de Havilland brillierte in William Wylers *Die Erbin* als wohlhabende alte Jungfer, deren Liebe zu einem Lebemann sich in maßlosen Hass verwandelt.

BESTER FILM	DER MANN, DER HERRSCHEN WOLLTE (Robert Rossen)
BESTE REGIE	JOSEPH L. MANKIEWICZ für *Ein Brief an drei Frauen*
BESTE DARSTELLERIN	OLIVIA DE HAVILLAND in *Die Erbin*
BESTER DARSTELLER	BRODERICK CRAWFORD in *Der Mann, der herrschen wollte*
BESTE NEBENDARSTELLERIN	MERCEDES MCCAMBRIDGE in *Der Mann, der herrschen wollte*
BESTER NEBENDARSTELLER	DEAN JAGGER in *Der Kommandeur*
BESTES ORIGINALDREHBUCH	ROBERT PIROSH für *Kesselschlacht*
BESTES ADAPTIERTES DREHBUCH	JOSEPH L. MANKIEWICZ für *Ein Brief an drei Frauen*
BESTE STORY	DOUGLAS MORROW für *The Stratton Story*
BESTER NICHT-ENGLISCHSPRACHIGER FILM	(Ehrenauszeichnung) FAHRRADDIEBE (Italien)
BESTE KAMERA	PAUL VOGEL für *Kesselschlacht* (schwarz/weiß); WINTON C. HOCH für *Der Teufelshauptmann* (Farbe)
BESTE AUSSTATTUNG	JOHN MEEHAN, HARRY HORNER, EMILE KURI für *Die Erbin* (schwarz/weiß); CEDRIC GIBBONS, PAUL GROESSE, EDWIN B. WILLIS, JACK D. MOORE für *Kleine tapfere Jo* (Farbe)
BESTER SCHNITT	HARRY W. GERSTAD für *Zwischen Frauen und Seilen*
BESTE MUSIK	AARON COPLAND für *Die Erbin*
BESTE MUSIK (MUSICAL)	ROGER EDENS, LENNIE HAYTON für *Heut' gehen wir bummeln – Das ist New York!*
BESTER SONG	FRANK LOESSER (Musik und Text) für „Baby, It's Cold Outside" in *Neptuns Tochter*
BESTE KOSTÜME	EDITH HEAD, GILE STEELE für *Die Erbin* (schwarz/weiß); LEAH RHODES, TRAVILLA, MARJORIE BEST für *Die Liebesabenteuer des Don Juan* (Farbe)
BESTE VISUELLE EFFEKTE	MERIAN C. COOPER, ERNEST B. SCHOEDSACK für *Panik um King Kong*
BESTER TON	20TH CENTURY FOX SOUND DEPARTMENT für *Der Kommandeur*

1950 OSCARS

3 Mit *Alles über Eva* krönte Bette Davis (links) ihre lange Hollywood-Karriere. Bei der Oscar-Verleihung ging sie jedoch leer aus, obwohl der Film sechs Preise gewann.

4 Blond, aber oho! Judy Holliday setzte sich nicht nur in *Die ist nicht von gestern* gegen Macho-Männer durch, sie entschied auch das Oscar-Rennen für sich.

BESTER FILM	ALLES ÜBER EVA (Darryl F. Zanuck)
BESTE REGIE	JOSEPH L. MANKIEWICZ für *Alles über Eva*
BESTE DARSTELLERIN	JUDY HOLLIDAY in *Die ist nicht von gestern*
BESTER DARSTELLER	JOSÉ FERRER in *Der letzte Musketier*
BESTE NEBENDARSTELLERIN	JOSEPHINE HULL in *Mein Freund Harvey*
BESTER NEBENDARSTELLER	GEORGE SANDERS in *Alles über Eva*
BESTES ORIGINALDREHBUCH	CHARLES BRACKETT, BILLY WILDER, D.M. MARSHMAN JR. für *Boulevard der Dämmerung*
BESTES ADAPTIERTES DREHBUCH	JOSEPH L. MANKIEWICZ für *Alles über Eva*
BESTE STORY	EDNA ANHALT, EDWARD ANHALT für *Unter Geheimbefehl*
BESTER NICHT-ENGLISCHSPRACHIGER FILM	(Ehrenauszeichnung) DIE MAUERN VON MALAPAGA (Frankreich/Italien)
BESTE KAMERA	ROBERT KRASKER für *Der dritte Mann* (schwarz/weiß);
	BESTE KAMERA ROBERT SURTEES für *König Salomons Diamanten* (Farbe)
BESTE AUSSTATTUNG	HANS DREIER, JOHN MEEHAN, SAM COMER, RAY MOYER für *Boulevard der Dämmerung* (schwarz/weiß); HANS DREIER, WALTER H. TYLER, SAM COMER, RAY MOYER für *Samson und Delilah* (Farbe)
BESTER SCHNITT	RALPH E. WINTERS, CONRAD A. NERVIG für *König Salomons Diamanten*
BESTE MUSIK	FRANZ WAXMAN für *Boulevard der Dämmerung*
BESTE MUSIK (MUSICAL)	ADOLPH DEUTSCH, ROGER EDENS für *Duell in der Manege*
BESTER SONG	RAY EVANS (MUSIK), JAY LIVINGSTON (TEXT) für „Mona Lisa" in *Captain Carey, U.S.A.*
BESTE KOSTÜME	EDITH HEAD, CHARLES LE MAIRE für *Alles über Eva* (schwarz/weiß); EDITH HEAD, DOROTHY JEAKINS, ELOISE JENSSON, GILE STEELE, GWEN WAKELING für *Samson und Delilah* (Farbe)
BESTE VISUELLE EFFEKTE	LEE ZAVITZ für *Endstation Mond*

FILMINDEX

A

Abbott & Costello Meet Frankenstein
  **Abbott und Costello treffen Frankenstein /
  Mein Gott, Frankenstein** 426
**Abbott und Costello treffen Frankenstein /
Mein Gott, Frankenstein**
  Abbott & Costello Meet Frankenstein 426
Adam's Rib **Ehekrieg** 482
Adel verpflichtet Kind Hearts and Coronets 478
All About Eve **Alles über Eva** 500
Alles über Eva All About Eve 500
Arsenic and Old Lace
  Arsen und Spitzenhäubchen 190
Arsen und Spitzenhäubchen
  Arsenic and Old Lace 190
Eine auswärtige Affäre A Foreign Affair 432

B

Badende Venus Bathing Beauty 178
Bambi Bambi 86
Bathing Beauty **Badende Venus** 178
Begegnung Brief Encounter 296
La Belle et la Bête
  Es war einmal / Die Schöne und die Bestie 326
To Be or Not to Be **Sein oder Nichtsein** 80
Besessenheit Ossessione 130
Die besten Jahre unseres Lebens
  The Best Years of Our Lives 302
The Best Years of Our Lives
  Die besten Jahre unseres Lebens 302
The Big Sleep **Tote schlafen fest** 314
Bis zum letzten Mann Fort Apache 450
The Black Swan **Der Seeräuber** 112
Body and Soul **Jagd nach Millionen** 390
Boulevard der Dämmerung
  Sunset Boulevard 540

Brief einer Unbekannten
  Letter from an Unknown Woman 444
Brief Encounter **Begegnung** 296
Broken Arrow **Der gebrochene Pfeil** 534

C

Call Northside 777 **Kennwort 777** 402
Casablanca Casablanca 92
Cat People **Katzenmenschen** 118
Cinderella / Aschenputtel Cinderella 512
Cinderella **Cinderella / Aschenputtel** 512
Citizen Kane Citizen Kane 66
Le Corbeau **Der Rabe** 166
Cover Girl **Es tanzt die Göttin** 216

D

Les Dames du Bois de Boulogne
  Die Damen vom Bois de Boulogne 222
Die Damen vom Bois de Boulogne
  Les Dames du Bois de Boulogne 222
Double Indemnity **Frau ohne Gewissen** 172
Der dritte Mann The Third Man 466
Duel in the Sun **Duell in der Sonne** 308
Duell in der Sonne Duel in the Sun 308

E

Ehekrieg Adam's Rib 482
Les Enfants du paradis **Kinder des Olymp** 262
Die Erde bebt La terra trema 438
Es tanzt die Göttin Cover Girl 216
Es war einmal / Die Schöne und die Bestie
  La Belle et la Bête 326

F

Fahrraddiebe Ladri di biciclette 420
Die Falschspielerin The Lady Eve

Faustrecht der Prärie / Tombstone	
My Darling Clementine	**336**
Die Feuerzangenbowle	**254**
For Whom the Bell Tolls	
Wem die Stunde schlägt	**136**
A Foreign Affair **Eine auswärtige Affäre**	**432**
Fort Apache **Bis zum letzten Mann**	**450**
Frau ohne Gewissen *Double Indemnity*	**172**
Die Frau von der man spricht *Woman of the Year*	**74**

G

Gaslight **Das Haus der Lady Alquist**	**204**
Geächtet *The Outlaw*	**60**
Der gebrochene Pfeil *Broken Arrow*	**534**
Gefährliche Begegnung	
The Woman in the Window	**184**
Ein Gespenst auf Freiersfüßen	
The Ghost and Mrs. Muir	**386**
The Ghost and Mrs. Muir	
Ein Gespenst auf Freiersfüßen	**386**
Gib keinem Trottel eine Chance	
Never Give a Sucker an Even Break	**38**
Gilda *Gilda*	**342**
Der Glanz des Hauses Amberson	
The Magnificent Ambersons	**106**
Goldenes Gift *Out of the Past*	**378**
Große Freiheit Nr. 7	**198**
The Gunfighter **Der Scharfschütze**	**522**

H

Haben und Nichthaben *To Have and Have Not*	**210**
Das Haus der Lady Alquist *Gaslight*	**204**
To Have and Have Not	
Haben und Nichthaben	**210**
Heaven Can Wait **Ein himmlischer Sünder**	**160**
Heinrich V. *Henry V*	**228**
Henry V **Heinrich V.**	**228**
Heut' gehn wir bummeln – Das ist New York!	
On the Town	**472**
Ein himmlischer Sünder *Heaven Can Wait*	**160**
How Green Was My Valley **So grün war mein Tal**	**48**

I/J

Ich folgte einem Zombie *I Walked with a Zombie*	**154**
I Walked with a Zombie **Ich folgte einem Zombie**	**154**
Im Schatten des Zweifels *Shadow of a Doubt*	**124**
Ist das Leben nicht schön? *It's a Wonderful Life*	**332**
It's a Wonderful Life **Ist das Leben nicht schön?**	**332**
Ivan Groznyj **Iwan der Schreckliche**	**242**
Iwan der Schreckliche *Ivan Groznyj*	**242**

J

Jagd nach Millionen *Body and Soul*	**390**
Jour de fête **Tatis Schützenfest /**	
Tempo – Tempo!!	**456**

K

Katzenmenschen *Cat People*	**118**
Kennwort 777 *Call Northside 777*	**402**
The Killers **Rächer der Unterwelt**	**346**
Kinder des Olymp *Les Enfants du paradis*	**262**
Kind Hearts and Coronets **Adel verpflichtet**	**478**

L

Ladri di biciclette **Fahrraddiebe**	**420**
The Lady Eve **Die Falschspielerin**	**34**
The Lady from Shanghai **Die Lady von Shanghai**	**396**
Die Lady von Shanghai *The Lady from Shanghai*	**396**
Laura *Laura*	**234**
Letter from an Unknown Woman	
Brief einer Unbekannten	**444**
The Lost Weekend **Das verlorene Wochenende**	**268**

FILMINDEX

M

The Magnificent Ambersons	
Der Glanz des Hauses Amberson	106
The Maltese Falcon **Die Spur des Falken**	28
Die Marx Brothers: Eine Nacht in Casablanca	
A Night in Casablanca	320
Meet Me in St. Louis Meet Me in St. Louis	248
Mildred Pierce **Solange ein Herz schlägt**	280
Die Mörder sind unter uns	360
Monsieur Verdoux – Der Frauenmörder von Paris	
Monsieur Verdoux	372
Monsieur Verdoux **Monsieur Verdoux – Der Frauenmörder von Paris**	372
Mrs. Miniver Mrs. Miniver	100
Münchhausen	142
My Darling Clementine	
Faustrecht der Prärie / Tombstone	336

N

Never Give a Sucker an Even Break	
Gib keinem Trottel eine Chance	38
A Night in Casablanca **Die Marx Brothers: Eine Nacht in Casablanca**	320
Notorious **Weisses Gift / Berüchtigt**	352

O

Los Olvidados **Die Vergessenen / Los Olvidados**	518
On the Town **Heut' gehn wir bummeln – Das ist New York!**	472
Orphée Orphée	488
Ossessione **Besessenheit**	130
The Outlaw **Geächtet**	60
Out of the Past **Goldenes Gift**	378
The Ox-Bow Incident **Ritt zum Ox-Bow**	148

R

Der Rabe Le Corbeau	166
Rächer der Unterwelt The Killers	346
Rashomon – Das Lustwäldchen Rashomon	506
Rashomon **Rashomon – Das Lustwäldchen**	506
Red River / Panik am roten Fluss Red River	408
Red River **Red River / Panik am roten Fluss**	408
The Red Shoes **Die roten Schuhe**	416
Der Reigen La Ronde	528
Ritt zum Ox-Bow The Ox-Bow Incident	148
Rom, offene Stadt Roma, città aperta	290
Roma, città aperta **Rom, offene Stadt**	290
La Ronde **Der Reigen**	528
Die roten Schuhe The Red Shoes	416

S

Der Scharfschütze The Gunfighter	522
Der Schatz der Sierra Madre	
The Treasure of the Sierra Madre	366
Der Seeräuber The Black Swan	112
Sein oder Nichtsein To Be or Not to Be	80
Shadow of a Doubt	
Im Schatten des Zweifels	124
So grün war mein Tal	
How Green Was My Valley	48
Solange ein Herz schlägt Mildred Pierce	280
The Spiral Staircase **Die Wendeltreppe**	274
Sprung in den Tod / Maschinenpistolen	
White Heat	460
Die Spur des Falken The Maltese Falcon	28
Sullivans Reisen Sullivan's Travels	54
Sullivan's Travels **Sullivans Reisen**	54
Sunset Boulevard **Boulevard der Dämmerung**	540

T

Tatis Schützenfest / Tempo – Tempo!!
    Jour de fête   456
La terra trema **Die Erde bebt**   438
The Third Man **Der dritte Mann**   466
Tote schlafen fest *The Big Sleep*   314
The Treasure of the Sierra Madre
    Der Schatz der Sierra Madre   366

U / V

Unter den Brücken   286
Die Vergessenen / Los Olvidados *Los Olvidados*   518
Das verlorene Wochenende *The Lost Weekend*   268

W

Weisses Gift / Berüchtigt *Notorious*   352
Wem die Stunde schlägt *For Whom the Bell Tolls*   136
Die Wendeltreppe *The Spiral Staircase*   274
White Heat **Sprung in den Tod /**
    Maschinenpistolen   460
Winchester '73 *Winchester '73*   494
The Wolf Man **Der Wolfsmensch**   44
Der Wolfsmensch *The Wolf Man*   44
The Woman in the Window
    Gefährliche Begegnung   184
Woman of the Year **Die Frau, von der man spricht**   74

REGISTER

Angeführt sind alle an der Produktion eines Films beteiligten Personen. Die Produktionsfirmen sind kursiv gesetzt und die Filmgenres durch Gedankenstrich hervorgehoben. Halbfette Ziffern verweisen auf einen Glossartext.

A

Abbott und Costello **429**
Abbott, Bud *426*, **429**
– Abenteuerfilm *142, 210, 366*
Abrikossow, Andrej *242*
Adair, Jean *190*
Adams, Dorothy *234*
Adler, Robert *534*
Adolphi, Hilde *360*
Agar, John *450*
Agostini, Philippe *222*
Aguglia, Mimi *60*
Akst, Albert *248*
Akutagawa, Ryunosuke *506*
Alberni, Luis *34*
Albers, Hans *142, 198*, **203**
Albright, Hardie *86*
Alcoriza, Luis *518*
Alekan, Henri *326*
Alexander, John *190*
Alexander, Stan *86*
Alicata, Mario *130*
Alison, Joan *92*
Alland, William *66*
Allgood, Sara *48, 274*
Alma Ata Studio 242
Alper, Murray *28*
Altieri, Elena *420*
Amato, Giuseppe *420*
Ameche, Don *160*
Ames, Leon *248*
Ames, Michael
  [= Tod Andrews] *160*
Amézcua, Javier *518*
Amfitheatrof, Daniele *444*
Amidei, Sergio *290*
Anders, Glenn *396*
Andersen, Hans Christian *416*

Anderson, Judith *234*
Anderson, Ken *512*
André Paulvé Film 488
André, Marcel *326*
Andrews, Dana *148, 234, 302*
Andrews, Tod *160*
Ankers, Evelyn *44*
Annichiarico, Vito *290*
Antonucci, Vittorio *420*
Arata, Ubaldo *290*
Archer, John *460*
Arden, Eve *216, 280*
Argosy Pictures 450
Arletty *262*
Armendáriz, Pedro *450*
Arnold, Elliott *534*
Arthur, Jean *432*
Arthur, Robert *426*
Asherson, Renée *228*
Ashley, Edward *112*
Astor, Mary *28, 248*
Atwill, Lionel *80*
Aubert, Lénore *426*
Aubin, Tony *166*
Auclair, Michel *326*
Audley, Eleanor *512*
Auric, Georges *326, 488*
Aylmer, Felix *228*
Azar, Léonide *528*

B

Bacall, Lauren *210*, **214**, *314*
Bacon, Irving *38, 124*
Bainter, Fay *74*
Baky, Josef von *142*
Balcon, Michael *478*
Balderston, John L. *204*
Balpêtré, Antoine *166*

Banks, Leslie *228*
Barker, Jess *216*
Barlow, Joy *314*
Barnett, Vince *346*
Barr, Byron *172*
Barrault, Jean-Louis *262, 528*
Barrett, Edith *154*
Barrie, Mona *38*
Barrymore, Ethel *274*
Barrymore, Lionel *308, 332*
Bartolini, Luigi *420*
Barton, Margaret *296*
Barton, Charles T. *426*
Bassermann, Albert *416*
Bassler, Robert *112*
Bates, Barbara *500*
Bates, Charles *124*
Bates, Florence *472*
Baum, Ralph *528*
Baxter, Anne *106*, **108**, *500*
Beaugé, Marguerite *166*
Beaumont, Jeanne-Marie
  Leprince de *326*
Beauvais, Jacques *456*
Beck, Reginald *228*
Bedoya, Alfonso *366*
Beecher, Janet *34*
Beery Jr., Noah *408*
Beetley, Samuel E. *378*
Behn, Peter *86*
Behn-Grund, Friedl *360*
Bell, James *154, 274*
Bellah, James Warner *450*
Bellamy, Ralph *44*
Bendix, William *74*
Bendow, Wilhelm *142*
Bennett, Bruce *280, 366*
Bennett, Joan *184*

Bennett, Marjorie *372*
Bennett, Richard *106*
Benny, Jack *80*
Benson, Sally *124, 248*
Bergman, Ingrid *92, 136, 204, 352,* **354**
Bernard, Paul *222*
Bernstein, Leonard *472*
Bertin, Pierre *166*
Best, Edna *386*
Betz, Audrey *372*
Biancoli, Oreste *420*
Bickford, Charles *308*
Birman, Serafima *242*
Biroc, Joseph F. *332*
Blake, Gladys *74*
Blake, Robert *184, 366*
Blane, Ralph *248*
Blanke, Henry *366*
Blankfort, Michael *534*
Blaustein, Julian *534*
Blin, Roger *166, 488*
Bliss, Helen *86*
Bliss, Lucille *512*
Blore, Eric *34*
Blyth, Ann *280*
Bochmann, Werner *254*
Bodeen, DeWitt *118*
Boemler, George *482*
Bogaert, Lucienne *222*
Bogart, Humphrey *28, 92, 210,*
  214*, 314, 366*
Bohnen, Roman *302*
Bois, Curt *92, 216*
Bonanova, Fortunio *112, 136, 172*
Bond, Raymond *432*
Bond, Ward *28, 332, 336, 450*
Bondi, Beulah *332*

Bonin, Madeleine *262*
Borchert, Ernst Wilhelm *360*
Borderie, Raymond *262*
Boretz, Allen *178*
Borg, Veda Ann *280*
Bower, Dallas *228*
Bowers, William *522*
Bowman, Lee *216*
– Boxerfilm *390*
Boyer, Charles *204*
Bracci Dorati, Ida *420*
Brackett, Charles *268*, *432*, **540**
Brackett, Leigh *314*
Bradstreet, Charles *426*
Brasseur, Pierre *262*
Brausewetter, Hans *142*
Brecher, Irving *248*
Bredell, Elwood *346*
Breen, Richard L. *432*
Bremer, Lucille *248*
Bremer, Majorie *248*
Brennan, Walter *210*, *336*, *408*
Brent, George *274*
Breon, Edmund *184*, *204*
Bressart, Felix *80*
Bresson, Robert *222*, **225**
Breuer, Siegfried *466*
Briggs, Matt *148*
Brightman, Homer *512*
British Lion Film Corporation 466
Brodie, Steve *378*, *494*
Brooks, Hazel *390*
Brooks, Leslie *216*
Brown, Charles D. *314*
Brown, Vanessa *386*
Brown, Wally *352*
Bruno, Nando *290*

Bryant, Nana *178*
Buetel, Jack *60*
Buñuel, Luis *518*
Bürger, Berthold
 [= Erich Kästner] *142*
Bürger, Gottfried August *142*
Burgmer, Elly *360*
Burke, James *28*
Burnett, Murray *92*
Burns, Paul E. *148*
Busch, Niven *308*
Bus-Feketé, László *160*
Butschma, Amwrossi *242*
Buttolph, David *336*
Byington, Spring *160*

C
Cady Films 456
Cady, Jerome *402*
Cagney, James *460*
Cain, James M. *130*, **133**, *172*, *280*, *378*
Calamai, Clara *130*
Calhern, Louis *160*, *352*
Calleia, Joseph *136*, *342*
Capra, Frank *190*, *332*, **334**
Cardiff, Jack *416*
Carell, Lianella *420*
Carey Jr., Harry *408*
Carey, Harry *308*, *408*
Carey, Joyce *296*
Carey, Macdonald *124*
Carmichael, Hoagy *210*, *302*
Carné, Marcel *262*, **265**
Carnege, Maurice *488*
Carroll, Joan *248*
Carruth, Milton *124*
Carson, Jack *190*, *280*

Casarès, Maria *222*, *262*, *488*
Caspary, Vera *234*
Cassell, Wally *460*
Cecchi d'Amico, Suso *420*
Chaliapin, Feodor *136*
Chandler, George *148*
Chandler, Jeff *534*
Chandler, Raymond *172*, *314*
Chaney Jr., Lon *44*, *426*
Chaplin, Charles *372*
Chaplin, Prescott *38*
Chaplin, Saul *472*
Charles Chaplin Productions 372
Charles K. Feldman Group 408
Chase, Borden *408*, **414**, *494*
Chavance, Louis *166*
Chiaki, Minoru *506*
Chiari, Giulio *420*
Chief Yowlachie *408*
Christians, Mady *444*
Christine, Virginia *346*
Churchill, Frank *86*
Cicognini, Alessandro *420*
Cineguild 296
Clark, Fred *460*, *540*
Clark, James B. *48*
Clift, Montgomery *408*
Cline, Edward F. *38*
Clouzot, Henri-Georges *166*
Cobb, Lee J. *402*, **407**
Cobo, Roberto *518*
Coburn, Charles *34*, *160*
Cochran, Steve *460*
Cocteau, Jean *222*, *326*, **329**, *488*
Collier, Lois *320*
Collinge, Patricia *124*
Collins, Ray *66*, *106*

Columbia Pictures Corporation 216, *342*, *396*
Comden, Betty *472*
Comer, Sam *540*
Comingore, Dorothy *66*
Conrad, William *346*, *390*
Conroy, Frank *148*
Conte, Richard *402*
Continental Films 166
Conway, Alan *118*
Conway, Jack *118*
Conway, Tom *118*, *154*
Cook Jr., Elisha *28*, *314*
Cooper, Gary *136*
Cooper, Melville *34*
Cooper, Merian C. *450*
Coote, Robert *386*
Corby, Ellen *522*
Córdova, Arturo de *136*
Correll, Mady *372*
Corsia, Ted de *396*
Cortez, Stanley *106*
Costello, Dolores *106*
Costello, Lou *426*, **429**
Cotten, Joseph *66*, *106*, *124*, *204*, *308*, **311**, *466*
Coulouris, George *66*
Courant, Curt *372*
Cowan, Jerome *28*
Coward, Noël *296*, **301**
Craig, Alec *118*
Crawford, Joan *280*
Cregar, Laird *112*, *160*
Criblecoblis, Otis
 [– W. C. Fields] *38*
Crisp, Donald *48*
Cristiani, Dhia *130*
Cronjager, Edward *160*

REGISTER

Cronyn, Hume *124*
Cugat, Xavier *178*
Cukor, George *204, 482*
Cummings, Jack *178*
Curtis, Anthony [= Tony Curtis] *494*
Curtis, Tony *494*
Curtiss, Edward *494*
Curtiz, Michael *92,* **98***, 280*

D
D'Angelo, Salvo *438*
Da Roma, Eraldo *290, 420*
Da Silva, Howard *268*
Daiei Studios 506
Dalio, Marcel *210*
Dalya, Jacqueline *178*
Dancigers, Oscar *518*
Daniels, William H. *494*
Darien, Frank *60*
Darnell, Linda *336*
Darrieux, Danielle *528*
Darrin, Sonia *314*
Darwell, Jane *148*
Daub, Ewald *254*
Davenport, Harry *148, 248*
Daves, Delmer *534,* **538**
Davey, Allen M. *216*
David, Mack *512*
Davis, Bette *500*
Davis, Tim *86*
Dawson, Frank *184*
Day, Josette *326*
Day, Richard *48*
De Bergh, Joanne *402*
De Santis, Giuseppe *130*
De Sica, Vittorio *420,* **423**
De Toth, André *522*

Déa, Marie *488*
Decomble, Guy *456,* **459**
Dee, Frances *154*
DEFA 360
Dekker, Albert *346*
Del Giudice, Filippo *228*
Delcassan *456*
Demarest, William *34, 54*
DeMille, Cecil B. *540*
Dent, Alan *228*
Dermithe, Edouard *488*
– Detektivfilm *28, 314*
Deutsch, Adolph *28*
Deutsch, Ernst *466*
Dexter, John *234*
Dick, R. A. *386*
Diderot, Denis *222*
Dietrich, Marlene *432*
Dighton, John *478*
Dillaway, Don *106*
Dinelli, Mel *274*
DisCina 326
Disney, Walt *86, 512*
Ditmar, Marina von *142*
Donath, Ludwig *342*
Donen, Stanley *472*
Dore Schary Productions 274
Doucette, John *494*
Douglas, Donald *342*
Douglas, Kirk *378*
Dowling, Doris *268*
Downs, Cathy *336*
Dragon, Carmen *216*
Drake, Charles *320, 494*
Drake, Tom *248*
– Drama *48, 66, 74, 92, 100, 106, 136, 166, 204, 210, 222, 228, 242, 262, 268, 286, 290, 296,*

302, 332, 342, 352, 360, 366, 390, 402*, 416, 420, 438, 466, 488, 500, 506, 518, 528, 534, 540*
Dratler, Jay *234, 402*
Dreier, Hans *540*
Dru, Joanne *408*
Duff, Warren *378*
Dugan, Tom *80*
Dumont, Margaret *38*
Dunagan, Donnie *86*
Dunn, Elizabeth *118*
Dunn, Ralph *234*
Dunne, Philip *386*
Dunskus, Erich *286*
Duryea, Dan *184, 494*
Duse, Vittorio *130*

E
Ealing Studios 478
Easdale, Brian *416*
Edelman, Louis F. *460*
Edens, Roger *472*
Edeson, Arthur *28, 92*
Edwards, Sam *86*
Eichhorn, Bernhard *286*
Eisbrenner, Werner *198*
Eisenstein, Sergej M. *242,* **247**
Eisinger, Jo *342*
Ellington, E. A. *342*
Ellis, Evelyn *396*
Ellison, James *154*
Elsom, Isobel *372, 386*
Emerson, Hope *482*
Engel, Samuel G. *336*
Engelmann, Andrews *142*
Enterprise Productions 390
Epstein, Julius J. *92, 190*

Epstein, Philip G. *92, 190*
Errol, Leon *38*
Etiévant, Yvette *222*
Everest, Barbara *204*
Ewell, Tom *482*
Excelsa Film 290
Eythe, William *148*

F
Fabrizi, Aldo *290*
Falkenburg, Jinx *216*
– Fantasyfilm *142, 160, 386*
Farnum, Franklyn *540*
Faulkner, William *210, 314*
Faylen, Frank *268, 332*
Feist, Harry *290*
Fellini, Federico *290*
Felton, Verna *512, 522*
Fenton, Frank *378, 432*
Ferguson, Frank *426*
Ferrari, William *204*
Ferrero, Willy *438*
Feyte, Jean *222*
Fields, Joseph *320*
Fields, W. C. *38,* **43**
Figueroa, Gabriel *518,* **521**
Fildes, Audrey *478*
Fillmore, Clyde *234*
Film im besetzten Frankreich **170**
Films du Palais Royal 488
Finklehoffe, Fred F. *248*
First National Pictures Inc. 28, 314
Fitzgerald, Barry *48*
Fix, Paul *408*
Flavin, James *234*
Fleming, Rhonda *274, 378*
Flippen, Jay C. *494*
Flournoy, Elizabeth *482*

Folsey, George J. *248, 482*
Fonda, Henry *34, 148, 336, 450,* **454**
Fontaine, Joan *444*
Fontaine, Lillian *268*
Foray, June *512*
Ford, Francis *148*
Ford, Glenn *342,* **344**
Ford, John *48, 336, 450*
Ford, Wallace *124*
Forsch, Robert *360*
Fossard, Marc *262*
Foulger, Byron *54*
Fowler Jr., Gene *184*
Fowler, Marjorie *184*
Francey, Micheline *166*
Franci, Adolfo *420*
Frank, Carl *396*
Frankeur, Paul *456*
Franklin, Sidney *100*
Freed, Arthur *248, 472,* **475**
Freeman, Howard *444*
Fresnay, Pierre *166*
Friedhofer, Hugo *302, 390, 534*
Froeschel, George *100*
Fuentes, Alma Delia *518*
Fürstenberg, Ilse *198*
Furthman, Jules *60, 210, 314*

G
G. C. F. *296*
Gaines, Richard *172*
Galletti, Giovanna *290*
Gangelin, Paul *216*
– Gangsterfilm *460*
Garde, Betty *402*
Gardner, Ava *346*
Garfield, John *390*

Garland, Judy *248,* **253**
Garmes, Lee *308*
Garner, Don *336*
Garralaga, Martin *60*
Garrett, Betty *472*
Garrett, Oliver H. P. *308*
Garson, Greer *100*
Geer, Will *494, 534*
Geisterfilme **388**
Gélin, Daniel *528*
Gelsey, Erwin *216*
Genn, Leo *228*
George, Gladys *28, 302*
Geray, Steven *342*
Germon, Nane *326*
Geronimi, Clyde *512*
Gershenson, Joseph *494*
Gershwin, Ira *216*
Gerson, Betty Lou *512*
Gerstad, Harry W. *274*
– Gesellschaftssatire *482, 500*
Gibbons, Cedric *204*
Giermann, Frederick *320*
Gilbert, Jody *38*
Gillis, Ann *86*
Gilmore, Stuart *34*
Girotti, Massimo *130*
Gish, Lillian *308*
Gleason, James *190*
Goff, Ivan *460*
Goldwyn, Samuel *302*
Good, John *444*
Goodrich, Frances *332*
Goodwin, Bill *178*
Gordine, Sacha *528*
Gordon, Christine *154*
Gordon, Ruth *482*
Goring, Marius *416*

Götz, Lutz *254*
Gough, Lloyd *390, 540*
Grabley, Ursula *286*
Grahame, Gloria *332*
Grandjacquet, Francesco *290*
Grant, Cary *190,* **193***, 352*
Grant, John *426*
Gravey, Fernand *528*
Graziati, Aldo *438*
Gréco, Juliette *488*
Green, Adolph *472*
Green, Johnny *178, 390*
Greene, Graham *466*
Greenstreet, Sydney *28, 92*
Greenwood, Joan *478*
Greer, Jane *378*
Gregg, Everley *296*
Gregg, Virginia *390*
Greig, Robert *54*
Griffith, Hugh *478*
Grissell, Wallace *60*
Gross, Frank *426*
Gross, Walter *286*
Grünenwald, Jean-Jacques *222*
Guerrieri, Gerardo *420*
Guerzoni, Fausto *420*
Guinness, Alec *478,* **481**
Gülstorff, Max *254*

H
Haack, Käthe *142*
Haagen, Margarete *286*
Hackett, Albert *332*
Haentzschel, Georg *142*
Hafenrichter, Oswald *466*
Hageman, Richard *450*
Hagen, Jean *482*
Halffter, Rodolfo *518*

Hall, Michael *302*
Hall, Porter *54, 172*
Haller, Ernest *280,* **285**
Halliday, Donald *512*
Halsey, Mary *118*
Halton, Charles *80*
Hamer, Robert *478*
Hamilton, John *28*
Hamilton, Patrick *204*
Hammett, Dashiell *28*
Hand, David *86*
Harari, Robert *432*
Harbich, Milo *142*
Harlan, Russell *408*
Harris, Jack *296*
Harris, Theresa *118, 154*
Harrison, Doane *172, 268, 432*
Harrison, Rex *386*
Hashimoto, Shinobu *506*
Hasse, Clemens *254*
Hasso, Signe *160*
Hathaway, Henry *402*
Havelock-Allan, Anthony *296*
Hawks, Howard *60, 210, 314, 408*
Hayasaka, Fumio *506*
Hayer, Nicolas *166, 488*
Hayes, Margaret *54*
Hayton, Lennie *472*
Hayworth, Rita *216, 342, 396,* **400**
Head, Edith *500*
Hearn, Edward *54*
Heather, Jean *172*
Hecht, Ben *112, 352*
Hcckroth, Hein *416*
Heinrich, Hans *360*
Hellinger, Mark *346*
Hellman, Sam *336*

REGISTER

Helm, Fay *44*
Helpmann, Robert *416*
Hemingway, Ernest *136*, *210*, *346*
Hemingway-Verfilmungen **140**
Henckels, Paul *254*
Henreid, Paul *92*
Hepburn, Katharine *74*, *482*, **484**
Herrand, Marcel *262*
Herrmann, Bernard *66*, *106*, *386*
Heydt, Louis Jean *314*
Heymann, Werner R. *80*
Hibler, Winston *512*
Hickox, Sid *210*, *314*, *460*
Hildebrand, Hilde *198*
Hildyard, Jack *228*
Hilton, Arthur *38*, *346*
Hilton, James *100*
Himboldt, Karin *254*
– Historienfilm *242*
Hitchcock, Alfred *124*, *352*, *352*
Hobbes, Halliwell *204*
Hobson, Valerie *478*
Hoffe, Monckton *34*
Hoffenstein, Samuel *234*
Hoffman, Al *512*
Hoffman, Leonard *402*
Holden, William *540*, **543**
Hollaender, Friedrich *432*, **437**
Holliday, Judy *482*
Holloway, Sterling *86*, *296*
Holm, Celeste *500*
Holt, Tim *106*, *336*, *366*,
Homeier, Skip *522*
Homes, Geoffrey
   [=Daniel Mainwaring] *378*
Honma, Fumiko *506*
Hörbiger, Paul *466*

Hornbeck, William *332*
Hornblow Jr., Arthur *204*
Horne, Victoria *386*
Horney, Brigitte *142*
Horniman, Roy *478*
– Horrorfilm *44*, *118*, *154*
– Horrorfilmparodie *426*
Horton, Edward Everett *190*
Houseman, John *444*
Howard Hughes Productions *60*
Howard, Trevor *296*, *466*
Howe, James Wong *390*, **394**
Hubert, Roger *262*
Hudson, Rock *494*
Hughes, Howard *60*, **64**
Hughes, Mary Beth *148*
Huldschinsky, Paul *204*
Hull, Josephine *190*
Hunnicutt, Arthur *534*
Hunt, J. Roy *154*
Huston, John *28*, **30**, *366*
Huston, Virginia *378*
Huston, Walter *60*, *308*, *366*

I
Ibéria, Claude *326*
Inclán, Miguel *450*, *518*
Inda, Estela *518*
Independent Producers 416
Industrie Cinematografiche Italiane 130
International Pictures Inc. 184
Ireland, John *336*, *408*
Ireland, Roy *336*
Ivins, Perry *460*
Iwerks, Ub **517**

J
J. Arthur Rank Films 416
Jackson, Charles R. *268*
Jackson, Thomas E. *184*
Jackson, Wilfred *512*
Jaeckel, Richard *522*
Jambrina, Francisco *518*
James, Harry *178*
Janssen, Werner *320*
Jean, Gloria *38*
Jewell, Estelle *124*
Johnson, Celia *296*
Johnson, Marjorie
   [= Marjorie Fowler] *184*
Johnson, Nunnally *184*, *522*
Jones, Darby *154*
Jones, Jennifer *308*
Jones, Paul *34*
Joslyn, Allyn *160*
Jourdan, Louis *444*
Journet, Marcel *444*
Joyeux, Odette *528*
Juran, Nathan *48*

K
Kadotschnikow, Pawel *242*
Kanin, Garson *482*
Kanin, Michael *74*
Kantor, MacKinlay *302*
Kaper, Bronislau *204*
Karas, Anton *466*
Karnes, Todd *332*
Karns, Roscoe *74*
Kästner, Erich *142*
Katharine Hepburn und Spencer Tracy **484**
Katô, Daisuke *506*
Käutner, Helmut *198*, *286*, **289**

Keaton, Buster *540*
Keen, Geoffrey *466*
Kellogg, Virginia *460*
Kelly, Gene *216*, *472*
Kent, Charles *44*
Kent, Ted J. *44*, *444*
Kern, Hal C. *308*
Kern, Jerome *216*
Kerrigan, J.M. *44*
Kesselring, Joseph *190*
Kibbee, Roland *320*
Kilian, Victor *148*
King, Cammie *86*
King, Henry *112*, *522*
King, Sherwood *396*
Kingsley, Dorothy *178*
Klagemann, Eugen *360*
Knef, Hildegard *286*, *360*, **364**
Knight, Esmond *228*, *416*
Knowles, Patric *44*, *48*
Knudsen, Peggy *314*
Knuth, Gustav *198*, *286*
Koch, Howard *92*, *444*, **449**
Kogan, Sergio *518*
Kohlmar, Fred *386*
Kolb, Clarence *482*
– Komödie *34*, *38*, *54*, *74*, *80*, *190*, *254*, *320*, *332*, *372*, *426*, *432*, *456*, *478*, *482*
König, Hildegard *286*
Konstantin, Leopoldine *352*
Korda, Alexander *466*
Kosma, Joseph *262*
Krasker, Robert *228*, *296*, *466*
Krasner, Milton *184*, *500*
Kress, Harold F. *100*
Krieg, Ursula *360*
Krien, Werner *142*, *198*

– Kriminalfilm *346, 372, 378, 402, 478*
Kruger, Otto *216*
Krumgold, Sigmund *34*
Kurosawa, Akira *506*
Kyô, Machiko *506*

L
Labourdette, Elina *222*
Laforgue, Leo de *286*
Lake, Stuart N. *336, 494*
Lake, Veronica *54*
Lambert, Jack *346*
Lancaster, Burt *346*, **350**
Lanchester, Elsa *274*
Landa, Juan de *130*
Lane, Priscilla *190*
Lang, Charles *386, 432*
Lang, Fritz *184*, **189**
Lang, Otto *402*
Lange, Arthur *184*
Lansbury, Angela *204*, **206**
Lardner Jr., Ring *74*
Larquey, Pierre *166*
LaShelle, Joseph *234*
Lawrence, Marc *148*
Lawrence, Viola *216, 396*
Lawson, Arthur *416*
Lawton Jr., Charles *396*
Le Gon, Jeni *154*
Le Maire, Charles *500*
Lean, David *296*
LeBeau, Madeleine *92*
Leclerc, Ginette *166*
Lee, Anna *48, 386, 450*
Lee, Bernard *466*
Lee, Canada *390*
Lees, Robert *426*

Leibelt, Hans *254*
Lengyel, Melchior *80*
Leonard, Sheldon *210*
Les Films Raoul Ploquin 222
Levene, Sam *346*
Lewis, Robert *372*
Lewton, Val *118*, **121**, *154*
Liberty Films 332
– Liebesfilm *286, 528*
Lieck, Walter *142*
Link, John F. *136*
Link, Victor *136*
– Literaturverfilmung *136, 172, 314, 326, 346, 366, 386, 438, 444*
Little, Thomas *48*
Littmann, Gordon *416*
Livingston, Jerry *512*
Llewellyn, Richard *48*
Lockhart, June *248*
Loder, John *48*
Loeffler, Louis R. *234*
Loew, David L. *320*
Loew's Inc. 92
Loft, Arthur *184*
Loma Vista Productions 320
Lombard, Carole *80*, **84**
London Film Productions 466
Loris, Fabien *262*
Lorre, Peter *28, 92, 190*
Loy, Myrna *302*
Lubitsch, Ernst *80, 160*, **165**
Lüders, Günther *198*
Ludwig, Marlise *360*
Lugosi, Bela *44, 426*
Luna, Margarito *366*
Lund, John *432*

Luske, Hamilton *512*
Lyon, Francis D. *390*

M
MacDonald, James *512*
MacDonald, Joseph *336, 402*
MacDougall, Ranald *280*
Mackenzie, Joyce *534*
MacLane, Barton *366*
MacMurray, Fred *172*
Macready, George *342*
Maggiorani, Lamberto *420*
Magnani, Anna *290*, **295**
Maigné, Liliane *166*
Main, Marjorie *160*
Mainwaring, Daniel *378*
Malden, Karl *522*
Malleson, Miles *478*
Malone, Dorothy *314*, **317**
Maltz, Albert *534*
Mandell, Daniel *190, 302*
Mankiewicz, Herman J. *66*
Mankiewicz, Joseph L. *74, 386, 500*, **503**
Mann, Anthony *494*
Manners, Henry *86*
Manson, Héléna *166*
Marais, Jean *326, 488*, **491**
March, Eve *482*
March, Fredric *302*
Marchat, Jean *222*
– Märchenfilm *326*
Marco, Raoul *326*
Marcuzzo, Elio *130*
Marian, Ferdinand *142*
Marion, Paul *210*
Mark Hellinger Productions 346

Marken, Jane *262*
Marker, Harry *274*
Marks, Owen *92, 366, 460*
Marlowe, Hugh *500*
Marlowe, Jo Ann *280*
Marquet, Henri *456*
Mars, Marjorie *296*
Marshall, E. G. *402*
Marshall, Herbert *308*
Marshman Jr., D. M. *540*
Martell, Saul *342*
Martin, Hugh *248*
Die Marx Brothers *323*
Marx, Chico *320*, **323**
Marx, Groucho *320*, **323**
Marx, Harpo *320*, **323**
Massey, Raymond *184, 190*
Massine, Léonide *416*
Maté, Rudolph *80, 216, 342*
Matras, Christian *528*
Mature, Victor *336*, **339**
May, Ada *372*
Mayer, Edwin Justus *80*
Mayo, Archie *320*
Mayo, Virginia *302, 460*
McCauley, Clint *512*
McCord, Ted D. *366*
McCrea, Joel *54*
McDonell, Gordon *124*
McDowall, Roddy *48*
McGraw, Charles *346*
McGuire, Dorothy *274*
McGuire, James P. *402*
McIntire, John *494*
McLaglen, Victor *450*
McLean, Barbara *112, 500, 522*
McNally, Stephen *494*
McNeil, Allen *148*

# REGISTER

McQueen, Butterfly *280, 308*
Meader, George *472*
Meehan, John *540*
Meek, Donald *178*
Mejía, Alfonso *518*
Mellor, Harro *320*
– Melodram *130, 198, 280, 308, 378, 396, 444*
Melville, Jean-Pierre *488*
Menasce, Jaime A. *518*
Mercanton, Jacques *456*
Mercer, Johnny *210*
Mercury Productions Inc. 66, 106
Meredith, Charles *432*
Merrill, Gary *500*
Merrill, Louis *396*
Meyer, Torben *54*
Mgebrow, Alexander *242*
MGM *74, 100, 178, 204, 248, 472, 482*
Michi, Maria *290*
Mifune, Toshirô *506*
Milland, Ray *268,* **270**
Miller, Ann *472*
Miller, Arthur *48, 148, 522,* **524**
Miller, Seton I. *112*
Miller, Susan *38*
Miller, Winston *336*
Mills, Reginald *416*
Milner, Victor *34*
Minerva Film AB 290
Minnelli, Vincente *248*
Minoru, Jingo *506*
Minotis, Alex *352*
Miranda, Isa *528*
Mitchell, Millard *432, 494, 522*
Mitchell, Thomas *60, 112, 332*
Mitchum, Robert *378*

Miyagawa, Kazuo *506,* **509**
Mockridge, Cyril J. *148, 336*
Mocky, Jean-Pierre *488*
Modot, Gaston *262*
Mohr, Gerald *342*
Molnar, Walter *210*
Monroe, Marilyn *500*
Monterey Productions 408
Montis, René *166*
Montuori, Carlo *420*
Moore, Dickie *378*
Moorehead, Agnes *66, 106*
Moran, Dolores *210*
Moran, Frank *54*
Moran, Polly *482*
Morey, Larry *86*
Morgan, Harry *148*
Morgan, Maxwell *86*
Mori, Masayuki *506*
Morreau, Marcel *456*
Morton, Clive *478*
Moskwin, Andrej *242*
Mowbray, Alan *336*
Moyer, Ray *540*
Mozart, Wolfgang Amadeus *478*
Munshin, Jules *472*
Murphy, William *432*
Murray, Jack *450*
Muse, Clarence *124*
– Musical *178, 216, 248, 472*
Musuraca, Nicholas *118, 274,* **279***, 378*

N
Nadi, Aldo *210*
Nagel, Anne *38*
Nash, Marilyn *372*
Naswanow, Michail *242*

Natanson, Jacques *528*
Navarro, Jesús *518*
Neame, Ronald *296*
Negley, Howard *426*
Nelson, Charles *342*
Neorealismus **442**
Neville, John T. *38*
Newman, Alfred *48, 112, 160, 402, 500, 522*
Newton, Robert *228*
Ney, Richard *100*
Nichols, Dudley *136*
Nico, Willard *372*
Nicolas, Richard *198*
Niles, Ken *378*
Norman, B. G. *522*
North, Alex *54*
Nugent, Frank S. *450*
Nyby, Christian *210, 314, 408*

O
O'Brien, Edmond *346, 460,* **464**
O'Brien, George *450*
O'Brien, Margaret *248*
O'Donnell, Cathy *302*
O'Driscoll, Martha *34*
O'Hara, Maureen *48,* **53***, 112*
Oberberg, Igor *286*
Oliver, Gordon *274*
Olivier, Laurence *228*
Olsen, Moroni *280, 352*
Olson, Nancy *540*
Ophüls, Max *444, 528,* **531**
Orain, Fred *262, 456*
Orr, Mary *500*
Orzazewski, Kasia *402*
Ouspenskaya, Maria *44*

Owen, Garry *190*
Owen, Reginald *74, 100*

P
Page, Joy *92*
Paget, Debra *534*
Pagliero, Marcello *290*
Pallette, Eugene *34, 160*
Palmer, Ernest *534*
Palmer, Lilli *390*
Pangborn, Franklin *38, 54*
Panoramic Films 456
Paramount Pictures 34, 136, 172, 268, 432, 540
Parély, Mila *326*
Parker, Jean *522*
Parrish, Robert *390*
Parsonnet, Marion *216, 342*
Pasarelli, Eduardo *290*
Pathé Cinéma 262
Paulsen, Arno *360*
Paulvé, André *326, 488*
Paxinou, Katina *136*
Pearce, Alice *472*
Pearce, Perce *86*
Peck, Gregory *308, 522*
Peet, Bill *512*
Penner, Erdman *512*
Penrose, John *478*
Pérès, Marcel *262*
Pérez, Jorge *518*
Périer, François *488*
Perrault, Charles *512*
Pessin, Leo B. *444*
Peterson, Dorothy *184*
Pevney, Joseph *390*
Philipe, Gérard *528*
Philliber, John *172*

Phipps, William *512*
Pidgeon, Walter *48, 100*
Pietrangeli, Antonio *130, 438*
– Piratenfilm *112*
Pittaluga, Gustavo *518*
Planer, Franz *444*
Ploquin, Raoul *222*
Plumb, Edward H. *86*
Polito, Sol *190*
Polonsky, Abraham *390*
Ponto, Erich *254, 466*
Porter, Cole *482*
Porter, Jean *178*
Portillo, Héctor López *518*
Powell, Michael *416,* **419**
Power, Tyrone *112,* **116**
Powers, Tom *172*
Prager, Stanley *432*
Preminger, Otto *234*
Pressburger, Emeric *416*
Prévert, Jacques *262*
Previn, Charles *38*
Price, Dennis *478*
Price, Vincent *234*
Produzioni De Sica 420
Prokofjew, Sergej *242*
Puccini, Gianni *130*
Pudowkin, Wsewolod *242*
Pyryev, Erik *242*

Q
Quinn, Anthony *112, 148*

R
Rachmaninow, Sergej *296*
Raddatz, Carl *286*
Rafal, Roger *456*
Rainey, Ford *460*

Rains, Claude *44, 92, 352*
Raksin, David *234*
Rameau, Emil *204*
Rampart Productions 444
Randolph, Jane *118, 426*
Raphaelson, Samson *160*
Raspe, Rudolph Erich *142*
Rasumny, Mikhail *136*
Rathbone, Basil *178*
Ratoff, Gregory *500*
Raye, Martha *372*
Raymond, Cyril *296*
Reed, Carol *466*
Reed, Donna *332*
Reeves, Harry *512*
Reggiani, Serge *528*
Reinhardt, Elizabeth *234*
Reisch, Walter *204*
Relli, Santa *456*
Rennahan, Ray *136, 308*
Renoir, Pierre *262*
Reschke, Ethel *198*
Revere, Anne *390*
Reville, Alma *124*
Reynolds, Quentin *402*
Riccardini, Michele *130*
Rich, Irene *450*
Richards, Robert L. *494*
Richards, Thomas *28*
Richter, Hans *254*
Ridgely, John *314*
Ridges, Stanley *80*
Rinaldi, Joe *512*
Rinaldo, Frederic I. *426*
Ritter, Thelma *500*
Rizzi, Gene *60*
RKO *66, 106, 118, 154,* **158***, 274, 332, 352, 378, 450*

Roberts, Ben *460*
Roberts, Bob *390*
Robertson, Stuart *112*
Robey, George *228*
Robinson, Edward G. *172,* **176***, 184*
Robson, Mark *118, 154*
Roddan, Allison *372*
Roemheld, Heinz *396*
Romaine Film Corporation 80
Romay, Lina *178*
Roquevert, Noël *166*
Rosati, Giuseppe *130*
Rosenberg, Aaron *494*
Ross, Anthony *522*
Rossellini, Renzo *290*
Rossellini, Roberto *290*
Rossen, Robert *390*
Rosson, Harold *308, 472*
Roters, Ernst *360*
Royce, Lionel *342*
Rózsa, Miklós *172, 268, 346, 482*
Rühmann, Heinz *254,* **257**
Ruman, Sig *80, 320*
Russell, Elizabeth *118*
Russell, Harold *302*
Russell, Jane *60*
Russell, Lewis L. *268, 320*
Rust, Henri *262*
Ruttenberg, Joseph *74, 204, 100*
Ruysdael, Basil *534*

S
Sabatini, Rafael *112*
Sacha Gordine, Paris 528
Sadoul, Jacqueline *488*
Sakall, S. Z. *92*
Sakara, Michele *420*

Salew, John *478*
Salou, Louis *262*
Saltamerenda, Gino *420*
Salten, Felix *86*
Salter, Hans J. *44*
Samuel Goldwyn Company 302
Sandars, Clare *100*
Sande, Walter *210*
Sanders, George *112, 386, 500*
Sanford, Erskine *66, 106, 396, 444*
Sauvageot, Jacques *456*
Savage, Carlos *518*
Sawyer, Joe *60, 342*
Scala, Domenico *130*
Scharf, Werner *142*
Schary, Dore *274*
Schilling, Gus *396*
Schmidt, Arthur *540*
Schmidt, Eberhard *142*
Schnee, Charles *408*
Schnitzler, Arthur *528*
Schönnenbeck, Anneliese *198*
Schönnenbeck, Helmuth *254*
Schrank, Joseph *178*
Schroth, Hannelore *286*
Schünzel, Reinhold *352*
Schwartz, Arthur *216*
Schwarzwald, Christian *360*
Scott, Robert E. *342*
Scott, Zachary *280*
Sears, Ted *512*
Seigner, Louis *166*
Seitz, John F. *54, 172, 268, 540*
Sellers, William *522*
Sellmer, Erna *198, 360*
Selznick Pictures Corporation 308
Selznick, David O. *308, 466,* **470**
Serandrei, Mario *130, 438*

REGISTER

Sessak, Hilde *254*
Seven Arts *54, 336*
Severn, Christopher *100*
Sewell, Blanche *178*
Seymour, Dan *210, 320*
Shakespeare, William *228*
Shamroy, Leon *112*
Sharow, Michail *242*
Sharp-Bolster, Anita *268*
Shaw, David *432*
Shaw, Janet *124*
Shearer, Moira *416*
Sherwood, Robert E. *302*
Shields, Fred *86*
Shimura, Takashi *506*
Short, Jean *416*
Sidney, George *178*
Signoret, Simone *528*
Silverheels, Jay *534*
Silvers, Phil *216*
Simon, Simone *118, 528*
Simson, Marianne *142*
Sinatra, Frank *472*
Sindici, Carlo *290*
Siodmak, Curt *44,* **46***, 154*
Siodmak, Robert *274, 346*
Sir Lancelot *154*
Sistrom, Joseph *172*
Skelton, Red *178*
Skiles, Marlin *342*
Skinner, Frank *38, 44, 426*
Skirball Productions *124*
Skirball, Jack H. *124*
Slezak, Leo *142*
Sloane, Everett *66, 396*
Slocombe, Douglas *478*
Smith, Art *390, 444*
Smith, Howard *402*

Smith, Kent *118, 274*
Smith, Paul J. *512*
Söhnker, Hans *198*
Sokoloff, Vladimir *136*
Solaroli, Libero *130*
Sour, Robert *86*
Speelmans, Hermann *142*
Spencer, Dorothy *80, 160, 336, 386*
Spoerl, Heinrich *254*
Stack, Robert *80*
Staiola, Enzo *420*
Stanwyck, Barbara *34,* **36***, 172*
Staudte, Wolfgang *360*
Steele, Bob *314*
Steiner, Max *92, 190, 280, 314, 366, 460*
Stevens, George *74*
Stevenson, Tom *204*
Stewart, Bobby *86*
Stewart, James *332, 402, 494, 534*
Stewart, Paul *66*
Stoll, George E. *248*
Stoloff, Morris *216, 342*
Stössel, Ludwig *74*
Stothart, Herbert *100*
Stout, Archie *450*
Stradling, Harry *178*
Strange, Glenn *426*
Straus, Oscar *528*
Stroheim, Erich von *540*
Struther, Jan *100*
Stubbs, Harry *44*
Sturges, Preston *34, 54,* **59**
Sullivan, Frank *74*
Sutherland, John *86*
Swanson, Gloria *540*
Swerling, Jo *332*

T

Tallas, Gregg G. *320*
Tamiroff, Akim *136*
Tanner, Peter *478*
– Tanzfilm *416*
Tarkington, Booth *106*
Tati, Jacques *456*
Taylor, Frank E. *54, 336*
Temple, Shirley *450*
Terra Filmkunst *198, 254, 286*
Terry, Phillip *268*
Tetzlaff, Ted *352*
The Archers *416*
The Rank Organisation Film Productions Ltd. *296*
Thiriet, Maurice *262*
Thomas, Richard *296*
Thorndike, Russell *228*
– Thriller *124, 130, 166, 172, 184, 234, 274, 280, 352, 396, 466*
Tierney, Gene *160, 234,* **236***, 386*
Tiomkin, Dimitri *124, 308, 332, 408*
Tissé, Edouard *242*
Tobin, Dan *74*
Todd, Sherman *136*
Toland, Gregg *60, 66, 302,* **307**
Tomasini, George *54*
Tonti, Aldo *130*
Toomey, Regis *314*
Torvay, José *366*
Tost, Hans *198*
Totheroh, Roland H. *372,* **377**
Tourneur, Jacques *118, 154, 378, 384*
Tracy, Spencer *74, 482,* **484**
– Tragikomödie *160*
Das Traumpaar Bogart & Bacall *214*

Traven, B. *366,* **371**
Travers, Henry *100, 124, 332*
Treacy, Emerson *482*
Triesault, Ivan *352*
Trotti, Lamar *148*
Tscherina, Ludmilla *416*
Tscherkassow, Nikolai *242*
20th Century Fox *48, 112, 148, 160, 234, 386, 402, 500, 522, 534*
Two Cities Films Ltd. *228,* **233**
Tyne, George *402*

U

Ueda, Kichijiro *506*
Ufa *142,* **147***, 286*
Uhlich, Herbert *360*
Ulbrich, Walter *286*
Ultramar Films *518*
United Artists *320, 372*
Universal International Pictures *426, 444, 494*
Universal Pictures *38, 44, 346, 124*
Universalia Film *438*

V

Valentine, Joseph A. *44, 124*
Valentine, Paul *378*
Vallée, Maine *456*
Valli, Alida *466*
Van Doren Stern, Philip *332*
Van Druten, John *204*
Van Enger, Charles *38, 426*
Van Rooten, Luis *512*
Van Tilburg Clark, Walter *148*
Van Trees, James *320*
Van Upp, Virginia *216, 342*

Vanguard Films Production 274, 308
Veidt, Conrad 92
Veiller, Anthony 346
Vera-Ellen 472
Verea, Lisette 320
Verga, Giovanni 438
Vickers, Martha 314
Victor, Henry 80
Vidor, Charles 216, **218**, 342
Vidor, King 308
Vincent, Henrietta 296
Visconti, Luchino 130, 438

W
Waggner, George 44
Walbrook, Anton [= Adolf Wohlbrück] 416, 528
Wald, Jerry 280
Waldau, Gustav 142
Waldman, Frank 178
Waldron, Charles 314
Walker, Helen 402
Walker, Joseph 332
Wallace, Inez 154
Wallace, Oliver 512
Wallis, Hal B. 28, 92
Wallis, J. H. 184
Walsh, Raoul 460
Walt Disney Pictures 86, 512
Walt Disney und der Zweite Weltkrieg **91**
Walton, William 228
Warner Bros. 28, 92, 190, 210, 280, 314, 366, 460
Warner, H. B. 332
Warrick, Ruth 66
Warth, Theron 352

Warwick, Robert 54
Watson, Minor 74
Waxman, Franz 74, **79**, 210, 540
Wayne, David 482
Wayne, John 408, 450
Webb Jr., J. Watson 402, 534
Webb, Clifton 234
Webb, Jack 540
Webb, Richard 378
Webb, Roy 106, 118, 154, 274, 352, 378
Weingarten, Lawrence 482
Weisbart, David 280
Weiss, Helmut 254
Welles, Orson 66, **72**, 106, 372, 396, 466
Wellman, William A. 148, **151**
Werner, Ilse 142, 198
West, Claudine 100
West, Pat 60
Westcott, Helen 522
– Western 60, 148, 308, 336, 408, 450, 494, 522, 534
Westphal, Helene 286
Wheeler, René 456
Whipper, Leigh 148
White, Ethel Lina 274
Whitty, Dame May 100, 204
Wieschala, Kurt 198
Wilcoxon, Henry 100
Wilder, Billy 172, 268, 432, 540
Wilder, Thornton 124, **128**
Wilkerson, Billy 534
William, Warren 44
Williams, Esther 178, **181**
Williams, Harcourt 228
Williams, Rhoda 512
Williams, Rhys 48, 274

Willis, Edwin B. 204
Wilson, Dooley 92
Wimperis, Arthur 100
Winslowe, Paula 86
Winters, Ralph E. 204, 472
Winters, Shelley 494, **497**
Wischniewsky, Walter 142
Wise, Robert 66, 106
Wohlbrück, Adolf 416, 528
Wolfgang, Wehrum 286
Wonacott, Edna May 124
Wood, Natalie 386
Wood, Sam 136
Woods, Ilene 512
Worms, René 488
Wray, Ardel 154
Wright, Teresa 100, **104**, 124, 302
Wright, Will 86, 482
Würtz, Anneliese 254
Wycherly, Margaret 460
Wyler, William 100, 302
Wyman, Jane 268

Y
Yatove, Jean 456
Yorke, Carol 444
Young, Mary 268
Young, Victor 60

Z
Zanuck, Darryl F. 48, 500
Zavattini, Cesare 420
– Zeichentrickfilm 86, 512
Zelikowskaja, Ludmilla 242
Zerneck, Peter von 432
Zucco, George 112
Zweig, Stefan 444

AUTORENVERZEICHNIS

Ulrike Bergfeld (UB), *1969, Studium der Freien Kunst. Zahlreiche Veröffentlichungen zu kunstwissenschaftlichen Themen. Lebt in Berlin.

Philipp Bühler (PB), *1971, Studium der Politischen Wissenschaft, Geschichte und Anglistik. Filmjournalist, tätig für verschiedene überregionale Zeitungen. Lebt in Berlin.

David Gaertner (DG), *1978, Studium der Filmwissenschaft und Kunstgeschichte. Freier Mitarbeiter des Filmmuseums Berlin – Deutsche Kinemathek. Lebt in Berlin.

Steffen Haubner (SH), *1965, Studium der Kunstgeschichte und Soziologie. Zahlreiche wissenschaftliche und journalistische Beiträge. Betreibt ein Redaktionsbüro in Hamburg. Lebt in Hamburg.

Jörn Hetebrügge (JH), *1971, Studium der deutschen Literatur. Seit 2003 wissenschaftlicher Mitarbeiter am Institut für Kunst- und Musikwissenschaft der TU-Dresden. Zahlreiche journalistische und wissenschaftliche Beiträge. Lebt in Berlin.

Heinz-Jürgen Köhler (HJK), *1963, Film- und Fernsehjournalist, zahlreiche journalistische und wissenschaftliche Beiträge. Lebt in Hamburg.

Oliver Küch (OK), *1972, Studium der Anglistik und Geschichte, journalistische Beiträge zu Film und Fernsehen, Medien- und Computerjournalist. Lebt in Zwingenberg.

Petra Lange-Berndt (PLB), *1973, Studium der Kunstgeschichte, Geschichte und Germanistik. Seit dem Sommersemester 2004 Wissenschaftliche Mitarbeiterin im Kunsthistorischen Institut der Universität Trier. Autorin zahlreicher wissenschaftlicher Beiträge. Lebt in Trier.

Nils Meyer (NM), *1971, Studium der Deutschen Literaturwissenschaft und der Politischen Wissenschaft. Seit 2003 Wissenschaftlicher Mitarbeiter am Institut für Kunst- und Musikwissenschaft der TU-Dresden. Zahlreiche journalistische Beiträge in diversen Zeitungen und Zeitschriften. Lebt in Dresden.

Eckhard Pabst (EP), *1965, studierte Germanistik und Kunstgeschichte, Mitarbeiter am Institut für Neuere deutsche Literatur und Medien in Kiel und im Kommunalen Kino Kiel, Veröffentlichungen zu Film und Fernsehen. Lebt in Rendsburg bei Kiel.

Lars Penning (LP), *1962, Filmjournalist, tätig für zahlreiche überregionale Zeitungen, Aufsätze und Bücher zu filmhistorischen Themen. Lebt in Berlin.

Stephan Reisner (SR), *1969, Studium der Literaturwissenschaft und Philosophie in Hannover, lebt als freier Autor in Berlin. Veröffentlichungen in „Edit", „BELLAtriste", „Glasklar" und „Der Tagesspiegel".

Burkhard Röwekamp (BR), *1965, Wissenschaftlicher Mitarbeiter am Institut für Neuere deutsche Literatur und Medien an der Philipps-Universität Marburg. Zahlreiche Lehraufträge und Publikationen zur Ästhetik und Theorie des zeitgenössischen Films. Lebt in Marburg.

Jörg Schweinitz (JS), *1953, PD Dr., Filmwissenschaftler, vertritt die Professur für Filmwissenschaft an der Ruhr-Universität Bochum. Gastprofessuren an der Freien Universität Berlin, an den Universitäten Marburg und Klagenfurt sowie an der University of Chicago. Zahlreiche Publikationen zur Geschichte und Theorie des Films. Lebt in Berlin.

Eric Stahl (ES), *1965, Studium der Germanistik mit Schwerpunkt Kommunikationswissenschaft, Filmjournalist, Kulturredakteur bei „Woman", zahlreiche journalistische Beiträge in diversen Zeitschriften. Lebt in Hamburg.

Matthias Steinle (MS), *1969, Dr. phil., Wissenschaftlicher Mitarbeiter am Institut für Neuere deutsche Literatur und Medien an der Philipps-Universität Marburg. Zahlreiche Publikationen, u.a. zur Film- und Fernsehgeschichte. Lebt in Marburg.

CREDITS

Der Verlag dankt den Verleihern, ohne die viele dieser Filme nie die große Leinwand gesehen hätten:

ALAMODE/UIP, ALPHA, ATLAS, ATLAS INTERMEDIA, BONNER KINEMATHEK, BUENA VISTA, CENTFOX, CONSTANTIN, CONTINENTAL, DEUTSCHE KINEMATHEK, DFG, FILMVERLEIH IM NORDSEE-PARK, FILMWELT, FOX, HERZOG, JUGENDFILM, KINOWELT HOME, LUPE, MGM, NEUE FILMFORM, NEUE VISIONEN, NWDF UNITAS, PARAMOUNT, PILOT, PROGRESS, PROKINO, RANK, RCS, RKO, SILVER CINE, TRANSIT, UNIDOC, UNITED ARTISTS, UNIVERSAL, WARNER BROS.

Academy Award® und Oscar® sind eingetragene Firmenzeichen der Academy of Motion Picture Arts and Sciences.

Falls trotz größter Anstrengungen ein Verleih übersehen und unabsichtlich nicht genannt wurde, bedauern wir das ausdrücklich und werden dies in der nächsten Auflage selbstverständlich nachholen.

DANKSAGUNG

Die Entstehung des Buches ist der Zusammenarbeit vieler Personen zu verdanken.
Martin Holz vom TASCHEN Verlag sei für seine Koordination und dafür, dass er stets den Überblick bewahrte, herzlich gedankt. *Birgit Reber* und *Andy Disl* haben ein gestalterisches Konzept entworfen, bei dem die Bilder als das eigentliche Kapital eines Filmbuches im Vordergrund stehen. *Philipp Berens*, *Thomas Dupont* und *Rainer Gootz* von *defd* und *Cinema* sowie *Hilary Tanner* und *Simone Potter* vom *British Film Institute* und der *Bibliothèque du film* danke ich für ihre Hilfe bei der Beschaffung der Bildvorlagen. Doch erst die anregenden Texte der Autorinnen und Autoren haben dieses Buch möglich gemacht. Ein aufmerksames Lektorat besorgte *Lioba Waleczek*. *David Gaertner* hat das Fachlektorat mit gewohnter Gründlichkeit durchgeführt. Dem Engagement und der Initiative von *Petra Lamers-Schütze* ist es zu verdanken, dass diese Reihe auf den Weg gekommen ist. *Benedikt Taschen* schließlich hat sie in das Programm seines Verlages aufgenommen und die Publikation von Anfang an begeistert begleitet. Ihm und allen genannten Personen gilt mein besonderer Dank.

ÜBER DAS BUCH

In diesem Band repräsentieren 87 Filme ein Kinojahrzehnt. Es versteht sich von selbst, dass eine solche Auswahl eine Entscheidung darstellt, die auch anders hätte ausfallen können. Darüber hinaus wird es, je weiter eine vorgestellte Dekade zurückliegt, immer schwieriger, technisch einwandfreies Bildmaterial zu finden.
Jeder Film wird durch einen einführenden Text vorgestellt. Außerdem gibt es zu jedem Film einen Glossartext, der einer Person oder einem filmtechnischen Begriff gewidmet ist. Um einen optimalen Zugriff auf die gesammelten Informationen zu gewährleisten, findet sich am Ende des Buches ein Filmindex und ein Gesamtregister.
Die in den Texten angeführten Jahresangaben zu den jeweiligen Filmen beziehen sich – wie auch bereits in den vorausgegangenen Bänden – auf die Produktionsjahre und nicht auf den Kinostart.

VORSATZ / NACHSATZ UND ABBILDUNGEN SEITE 1–25, 548–549	CITIZEN KANE Orson Welles / MERCURY PRODUCTIONS INC., RKO
ABBILDUNG SEITE 26	EDWARD MIT DEN SCHERENHÄNDEN (EDWARD SCISSORHANDS) Tim Burton / 20TH CENTURY FOX
ABBILDUNGEN SEITE 87–91, 512–517	© DISNEY

Um sich über Neuerscheinungen von TASCHEN zu informieren, fordern Sie bitte unser Magazin unter WWW.TASCHEN.COM an, oder schreiben Sie an: TASCHEN GmbH, Hohenzollernring 53, D-50672 Köln, Fax: +49-221-254919. Wir schicken Ihnen gerne ein kostenloses Exemplar mit Informationen über alle unsere Bücher.

© 2005 TASCHEN GmbH
Hohenzollernring 53, D-50672 Köln
WWW.TASCHEN.COM

BILDQUELLE	defd UND CINEMA, Hamburg BRITISH FILM INSTITUTE (BFI), London BIBLIOTHÈQUE DU FILM (BiFi), Paris
PROJEKTLEITUNG	PETRA LAMERS-SCHÜTZE, Köln
REDAKTION	MARTIN HOLZ, Köln
LEKTORAT	LIOBA WALECZEK, Köln
FACHLEKTORAT	DAVID GAERTNER, Berlin
DESIGN	SENSE/NET, ANDY DISL und BIRGIT REBER, Köln
TEXTE	ULRIKE BERGFELD (UB), PHILIPP BÜHLER (PB), DAVID GAERTNER (DG), STEFFEN HAUBNER (SH), JÖRN HETEBRÜGGE (JH), HEINZ-JÜRGEN KÖHLER (HJK), OLIVER KÜCH (OK), PETRA LANGE-BERNDT (PLB), NILS MEYER (NM), ECKHARD PABST (EP), LARS PENNING (LP), STEPHAN REISNER (SR), BURKHARD RÖWEKAMP (BR), JÖRG SCHWEINITZ (JS), ERIC STAHL (ES), MATTHIAS STEINLE (MS)
PRODUKTION	TINA CIBOROWIUS, Köln

PRINTED IN SPAIN
ISBN 3-8228-3983-3

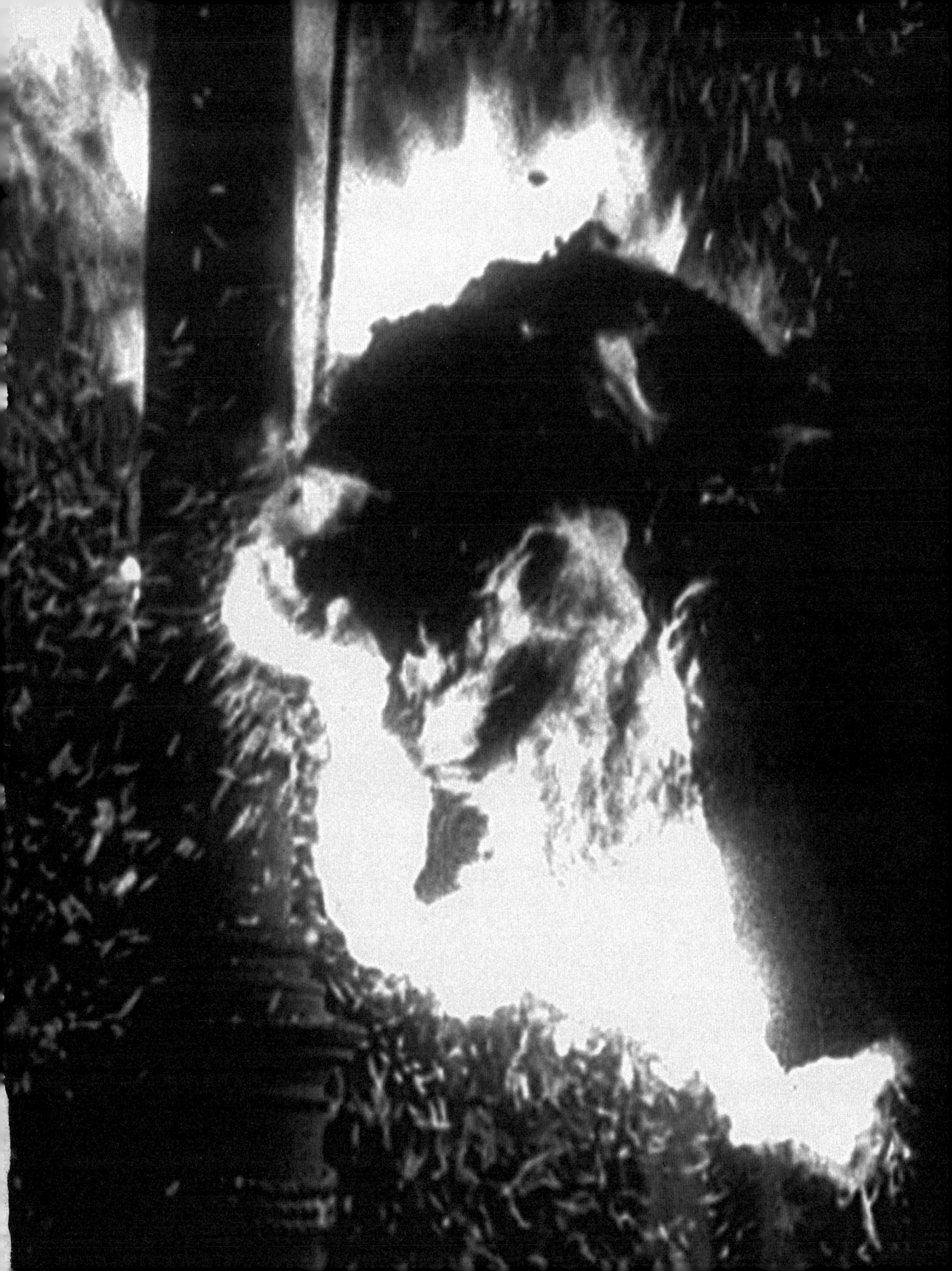